ständig für einen Ver werben, ohne dabei einen Gewinn erzielen zu wollen. Die Abrede zwischen einem solchen Vsvermittler und dem Ver richtet sich nach den Regeln über den Auftrag; der Vermittler erhält keine Vergütung, sondern nur Ersatz für seine Aufwendungen (anders anscheinend Schröder[2] a. a. O. Anm. 15 zu § 84, S. 26, der auch einen Beauftragten, der auf eine Vergütung verzichtet hat, als Handelsvertreter behandeln will, „wenn die sonstigen Merkmale erfüllt sind"). Die Gewerbsmäßigkeit entfällt auch dann, wenn der Vsvertreter nicht planmäßig, sondern nur vereinzelt oder gelegentlich vermittelt, ohne aktives dauerndes Bemühen, aber dennoch auf Grund einer ständigen Betrauung, also eines Rahmenschuldverhältnisses (sonst handelt es sich um einen Zivilmakler [Anm. 121]). Wenn also z. B. ein pensionierter Vsangestellter seiner Gesellschaft (und nur ihr) dann und wann einen Vmer zuführt, so wird er dadurch nicht Vsvertreter im Sinne des § 92 HGB, sondern Zivilagent, auf den die §§ 652—654 BGB angewendet werden können. Jedoch gelten für die Provisionsansprüche auch hier (wie im Falle der Anm. 422) analog die Grundsätze des Handelsvertreterrechtes (§§ 87 I, III, 92 IV HGB).

2. Innenverhältnis bei unselbständigen Versicherungsvertretern.

Gliederung:

[424] 2. Innenverhältnis bei unselbständigen Versicherungsvertretern.

Schrifttum: Vgl. Anm. 1, 127, 140; ferner die Literatur zum Arbeitsrecht, insbesondere Hueck-Nipperdey, Lehrbuch des Arbeitsrechts, 2 Bde, 6. Aufl., Berlin-Frankfurt a. M. 1959, 1957, Kaskel-Dersch, Arbeitsrecht, 5. Aufl., Berlin-Göttingen-Heidelberg 1957, Nikisch, Arbeitsrecht, 2 Bde, 2. Aufl., Tübingen 1955, 1959, Staudinger-Nipperdey-Mohnen-Neumann, Kommentar zum Bürgerlichen Gesetzbuch, 11. Aufl., II. Bd: Recht der Schuldverhältnisse, 3. Teil, Berlin 1958.

Spezialzeitschriften für die Angestellten in der Vswirtschaft: Der Vsangestellte (Zeitschrift der Deutschen Angestellten-Gewerkschaft), Der Vsangestellte (Taschenbuch, jährlich herausgegeben von der Deutschen Angestellten-Gewerkschaft), Ausblick (Zeitschrift der Gewerkschaft Handel, Banken und Ven).

[425] a) Rechtsquellen, insbesondere Tarifverträge.

aa) Übersicht.

Eine erschöpfende Darstellung des Rechts der unselbständigen Vsvertreter ist nicht beabsichtigt. Sie unterliegen in ihrer überwiegenden Mehrzahl dem Arbeitsrecht (über Ausnahmen: Anm. 426); eine ausführliche Erörterung des Rechtes der Vsangestellten erscheint — auch angesichts des umfangreichen Schrifttums zum Arbeitsrecht (Anm. 424) — nicht in demselben Maße geboten wie bei den selbständigen Vsvertretern. Die nachfolgenden Anmerkungen werden sich darauf beschränken, die Besonderheiten der Rechtsstellung der im Außendienst tätigen Vsangestellten gegenüber den übrigen unselbständigen Dienstleistenden zu zeigen. Dabei wird in weitem Umfang auf die Ausführungen zum Recht der selbständigen Vsvertreter (Anm. 140—423) verwiesen werden können.

Die Rechtsbeziehungen zwischen dem unselbständigen Vsvertreter und seinem Dienstherrn richten sich in erster Linie nach dem Anstellungsvertrag. Jedoch treten beim Angestellten die für den konkreten Fall getroffenen Einzelabreden gegenüber Normen mit einem weiteren Geltungsbereich stark in den Hintergrund. Diese allgemeinen, für alle oder doch eine größere Zahl von Arbeitsverhältnissen geltenden Regeln sind einmal in Gesetzen und Rechtsverordnungen (Anm. 426), zum anderen in sogen. Gesamtvereinbarungen festgelegt, unter denen die Tarifverträge (Anm. 427—429) den wichtigsten Platz einnehmen; von geringerer Bedeutung sind die Betriebsvereinbarungen (Anm. 430).

Über das Verhältnis der Rechtsquellen untereinander vgl. Staudinger-Nipperdey-Mohnen Vorbem. 356—361 vor § 611, S. 1227—1229. Im Verhältnis zwischen Tarifvertrag, Betriebsvereinbarung und Einzelvertrag gilt das sogen. Günstigkeitsprinzip (Duden[13] a. a. O. S. 153).

[426] bb) Gesetze und Rechtsverordnungen.

Das Recht der unselbständigen Dienstleistenden ist in einer Fülle von Gesetzen und Rechtsverordnungen teils privatrechtlichen, teils öffentlichrechtlichen Charakters geregelt. Neben Bundesgesetzen kommen auch Vorschriften der Länder in Betracht (über die Zuständigkeit des Bundes und der Länder zur Gesetzgebung auf dem Gebiete des Arbeitsrechts: BVerfG 22. IV. 1958 NJW 1958 S. 1179—1180).

Textsammlungen: Nipperdey, Arbeitsrecht (Sammlung der wichtigsten in Gesamtdeutschland, in der Bundesrepublik, in ihren Ländern und in Berlin geltenden arbeitsrechtlichen Vorschriften), 5. Aufl., München-Berlin 1959, Siebert-Hilger, Arbeitsrecht, Sammlung arbeitsrechtlicher Vorschriften, 5. Aufl., Heidelberg 1956; vgl. auch die Zusammenstellung der einschlägigen Vorschriften bei Staudinger-Nipperdey-Mohnen Vorbem. 43—139 vor § 611, S. 1115—1127.

Für die unselbständigen Vsvertreter gelten je nach der Person des Dienstherrn verschiedene Gesetze:

Die weitaus meisten unterliegen als Handlungsgehilfen den §§ 59—75 h HGB (abgedruckt: Anm. 135). Die Voraussetzungen des § 59[1] HGB (Anstellung in einem Handelsgewerbe zur Leistung kaufmännischer Dienste gegen Entgelt) treffen zu für die im Werbedienst beschäftigten Angestellten der Vsaktiengesellschaften, der Vsvereine auf Gegenseitigkeit (mit Ausnahme der sogen. kleineren Vereine, bei denen aber die §§ 59—75 h HGB entsprechend anzuwenden sind; Anm. 436, 500), aber auch für die Angestellten der selbständigen Vsvertreter (in besonderen Fällen auch der Makler). Näheres zur Person des Dienstherrn: Anm. 435—437, zum Erfordernis der Beschäftigung als (unselbständiger) Angestellter: Anm. 431—434, zur Leistung kaufmännischer Dienste: Anm. 438—439, zur Entgeltlichkeit: Anm. 440.

Die Bestimmungen des BGB gelten für Handlungsgehilfen nur, soweit nicht die §§ 59—75 h HGB oder die sonstigen Vorschriften des HGB eine besondere Regelung treffen (Art. 2 I EGHGB). Von praktischer Bedeutung sind neben den §§ 611—630 BGB die in § 675 BGB in Bezug genommenen Vorschriften für Dienstverträge, die eine Geschäftsbesorgung zum Gegenstand haben (Näheres dazu: Anm. 438).

Die Rechtsstellung der Lehrlinge auf dem Gebiet der Vsvermittlung ist geregelt in §§ 76—82 HGB; sie zeigt keine Besonderheiten und soll deshalb hier nicht behandelt werden (vgl. nur Anm. 445).

Soweit öffentlichrechtliche Vseinrichtungen sich unselbständiger Vermittler bedienen (dazu von Gierke II S. 100, Möller Vsvermittlung S. 41—42), kann es sich um Angestellte im öffentlichen Dienst oder ausnahmsweise um Beamte handeln (vgl. § 4 I preußisches G, betreffend die öffentlichen Feuervsanstalten, vom 25. VII. 1910, PrGS S. 141: „Die Leiter und sonstigen Beamten der öffentlichen Feuervsanstalten haben die Rechte und Pflichten unmittelbarer Staatsbeamten"). Die ersteren unterstehen wie die Handlungsgehilfen dem allgemeinen Arbeitsrecht, soweit nicht besondere Vorschriften erlassen worden sind (Zusammenstellung bei Staudinger-Nipperdey-Mohnen Vorbem. 123 vor § 611, S. 1125—1126); dagegen gilt für das „öffentlichrechtliche Dienst- und Treueverhältnis" der Beamten zum Staat (§ 2 I RahmenG zur Vereinheitlichung des Beamtenrechts [BeamtenrechtsrahmenG] vom 1. VII. 1957, BGBl. I S. 667) eine besondere Rechtsordnung, die mit dem Arbeitsrecht nichts gemein hat (vgl. Staudinger-Nipperdey-Mohnen Vorbem. 171, 256 vor § 611, S. 1139, 1171—1172). Für die hier in Frage kommenden Beamten der Länder oder der Gemeinden gelten die Beamtengesetze der Länder oder, wo solche nicht bestehen, das Deutsche BeamtenG vom 26. I. 1937 (RGBl. I S. 39) (Übersicht bei Staudinger-Nipperdey-Mohnen Vorbem. 165 vor § 611, S. 1133); allerdings müssen die Länder gemäß § 1 BeamtenrechtsrahmenG binnen drei Jahren nach dessen Inkrafttreten (1. IX. 1957) nach den dort gegebenen Rahmenbestimmungen neue Beamtengesetze erlassen. Für die Schweiz betont Meyer, Die Stellung des Generalagenten und Unteragenten der Vsgesellschaft im schweizerischen Recht, Bern 1947, S. 9, daß „Personen öffentlicher Vsanstalten" schlechthin Beamte seien und dem öffentlichen Recht unterstünden. Über Besonderheiten der Rechtsstellung der Angestellten öffentlichrechtlicher Ver auch Anm. 499.

Anknüpfungsort für die Anwendung arbeitsrechtlicher Normen, die nur jeweils in einem Land oder sonst in örtlich beschränktem Umfange gelten, können nicht die für die einzelnen Vertragspflichten verschiedenen Erfüllungsorte (dazu Anm. 449) sein, sondern es kommt darauf an, wo das Arbeitsverhältnis seinen Schwerpunkt hat. Bei Vsvertretern, die ihre Arbeit nicht im Betriebe leisten, kommt dafür nicht der Sitz der Hauptverwaltung in Frage, sondern der Ort, der im Mittelpunkt der Vermittlungsarbeit steht (so für Handlungsreisende: Beitzke BetrBer 1949 S. 489—490, dort auch über weitere Zweifelsfragen des interlokalen [interzonalen] Arbeitsrechtes). Es kann danach entweder der Sitz der Generalagentur oder Verwaltungsstelle maßgebend sein, in deren Bezirk der Vsvertreter tätig ist, oder aber, wenn die Bezirksdirektion den Vsvertreter nur für einen Teilbezirk einsetzt, der vom Sitz der Direktion verschiedene Wohnsitz des Vsvertreters, von dem aus er den ihm zugewiesenen Teilbezirk bearbeitet. Der Anknüpfungsort kann auch bei einem und demselben Arbeitsverhältnis verschieden sein je nachdem, ob die betreffende Regelung sich auf das Arbeitsverhältnis als Ganzes oder nur auf Fragen der Arbeitsleistung (Arbeitszeit, Überstundenvergütung usw.) bezieht (dazu Beitzke BetrBer 1949 S. 489—490).

[427] cc) Tarifverträge und Betriebsvereinbarungen.

aaa) Tarifverträge.

α) Allgemeines.

Schrifttum: Hueck-Nipperdey-Tophoven, TarifvertragsG, 3. Aufl., München-Berlin 1955, Maus, TarifvertragsG, Kommentar, Göttingen 1956.

Gesetzliche Grundlage für Abschluß und Geltung von Tarifverträgen ist jetzt das TarifvertragsG (TVG) vom 9. IV. 1949 (WiGBl. S. 55) in der Fassung des BundesG vom 11. I. 1952 (BGBl. I S. 19) und erweitert für das gesamte Bundesgebiet durch G vom 23. IV. 1953 (BGBl. I S. 156).

Tarifverträge (über deren Wesen und Inhalt: Hueck-Nipperdey II S. 153—525) werden geschlossen zwischen Verbänden von Arbeitgebern oder einzelnen Arbeitgebern und Verbänden von Arbeitnehmern (Gewerkschaften) (§ 2 TVG) und sind bestimmt, die Rechtsverhältnisse zwischen den in den Verbänden zusammengeschlossenen Unternehmen und Arbeitnehmern zu regeln. Sie setzen insbesondere die Vergütung und sonstige Vertragsbedingungen verbindlich fest (normativer Teil). Daneben enthalten sie Bestimmungen, die das Verhalten und die Pflichten der vertragsschließenden Parteien, also der Arbeitgeber- und Arbeitnehmerverbände regeln, z. B. Geltung und Dauer des Tarifvertrages, Schlichtungsvereinbarungen usw. (obligatorischer Teil) (§ 1 I TVG). Tarifverträge gelten grundsätzlich nur für diejenigen Arbeitnehmer, die Mitglieder der an dem Vertrag beteiligten Gewerkschaften sind (§ 3 TVG); andere Arbeitnehmer können nur Rechte aus dem Vertrag herleiten, wenn und soweit er für allgemeinverbindlich erklärt worden ist (§ 5 TVG). Die Rechte aus den Tarifverträgen sind unabdingbar und unverwirkbar (§ 4 I—IV TVG).

Der erste Tarifvertrag im Bereich der Vswirtschaft wurde am 12. V. 1919 geschlossen (dazu Eberhard NeumannsZ 1919 S. 247—250, Hagen I S. 260—262, Rohrbeck, Kommentar zum Reichstarifvertrag für die Angestellten der privaten Vsunternehmungen vom 12. V. 1919, Berlin 1919, Vogel NeumannsZ 1919 S. 313—314). Er wurde für allgemeinverbindlich erklärt, und zwar auch für die Angestellten der „Verwaltungs- und Provisions-Generalagenturen", soweit nicht örtliche oder bezirkliche Sondervereinbarungen bestanden (VA 1920 S. 67). Dieser Tarifvertrag schloß allerdings seine Geltung für unselbständige Vsvertreter fast vollständig aus. Er bestimmte in § 1 Ziff. 2:

„Es fallen nicht unter diesen Tarifvertrag:
1. Prokuristen und Generalagenten,
2. Außenbeamte der Lebens-, Unfall-, Haftpflicht- und Viehv, deren Tätigkeit vorwiegend in der Acquisition besteht,
3. gewerbliche Arbeitskräfte, Einnehmer in der Volks- und Lebensv, soweit für sie andere Tarifverträge gelten".

Erst nachdem für die übrigen Angestellten am 14. V. 1920 eine Teuerungszulage bewilligt worden war, kam es zu einer Neuregelung der Spesenvergütung für die „Außenbeamten", die am 10. XI. 1920 für allgemeinverbindlich erklärt wurde (VA 1921 S. 72).

In der Folgezeit wurden stets gesonderte Tarifverträge für Direktionsangestellte und für die Angestellten der Provisions- und Verwaltungsgeneralagenturen geschlossen, die allerdings in den wesentlichen Punkten übereinstimmten (VA 1921 S. 72). Auch bei der Darstellung des gegenwärtigen Rechtszustandes ist zwischen Angestellten von Vern (Anm. 428) und Angestellten von Vsvertretern und -maklern (Anm. 429) zu unterscheiden.

[428] β) Tarifvertrag für Angestellte von Versicherern.

Gegenwärtig gilt der „Tarifvertrag für das private Vsgewerbe" vom 1. IV. 1959. Er ist zwischen dem Arbeitgeberverband der Vsunternehmungen einerseits und der Deutschen Angestellen-Gewerkschaft und der Gewerkschaft Handel, Banken und Ven andererseits geschlossen worden, vorbereitet durch einen bei den Tarifvertragsparteien bestehenden gemeinsamen „Außendienstausschuß" (vgl. Offermann Der Vsangestellte 1958 Nr. 12 S. 1, Kometer Der Vsangestellte 1959 Nr. 1 S. 1—2). Gegenüber dem vorher geltenden Vertrag vom 26. XI. 1952 (mit den Änderungen bis zum 31. III. 1955 abgedruckt bei Trinkhaus I S. 557—579) ist der neue Tarifvertrag redaktionell umgearbeitet und in vielen Punkten auch materiell geändert worden (vgl. Offermann Der Vsangestellte 1959 Nr. 1 S. 3). Kurzkommentar: Mussil in: Vskaufmann Taschenbuch 1960, Wiesbaden o. J., S. 134—188. Weitere kleinere Änderungen sind am 30. VIII. 1960 mit Wirkung ab 1. IX. 1960 vereinbart worden.

Der Tarifvertrag unterscheidet zwischen den „im Angestelltenverhältnis tätigen Mitarbeitern des Werbeaußen- und Prämieneinzugsdienstes" (Teil III, von Trinkhaus I S. 276 „Werbeinspektoren" genannt) und „Angestellten des Innendienstes und des Außendienstes, soweit sie nicht unter Teil III fallen" (Teil II; zu den hier gemeinten Außendienstangestellten wären also z. B. die Schadenregulierungsbeamten, von Trinkhaus I S. 276 „Vollinspektoren" und „Vsinspektoren" genannt, zu rechnen). Beide Gruppen werden in wichtigen Punkten verschieden behandelt. „Generalagenten" (d. h. die sog. Verwaltungsgeneralagenten, darüber Anm. 438) werden — wenngleich sie Angestellte sind — von dem Tarif ausgeschlossen (§ 1 Ziff. 2 Abs. 2). Dafür bezieht sich der Tarifvertrag unterschiedslos auf alle sonstigen Arbeitnehmer im Außendienst ohne Rücksicht darauf, ob es sich um kaufmännisches Personal oder um gewerbliche Arbeitnehmer handelt (Mussil a. a. O. S. 135, Trinkhaus I S. 81; über den Unterschied Anm. 438). Die Terminologie der §§ 17—23 schwankt allerdings zwischen „Mitarbeiter" und „Angestellten".

Der Tarifvertrag gilt nach ausdrücklicher Regelung (§ 1 Ziff. 1) „im Gebiet der Bundesrepublik Deutschland und im Land Berlin". Die Arbeitsverträge im Saarland sind ihm auf Grund einer Vereinbarung zwischen der Deutschen Angestelltengewerkschaft und Vertretern der im Saarland arbeitenden Ver unterstellt worden (Anonym Der Vsangestellte 1959 Nr. 7 S. 3).

Wegen der zahlreichen Verweisungen wird nachstehend der Manteltarifvertrag in der Fassung vom 1. IV. 1959 und 30. VIII. 1960 im vollen Wortlaut abgedruckt.

Manteltarifvertrag

für das private Versicherungsgewerbe vom 1. April 1959 unter Berücksichtigung der Änderungen vom 30. August 1960

I. Allgemeine Bestimmungen

§ 1

Geltungsbereich

1. Der Tarifvertrag gilt im Gebiet der Bundesrepublik Deutschland und im Land Berlin.
2. Der Tarifvertrag regelt die Arbeitsverhältnisse aller Arbeitnehmer einschließlich der Lehrlinge.
   Vorstandsmitglieder und sonstige gesetzliche Vertreter von Versicherungsunternehmungen sowie Prokuristen, Syndici, Chefmathematiker, Gesellschaftsärzte und Generalagenten sind nicht Arbeitnehmer im Sinne dieses Vertrages.
   Der Tarifvertrag findet keine Anwendung auf folgende Arbeitnehmergruppen:
   Reinigungspersonal;
   Hausmeister in betriebseigenen, aber nicht überwiegend von der Versicherungsunternehmung benutzten Gebäuden;

Hausmeister in Häusern, die von der Versicherungsunternehmung zwar verwaltet werden, ihr aber nicht gehören und nicht von ihr benutzt werden;

Küchenhilfspersonal; darunter sind alle Küchenkräfte zu verstehen, die nicht als Küchenchef oder Köchin beschäftigt sind;

Personen, die ihre Tätigkeit nebenberuflich oder aushilfsweise ausüben oder regelmäßig nicht mehr als 22 Stunden im Wochendurchschnitt beschäftigt werden; § 15 Ziff. 3 bleibt unberührt.

3. Für im Angestelltenverhältnis tätige Mitarbeiter des Werbeaußen- und Prämieneinzugsdienstes gelten an Stelle der Vorschriften des Abschnittes II die Bestimmungen des Abschnittes III des Manteltarifvertrages.

§ 2

Einstellung

Jeder Neueingestellte erhält bei Dienstantritt, spätestens nach Ablauf einer etwaigen Probezeit, eine schriftliche Anstellungsbestätigung durch die Hauptverwaltung oder eine zur Einstellung von Arbeitnehmern berechtigte Geschäftsstelle.

II. Bestimmungen für Angestellte des Innendienstes und des Außendienstes, soweit sie nicht unter Teil III fallen

§ 3

Arbeitsentgelt

1. Für die Entlohnung ist die Art der Tätigkeit maßgebend.
2. Die Bezüge, deren Höhe im Gehaltstarifvertrag geregelt ist, sind Monatsbezüge. Sie werden nachträglich, spätestens am letzten Werktag des Monats, gezahlt. Fällt der Zahlungstermin in die Urlaubszeit nach § 13 oder in die Zeit einer Beurlaubung oder Dienstbefreiung nach § 14, so sind auf Wunsch die Bezüge vorher zu zahlen. Entgelt für Mehrarbeit wird monatlich abgerechnet.
3. Der Arbeitnehmer kann auf geldliche Ansprüche aus dem Tarifvertrag widerruflich verzichten, wenn sich dieser Verzicht wirtschaftlich zu seinen Gunsten auswirkt. Ein etwaiger Widerruf gilt nur für die Zukunft. Ein Verzicht ist vom Arbeitnehmer dem Arbeitgeber gegenüber schriftlich auszusprechen; bei Minderjährigen ist die schriftliche Zustimmung des gesetzlichen Vertreters erforderlich.

§ 4

Gehaltsgruppenmerkmale und Eingruppierung

1. Gehaltsgruppenmerkmale

Die Grundbezüge der Arbeitnehmer richten sich nach folgenden Gehaltsgruppenmerkmalen:

Gehaltsgruppe:

I Einfache, vorwiegend mechanische oder schematische Arbeiten, für die keine besondere Berufsausbildung, sondern nur eine kurzfristige Einarbeitung erforderlich ist.

II Arbeiten, die in der Regel eine abgeschlossene Anlern- oder Zweckausbildung oder eine längere erfolgreiche Einarbeitung voraussetzen.

III Arbeiten, die gute Fachkenntnisse voraussetzen, wie sie in der Regel durch eine abgeschlossene Berufslehre oder Fachschulausbildung erworben werden, oder Arbeiten, die Sonderfähigkeiten auf Einzelarbeitsgebieten verlangen, wie sie auch durch eine abgeschlossene Anlern- bzw. erfolgreiche Zweckausbildung und eine zusätzliche längere Berufserfahrung erlangt werden können.

IV Arbeiten, für die vertiefte Fachkenntnisse erforderlich sind, wie sie in der Regel durch mehrjährige Erfahrung nach erfolgreicher Berufsausbildung erworben werden.

V Schwierige Arbeiten, die umfangreiche Berufskenntnisse und mehrjährige einschlägige Erfahrungen oder umfassende theoretische Kenntnisse erfordern.

VI Hochwertige Arbeiten, die besondere Anforderungen an das fachliche Können stellen und mit erhöhter Verantwortung verbunden sind.

Richtlinien für die Anwendung der Gehaltsgruppeneinteilung sind im Anhang zum Manteltarifvertrag enthalten.

2. Eingruppierung

a) Für die Eingruppierung in die Gehaltsgruppen I—VI ist die überwiegende tatsächliche Beschäftigung maßgebend. Eine abgeschlossene Ausbildung gibt für sich allein noch keinen Anspruch auf Bezahlung nach einer bestimmten Gehaltsgruppe. Arbeitnehmer mit einer abgeschlossenen Versicherungslehre oder einer ihrer Art entsprechenden Berufslehre sind jedoch mindestens in Gehaltsgruppe III einzustufen. Abweichungen hiervon sind nur in Ausnahmefällen und im Einvernehmen mit dem Betriebsrat zulässig.

b) War ein Arbeitnehmer länger als sechs Monate in eine Gehaltsgruppe eingestuft, so ist bei gleichwertiger Tätigkeit eine niedrigere tarifliche Eingruppierung nur aus einem wichtigen Grunde und im Einvernehmen mit dem Betriebsrat zulässig.

§ 5

Berufsjahre

1. Als erstes Berufsjahr gilt frühestens das 21. Lebensjahr; die Einreihung erfolgt mit Beginn des Monats, in dem das 20. Lebensjahr vollendet wird.
2. Berufsjahre der Gehaltsgruppe I sind Beschäftigungsjahre in einer der jetzigen Tätigkeit entsprechenden Arbeit, auch außerhalb des Versicherungsgewerbes.
3. Berufsjahre in den Gehaltsgruppen II—VI sind im Versicherungsfach hauptberuflich verbrachte Beschäftigungsjahre. Die in einem anderen Beruf nach Vollendung des 20. Lebensjahres ausgeübte, durch Zeugnisse nachgewiesene Tätigkeit wird auf die Versicherungsberufsjahre angerechnet, sofern und soweit die dabei erworbenen Kenntnisse Verwertung finden; das gleiche gilt für Studienjahre. Beschäftigungsjahre bei den Landesversicherungsanstalten, Berufsgenossenschaften, gesetzlichen Krankenkassen oder deren Ersatzkassen werden voll angerechnet.
   Lehrjahre nach Vollendung des 20. Lebensjahres rechnen als Berufsjahre. Wenn die Lehre nach Vollendung des 20. Lebensjahres begonnen hat, rechnen die Berufsjahre demgemäß ab Lehrbeginn.
   Spätheimkehrern steht die Anrechnung von Berufsjahren zu, ohne Rücksicht darauf, wann sie ihre Lehre begonnen oder beendet haben.
4. Bei Landwirten, deren Berufserfahrung Grundlage für die Tätigkeit in der Hagelversicherung ist, kann die Anrechnung der landwirtschaftlichen Berufszeit auf zehn Jahre begrenzt werden.
5. Die Anrechnung von Wehrdienst, Dienstverpflichtung und Gefangenschaft richtet sich nach den gesetzlichen Vorschriften.
6. Die Bezüge der nächsthöheren Gehaltsstufe erhält der Arbeitnehmer jeweils mit dem Beginn des Monats, in dem das betreffende Lebens- oder Berufsjahr vollendet wird.

§ 6

Tätigkeitszulage

Zu den Bezügen der Gehaltsgruppe, in die der Arbeitnehmer eingruppiert ist, wird eine angemessene Tätigkeitszulage gewährt:

a) mit Beginn des Kalendermonats, von dem ab der Arbeitnehmer neben der Tätigkeit, nach der er eingruppiert ist dauernd Arbeiten einer höher bewerteten Gehaltsgruppe verrichtet;

b) mit Beginn des 4. Kalendermonats, von dem ab der Arbeitnehmer neben der Tätigkeit, nach der er eingruppiert ist, vorübergehend, aber länger als 3 Monate, Arbeiten einer höher bewerteten Gehaltsgruppe verrichtet. Dieser Anspruch erlischt mit Ende des Kalendermonats, in dem die Voraussetzung wegfällt.

§ 7

Verantwortungszulage

1. Arbeitnehmer der Gehaltsgruppen II—VI, die ständig die Verantwortung für die Arbeitsleistung von mehreren zu einer Abteilung (in größeren Betrieben auch Arbeitsgruppe oder dgl.) zusammengefaßten Arbeitnehmern tragen, erhalten dafür die ihrer Gehaltsgruppe entsprechende Verantwortungszulage.
2. Die ständig mit der Vertretung von Abteilungsleitern im Sinne von Ziff. 1 beauftragten Arbeitnehmer erhalten die Verantwortungszulage in halber Höhe.
3. Die Bemessung der Verantwortungszulage richtet sich bei Arbeitnehmern, deren Tätigkeit Merkmale aus zwei Gehaltsgruppen enthält, nach der höheren Gruppe.

§ 8

Haushaltszulage

1. Bei Führung einer nicht nur vorübergehenden Hausgemeinschaft im eigenen Haushalt erhalten die Arbeitnehmer eine Haushaltszulage, und zwar
   a) verheiratete Arbeitnehmer;
   die Haushaltszulage wird für jeden Haushalt nur einmal gewährt, und zwar an den Ehegatten, der überwiegend für den Haushalt aufkommt. Dies ist in der Regel der Mann. An ihn ist daher grundsätzlich die Haushaltszulage zu zahlen, auch wenn beide Ehegatten berufstätig sind.
   An die Arbeitnehmerin wird die Haushaltszulage auf Antrag dann gezahlt, wenn sie nachweist, daß sie überwiegend für den Haushalt aufkommt. Dies ist der Fall, wenn ihr Einkommen höher ist als das ihres Ehemannes.
   Einem verheirateten Arbeitnehmer, der von seinem Ehegatten getrennt lebt, wird die Haushaltszulage ausnahmsweise auch gewährt, wenn keine Hausgemeinschaft im eigenen Haushalt besteht, sofern die Trennung auf Umständen beruht, die weder von ihm noch vom anderen Ehegatten gewollt sind;
   b) verwitwete und geschiedene Arbeitnehmer, die mit ihren unterhaltsberechtigten Kindern zusammen leben;
   c) Arbeitnehmer, die einer gesetzlichen Unterhaltsverpflichtung ihren Familienangehörigen gegenüber nachkommen oder denen das Sorgerecht über ihre unehelichen Kinder zusteht.

   Die Erfüllung der Unterhaltsverpflichtung gemäß b) und c) gilt als erwiesen, wenn die steuerliche Anerkennung vorgelegt oder ein anderer Nachweis erbracht wird.

   Kinder gehören auch dann zur ständigen Hausgemeinschaft gemäß Ziff. 1 Buchst. b) und c), wenn sie wegen ihrer Ausbildung zeitweilig nicht im Haushalt des Arbeitnehmers leben.
2. Der Anspruch auf die Haushaltszulage entsteht mit Beginn und erlischt mit dem Ende des Monats, in dem die Voraussetzung eintritt oder wegfällt.

§ 9

Kinderzulage

1. Der Arbeitnehmer erhält für jedes eheliche oder gesetzlich ebenso zu behandelnde unterhaltsberechtigte Kind bis zur Vollendung des 18. Lebensjahres eine für alle Gehaltsgruppen gleiche Kinderzulage.

   Sofern sich das Kind nachweislich noch in einer Schul- oder Berufsausbildung befindet, wird die Kinderzulage längstens bis zur Vollendung des 24. Lebensjahres weitergezahlt. Die Kinderzulage wird um so viele Monate über das 24. Lebensjahr hinaus gewährt, als sich die Schul- oder Berufsausbildung infolge Ableistung der Wehrpflicht vor Vollendung des 24. Lebensjahres verzögert.

Die Kinderzulage wird auch für Stiefkinder gewährt, die — abgesehen von einem Bezug gemäß Ziff. 4 — vom Arbeitnehmer ausschließlich unterhalten werden.

Die Kinderzulage wird für jedes Kind nur einmal gewährt.

Sind beide Elternteile berufstätig und haben sie auf Grund Gesetzes, Tarifvertrages oder Einzelarbeitsvertrages beide Anspruch auf Kindergeld oder Kinderzulage gleich welcher Höhe, dann wird grundsätzlich die Kinderzulage an den männlichen Arbeitnehmer gezahlt.

Die Arbeitnehmerin erhält (auch als Mutter eines unehelichen Kindes) die Kinderzulage auf Antrag insoweit, als sie nachweist, daß der andere Elternteil keinen oder einen geringeren Anspruch auf Kinderzulage oder Kindergeld hat. Ein Unterschiedsbetrag wird nur ausgeglichen, wenn er mehr als 10,— DM beträgt.

Sind beide Elternteile in der gleichen Unternehmung beschäftigt, so kann die Kinderzulage auf Antrag an die Arbeitnehmerin gezahlt werden, wenn der Arbeitnehmer darauf verzichtet.

Ist der Ehemann der Arbeitnehmerin freiberuflich tätig, dann erhält sie eine Kinderzulage, sofern sie vorwiegend für den Unterhalt des Kindes aufkommt. Dies ist der Fall, wenn ihr Einkommen höher ist als das ihres Ehemannes.

Bezieht der Ehemann Arbeitslosengeld oder Arbeitslosenhilfe, kann die Arbeitnehmerin unbeschadet der vorstehenden Bestimmungen die Kinderzulage beanspruchen.

2. Soweit ein Recht auf Leistungen nach den Kindergeldgesetzen besteht, entfällt ein Anspruch nach diesem Tarifvertrag.
3. Die Kinderzulage wird erstmalig für den Geburtsmonat gezahlt, letztmalig für den Monat, in dem das 18. bzw. 24. Lebensjahr vollendet wird.
4. Hat ein Kind eigenes Einkommen, so wird die Kinderzulage insoweit gekürzt, als sie zusammen mit dem Einkommen des Kindes 150,— DM übersteigt. Waisenrenten sind kein Einkommen im Sinne dieser Bestimmung.

§ 10

Leistungen in besonderen Fällen

1. Bei durch Krankheit oder Unfall verursachter Arbeitsunfähigkeit erhalten die Arbeitnehmer ihre Bezüge für die Dauer von sechs Wochen.
2. Vom Beginn der 7. Woche an erhalten:
   a) krankenversicherungspflichtige Arbeitnehmer einen Zuschuß zum Krankengeld.

      Der Zuschuß wird so berechnet, daß er zusammen mit dem Krankengeld 90 v. H. der Gesamtnettobezüge beträgt.

      Der so berechnete Zuschuß wird auch dann gezahlt, wenn wegen Aufnahme in einem Krankenhaus Krankengeld nicht bezogen wird.
   b) nichtkrankenversicherungspflichtige Arbeitnehmer eine Krankenbeihilfe von 90 v. H. ihrer Gesamtnettobezüge.

      Mitglieder der Ersatzkassen erhalten die gleichen Leistungen, jedoch nur insoweit, als die Krankenbeihilfe nicht auf die satzungsgemäßen Leistungen einer Kasse angerechnet wird.

   Diese Leistungen werden nur bei einer ununterbrochenen Betriebszugehörigkeit von mehr als zwei bis fünf Jahren bis zum Ablauf der 13. Woche,
   von mehr als fünf Jahren bis zum Ablauf der 26. Woche,
   jeweils seit Beginn der Arbeitsunfähigkeit gewährt.
3. In den Fällen der Kündigung des Arbeitsverhältnisses aus wichtigem Grunde ohne Einhaltung einer Kündigungsfrist (§§ 70—72 HGB, §§ 123, 124 GO) finden die Bestimmungen der Ziffern 1 und 2 nur Anwendung, wenn die Kündigung wegen anhaltender Krankheit erfolgt.
4. Die Hinterbliebenen eines Arbeitnehmers erhalten die bisherigen Bezüge für weitere drei Monate, im ersten Jahr der Betriebszugehörigkeit für einen weiteren Monat über den Sterbemonat hinaus.

Als Hinterbliebene im Sinne dieser Bestimmung gelten:

a) die Ehefrau
bzw. der Ehemann, sofern seine verstorbene Ehefrau Haushaltszulage nach § 8 Ziff. 1a) erhalten hat,

b) Kinder, für die Kinderzulage gezahlt wurde, sofern ein Bezugsberechtigter nach a) nicht vorhanden ist,

c) Kinder, Eltern und Geschwister, wenn sie nachweislich vom Verstorbenen in seinem eigenen Haushalt unterhalten wurden und Bezugsberechtigte nach Buchst. a) und b) nicht vorhanden sind.

§ 11

Arbeitszeit, Mehrarbeit, Ausgleich für schwere Arbeit*

1. Regelmäßige Arbeitszeit
Die Arbeitszeit im Bürodienst beträgt an arbeitspflichtigen Samstagen 5 Stunden, an den übrigen Werktagen 8¼ Stunden. Pausen gelten nicht als Arbeitszeit.
Für die Angestellten im Bürodienst ist jeder 2. Samstag arbeitsfrei. Kann der freie Samstag aus zwingenden betrieblichen Gründen nicht gewährt werden, so ist in anderer Weise ein Ausgleich zu schaffen, etwa durch Freistellung der Mittwochnachmittage oder durch entsprechende Kürzung der Arbeitszeit nach besonderer Vereinbarung, an der der Betriebsrat mitwirkt. Bei Sonderregelungen ist die im Abs. 1 festgelegte Gesamtarbeitszeit einzuhalten.
Die Bestimmung der freien Samstage bleibt den Betrieben überlassen. Sie entfallen insoweit, als in einem Kalendermonat zusammen mit tariflichen oder gesetzlichen Feiertagen mehr als vier Werktage arbeitsfrei sein würden.

2. Mehrarbeit
Die an Werktagen über die regelmäßige Arbeitszeit hinaus geleistete angeordnete Mehrarbeit wird mit $^{1}/_{190}$ des Monatsbezuges (einschl. aller Zulagen) für jede Arbeitsstunde und von der 4. über die jeweilige wöchentliche Arbeitszeit hinausgehenden Arbeitsstunde an mit einem Zuschlag von 25 v. H. bezahlt.
Bezahlung für Mehrarbeit kann vertraglich für Angestellte ausgeschlossen werden, deren Jahresbezug ohne Sozialzulagen mindestens 12000,— DM beträgt. Die Bestimmungen der Arbeitszeitordnung bleiben unberührt.

3. Ausgleich für schwere Arbeiten
Für die ständig mit schweren Arbeiten an Büromaschinen beschäftigten weiblichen Arbeitnehmer wird durch verkürzte Arbeitszeit oder längeren Urlaub ein angemessener Ausgleich geschaffen.

§ 12

Zusätzliche arbeitsfreie Tage

1. Die Samstage vor Ostern und Pfingsten und der 24. Dezember sind dienstfrei. An Silvester endet, außer an Samstagen, der Dienst um 14 Uhr, soweit nicht betriebliche Erfordernisse eine andere Regelung notwendig machen.

2. Die Hagelversicherungsgesellschaften können für den Pfingstsamstag einen Sonderdienst einrichten; für die dazu eingeteilten Arbeitnehmer bleibt ein anderer Arbeitstag dienstfrei.

---

* Die Arbeitszeitbestimmung des § 11 ist mit Wirkung vom 1. III. 1960 durch die folgende Vereinbarung der Tarifpartner geändert worden:

1. Abweichend von § 11 Ziff. 1 des Manteltarifvertrages für das private Vsgewerbe in der Fassung vom 1. April 1959 beträgt für die Angestellten im Bürodienst die tägliche Arbeitszeit ab 1. März 1960 8¾ Stunden. Die Sonnabende sind arbeitsfrei.
2. Betriebliche Sondervereinbarungen bleiben unberührt.
3. Diese Vereinbarung kann, unabhängig vom Manteltarifvertrag, mit einmonatiger Frist erstmalig zum 3. September 1960 von jeder Tarifvertragspartei gekündigt werden.

§ 13

Erholungsurlaub

1. Der Arbeitnehmer hat für jedes Kalenderjahr Anspruch auf einen möglichst ungeteilten Erholungsurlaub unter Fortzahlung der Gehaltsbezüge für die regelmäßige Arbeitszeit.

   Eine Abgeltung des Urlaubs ist nur statthaft, wenn einem Arbeitnehmer vor Beendigung des Arbeitsverhältnisses der Urlaub nicht oder nicht in vollem Umfang gewährt werden kann.

2. Besteht ein Teil der Bezüge, die das Entgelt für die Dienstleistung aus dem Arbeitsverhältnis ausmachen, vertragsgemäß aus Provisionen für Eigengeschäfte, so ist der Provisionsausfall während der Urlaubszeit gem. Abs. 2 und 3 auszugleichen. Die übrigen Bezüge (z.B. Gehalt, Superprovision, Inkassoprovision) werden in der tatsächlich anfallenden Höhe weitergezahlt.

   Als Provisionsausgleich ist für jeden Urlaubstag der Durchschnittsprovisionsbezug eines Tages zu zahlen. Dieser beträgt $^1/_{25}$ der verdienten Durchschnittsmonatsprovision aus Eigengeschäften während der letzten 12 Monate.

   Der Ausgleich wird nur bis zur Höhe von 40 DM der täglichen Gesamtbruttobezüge vorgenommen. Während der Urlaubszeit gutgeschriebene Provisionen aus Eigengeschäften dürfen nicht angerechnet werden.

   Bei kürzerer Beschäftigung in der Unternehmung wird der Ausgleich nach dem Monatsdurchschnitt dieser Zeit vorgenommen.

3. Der Urlaubsanspruch entsteht erstmalig nach einer sechsmonatigen, bei Jugendlichen nach einer dreimonatigen ununterbrochenen Tätigkeit im Betrieb.

4. Im Verlaufe des Kalenderjahres eintretende oder ausscheidende Arbeitnehmer erhalten für jeden vollen Monat, den sie im Verlaufe des Kalenderjahres dem Betriebe angehören, $^1/_{12}$ des Jahresurlaubs aufgerundet auf volle Tage. Wer spätestens am 1. April eintritt, hat Anspruch auf einen vollen Jahresurlaub. Ein für das gleiche Jahr in einer früheren Stellung gewährter Erholungsurlaub wird angerechnet. Wenn der Urlaub vor dem Ausscheiden nicht mehr gewährt werden kann, so wird er durch Zahlung des entsprechenden Gehaltsanteils ($^1/_{25}$ des Monatseinkommens für jeden Werktag) abgegolten. Ist der Urlaub beim Ausscheiden bereits voll gewährt, so können die für die Urlaubszeit etwa zuviel gezahlten Gehaltsteile nicht zurückgefordert werden.

5. Der Urlaub beträgt:

   24 Arbeitstage für Lehrlinge und Jugendliche bis zum vollendeten 18. Lebensjahr (Stichtag 1. Januar),
   18 Arbeitstage für Lehrlinge und Jugendliche bis zum vollendeten 20.Lebensjahr (Stichtag 1. Januar),
   14 Arbeitstage bis zur Vollendung des 2. Berufsjahres,
   16 Arbeitstage im 3. bis 5. Berufsjahr,
   18 Arbeitstage im 6. bis 10. Berufsjahr,
   20 Arbeitstage im 11. bis 15. Berufsjahr,
   24 Arbeitstage darüber hinaus.

   Für die Berechnung der Urlaubstage für Arbeitnehmer ab Beginn des 21. Lebensjahrs gilt der Zeitpunkt des Urlaubsantritts als Stichtag.

6. Muß der überwiegende Teil des Urlaubs aus betrieblichen Gründen in der Zeit vom 1. Oktober bis 31. März genommen werden, so werden 3 Arbeitstage Mehrurlaub gewährt.

7. Schwerbeschädigte und diesen nach dem Schwerbeschädigtengesetz Gleichgestellte erhalten den ihnen gesetzlich zustehenden zusätzlichen Urlaub von zur Zeit 6 Arbeitstagen.

8. Beurlaubungen zur Erholung nach einer Krankheit oder für ein vorbeugendes Heilverfahren können auf den Erholungsurlaub gemäß Ziff. 5 und 6 bis zu dessen Hälfte angerechnet werden.

9. Die freien Samstage vor Ostern und Pfingsten sowie der 24. Dezember sind keine Arbeitstage im Sinne der Urlaubsbestimmungen. Die freien Samstage gemäß § 11 Ziffer 1 gelten als Arbeitstage.

10. Übt ein Arbeitnehmer während des Urlaubs eine Beschäftigung gegen Entgelt aus, die im Widerspruch zu dem Erholungszweck steht, so können die für den Urlaub gezahlten Gehaltsteile zurückgefordert werden. Diese sind dann an eine betriebliche Wohlfahrtseinrichtung abzuführen.

§ 14

Außerordentlicher Urlaub

1. Beurlaubungen aus besonderen Anlässen, wie schwerer Erkrankung und Todesfall in der Familie (z.B. Ehegatten, Kinder, Eltern und Geschwister), eigener Hochzeit, Niederkunft der Ehefrau, Umzug, werden auf den tariflichen Urlaub nicht angerechnet.
2. Den in Bundes- oder Landesvorständen oder ihnen gleichzustellenden Organen ehrenamtlich bei den vertragsschließenden Angestellten-Organisationen tätigen Arbeitnehmern ist zur Teilnahme an Veranstaltungen in Gewerkschaftsangelegenheiten Dienstfreiheit zu gewähren. Das gleiche gilt für Mitglieder dieser Organisationen, die als Delegierte zu Bundes- oder Landestagungen gewählt sind oder die einer Tarifkommission angehören. Die gesamte Beanspruchung darf nicht mehr als 4 aufeinanderfolgende Tage, im ganzen Jahr nicht mehr als 12 Arbeitstage, umfassen. Eine Anrechnung auf den Urlaub ist nicht zulässig.

§ 15

Kündigung

1. Die Kündigung ist nur zum Vierteljahresschluß zulässig. Die Kündigungsfrist beträgt mindestens 6 Wochen.
2. Bei einer Beschäftigungszeit von mindestens 5 Jahren bei demselben Arbeitgeber oder seinem Rechtsvorgänger (die Beschäftigung vor Vollendung des 25. Lebensjahres wird nicht berücksichtigt) kann der Arbeitgeber nur wie folgt kündigen:

   bei einer Beschäftigungszeit von mindestens 5 Jahren mit einer Frist von mindestens 3 Monaten zum Vierteljahresschluß,

   bei einer Beschäftigungszeit von mindestens 8 Jahren mit einer Frist von mindestens 4 Monaten zum Vierteljahresschluß,

   bei einer Beschäftigungszeit von mindestens 10 Jahren mit einer Frist von mindestens 5 Monaten zum Vierteljahresschluß,

   bei einer Beschäftigungszeit von mindestens 12 Jahren mit einer Frist von mindestens 6 Monaten zum Vierteljahresschluß.
3. Bei Arbeitnehmern, die nur vorübergehend zur Aushilfe (bis zur Höchstdauer von 3 Monaten) oder zur Bewältigung eines besonderen Arbeitsanfalles oder auf Probe eingestellt sind, gelten die gesetzlichen Bestimmungen.
4. Nach der Kündigung wird dem Arbeitnehmer auf Verlangen ein Zwischenzeugnis ausgestellt. Der Inhalt des endgültigen Zeugnisses darf von dem Zwischenzeugnis zuungunsten des Arbeitnehmers nur abweichen, wenn dieser durch sein Verhalten in der Zwischenzeit hierzu Anlaß gegeben hat.

§ 16

Verschmelzung und Sitzverlegung, Umzugskostenerstattung

1. Bei Verschmelzungen sind die Arbeitnehmer nach Möglichkeit zu übernehmen. Die übernommenen Arbeitnehmer behalten die von ihnen nach dem Tarifvertrag erworbenen Rechte.
2. Bei Sitzverlegungen ist der Arbeitgeber verpflichtet, die Arbeitnehmer, soweit sie nicht am bisherigen Ort weiterverwendet werden können, auf ihren Antrag am neuen Sitz des Betriebes in ihren bisherigen Stellungen weiterzubeschäftigen.

   Diese Verpflichtung gilt für die erstmalige Sitzverlegung nach dem 8.5.1945, die durch zwingende, nicht von der Unternehmung zu vertretende Gründe veranlaßt ist, nur im Rahmen ihrer Leistungsfähigkeit.

Bei Meinungsverschiedenheiten über die Leistungsfähigkeit wird § 27 sinngemäß angewendet.

3. Das Kündigungsrecht darf seitens des Arbeitgebers erst nach einer sechsmonatigen Schutzfrist ausgeübt werden, es sei denn, daß der Arbeitnehmer die Sitzverlegung nicht mitmachen will. Die Schutzfrist beginnt am Tage des Umzugs der Unternehmung.

   Kann einem Arbeitnehmer aus einem wichtigen Grunde die verlangte Sitzverlegung nicht zugemutet werden und kann er am alten Ort vom bisherigen Arbeitgeber nicht weiterbeschäftigt werden, so ist ohne Einhaltung der im Abs. 1 festgelegten Schutzfrist die Kündigung zum nächsten gesetzlich zulässigen Termin möglich. In diesem Fall erhält der Arbeitnehmer seine Gesamtbezüge über die Beendigung seines Dienstverhältnisses hinaus noch auf weitere drei Monate.

4. Kündigt der Arbeitgeber vor Ablauf von 12 Monaten nach der Sitzverlegung, so trägt er dem Arbeitnehmer gegenüber die nachgewiesenen angemessenen Kosten des Rückumzuges oder Wegzuges an einen anderen Ort, letztere jedoch höchstens in Höhe der Kosten eines Umzuges nach dem früheren Wohnort.

5. Die nachgewiesenen angemessenen Kosten aus dem notwendigen Umzuge des Arbeitnehmers, insbesondere auch Verbindlichkeiten aus Mietverträgen, trägt der Arbeitgeber.

   Dies gilt auch bei der Versetzung einzelner Angestellter.

6. Die Bestimmungen in Ziff. 2—5 finden in den Fällen der Kündigung des Arbeitsverhältnisses aus wichtigem Grunde ohne Einhaltung einer Kündigungsfrist (§§ 70—72 HGB und §§ 123 und 124 GO) keine Anwendung.

III. Bestimmungen für die im Angestelltenverhältnis tätigen Mitarbeiter des Werbeaußen- und Prämieneinzugsdienstes

§ 17

Allgemeine Vorschriften

Abschnitt III regelt die Arbeitsbedingungen der im Angestelltenverhältnis tätigen Mitarbeiter des Werbeaußen- und Prämieneinzugsdienstes.

Freiberufliche Mitarbeiter, die als selbständige Versicherungskaufleute (Versicherungsvertreter nach §§ 84 I, 92ff HGB und Versicherungsmakler nach § 93 HGB) tätig sind, fallen nicht unter den Tarifvertrag.

Auswahl und Ausbildung von im Angestelltenverhältnis tätigen Mitarbeitern des Werbeaußen- und Prämieneinzugsdienstes müssen nach Grundsätzen erfolgen, die eine einwandfreie Berufstätigkeit gewährleisten. Dabei finden die von den Fachverbänden der Versicherungswirtschaft aufgestellten Richtlinien Anwendung, die dem Zwecke dienen, das Versicherungsgewerbe von unlauteren Elementen freizuhalten.

§ 18

Arbeitszeit

Eine bestimmte Arbeitszeit wird nicht festgelegt.

Die zusätzlichen arbeitsfreien Tage nach § 12 gelten auch für den Werbeaußen- und Prämieneinzugsdienst.

§ 19

Einkommen

1. Das monatliche Mindesteinkommen beträgt:

in den Orten der Ortsklasse 1	355,— DM
in den Orten der Ortsklasse 2	345,— DM
in den Orten der Ortsklasse 3	335,— DM

   Für die Ortsklasseneinteilung gelten Ziff. 5a) und d) des Gehaltstarifvertrages.

Nach einjähriger Betriebszugehörigkeit erhöht sich das Mindesteinkommen um die Haushalts- und Kinderzulage nach §§ 8 und 9 des Manteltarifvertrages und Ziff. 3b) und c) des Gehaltstarifvertrages.

Auf das vorgenannte Mindesteinkommen sind die verdienten Provisionen anzurechnen, wenn nichts anderes vereinbart ist.

2. Die Gesamtabrechnung erfolgt mindestens einmal jährlich. Bei Ausscheiden innerhalb des Abrechnungszeitraums hat der Arbeitnehmer Anspruch auf eine entsprechende anteilige Abrechnung. Ein etwa verbleibender Schuldsaldo wird in jedem Fall abgeschrieben, soweit durch die Nichtabschreibung des Schuldsaldos die tatsächlichen Bezüge unter dem Mindesteinkommen des Abrechnungszeitraumes liegen.
3. Die Bezüge werden monatlich nachträglich, spätestens am letzten Werktag des Monats, gezahlt. § 3 Ziff. 2 S. 3 gilt entsprechend.

§ 20

Fahrtauslagen und Spesen

1. Notwendige tatsächliche Fahrtauslagen werden dem Arbeitnehmer gemäß vorheriger schriftlicher Vereinbarung ersetzt. Pauschale Abgeltung kann vereinbart werden.
2. Spesen werden je nach Art der Tätigkeit und der Arbeitsgebiete auf Grund von Erfahrungssätzen berechnet und in freier Vereinbarung schriftlich festgelegt.

§ 21

Leistungen in besonderen Fällen

1. Bei durch Krankheit oder Unfall verursachter Arbeitsunfähigkeit erhalten die Arbeitnehmer ihre Bezüge für die Dauer von 6 Wochen.
2. Vom Beginn der 7. Woche an erhalten:
   a) krankenversicherungspflichtige Arbeitnehmer einen Zuschuß zum Krankengeld.

      Der Zuschuß wird so berechnet, daß er zusammen mit dem Krankengeld 90 v. H. der Durchschnittsbezüge der letzten 12 Monate (höchstfalls 660 DM, für das Land Berlin 750 DM monatlich) beträgt.

   b) Nichtkrankenversicherungspflichtige Arbeitnehmer erhalten als Krankenbeihilfe 90 v. H. ihrer Durchschnittsbezüge während der letzten 12 Monate (höchstfalls insgesamt 800 DM).

      Mitglieder der Ersatzkassen erhalten als Krankenbeihilfe die gleichen Leistungen, jedoch nur insoweit, als diese Krankenbeihilfe nicht auf die satzungsgemäßen Leistungen einer Kasse angerechnet wird.

   Diese Leistungen werden nur bei einer ununterbrochenen Betriebszugehörigkeit

   von mehr als drei bis fünf Jahren bis zum Ablauf der 13. Woche,
   von mehr als fünf Jahren bis zum Ablauf der 26. Woche,

   jeweils seit Beginn der Arbeitsunfähigkeit gewährt.
3. § 10 Ziff. 3 findet Anwendung.
4. Die Hinterbliebenen eines verstorbenen Arbeitnehmers erhalten
   a) im 1. Jahr seiner Betriebszugehörigkeit das Mindesteinkommen für einen Monat,
   b) im 2. bis 5. Jahr seiner Betriebszugehörigkeit das Mindesteinkommen für 3 Monate,
   c) bei mehr als 5jähriger Betriebszugehörigkeit die monatlichen Durchschnittsbezüge der letzten 12 Monate vor seinem Tode (höchstens 800 DM monatlich) für 3 Monate,

   jeweils über den Sterbemonat hinaus.

   § 10 Ziff. 4 Abs. 2 findet Anwendung.

5. Unter Bezügen ist das tatsächliche monatliche Durchschnittseinkommen der letzten der Arbeitsunfähigkeit vorausgehenden 12 Monate zu verstehen, soweit es Entgelt für die Dienstleistungen aus dem Arbeitsverhältnis ist (Gehalt zuzüglich Provisionen, nicht jedoch Spesen bzw. Spesenpauschale sowie Fahrtkostenersatz).

§ 22

Urlaub

1. Nach sechsmonatiger Tätigkeit im Werbeaußen- und Prämieneinzugsdienst erhalten die Arbeitnehmer einmal in jedem Kalenderjahr einen Erholungsurlaub unter Fortzahlung der Bezüge (§ 21 Ziff. 5), und zwar:

bis zum 5. Jahr der Betriebszugehörigkeit:	12 Arbeitstage
vom 6. Jahr der Betriebszugehörigkeit an:	17 Arbeitstage
vom 10. Jahr der Betriebszugehörigkeit an:	20 Arbeitstage
vom 16. Jahr der Betriebszugehörigkeit an:	24 Arbeitstage.

2. Für die Berechnung der Urlaubsdauer sind vom 4. Jahr der Betriebszugehörigkeit an auch bei anderen Versicherungsunternehmungen im Angestelltenverhältnis verbrachte Jahre voll anzurechnen.

3. Im übrigen gelten die Bestimmungen der §§ 13 und 14 entsprechend.

§ 23

Kündigung

1. Die Kündigungsfrist beträgt beiderseits im ersten Jahr der Betriebszugehörigkeit 1 Monat zum Monatsschluß, vom Beginn des 2. Jahres der Betriebszugehörigkeit an 6 Wochen zum Vierteljahresschluß.
   Im übrigen gilt § 15 Ziffer 2.

2. Die Bestimmungen über die Ausstellung eines Zeugnisses (§ 15 Ziff. 4) gelten auch für die im Angestelltenverhältnis tätigen Mitarbeiter des Werbeaußen- und Prämieneinzugsdienstes.

IV. Schlußbestimmungen

§ 24

Verfall von Ansprüchen

Ansprüche aus dem Arbeitsverhältnis verfallen, wenn sie nicht spätestens innerhalb von 6 Monaten nach dem Ausscheiden aus dem Betrieb diesem gegenüber schriftlich geltend gemacht werden.

§ 25

Verzicht auf Ansprüche

Die tarifvertraglichen Bedingungen sind Mindestbedingungen, auf die rechtswirksam auch nachträglich nicht verzichtet werden kann. § 3 Ziff. 3 bleibt unberührt.

§ 26

Besitzstandsklausel

Soweit günstigere Regelungen bestehen, wird die bisherige Rechtslage durch diesen Tarifvertrag nicht berührt.

§ 27

Streitigkeiten über die Auslegung des Tarifvertrages

Zur Schlichtung von Streitigkeiten über die Auslegung dieses Tarifvertrages ist ein Schiedsausschuß zuständig. Dieser wird von beiden Vertragsparteien paritätisch besetzt und für jeden Streitfall besonders gebildet.

Ist im Schiedsausschuß keine Verständigung zu erzielen, so wird ein Schiedsgericht gebildet. Es wird paritätisch von den Vertragsparteien besetzt. An die Spitze tritt ein unparteiischer Vorsitzender. Er wird von den Beisitzern des Schiedsgerichts gewählt. Kommt über die Person des unparteiischen Vorsitzenden keine Einigung zustande, so ist der Bundesminister für Arbeit und Sozialordnung um die Bestellung anzugehen. Die Entscheidung des Schiedsausschusses und des Schiedsgerichts sind für beide Vertragsparteien verbindlich.

Die Zuständigkeit der Arbeitsgerichte wird durch das Schiedsverfahren nicht berührt.

§ 28

Geltungsdauer

1. Der Manteltarifvertrag nebst Anhang kann von beiden Vertragsparteien zum Ende eines Kalenderjahres mit dreimonatiger Frist schriftlich gekündigt werden.
2. Die Geltungsdauer des Gehaltstarifvertrages wird dort geregelt.

Köln, den 1. April 1959.

Die Tarifvertragsparteien.

Neben den „Manteltarifvertrag" tritt der Gehaltstarifvertrag (in Kraft getreten am 1. VII. 1959), der die Einkommensstaffeln, also die unter Berücksichtigung der Tarifgruppen und der Ortsklassen festgesetzten Mindestvergütungssätze festlegt. Die Tarifvertragsparteien haben weiter eine Schlichtungsvereinbarung vom 27. IX. 1955 mit einer Zusatzvereinbarung vom gleichen Tage getroffen.

Der Tarifvertrag ist nicht für allgemeinverbindlich erklärt worden, gilt also unmittelbar nur für diejenigen Arbeitnehmer und Arbeitgeber, die einem der vertragschließenden Verbände angeschlossen sind.

Von den öffentlichrechtlichen Vern sind nur einige wenige dem Arbeitgeberverband der Vsunternehmungen angeschlossen und damit an den Tarifvertrag gebunden (Taschenbuch Der Vsangestellte 1958 S. 49—50, Näheres Anm. 499).

Neben dem allgemeinen Tarifvertrag bestehen Sondertarifverträge (Haustarifverträge) mit einzelnen Vern, die zum Teil um 20% höhere Gehaltssätze vorsehen als der Tarifvertrag für das private Vsgewerbe (Anonym Der Vsangestellte 1959 Nr. 8 S. 4). Das praktische Gewicht dieser Haustarife, an denen sowohl private als auch öffentlichrechtliche Ver beteiligt sind, ist allerdings gering; ihre Zahl beträgt im ganzen nicht mehr als fünf oder sechs.

[429] γ) Tarifvertrag für Angestellte von Versicherungsvermittlern.

Die tarifrechtliche Lage auf dem Gebiet der Vsvermittlung ist außerordentlich kompliziert, weil hier auf der Arbeitgeberseite keine einheitliche Organisation besteht und die zahlreichen Vsvermittlerverbände bisher noch keine übereinstimmenden Tarifverträge abgeschlossen haben. Zum Teil weigern sich die Vermittlerverbände ausdrücklich, auf die Forderungen der Gewerkschaften nach Abschluß einheitlicher Tarifverträge einzugehen (Vsvermittlung 1958 S. 103). Tarifvertragliche Bindungen bestehen nur für einzelne Vermittlerverbände.

Eine einheitliche und eindeutige Rechtslage wurde für kurze Zeit geschaffen, als der Bundesarbeitsminister am 8. XII. 1952 mit Wirkung vom 1. I. 1953 einen Tarifvertrag für allgemeinverbindlich erklärte (BAnz Nr. 242 vom 13. XII. 1952). Dieser Tarifvertrag war am 1. IX. 1952 zwischen dem Fachverband der Vsgeneralagenten und -Vertreter Hamburg und dem Wirtschaftsverband Vsvermittlung Schleswig-Holstein (ab 1. I. 1956: Verband der Vs-Kaufleute Schleswig-Holstein) einerseits und der Deutschen Angestelltengewerkschaft und der Gewerkschaft Handel, Banken und Ven andererseits geschlossen worden. Er galt infolge der Allgemeinverbindlichkeitserklärung für alle Arbeitnehmer im Bereiche der selbständigen Vsvermittlung.

Bereits mit Wirkung vom 1. IV. 1954 wurde der Tarifvertrag von den vertragschließenden Parteien geändert. Seit dieser Zeit sind noch mehrere Änderungen vorgenommen worden (Trinkhaus I S. 557—558 Anm. 2 für die Zeit bis 1955). An einer späteren Änderung mit Wirkung vom 1. VII. 1958 waren auf der Arbeitgeberseite beteiligt der Verband der bevollmächtigten Generalagenten und Assekuradeure Köln, der Fachverband der Vs-Generalagenten und -Vertreter Hamburg und der Verband der Vs-Kaufleute Land Schleswig-Holstein (aufgelöst per 31. XII. 1958). Eine weitere wesentliche Änderung ist am 6. VIII. 1959 vereinbart worden, und zwar nur mit dem Verband der bevollmächtigten Generalagenten und Assekuradeure, Köln und dem Fachverband der Vsgeneralagenten und -Vertreter, Hamburg (vgl. Der Vsangestellte 1959 Nr. 8 S. 2—3). Die übrigen Verbände haben keine Vereinbarungen mit den Gewerkschaften getroffen.

Durch diese Änderungen ist der Rechtszustand wieder uneinheitlich geworden. Während für die Mitglieder der an den Änderungen beteiligten Verbände ausschließlich die neue Fassung in Betracht kommt, wirkt die Allgemeinverbindlichkeitserklärung für die übrigen Vsvermittler und ihre Angestellten grundsätzlich noch weiter. Allerdings ist ihr, soweit der für allgemeinverbindlich erklärte Vertrag vom 1. IX. 1952 inzwischen von seinen Parteien geändert worden ist, die Grundlage entzogen worden. Die neuen Bestimmungen gelten nicht für Außenseiter, weil sie nicht für allgemeinverbindlich erklärt worden sind; aber auch die ursprüngliche Fassung kann keine „allgemeinverbindliche“ Wirkung mehr entfalten, weil sie vertraglich aufgehoben ist (so die herrschende Vertragstheorie: Hueck-Nipperdey II S. 475, Hueck-Nipperdey-Tophoven Anm. 38 zu § 5, S. 237, Maus Anm. 55, 56 zu § 5, S. 537, Schnorr von Carolsfeld, Arbeitsrecht, 2. Aufl., Göttingen 1954, S. 73). Die nicht geänderten Bestimmungen des für allgemeinverbindlich erklärten Tarifvertrages könnten für Außenseiter fortgelten in entsprechender Anwendung von § 139 BGB (so Hueck-Nipperdey II S. 475, Hueck-Nipperdey-Tophoven Anm. 38 zu § 5, S. 237, anders Schnorr von Carolsfeld a. a. O. S. 73). Die an dem Tarifvertrag für das Vsvermittlergewerbe vorgenommenen Änderungen erfassen aber nicht nur die unmittelbar geänderten Vorschriften, sondern auch andere Bestimmungen, die auf geänderte Teile Bezug nehmen; auf diese Weise bleiben von dem gesamten Normenkomplex nur vereinzelte Bruchstücke unberührt, die keine Geltung als selbständiger Tarifvertrag beanspruchen können. Eine auch nur teilweise Weitergeltung des Tarifvertrages vom 1. IX. 1952 für Außenseiter kommt also auch nach der Auffassung Nipperdeys nicht in Betracht (so auch Trinkhaus I S. 558 Anm. 2).

Obwohl die Allgemeinverbindlichkeit mit den umfangreichen Änderungen des Tarifvertrages weggefallen ist, wirken seine Bestimmungen gemäß § 4 V TVG nach, soweit sie nicht durch eine neue Regelung ersetzt sind (Hueck-Nipperdey II S. 475, Schnorr von Carolsfeld a. a. O. S. 69, LArbG Hamburg 30. X. 1953 RdA 1954 S. 80 = BetrBer 1954 S. 96, ArbG Göttingen 6. IX. 1949 AP 1950 Nr. 56 S. 199—200 mit zust. Anm. Tophoven). Die alten Arbeitsverhältnisse im Vsvermittlergewerbe richten sich also nach wie vor nach der für allgemeinverbindlich erklärten Fassung des Tarifvertrages, wenn und soweit nicht inzwischen abweichende (tarifliche oder einzelvertragliche) Regelungen getroffen worden sind.

Zu Unrecht meint Trinkhaus I S. 558 Anm. 2 für den Wirtschaftsverband Vsvermittlung Bonn, der am Zustandekommen des für allgemeinverbindlich erklärten Tarifvertrages nicht beteiligt gewesen war, sei nun wieder ein früherer, bereits zum 31. XII. 1952 vom Verband gekündigter Tarifvertrag als nachwirkend gemäß § 4 V TVG zu beachten. Nachdem einmal an die Stelle des durch Kündigung erloschenen Tarifvertrages der für allgemeinverbindlich erklärte neue Vertrag getreten war, kann auch eine Nachwirkung gemäß § 4 V TVG für den alten Vertrag nicht mehr in Betracht kommen.

Die Vsvermittlerverbände, die nicht selbst an einem der neuen Tarifverträge beteiligt sind, empfehlen indessen teilweise ihren Mitgliedern, trotz der bestehenden Vertragsfreiheit, sich bei der Behandlung ihrer Arbeitnehmer nach dem neuen Tarifvertrag zu richten und insbesondere bei der Entlohnung die Gehaltsstaffeln dieses Tarifvertrages zugrundezulegen (vgl. nur Vsvermittlung 1958 S. 103).

Anders als der Tarifvertrag für das private Vsgewerbe (Anm. 428) legt sich der Tarifvertrag für das Vsvermittlergewerbe Geltung nur für die Betriebe des Vsvermittlergewerbes „im Gebiet der Bundesrepublik Deutschland“ bei (§ 1 Ziff. 1). Ob damit seine Geltung in Berlin ausgeschlossen werden sollte, erscheint zweifelhaft. Tatsächlich haben die an dem Vertrag beteiligten Vertreterverbände kaum Mitglieder in Berlin, so daß kein Anlaß für eine besondere Regelung bestand; andererseits steht einer freiwilligen Befolgung des Tarifvertrages auch durch Berliner selbständige Vermittler nichts im Wege.

Der Tarifvertrag enthält — wie der für das private Vsgewerbe (Anm. 428) — besondere Bestimmungen für die Angestellten im Außendienst und macht ebensowenig wie dieser einen Unterschied zwischen kaufmännischen und gewerblichen Arbeitnehmern.

Nachstehend wird der Tarifvertrag abgedruckt:

Tarifvertrag

für das Versicherungsvermittler-Gewerbe vom 1. September 1952 unter Berücksichtigung der Änderungen vom 6. August 1959, 14. Juli 1960

Teil I

§ 1

(Geltungsbereich)

1. Der Tarifvertrag gilt im Gebiet der Bundesrepublik Deutschland für die Betriebe des Versicherungsvermittlergewerbes.

2. a) Der Tarifvertrag regelt die Arbeitsverhältnisse aller Arbeitnehmer ohne Rücksicht auf die Art ihrer Tätigkeit oder ihrer Vorbildung, sowie ohne Rücksicht darauf, ob sie angestelltenversicherungspflichtig sind oder nicht, einschließlich der Lehrlinge.

   b) Für Arbeitnehmer im Werbeaußen- und Prämieneinzugsdienst gilt dieser Tarifvertrag nur in dem in § 10 festgesetzten Umfang.

   c) Der Tarifvertrag gilt nicht
   für Betriebe, die nicht mehr als einen Arbeitnehmer und einen Lehrling beschäftigen,
   für das Reinigungspersonal,
   für Personen, die ihre Tätigkeit nebenberuflich oder aushilfsweise ausüben oder regelmäßig weniger als 22 Stunden im Wochendurchschnitt beschäftigt werden.

§ 2

(Einstellung)

Jeder neueingestellte Arbeitnehmer erhält bei Dienstantritt, spätestens nach Ablauf einer etwaigen Probezeit, eine schriftliche Anstellungsbestätigung.

§ 3

(Entlohnung)

1. Allgemeine Grundsätze

a) Für die Entlohnung ist die Art der Tätigkeit maßgebend. Eine abgeschlossene Ausbildung gibt für sich allein noch keinen Anspruch auf Bezahlung nach einer bestimmten Gehaltsgruppe. Arbeitnehmer, die eine abgeschlossene Versicherungslehre oder eine ihrer Art entsprechende Berufslehre durchgemacht haben, sind mindestens in die Tarifgruppe II einzustufen. Abweichungen hiervon in Ausnahmefällen sind nur im Einvernehmen mit der Betriebsvertretung zulässig.

b) Die Bezüge werden nachträglich, spätestens am letzten Werktag des Monats gezahlt. Die Bezüge sind Monatsbezüge. Ihre Höhe ist in Teil II des Tarifvertrages geregelt.

c) Entgelt für Mehrarbeit wird monatlich abgerechnet.

d) Fällt der Zahlungstermin in die Urlaubszeit nach § 6 oder in die Zeit einer Beurlaubung oder Dienstbefreiung nach § 7, so sind auf Wunsch die Bezüge vorher zu zahlen.

e) Der Arbeitnehmer kann auf geringfügige geldliche Ansprüche aus dem Tarifvertrag widerruflich verzichten. Ein etwaiger Widerruf gilt nur für die Zukunft. Ein Verzicht ist vom Arbeitnehmer dem Arbeitgeber gegenüber schriftlich auszusprechen; bei Minderjährigen ist die schriftliche Zustimmung des gesetzlichen Vertreters erforderlich.

2. Gehaltsgruppenmerkmale

Die Grundbezüge der Arbeitnehmer richten sich nach folgenden Gruppenmerkmalen:

Gehaltsgruppe:

I. Einfache, vorwiegend mechanische oder schematische Arbeiten, für die keine besondere Berufsausbildung, sondern nur eine kurzfristige Einarbeitung erforderlich ist.

II. Arbeiten, die gute Fachkenntnisse bedingen, in der Regel also eine abgeschlossene Berufslehre bzw. Fachschulausbildung oder eine abgeschlossene Anlern- oder Zweckausbildung oder eine längere erfolgreiche Einarbeitung voraussetzen.

III. Schwierige versicherungstechnische Arbeiten, für die vertiefte Fachkenntnisse erforderlich sind.

IV. Arbeiten von ersten Angestellten mit besonderer Verantwortung, bei denen auf Grund der erhöhten Verantwortung umfangreiche Berufskenntnisse und mehrjährige einschlägige Erfahrungen oder umfassende theoretische Kenntnisse unerläßlich sind, in

Betrieben, die überwiegend Lebens-, Kranken-, Sach-, Transportversicherung und Nebenzweige betreiben, mit mehr als 15 Angestellten.

Richtlinien für die Anwendung der Tarifgruppeneinteilung sind im Anhang zu Teil I enthalten.

3. Eingruppierung

a) Für die Einreihung in die Tarifgruppen I—IV ist die überwiegende tatsächliche Beschäftigung maßgebend.

b) Zu den Bezügen der Gehaltsgruppe, in die der Arbeitnehmer eingruppiert ist, wird eine angemessene Tätigkeitszulage gewährt:

aa) mit Beginn des Kalendermonats, von dem ab der Arbeitnehmer neben der Tätigkeit, nach der er eingruppiert ist, dauernd Arbeiten einer höher bewerteten Gehaltsgruppe verrichtet;

bb) mit Beginn des 4. Kalendermonats, von dem ab der Arbeitnehmer neben der Tätigkeit, nach der er eingruppiert ist, vorübergehend, aber länger als 3 Monate, Arbeiten einer höher bewerteten Gehaltsgruppe verrichtet. Dieser Anspruch erlischt mit Ende des Kalender-Monats, in dem die Voraussetzung wegfällt.

c) War ein Arbeitnehmer länger als 6 Monate in eine Gehaltsgruppe eingestuft, so ist bei gleichwertiger Tätigkeit eine niedrigere tarifliche Eingruppierung nur aus einem wichtigen Grunde im Einvernehmen mit der Betriebsvertretung zulässig.

4. Berufsjahre

Die Berufsjahre werden wie folgt berechnet:

a) Berufsjahre in den Tarifgruppen II—IV sind im Versicherungsfach hauptberuflich verbrachte Beschäftigungsjahre. Die in einem anderen Beruf nach Vollendung des 20. Lebensjahres ausgeübte, durch Zeugnisse nachgewiesene Tätigkeit wird auf die Versicherungsberufsjahre angerechnet, sofern und soweit die dabei erworbenen Kenntnisse Verwertung finden; das gleiche gilt für Studienjahre. Tätigkeitsjahre bei den Landesversicherungsanstalten, Berufsgenossenschaften, gesetzlichen Krankenkassen oder deren Ersatzkassen werden voll angerechnet.

Lehrjahre, die nach Vollendung des 20. Lebensjahres noch absolviert werden müssen, rechnen als Berufsjahre. Wenn die Lehre nach Vollendung des 20. Lebensjahres begonnen hat, rechnen die Berufsjahre demgemäß ab Lehrbeginn.

Spätheimkehrern steht die Anrechnung von Berufsjahren zu, ohne Rücksicht darauf, wann sie ihre Lehre begonnen oder beendet haben. Eine Verpflichtung zur Nachzahlung für die Zeit vor dem 1. April 1955* besteht nicht.

b) Berufsjahre der Tarifgruppe I sind Beschäftigungsjahre in einer der jetzigen Tätigkeit entsprechenden Arbeit, auch außerhalb des Versicherungsgewerbes.

c) Die Anrechnung von Wehrdienst, Dienstverpflichtung und Gefangenschaft richtet sich nach den gesetzlichen Vorschriften.

Bei der Wehrmacht usw. verbrachte Jahre sind als Berufsjahre anzurechnen, sofern der betreffende Angestellte vor seiner Einberufung entweder in der Versicherungswirtschaft hauptberuflich tätig gewesen ist oder vor seiner Einberufung noch in keinem anderen Beruf gestanden und nach seiner Entlassung ohne schuldhafte Verzögerung seine Tätigkeit in einem Versicherungsbetrieb aufgenommen hat. Bei Berufssoldaten im umfassenden Sinne des Wortes — gleichgültig, zu welchem Zeitpunkt das Berufssoldatentum begann — werden nur Kriegsjahre als Berufsjahre angerechnet.

d) Als erstes Berufsjahr gilt frühestens das 21. Lebensjahr; die Einreihung erfolgt mit Beginn des Monats, in dem das 20. Lebensjahr vollendet wird.

e) In die nächsthöhere Gehaltsstufe rückt der Arbeitnehmer jeweils mit Beginn des Monats vor, in dem das betreffende Lebens- oder Berufsjahr vollendet wird.

5. Verantwortungszulage

a) Arbeitnehmer der Tarifgruppen III und IV, die ständig die Verantwortung für die Arbeitsleistung von mehreren zu einer Abteilung zusammengefaßten Arbeitnehmern tragen, erhalten neben dem Gehalt ihrer Tarifgruppe für diese mit besonderer Verantwortung verbundene Tätigkeit eine Verantwortungszulage.

b) Die ständig mit der Vertretung von Abteilungsleitern im vorstehenden Sinne beauftragten Arbeitnehmer erhalten die Verantwortungszulage in halber Höhe.

c) Die Bemessung der Verantwortungszulage richtet sich bei Arbeitnehmern, deren Tätigkeit in mehreren Tarifgruppen liegt, nach der höheren Gruppe.

6. Haushaltszulage

Bei Führung einer nicht nur vorübergehenden Hausgemeinschaft im eigenen Haushalt erhalten die Arbeitnehmer eine Haushaltszulage, und zwar

a) verheiratete Arbeitnehmer;
die Haushaltszulage wird für jeden Haushalt nur einmal gewährt, und zwar an den Ehegatten, der überwiegend für den Haushalt aufkommt. Dies ist in der Regel der Mann. An ihn ist daher grundsätzlich die Haushaltszulage zu zahlen, auch wenn beide Ehegatten berufstätig sind.

An die Arbeitnehmerin wird die Haushaltszulage auf Antrag dann gezahlt, wenn sie nachweist, daß sie überwiegend für den Haushalt aufkommt. Dies ist der Fall, wenn ihr Einkommen höher ist als das ihres Ehemannes.

Einem verheirateten Arbeitnehmer, der von seinem Ehegatten getrennt lebt, wird die Haushaltszulage ausnahmsweise auch gewährt, wenn keine Hausgemeinschaft im eigenen Haushalt besteht, sofern die Trennung auf Umständen beruht, die weder von ihm noch vom anderen Ehegatten gewollt sind;

b) verwitwete und geschiedene Arbeitnehmer, die mit ihren unterhaltsberechtigten Kindern zusammenleben;

c) Arbeitnehmer, die einer gesetzlichen Unterhaltsverpflichtung ihren Familienangehörigen gegenüber nachkommen oder denen das Sorgerecht über ihre unehelichen Kinder zusteht.

Die Erfüllung der Unterhaltsverpflichtung gemäß b) und c) gilt als erwiesen, wenn die steuerliche Anerkennung vorgelegt oder ein anderer Nachweis erbracht wird.

Kinder gehören auch dann zur ständigen Hausgemeinschaft gemäß Buchstaben b) und c), wenn sie wegen ihrer Ausbildung zeitweilig nicht im Haushalt des Arbeitnehmers leben.

Der Anspruch auf die Haushaltszulage entsteht mit Beginn und erlischt mit dem Ende des Monats, in dem die Voraussetzung eintritt oder wegfällt.

---

* Für den Tarifbereich des Hamburger und Kieler Verbandes: 1. Oktober 1956.

7. Kinderzulage

a) Der Arbeitnehmer erhält für jedes eheliche oder gesetzlich ebenso zu behandelnde unterhaltsberechtigte Kind bis zur Vollendung des 18. Lebensjahres eine für alle Gehaltsgruppen gleiche Kinderzulage.

Sofern sich das Kind nachweislich noch in einer Schul- oder Berufsausbildung befindet, wird die Kinderzulage längstens bis zur Vollendung des 21. Lebensjahres weitergezahlt. Die Kinderzulage wird um so viele Monate über das 21. Lebensjahr hinaus gewährt, als sich die Schul- oder Berufsausbildung infolge Ableistung der Wehrpflicht vor Vollendung des 21. Lebensjahres verzögert.

Die Kinderzulage wird auch für Stiefkinder gewährt, die — abgesehen von einem Bezug gemäß d) — vom Arbeitnehmer ausschließlich unterhalten werden. Die Kinderzulage wird für jedes Kind nur einmal gewährt.

Sind beide Elternteile berufstätig und haben sie auf Grund Gesetzes, Tarifvertrages oder Einzelarbeitsvertrages beide Anspruch auf Kindergeld oder Kinderzulage gleich welcher Höhe, dann wird grundsätzlich die Kinderzulage an den männlichen Arbeitnehmer gezahlt.

Die Arbeitnehmerin erhält (auch als Mutter eines unehelichen Kindes) die Kinderzulage auf Antrag insoweit, als sie nachweist, daß der andere Elternteil keinen oder einen geringeren Anspruch auf Kinderzulage oder Kindergeld hat. Ein Unterschiedsbetrag wird nur ausgeglichen, wenn er mehr als 10 DM beträgt.

Sind beide Elternteile in der gleichen Unternehmung beschäftigt, so kann die Kinderzulage auf Antrag an die Arbeitnehmerin gezahlt werden, wenn der Arbeitnehmer darauf verzichtet.

Ist der Ehemann der Arbeitnehmerin freiberuflich tätig, dann erhält sie eine Kinderzulage, sofern sie vorwiegend für den Unterhalt des Kindes aufkommt. Dies ist der Fall, wenn ihr Einkommen höher ist als das ihres Ehemannes.

Bezieht der Ehemann Arbeitslosengeld oder Arbeitslosenhilfe, kann die Arbeitnehmerin unbeschadet der vorstehenden Bestimmungen die Kinderzulage beanspruchen.

b) Soweit ein Recht auf Leistungen nach den Kindergeldgesetzen besteht, entfällt ein Anspruch nach diesem Tarifvertrag.

c) Die Kinderzulage wird erstmalig für den Geburtsmonat gezahlt, letztmalig für den Monat, in dem das 18. bzw. 21. Lebensjahr vollendet wird.

d) Hat ein Kind eigenes Einkommen, so wird die Kinderzulage insoweit gekürzt, als sie zusammen mit dem Einkommen des Kindes 150 DM übersteigt. Eine Rente gilt als Einkommen und nicht als Erfüllung einer Unterhaltspflicht.

§ 4

(Bezüge in besonderen Fällen)

1. Bei durch Krankheit oder Unfall verursachter Arbeitsunfähigkeit werden grundsätzlich allen Arbeitnehmern die Bezüge für die Dauer von sechs Wochen weitergezahlt.

   Arbeitnehmer, die dem Betriebe bereits vor dem 30. 6. 1951 angehörten, erhalten außer der Weiterzahlung des Gehalts bei zweijähriger Betriebszugehörigkeit für die 7. bis einschließlich 13. Woche ihrer Arbeitsunfähigkeit einen Zuschuß zum Krankengeld, der zusammen mit dem Krankengeld 90 vom Hundert der Gesamtnettobezüge beträgt. Bei fünfjähriger Betriebszugehörigkeit wird dieser Zuschuß zum Krankengeld bis zum Ablauf der 26. Woche der Arbeitsunfähigkeit gezahlt.

2. Nichtkrankenversicherungspflichtige Arbeitnehmer werden hinsichtlich der Bezüge in besonderen Fällen wie versicherungspflichtige Arbeitnehmer behandelt, so daß also im Fall ihrer Arbeitsunfähigkeit über die Dauer von sechs Wochen hinaus stets nur eine Zuschußzahlung zum Krankengeld gezahlt wird.

3. Die Hinterbliebenen eines Arbeitnehmers erhalten die bisherigen Bezüge für weitere drei Monate, im ersten Jahr der Betriebszugehörigkeit für einen weiteren Monat über den Sterbemonat hinaus.

Als Hinterbliebene im Sinne dieser Bestimmung gelten:

a) die Ehefrau,

b) der Ehemann, sofern für ihn Haushaltszulage gem. § 3 Ziff. 6 gezahlt wurde,

c) Kinder, für die Kinderzulage gezahlt wurde, sofern der andere Elternteil nicht mehr lebt oder die Ehe geschieden war,

d) Kinder, Eltern und Geschwister, wenn sie nachweislich vom Verstorbenen in seinem eigenen Haushalt unterhalten wurden und Angehörige nach Abs. a) bis c) nicht vorhanden sind.

§ 5

(Arbeitszeit, Mehrarbeit, dienstfreie Tage)

1. Regelmäßige Arbeitszeit

Die tägliche Arbeitszeit für Arbeitnehmer im Innendienst beträgt 8¾ Stunden bei arbeitsfreien Samstagen. Pausen gelten nicht als Arbeitszeit.

Kann der arbeitsfreie Samstag aus betrieblichen Gründen nicht gewährt werden, so ist auf jeden Fall jeder 2. Samstag arbeitsfrei zu stellen und die wöchtliche Arbeitszeit von 43¾ Stunden einzuhalten. Bei einer derartigen Regelung wirkt der Betriebsrat mit.

Die Samstagsregelung gilt im allgemeinen auch für die im Außendienst tätigen Arbeitnehmer der Gehaltsgruppen II—IV, soweit sie sich mit den betrieblichen Notwendigkeiten vereinbaren läßt.

2. Mehrarbeit

Die an Werktagen über die regelmäßige Arbeitszeit hinaus geleistete angeordnete Mehrarbeit wird mit $^1/_{190}$ des Monatsbezuges (einschl. aller Zulagen) und mit einem Zuschlag von 25 v. H. für jede Arbeitsstunde bezahlt.

Die Bezahlung für Mehrarbeit kann vertraglich für Angestellte ausgeschlossen werden, deren Jahresbezug ohne Sozialzulagen mindestens DM 10000,— beträgt.

3. Dienstfreie Tage

Die Samstage vor Ostern, Pfingsten und der 24. Dezember sind dienstfrei.

Sofern Silvester auf einen arbeitspflichtigen Tag fällt, endet der Dienst spätestens um 13 Uhr, soweit nicht betriebliche Erfordernisse eine andere Regelung notwendig machen.

§ 6

(Erholungsurlaub)

1. Jeder Arbeitnehmer hat für jedes Kalenderjahr Anspruch auf einen möglichst ungeteilten Erholungsurlaub unter Fortzahlung der Gehaltsbezüge für die regelmäßige Arbeitszeit.

   Eine Abgeltung des Urlaubs ist grundsätzlich nicht statthaft.

2. Besteht ein Teil der Gesamtbezüge vertragsmäßig aus Provisionen, so ist der Provisionsausfall während der Urlaubszeit derart auszugleichen, daß die auf die Urlaubszeit entfallenden Gesamtbezüge in den Urlaubsmonaten nicht geringer sind als für einen gleichen Zeitraum im Durchschnitt der letzten 12 Monate vorher. Der Ausgleich wird nur bis zur Höhe von DM 800,— der monatlichen Gesamtbruttobezüge vorgenommen. Bei kürzerer Beschäftigung für das Unternehmen wird der Ausgleich nach dem Monatsdurchschnitt dieser Zeit berechnet.

3. Der Urlaubsanspruch entsteht erstmalig nach einer dreimonatigen ununterbrochenen Tätigkeit im Betrieb.

4. Im Verlaufe des Kalenderjahres eintretende oder ausscheidende Arbeitnehmer erhalten für jeden vollen Monat, den sie im Verlaufe des Kalenderjahres dem Betriebe angehören, $^1/_{12}$ des Jahresurlaubs, aufgerundet auf volle Tage. Wer spätestens am 1. April eintritt, hat Anspruch auf einen vollen Jahresurlaub. Ein für das gleiche Jahr in einer früheren Stellung gewährter Erholungsurlaub wird angerechnet.

Wenn der Urlaub vor dem Ausscheiden nicht mehr gewährt werden kann, so wird er durch Zahlung des entsprechenden Gehaltsanteils ($^1/_{25}$ des Monatseinkommens für jeden Werktag) abgegolten. Ist der Urlaub beim Ausscheiden bereits voll gewährt, so können die für die Urlaubszeit etwa zuviel gezahlten Gehaltsteile nicht zurückgefordert werden.

5. Die Urlaubsdauer beträgt:
mindestens 21 Arbeitstage für Lehrlinge und Jugendliche bis zum vollendeten 18. Lebensjahr,
mindestens 18 Arbeitstage für Lehrlinge und Jugendliche bis zum vollendeten 20. Lebensjahr.
(Stichtag jeweils 1. Januar)
Für die anderen Arbeitnehmer gilt die nachstehende Urlaubsregelung:
16 Arbeitstage bis zur Vollendung des 5. Berufsjahres,
18 Arbeitstage im 6. bis 10. Berufsjahr,
20 Arbeitstage im 11. bis 15. Berufsjahr,
24 Arbeitstage darüber hinaus.
Für die Berechnung der Urlaubstage für Arbeitnehmer ab Beginn des 21. Lebensjahres gilt das Berufsjahr, in dem sich der Arbeitnehmer am 1. Oktober des laufenden Urlaubsjahres befindet. Für die Berechnung der Berufsjahre gilt § 3 Ziff. 4 entsprechend.
6. Muß der überwiegende Teil des Urlaubs aus betrieblichen Gründen in der Zeit vom 1. Oktober bis 31. März genommen werden, so werden 3 Arbeitstage Mehrurlaub gewährt.
7. Schwerbeschädigte und ihnen Gleichgestellte erhalten den ihnen gesetzlich zustehenden zusätzlichen Urlaub.
8. Beurlaubungen zur Erholung nach einer Krankheit oder für ein vorbeugendes Heilverfahren können auf den Erholungsurlaub gemäß Ziff. 5 und 6 bis zu dessen Hälfte angerechnet werden.
9. Tage, an denen der Betrieb außer an den gesetzlich oder tariflich arbeitsfreien Tagen geschlossen ist, gelten als Arbeitstage im Sinne der Urlaubsbestimmungen. Die freien Sonnabende vor Ostern und Pfingsten sowie der 24. Dezember sind keine Arbeitstage im Sinne der Urlaubsbestimmungen. Die freien Sonnabende gem. § 5 Ziff. 1 gelten als Arbeitstage.
10. Übt ein Arbeitnehmer während des Urlaubs eine Beschäftigung gegen Entgelt aus, die im Widerspruch zu dem Erholungszweck steht, so können die für den Urlaub gezahlten Gehaltsteile auf die nächste Gehaltszahlung angerechnet werden. Diese sind dann an eine betriebliche Wohlfahrtseinrichtung abzuführen.

§ 7

(Außerordentlicher Urlaub)

1. Beurlaubungen aus besonderen Anlässen, z.B. schwere Erkrankung und Todesfall in der Familie (Ehegatten, Kinder, Eltern und Geschwister), eigene Hochzeit, Niederkunft der Ehefrau, Umzug, werden auf den tariflichen Urlaub nicht angerechnet.
2. Den in Bundes- oder Landesvorständen oder ihnen gleichzustellenden Organen ehrenamtlich bei den vertragschließenden Angestelltenorganisationen tätigen Arbeitnehmern ist zur Teilnahme an Sitzungen in Gewerkschaftsangelegenheiten Dienstfreiheit zu gewähren. Das gleiche gilt für Mitglieder dieser Organisationen, die als Delegierte zu Bundes- oder Landestagungen gewählt sind oder die einer Tarifkommission angehören. Die gesamte Beanspruchung darf nicht mehr als fünf aufeinanderfolgende Tage, im ganzen Jahr nicht mehr als zwölf Arbeitstage, umfassen.
Eine Anrechnung auf den Urlaub ist nichtzulässig.

§ 8

(Fusionen und Domizilverlegungen)

1. Bei Fusionen sind die Arbeitnehmer nach Möglichkeit zu übernehmen. Die übernommenen Arbeitnehmer behalten die von ihnen nach dem Tarifvertrag erworbenen Rechte.

2. Bei Domizilverlegungen ist der Arbeitgeber verpflichtet, die Arbeitnehmer, soweit sie nicht am bisherigen Ort weiterverwendet werden können, auf ihren Antrag am neuen Sitz des Betriebes in ihren bisherigen Stellungen weiter zu beschäftigen. Diese Verpflichtung gilt für die erstmalige Domizilverlegung nach dem 8. Mai 1945, die durch zwingende, nicht von dem Unternehmen zu vertretende Gründe veranlaßt ist, nur im Rahmen ihrer Leistungsfähigkeit.

   Bei Meinungsverschiedenheiten über die Leistungsfähigkeit wird § 11 sinngemäß angewendet.

3. Die nachgewiesenen angemessenen Kosten aus dem notwendigen Umzug des Arbeitnehmers, insbesondere auch Verbindlichkeiten aus Mietverträgen, trägt der Arbeitgeber. Dies gilt auch bei der Versetzung einzelner Angestellter.

4. Kündigt der Arbeitgeber vor Ablauf von 12 Monaten nach der Domizilverlegung, so trägt er dem Arbeitnehmer gegenüber die nachgewiesenen angemessenen Kosten des Rückzuges oder Wegzuges an einen anderen Ort, letztere jedoch höchstens in Höhe der Kosten eines Umzuges nach dem früheren Wohnort.

5. Die Bestimmungen in Ziff. 2—4 werden in den Fällen der §§ 70—72 HGB, §§ 123 und 124 GO nicht angewendet.

§ 9

(Kündigung)

1. Die Kündigung ist nur zum Vierteljahresschluß zulässig. Die Kündigungsfrist beträgt mindestens 6 Wochen.

2. Bei einer Beschäftigungszeit von mindestens 5 Jahren bei demselben Arbeitgeber oder seinem Rechtsvorgänger kann der Arbeitgeber nur wie folgt kündigen, wobei die Beschäftigung vor Vollendung des 25. Lebensjahres nicht berücksichtigt wird:

   Bei einer Beschäftigungszeit von mindestens 5 Jahren mit einer Frist von mindestens 3 Monaten zum Vierteljahresschluß,

   bei einer Beschäftigungszeit von mindestens 8 Jahren mit einer Frist von mindestens 4 Monaten zum Vierteljahresschluß,

   bei einer Beschäftigungszeit von mindestens 10 Jahren mit einer Frist von mindestens 5 Monaten zum Vierteljahresschluß,

   bei einer Beschäftigungszeit von mindestens 12 Jahren mit einer Frist von mindestens 6 Monaten zum Vierteljahresschluß.

3. Bei Arbeitnehmern, die nur vorübergehend zur Aushilfe (bis zur Höchstdauer von 3 Monaten) oder zur Bewältigung eines besonderen Arbeitsanfalles eingestellt sind, gelten die gesetzlichen Bestimmungen.

4. Nach der Kündigung wird dem Arbeitnehmer auf Verlangen ein Zwischenzeugnis ausgestellt. Der Inhalt des endgültigen Zeugnisses darf von dem Zwischenzeugnis zuungunsten des Arbeitnehmers nur abweichen, wenn dieser durch sein Verhalten in der Zwischenzeit hierzu Anlaß gegeben hat.

§ 10

(Besondere Bestimmungen für die hauptberuflich angestellten Mitarbeiter des Werbeaußen- und Prämieneinzugsdienstes)

Für hauptberufliche Arbeitnehmer gelten folgende Bestimmungen:

1. Auswahl und Ausbildung

Auswahl und Ausbildung von hauptberuflich angestellten Mitarbeitern des Werbeaußen- und Prämieneinzugsdienstes müssen nach Grundsätzen erfolgen, die eine einwandfreie Berufstätigkeit gewährleisten. Dabei finden die von den Fachverbänden der Versicherungswirtschaft aufgestellten Richtlinien Anwendung, die dem Zwecke dienen, das Versicherungsgewerbe von unlauteren Elementen freizuhalten.

2. Anstellung

Jeder neue Angestellte erhält bei Dienstantritt, spätestens nach Ablauf einer etwaigen Probezeit, eine schriftliche Anstellungsbestätigung.

3. Arbeitszeit

Eine bestimmte Arbeitszeit wird nicht festgesetzt. Die Versicherungs-Feiertage (§ 5) gelten auch für die Mitarbeiter im Werbeaußen- und Prämieneinzugsdienst.

4. Einkommen

Das monatliche Mindesteinkommen beträgt:

in den Orten der Ortsklasse 1	DM 355,—
in den Orten der Ortsklasse 2	DM 345,—
in den Orten der Ortsklasse 3	DM 335,—

Auf diese festen Bezüge sind die erworbenen Provisionsansprüche anzurechnen, soweit nichts anderes vereinbart ist.

Dazu treten nach einjähriger Betriebszugehörigkeit Haushalts- und Kinderzulagen nach § 3 Ziff. 6 und 7 dieses Tarifvertrages.

Die Gesamtabrechnung erfolgt mindestens einmal jährlich. Bei Ausscheiden innerhalb des Abrechnungszeitraumes hat der Arbeitnehmer Anspruch auf eine entsprechende anteilige Abrechnung. Ein etwa verbleibender Schuldsaldo wird in jedem Fall abgeschrieben, soweit durch die Nichtabschreibung des Schuldsaldos die tatsächlichen Bezüge unter dem Mindesteinkommen des Abrechnungszeitraumes liegen.

Die Gesamtbezüge werden nachträglich, spätestens am letzten Werktage des Monats bezahlt.

§ 3 Ziffer 1 d) gilt entsprechend.

5. Bezüge in besonderen Fällen

a) Bei durch Krankheit oder Unfall verursachter Arbeitsunfähigkeit werden allen hauptberuflichen Arbeitnehmern des Werbeaußen- und Prämieneinzugsdienstes ihre Bezüge für die Dauer von 6 Wochen weitergezahlt.

b) Die Bestimmungen des § 4 Ziff. 1, Abs. 2, sowie Ziff. 2 und 3 gelten entsprechend auch für die hauptberuflichen Arbeitnehmer des Werbeaußen- und Prämieneinzugsdienstes. Bei Berechnung der Zuschußzahlungen ist das Durchschnittseinkommen des letzten Jahres (höchstfalls insgesamt DM 800,— monatlich) zugrunde zu legen.

c) Die Hinterbliebenen eines Arbeitnehmers erhalten vom 2. Jahr der Betriebszugehörigkeit an das monatliche Durchschnittseinkommen des letzten Jahres (höchstfalls DM 800,— monatlich) für drei Monate über den Sterbemonat hinaus.

§ 4 Ziffer 3 a) bis d) gelten entsprechend.

6. Spesen und Fahrtkosten

Notwendige tatsächliche Fahrtauslagen werden dem Arbeitnehmer gemäß vorheriger schriftlicher Vereinbarung ersetzt. Pauschale Abgeltung kann vereinbart werden.

Spesen werden je nach der Art der Tätigkeit und der Arbeitsgebiete auf Grund von Erfahrungssätzen berechnet und in freier Vereinbarung schriftlich festgelegt.

7. Urlaub

Nach sechsmonatiger Tätigkeit im Werbeaußen- und Prämieneinzugsdienst erhalten die Arbeitnehmer einmal in jedem Kalenderjahr einen Erholungsurlaub unter Fortzahlung der Bezüge, und zwar

bis zum 5. Jahr der Betriebszugehörigkeit	14 Arbeitstage
vom 6. Jahr der Betriebszugehörigkeit	18 Arbeitstage
vom 10. Jahr der Betriebszugehörigkeit	20 Arbeitstage
vom 16. Jahr der Betriebszugehörigkeit	24 Arbeitstage

Für die Berechnung der Urlaubsdauer vom 3. Jahr der Betriebszugehörigkeit an müssen bei anderen Versicherungsunternehmungen als Angestellter verbrachte Jahre im Außendienst voll angerechnet werden.

Im übrigen gelten die Bestimmungen der §§ 6 und 7 entsprechend.

8. Kündigung

a) Für die Kündigung des Arbeitsverhältnisses gilt im ersten Jahr der Betriebszugehörigkeit beiderseits eine Frist von 1 Monat zum Monatsschluß. Vom Beginn des 2. Jahres der Betriebszugehörigkeit an gilt eine Kündigungsfrist von 6 Wochen zum Vierteljahresschluß.

b) Die Bestimmungen über die Ausstellung eines Zeugnisses (§ 9 Ziff. 4) gelten auch für die angestellten Mitarbeiter im Werbeaußen- und Prämieneinzugsdienst.

§ 11

(Streitigkeiten über die Auslegung des Tarifvertrages)

Zur Schlichtung von Streitigkeiten über die Auslegung dieses Tarifvertrages ist ein Schiedsausschuß zuständig. Der Schiedsausschuß wird von beiden Vertragsparteien paritätisch besetzt und für jeden Streitfall besonders gebildet.

Ist im Schiedsausschuß keine Verständigung zu erzielen, so wird ein Schiedsgericht gebildet. Es wird paritätisch von den Vertragsparteien besetzt. An die Spitze tritt ein unparteiischer Vorsitzender. Er wird von den Beisitzern des Schiedsgerichtes gewählt. Kommt über die Person des unparteiischen Vorsitzenden keine Einigung zustande, so ist der zuständige Schlichter um die Bestellung anzugehen. Solange noch keine Schlichter bestellt sind, ist die oberste Arbeitsbehörde des Landes darum zu ersuchen. Die Entscheidungen des Schiedsausschusses und des Schiedsgerichts sind für beide Vertragsparteien verbindlich.

Die Zuständigkeit der Arbeitsgerichte wird durch das vorstehende Schiedsverfahren nicht berührt.

§ 12

(Verfall von Ansprüchen)

Ansprüche auf geleistete Mehr-, Sonn- und Feiertagsarbeit, auf die Haushaltszulage gem. § 3 Ziff. a), 3. Abs., sowie auf die Tätigkeitszulage gem. § 3 Ziff. 3b, bb, sind innerhalb von drei Monaten nach Entstehung schriftlich geltend zu machen.

§ 13

(Geltungsdauer)

1. Der Teil I des Tarifvertrages nebst Anhang kann von beiden Vertragsparteien zum Ende eines Kalenderjahres mit dreimonatiger Frist schriftlich gekündigt werden.

2. Der Teil II des Tarifvertrages kann mit einmonatiger Frist, erstmals zum 30. Juni 1960, gekündigt werden.

§ 14

(Schlußbestimmungen)

Die tarifvertraglichen Bedingungen sind Mindestbedingungen, auf die rechtswirksam auch nachträglich nicht verzichtet werden kann. Soweit günstigere Regelungen bestehen, werden sie durch diesen Tarifvertrag nicht berührt.

[430] dd) Betriebsvereinbarungen.

Über Begriff und Inhalt der Betriebsvereinbarungen: Hueck-Nipperdey II S. 770—804. Gesetzliche Grundlage sind §§ 52 II, 56, 57, 59 BetriebsverfassungsG vom 11. X.1952, BGBl. I S. 681 (BetrVG). Betriebsvereinbarungen werden zwischen dem Arbeitgeber und dem Betriebsrat (darüber Anm. 442) geschlossen (§§ 52 II, 54 I b BetrVG).

Für unselbständige Vsvertreter können vor allem solche Betriebsvereinbarungen praktisch werden, die Zeit und Ort der Auszahlung der Arbeitsentgelte (§ 56 I b BetrVG), die Durchführung der Berufsausbildung (§ 56 I d BetrVG), die Verwaltung von Wohlfahrtseinrichtungen (§ 56 I e BetrVG) oder die Aufstellung von Entlohnungsgrundsätzen und Einführung von neuen Entlohnungsmethoden (§ 56 I h BetrVG) regeln.

Zu Fragen der Betriebsverfassung im übrigen: Anm. 442.

[431] b) Merkmale des Versicherungsvertretervertrages bei Unselbständigen.

aa) Angestellter als Beteiligter.

aaa) Natürliche Personen.

In ihrer überwiegenden Mehrzahl sind die unselbständigen Vsvertreter Handlungsgehilfen i. S. des § 59^1 HGB. Zweifel, ob für das Arbeitsverhältnis eines unselbständigen Vsvermittlers die Normen des HGB über Handlungsgehilfen gelten, können sich nur in Einzelfällen aus der Art der Tätigkeit (dazu Anm. 438) oder der Person des Arbeitgebers (dazu Anm. 435—437) ergeben. Die folgende Darstellung geht vom Normalfall aus, in dem der unselbständige Vsvertreter Handlungsgehilfe ist. § 59^1 HGB setzt voraus, daß jemand „angestellt" ist (Anm. 431—434), und zwar „in einem Handelsgewerbe" (Anm. 435—437) „zur Leistung kaufmännischer Dienste" (Anm. 438—439) „gegen Entgelt" (Anm. 440).

Das Bild des unselbständigen Vsvertreters ist wie das des selbständigen Vermittlers bunt und vielgestaltig. Auf jeder Stufe der vielschichtigen Außenorganisationen (Anm. 14, 17) werden unselbständige Vermittler beschäftigt. Es gibt Direktionsangestellte, die unmittelbar vom Ver angestellt und angewiesen werden; andere stehen zwar in einem Anstellungsverhältnis zum Ver, werden aber (in Vollmacht) von einem sog. unechten Generalagenten (Anm. 14) angestellt und betreut; aber auch echte Generalagenten und sogar selbständige Untervertreter und auch Vsmakler können eigene Angestellte in der Akquisition beschäftigen (über die verschiedenen Arten der Dienstherren Anm. 435—437). Es gibt auch Vsvertreter, die zugleich angestellte „Organisationsleiter" und selbständige Vertreter sind (BGH 4. IV. 1960 VersR 1960 S. 462—463).

Eine besondere Stellung nehmen die sog. Verwaltungsgeneralagenten ein (dazu Anm. 438). Über Mehrfachangestellte Anm. 497, über unselbständige Vsvertreter im Nebenberuf Anm. 498.

Das Wesen des Anstellungsverhältnisses besteht in der persönlichen Abhängigkeit des Angestellten vom Dienstherrn (Anm. 432—434). Aus dem Erfordernis der persönlichen Abhängigkeit ergibt sich, obwohl § 59^1 HGB dies nicht ausdrücklich ausspricht, daß der Handlungsgehilfe eine natürliche Person sein muß. Bei einer juristischen Person, etwa einer GmbH. kann von persönlicher Abhängigkeit keine Rede sein. Eine juristische Person kann sich als solche nicht zu persönlich abhängigen Dienstleistungen verpflichten, sondern allenfalls zur Verschaffung von Diensten natürlicher Personen (das ist allgemein anerkannt; anders nur Schlegelberger-Schröder[3] Anm. 6 zu § 59, S. 306, aber ohne Begründung, dagegen wie hier für Handlungsgehilfen Duden[13] a. a. O. S. 151, Würdinger in: RGRKomm. HGB Bd 1 Anm. 3 zu § 59, S. 502, für Arbeitnehmer allgemein: Hueck-Nipperdey I S. 156, Nikisch[2] I S. 151).

Der Minderjährige bedarf zum Abschluß eines Arbeitsvertrages der Zustimmung seines gesetzlichen Vertreters (§ 107 BGB, vgl. Schlegelberger-Schröder[3] Anm. 7 zu § 59, S. 306). Für Jugendliche gelten besondere soziale Schutzbestimmungen (G über Kinderarbeit und über die Arbeitszeit der Jugendlichen vom 30. IV. 1938, RGBl. I S. 437). Eine Beschränkung für Ehefrauen besteht nicht mehr; Frauen genießen aber als Arbeitnehmer einen erhöhten sozialen Schutz (G zum Schutze der erwerbstätigen Mutter vom 24. I. 1952, BGBl. I S. 69, Hausarbeitstagsgesetze der Länder).

[432] bbb) Unselbständige Arbeit.

α) Persönliche Unselbständigkeit.

Die persönliche Unselbständigkeit ist das wesentliche Abgrenzungsmerkmal gegenüber den selbständigen Vsvertretern (dazu Anm. 154—164, Staudinger-Nipperdey-Mohnen a. a. O. Vorbem. 15 vor § 611, S. 1106—1107).

Die persönliche Abhängigkeit manifestiert sich in einer weitgehenden Weisungsfolge- und Gehorsamspflicht des Angestellten (Staudinger-Nipperdey-Mohnen a. a. O. Vorbem. 15—16 vor § 611, S. 1106—1107). Entscheidend ist der Wille der Parteien, der aus den einzelnen Vertragsbestimmungen zu ermitteln ist. Ein Vsvertreter, der seine Arbeitszeit und die Art und Weise seiner Tätigkeit im wesentlichen frei bestimmen kann, ist nicht Angestellter, sondern nach § 84 I 2 HGB selbständiger Vsvertreter (Anm. 157) und unterliegt den Vorschriften für Handelsvertreter (§§ 84—92 c HGB). Angestellter i. S. des § 59^1 HGB ist derjenige Vsvertreter, bei dem sich die Weisungsbefugnis des Dienstherrn auf die Arbeitszeit und/oder die Gestaltung der Tätigkeit erstreckt. Neuere Entscheidungen zur Abgrenzung: OLG München 8. VIII. 1957 NJW 1957 S. 1767—1768 = Vsvermittlung 1958 S. 26—27, OLG Celle 27. II. 1958 BetrBer 1958 S. 246 = MDR 1958 S. 341. Neues Schrifttum: Pfennigstorf, Umfang und Grenzen des sozialen Schutzes für arbeitnehmerähnliche Handelsvertreter, Hamburger Diss. 1959, S. 6—22.

Die Berechtigung der Abgrenzung wird nicht in Frage gestellt durch die Äußerung von Würdinger in: RGRKomm. HGB Bd 1 Anm. 3 zu § 59, S. 502, auch ein selbständiger Kaufmann mit eingetragener Firma könne als Handlungsgehilfe angestellt sein. Die arbeitsvertragliche Abhängigkeit bezieht sich allein auf das einzelne konkrete Rechtsverhältnis zwischen Arbeitgeber und Arbeitnehmer und schließt nicht aus, daß der Arbeitnehmer im übrigen selbständig für eigene Rechnung Geschäfte abschließt und — möglicherweise durch eigene Angestellte — ein Handelsgewerbe betreibt. Allerdings muß der Arbeitnehmer sich im Rahmen seiner arbeitsvertraglichen Pflichten halten, insonderheit erforderlichenfalls eine Einwilligung des Prinzipals gemäß § 60 I HGB erwirken.

Um Zweifel auszuschließen, bestimmt § 84 II HGB: „Wer, ohne selbständig im Sinne des Absatzes 1 zu sein, ständig damit betraut ist, für einen Unternehmer Geschäfte zu vermitteln oder in dessen Namen abzuschließen, gilt als Angestellter." Über die Bedeutung dieser Vorschrift Anm. 165. Es handelt sich um eine unwiderlegliche Vermutung, die, wenn sich aus der objektiven Vertragsgestaltung die persönliche Unselbständigkeit ergibt, eine Irrtumsanfechtung ausschließt. § 84 II HGB bewirkt, daß die betroffenen Vsvertreter in allen Punkten als Unselbständige, also in der Regel als Handlungsgehilfen behandelt werden.

[433] β) Speziell: Sozialversicherungsrecht.

Die unselbständigen Vsvertreter unterliegen, soweit sie „Arbeitnehmer" sind, prinzipiell der Sozialvspflicht. Die Abgrenzung von den Selbständigen, die nicht vspflichtig sind, geht hier allerdings teilweise andere Wege als in den Bereichen des Handels- und des Arbeitsrechts (Anm. 168), indessen sind auch Bestrebungen erkennbar, die wieder näher an die in § 84 I HGB gegebenen Maßstäbe heranführen. Vgl. z. B. Bommer VW 1954 S. 304, der (unter Auseinandersetzung mit OVA Münster 10. XII. 1953 VA 1954 S. 43—44 = VersR 1954 S. 216) die freie Arbeitszeiteinteilung und Tätigkeitsgestaltung in den Vordergrund rückt; ganz deutlich neuerdings SozG Detmold 6. II. 1959 BetrBer 1959 S. 636, das sich (für Warenvertreter) ausdrücklich auf § 84 HGB bezieht, ebenso SozG Hamburg 13. VII. 1960 VersR 1960 S. 1011 (für Vsvertreter). Weitere neuere Entscheidungen zur Sozialvspflicht: SozG Hamburg 19. VI. 1957 VersR 1958 S. 442, 14. VIII. 1957 VersR 1958 S. 442—443, 18. XII. 1957 Breithaupt 1958 S. 211—213 = ZfV 1958 S. 269, SozG Karlsruhe 25. XI. 1954 VersR 1955 S. 388.

Besonders wichtig aber jetzt **BSozG** 28. X. 1960 VersR 1961 S. 172—173 = Vsvermittlung 1961 S. 15—19 (mit zustimmender Anm. Trinkhaus) unter dem Leitsatz: „Der ‚Vertreter' eines Vsunternehmens steht in einem vspflichtigen Beschäftigungsverhältnis, wenn er nach dem Vertrag und den tatsächlichen Umständen seine gesamte Arbeitskraft der Gesellschaft zur Verfügung zu stellen hat, ihren Weisungen bei Ausübung seiner Tätigkeit unterliegt, ohne ihre Genehmigung für kein anderes Vsunternehmen tätig sein darf, Revision in seinem gesamten Geschäftsbereich dulden muß und laufend Berichte über seine Tätigkeit zu erstatten hat. Demgegenüber fällt nicht entscheidend ins Gewicht, daß er in dem Vertrage als selbständiger Gewerbetreibender bezeichnet ist, Steuern und Abgaben selbst zahlen soll und mit bestimmten Einschränkungen Untervertreter beschäftigen darf." Das Urteil ist höchst bedenklich, denn es gibt Handelsvertreter mit Ausschließlichkeitsklausel (vgl. § 92a I 1 HGB) und auch jeder selbständige Vsvertreter ist Weisungen und Kontrollen unterworfen, hat Nachrichten zu geben und Rechenschaft zu legen (Anm. 219, 229, 218, 225). Gemäß § 84 I 2 HGB käme es auf die Freiheit der Tätigkeitsgestaltung und Bestimmung der Arbeitszeit entscheidend an.

Über den Inhalt der Sozialvspflicht Rohrbeck-Durst-Bronisch S. 28—32, Trinkhaus I S. 113—128. Während die Handlungsgehilfen zur Angestelltenv herangezogen werden, unterliegen die ausschließlich mit Inkassoaufgaben betrauten Arbeitnehmer (Inkassanten, Anm. 438) als Gewerbegehilfen der Invalidenv (Trinkhaus I S. 120—123).

Die Unfallv greift nicht ein, wenn ein Vsaußenbeamter anläßlich eines dienstlichen Kundenbesuches bei einem Landwirt Holz hackt und sich hierbei verletzt (LSozG Celle 30. VIII. 1955 Die Berufsgenossenschaft 1956 S. 220).

[434] γ) Speziell: Steuerrecht.

Zur Abgrenzung zwischen „Selbständigen" und „Unselbständigen" auf dem Gebiete des Steuerrechts: Anm. 169, 170. Auch hier ist eine Tendenz zur Annäherung an die handels- und arbeitsrechtlichen Abgrenzungsgrundsätze spürbar, nachdem bereits der BFH 17. I. 1956 Der Betrieb 1956 S. 587—588 die Frage, „ob und inwieweit die bisherige Rechtsprechung nach dem Inkrafttreten des Handelsvertretergesetzes . . . einer Prüfung bedarf", dahingestellt gelassen hatte. Vgl. vor allem **BFH** 10. IX. 1959 BFHE Bd. 69 S. 474—483 = BStBl. 1959 III S. 437—440 = BetrBer. 1959 S. 1199 (referiert VW 1960 S. 168—170, kritische Äußerungen Garbe Vsvermittlung 1959 S. 156—161, BetrBer. 1959 S. 1199—1202, Vsvermittlung 1961 S. 20—21, Gertner BetrBer. 1960 S. 206—210); die gegen diese Entscheidung eingelegte Verfassungsbeschwerde wurde verworfen (dazu Vsvermittlung 1960 S. 79—80, auch Garbe Vsvermittlung 1960 S. 29—33, 72—75). Der BFH legt dar, ein beruflich unselbständiger Vsvertreter (steuerrechtlich Generalvertreter genannt) sei mit seinen Einnahmen aus selbständiger Nebentätigkeit, nämlich aus Vermittlung, zur Umsatzsteuer heranzuziehen (umgekehrt soll aber bei einem Selbständigen [Spezialvertreter] auch die Verwaltungstätigkeit zur steuerpflichtigen Unternehmertätigkeit zählen). Ein Selbständiger könne zum Unselbständigen werden, falls die Verwaltungsprovisionen die Vermittlungsprovisionen überschritten und die vertraglichen Abmachungen dergestalt geändert würden, daß der Ver die Arbeitgeberrolle übernehme. In erster Linie sollen die vertraglichen Beziehungen zum Ver entscheidend sein. Vgl. ferner BFH 12. II. 1960 VGA-Nachrichtenblatt 1960 S. 53—54. Wegen der Rückwirkungen dieser Judikatur vgl. Runderlaß des Bundesfinanzministers vom 17. X. 1960 Vsvermittlung 1960 S. 165 und dazu Anonym VW 1960 S. 770—771, Garbe Vsvermittlung 1961 S. 20—21, Oswald ZfV 1960 S. 889—890. Vgl. ferner Verfügung Oberfinanzdirektion Koblenz 27. VI. 1960 VW 1960 S. 493, Oberfinanzdirektion München 27. V. 1960 bei Oswald ZfV 1960 S. 547, Oberfinanzdirektion Stuttgart 11. VI. 1960 BetrBer 1960 S. 734.

Als neueres Material vgl. ferner FG Düsseldorf 12. XI. 1958 Vsvermittlung 1959 S. 12—13, 26. XI. 1957 Vsvermittlung 1958 S. 12—13, FG Hamburg 29. XI. 1957 ZfV 1958 S. 747—748, FG Niedersachsen 26. II. 1958 Vsvermittlung 1958 S. 129, FG Nürnberg 27. II. 1957 Vsvermittlung 1958 S. 35—36, Anonym Der Vsangestellte 1957 Nr. 3 S. 2, VW 1958 S. 525—528, Rieger ZfV 1960 S. 680—685 und die Diskussion in ZfV 1958 S. 237—238, 531—535, 612—613, 644—645, 707—711. Betont für eine Ausrichtung nach den Maßstäben des § 84 HGB: Scholl BetrBer 1959 S. 810—811.

Zur Steuerpflicht von Innendienstangestellten, die in ihrer Freizeit Vsverträge für ihre Gesellschaft vermitteln, Anm. 170.

Speziell zur Gewerbesteuer: VerwG Berlin bei Schiff ZfV 1958 S. 531—535. Danach kommt es für die Gewerbesteuerpflicht darauf an, ob der Vertreter gewerblich tätig ist oder nicht: Nicht jeder selbständige Vertreter sei ohne weiteres gewerbesteuerpflichtig, sondern nur, wenn und soweit er eine „werbende Tätigkeit" ausübe (zustimmend: Schiff a. a. O.).

[435] bb) Prinzipal als Beteiligter.

Handlungsgehilfe nach § 59[1] HGB ist nur, wer in einem Handelsgewerbe angestellt ist. Es muß sich also um den Betrieb eines Kaufmanns oder einer kaufmännischen Personal- oder Kapitalgesellschaft handeln.

Als Prinzipal eines unselbständigen Vsvertreters kommen Ver (Anm. 436), selbständige Vsvertreter (Anm. 437), aber auch Vsmakler in Betracht. Da es für die Handlungsgehilfeneigenschaft nach § 59[1] HGB im Gegensatz zu § 84 I 1 HGB nicht darauf ankommt, daß der Betreffende damit betraut ist, „für einen anderen Geschäfte zu vermitteln oder abzuschließen", ist hier eine Kritik, wie sie Lemke VW 1953 S. 478 — zu Unrecht — an der Handelsvertretereigenschaft der Hilfspersonen von Vsmaklern übt (dazu Anm. 175), nicht möglich; alle (unselbständigen) Angestellten eines Vsmaklers, ob im Innendienst oder in der Akquisition beschäftigt, sind Handlungsgehilfen im Sinne des § 59[1] HGB, wenn sie nur kaufmännische Dienste leisten.

Vom Prinzipal im weiteren Sinne, dem Inhaber des Handelsgewerbes, in dem der unselbständige Vsvertreter angestellt ist, also dem Partner des Arbeitsvertrages, ist der Prinzipal im engeren Sinne zu unterscheiden (Würdinger in: RGRKomm. HGB Bd 1 Anm. 3 zu § 59, S. 502). Der Prinzipal im engeren Sinne ist derjenige, der das Weisungsrecht des Arbeitgebers ausübt und dem der Handlungsgehilfe in erster Linie zur arbeitsvertraglichen Treue verpflichtet ist. Prinzipal im engeren Sinne ist stets eine natürliche Person (Geschäftsführer, leitender Angestellter), während Prinzipal im weiteren Sinne häufig eine juristische Person oder Personenmehrheit ist (AG, GmbH, offene Handelsgesellschaft, Erbengemeinschaft eines Einzelkaufmanns). Über Familienangehörige als Prinzipal: Anm. 440.

[436] aaa) Versicherer.

Bei dem Betrieb einer Vsaktiengesellschaft handelt es sich stets um ein Handelsgewerbe i. S. des § 59[1] HGB. Auch andere Organisationsformen, Personalgesellschaften und sogar Einzelkaufleute (als Ver in den unbeaufsichtigten Vszweigen) können Prinzipal sein.

Bei den Vsvereinen auf Gegenseitigkeit ist zu unterscheiden: Die sog. gemischten Vereine sind Kaufmann nach § 1 II Ziff. 3 HGB, für die „reinen" Gegenseitigkeitsvereine, denen wegen mangelnder Gewinnerzielungsabsicht die Kaufmannseigenschaft fehlt (Kisch Gegenseitigkeitsverein S. 29), ordnet § 16 VAG die entsprechende Anwendung der Bestimmungen des HGB an; dazu gehören auch die Vorschriften über die Handlungsgehilfen (von Gierke II S. 117, Kisch Gegenseitigkeitsverein S. 40, Schlegelberger-Hildebrandt[3] a. a. O. Anm. 42—44 zu § 1, S. 23—24, Würdinger in: RGRKomm. HGB Bd 1 Anm. 4 zu § 59, S. 504). § 16 VAG gilt nicht für die sog. kleineren Gegenseitigkeitsvereine (§ 53 I 1 VAG); sie können auch nicht nach § 1 II Ziff. 3 HGB Kaufmann sein, weil ihnen der Abschluß mit Nichtmitgliedern verboten ist (§ 53 I 2 VAG). von Gierke II S. 117 will deshalb die Angestellten der kleineren Gegenseitigkeitsvereine als Gewerbegehilfen nach § 105—139 m GewerbeO behandeln (ebenso Rohrbeck-Durst-Bronisch S. 19). Sollte aber ein kleinerer Gegenseitigkeitsverein Angestellte eigens zur Werbung neuer Mitglieder einsetzen, so ist nicht einzusehen, weshalb man hier, wo schon fast die Grenze erreicht ist, an der ein Gegenseitigkeitsverein trotz entgegenstehender Satzung als „großer" zu behandeln ist, nicht ebenfalls die Normen des HGB über Handlungsgehilfen, insbesondere die Provisionsvorschriften entsprechend anwenden sollte (anders noch Möller Vsvermittlung S. 27). Das Anstellungsverhältnis und die Tätigkeit eines solchen Vsvertreters unterscheiden sich in nichts von denen eines Vertreters einer Aktiengesellschaft.

Öffentlichrechtliche Vseinrichtungen sind mangels Gewinnstrebens keine Kaufleute (Einl. Anm. 11); ihre unselbständigen Hilfskräfte sind keine Handlungsgehilfen, sondern Angestellte des öffentlichen Dienstes oder (praktisch selten) Beamte (dazu auch Anm. 426, 499). Die Praxis ist uneinheitlich. Neben den Tarifordnungen für den öffentlichen Dienst wenden einzelne öffentlich-rechtliche Ver, soweit sie nämlich dem Arbeitgeberverband der Vsunternehmungen angehören, nicht selten den Tarifvertrag für das private Vsgewerbe (Anm. 428) auf die Dienstverhältnisse der bei ihnen auf Grund privatrechtlichen Arbeitsvertrages (dazu Staudinger-Nipperdey-Mohnen Vorbem. 171 vor § 611, S. 1139) beschäftigten Personen an (Taschenbuch Der Vsangestellte 1958 S. 49—50).

[437] bbb) Versicherungsvertreter.

Selbständige Vsvertreter sind Kaufleute und können damit Prinzipal von Handlungsgehilfen im Sinne der §§ 59—75h HGB sein (Anm. 153). Unselbständige Untervertreter bringen für den selbst auf Provisionsbasis arbeitenden echten Generalvertreter (allgemein: Anm. 174, zu den Organisationssystemen: Anm. 14) den Nachteil jenes Risikos, das mit der Zahlung fester Bezüge an unselbständige Vsvertreter stets verbunden ist. Spaleck, Die Stellung des Vsagenten in arbeitsrechtlicher Betrachtung, Leipziger Diss. 1939, S. 13 erwähnt immerhin „Inspektoren“ als Angestellte von „Bezirksdirektoren“.

Es ist nicht völlig ausgeschlossen, daß auch unselbständige Vsvertreter ihrerseits angestellte (echte) Untervertreter beschäftigen (dazu Anm. 494). Diese Angestellten sind dann jedoch in der Regel keine Handlungsgehilfen. Der Fall ist zu unterscheiden von dem des Verwaltungsgeneralagenten, der die Untervertreter nicht im eigenen, sondern im Namen seiner Gesellschaft anstellt (Anm. 438), ferner von dem des Angestellten, der außerhalb seines Anstellungsverhältnisses ein selbständiges Gewerbe mit eigenen Handlungsgehilfen betreibt (Anm. 432).

[438] cc) Aufgaben des unselbständigen Versicherungsvertreters.

aaa) Sachlicher Aufgabenbereich.

Handlungsgehilfe ist nur, wer kaufmännische Dienste zu leisten hat (§ 59[1] HGB); für die Personen, die bei einem Kaufmann andere als kaufmännische Dienste leisten, gelten die §§ 59—75h HGB nicht (§ 83 HGB).

Maßgebend für die Entscheidung, ob eine Tätigkeit kaufmännisch ist oder nicht, ist die Verkehrsauffassung (Schlegelberger-Schröder[3] a. a. O. Anm. 22 zu § 59, S. 315, Würdinger in: RGRKomm. HGB Bd 1 Anm. 5 zu § 59, S. 504). Dabei kommt es in erster Linie darauf an, ob die betreffende Tätigkeit ein bestimmtes Mindestmaß an kaufmännischen Fähigkeiten und eine entsprechende Vorbildung oder doch zumindest eine kaufmännische Übung erfordert. Rein oder überwiegend mechanische Arbeiten ohne geistige Anstrengung sind nicht als kaufmännische, sondern als gewerbliche Tätigkeit anzusehen (Schlegelberger-Schröder[3] a. a. O. Anm. 22 zu § 59, S. 515, Würdinger in: RGRKomm. HGB Bd 1 Anm. 5 zu § 59, S. 504).

Die Vermittlung von Vsverträgen ist in jedem Fall als kaufmännische Tätigkeit zu würdigen (Duden[13] a. a. O. S. 151, Schlegelberger-Schröder[3] a. a. O. Anm. 23 zu § 59, S. 316: „Vsinspektoren“, Würdinger in: RGRKomm. HGB Bd 1 Anm. 7 zu § 59, S. 505: „Akquisiteur“). Dagegen ist die reine Inkassotätigkeit, die keinerlei speziell kaufmännische Fähigkeiten voraussetzt, nicht geeignet, den Arbeitnehmer zum Handlungsgehilfen zu machen; er ist vielmehr Gewerbegehilfe (Trinkhaus I S. 80—81, 120—122, Würdinger in: RGRKomm. HGB Bd 1 Anm. 8 zu § 59, S. 507: „Einkassierer in Abzahlungsgeschäften“). Bei gemischter Tätigkeit kommt es darauf an, ob Vermittlung oder Inkasso überwiegt (so allgemein für die Abgrenzung zwischen kaufmännischer und nicht kaufmännischer [technischer] Tätigkeit RArbG 24. VI. 1931 ARS Bd 12 S. 364—367). Über „Einheber“ bei öffentlichrechtlichen Vern, die gleichzeitig werben sollen: Spaleck, Die Stellung des Vsagenten in arbeitsrechtlicher Betrachtung, Leipziger Diss. 1939, S. 9.

Die Tätigkeit des unselbständigen Vsvertreters ist, wie die des Selbständigen, Geschäftsbesorgung im Sinne des § 675 BGB. Das wird teilweise ausdrücklich anerkannt (so von Staudinger-Nipperdey Anm. 16 zu § 675, S. 1938, die nach eingehender Auseinandersetzung mit abweichenden Auffassungen alle Dienst- und Werkverträge den in § 675 BGB genannten Auftragsvorschriften unterstellen wollen; für Handlungsgehilfen, die für den Prinzipal handelsrechtliche Verträge abschließen, durch ihre Handlungen den Abschluß vorbereiten oder an der Ausführung mitwirken, speziell Handlungsreisende: Würdinger in: RGRKomm. HGB Bd 1 Anm. 24, 28 zu § 59, S. 516, 518), zum Teil werden nur die einzelnen Normen — direkt oder entsprechend — bei Bedarf auf Arbeitnehmer und speziell auf Handlungsgehilfen angewandt (so für den Anspruch auf Aufwendungsersatz: Hueck-Nipperdey I S. 354, Schlegelberger-Schröder[3] a. a. O. Anm. 66 zu § 59, S. 349, Staudinger-Nipperdey-Neumann Anm. 27o zu § 611, S. 1356). Anders als bei der Vertragsbeendigung im Konkurs des Vers (dazu Anm. 483) kommt es hier auf die Selbständigkeit oder Unselbständigkeit der Dienstleistung nicht an.

Der unselbständige Vsvertreter kann mit den gleichen Aufgaben betraut werden wie der selbständige (dazu Anm. 183—186, 192). Besondere Bedeutung hat der sog. Verwaltungsgeneralagent, dessen Hauptaufgabe darin besteht, die auf den Namen des Vers verpflichtete Agentenorganisation zu betreuen (dazu schon Anm. 14, 174; Meyer, Die Stellung des Generalagenten und Unteragenten der Vsgesellschaft im schweizerischen Recht, Berner Diss. 1947). Er ist in aller Regel Handlungsgehilfe (von Gierke II S. 117, Hick, Der arbeitnehmerähnliche Agent, ungedruckte Münchner Diss. 1949, S. 39, Meyer a. a. O. S. 29, Rohrbeck-Durst-Bronisch S. 67—68, Spaleck a. a. O. S. 15—16, Trinkhaus I S. 94—95), obgleich er „Agent" genannt wird. Die Terminologie ist also verwirrend (vgl. schon Anm. 174). Daher schlagen Rohrbeck-Durst-Bronisch S. 67—68 statt der irreführenden Bezeichnung „Agent" den passenden Ausdruck „bevollmächtigte Verwaltungsstelle" vor (zustimmend Trinkhaus I S. 94—95).

Zu der Frage, ob eine Generalagentur, die von einem angestellten Verwaltungsgeneralagenten geleitet wird, gemäß § 13 HGB als Zweigniederlassung des Vers in das Handelsregister einzutragen ist: Rundschreiben des Gesamtverbandes der Vswirtschaft Nr. 26/55 vom 5. XII. 1955. Das AG Karlsruhe hat seine Auffassung, die Eintragung nach § 13 HGB sei in solchen Fällen erforderlich, auf die Stellungnahme des Gesamtverbandes hin revidiert und nicht auf der Eintragung bestanden. Dem ist zuzustimmen. Zwar schließen die Begriffe Zweigniederlassung und Agentur einander nicht aus (Anm. 17); das ändert aber nichts daran, daß die in Rechtsprechung und Schrifttum entwickelten Voraussetzungen der Zweigniederlassung vorliegen müssen, wenn ein Betrieb gemäß § 13 HGB eingetragen werden soll. Tatsächlich sind „echte" Zweigniederlassungen in der Vswirtschaft selten (Rohrbeck-Durst-Bronisch S. 18, 74—75). Zu den Erfordernissen der Zweigniederlassung: Schlegelberger-Hildebrandt[3] Anm. 5 zu § 13, S. 99—100, Hildebrandt VersArch 1958 S. 49—51. Die Leiter von Zweigniederlassungen sind durchweg Handlungsgehilfen (Rohrbeck-Durst-Bronisch S. 18, 28).

Der Tarifvertrag für das private Vsgewerbe (Anm. 428) gilt nach § 1 Ziff. 2 Abs. 2 für Generalagenten nicht. Ebenso ist der Generalagent als „leitender Angestellter" (zum Begriff Hueck-Nipperdey I S. 66—69, Nikisch I S. 111—112) in vielen arbeitsrechtlichen Schutzgesetzen aus dem Kreis der Begünstigten ausgeschlossen, so z. B. vom Kündigungsschutz (Anm. 482), von der gesetzlichen Arbeitszeitregelung (Anm. 450) und von der Mitbestimmung im Rahmen des Betriebsverfassungsrechts (Anm. 442).

Als Zwischenglied zwischen Bezirksdirektion und Unterorganisation nennt Spaleck a. a. O. S. 10 den „Inspektor", dem die Überwachung und Beratung der Untervertreter sowie die Anwerbung neuer Vertreter obliegt. Trinkhaus I S. 276 unterscheidet zwischen den nur vermittelnd und kassierend tätigen „Werbeinspektoren" und den „Voll"- oder „Vsinspektoren" mit organisatorischer Tätigkeit und Schadensregulierung. In der Praxis sind die Grenzen fließend, häufig sind beide Aufgabenbereiche kombiniert.

[439] bbb) Örtlicher Aufgabenbereich.

Über die Bedeutung der Zuweisung eines Bezirks Anm. 187—191. Für die unselbständigen Vsvertreter gelten insoweit keine Besonderheiten. Die Tarifverträge bestimmten bis 1959, daß das Arbeitsgebiet des Vsvertreters, insbesondere hinsichtlich des Einzugsgeschäftes so bemessen werden sollte, daß er es in einer werktäglichen acht- bis zehnstündigen Durchschnittsbeschäftigungszeit ordnungsgemäß betreuen kann. Für den Fall, daß diese Zeit auch nach einer Einarbeitungszeit von drei Monaten noch nicht zur ordnungsmäßigen Betreuung ausreichte, war eine Neuregelung des Arbeitsbezirks vorgesehen.

Der örtliche Aufgabenbereich ist von Bedeutung für die tarifvertraglich festgesetzten Bezüge des unselbständigen Vsvertreters, die nach Ortsklassen gestaffelt sind (§ 19

Ziff. 1 Abs. 1 Tarifvertrag für das private Vsgewerbe, § 10 Ziff. 4 Tarifvertrag für das Vsvermittlergewerbe). Zur Ortsklasseneinteilung bestimmt der Gehaltstarifvertrag für das private Vsgewerbe in Ziff. 5a und d (auf § 19 Ziff. 1 des Manteltarifvertrages Bezug nehmend):

„a) Sämtliche Orte werden in drei Klassen eingeteilt. Für die Einreihung ist das für die Besoldung der Beamten geltende Ortsklassenverzeichnis maßgebend. Veränderungen des Ortsklassenverzeichnisses treten gleichzeitig mit der gesetzlichen Regelung in Kraft.
d) Maßgebend für die Zurechnung zu einer Ortsklasse ist bei Innendienstangestellten der Ort der Tätigkeit, bei Außendienstangestellten der vertraglich vereinbarte Dienstsitz".

Fast gleichlautend ist die Ortsklasseneinteilung im Tarifvertrag für das Vsvermittlergewerbe geregelt. Für die Besoldung der Beamten und damit auch für die Bezüge der unselbständigen Vsvertreter ist jetzt die VO über die Aufstellung des Ortsklassenverzeichnisses vom 1. X. 1957 (BGBl. II S. 1445) maßgebend.

[440] dd) Entgeltlichkeit der Dienstleistung.

Der Handelsvertreter muß ein Entgelt für seine Tätigkeit beziehen, wobei ein bestimmter Betrag noch nicht festzustehen braucht.

Ist ein Vertrag über die Leistung unselbständiger Dienste zustande gekommen, ohne daß gleichzeitig ein Entgelt vereinbart ist, so greift die Vermutung des § 612 I BGB (abgedruckt: Anm. 136) ein, wenn nach den Umständen die Dienstleistung nur gegen eine Vergütung zu erwarten ist (Schlegelberger-Schröder[3] a. a. O. Anm. 24 zu § 59, S. 317). Dies trifft immer zu, wenn ein Ver jemanden mit der Vermittlung von Vsverträgen betraut.

Zweifel können auftauchen, wenn ein selbständiger Vsvertreter die Mitarbeit von Familienangehörigen in Anspruch nimmt (dazu für Handlungsgehilfen allgemein Schlegelberger-Schröder[3] a. a. O. Anm. 13 zu § 59, S. 309—310, Würdinger in: RGR-Komm. HGB Bd 1 Anm. 3 zu § 59, S. 503). Es ist dann häufig schwer zu entscheiden, ob die Dienste im Rahmen der familienrechtlichen Pflicht zur Mitarbeit im Gewerbebetrieb des Ehegatten (§ 1356 II BGB) oder der Eltern (§ 1617 BGB) geleistet werden oder ob (u. U. stillschweigend) ein Arbeitsvertrag zustandegekommen ist, auf den dann § 612[1] BGB anzuwenden wäre. Hier kommt es auf alle Umstände des einzelnen Falles an, insbesondere darauf, ob die geleisteten Dienste wesentlich über das übliche Maß hinausgehen und praktisch die gesamte Arbeitskraft des mitarbeitenden Familienmitgliedes in Anspruch nehmen (Schlegelberger-Schröder[3] a. a. O. Anm. 13 zu § 59, S. 309, Staudinger-Nipperdey-Neumann Anm. 7 zu § 611, S. 1240—1241, Würdinger in: RGRKomm. HGB Bd 1 Anm. 3 zu § 59, S. 503). Speziell im Bereich der Vsvermittlung ist in den Fällen der Zusammenarbeit zwischen Ehegatten oder nahen Verwandten immer zu prüfen, ob nicht ein Gesellschaftsverhältnis vorliegt (so allgemein für alle Dienstverhältnisse: Staudinger-Nipperdey-Neumann Anm. 7 zu § 611, S. 1241). In jedem Fall, ob nun die Dienste ausschließlich im familienrechtlichen Bereich geleistet werden oder ob zwar ein Dienstvertrag geschlossen, eine Vergütung aber ausdrücklich abgedungen ist, gilt zugunsten der Gläubiger des Dienstleistenden nach § 850h II ZPO (abgedruckt: Anm. 336) eine angemessene Vergütung als geschuldet (Staudinger-Nipperdey-Neumann Anm. 7 zu § 611, S. 1241—1242).

In welcher Form das Entgelt geleistet wird (darüber Anm. 463—468), ist für die Handlungsgehilfeneigenschaft gleichgültig.

[441] c) Rechtsstellung des unselbständigen Versicherungsvertreters.

aa) Arbeitnehmer.

Arbeitnehmer im Sinne des Arbeitsrechts sind alle unselbständigen Vsvertreter, also nicht nur die Handlungsgehilfen, sondern auch die Gewerbegehilfen und die Angestellten im öffentlichen Dienst (Staudinger-Nipperdey-Mohnen Vorbem. 171 vor § 611, S. 1139); nur die Beamten unterliegen nicht den Grundsätzen und Normen des Arbeitsrechts (zu allem schon Anm. 425, 430).

[442] bb) Betriebsverfassung.

Schrifttum: Hagen I S. 257—259, Rohrbeck ZVersWiss 1921 S. 20—36; allgemein: Dietz, BetriebsverfassungsG mit Wahlordnung, 2. Aufl., München-Berlin 1955, Fitting-Kraegeloh, BetriebsverfassungsG nebst Wahlordnung und den einschlägigen Nebengesetzen, 3. Aufl., Berlin-Frankfurt 1953, Galperin, Kommentar zum BetriebsverfassungsG, 2. Aufl., Heidelberg 1953.

Zu den Arbeitnehmern i. S. des § 4 BetrVG gehören auch die unselbständigen Vsvertreter, obwohl sie nicht im „Betrieb" selbst tätig sind, sondern nur „Ausstrahlungen" des Betriebes darstellen (Dietz a. a. O. Anm. 17 zu § 4, S. 101: „Handelsreisende", Galperin a. a. O. Anm. 3 zu § 4, S. 102: „Reisende").

Nach § 1 BetrVG ist in jedem Betrieb ein Betriebsrat zu bilden. Dabei sind die Niederlassungen und die Bezirksverwaltungen eines Vers, aber auch die Generalagenturen, deren unselbständige Vsvertreter unmittelbar dem Ver verpflichtet sind, im Verhältnis zueinander und zur Hauptverwaltung gemäß § 3 BetrVG selbständige Betriebe, da sie sowohl räumlich weit voneinander entfernt als auch in Organisation und Aufgaben eigenständig sind; eine Betriebsgemeinschaft, die eine einheitliche Betriebsvertretung erfordern oder rechtfertigen könnte, besteht hier nicht (vgl. allgemein Dietz a. a. O. Anm. 10—15 zu § 3, S. 92—94, Hueck-Nipperdey II S. 700—701). Anders könnte die Beurteilung nur sein, wenn ausnahmsweise eine Bezirksdirektion im gleichen Gebäude untergebracht wäre wie die Hauptverwaltung und wenn die zu regelnden Fragen bei den Arbeitnehmern beider Bereiche praktisch identisch wären (Arbeitszeiteinteilung, soziale Einrichtungen). Im Streitfall entscheidet darüber, ob ein Betrieb selbständig oder nur unselbständiger Nebenbetrieb oder Betriebsteil ist, gemäß §§ 17 II BetrVG, 2 I Ziff. 4 h ArbGG das Arbeitsgericht im Beschlußverfahren (§ 80 I ArbGG).

In aller Regel sind also sowohl in der Hauptverwaltung als auch in jeder einzelnen räumlich getrennten Verwaltungsstelle, Bezirksdirektion oder Verwaltungsgeneralagentur (mit unechten, d. h. in unmittelbaren Vertragsbeziehungen zum Ver stehenden unselbständigen Untervertretern) jeweils besondere Betriebsräte zu wählen. Die Wahl richtet sich nach §§ 6—20 BetrVG sowie der Ersten RechtsVO zur Durchführung des BetrVG vom 18. III. 1953 (BGBl. I S. 58). Ein Betriebsrat kann allerdings, wie sich aus § 9 BetrVG ergibt, nur in Betrieben gebildet werden, die mindestens fünf wahlberechtigte (§ 6 BetrVG) Arbeitnehmer beschäftigen, von denen mindestens drei wählbar sein müssen (Hueck-Nipperdey II S. 703—704). Verwaltungsgeneralagenten, die selbständig zur Einstellung und Entlassung von Angestellten im Namen des Vers befugt sind, sind „leitende Angestellte" und gelten nicht als Arbeitnehmer im Sinne des BetrVG (§ 4 II c BetrVG).

Zu den einzelnen Betriebsräten in Verwaltungsstellen und unselbständigen Generalagenturen kann nach §§ 46—48 BetrVG der Gesamtbetriebsrat hinzutreten, wenn zu einem einheitlichen Unternehmen (einer Vsaktiengesellschaft oder einem Vsverein auf Gegenseitigkeit) mehrere Betriebe gehören (Verwaltungsstellen, unselbständige Agenturen). Er wird errichtet durch Beschluß der Einzelbetriebsräte, wobei eine Mehrheit von 75% der vertretenen Arbeitnehmer vorhanden sein muß (§ 47 BetrVG). Seine Zuständigkeit beschränkt sich auf die Fragen, die über den Rahmen des einzelnen Betriebes hinausgehen und von den einzelnen Betriebsräten nicht geregelt werden können (§ 48 BetrVG).

Über die Zuständigkeit und die Befugnisse der Betriebsräte: §§ 49—75 BetrVG, über Betriebsvereinbarungen speziell: Anm. 430.

Ein weiteres Teilgebiet der Betriebsverfassung ist die Beteiligung der Arbeitnehmer im Aufsichtsrat gemäß §§ 76, 77 BetrVG. Bei Vsaktiengesellschaften müssen die Arbeitnehmer zu einem Drittel im Aufsichtsrat vertreten sein (§ 76 I BetrVG). Über Wahl und Rechtsstellung der Arbeitnehmervertreter im Aufsichtsrat: § 76 II, III, V BetrVG. Bei Konzernverhältnissen greift § 76 IV BetrVG ein: Die in den Aufsichtsrat des herrschenden Unternehmens zu entsendenden Arbeitnehmervertreter werden nicht nur von den Arbeitnehmern dieses Unternehmens, sondern auch denen der beherrschten Unternehmen gewählt. In vielen Vsunternehmen befinden sich unselbständige Vsvertreter als Arbeitnehmer im Aufsichtsrat.

Für Vsvereine auf Gegenseitigkeit ist eine Vertretung der Arbeitnehmer im Aufsichtsrat nur dann vorgeschrieben, wenn mehr als 500 Arbeitnehmer beschäftigt werden (§ 77 II BetrVG). In diesem Fall ist § 76 BetrVG entsprechend anzuwenden. Auch die Vorschrift des § 76 IV BetrVG über Konzernverhältnisse gilt entsprechend, allerdings nur dann, wenn der als herrschendes Unternehmen anzusehende Gegenseitigkeitsverein schon allein 500 Arbeitnehmer hat; es genügt nicht, wenn erst die Arbeitnehmer des herrschenden und der beherrschten Unternehmen zusammen die erforderliche Anzahl von 500 ergeben. Solange der herrschende Gegenseitigkeitsverein weniger als 500 Arbeitnehmer hat, ist weder § 77 noch § 76 IV BetrVG anwendbar (so mit überzeugender Begründung BArbG 24. V. 1957 AP Nr. 7 zu § 92 ArbGG 1953 mit zustimmender Anm. Pohle = RdA 1957 S. 478 = BetrBer 1957 S. 785, und für die GmbH: Hueck-Nipperdey II S. 904; anders noch Dietz a. a. O. Anm. 5 zu § 77, S. 631). Die vom Bundesarbeitsgericht offengelassene Frage, ob zwischen einem Vsverein auf Gegenseitigkeit und seinen selbständigen Generalagenturen (Bezirksdirektionen), deren unselbständige Vsvertreter nicht Arbeitnehmer des Gegenseitigkeitsvereins sind, ein Konzernverhältnis im Sinne des § 76 IV BetrVG bestehe, dürfte für den Regelfall zu verneinen sein. Aus der Weisungsbefugnis im Rahmen des Vsvertretervertrages zwischen Ver und Generalagenten ergibt sich noch keine Beherrschung oder Gesamtleitung im Sinne des § 76 IV BetrVG (zum Konzernbegriff des § 76 IV BetrVG allgemein Kauffmann Der Betrieb 1957 S. 1152—1154). — Auch für kleinere Vsvereine auf Gegenseitigkeit gilt § 77 BetrVG seinem Wortlaut nach dann, wenn ein Aufsichtsrat besteht. Eine Beschäftigtenzahl von 500 kommt hier jedoch praktisch nicht vor.

Die Bestimmungen des BetrVG gelten wie für Vsunternehmen so auch für selbständige Vsvertreter und für Vsmakler, wenn sie mindestens fünf Angestellte beschäftigen (vgl. Dietz Vorbem. 15 vor § 1, S. 49). § 77 I BetrVG wird allerdings für Vsvertreterfirmen in der Rechtsform der GmbH nicht praktisch, da diese Bestimmung ebenso wie § 77 II BetrVG eine Beschäftigtenzahl von 500 voraussetzt.

Für die unselbständigen Vsvertreter der öffentlichrechtlichen Ver gilt das BetrVG nicht (§ 88 I BetrVG). Eine einheitliche Regelung besteht nur für die Bediensteten des Bundes und der bundesunmittelbaren Körperschaften des öffentlichen Rechts (§ 3 Personalvertretungsgesetz vom 5. VIII. 1955, BGBl. I S. 477 [PersVertrG]). Für die unter Länderhoheit stehenden öffentlichrechtlichen Körperschaften geben §§ 82—95 PersVertrG Rahmenbestimmungen, die durch Ländergesetze ausgefüllt werden müssen. An die Stelle des Betriebsrates tritt bei den öffentlichrechtlichen Vern der Personalrat, an die Stelle der Betriebsvereinbarung die Dienstvereinbarung. Die Besonderheiten, die sich aus der hierarchischen Struktur der Verwaltungsbehörden ergeben (Stufenvertretungen: Bezirkspersonalrat, Hauptpersonalrat), kommen für die öffentlichrechtlichen Ver nicht in Betracht. Die Personalvertretungsgesetze erfassen sowohl Angestellte als auch Beamte, die allerdings ihre Vertreter getrennt wählen (§ 84 PersVertrG). Bei Streitigkeiten entscheiden die Verwaltungsgerichte (§ 93 PerVertrG). Über alle Einzelfragen: Hueck-Nipperdey II S. 758—769.

[443] cc) Titelführung.

Allgemein zur Titelfrage: Anm. 196, Möller Vsvermittlung S. 78—83.

Trinkhaus I S. 276 bezeichnet die unselbständigen Vsvertreter als „Werbeinspektoren" im Gegensatz zu den „Vollinspektoren", die mit organisatorischen Aufgaben und Schadensregulierung betraut seien. Über „Inspektoren" als (unselbständige) Angestellte auch Spaleck, Die Stellung des Vsagenten in arbeitsrechtlicher Betrachtung, Leipziger Diss. 1939, S. 10, Kaufmann Vsvermittlung 1958 S. 26.

Der Titel „Bezirksdirektor" kommt bei Selbständigen und Unselbständigen vor: In der Entscheidung RArbG 14. II. 1934 NeumannsZ 1934 S. 689—690 wird ein angestellter Generalagent als „Bezirksdirektor" bezeichnet.

Vsvertreter der öffentlichrechtlichen Ver tragen zuweilen die Bezeichnung „Kommissar". Auch „Generalkommissare" und „Bezirkskommissare" sollen nach Spaleck a. a. O. S. 9 Angestellte sein. Von Kommissaren (Kreiskommissaren, Kreisfeuersozietätskommissaren, Distriktskommissaren, Landeskommissaren) berichtet auch von Gierke II S. 100.

[444] dd) Streitigkeiten.

Für alle Streitigkeiten zwischen unselbständigen Vsvertretern und ihrem Prinzipal über Fragen, die mit dem Arbeitsverhältnis zusammenhängen, sind nach § 3 II ArbGG die Arbeitsgerichte ausschließlich zuständig, und zwar ohne Rücksicht darauf, ob Arbeitgeber eine Einzelperson (selbständiger Vsvertreter, echter Generalagent) oder eine juristische Person des privaten oder des öffentlichen Rechts ist. Nur für Beamte gelten die Vorschriften des ArbGG nicht; für sie sind die Verwaltungsgerichte zuständig (§ 126 BeamtenrechtsrahmenG).

Die örtliche Zuständigkeit (Gerichtsstand) richtet sich wie bei den selbständigen Vsvertretern nach den Bestimmungen der ZPO, dazu Anm. 198. Zum Gerichtsstand des Erfüllungsortes: Anm. 449, der Vermögensverwaltung: Anm. 15 zu § 48.

Die Zuständigkeit der Arbeitsgerichte kann zugunsten eines Schiedsgerichts nur durch Vereinbarung zwischen Tarifvertragsparteien ausgeschlossen werden (§ 101 II ArbGG). Arbeitnehmer, für die kein Tarifvertrag besteht, können eine Schiedsgerichtsvereinbarung nicht treffen; die Vorschriften der §§ 1025—1048 ZPO über das schiedsgerichtliche Verfahren sind durch § 101 III ArbGG ausgeschlossen. Schiedssprüche, die diesem Grundsatz zuwider ergangen sind, werden nach Maßgabe des § 110 I Ziff. 1 ArbGG aufgehoben (Trinkhaus I S. 498). Eine tarifvertragliche Schiedsabrede enthalten § 27 Tarifvertrag für das private Vsgewerbe (Anm. 428) und § 11 Tarifvertrag für das Vsvermittlergewerbe (Anm. 429) für den Fall, daß über die Auslegung des Tarifvertrages Streit entsteht.

[445] d) Zustandekommen des Versicherungsvertretervertrages bei Unselbständigen.

aa) Ausbildung und Arbeitsvermittlung.

Einen geregelten Ausbildungsgang speziell für die Tätigkeit als Vsvertreter gibt es nicht. Wo der Vsvertreter die für seine Tätigkeit erforderlichen Fachkenntnisse erwirbt, ist gleichgültig. Die wichtigsten Grundbegriffe werden in Lehrgängen vermittelt, welche die einzelnen Ver für ihre Außendienstangestellten durchführen. Einen wichtigen Beitrag zur Erweiterung der Kenntnisse und zur Fortbildung auf speziell werbetechnischem und werbepsychologischem Gebiet leisten die Außendienstspalten der Vs-Fachzeitschriften. Über das Problem der Berufsausbildung für Vsvertreter auch Anonym VW 1949 S. 57. Zur Auswahl der einzustellenden Personen § 17 Abs. 3 Tarifvertrag für das private Vsgewerbe (Anm. 428).

Die Vermittlung von Arbeitsverträgen und die Berufsberatung sind durch § 35 AVAVG ausschließlich der Bundesanstalt für Arbeitsvermittlung und Arbeitslosenv zugewiesen; die private Arbeitsvermittlung ist unzulässig (wenn nicht gemäß § 54 AVAVG im Auftrage der Bundesanstalt durchgeführt).

Über aufsichts- und wettbewerbsrechtliche Fragen bei der Anwerbung und Einstellung von (selbständigen und unselbständigen) Vsvertretern: Anm. 201.

[446] bb) Antrag und Annahme.

Zu zivilrechtlichen Fragen des Vertragsschlusses: Anm. 202. Bei Minderjährigen ist § 113 BGB zu beachten: Die einmal erteilte Zustimmung des gesetzlichen Vertreters zum Abschluß eines Arbeitsvertrages gilt, wenn sie nicht ausdrücklich eingeschränkt wird (§ 113 II BGB), für alle mit dem Arbeitsverhältnis zusammenhängenden Rechtsgeschäfte (§ 113 I BGB) sowie für den Abschluß weiterer Arbeitsverträge (§ 113 IV BGB). Ein Vormund bedarf, wenn der Arbeitsvertrag ausnahmsweise für den Minderjährigen auf länger als ein Jahr unkündbar sein soll, noch zusätzlich der Genehmigung des Vormundschaftsgerichts (§ 1822 Ziff. 7 BGB). Die Zustimmung eines Vormundes kann, wenn das Interesse des Minderjährigen es erfordert, durch das Vormundschaftsgericht ersetzt werden (§ 113 III BGB). Vgl. im übrigen für Handlungshilfen: Schlegelberger-Schröder[3] a. a. O. Anm. 7 zu § 59, S. 306. Von einer besonderen Genehmigung können auch die Parteien die Wirksamkeit des Anstellungsvertrages abhängig machen, vgl. z. B. ArbG Stettin 28. XI. 1934 NeumannsZ 1934 S. 1262—1263 (hier hatte die Bezirksdirektion den Vertrag geschlossen, der aber nach ausdrücklicher Bestimmung erst nach Gegenzeichnung der Hauptdirektion wirksam sein sollte).

[447] cc) Nichtigkeit und Anfechtbarkeit.

Über Nichtigkeitsgründe: Anm. 203. Speziell zur Nichtigkeit eines Wettbewerbsverbotes: § 74a II HGB (über Wettbewerbsverbote allgemein Anm. 453, 485). Die Nichtigkeit des Wettbewerbsverbotes berührt den rechtlichen Bestand des Anstellungsvertrages im übrigen nicht (§ 139 BGB).

Eine Anfechtung des Anstellungsvertrages ist wie beim selbständigen Vsvertreter (dazu Anm. 203) möglich, solange der Arbeitnehmer seinen Dienst noch nicht angetreten hat. Nach Arbeitsaufnahme ist dagegen nach der im Arbeitsrecht herrschenden Auffassung eine Anfechtung mit rückwirkender Kraft nicht mehr angängig (vgl. nur Brox, Die Beschränkung der Irrtumsanfechtung, Karsruhe 1960, S. 271, Hueck-Nipperdey I S. 168, 170—173 m. w. N., Staudinger-Nipperdey-Neumann Anm. 96 zu § 611, S. 1276 bis 1277; anders nur Schlegelberger-Schröder³ a. a. O. Anm. 15 zu § 59, S. 311—312, die auch hier eine Anfechtung unbeschränkt zulassen wollen; eine originelle, aber sehr komplizierte und nicht einfach zu durchschauende Lösung schlägt Würdinger in: RGRKomm. HGB Bd 1 Anm. 17 zu § 72, S. 609—610 vor). Die Meinungen gehen nur darüber auseinander, ob eine Anfechtung schlechthin ausgeschlossen und nur noch die Kündigung aus wichtigem Grunde zulässig sei oder ob lediglich die rückwirkende Kraft der Anfechtung entfalle. Zu dieser im wesentlichen terminologischen Frage Hueck-Nipperdey I S. 170, Staudinger-Nipperdey-Neumann Anm. 92 zu § 611, S. 1272—1273. Bei Täuschung und Drohung soll der Schuldige allerdings nicht mehr erhalten als ihm nach Bereicherungsgrundsätzen zustehen würde (dazu Hueck-Nipperdey I S. 170 Anm. 8 m. w. N.).

[448] dd) Form und Beurkundung.

Der Anstellungsvertrag kann wie der Vertrag des selbständigen Vsvertreters (Anm. 204) formlos geschlossen werden, wenn die Parteien nichts anderes vereinbaren.

Diese Regel wird nur durch eine einzige gesetzliche Ausnahme durchbrochen: Für die Vereinbarung eines Wettbewerbsverbotes für die Zeit nach Beendigung des Vertretungsverhältnisses (dazu im übrigen: Anm. 485) verlangt § 74 I HGB einmal die Schriftform, zum anderen die Aushändigung der vom Prinzipal unterzeichneten Vertragsurkunde an den Angestellten. Wird die Schriftform nach Maßgabe des § 126 II 2 BGB vollzogen, so ist damit zugleich dem zweiten Erfordernis Genüge getan; im Falle des § 126 II 1 BGB muß der Angestellte entweder die Originalurkunde oder ein gleichlautendes vom Prinzipal unterzeichnetes Exemplar erhalten. Die Vereinbarung hat erst dann bindende Kraft, wenn beide Voraussetzungen erfüllt sind. Der Verstoß gegen die Form hat die Nichtigkeit der Wettbewerbsvereinbarung zur Folge (§ 125¹ BGB), läßt jedoch den Vertrag im übrigen bestehen, wenn anzunehmen ist, daß er auch ohne die Wettbewerbsabrede geschlossen worden wäre (§ 139 BGB). In aller Regel ist das Wettbewerbsverbot, das ein Ausspannen der Vmer durch einen ausgeschiedenen Vsvertreter verhindern soll, so wesentlich, daß seine Formnichtigkeit zur Nichtigkeit des ganzen Vertretervertrages führt.

Für die Entstehung eines Beamtenverhältnisses ist als besondere Form die Aushändigung einer Urkunde erforderlich, welche die Worte „... unter Berufung in das Beamtenverhältnis ..." enthält (§ 5 II Ziff. 1 BeamtenrechtsrahmenG).

Nach § 2 Tarifvertrag für das private Vsgewerbe (Anm. 428) erhält „jeder Neueingestellte eine schriftliche Anstellungsbestätigung"; die gleiche Bestimmung enthält § 10 Ziff. 2 Tarifvertrag für das Vsvermittlergewerbe (Anm. 429), nachdem in dem für allgemeinverbindlich erklärten Vertrag von 1952 noch von einem „schriftlichen Dienstvertrag" die Rede gewesen war. Bei diesen Bestimmungen handelt es sich ebensowenig wie bei § 85¹ HGB (dazu Anm. 206) um eine Formvorschrift, sondern um einen Anspruch auf Beurkundung, dessen Nichterfüllung die Wirksamkeit des Anstellungsvertrages nicht berührt. Der Anspruch steht in beiden Fällen nur dem Vsvertreter zu, nicht auch (anders als bei § 85¹ HGB) dem Dienstherrn. Er wird beim (mündlichen oder schriftlichen) Vertragsschluß („sofort") fällig, wenn keine Probezeit vereinbart ist, sonst mit Ablauf der Probezeit.

In § 2 Tarifvertrag für das private Vsgewerbe ist nicht von einem „Dienstvertrag", sondern nur von einer „schriftlichen Anstellungsbestätigung" die Rede. Bei enger Auslegung würde diesem Wortlaut schon eine Urkunde genügen, die nichts bestätigte als die Tatsache, daß ein Anstellungsvertrag geschlossen worden ist. Bei vernünftiger Interpretation nach dem Zweck der Vorschrift ergibt sich aber, daß die Urkunde neben der Tatsache der Einigung auch ihren Inhalt erkennen lassen muß.

§ 2 Tarifvertrag für das private Vsgewerbe bestimmt überflüssigerweise, daß die Anstellungsbestätigung außer durch die Hauptverwaltung auch durch eine zur selbständigen Einstellung von Angestellten berechtigte Geschäftsstelle erteilt werden kann. Schuldner ist in jedem Fall der Vertragspartner des Angestellten, also im Falle des § 2 Tarifvertrag für das private Vsgewerbe der Ver und im Falle des § 10 Ziff. 2 Tarifvertrag für das Vsvermittlergewerbe der selbständige Vsvertreter. Keinesfalls kann aus der genannten Bestimmung ein Beurkundungsanspruch unmittelbar gegen den selbständigen „unechten" Generalagenten (Anm. 161, 174), dessen Unterorganisation dem Ver unmittelbar verpflichtet ist, abgeleitet werden. Es handelt sich um einen vertraglichen Anspruch, der nur gegen den Vertragspartner (den Ver) selbst und nicht gegen dessen Vertreter gerichtet ist.

Für die Durchsetzung des Anspruchs gilt das Gleiche wie beim selbständigen Vsvertreter (Anm. 211). Der Anspruch kann wie alle tariflichen Rechte (dazu Anm. 476) nicht abbedungen werden.

[449] e) Pflichten des unselbständigen Versicherungsvertreters.

aa) Aufzählung der Pflichten.

Wie beim selbständigen Vsvertreter (Anm. 215, 230) können auch beim unselbständigen Vsvertreter vertragliche Pflichten nicht nur gegenüber dem eigentlichen Dienstherrn, mit dem der Anstellungsvertrag geschlossen ist, bestehen, sondern ausnahmsweise auch gegenüber dritten Personen, z. B. anderen Vern, die mit dem anstellenden Ver in einem Konzern oder einer Organisationsgemeinschaft verbunden sind, wenn sich aus dem Vertretervertrag ergibt, daß die anderen Ver unmittelbare Ansprüche gegen den Vsvertreter erwerben sollen (§ 328 I BGB). Eine nachträgliche Übertragung des Anspruchs auf die Arbeitsleistung auf einen anderen ist allerdings nicht möglich (Anm. 460), wohl aber kann der Prinzipal im Rahmen seines Direktionsrechts (Anm. 450, 451) möglicherweise den Vsvertreter anweisen, für einen anderen Ver oder selbständigen Vsvertreter zu werben und diesem die geworbenen Vskandidaten zuzuführen, ohne daß dadurch der Dritte einen unmittelbaren Anspruch gegen den Angestellten erwirbt.

Die Pflichten des unselbständigen Vsvertreters ergeben sich teils aus dem Gesetz (§§ 59, 60, 61 HGB), teils aus den allgemeinen Grundsätzen des Arbeitsrechts. Im Vordergrund steht die Arbeitspflicht, eng verknüpft mit der Gehorsamspflicht, der das Direktionsrecht des Arbeitgebers gegenübersteht. Eine Anzahl weiterer Pflichten ergibt sich angesichts dieser persönlichen Unterordnung aus dem Grundsatz von Treu und Glauben. Diese Pflichten werden im arbeitsrechtlichen Schrifttum unter dem Sammelbegriff der „Treuepflicht des Arbeitnehmers" zusammengefaßt (Duden[13] a. a. O. S. 155, Hueck-Nipperdey I S. 220—227, Nikisch[2] I S. 382—395, Schlegelberger-Schröder[3] a. a. O. Anm. 37—43 zu § 59, S. 323—330, Staudinger-Nipperdey-Neumann Anm. 160—178 zu § 611, S. 1303—1308; Würdinger in: RGRKomm. HGB Bd 1 Anm. 31 zu § 59, S. 520 bezüglich der Schweigepflicht; vgl. aber Anm. 197).

Die Ausgestaltung der Pflichten im Einzelfall richtet sich weitgehend nach den tatsächlichen Erfordernissen der Vsvermittlung. Da die unselbständigen Vsvertreter praktisch die gleichen Aufgaben erfüllen wie die selbständigen Vsvertreter, kann weitgehend auf die Erläuterungen zu deren Pflichten (Anm. 215—231) verwiesen werden. Über Pflichten, die erst nach Beendigung des Angestelltenverhältnisses zu erfüllen sind: Anm. 485—486.

Der unselbständige Vsvertreter schuldet persönliche Dienstleistung (§ 613[1] BGB); er kann nicht einen Ersatzmann mit befreiender Wirkung für sich tätig werden lassen (allgemein: Hueck-Nipperdey I S. 180—181, Schlegelberger-Schröder[3] a. a. O. Anm. 28

zu § 59, S. 318, Staudinger-Nipperdey-Neumann Anm. 110 zu § 611, S. 1281—1282). In der Praxis der Vsvermittlung wird es dem Arbeitgeber allerdings gleichgültig sein, ob der unselbständige Vsvertreter die Anträge, die er einreicht, ganz allein oder unter Beteiligung von Hilfspersonen (Familienmitgliedern, Freunden) eingeworben hat. Für die Erfüllung der sonstigen Pflichten, z. B. der Pflicht, den geworbenen Vmer ordnungsmäßig zu informieren, zu beraten und zu betreuen (Anm. 217) bleibt der Vsvertreter allein verantwortlich. Die meisten Pflichten kann der Vsvertreter schon ihrer Natur nach nur in eigener Person erfüllen (Geheimhaltung, Wettbewerbsverbot, Schmiergeldverbot); nur bei Geldleistungen (z. B. Weitergabe einkassierter Prämien) ist eine Erfüllung durch einen Dritten (auch gegen den Willen des Vsvertreters) möglich (§ 267 BGB).

Anders als beim selbständigen Vsvertreter (dazu Anm. 215) bestimmt sich der Erfüllungsort für die Arbeitspflicht und die damit zusammenhängenden Pflichten des Unselbständigen nicht nach seinem Wohnsitz, sondern entsprechend der Natur des Arbeitsverhältnisses danach, wo er seine Arbeit leistet. Liegt der Ort der Tätigkeit fest (z. B. wenn der Vsvertreter nur eine bestimmte Stadt zu bearbeiten hat), so ist dieser für den Gerichtsstand maßgebend, auch wenn die Hauptverwaltung und die vorgeordnete Generalagentur (Bezirksdirektion) ihren Sitz in einem anderen Ort hat (so allgemein: Dietz-Nikisch, Arbeitsgerichtsgesetz München-Berlin 1954, Anm. 13 zu § 49, S. 324). Bei wechselndem örtlichen Tätigkeitsbereich muß dagegen nach allgemeinen arbeitsrechtlichen Grundsätzen auf den Sitz des Betriebes abgestellt werden, dem der Vsvertreter zugeordnet ist, also in der Regel der zuständigen Generalagentur.

[450] aaa) Arbeitspflicht.

Die Arbeitspflicht ist die Hauptverbindlichkeit des unselbständigen Vsvertreters. Sie unterscheidet sich wesentlich von der Bemühungspflicht des selbständigen Handelsvertreters (Anm. 216). Während der selbständige Vsvertreter in der Wahl seiner Werbemethoden und in der Einteilung seiner Arbeitszeit frei ist (§ 84 I 2 HGB) und seine Bemühungspflicht nur dann verletzt, wenn er sich überhaupt nicht um die Gewinnung von Vmern bekümmert (Anm. 216), muß der Unselbständige innerhalb der festgesetzten oder üblichen Arbeitszeit für den Ver oder Generalagenten tätig sein; der Arbeitgeber hat einen klagbaren Anspruch darauf, daß der Angestellte in dieser Zeit nichts anderes tut (über die Durchsetzung dieses Anspruchs: Anm. 456), und zwar auch dann, wenn die Produktion des Vsvertreters durchaus zufriedenstellend ist (praktisch wird der Ver in solchen Fällen durchweg davon absehen, die Einhaltung der Arbeitszeit durch den Vsvertreter zu erzwingen).

Die Arbeitspflicht wird ergänzt durch die Gehorsamspflicht (Anm. 451). Auf dem Wege über die Anordnungen des Arbeitgebers erfährt die Arbeitspflicht in der Regel überhaupt erst ihre nähere Ausgestaltung, denn der Arbeitnehmer verpflichtet sich nicht zur Ableistung bestimmter, genau festgelegter Dienste, sondern er stellt mit dem Eintritt in das Arbeitsverhältnis dem Arbeitgeber in einem mehr oder weniger weiten Rahmen seine Arbeitskraft schlechthin zur Verfügung. Es handelt sich um eine Gattungsschuld, welche durch Anordnungen des Arbeitgebers konkretisiert wird. Wenn daher im Gesetz (§ 59^1 HGB) oder im Vertrag von den zu leistenden Diensten die Rede ist, handelt es sich immer darum, den Rahmen für das Direktionsrecht des Arbeitgebers abzustecken. Für den Fall, daß der Anstellungsvertrag keine Umgrenzung der zu leistenden Dienste vornimmt (sie kann sich auch schon aus den Umständen des Vertragsschlusses, aus der Bezeichnung des Vsvertreters im Vertrag oder aus einer feststehenden Betriebsübung des Vers im Einsatz der Außendienstangestellten ergeben), sind die ortsüblichen Dienste (§ 59^1 HGB), beim Fehlen eines Ortsgebrauchs die den Umständen nach angemessenen Dienste (§ 59^2 HGB) zu leisten. Ist also jemand schlechthin als „Außendienstangestellter" ohne nähere Bestimmung seines Aufgabenbereiches eingestellt worden, so ist er auch im Außendienst zu beschäftigen. Er ist nicht verpflichtet, Büroarbeiten zu verrichten, die nicht mit seiner Außendienstarbeit in Zusammenhang stehen und auch nicht von Außendienstbeamten normalerweise mit erledigt werden. Wird dem Vsvertreter gleichzeitig mit der Versetzung in den Innendienst die Möglichkeit genommen, werbend tätig zu sein, so ist er zur Kündigung aus wichtigem Grunde berechtigt (Beschäftigungspflicht des Arbeitgebers: Anm. 470). Im Notfall ist der Prinzipal befugt, „Handlungsreisende" mit anderen Aufgaben, ausnahmsweise auch mit nicht kaufmännischen zu beschäftigen (so allgemein Duden[13] a. a. O. S. 154, Würdinger in: RGRKomm. HGB Bd 1 Anm. 17 zu § 59, S. 512). Im Rahmen des Außendienstes muß der unselbständige Vsvertreter alle Arbeiten übernehmen und ausführen, die der Prinzipal ihm zuweist (z. B. auch Verwaltungs- oder Inkassoaufgaben), wenn sich nicht aus dem Vertrag oder aus den Umständen eine weitere Einschränkung des Tätigkeitsbereiches ergibt (z. B. bei Einstellung speziell als „Werber").

Der Rahmen der Arbeitspflicht ist nicht nur gegenständlich, sondern auch zeitlich bestimmt. Jeder Arbeitnehmer ist nur innerhalb der Arbeitszeit zur Dienstleistung verpflichtet. Bei der einzelvertraglichen oder tariflichen Festsetzung von Arbeitszeiten müssen stets die Bestimmungen der Arbeitszeitordnung vom 30. IV. 1939, RGBl. I S. 447 (AZO) beachtet werden. Die AZO gilt indessen nach § 1 II nicht für

„1. Generalbevollmächtigte und die im Handelsregister oder Genossenschaftsregister eingetragenen Vertreter eines Unternehmens,
2. Sonstige Angestellte in leitender Stellung, die Vorgesetzte von mindestens zwanzig Gefolgschaftsmitgliedern sind oder deren Jahresarbeitsverdienst die im Vsgesetz für Angestellte für die Vspflicht jeweils bestimmte Höchstgrenze übersteigt. . . ."

Die Verwaltungsgeneralagenten (Anm. 438) sind demnach von dem Arbeitszeitschutz ausgenommen, soweit sie — was in der Regel der Fall ist — mindestens zwanzig Angestellte oder auch (was nach dem Sinn des Gesetzes gleichbedeutend sein muß) selbständige Untervertreter betreuen. (Die Überschreitung der Angestelltenvsfreigrenze als Voraussetzung erscheint angesichts der jetzigen Höhe der Grenze problematisch.)

Die Tarifverträge, die bis 1959 für Außendienstangestellte eine bis zu zehnstündige Arbeitszeit zuließen (Anm. 439), begnügen sich nunmehr mit der lakonischen Feststellung (§ 18 Abs. 1 Tarifvertrag für das private Vsgewerbe, § 10 Ziff. 3 Tarifvertrag für das Vsvermittlergewerbe): „Eine bestimmte Arbeitszeit wird nicht festgelegt." Das bedeutet, daß sich die Arbeitszeit allein nach der AZO richtet (Offermann Der Vsangestellte 1959 Nr. 3 S. 1); die Vsvertreter, für die dieser Tarifvertrag gilt, brauchen also nicht länger als 8 Stunden täglich zu arbeiten. Können sie ihr Pensum in dieser Zeit nicht erfüllen, so können sie — je nach der Dringlichkeit der Arbeit im Einzelfall — u. U. nach Treu und Glauben zur Mehrarbeit verpflichtet sein, haben dann aber Anspruch auf eine zusätzliche Vergütung. Bei überwiegenden Provisionsbezügen wird ein Vsvertreter, der in erster Linie mit der Werbung betraut ist, naturgemäß ein starkes Interesse an freiwilliger Mehrarbeit haben, die sich in höheren Provisionseinnahmen auszahlt.

An gesetzlichen Feiertagen braucht der unselbständige Vsvertreter nicht zu arbeiten; daneben setzt § 18 Abs. 2 in Verbindung mit § 12 Ziff. 1 Tarifvertrag für das private Vsgewerbe besondere Vsfeiertage fest (Samstag vor Ostern und Pfingsten, 24. Dezember); die gleiche Regelung treffen § 10 Ziff. 3 und § 5 Ziff. 3 Tarifvertrag für das Vsvermittlergewerbe. Über die Verpflichtung des Arbeitgebers, den Vsvertreter auch für die gesetzlichen Feiertage zu entlohnen: Anm. 467.

Eine weitere Einschränkung der Arbeitspflicht bringen die in einigen Ländern erlassenen Hausarbeitstagsgesetze mit sich (dazu im einzelnen: Bulla, MutterschutzG und Frauenarbeitsrecht, Kommentar, München-Berlin 1954). Für unselbständige Vsvertreterinnen werden diese Gesetze insoweit problematisch, als sie den Anspruch auf einen Hausarbeitstag nur bei Einhaltung einer bestimmten wöchentlichen Mindestarbeitszeit gewähren, die in den einzelnen Ländern unterschiedlich festgelegt ist (Bremen [G vom 29. VI. 1948, GBl. S. 95, § 2]: 44 Stunden, bei zusätzlicher Belastung durch Kinder oder pflegebedürftige Angehörige 24 Stunden; Hamburg [G vom 17. II. 1949, GVBl. S. 15, § 2]: 48 Stunden, bei Belastung durch Kinder oder pflegebedürfige Angehörige 40 Stunden; Niedersachsen [G vom 9. V. 1949, GVBl. S. 104, § 1]: 40 Stunden; Nordrhein-Westfalen [G vom 27. VI. 1948, GVBl. NRW S. 833, § 1]: 40 Stunden). Außerdem verlangen das Hamburger und das Bremer Gesetz, daß die Arbeitnehmerin in jeder Woche an sechs Tagen beschäftigt werde, das Gesetz von Niedersachsen, daß sie an keinem Werktag arbeitsfrei sei. Diese Erfordernisse werden regelmäßig durch die Ableistung der tariflichen Arbeitszeit erfüllt sein. Der Prinzipal wird sich nicht darauf berufen können, daß entgegen der Tarifbestimmung der Arbeitnehmerin ein Aufgabenkreis zugewiesen sei, der sich in kürzerer als 8—10stündiger, werktäglicher Durchschnittsarbeitszeit erledigen lasse, es sei denn, diese Abweichung vom Tarif wäre besonders vereinbart. Ebensowenig kann sich im Bereich des Tarifvertrages für das private Vsgewerbe ein Ver darauf berufen, es sei ja überhaupt keine Arbeitszeit festgesetzt; denn § 18 Abs. 1 Tarifvertrag führt im Ergebnis zur allgemeinen Regelung des § 3 AZO zurück, also zur regelmäßigen achtstündigen täglichen Arbeitszeit. Ist aber im Arbeitsvertrag eine unter der gesetzlichen Grenze liegende Arbeitszeit vereinbart, so muß die Arbeitnehmerin, um in den Genuß des Hausarbeitstages zu kommen, beweisen, daß die ihr übertragenen Arbeiten sie doch im Durchschnitt länger in Anspruch nehmen.

[451] bbb) Gehorsamspflicht.

Innerhalb der in Anm. 450 besprochenen Grenzen ist der unselbständige Vsvertreter verpflichtet, den Anordnungen seines Dienstherrn zu folgen. Die Gehorsamspflicht geht — dem Wesen des Arbeitsverhältnisses entsprechend — sehr viel weiter als die Weisungsfolgepflicht des selbständigen Vsvertreters (Anm. 219). Insbesondere kann der Ver oder Generalagent dem Angestellten im Gegensatz zum Selbständigen Vorschriften erteilen über die anzuwendende Werbemethode und über die Einteilung der Arbeitszeit; er kann ferner den sachlichen und örtlichen Aufgabenbereich einseitig ändern, etwa durch Zuweisung eines anderen Bezirks oder durch Übertragung neuer Aufgaben. In jede Tätigkeit des Vsvertreters darf der Arbeitgeber mit besonderen, ins einzelne gehenden Weisungen eingreifen.

Die Gehorsamspflicht kann in Konflikt geraten mit der Interessenwahrnehmungspflicht (Anm. 455). Wenn die Interessen des Vers es erfordern, kann der Vsvertreter gemäß §§ 675, 665 BGB von den Weisungen abweichen, in besonderen Fällen kann er nach Treu und Glauben sogar dazu verpflichtet sein.

Der Vsvertreter kann schließlich den Gehorsam verweigern, wenn die Ausführung der Weisung besondere erstattungsfähige Aufwendungen erfordern würde (Anm. 469) und wenn der Arbeitgeber ihm nicht hierauf gemäß § 669 BGB einen Vorschuß gibt (so für Handlungsgehilfen allgemein: Duden[13] a. a. O. S. 157—158, für „Handlungsreisende“: Würdinger in: RGRKomm. HGB Bd 1 Anm. 28 zu § 59, S. 518).

[452] ccc) Geheimhaltungspflicht.

Die Geheimhaltungspflicht trifft den unselbständigen in gleicher Weise wie den selbständigen Vsvertreter (Anm. 220). Sie wird vielfach als Ausfluß der allgemeinen arbeitsvertraglichen Treuepflicht angesehen, so von Würdinger in: RGRKomm. HGB Bd 1 Anm. 31 zu § 59, S. 520, woselbst (S. 520—524) auch Näheres zum Inhalt der Pflicht.

Der unselbständige Vsvertreter macht sich strafbar nach § 17 I UWG (abgeduckt in Anm. 220), wenn er bei bestehendem Anstellungsverhältnis ein Dienstgeheimnis (dazu Anm. 220) zu Zwecken des Wettbewerbs oder aus Eigennutz oder um seinem Dienstherrn Schaden zuzufügen verrät. Über die Verschaffung eines Agentenverzeichnisses durch einen unselbständigen Vsvertreter an einen Dritten als Geheimnisbruch im Sinne des § 17 I UWG: RG 3. V. 1927 HRR 1927 Nr. 1367.

Durch die engere Bindung des Unselbständigen an den Arbeitgeber und die stärkere Eingliederung in den Betrieb des Vers oder selbständigen Vsvertreters ist die Wahrscheinlichkeit, daß ihm Geheimnisse bekannt werden, und die Gefahr, daß er sein Wissen mißbraucht, größer als beim Selbständigen. Dies gilt besonders für den (unselbständigen) Verwaltungsgeneralagenten (Anm. 438). Im übrigen kann auf die Ausführungen in Anm. 220 verwiesen werden.

[453] ddd) Wettbewerbsverbot.

Es gehört zum Wesen des Arbeitsverhältnisses, daß der Arbeitgeber grundsätzlich die volle Arbeitskraft des Angestellten für sich in Anspruch nehmen darf. § 60 I HGB setzt für Handlungsgehilfen fest, daß sie nur mit Einwilligung des Prinzipals ein Handelsgewerbe betreiben oder im Handelszweig des Prinzipals für eigene oder fremde

Rechnung Geschäfte machen können. Hierin liegt ein weiterer bedeutsamer Unterschied zum Selbständigen, der grundsätzlich in der Übernahme anderer Vertretungen frei ist (Anm. 221).

Gemäß § 60 I HGB darf der unselbständige Vsvertreter z. B. nicht gleichzeitig als selbständiger Vertreter, auch nicht als Warenvertreter, tätig sein; er darf aber auch nicht an irgendeinem Handelsgewerbe, gleich welcher Art, beteiligt sein. Der Ver oder Vsvertreter als Dienstherr wird jedoch seine Einwilligung in der Regel dann nicht versagen, wenn der Angestellte etwa ein Unternehmen, dessen Geschäftskreis außerhalb der Vswirtschaft liegt, erbt, und wenn seine Arbeitskraft dadurch praktisch nicht besonders in Anspruch genommen wird. Betreibt der Vsvertreter das Handelsgewerbe schon bei Eintritt in das Angestelltenverhältnis, so wird die Einwilligung mangels ausdrücklicher abweichender Abrede gemäß § 60 II HGB unwiderleglich vermutet.

Der Abschluß von Vsgeschäften für eigene Rechnung durch einen Angestellten kommt praktisch nicht vor. Dagegen kann es leicht vorkommen, daß der unselbständige Vsvertreter einen Vsantrag bei einem anderen Ver unterbringt. Handelt es sich um einen Vszweig, den der Prinzipal selbst führt, so ist damit das Wettbewerbsverbot des § 60 I HGB verletzt. Der Prinzipal kann gemäß § 61 I HGB Schadensersatz oder Auskehrung der Provision verlangen. Bei fremden Vszweigen greift § 60 I HGB nicht ein, es handelt sich dann nicht um „Geschäfte im Handelszweige des Prinzipals". Es ist also dem unselbständigen Vsvertreter ebensowenig wie dem Selbständigen (Anm. 221) verwehrt, gelegentlich der Werbetätigkeit für seinen Prinzipal auch Vsverträge anderer Sparten zu vermitteln und die Anträge einem anderen Ver zu bringen. Dabei sind jedoch in zwei Richtungen Grenzen gezogen: Einmal muß es sich wirklich um Gelegenheitsvermittlungen handeln; der Vsvertreter darf keine besondere Zeit oder Arbeitskraft auf die Vermittlung dieser fremden Verträge verwenden, er würde sonst seine Arbeitspflicht (Anm. 450) verletzen. Zum anderen darf die Vermittlung in anderen Vszweigen nicht den Charakter und den Umfang eines selbständigen Gewerbes annehmen; in diesem Fall wäre wiederum nach § 60 I (erster Fall) HGB die Einwilligung des Prinzipals erforderlich. Schwierig ist die Frage, wie es um Vsanträge steht, deren Annahme der Prinzipal abgelehnt hat. Hier wird man in Ausweitung des § 60 I HGB annehmen müssen, es handle sich insoweit nicht um ein Geschäft aus dem Handelszweige des Prinzipals. Entsprechendes muß gelten, falls der Prinzipal eine Liste unerwünschter Risiken aufgestellt hat, mögen diese auch prinzipiell zu den vom Prinzipal betriebenen Vszweigen und Vsarten gehören.

Der Prinzipal kann den Vsvertreter schon im Anstellungsvertrage verpflichten, Anträge aus anderen Branchen nur an bestimmte Ver, mit denen ein Konzernverhältnis oder eine Organisationsgemeinschaft besteht, zu geben. Vermittelt dann der Vsvertreter trotzdem für außenstehende Ver, so verletzt er eine Vertragspflicht und macht sich schadensersatzpflichtig. § 61 I HGB gilt jedoch nicht, d. h. der Prinzipal kann nicht ohne Nachweis eines entsprechenden Schadens die Herausgabe der erzielten Provision oder die Abtretung des Provisionsanspruchs verlangen.

Veranlaßt der Angestellte eines Vsmaklers einen Vmer zur Kündigung des Vsvertrages in der Absicht, den Vertrag demnächst als selbständiger Makler neu zu vermitteln und die Courtage für den neuen Abschluß zu erlangen, so liegt darin allein noch kein Verstoß gegen § 60 I HGB, da noch kein selbständiges Gewerbe betrieben und auch noch kein Geschäft geschlossen wird; wohl aber kann der ungetreue Angestellte nach § 826 BGB zum Schadensersatz verpflichtet sein (so OLG Hamburg 22. I. 1924 HansGZ 1924 S. 61—62 = Recht 1924 S. 1253; ebenso Würdinger in: RGRKomm. HGB Bd 1 Anm. 2 zu § 60, S. 547).

§§ 60, 61 HGB gelten nur für die Dauer des Anstellungsverhältnisses. Über nachvertragliche Wettbewerbsverbote: Anm. 485.

[454] eee) Schmiergeldverbot.

Beim Verbot der Annahme von Geschenken oder sonstigen Leistungen, die Geschäftspartner des Prinzipals dem Angestellten zukommen lassen, kann man zwei Stufen unterscheiden: Einmal das strafrechtlich sanktionierte Verbot des § 12 II UWG und zum anderen das allgemeine arbeitsvertragliche Schmiergeldverbot, das einen größeren Kreis von Tatbeständen erfaßt und das durchweg aus der arbeitsvertraglichen Treuepflicht abgeleitet wird (Würdinger in: RGRKomm. HGB Bd 1 Anm. 40 zu § 59, S. 536).

§ 12 UWG lautet:

(1) Mit Gefängnis bis zu einem Jahr und mit Geldstrafe bis zu fünftausend Mark oder mit einer dieser Strafen wird, soweit nicht nach anderen Bestimmungen eine schwerere Strafe verwirkt wird, bestraft, wer im geschäftlichen Verkehre zu Zwecken des Wettbewerbes dem Angestellten oder Beauftragten eines geschäftlichen Betriebs Geschenke oder andere Vorteile anbietet, verschafft oder gewährt, um durch unlauteres Verhalten des Angestellten oder Beauftragten bei dem Bezuge von Waren oder gewerblichen Leistungen eine Bevorzugung für sich oder einen Dritten zu erlangen.
(2) Die gleiche Strafe trifft den Angestellten oder Beauftragten eines geschäftlichen Betriebs, der im geschäftlichen Verkehre Geschenke oder andere Vorteile fordert, sich versprechen läßt oder annimmt, damit er durch unlauteres Verhalten einem anderen bei dem Bezuge von Waren oder gewerblichen Leistungen im Wettbewerb eine Bevorzugung verschaffe.
(3) Im Urteil ist zu erklären, daß das Empfangene oder sein Wert dem Staate verfallen sei.

Im Bereich der Vswirtschaft wird diese Bestimmung kaum je einmal praktisch werden können. Sie betrifft Leistungen, mit denen der Bevorzugte seinerseits Wettbewerb treiben will, und soll seine Mitbewerber bei der Weiterveräußerung schützen, versagt also bei Leistungen, die der Bevorzugte nur für sich selbst oder für seinen eigenen Betrieb verwerten will (Würdinger in: RGRKomm. HGB Bd 1 Anm. 40 zu § 59, S. 537, RG 1. XII. 1924 JW 1925 S. 486—487 mit zustimmender Anm. Alsberg). Das letztere ist bei der Gewährung von Vsschutz durchweg der Fall. Daß der Bevorzugte infolge des billigeren Vsschutzes möglicherweise mit seinen eigenen Erzeugnissen eine günstigere Marktposition gewinnt und auf diese Weise indirekt einen Wettbewerbsvorteil erlangt, genügt nicht.

Die allgemeine arbeitsvertragliche Pflicht des Angestellten, sich keine Vorteile von dritter Seite für eine Tätigkeit gewähren zu lassen, die er seinem Prinzipal schuldet und für die er auch von diesem bezahlt wird (dazu Schlegelberger-Schröder[3] a. a. O. Anm. 42 zu § 59, S. 328, Staudinger-Nipperdey-Neumann Anm. 165 zu § 611, S. 1306), kann viel eher verletzt werden. Erlaubt sind allein die allgemein üblichen kleinen Gefälligkeiten ohne wirtschaftlichen Wert.

Die Pflichtwidrigkeiten, für die ein Vsvertreter ein Schmiergeld erhalten kann, sind mannigfacher Art. Man denke nur an die Unterstützung oder auch das bloße Schweigen bei falschen Angaben des Vmers in Vsantrag, an eine dem Vmer günstige Taxierung des Risikos in der Schadensv und schließlich an die vielerlei möglichen Bevorzugungen bei der Schadensregulierung.

Der Verstoß gegen das Verbot gibt dem Prinzipal ein Recht zur fristlosen Kündigung (dazu Anm. 482), darüber hinaus kann er wegen des mit dem Schmiergeld bezahlten pflichtwidrigen Verhaltens Schadensersatz verlangen. Streit herrscht darüber, ob der Dienstherr die Herausgabe des Erlangten an sich fordern kann. Die Frage dürfte mit der herrschenden Meinung zu verneinen sein (so allgemein für Arbeitnehmer Hueck-Nipperdey I S. 226, Nikisch[2] I S. 395, Staudinger-Nipperdey-Neumann Anm. 165 zu § 611, S. 1306, für Handlungsgehilfen: Würdinger in: RGRKomm. HGB Bd 1 Anm. 40 zu § 59, S. 538; anders Schlegelberger-Schröder[3] a. a. O. Anm. 42 zu § 59, S. 328), zumal für die Fälle des § 12 UWG ausdrücklich angeordnet ist, daß das Empfangene dem Staat verfallen soll (§ 12 III UWG). Eine Rechtsgrundlage für einen Herausgabeanspruch in den übrigen Fällen fehlt.

[455] fff) Sonstige vertragliche Pflichten.

Auch der unselbständige Vsvertreter hat wie der selbständige (Anm. 217) die allgemeine Pflicht, die Interessen seines Dienstherrn wahrzunehmen und zu fördern. Aus dieser Pflicht, die im Arbeitsrecht allgemein als „Treuepflicht“ bezeichnet wird (Anm. 249), lassen sich zahlreiche einzelne Pflichten ableiten, so außer der bereits erwähnten Geheimhaltungspflicht (Anm. 452), dem Wettbewerbsverbot (Anm. 453) und dem Verbot der Annahme von Schmiergeldern (Anm. 454) die Pflicht, den vertretenen Ver den Vmern gegenüber nicht herabzusetzen und seinen Ruf nicht zu schädigen, die Pflicht, bei der Werbung Erkundigungen über die Zahlungsfähigkeit der neuen

Vmer einzuziehen und keine Anträge von unzuverlässigen oder kreditunwürdigen Personen entgegenzunehmen, und schließlich die Pflicht, den zu werbenden Vmern sachlich richtig und erschöpfend über die Rechte und Pflichten aus dem Vsvertrag Auskunft zu erteilen (vgl. Anm. 35, 41—43, 46, 54—72 zu § 44).

Die Pflicht zur Berichterstattung richtet sich nach den Weisungen des Arbeitgebers. Sie kann weiter gehen als beim Selbständigen, eine besonders einschneidende Berichtspflicht kann Indiz für die Unselbständigkeit sein (Anm. 218). Vgl. im übrigen — allgemein für Handlungsreisende — Würdinger in: RGRKomm. HGB Bd 1 Anm. 28 zu § 59, S. 517).

Ebenfalls weiter als beim Selbständigen (Anm. 229) geht die Kontrollduldungspflicht des unselbständigen Vsvertreters. Entsprechend der umfassenden Weisungsbefugnis (Anm. 450, 451) kann der Prinzipal auch die Durchführung seiner Anordnungen uneingeschränkt überwachen.

Der Vsvertreter hat auch die bei ihm befindlichen Unterlagen auf Anfordern an den Prinzipal herauszugeben. Die Schwierigkeiten, die sich beim Selbständigen aus seiner Kaufmannseigenschaft ergeben (Anm. 226), entfallen hier; Unterlagen, Schriftwechsel und Bücher stehen durchweg im Eigentum des Vers oder Generalagenten.

Zur Herausgabe einkassierter Prämien und sonstiger Gelder, die bei Ausführung der vertraglichen Dienste in seine Hand gelangt sind, ist der Unselbständige in gleicher Weise verpflichtet wie der selbständige Vsvertreter (Anm. 226). Das gleiche gilt für Sachen, die ihm der Ver zur Verfügung gestellt hat.

Bei umfangreichen Inkassoaufgaben könnte die Frage auftauchen, ob und in welchem Maße der Vsvertreter Fehlbeträge, die sich bei der Abrechnung der einkassierten Prämien ergeben (z. B. durch Verzählen oder falsches Wechseln), ausgleichen muß, ähnlich dem Problem der „Mankohaftung" der Lagerverwalter und Filialleiter im Warenhandel (dazu Bulla Der Betrieb 1952 S. 58—59, 81—83, Endemann ArbuR 1953 S. 297—301). Der Unterschied zu den Fällen der Mankohaftung liegt hier darin, daß der Vsvertreter regelmäßig vom Ver die Prämienrechnungen bekommt und die Prämien einzieht, ohne daß der Ver einen Einfluß auf seine Arbeitsweise hat. Unter diesen Umständen müßte der Vsvertreter auch ohne besondere Vereinbarung beweisen (§ 282 BGB), daß er einen Fehlbetrag nicht zu vertreten habe (z. B. weil ein Teil des Geldes ohne seine Schuld gestohlen worden sei). Dafür, eine Kassendifferenz nach den Grundsätzen über „schadensgeneigte Arbeiten" teilweise auf den Arbeitgeber abzuwälzen, besteht kein Anlaß: Beim Vsinkasso liegt die Gefahr der Entstehung von Fehlbeträgen infolge „allgemeiner menschlicher Unzulänglichkeit" nicht so nahe, daß eine Übertragung dieser Grundsätze, die nur in ganz besonderen Fällen mit Vorsicht verwertet werden können (so allgemein LArbG Hannover 10. II. 1953 AP 1953 II Nr. 232 S. 390—392 mit zustimmender Anm. Goetz Hueck), gerechtfertigt wäre.

Eine Delkrederepflicht trifft den unselbständigen Vsvertreter nur bei besonderer Vereinbarung. Eine solche Vereinbarung steht mit dem Wesen des Arbeitsverhältnisses noch nicht ohne weiteres in Widerspruch. Sie kann sittenwidrig sein (dazu Würdinger in: RGRKomm. HGB Bd 1 Anm. 39 zu § 59, S. 536), aber auch nur unter den besonderen Voraussetzungen des § 138 BGB. Die Verpflichtung eines erfahrenen und geschäftsgewandten „Bezirksdirektors", für die Schulden der Untervertreter gegenüber der Gesellschaft zu haften, hat das RArbG 14. II. 1934 NeumannsZ 1934 S. 689—690 = SeuffArch Bd 88 S. 168—169 nicht als sittenwidrig angesehen, obwohl dem Bezirksdirektor der Entlastungsbeweis aufgebürdet war.

[456] bb) Verletzung der Pflichten.

Kommt der unselbständige Vsvertreter seinen Pflichten nicht nach, so kann der Prinzipal auf Erfüllung klagen. Bei Arbeitsverweigerung oder bei der Weigerung, eine bestimmte Anordnung des Prinzipals zu befolgen, kann der Vsvertreter zur Vornahme der geschuldeten Handlung verurteilt werden. Die Zwangsvollstreckung richtet sich bei vertretbaren Handlungen (z. B. der Einziehung bestimmter Prämien für den Ver) nach §§ 62 II ArbGG, 887 ZPO, d. h. der Prinzipal kann die Handlung selbst vornehmen lassen und die dazu notwendigen Aufwendungen vom Vsvertreter verlangen. Für unvertretbare Dienstleistungen wie etwa die Werbung neuer Vmer innerhalb eines bestimmten

Personenkreises ist dagegen die Zwangsvollstreckung gemäß § 888 II ZPO ausgeschlossen; der Vsvertreter kann also, wenn er trotz der Verurteilung den Dienst weiterhin verweigert, nicht durch Geld- oder Haftstrafen zum Gehorsam gezwungen werden. Der Prinzipal kann aber beim Arbeitsgericht beantragen, den Vsvertreter für den Fall des Ungehorsams zu einer Entschädigung zu verurteilen (§ 61 IV ArbGG, dazu Würdinger in: RGRKomm. HGB Bd 1 Anm. 20—23 zu § 59, S. 513—516). Derartige Klagen kommen aber in der Praxis kaum vor.

Wichtiger als der Erfüllungsanspruch ist der Schadensersatzanspruch des Prinzipals. Letzterer muß beweisen, daß der Vsvertreter eine Vertragspflicht schuldhaft verletzt hat und daß daraus ein Schaden erwachsen ist.

Die Verletzung vertraglicher Pflichten durch den unselbständigen Vsvertreter kann, wenn sie nicht ganz geringfügig ist, dem Prinzipal einen wichtigen Grund zur fristlosen Kündigung geben (vgl. die beispielhafte Aufzählung in § 72 I Ziff. 1, 2 HGB, dazu Anm. 482). Zu den Kündigungsgründen gehört danach auch die beharrliche Arbeitsverweigerung.

Die Verletzung der Arbeitspflicht berechtigt den Prinzipal, unter dem Gesichtspunkt der eingetretenen teilweisen nachträglichen Unmöglichkeit (vgl. §§ 323 I, 325 I 3 BGB), die festen Bezüge des Vsvertreters entsprechend zu vermindern (so allgemein für Arbeitnehmer: Staudinger-Nipperdey-Neumann Anm. 139—140 zu § 611, S. 1297). Dies gilt allerdings nur dann, wenn der Angestellte seine Pflicht dadurch verletzt, daß er nichts tut, nicht schon dann, wenn seine Dienstleistung mangelhaft ist (so für Handlungsgehilfen: Duden[13] a. a. O. S. 154); wenn also ein unselbständiger Vsvertreter zwar den ganzen Tag mit der Werbetätigkeit zubringt, aber infolge seiner Unfähigkeit keine Vermittlungserfolge erzielt, so berechtigt das allein den Ver nicht zur Kürzung der festen Vergütung (wohl aber zur Kündigung). Eine Kürzung der Vergütung tritt allerdings schon dadurch ein, daß der Vsvertreter in diesem Fall keine Provision erhält. Mangelhafte Vermittlungsarbeit wirkt sich auch dann negativ auf die Provisionsbezüge aus, wenn der Vsvertreter etwa Anträge von erkennbar zahlungsunfähigen Personen entgegennimmt, die der Ver ablehnt.

Die Folgen eines Verstoßes gegen das Wettbewerbsverbot des § 60 I HGB sind in § 61 I HGB geregelt (dazu Anm. 453). Über die Folgen des Verstoßes gegen das Schmiergeldverbot: Anm. 454.

Über die Befugnis des Arbeitgebers, im Wege der Zwangsvollstreckung auch eigene Sachen beim Vsvertreter pfänden zu lassen: Anm. 239.

[457] cc) Zurückbehaltung und Aufrechnung.

Ein kaufmännisches **Zurückbehaltungsrecht** nach § 369 HGB steht dem unselbständigen Vsvertreter an den ihm obliegenden Leistungen nicht zu. Er kann seine Leistungen nur nach § 273 I BGB zurückbehalten. Über Voraussetzungen, Wirkungen und Ausschluß des bürgerlichrechtlichen Zurückbehaltungsrechts: Anm. 235; für den unselbständigen Vsvertreter gilt hier nichts anderes als für den Selbständigen.

Speziell zur Zurückbehaltung der Arbeitsleistung: Hueck-Nipperdey I S. 203—204, Nikisch[2] I S. 321, Schlegelberger-Schröder[3] Anm. 85 zu § 59, S. 357—358, Staudinger-Nipperdey-Neumann Anm. 135 zu § 611, S. 1294, Würdinger in: RGRKomm. HGB Bd. 1 Anm. 47 zu § 59, S. 543. Der Vsvertreter behält seinen Vergütungsanspruch auch für die Zeit, während derer er in Ausübung seines Zurückbehaltungsrechts mit der Arbeit aussetzt. Das wird allerdings nur für den Fall des festen Gehalts ausgesprochen (Hueck-Nipperdey a. a. O., Nikisch a. a. O.); man wird jedoch, wenn man das Zurückbehaltungsrecht nicht entwerten will, auch dem Angestellten, der überwiegend durch Provisionen entlohnt wird, nach §§ 298, 615 BGB einen Anspruch auf Zahlung des Geldbetrages zubilligen müssen, den er während der Dauer der Arbeitsverweigerung an Provisionen verdient hätte. Der Fall ist insoweit nicht anders zu beurteilen als der des „Betriebsrisikos" (Anm. 467).

Das Zurückbehaltungsrecht des Vsvertreters an Sachen, die der Prinzipal ihm überlassen hat, wird nicht dadurch ausgeschlossen, daß der Vsvertreter nur Besitzdiener ist; § 273 I BGB verlangt nicht Besitz im Rechtssinne, sondern nur die tatsächliche Innehabung (Würdinger in: RGRKomm. HGB Bd 1 Anm. 47 zu § 59, S. 543). Über sonstige Gründe, die eine Zurückbehaltung hindern können: Anm. 235. Speziell zum Ausschlußtatbestand des § 273 I BGB selbst („. . . sofern nicht aus dem Schuldverhältnisse sich ein anderes ergibt") meinen Trinkhaus I S. 486 und Würdinger in: RGRKomm. HGB Bd 1 Anm. 47 zu § 59, S. 543, diese Beschränkung falle mit der Beendigung des Arbeitsvertrages weg, der Handlungsgehilfe könne nun also die in seiner Hand befindlichen Sachen ohne Einschränkung zurückbehalten, weil das Schuldverhältnis, aus welchem sich „ein anderes ergeben" habe, weggefallen sei. Schlegelberger-Schröder[3] a. a. O. Anm. 85 zu § 59, S. 358 wollen zwar die Grenze des § 88^2 HGB entsprechend gelten lassen, im übrigen aber sollen alle Beschränkungen, die sich aus dem Bestehen des Anstellungsverhältnisses ergeben, wegfallen (gegen jedes nachvertragliche Zurückbehaltungsrecht aber: Schlegelberger-Schröder[3] a. a. O. Anm. 27 zu §66, S. 417). Dabei ist nicht bedacht, daß das Anstellungsverhältnis insoweit, als der Angestellte noch Sachen herauszugeben hat, gerade nicht wegfällt, sondern noch nachwirkt. Wie die vertragliche Herausgabepflicht des Vsvertreters nach Vertragsbeendigung bestehen bleibt, so muß auch die Frage, ob die Leistung zurückbehalten werden kann, weiterhin nach dem Sinn und Zweck des Vertrages beurteilt werden. Ergibt sich z. B. aus dem Vertretervertrag, daß der Vsvertreter bestimmte Unterlagen (ausgefüllte Antragsformulare, Inkassounterlagen, Schadensanzeigen usw.) unverzüglich und ohne Möglichkeit einer Zurückbehaltung an den Ver weitergeben muß, so bleibt diese Pflicht auch nach der Lösung des Vertreterverhältnisses in gleicher Weise bestehen.

Für die **Aufrechnung** durch den unselbständigen Vsvertreter gelten die gleichen Grundsätze wie im Recht der selbständigen Vsvertreter (Anm. 235).

Über Zurückbehaltung und Aufrechnung durch den Ver oder echten Generalagenten: Anm. 475.

[458] dd) Erlaß und Verzicht.

Der Prinzipal kann dem unselbständigen Vsvertreter ohne Beschränkung Pflichten **erlassen** (§ 397 I BGB, Anm. 236) und einseitig auf Gestaltungsrechte ihm gegenüber verzichten.

Der Spezialfall des **Verzichts** auf ein Wettbewerbsverbot ist in § 75a HGB geregelt; dazu 485.

Über Erlaß und Verzicht auf der Seite des unselbständigen Vsvertreters: Anm. 476.

[459] ee) Verjährung und Verwirkung.

Der Anspruch des Arbeitgebers auf Rückzahlung von Vorschüssen **verjährt** nach § 196 I Ziff. 8 BGB in zwei Jahren. Die Verjährung seiner Rechte aus § 61 I HGB wegen Verletzung des Wettbewerbsverbots (Anm. 453) ist in § 61 II HGB geregelt. Die Verjährung seiner sonstigen Ansprüche richtet sich mangels besonderer Bestimmung nach der allgemeinen (dreißigjährigen) Frist des § 195 BGB. Eine Verjährung des Anspruchs auf die Arbeitsleistung kommt praktisch nicht vor, wohl aber kann die Verjährung bei Herausgabe- und Schadensersatzansprüchen des Arbeitgebers Platz greifen.

Auch eine **Verwirkung** von Rechten des Dienstherrn wird kaum je praktisch. Das Recht des Arbeitnehmers, den Dienst zu verweigern, wenn der Arbeitgeber seine Fürsorgepflichten nicht erfüllt (§§ 618 BGB, 62 HGB), ist kein Fall der Verwirkung, sondern stellt eine schon vorgegebene Grenze der Arbeits- und Gehorsamspflicht dar.

Über die Verjährung und Verwirkung der Rechte des unselbständigen Vsvertreters: Anm. 477.

[460] ff) Abtretung und Verpfändung.

Nach § 613^2 BGB ist der Anspruch auf Dienste im Zweifel nicht **übertragbar.** Für die übrigen Ansprüche des Prinzipals gilt nichts anderes als beim selbständigen Vsvertreter (Anm. 238). Übertragbar sind danach, falls nicht ausdrücklich etwas anderes vereinbart ist, nur die Herausgabeansprüche und die reinen Geldansprüche (auf Rückzahlung von Vorschüssen oder auf Schadensersatz).

Nur die übertragbaren Rechte kann der Arbeitgeber auch **verpfänden** (§ 1274 II BGB, Anm. 238).

Zur Abtretung und Verpfändung durch den Vsvertreter: Anm. 478.

[461] gg) Pfändung und Konkurs.

Die Rechte des Prinzipals können **gepfändet** werden, soweit sie abtretbar sind (§ 851 I ZPO); es gilt nichts anderes als bei den selbständigen Vsvertretern (dazu Anm. 239). Zur Durchsetzung der Rechte: Anm. 456.

Im **Konkurs** des Angestellten genießen die Ansprüche des Prinzipals keinen Vorrang. Die Arbeitspflicht des Vsvertreters wird allerdings durch seinen Konkurs nicht berührt, er bleibt dem Ver oder Generalagenten weiter zur Dienstleistung verpflichtet. Das Arbeitsverhältnis erlischt nicht (Anm. 483), auch eine Kündigung kommt nur unter besonderen Umständen in Frage (Anm. 482). Der Arbeitgeber wird durch den Konkurs seines Angestellten also nur betroffen, soweit er außer dem Dienstleistungsanspruch weitere Rechte, insbesondere Geldansprüche gegen ihn hat. Über Aussonderungs- und Absonderungsmöglichkeiten: Anm. 239.

Zur Pfändung der Ansprüche des unselbständigen Vsvertreters und zu ihrer Stellung m Konkurs des Prinzipals: Anm. 479.

[462] f) Rechte des unselbständigen Versicherungsvertreters.

aa) Übersicht über Rechte.

Im Vordergrund der Rechte des unselbständigen Vsvertreters steht der Anspruch auf Vergütung. Es handelt sich dabei nicht — wie zumeist beim Selbständigen — um eine Erfolgsvergütung, die nur im Falle des Zustandekommens eines Vsvertrages geschuldet wird, sondern in aller Regel um eine Vergütung für die erbrachte Dienstleistung in Gestalt eines festen Gehalts, das ohne Rücksicht auf den erzielten Vermittlungserfolg gezahlt wird (Anm. 463). Neben das reine Arbeitsentgelt kann eine Erfolgsvergütung in Form einer Provision treten (Anm. 464). Als ein Zwischengebilde, das jedoch dem Gehalt näher steht als der Provision, kommt eine garantierte Mindestprovision in Frage (Anm. 463). Ferner kommen Ansprüche auf Gewinnbeteiligung und sonstige Vergütungsleistungen in Betracht (Anm. 465, 466). Besonderer Behandlung bedürfen die Fälle, in denen der Vergütungsanspruch trotz fehlender Arbeitsleistung erhalten bleibt (Anm. 467). Außerhalb der Vergütungsleistungen, die durch besondere Hilfsansprüche (Anm. 468) gesichert sind, obliegen dem Dienstherrn weitere Pflichten, unter denen die Pflicht zum Ersatz von Aufwendungen (Anm. 469), die Fürsorgepflicht (Anm. 471) und die Pflicht zur Gewährung eines Erholungsurlaubs (Anm. 472) herausragen.

Als Grundlage für die Ansprüche der unselbständigen Vsvertreter kommen neben den allgemeinen Normen des Arbeitsrechts und des Rechts der Handlungsgehilfen vor allem die einschlägigen Tarifverträge (Anm. 428, 429) in Betracht, für Vertreter öffentlichrechtlicher Ver teilweise auch die Tarifordnungen für die Angehörigen des öffentlichen Dienstes und, soweit sie Beamte sind, die Besoldungsordnungen (dazu Anm. 426).

Erfüllungsort (i. S. des Leistungshandlungs- oder Vollzugsorts) für die Pflichten des Vers oder Generalagenten ist dessen Sitz (Näheres: Anm. 240).

[463] bb) Ansprüche auf Vergütung.

aaa) Gehalt.

Die dem angestellten Vsvertreter zukommende Vergütung bestimmt sich in erster Linie nach dem Anstellungsvertrag. Trifft dieser keine Bestimmung hierüber, so ist der Ortsgebrauch maßgebend, fehlt auch ein solcher, so schuldet der Prinzipal eine angemessene Vergütung (§ 59 HGB).

Diese allgemeine Vorschrift wird durch § 4 I, III TVG modifiziert; danach gelten die Rechtsnormen eines Tarifvertrags, die den Inhalt von Arbeitsverhältnissen ordnen, unmittelbar und zwingend zwischen den beiderseits Tarifgebundenen, die unter den Geltungsbereich des betreffenden Tarifvertrages fallen; Abweichungen sind nur möglich, wenn sie durch den Tarifvertrag gestattet oder dem Arbeitnehmer günstiger sind. Praktisch ist die Vergütung — von Provisionssätzen abgesehen — für die weitaus meisten unselbständigen Vsvertreter durch Tarifvertrag geregelt (Anm. 427—429). Betriebsvereinbarungen kommen nur ausnahmsweise als Grundlage von Vergütungsansprüchen in Betracht (§ 59 BetrVG). Zwischen Parteien, von denen auch nur eine nicht tarifgebunden ist, gelten die Bestimmungen des Tarifvertrages nicht ohne weiteres (Anm. 427), doch pflegen einerseits die tarifgebundenen Arbeitgeber durchweg auch denjenigen Arbeitnehmern die Vorteile des Tarifs zukommen zu lassen, die nicht Mitglied der Gewerkschaft sind; andererseits werden gerade im Bereich der Vsvermittlung die Tarifverträge auch von solchen Arbeitgebern angewandt, für die sie nicht verbindlich sind. So befolgen den Tarifvertrag für das Vsvermittlergewerbe auch diejenigen selbständigen Vsvertreter (und Vsmakler), die nicht den vertragschließenden Außendienstverbänden angehören (Anonym Vsvermittlung 1958 S. 103).

Das Gehalt ist die regelmäßige Vergütungsform für unselbständige Dienstleistende. Im Bereich des Vsaußendienstes tritt es meist verknüpft mit einer Provisionsvereinbarung auf. Über Fälle der Kombination: Möller Vsvermittlung S. 198—199, Trinkhaus I S. 276, 434.

§ 19 Ziff. 1 Tarifvertrag für das private Vsgewerbe (Anm. 428) und § 10 Ziff. 4 Tarifvertrag für das Vsvermittlergewerbe (Anm. 429) setzen für die unselbständigen Vsvertreter ein „monatliches Mindesteinkommen" fest, zu dem nach einjähriger Betriebszugehörigkeit Haushalts- und Kindergeldzulagen hinzutreten. Auf das Mindesteinkommen (einschließlich der Zulagen) sollen etwa verdiente Provisionen (aller Art, also nicht nur Vermittlungsprovisionen) angerechnet werden, wenn im Einzelvertrag nichts anderes vereinbart ist (nach Trinkhaus I S. 276 werden „in Wirklichkeit . . . die verdienten Provisionen entweder überhaupt nicht oder nur zu einem Teil auf die festen Bezüge angerechnet"; man wird jedoch keinen Gewohnheitsrechtssatz und keine Verkehrssitte konstruieren können). Die Gesamtabrechnung soll mindestens einmal jährlich stattfinden, wobei ein etwaiger Schuldsaldo „abgeschrieben" werden soll. Das letztere wird in § 19 Ziff. 2 Satz 3 Tarifvertrag für das private Vsgewerbe, § 10 Ziff. 4 Abs. 4 Satz 3 Tarifvertrag für das Vsvermittlergewerbe ausdrücklich gesagt (wenn auch in etwas unglücklicher komplizierter Formulierung; wie hier Mussil in: Vskaufmann Taschenbuch 1960, Wiesbaden o. J., S. 176—177).

Es handelt sich demnach bei dem „Mindesteinkommen" nicht nur um die untere Grenze eines etwa vereinbarten festen Gehalts, sondern — für den Fall, daß neben dem Gehalt oder ausschließlich Provisionen vereinbart sind — zugleich um eine Provisionsgarantie in dem in Anm. 245 besprochenen Sinne (aber nicht um einen bloßen Provisionsvorschuß, der in voller Höhe und ohne zeitliche Begrenzung zurückzuzahlen wäre).

Endet das Vertreterverhältnis während des Laufes der Abrechnungsperiode, so soll „pro rata temporis" abgerechnet werden. Dies bedeutet, daß auch hier die für den verstrichenen Zeitraum zu zahlende Mindestvergütung und die in der gleichen Zeit verdiente Provision gegeneinander verrechnet werden. Der das „Mindesteinkommen" übersteigende Provisionsbetrag wird ausgezahlt; bleibt die Provision unter dieser Grenze, so hat es mit dem „Mindesteinkommen" sein Bewenden, eine Rückzahlungspflicht besteht nicht. Das „Mindesteinkommen" ist nach Ortsklassen gestaffelt (Näheres Anm. 439), dagegen nicht nach Tarifgruppen wie bei den anderen (auch Außendienst-) Angestellten.

Aus dem Gebot der „jährlichen" Gesamtabrechnung kann aber nicht geschlossen werden, daß der Vsvertreter vor dieser Abrechnung während des Laufs der Abrechnungsperiode überhaupt keine Provision erhalten sollte. Die Fälligkeit der Bezüge ist vielmehr besonders geregelt. In § 19 Ziff. 3 Tarifvertrag für das private Vsgewerbe heißt es dazu: „Die Gesamtbezüge werden nachträglich, spätestens am letzten Werktage des Monats bezahlt." Allerdings wird die Fälligkeit der Provisionsforderung zusätzlich — wie bei den selbständigen Vsvertretern — durch die Abrechnung bestimmt, über die der Tarifvertrag nichts sagt (hier gelten die gesetzlichen Vorschriften, Näheres Anm. 464, 469). § 64 HGB, der zwingend die monatliche Gehaltszahlung anordnet, bezieht sich nur auf feste Bezüge (einschließlich der Provisionsgarantie: Trinkhaus I S. 434) und nicht auf die Provision (Würdinger in: RGRKomm. HGB Bd 1 Anm. 1 zu § 64, S. 567).

Hat der Vsvertreter in den ersten Monaten des Abrechnungszeitraums sehr hohe und weit über dem tariflichen Mindestsatz liegende Provisionen verdient und ausgezahlt erhalten und tritt nun in der zweiten Jahreshälfte ein starker Rückgang in seiner Produktion ein, so kann er gleichwohl die Auszahlung des monatlichen „Mindesteinkommens" verlangen, muß aber die Differenz zwischen dem Mindestbetrag und den zurückgegangenen Provisionen bei der Gesamtabrechnung am Ende des Jahres wieder zurückzahlen. Zur Sicherung dieses Rückzahlungsanspruches bei ungleichmäßig anfallenden Provisionen wird sich der Ver eine Kaution stellen lassen, die von den Provisionen guter Monate einbehalten und als Sicherungsgrundlage für provisionsschwache Monate verwendet wird. Ohne besondere Abrede kann der Ver aber eine solche Rücklage wegen der zwingenden Fälligkeitsvorschriften nicht bilden. Über weitere allgemeine Fragen der Provisionsgarantie: Anm. 245.

Der Fälligkeitstermin kann durch einfache Erklärung des Vsvertreters vorverlegt werden, wenn der Monatsschluß in eine Urlaubsperiode fällt (§ 19 Ziff. 3 Satz 2 in Verbindung mit § 3 Ziff. 2 Satz 3 Tarifvertrag für das private Vsgewerbe, § 10 Ziff. 4 Abs. 5 in Verbindung mit § 3 Ziff. 1 d Tarifvertrag für das Vsvermittlergewerbe).

[464] bbb) Provision.

Die Provision als Vergütungsform ist auch bei unselbständigen Vsvertretern die Regel, meist aber in Verbindung mit einem festen Gehalt oder einer Provisionsgarantie (Anm. 463). Wegen der Einzelheiten kann weitgehend auf die Ausführungen zum Provisionsanspruch der selbständigen Vsvertreter verwiesen werden, da § 65 HGB allgemein für die Provision der Handlungsgehilfen auf die Bestimmungen für Handelsvertreter verweist. Einige Besonderheiten müssen freilich vermerkt werden:

Der unselbständige Vsvertreter hat im Gegensatz zum selbständigen keinen gesetzlichen Anspruch auf Inkassoprovision: § 87 IV HGB ist in der Verweisungsvorschrift des § 65 HGB ausgespart. Dadurch wird indessen die Freiheit der Parteien, vertraglich einen solchen Anspruch zu begründen, nicht berührt.

Zwar verweist § 65 HGB nur auf „§§ 87 Abs. 1 und 3, 87a bis c", ohne die speziell für Vsvertreter in § 92 HGB angeordneten Modifikationen zu berücksichtigen. Das beruht aber auf einem Versehen des Gesetzgebers, der die Notwendigkeit einer Sonderbehandlung der Vswirtschaft, die bei angestellten Vsvertretern in gleicher Weise besteht wie bei selbständigen Vsvertretern (dazu Anm. 284), nicht bedacht hat. Der angestellte Vsvermittler kann insoweit keine anderen Rechte haben als der selbständige Vsvertreter (ebenso Schröder[2] a. a. O. Anm. 4 zu Art. 2 HVG, S. 300, Trinkhaus I S. 276—277, zur Begründung auch Pfennigstorf NJW 1959 S. 87—88). Hieraus ergibt sich, daß ebensowenig wie bei selbständigen Vsvertretern bei Unselbständigen Vermittlungsprovision für „Nachbestellungen" in Frage kommt (§ 92 III 1 HGB; Anm. 284). Die vom BArbG 3. VI. 1958 NJW 1958 S. 1365—1367 zum Provisionsanspruch eines angestellten Warenvertreters bei „Nachbestellungen" gemäß § 87 I HGB entwickelten Grundsätze lassen sich also auf unselbständige Vsvertreter nicht übertragen. Ferner entfällt der bei Bezirksvertretern des Warenhandels vorgesehene Anspruch auf Bezirksprovision (§ 92 III 2 HGB; Anm. 285). Man kommt hinsichtlich der Bezirksprovisionen zum gleichen Ergebnis auch deshalb, weil für Unselbständige in § 65 HGB auf § 87 II HGB nicht verwiesen wird. Auch in der Gestaltung des Ausführungserfordernisses (Anm. 290—293) folgt der unselbständige Vsvertreter der durch § 92 IV HGB für selbständige Vsvertreter gegebenen Regelung und nicht den nur für Warenvertreter passenden Vorschriften der §§ 65, 87a I HGB. Maßgebend ist also auch für ihn die Prämienzahlung durch den Vmer.

Die Neben- und Hilfsansprüche (Abrechnung, Auskunft usw.) richten sich nach den für selbständige Vsvertreter geltenden Bestimmungen (dazu §§ 65, 87c HGB; Anm. 320—327, 469).

Die Entscheidung darüber, ob überhaupt und in welcher Höhe Provisionen gezahlt werden sollen, liegt allein bei den Vertragsparteien. Die Tarifverträge sagen hierzu nichts. Die Provisionssätze pflegen bei ausschließlich in der Werbung Tätigen höher zu sein als bei Außendienstangestellten (z. B. Schadensregulierungsbeamten), die nur gelegentlich vermitteln, während bei den letzteren der Anteil der Festbezüge höher ist (dazu auch Trinkhaus I S. 276, 434—435). Verwaltungsgeneralagenten erhalten neben einem festen Gehalt oft Superprovisionen (dazu Näheres Anm. 285).

Für die Fälligkeit gilt (über § 65 HGB) § 87a IV HGB. Der § 19 Ziff. 3 Satz 1 Tarifvertrag für das private Vsgewerbe, in dem allgemein von „Bezügen" die Rede ist, besagt nicht, daß die Provision etwa jeweils am Schlusse des Monats zu zahlen sei, in dem sie verdient ist (dann hätten die gesetzlichen Abrechnungsbestimmungen ausdrücklich abgeändert werden müssen), sondern bezieht sich insoweit wie § 87a IV HGB auf den Monat, in dem über die Provision abzurechnen ist. Allerdings ergibt sich aus dem Gebot monatlicher Zahlung der „Gesamtbezüge", daß die Vertragsparteien die Abrechnungsperiode nicht, wie in § 87c I 1 HGB vorgesehen, auf drei Monate ausdehnen können, denn damit würde notwendig auch die Fälligkeit hinausgeschoben werden. Im übrigen richtet sich die Fälligkeit nach denselben Grundsätzen wie beim selbständigen Vsvertreter (Anm. 303). Näheres über die Abrechnung Anm. 468.

Speziell zur Nachprovision: Anm. 488.

[465] ccc) Gewinnbeteiligung.

Neben der Provision als Beteiligung am Einzelumsatz tritt die Beteiligung am Gesamtgewinn als Vergütungsform für den unselbständigen Vsvertreter stark zurück. Sie wird nur bei Angestellten mit größerer Verantwortung, z. B. bei Verwaltungsgeneralagenten (Trinkhaus I S. 276) zuweilen vereinbart. Über allgemeine Grundsätze der Gewinnbeteiligung: Anm. 251.

[466] ddd) Sonstige Vergütungsansprüche.

Eine Gratifikation (dazu schon Anm. 250) ist ihrem Wesen nach eine freiwillige Sonderleistung des Arbeitgebers. Ein Anspruch des Vsvertreters besteht nur in besonderen Fällen, so z. B. wenn der Ver oder Generalagent die Gratifikation mehrere Jahre hintereinander ohne ausdrücklichen Vorbehalt gezahlt hat und der Vsvertreter deshalb annehmen kann, sie werde auch in Zukunft gezahlt werden (vgl. nur Staudinger-Nipperdey-Neumann Anm. 204 zu § 611, S. 1324 mit vielen Zitaten). Einzelne Arbeitnehmer dürfen nicht ohne sachlichen Grund von der Gratifikation ausgeschlossen werden; denn der Grundsatz der Gleichbehandlung läßt keine willkürlichen Begünstigungen und Benachteiligungen zu. Wohl aber kann der Arbeitgeber die Gruppen unter seinen Arbeitnehmern, denen er die Sonderleistung zukommen lassen will, nach sachlichen Gesichtspunkten abgrenzen. Anerkannt ist dies für Arbeitnehmer in gekündigter Stellung: Diese können ohne weiteres von der Zahlung der Gratifikation ausgenommen werden. Ob der Ver aber etwa alle Außendienstangestellten bei der Gewährung einer sonst allgemein gezahlten Gratifikation übergehen kann, erscheint zweifelhaft.

In der Vswirtschaft ist die Zahlung eines dreizehnten Monatsgehalts allgemein üblich, und zwar teils als sog. „Weihnachtsgeld", teils als „Urlaubsgeld", teils aus anderem Anlaß (Offermann Der Vsangestellte 1959 Nr. 1 S. 3). Die rechtlichen Grundlagen und die Voraussetzungen im einzelnen sind verschieden. Die Gewerkschaften erstreben eine tarifliche Festlegung (Offermann Der Vsangestellte 1959 Nr. 1 S. 3), was dem Wesen der Gratifikation widersprechen und die Leistung zu einer reinen zusätzlichen tariflichen Mindestvergütung machen würde.

Das G über die Festsetzung von Mindestarbeitsbedingungen vom 11. I. 1952 (BGBl. I S. 17) wird für unselbständige Vsvertreter nicht praktisch, weil hier sowohl auf der Arbeitnehmer- wie auf der Arbeitgeberseite tarifvertragsfähige Vereinigungen bestehen, die nicht nur eine Minderheit der Betroffenen umfassen.

Vorschuß auf seine Vergütungsansprüche kann der Vsvertreter grundsätzlich nur auf Grund besonderer Vereinbarung verlangen; einen allgemeinen Anspruch auf Vorschußgewährung kennt das Arbeitsrecht nicht. Nur in ganz besonderen Fällen — wie etwa bei plötzlich eintretender unverschuldeter Notlage — wird aus der allgemeinen Fürsorgepflicht des Arbeitgebers (dazu Anm. 471) eine Pflicht zur Leistung eines Vorschusses abgeleitet. Die gesetzliche Vorschußpflicht beim Aufwendungsersatz (§ 669 BGB, dazu Anm. 469) ist hiervon streng zu scheiden. Über vereinbarte Provisionsvorschüsse: Anm. 303.

[467] eee) Vergütungsansprüche ohne Dienstleistung.

In einer Reihe von Fällen muß der Prinzipal seinem unselbständigen Vsvertreter die vereinbarte Vergütung zahlen, ohne daß dieser eine Arbeitsleistung vollbringt.

Bei **Annahmeverzug** des Arbeitgebers hinsichtlich der Dienstleistung behält der Arbeitnehmer nach § 615[1] BGB seinen Vergütungsanspruch, ohne zur Nachleistung verpflichtet zu sein. Der Prinzipal kann in Annahmeverzug geraten, indem er notwendige Mitwirkungshandlungen unterläßt, ohne die der Vsvertreter seine Vermittlungstätigkeit nicht aufnehmen kann, z. B. dem Vsvertreter, der sich zum Dienstantritt meldet, keinen Arbeitsbereich (Bezirk, Bestand, Kundenkreis) zuweist oder ihm keine Unterlagen für die Werbearbeit (Tarife, Antragsvordrucke usw.) gibt.

Die rechtliche Konstruktion des Annahmeverzuges (nach § 615 BGB), insbesondere auch sein Verhältnis zur Unmöglichkeit nach § 324 BGB, ist im übrigen umstritten, worauf hier nicht näher eingegangen werden kann (vgl. einerseits Hueck-Nipperdey I S. 198—201, 298—300, andererseits Nikisch[2] I S. 246—251, Würdinger in: RGRKomm. HGB Bd 1 Anm. 48 zu § 59, S. 544).

Nicht gefolgt werden kann Trinkhaus I S. 439, der auch die „regelmäßige oder ungewöhnlich häufige Ablehnung von Vsanträgen“ als Annahmeverzug des Vers ansieht, soweit „dieser damit mittelbar und im Ergebnis dem Vermittler die Werbetätigkeit verbietet oder zurückweist“. Ein Fall des Annahmeverzuges könnte allenfalls vorliegen, wenn der Vsvertreter auf Grund solcher Maßnahmen nunmehr die Werbetätigkeit als zwecklos einstellen würde. Solange er jedoch weiterarbeitet, erfüllt er schon durch die bloße Vermittlungstätigkeit seinen Arbeitsvertrag und kann die entsprechende Vergütung, also insbesondere seine Festbezüge verlangen. Soweit daneben eine Erfolgsvergütung (Provision) vereinbart ist, steht sie dem Vsvertreter nur zu, wenn er einen entsprechenden Erfolg, d. h. einen abschlußwürdigen Vsantrag vorweisen kann. Über die Abschlußwürdigkeit des Antrages entscheidet der Ver; bei ungerechtfertigter oder gar schikanöser Ablehnung kann dem Vsvertreter ein Schadensersatzanspruch erwachsen (Provisionsvereitelung, vgl. Anm. 304).

Zu der „vereinbarten Vergütung“ (§ 615[1] BGB) gehört nicht nur ein etwa geschuldetes festes Gehalt, sondern auch die Provision, die der Vsvertreter in der fraglichen Zeit verdient hätte (so für den parallel liegenden Fall des Akkordlohns: Hueck-Nipperdey I S. 298, Staudinger-Nipperdey-Mohnen Anm. 28 zu § 615, S. 1398). Die Berechnung kann schwierig sein. Fällt der Annahmeverzug in den Vertragsverlauf, so wird man eine Durchschnittsberechnung, wie sie in § 21 Ziff. 5 Tarifvertrag für das private Vsgewerbe (Anm. 428) für den Fall der Krankheit vorgesehen ist, anstellen können; steht der Annahmeverzug am Anfang der Beschäftigungszeit, so ist man auf branchenübliche oder betriebliche Durchschnittssätze angewiesen.

Zu der weiterzuzahlenden Vergütung gehören weiter die Beträge an vereinbartem Aufwendungsersatz, die der Vsvertreter normalerweise erspart hätte und die deshalb in Wirklichkeit ein verstecktes Entgelt darstellen (Würdinger in: RGRKomm. HGB Bd 1 Anm. 28 zu 59, S. 518—519). Vgl. aber auch § 21 Ziff. 5 Tarifvertrag für das private Vsgewerbe.

Der Vsvertreter, der nicht zu arbeiten braucht, muß sich auf seinen Vergütungsanspruch das anrechnen lassen, was er durch anderweitige Verwertung seiner Arbeitskraft erwirbt oder zu erwerben böswillig unterläßt (§ 615[2] BGB).

Seinen Vergütungsanspruch verliert der unselbständige Vsvertreter auch nicht im Fall der **Krankheit.** Der Fortzahlungsanspruch ist gesetzlich und tarifvertraglich geregelt.

Für Handlungsgehilfen ordnet § 63 I 1 HGB für den Fall der Dienstverhinderung durch „unverschuldetes Unglück“ zwingend die Weiterleistung von „Gehalt und Unterhalt“ für sechs Wochen an. Daneben greift die allgemeine Vorschrift des § 616 I, II BGB ein, wonach jeder „zur Dienstleistung Verpflichtete“ seinen Anspruch auf die Vergütung auch dann behält, wenn er „für eine verhältnisnäßig nicht erhebliche Zeit durch einen in seiner Person liegenden Grund ohne sein Verschulden an der Dienstleistung verhindert wird“. Für „Angestellte“ ist der letzterwähnte Anspruch, soweit er auf Krankheit beruht, gemäß § 616 II BGB zwingend, wobei als „verhältnismäßig nicht erheblich“ eine Zeit von sechs Wochen gilt. Über die einzelnen Voraussetzungen der gesetzlichen Ansprüche: Würdinger in: RGRKomm. HGB Bd 1 Anm. 2 zu § 63, S. 563.

Zum „Gehalt" im Sinne des § 63 I 1 HGB gehört auch die Provision (so grundsätzlich RArbG 20. I. 1937 JW 1937 S. 1170—1171). Die Berechnung des auszuzahlenden Betrages bereitet Schwierigkeiten. Während Duden[13] a. a. O. S. 164 allgemein davon ausgehen will, „was der Gehilfe wahrscheinlich verdient hätte" und Würdinger in: RGR-Komm. HGB Bd 1 Anm. 4 zu § 63, S. 565 nur vom „mutmaßlichen Verdienst" spricht, nehmen Schlegelberger-Schröder[3] a. a. O. Anm. 7 zu § 63, S. 384—385 und BArbG 12. X. 1956 BetrBer 1957 S. 257, 3. VI. 1956 BetrBer 1957 S. 257, 3. VI. 1958 NJW 1958 S. 1365—1367 den Durchschnittsverdienst der „letzten vergleichbaren Zeit" oder der „letzten Monate" zum Ausgangspunkt. Nach BArbG 12. X. 1956 BetrBer 1957 S. 257 kann für die im Krankheitsfall zu zahlende Provision eine Pauschalvereinbarung getroffen werden, die allerdings auf dem wirklichen Durchschnittsverdienst beruhen muß und ihm gegenüber keine wesentliche Verschlechterung bedeuten darf.

Über die zwingenden gesetzlichen Bestimmungen hinaus gewährt § 21 Ziff. 2 Tarifvertrag für das private Vsgewerbe solchen Arbeitnehmern, die schon länger für den Ver tätig sind, bei längerdauernder Arbeitsunfähigkeit (über sechs Wochen) eine „Krankenbeihilfe" (für nicht krankenvspflichtige Vertreter) oder einen „Zuschuß zum Krankengeld" (für krankenvspflichtige Vsvertreter), die den Arbeitnehmern insgesamt 90% ihrer „Bezüge" je nach Dauer ihrer Betriebszugehörigkeit bis zur 13. oder bis zur 26. Woche sichern. Die „Bezüge" im Sinne der Weiterzahlungsbestimmungen (auch für die ersten sechs Wochen) sind in § 21 Ziff. 5 Tarifvertrag für das private Vsgewerbe definiert als das Durchschnittseinkommen (Gehalt und Provision, nicht aber Spesen und Fahrtkostenersatz) der letzten 12 Monate vor der Arbeitsunfähigkeit. Die vorgenannten Leistungen hat der Ver auch dann zu erbringen, wenn er das Vertretungsverhältnis wegen anhaltender Krankheit des Vsvertreters fristlos kündigt (§ 21 Ziff. 3 in Verbindung mit § 10 Ziff. 3 Tarifvertrag für das private Vsgewerbe). — Ähnliche Bestimmungen enthält § 10 Ziff. 5a, b Tarifvertrag für das Vsvermittlergewerbe.

In den übrigen Fällen der Unmöglichkeit, die weder auf einem Verschulden des Vsvertreters noch auf einem Verschulden des Vers oder Generalagenten beruhen, müssen möglicherweise die Grundsätze über die Verteilung des **„Betriebsrisikos"** herangezogen werden. Es wäre etwa an den Fall zu denken, daß infolge Brandes des Verwaltungsgebäudes oder Ausfalls der elektronischen Rechenanlage oder wegen einer unter den Angestellten der Hauptverwaltung grassierenden Epidemie die neu geworbenen Anträge nicht bearbeitet werden können, so daß der Vsvertreter seine Werbetätigkeit nicht sinnvoll fortsetzen kann. Obwohl die eigentliche Dienstleistung des Vsvertreters, die Vermittlungstätigkeit, nach wie vor durchführbar ist, muß dieser Fall der Unmöglichkeit gleichgesetzt werden. Näheres zur Lehre vom Betriebsrisiko: Schlegelberger-Schröder[3] a. a. O. Anm. 14 zu § 63, S. 387—390.

In den Zusammenhang der Entlohnung ohne Arbeitsleistung gehört auch die Pflicht des Arbeitgebers zur Gewährung eines bezahlten Hausarbeitstages (Anm. 450).

Für die Arbeitszeit, die infolge eines gesetzlichen Feiertages ausfällt, ist vom Arbeitgeber den Arbeitnehmern der Arbeitsverdienst zu zahlen, den sie ohne den Arbeitsausfall erhalten hätten" (§ 1 I 1 G zur Regelung der Lohnzahlung an Feiertagen vom 2. VIII. 1951, BGBl. I S. 479). Die Bestimmung des Verdienstausfalls ist dann überflüssig, wenn die Vergütung ausschließlich in einem festen Monatsgehalt besteht oder wenn eine Mindestprovision garantiert ist und der Vsvertreter nicht nachweisen kann, daß er — hätte er an dem ausgefallenen Arbeitstag gearbeitet — den Garantiebetrag überschritten hätte (so für den garantierten Mindestverdienst eines Stundenlöhners: LArbG Stuttgart 11. I. 1956 BetrBer 1956 S. 274; für Provisionsgarantie: Frey, Feiertagsbezahlung, 2. Aufl., Heidelberg 1959, S. 18, Gumpert BetrBer 1957 Beilage zu Heft 8 S. 3, Hueck-Nipperdey I S. 247 Anm. 35, Nikisch[2] I S. 286 Anm. 20).

Schwierig wird die Bestimmung des Verdienstausfalls bei den Provisionsbezügen des unselbständigen Vsvertreters. Das RArbG 12. VIII. 1939 RAG Bd 21 S. 300—307 = ARS Bd 37 S. 21—29 mit zustimmender Anm. Hueck (ebenso Frey a. a. O. S. 18, Hueck-Nipperdey I S. 247 Anm. 35, Nikisch[2] I S. 286) spricht einerseits klar aus, daß der Provisionsangestellte nicht auf Vor- oder Nacharbeit verwiesen werden dürfe, will aber im übrigen danach unterscheiden, ob im konkreten Fall die Tätigkeit so gestaltet sei, daß zwischen der aufgewendeten Arbeitszeit (der Zahl der unternommenen Kundenbesuche) und den erzielten Erfolgen eine so enge Verknüpfung bestehe, daß sich die ausgefallene Arbeitszeit ohne weiteres in einen entsprechenden Verdienstausfall umrechnen lasse. In dem von ihm entschiedenen Fall, in dem ein Bezieherwerber einer Zeitschrift eine Vergütung für jeden Besuch (ob erfolgreich oder erfolglos) und zusätzlich eine Provision für die erzielten Bestellungen erhielt, hat das RArbG eine solche Verknüpfung angenommen, es weist dabei aber auch auf Fälle hin (z. B. solche, die erst nach langen Verhandlungen und wiederholten Besuchen zum Abschluß führen), in denen die Ursächlichkeit des einzelnen Besuchs oder Arbeitstages für den endlich eingetretenen Erfolg oder Mißerfolg nicht einwandfrei festgestellt werden könne. In diesen Fällen soll dem Arbeitnehmer ein Ausgleich für die entfallene Arbeitszeit versagt sein. In der Tat wird es dem Vsvertreter durchweg unmöglich sein zu beweisen, daß ihm infolge des Feiertages ein genau zu beziffernder Provisionsbetrag entgangen sei, weil er ganz bestimmte Geschäfte mit bestimmten Kunden nicht habe vermitteln können. Frey a. a. O. S. 27 meint deshalb, der „große Vertreter", der völlig freie Hand habe, werde insoweit meist leer ausgehen. Das kann aber nicht richtig sein und ist auch vom Gesetzgeber nicht so gewollt. Daraus, daß sich ein konkret bezifferbarer Ausfall nicht feststellen läßt, kann man nicht eine Folgerung ziehen, die darauf hinausläuft, dem Arbeitseinsatz eines ganzen Tages schlechthin jeden Einfluß auf die Vermittlungserfolge und das Einkommen eines Vsvertreters abzusprechen. Wenn auch einmal eingeleitete Verhandlungen nicht nur infolge eines Feiertages mißlingen, so bleibt trotzdem die Tatsache, daß es dem Vsvertreter am Feiertag und an den vorhergehenden und folgenden Tagen, in denen er sich in verstärktem Maße den infolge des Feiertages zurückgebliebenen Arbeiten widmen muß, nicht möglich ist, im normalen Umfange neue potentielle Kunden zu besuchen oder sonst Beziehungen anzuknüpfen, die im Laufe der Zeit und nach später wiederholten Verhandlungen zu einem Abschluß führen könnten. Der Ausfall läßt sich freilich nicht nach dem Lohnausfallprinzip, sondern nur nach dem Durchschnittslohnprinzip ermitteln. Die Berechnung muß in ähnlicher Weise vorgenommen werden, wie sie § 2 II 1 G zur Regelung der Lohnzahlung an Feiertagen für Heimarbeiter festsetzt:

„Das Feiertagsgeld beträgt für jeden Feiertag im Sinne des § 1 Abs. 1 dieses Gesetzes zwei Drittel vom Hundert des in einem Zeitraum von sechs Monaten ausgezahlten reinen Arbeitsentgeltes ohne Unkostenzuschläge. Hierbei ist für die Feiertage, die in den Zeitraum vom 1. Mai bis 31. Oktober fallen, der vorhergehende Zeitraum vom 1. November bis 30. April und für die Feiertage, die in den Zeitraum vom 1. November bis 30. April fallen, der vorhergehende Zeitraum vom 1. Mai bis 31. Oktober zugrunde zu legen."

Nur durch die Zahlung eines nach den Durchschnittsbezügen des Vsvertreters berechneten Ausgleichsbetrages kann auch die Mehrarbeit abgegolten werden, die überwiegend mit Inkasso oder Verwaltungsaufgaben betraute Vsvertreter leisten müssen. Zumal beim Inkasso liegt ein festes Pensum vor, das ohne Rücksicht auf die vorgesehene Arbeitszeit erledigt werden muß und, wenn die Arbeitszeit schon zu normalen Zeiten hinreichend ausgefüllt ist, den Vsvertreter vor und nach Feiertagen zu zusätzlichen Mehrarbeiten nötigt.

[468] fff) Hilfsansprüche.

Über die vom unselbständigen Vsvertreter verdienten Provisionen muß der Ver oder Generalagent abrechnen. Da § 65 HGB auch auf § 87c HGB, also die Bestimmungen über die Provisionsabrechnung bei selbständigen Handelsvertretern, verweist, kann wegen der Ansprüche des unselbständigen Vsvertreters auf Abrechnung, Buchauszug, Auskunft und Bucheinsicht auf das in Anm. 320—327 für selbständige Vsvertreter Gesagte Bezug genommen werden. Eine Besonderheit ergibt sich indessen aus den Tarifverträgen: Die in § 87c I 1 eröffnete Möglichkeit, den Abrechnungszeitraum, der nach dem Gesetz einen Monat beträgt, im einzelnen Vertretervertrag auf drei Monate zu erstrecken, besteht für tarifgebundene Arbeitgeber und Arbeitnehmer nicht. Nach § 19 Ziff. 3 Tarifvertrag für das private Vsgewerbe (entsprechend § 10 Ziff. 4 Abs. 5 Tarifvertrag für das Vsvermittlergewerbe) sind nämlich die „Bezüge" (also auch die Provisionen) „monatlich nachträglich" zu zahlen; dies bedeutet, daß auch monatlich über die Provisionen abgerechnet werden muß.

Die „Gesamtabrechnung", von der in § 19 Ziff. 2 Tarifvertrag für das private Vsgewerbe und § 10 Ziff. 4 Abs. 4 Tarifvertrag für das Vsvermittlergewerbe die Rede ist, hat die Gegenüberstellung der im Laufe des Jahres verdienten Provision mit dem tarifvertraglich festgesetzten „Mindesteinkommen" (Anm. 463) zum Gegenstand.

[469] cc) Ansprüche außer Vergütung.

aaa) Aufwendungsersatz.

Wie jeder Arbeitnehmer (dazu Staudinger-Nipperdey-Neumann Anm. 270—272 zu § 611, S. 1356) kann auch der unselbständige Vsvertreter nach §§ 675, 670 BGB Ersatz für notwendige Aufwendungen verlangen, er braucht also nicht wie der Selbständige nachzuweisen, daß ein entsprechender Handelsbrauch besteht (§ 87d HGB, dazu Anm. 248). Darüber hinaus hat er Anspruch auf einen Vorschuß (§§ 675, 669 BGB) und kann, wenn er ihn nicht erhält, die Ausführung der betreffenden Dienste verweigern (Anm. 451). Die Vorschriften sind indessen nicht zwingend.

§ 20 Tarifvertrag für das private Vsgewerbe (Anm. 428) bejaht im Grundsatz einen Anspruch auf Aufwendungsersatz, und zwar einmal für „notwendige tatsächliche Fahrtauslagen" (Ziff. 1) und zum anderen allgemein für „Spesen" (Ziff. 2), überläßt allerdings seine nähere Ausgestaltung der freien Vereinbarung zwischen Arbeitnehmer und Arbeitgeber, die schriftlich festgelegt werden muß. Die Abgeltung der Fahrtauslagen kann auch als Pauschale festgesetzt werden. Vgl. zum Problem des Aufwendungsersatzes ferner § 10 Ziff. 6 Tarifvertrag für das Vsvermittler-Gewerbe (Anm. 429).

Über Formen des vertraglich vereinbarten Aufwendungsersatzes: Anm. 248—249.

[470] bbb) Beschäftigung.

Daß jeder Arbeitnehmer nicht nur einen Anspruch auf Lohn, sondern auch auf Beschäftigung habe, ist nunmehr allgemein anerkannt (vgl. nur die Nachweise bei Staudinger-Nipperdey-Neumann Anm. 265 zu § 611, S. 1354—1355), der Ver darf also die Arbeitskraft des als Vsvertreter Eingestellten nicht gegen dessen Willen ganz brachliegen lassen, auch wenn er den vollen Lohn zahlt.

Für unselbständige Vsvertreter kann die Frage praktisch werden, ob der Ver oder Generalagent verpflichtet ist, den Vsvertreter in der Werbung einzusetzen. Sie ist bei der Erörterung der Arbeitspflicht (Anm. 450, 451) behandelt worden, denn es handelt sich hier nicht um die Beschäftigungspflicht in dem soeben erörterten Sinne, sondern darum, zu welcher Tätigkeit der Arbeitnehmer im konkreten Fall verpflichtet ist. Das muß im Wege der Vertragsauslegung ermittelt werden. Die Anstellung überwiegend oder ausschließlich auf Provisionsbasis ist ein starkes Indiz für den Willen der Parteien, daß der Angestellte im Außendienst als Werber tätig werden sollte, ebenso der Umstand, daß der Vsvertreter gerade wegen seiner weitreichenden Beziehungen und seines großen Bekanntenkreises angestellt worden ist. Der unter solchen Vorzeichen Angestellte wird, wenn nicht außergewöhnliche Umstände eine Weigerung als treuwidrig erscheinen lassen, eine anderweitige Beschäftigung, insbesondere eine solche im Innendienst, ablehnen können, ohne seine Arbeitspflicht zu verletzen. Der Arbeitgeber kommt in solchem Fall in Annahmeverzug und muß dem Vsvertreter die Vergütung zahlen, die dieser bei ordnungsmäßiger Beschäftigung im Außendienst (einschließlich Provision) verdient hätte (Anm. 467).

Wohl aber könnte man von einem Verstoß gegen die Beschäftigungspflicht sprechen, wenn der Vsvertreter das Arbeitsverhältnis etwa wegen vertragswidriger Suspendierung von der Werbetätigkeit kündigt und mit der Behauptung, er habe dadurch den Kontakt mit dem von ihm geworbenen Kundenkreis verloren, Schadensersatz verlangt. Das RArbG 23. VII. 1928 RAG Bd 2 S. 138—140 = ARS Bd 3 S. 190—192 hat einen solchen über § 615 BGB hinausgehenden Ersatzanspruch für einen Warenvertreter abgelehnt, dagegen Schlegelberger-Schröder[3] a. a. O. Anm. 87 zu § 59, S. 358—359. Abgesehen davon, daß solche Fälle für unselbständige Vsvertreter kaum praktisch werden dürften, verdient die Auffassung des RArbG den Vorzug. Der Bestand eines unselbständigen Vsvertreters, gleichgültig ob „eingebracht" oder im Laufe des Vertretungsverhältnisses erworben, genießt keinen Schutz, sondern fällt — wie alle anderen Früchte der Arbeit — allein dem Arbeitgeber zu (dazu Anm. 489). Schließlich gewähren bei wirklichen Vertragsverstößen des Arbeitgebers § 615 BGB und § 70 II HGB dem Vsvertreter einen ausreichenden Schutz gegen wirtschaftliche Nachteile.

Zur Pflicht des Arbeitgebers, die vom unselbständigen Vsvertreter gebrachten Anträge anzunehmen oder sie doch zumindest nicht willkürlich abzulehnen: Anm. 304.

[471] ccc) Fürsorge.

Die Fürsorgepflicht des Arbeitgebers dient der Erhaltung und dem Schutz von Person und Eigentum des Arbeitnehmers. Sie tritt in Erscheinung in einer Vielzahl von Einzelpflichten (vgl. nur die Übersicht bei Staudinger-Nipperdey-Mohnen Vorbem. zu §§ 617—619, S. 1444—1456), von denen die bedeutendsten in § 618 BGB und § 62 HGB gesetzlich geregelt sind. Die darin normierte besondere Pflicht zur Sorge für die Person des Arbeitnehmers bezieht sich allerdings in erster Linie auf Mitarbeiter des Innenbetriebes, wird aber z. B. auch für unselbständige Generalagenten praktisch, für die eine Außenstelle des Betriebes eingerichtet ist.

Die allgemeine Fürsorgepflicht wird als Grundlage für eine ganze Reihe von Pflichten herangezogen, die auch für unselbständige Vsvertreter eine Rolle spielen, so z. B. für das ausnahmsweise gewährte Recht auf Vorschuß (Anm. 466) oder das Recht auf Urlaub außerhalb der bestehenden Gesetze (Anm. 472).

[472] ddd) Urlaub.

Schrifttum: Vgl. Anm. 253.

Urlaub im Sinne einer bloßen Befreiung von der Arbeitspflicht mit oder ohne Weiterzahlung des Entgelts ist im Bereich des Arbeitsrechts in verschiedenen Normen zu unterschiedlichen Zwecken vorgesehen (vgl. die Übersicht bei Staudinger-Nipperdey-Neumann Anm. 276 zu § 611, S. 1358 und Würdinger in: RGRKomm. HGB Bd 1 Anm. 35 zu § 59, S. 529—530; Rechtsquellen bei Staudinger-Nipperdey-Mohnen Vorbem. 56—63b vor § 611, S. 1117—1119). Für unselbständige Vsvertreter gilt insoweit nichts anderes als für andere Arbeitnehmer. Speziell der Anspruch auf Erholungsurlaub kann auf Vorschriften verschiedenen Charakters beruhen.

§ 22 Ziff. 1 Tarifvertrag für das private Vsgewerbe (Anm. 428) setzt einen nach der Dauer der Betriebszugehörigkeit gestaffelten Erholungsurlaub fest, der in den ersten Jahren etwas geringer ist als bei den Innendienstangestellten. Bemerkenswert ist auch, daß nach § 22 Ziff. 2 Tarifvertrag für das private Vsgewerbe bei der Bestimmung der Urlaubsdauer die bei anderen Vern im Angestelltenverhältnis verbrachten Berufsjahre erst vom vierten Jahr der Betriebszugehörigkeit an berücksichtigt werden, während für Innendienstangestellte von vornherein die „Berufsjahre" maßgebend sind. Im übrigen stehen Außendienst- und Innendienstangestellte gleich (§ 22 Ziff. 2, §§ 13, 14 Tarifvertrag für das private Vsgewerbe), vor allem auch in der Frage des Sonderurlaubs aus besonderem Anlaß, der nicht auf den Erholungsurlaub angerechnet wird. Die Regelung in § 10 Ziff. 7, §§ 6, 7 Tarifvertrag für das Vsvermittler-Gewerbe (Anm. 429) zeigt geringfügige Abweichungen.

Neben den Tarifverträgen kommen die Urlaubsgesetze der Länder als Grundlage eines Urlaubsanspruchs in Frage. (Zusammenstellung: Anm. 253). Sie sind nunmehr, soweit sie nach dem Inkrafttreten des Grundgesetzes erlassen worden sind, vom BVerfG 22. IV. 1958 S. 1179—1180 als verfassungsmäßig anerkannt worden. Über die Auswirkung des Günstigkeitsprinzips im Verhältnis zwischen Urlaubsgesetzen und Tarifverträgen: Trinkhaus I S. 448—450.

Schließlich aber hat das BArbG 20. IV. 1956 NJW 1956 S. 1254 jedem Arbeitnehmer einen Urlaubsanspruch nach allgemeinen Grundsätzen des Arbeitsrechts, also ohne Rücksicht auf eine entsprechende Regelung zugebilligt (dazu im einzelnen Anm. 253).

Zu der während des Erholungsurlaubs weiterzuzahlenden Vergütung gehört auch die Provision, die der Vsvertreter in der fraglichen Zeit verdient hätte. Das ist in § 22 Ziff. 1 Tarifvertrag für das private Vsgewerbe durch den Verweis auf die Definition der „Bezüge" in § 21 Ziff. 5 Tarifvertrag (dazu schon Anm. 467) ausdrücklich gesagt; § 10 Ziff. 7 Abs. 3 Tarifvertrag für das Vsvermittlergewerbe verweist auf § 6 Ziff. 2 a.a.O.; für die übrigen Normen ergibt es sich aus dem allgemeinen Grundsatz der Gleichstellung (dazu und zu den unterschiedlichen Berechnungsformen: Anm. 253, neuerdings zu einer ähnlichen Tarifbestimmung: ArbG Düsseldorf 2. XII. 1958 BetrBer 1959 S. 379). Da eine exakte Feststellung darüber, was für Verträge der Vsvertreter während der Urlaubszeit hätte vermitteln können, nicht möglich ist, muß der als Urlaubsgeld zu zahlende Betrag durch Schätzung auf Grund der Durchschnittsergebnisse früherer Monate ermittelt werden (so im Falle eines Kraftfahrzeugverkäufers BArbG 16. X. 1959 Der Betrieb 1959 S. 1403—1404, das noch den — selbstverständlichen — Satz hervorhebt, die Provisionsbeträge, die aus früher vermittelten Geschäften stammen, aber erst während des Urlaubs fällig werden, müßten bei der Berechnung des Urlaubsgeldes unberücksichtigt bleiben).

[473] eee) Sonstige vertragliche Rechte.

Eine Verpflichtung des Prinzipals, dem unselbständigen Vsvertreter Unterlagen für die Werbung zur Verfügung zu stellen, ist nirgends statuiert. Man könnte aber eine solche Pflicht etwa im gleichen Umfange, wie sie für selbständige Vsvertreter (Anm. 242) besteht, aus den Grundsätzen von Treu und Glauben (§ 242 BGB) herleiten. Allerdings ist das Bedürfnis nach einem solchen Anspruch deshalb nicht so dringend wie beim Selbständigen, weil der angestellte Vsvertreter, wenn der Ver ihm die zur Werbung nötigen Unterlagen nicht überläßt und ihn dadurch an der Aufnahme der Vermittlungstätigkeit hindert, nach § 615 I BGB gleichwohl seinen vollen Lohn einschließlich der mutmaßlich verdienten Provision verlangen kann (Anm. 467), also durch die Verletzung der Pflicht keinen wirtschaftlichen Nachteil erleidet.

Wichtiger ist auch für den unselbständigen Vsvertreter der Anspruch auf Benachrichtigung. Hier müssen die für Selbständige geltenden Grundsätze entsprechend angewandt werden, zumal sie sich auch schon aus Treu und Glauben herleiten ließen (Anm. 243). Wie dem selbständigen Vsvertreter muß der Ver also auch dem Unselbständigen die Annahme oder Ablehnung des vermittelten Vsvertrages unverzüglich mitteilen und ihn unterrichten, wenn er Geschäfte nur in erheblich geringerem Umfange abschließen kann oder will, als es nach den Umständen zu erwarten ist.

[474] dd) Folgen der Verletzung.

Verweigert der Ver oder Generalagent die Erfüllung seiner Pflichten, so kann der Vsvertreter auf Erfüllung klagen. Für den Streit sind die Arbeitsgerichte zuständig (Anm. 444). Die Verletzung vertraglicher Pflichten kann dem Vsvertreter ein Recht zur fristlosen Kündigung (Anm. 482) und (zusätzlich) zum Ersatz des durch die Beendigung des Vertretungsverhältnisses entstehenden Schadens (§ 70 II HGB) neben dem Anspruch auf Schadensersatz nach allgemeinen schuldrechtlichen Grundsätzen geben.

Speziell zur Verletzung der mit der Provisionszahlung zusammenhängenden Pflichten: Anm. 328. In Anwendung von OLG Oldenburg 13. XI. 1957 NJW 1959 S. 888 = VersR 1959 S. 227 kommt der Ver oder Generalagent mit der Provisionszahlung erst nach Mahnung durch den Vsvertreter in Verzug, da die Zeit der Leistung nicht nach dem Kalender bestimmt ist, sondern von dem zeitlich ungewissen Ausführungserfordernis abhängt; erst danach läßt sich dann der Fälligkeitszeitpunkt über den Abrechnungszeitpunkt nach dem Kalender berechnen. Die Berechenbarkeit ersetzt die Mahnung aber nur im besonderen Fall des § 184 II 2 BGB, während für § 184 II 1 BGB die Zeit der Leistung nach dem Kalender bestimmt sein muß.

Über die Möglichkeit, die Erfüllung der Pflichten des Arbeitgebers durch Zurückbehaltung der Arbeitsleistung zu erzwingen: Anm. 457. Bei der Geltendmachung von Ansprüchen nach Vertragsende muß der Vsvertreter Form und Frist der tariflichen Ausschlußklausel (Anm. 477) beachten.

[475] ee) Zurückbehaltung und Aufrechnung.

Das bürgerlichrechtliche **Zurückbehaltungsrecht** (§ 273 BGB) des Prinzipals gegenüber den Ansprüchen des unselbständigen Vsvertreters unterscheidet sich nicht wesentlich von dem des Vers oder Generalagenten gegenüber einem selbständigen Vsvertreter (Anm. 329, 331). Ein kaufmännisches Zurückbehaltungsrecht (§ 369 HGB) kann dem Prinzipal nicht zustehen, weil sein Partner nicht Kaufmann ist. Die Einrede des nichterfüllten Vertrages (§ 320 I 1 BGB) wird selten praktisch, weil der Arbeitgeber den Lohn ohnehin erst nachträglich zahlen muß (Anm. 463) und weil die einmal versäumte Arbeitsleistung in der Regel nicht nachholbar, sondern endgültig unmöglich geworden ist (Hueck-Nipperdey I S. 342). Wie beim Selbständigen kann auch hier das Zurückbehaltungsrecht aus verschiedenen Gründen ausgeschlossen sein (Anm. 235, 331). Die Zurückbehaltung ist insbesondere dann ausgeschlossen, wenn sie — bei wechselseitigen Geldforderungen — wirtschaftlich einer unzulässigen Aufrechnung gleichkommen würde. Der Arbeitgeber darf also z. B. wegen einer Geldforderung gegen den unselbständigen Vsvertreter, etwa auf Herausgabe einkassierter Prämien, den Lohn nur zurückbehalten, soweit er der Pfändung unterliegt.

Bei der **Aufrechnung** seitens des Arbeitgebers gegen die Lohnforderung des unselbständigen Vsvertreters sind die Pfändungsschutzbestimmungen (Anm. 479) zu beachten (§ 394 BGB). Im einzelnen hierzu: Köst BetrBer 1954 S. 688—691.

Über die Anrechnung verdienter Provision auf das garantierte Mindesteinkommen der Tarifverträge: Anm. 463. Über sonstige Fälle der Anrechnung, d. h. der Lohnminderung ohne Gegenforderung des Prinzipals: Anm. 467, 332.

Über Zurückbehaltung und Aufrechnung durch den unselbständigen Vsvertreter gegen Forderungen des Prinzipals: Anm. 457.

[476] ff) Erlaß und Verzicht.

Einmal entstandene tarifliche Pflichten kann der unselbständige Vsvertreter dem Prinzipal nach § 4 IV 1 TVG nur im Wege eines von den Tarifvertragsparteien gebilligten Vergleichs **erlassen** („Verzicht“ ist nur die einseitige Aufgabe von Rechten, vgl. Anm. 333). Dieser Satz wird in § 25 Satz 1 Tarifvertrag für das private Vsgewerbe (Anm. 428) nochmals bekräftigt, allerdings mit der Ausnahme (§ 25 Satz 2 in Verbindung mit § 3 Ziff. 3), daß ein widerruflicher „Verzicht“ auf geldliche Ansprüche aus dem Tarifvertrag dann möglich sein soll, wenn er sich wirtschaftlich zugunsten des Vsvertreters auswirkt, man denke an Steuer- und Sozialvsgrenzbeträge. Diese schon im Tarifvertrag selbst enthaltene Einschränkung geht der Regel des § 4 IV 1 TVG vor. Der Verzicht muß in diesem Fall schriftlich erklärt werden. § 14¹ Tarifvertrag für das Vsvermittler-Gewerbe (Anm. 419) enthält noch keine derartige Ausnahme. Zum Erlaß zwingender gesetzlicher oder tariflicher Pflichten nach Vertragsende: Anm. 333.

Über den (einseitigen) **Verzicht** auf Rechte, die keine Forderungen sind, insbesondere auf das Recht zur fristlosen Kündigung: Anm. 333.

Über Erlaß und Verzicht bei den Rechten des Prinzipals: Anm. 458.

[477] gg) Verjährung und Verwirkung.

Schrifttum: Herschel DJ 1941 S. 425—426.

Der Anspruch des unselbständigen Vsvertreters auf Vergütung gleich welcher Form **verjährt** nach § 196 Ziff. 8 BGB in zwei Jahren, gerechnet vom Ende des Jahres, in dem der Anspruch „entstanden“ ist (§§ 201¹, 198¹ BGB). Umstritten ist, ob der Anspruch nicht nur „entstanden“, sondern auch fällig sein muß, ehe die Verjährungsfrist zu laufen beginnt (für Fälligkeit als Voraussetzung: Enneccerus-Nipperdey I 2 S. 997, dagegen Erman-Hefermehl, Handkommentar zum Bürgerlichen Gesetzbuch, 2. Aufl., Münster 1958, Anm. 1 zu § 198, S. 224). Nach § 201² BGB beginnt die Verjährungsfrist erst am Ende des Jahres zu laufen, in dem der Gläubiger die Leistung verlangen kann, auch wenn der Anspruch vorher entstanden ist. Damit ist wie beim selbständigen Vsvertreter (§ 88 HGB, dazu Anm. 334) in jedem Falle die Fälligkeit des Anspruchs für den Beginn der Verjährungsfrist maßgebend, was insbesondere bei den Provisionsansprüchen von Wichtigkeit ist. In der Frist von zwei Jahren verjährt auch der Anspruch auf Aufwendungsersatz (Staudinger-Nipperdey-Neumann Anm. 271 zu § 611, S. 1356) und ein Schadensersatzanspruch, mit dem ein Lohnausfall geltend gemacht wird (Staudinger-

Nipperdey-Neumann Anm. 260 zu § 611, S. 1352 m. w. N.). Für die übrigen Ansprüche des unselbständigen Vsvertreters greift die normale 30jährige Verjährungsfrist des § 195 BGB ein.

Eine Verkürzung der gesetzlichen Verjährungsfrist wird für tarifliche Ansprüche im Hinblick auf § 4 IV 3 TVG als unzulässig angesehen, wenn sie nicht in einem Tarifvertrag enthalten ist (Nikisch[2] I S. 316, Staudinger-Nipperdey-Neumann Anm. 261 zu § 611, S. 1352—1353). Die für Vsvertreter geltenden Tarifverträge enthalten keine solche Verkürzung.

Gegen die Verjährungseinrede des Arbeitgebers kann der unselbständige Vsvertreter den Arglisteinwand erheben, wenn die Bezüge falsch berechnet worden sind und der Arbeitgeber nach der Entdeckung des Fehlers unter Verletzung seiner Sorgepflicht es unterlassen hat, den Vsvertreter aufzuklären, so daß dieser die Frist versäumt hat (so allgemein für Arbeitnehmer Hueck-Nipperdey I S. 376—377, Staudinger-Nipperdey-Neumann Anm. 260 zu § 611, S. 1352).

Die **Verwirkung** der Ansprüche des unselbständigen Vsvertreters ist, soweit sie auf Tarifvertrag beruhen, gemäß § 4 IV 2 TVG ausgeschlossen. Trotz dieser generellen Regelung gilt auch für die tariflichen Pflichten des Arbeitgebers nach wie vor die Regel des § 242 BGB; auch der Einwand der unzulässigen Rechtsausübung kann weiterhin dem Arbeitnehmer entgegengehalten werden (Staudinger-Nipperdey-Neumann Anm. 262 zu § 611, S. 1353).

Eine besondere Rolle spielen neben den Instituten der Verjährung und der Verwirkung die tarifvertraglichen **Ausschlußklauseln**, wie sie in § 24 Tarifvertrag für das private Vsgewerbe (Anm. 428) und auch in § 12 Tarifvertrag für das Vsvermittler-Gewerbe (Anm. 429) enthalten sind. Danach „verfallen" die Ansprüche aus dem Arbeitsverhältnis, wenn sie nicht binnen einer bestimmten Frist (drei Monate im Tarifvertrag für das Vsvermittler-Gewerbe, sechs Monate im Tarifvertrag für das private Vsgewerbe) schriftlich geltend gemacht werden. Bei diesen Verfallklauseln handelt es sich um selbständige Erlöschungsgründe, die den Anspruch ohne weiteres und ohne Mitwirkung des Schuldners vernichten. Sie werden im Prozeß nicht nur auf Einrede des Arbeitgebers, sondern von Amts wegen beachtet (allgemein: Staudinger-Nipperdey-Neumann Anm. 261 zu § 611, S. 1352). Im Einzelarbeitsvertrag darf eine solche Ausschlußklausel mit Bezug auf tarifliche Rechte nicht vereinbart werden: § 4 IV 3 TVG.

Über die Verjährung und Verwirkung der Ansprüche des Prinzipals: Anm. 459.

[478] hh) Abtretung und Verpfändung.

In der Frage der Übertragbarkeit seiner Rechte unterscheidet sich der unselbständige Vsvertreter nicht von anderen Arbeitnehmern.

Das gleiche gilt für die Verpfändung von Rechten. Bei Lohnforderungen sind in beiden Fällen die Pfändungsbestimmungen zu beachten (dazu Anm. 479): Nur soweit die Rechte des Vsvertreters der Pfändung unterworfen sind, kann er sie auch abtreten oder verpfänden.

Als zweckgebundener Anspruch kann die Forderung auf einen Spesenvorschuß (Anm. 469) gemäß § 399 BGB nicht abgetreten werden (Hueck-Nipperdey I S. 330—331, Nikisch[2] I S. 362). Über sonstige Fälle, in denen die Abtretung ausgeschlossen ist, weil sie eine Veränderung des Inhalts der Forderung bedeuten würde: Anm. 335.

Zur Abtretung und Verpfändung von Ansprüchen des Prinzipals: Anm. 460.

[479] ii) Pfändung und Konkurs.

Bei der Pfändung der Vergütungsansprüche des unselbständigen Vsvertreters sind besonders die Bestimmungen über den Pfändungsschutz für Arbeitseinkommen in den §§ 850—850i ZPO (abgedruckt: Anm. 336, inzwischen geändert durch G zur Änderung der Pfändungsfreigrenzen vom 26. II. 1959, BGBl. I S. 49) zu beachten. Da selbständige und unselbständige Vsvertreter insoweit gleich behandelt werden, kann auf die Darstellung in Anm. 336 verwiesen werden. Aufwendungsersatzansprüche des unselbständigen Vsvertreters (Anm. 469) sind nach § 850a Ziff. 3 ZPO gänzlich unpfändbar, also vor Bestimmung des pfändungsfreien Betrages vom Einkommen abzusetzen (Baumbach-Lauterbach ZPO[25] Anm. 4 zu § 850a, S. 1344, Hueck-Nipperdey I S. 330—331, 332; Nikisch[2] I S. 361—362, mißverständlich Staudinger-Nipperdey-Neumann Anm. 271 zu § 611, S. 1356); für den Anspruch auf Vorschuß für zu erwartende Auslagen greift § 851 I ZPO ein, weil die Forderung nach § 399 BGB nicht abgetreten werden kann (Anm. 478, vgl. Hueck-Nipperdey I S. 330—331). Außer den in Anm. 336 genannten bestehen für unselbständige Vsvertreter auf diesem Gebiet keine Besonderheiten im Vergleich zu anderen Arbeitnehmern.

Über die Wirkung des Konkurses des Prinzipals auf den Bestand des Vertretungsverhältnisses: Anm. 483.

Die rückständigen Dienstbezüge des unselbständigen Vsvertreters für das letzte Jahr vor der Konkurseröffnung oder dem Ableben des Gemeinschuldners (Prinzipals) genießen das Vorrecht nach § 61 Ziff. 1 KO (abgedruckt: Anm. 336); „für das letzte Jahr" bedeutet, daß die Vergütung, um nach § 61 Ziff. 1 KO bevorrechtigt zu sein, für eine innerhalb der Jahresfrist zu leistende Arbeit geschuldet werden muß; Vergütungsansprüche für früher geleistete Arbeit sind auch dann nicht bevorrechtigt, wenn sie erst innerhalb des letzten Jahres fällig geworden sind (so allgemein Jaeger-Lent, Konkursordnung, 1. Bd, 8. Aufl., Berlin 1958, Anm. 17 zu § 61, S. 854—855).

Im Gegensatz hierzu sind bei den persönlich selbständigen, aber arbeitnehmerähnlichen Vsvertretern des § 92a HGB (Anm. 416, 417) Forderungen „aus" dem letzten Jahr bevorrechtigt, was darauf schließen läßt, daß es, wie in § 61 Ziff. 2 und 3 KO, ausschließlich auf die Fälligkeit ankommen soll (Anm. 171). Dieser Gegensatz ist nicht leicht zu erklären, wenn man bedenkt, daß mit Art. 4 HandelsvertreterG nur eine Gleichstellung der arbeitnehmerähnlichen Handelsvertreter mit den Arbeitnehmern beabsichtigt war. Die Möglichkeit eines gesetzestechnischen Versehens ist nicht auszuschließen, zumal da weder die amtliche Begründung noch die sonstigen Materialien erkennen lassen, daß die Redaktoren des HandelsvertreterG sich einer unterschiedlichen Deutung der Worte „aus dem letzten Jahr" und „für das letzte Jahr" bewußt gewesen wären und die Unterscheidung gerade in diesem Fall gewollt hätten.

Als zeitlicher Anknüpfungspunkt für die Berücksichtigung der Provisionsansprüche des unselbständigen Vsvertreters kommt danach nur der Abschluß des vermittelten Vsvertrages in Betracht. In diesem Zeitpunkt endet die Vermittlungstätigkeit; darauf, daß die Provision damit noch nicht verdient ist, sondern noch von der Zahlung der Prämie durch den Vmer abhängt, kommt es nicht an. Der Zeitpunkt des Vertragsschlusses trennt nicht nur die nichtbevorrechtigten Konkursforderungen von den bevorrechtigten im Sinne des § 61 Ziff. 1 KO, sondern auch die bevorrechtigten Forderungen von den Masseschulden des § 59 Ziff. 2 KO: Zahlt der Vmer die Prämie, nach der sich die Provision berechnet (Anm. 291—292), erst nach Konkurseröffnung, so ist der Provisionsanspruch doch nicht Masseschuld, sondern nur (bevorrechtigte) Konkursforderung (entsprechend für Warenvertreter: ArbG Ulm 4. VIII. 1952 AP 1954 Nr. 129 S. 438—440).

Ansprüche auf Aufwendungsersatz genießen den Vorrang nicht, soweit sie nicht in Wahrheit ein verstecktes Entgelt sind (Hueck-Nipperdey I S. 256, Staudinger-Nipperdey-Neumann Anm. 271 zu § 611, S. 1356, widersprüchlich Jaeger-Lent a. a. O. Anm. 16 zu § 61, S. 852, die ohne nähere Begründung das Vorrecht für „Auslageersatz" verneinen, dagegen die „dem Handlungsreisenden vereinbarungsgemäß zustehenden Reisespesen" zu den Dienstbezügen im Sinne des § 61 Ziff. 1 KO zählen).

Den Anspruch auf eine arbeitsvertraglich zugesagte Pension (dazu Näheres: Anm. 490) sieht die herrschende Lehre als nicht bevorrechtigt an (Hueck-Nipperdey I S. 346, Nikisch[2] I S. 320, Würdinger in: RGRKomm. HGB Bd 1 Anm. 42 zu § 59, S. 541, anders nur Jaeger-Lent a. a. O. Anm. 16b zu § 61, S. 854).

Über sonstige Fragen beim Konkurs des Vers oder Generalagenten, insbesondere über Aussonderung, Absonderung und Aufrechnung, sowie über Schadensersatzansprüche wegen schuldhafter Herbeiführung des Konkurses: Anm. 336.

Über die Stellung des Prinzipals im Konkurse des unselbständigen Vsvertreters und über die Pfändung von Forderungen des Prinzipals gegen den Vsvertreter: Anm. 461.

[480] **g) Beendigung des Vertreterverhältnisses bei Unselbständigen.**

aa) Beendigungsgründe.

aaa) Zeitablauf.

Arbeitsverträge werden durchweg auf unbestimmte Zeit geschlossen. Nur ausnahmsweise endet das Vertretungsverhältnis eines unselbständigen Vsvermittlers ohne weiteres mit dem Ablauf einer vertraglich festgesetzten Frist. Selbst bei vereinbarter Probezeit bedarf es zur Lösung des Arbeitsverhältnisses regelmäßig einer ausdrücklichen Erklärung; fehlt sie, so setzt sich das Arbeitsverhältnis, wenn die Parteien nicht ausdrücklich etwas anderes vereinbart haben, als unbefristetes fort und kann nur noch durch Kündigung oder durch Vereinbarung zwischen den Parteien gelöst werden (Hueck-Nipperdey I S. 487—488).

[481] **bbb) Tod.**

Der Tod des unselbständigen Vsvertreters läßt das Vertreterverhältnis ohne weiteres erlöschen. Das Verhältnis wird indessen als fortbestehend fingiert, soweit die Erben des Vsvertreters dem Prinzipal nach §§ 675, 673^2 BGB verpflichtet sind (dazu Näheres: Anm. 341).

Der Tod des Prinzipals (soweit es sich um eine natürliche Person handelt) läßt „im Zweifel" (§§ 675, 672^1 BGB) das Vertreterverhältnis unberührt. Über die beim Tode eines Generalagenten auftretenden Fragen, insbesondere über die Fortführung des Unternehmens durch die Erben: Anm. 341.

[482] **ccc) Kündigung.**

Wegen der vielfältigen Probleme, die bei der Kündigung des Arbeitsverhältnisses auftauchen können, muß auf das Schrifttum zum Arbeitsrecht und speziell zum Recht der Handlungsgehilfen verwiesen werden.

Wie beim selbständigen Vsvertreter (Anm. 354) sind die befristete und die unbefristete Kündigung zu unterscheiden. Für Handlungsgehilfen enthalten die §§ 66—69 HGB feste Kündigungsfristen und -termine, die nur in beschränktem Umfange durch die Parteien abgeändert werden können. Weitere zwingende verlängerte Kündigungsfristen setzt das G über die Fristen für die Kündigung von Angestellten vom 9. VII. 1926 (RGBl. I S. 399) fest. § 23 Ziff. 1 Tarifvertrag für das private Vsgewerbe (Anm. 428) und § 10 Ziff. 8a Tarifvertrag für das Vsvermittler-Gewerbe (Anm. 429) verkürzen die Kündigungsfrist für das erste Jahr der Betriebszugehörigkeit auf den geringsten gesetzlich zulässigen Zeitraum (ein Monat zum Monatsschluß); für die weitere Dauer des Vertreterverhältnisses übernehmen sie die gesetzliche Frist. Unbeschränkte vertragliche Abweichungen von der Frist des § 66 HGB sind zulässig nach § 68 I HGB für besonders hoch bezahlte Angestellte (zum „Gehalt" rechnet die herrschende Meinung nur die im Zeitpunkt der Vereinbarung feststehenden Bezüge, also z. B. auch eine garantierte Mindestprovision, nicht aber sonstige zu erwartende Provisionen, deren Höhe noch unbestimmt ist, vgl. Duden[13] a. a. O. S. 173, Schlegelberger-Schröder[3] a. a. O. Anm. 2 zu § 68, S. 422, Würdinger in: RGRKomm. HGB Bd 1 Anm. 2 zu § 68, S. 585, KG 14. V. 1904 OLGRspr. Bd 9 S. 250—251) und nach § 68 II HGB für den in der Vswirtschaft seltenen Fall des Angestellten in einer außereuropäischen Niederlassung (Anm. 495).

Die befristete Kündigung kann auf Grund verschiedener Bestimmungen in gewissen Fällen unzulässig sein. Am wichtigsten ist in dieser Beziehung des KündigungsschutzG (KSchG) vom 10. VIII. 1951, BGBl. I S. 499. Es gilt nicht für Verwaltungsgeneralagenten, soweit sie „zur selbständigen Einstellung oder Entlassung von Arbeitnehmern berechtigt sind" (§ 12c KSchG).

Die fristlose Kündigung aus wichtigem Grunde ist in den §§ 70—72 HGB geregelt. Über einzelne „wichtige Gründe", die außer den in §§ 71, 72 HGB beispielhaft aufgeführten Fällen die fristlose Kündigung des Vsvertreterverhältnisses rechtfertigen können: Anm. 354. Was dort über selbständige Vsvertreter gesagt ist, läßt sich auch auf unselbständige Vsvertreter übertragen. Derjenige, dessen vertragswidriges Verhalten zur fristlosen Kündigung des anderen Teils geführt hat, ist gemäß § 70 II HGB zum Ersatz des Schadens verpflichtet, der dem anderen durch die Beendigung des Vertreterverhältnisses entstanden ist. Der nach § 70 II HGB zu ersetzende Schaden besteht aus dem, was der Vsvertreter in der Zeit zwischen der fristlosen Kündigung und dem nächsten zulässigen Termin für eine ordentliche Kündigung bei seinem Ver verdient haben würde, und in den Aufwendungen für die Suche eines neuen Arbeitsplatzes. Was er anderweitig verdient oder böswillig zu verdienen unterläßt, wird ihm angerechnet (Näheres: Würdinger in: RGRKomm. HGB Bd 1 Anm. 19 zu § 70, S. 596—597).

Über Einzelfragen zur Kündigung auch schon Anm. 353—357. Über Teil- und Änderungskündigung: Anm. 492.

[483] ddd) Restfälle.

Die Parteien können den Vsvertretervertrag jederzeit durch einverständliche Willenserklärungen aufheben (Aufhebungsvertrag).

Die Geschäftsveräußerung auf der Seite des Prinzipals läßt das Vertreterverhältnis grundsätzlich unberührt (dazu allgemein für Handlungsgehilfen: Würdinger in: RGRKomm. HGB Bd 1 Anm. 14 zu § 72, S. 609, vgl. auch schon Anm. 348). Der Tarifvertrag für das private Vsgewerbe (Anm. 428), der die Stellung der Innendienstangestellten im Falle einer Bestandsübertragung (in § 16) ausführlich regelt, enthält für unselbständige Vsvertreter keine entsprechende Regelung.

Auch der Konkurs einer der beiden Vertragspartner hat auf den Bestand des Vertreterverhältnisses keinen unmittelbaren Einfluß. § 22 I KO sieht zwar für den Fall des Konkurses des Dienstherrn eine Kündigung durch jeden der beiden Teile vor, dabei handelt es sich aber um eine normale Kündigung in gesetzlicher oder zulässiger vertraglicher Frist, wobei jeweils die kürzeste Frist gilt, die gesetzliche also auch dann, wenn vertraglich eine längere Frist vereinbart ist (Hueck-Nipperdey I S. 558: „außerordentliche, aber befristete Kündigung"; weitere Einzelheiten bei Würdinger in: RGRKomm. HGB Bd 1 Anm. 11 zu § 72, S. 607—608). Die einzige Besonderheit besteht darin, daß der Arbeitnehmer, wenn der Konkursverwalter kündigt, Schadensersatz verlangen kann (§ 22 II KO). Der Vertrag erlischt nicht etwa ohne weiteres mit der Konkurseröffnung gemäß § 23 II KO. Wenn es sich auch bei der Vsvermittlung, ob selbständig oder unselbständig, um eine Geschäftsbesorgung im Sinne des § 675 BGB handelt (dazu Anm. 438), so kann dies Ergebnis doch nicht ohne weiteres auf die Regelung der Vertragsbeendigung im Konkurs des Vers übertragen werden, für die ganz andere Gesichtspunkte entscheidend sind (dazu Jaeger-Lent, Konkursordnung, 8. Aufl., Berlin 1958, Anm. 10d zu § 22, S. 338); es besteht vielmehr Einigkeit darüber, daß § 22 I KO für Dienstverträge, die im Haushalt, Wirtschaftsbetrieb oder Erwerbsgeschäft des Gemeinschuldners angetreten sind, der Regel des § 23 II KO vorgeht und seine Geltung ausschließt, auch wenn das Dienstverhältnis im einzelnen Fall eine Geschäftsbesorgung im Sinne des § 675 BGB zum Gegenstand hat (Jaeger-Lent a. a. O., Anm. 10d zu § 22, S. 338, Nikisch[2] I S. 603—604, Würdinger in: RGRKomm. HGB Bd 1 Anm. 11 zu § 72, S. 607—608), sofern nur die Geschäftebesorgung nicht (ausnahmsweise) einziger Gegenstand des Dienstverhältnisses ist (Hueck-Nipperdey I S. 480 Anm. 13, S. 558—559, Staudinger-Nipperdey-Neumann Vorbem. 39 vor §§ 620—628, S. 1502).

Der Konkurs oder Vermögensverfall des unselbständigen Vsvertreters kann dem Prinzipal nur in ganz besonderen Fällen ein Recht zur fristlosen Kündigung geben, etwa bei einem Verwaltungsgeneralagenten mit sehr selbständigem Aufgabenbereich und verantwortungsvoller Tätigkeit (weitere Beispiele bei Hueck-Nipperdey I S. 560, Würdinger in: RGRKomm. HGB Bd 1 Anm. 13 zu § 72, S. 608).

[484] bb) Beendigungsfolgen.

aaa) Übersicht über Rechtsfolgen.

Mit dem Erlöschen des Vertretungsverhältnisses hören nicht alle Rechtsbeziehungen zwischen den Parteien auf. Über die Fälle, in denen das Fortbestehen des Vertrages fingiert wird: Anm. 358, dort auch zur Schlußabrechnung und anderen Provisionsfragen.

Auch nach Beendigung des Vertrages können den unselbständigen Vsvertreter Nachwirkungspflichten treffen, von denen das nachvertragliche Wettbewerbsverbot (Anm. 485) am wichtigsten ist. Demgegenüber entstehen für den unselbständigen Vsvertreter mit der Vertragsauflösung auch neue Rechte, wie z. B. der Zeugnisanspruch (Anm. 487) und möglicherweise ein Anspruch auf ein Ruhegehalt (Anm. 489); einzelne Rechte bleiben bestehen (Nachprovision, Anm. 488); schließlich sind Leistungen des Prinzipals an dritte Personen, nämlich die Hinterbliebenen des verstorbenen Vsvertreters zu nennen (Anm. 490).

Über das Zurückbehaltungsrecht des Vsvertreters nach Vertragsende: Anm. 457.

Unselbständige Vsvertreter, die durch das Erlöschen ihres Vertretervertrages arbeitslos werden, erhalten Arbeitslosenunterstützung nach den Bestimmungen des AVAVG.

[485] bbb) Nachwirkungspflichten des unselbständigen Versicherungsvertreters.

α) Wettbewerbsverbot.

Schrifttum: Grüll, Die Konkurrenzklausel, Heidelberg 1957.

Ein Wettbewerbsverbot ist eine „Vereinbarung zwischen dem Prinzipal und dem Handlungsgehilfen, die den Gehilfen für die Zeit nach Beendigung des Dienstverhältnisses in seiner gewerblichen Tätigkeit beschränkt" (74 I HGB). Über seine Ausgestaltung enthalten die §§ 74—75c HGB Bestimmungen, von denen die Parteien nur zugunsten des Vsvertreters abweichen dürfen (§ 75d I HGB, wonach der Prinzipal sich auf eine dem Angestellten nachteilige abweichende Vereinbarung nicht berufen kann).

Als ein nur im Rahmen der §§ 74—75c HGB zulässiges Wettbewerbsverbot hat das BArbG 19. II. 1959 MDR 1959 S. 700 = Vsvermittlung 1959 S. 118 im Falle eines Verkaufsleiters die Verpflichtung angesehen, nach Beendigung des Arbeitsverhältnisses in einer neuen Stellung die ihm bekanntgewordenen Anschriften von Kunden seines bisherigen Arbeitgebers nicht zu verwerten.

Im Grundsatz entspricht die Regelung den für die Konkurrenzklauseln bei selbständigen Vsvertretern (Anm. 363) geltenden Vorschriften, insbesondere was den Gegenstand der Beschränkung angeht. Auch die Form der Vereinbarung entspricht der in § 90a I 1 HGB für Handelsvertreter vorgeschriebenen. Die halbzwingenden gesetzlichen Schutzbestimmungen greifen nicht ein, wenn das Wettbewerbsverbot nach dem Erlöschen des Vertreterverhältnisses vereinbart wird; auf Abreden, die zugleich mit der vereinbarten Vertragsauflösung oder in der Zeit zwischen ausgesprochener ordentlicher Kündigung und Vertragsende getroffen werden, will die herrschende Meinung die §§ 74—75c HGB anwenden (Duden[13] a. a. O. S. 184, Grüll a. a. O. 11, Hueck-Nipperdey I S. 235—236, Nikisch[2] I S. 396, Schlegelberger-Schröder[3] a. a. O. Anm. 3 zu § 74, S. 460, Würdinger in: RGRKomm. HGB Bd 1 Anm. 4 zu § 74, S. 616, LArbG Hamburg 23. VII. 1940 ARS Bd 40 II S. 75—80, ArbG Krefeld 4. XII. 1952 BetrBer 1953 S. 203; für den angestellten „Bezirksdirektor" eines Vers: AG München 8. V. 1952 VersR 1952 S. 286); anders dagegen RG 15. I. 1908 RGZ Bd 67 S. 333—335 und Bronisch VersR 1952 S. 286—287, die meinen, der Schutzzweck der Regelung treffe in solchen Fällen nicht zu. Über unzulässige Wettbewerbsverbote § 74a HGB.

Das Wettbewerbsverbot ist im übrigen, im Gegensatz zur Wettbewerbsabrede bei Selbständigen (Anm. 363), nur verbindlich, wenn gleichzeitig eine Entschädigung nach Maßgabe des § 74 II HGB vereinbart ist. Über ihre Berechnung und Zahlung: §§ 74b, 74c HGB. Die Karenzentschädigung darf nicht mit einer etwa zu zahlenden Nachprovision (Anm. 488) verwechselt werden, auch eine Anrechnung nach § 74c HGB kommt hierfür nicht in Frage, weil die Nachprovision nicht einer Verwertung der Arbeitskraft in der Zeit des Wettbewerbsverbots entstammt, sondern Entgelt für frühere Vermittlungstätigkeit ist. Da der Anspruch auf Nachprovision vertraglich abbedungen werden kann, wird die Frage allerdings nur selten praktisch werden; bedenklich AG München 8. V. 1952 VersR 1952 S. 286, das eine „lebenslängliche Rente" zu ihrem größten Teil als „Inkassoentschädigung" wertet und den dann als Karenzentschädigung verbleibenden Rest als ungenügend im Hinblick auf § 74 II HGB ansieht. Ist, wie in dem Fall des AG München, bei der Vereinbarung des Wettbewerbsverbotes und der Festlegung der Rente ausdrücklich bestimmt, daß damit jeder Anspruch auf „Inkassoprovision" (=Vermittlungsfolgeprovision) erlösche, so ist mit dieser Verzichtklausel (Anm. 369) die Rechtslage eindeutig geregelt. Ein jetzt noch zu zahlender Betrag kann nur noch Altersrente oder Karenzentschädigung oder beides sein. Bei der Auslegung muß man sich vor Augen halten, daß der Arbeitgeber, der freiwillig eine Ruhegeldverpflichtung eingeht, vernünftigerweise zuvor diejenigen Verpflichtungen übernehmen will, die das Gesetz zur Wirksamkeit des gleichzeitig vereinbarten Wettbewerbsverbotes zwingend vorschreibt. Deshalb muß eine vernünftige Auslegung in solchen Fällen dazu führen, die Rente für die Dauer des Wettbewerbsverbotes als Entschädigung im Sinne des § 74 II HGB und für die folgende Zeit bis zum Tode des Vsvertreters als Ruhegeld zu bewerten. Es ist dann nur noch zu fragen, ob der für die Zeit der Wettbewerbsbeschränkung zugesagte Betrag in seiner Höhe den Erfordernissen des § 74 II HGB entspricht. Diese Auslegung erscheint um so eher gerechtfertigt, als man auch beim Fehlen eines ausdrücklichen Konkurrenzverbotes den Ruhegeldempfänger für verpflichtet ansieht, Wettbewerbshandlungen gegen seinen früheren Prinzipal zu unterlassen (Anm. 486). Dann muß, wenn mit der Ruhegeldzusage ausdrücklich ein Wettbewerbsverbot verknüpft ist, das für die entsprechende Zeit bestimmte Ruhegeld als Entschädigung im Sinne des § 74 II HGB betrachtet werden.

Der Anspruch auf Entschädigung gehört zum Arbeitseinkommen (§ 850 III a ZPO) und kann deshalb nur im Rahmen der hierfür geltenden Beschränkungen (Anm. 479) gepfändet werden.

In der Frage der vorzeitigen Aufhebung des Wettbewerbsverbotes (§§ 75—75a HGB) gibt es für unselbständige Vsvertreter keine Besonderheiten.

[486] β) Sonstige Pflichten.

Wie der selbständige, so muß auch der unselbständige Vsvertreter alles herausgeben, was ihm der Prinzipal zur Erfüllung seiner Dienste überlassen hat (Anm. 364). Über die Zurückbehaltung solcher Sachen: Anm. 457.

Eine allgemeine nachwirkende Treuepflicht gibt es nicht. Der unselbständige Vsvertreter, dessen Arbeitsverhältnis erloschen ist, unterliegt daher auch grundsätzlich nicht mehr der Geheimhaltungspflicht, sondern kann die während seiner Tätigkeit beim Prinzipal gewonnenen Erkenntnisse für sich verwerten; er muß dabei allerdings die Grundsätze des lauteren Wettbewerbs einhalten und darf den Prinzipal nicht in sittenwidriger Weise schädigen. In besonderen Fällen kann die Strafvorschrift des § 17 II UWG (abgedruckt: Anm. 220) eingreifen. Staudinger-Nipperdey-Neumann Anm. 164 zu § 611, S. 1305—1306 wollen den ausgeschiedenen Arbeitnehmer auch über § 17 II UWG hinaus einer nachwirkenden Geheimhaltungspflicht unterwerfen, dagegen wie hier: Hueck-Nipperdey I S. 224—225, Würdinger in: RGRKomm. HGB Bd 1 Anm. 31 zu § 59, S. 523, unentschieden Nikisch² I S. 392—393. Eine Pflicht, die ihm bei seiner Tätigkeit bekanntgewordenen Kundenanschriften nicht zu verwerten, läßt sich nach Auffassung des BArbG 19. II. 1959 MDR 1959 S. 700 = Vsvermittlung 1959 S. 118 (für den Fall eines Verkaufsleiters) für den ausscheidenden Arbeitnehmer nur in der Form eines Wettbewerbsverbotes (Anm. 486) begründen.

Etwas anderes gilt aber für den Ruhegeldempfänger. Wer eine Altersversorgung von seinem ehemaligen Arbeitgeber erhält, muß ihm auch seinerseits die Treue halten und darf seinen Interessen nicht zuwiderhandeln. Diese besondere, aus dem Ruhestandsverhältnis fließende Treuepflicht äußert sich in einer fortwirkenden Geheimhaltungspflicht und in dem Verbot, mit dem Prinzipal direkt in Wettbewerb zu treten. Bei Verstößen gegen die Treuepflicht des Pensionärs kann der Arbeitgeber die Ruhegeldzahlung einstellen (vgl. nur allgemein BArbG 30. XI. 1955 AP Nr. 8 zu § 242 BGB Ruhegehalt = BetrBer 1956 S. 44, Hilger, Das betriebliche Ruhegeld, Heidelberg 1959, S. 304—318, Hueck-Nipperdey I S. 444—445).

[487] **ccc) Nachwirkungsrechte des unselbständigen Versicherungsvertreters.**

α) Zeugnis.

Nach § 73 HGB hat der ausscheidende Handlungsgehilfe Anspruch auf ein Zeugnis; für die übrigen Dienstleistenden gilt § 630 BGB. Wegen der Einzelheiten, insbesondere zu Form und Inhalt des Zeugnisses muß auf das arbeitsrechtliche Schrifttum verwiesen werden.

Für den Fall der Kündigung geben § 23 Ziff. 2 in Verbindung mit § 15 Ziff. 4 Tarifvertrag für das private Vsgewerbe (Anm. 428) und § 10 Ziff. 8b in Verbindung mit § 9 Ziff. 4 Tarifvertrag für das Vsvermittler-Gewerbe (Anm. 429) den unselbständigen Vsvertretern einen Anspruch auf ein Zwischenzeugnis, von dem das spätere Schlußzeugnis nur dann zuungunsten des Vsvertreters abweichen darf, wenn dieser in der Zwischenzeit sich etwas hat zuschulden kommen lassen.

Neben die Zeugnispflicht des Prinzipals tritt die Pflicht zur Erteilung wahrheitsgemäßer Auskünfte an Dritte, bei denen der ausgeschiedene Vsvertreter sich bewirbt. Eine Pflicht, auf Verlangen des Vsvertreters derartige Auskünfte zu unterlassen, trifft den Prinzipal nicht, der Arbeitnehmer muß es vielmehr dulden, daß der Arbeitgeber auch gegen seinen Willen anderen Personen, die ein berechtigtes Interesse daran haben, erschöpfend und wahrheitsgemäß Auskunft gibt (BArbG 25. X. 1957 AP Nr. 1 zu § 630 BGB = BetrBer 1958 S. 593, vgl. dazu auch Anonym Vsvermittlung 1958 S. 103). Eine besondere Rolle spielt in diesem Zusammenhang die Auskunftsstelle für den Vsaußendienst (AVAD), die Informationen über selbständige und unselbständige Vsvertreter sammelt und den interessierten Unternehmen mitteilt (Näheres Anm. 201). Der ausgeschiedene Arbeitnehmer hat seinerseits einen Anspruch darauf, daß der Arbeitgeber ihm den Inhalt der Auskunft mitteilt (BGH 10. VII. 1959 Der Betrieb 1959 S. 979).

[488] **β) Nachprovision**

Wie alle anderen Vorschriften und Grundsätze der Provisionszahlung, so gelten über § 65 HGB auch die Grundsätze der Nachprovision für unselbständige Vsvertreter ebenso wie für selbständige (vgl. deshalb Anm. 271, 366—369). Beide Gruppen sind insoweit stets gleich behandelt worden (vgl. nur RArbG 29. I. 1936 JW 1936 S. 1252, AG München 8. V. 1952 VersR 1952 S. 286, Trinkhaus I S. 277). Der Anspruch kann wie der des selbständigen Vsvertreters vertraglich ausgeschlossen werden (Verzichtklausel, das übersieht AG München 8. V. 1952 VersR 1952 S. 286); allerdings könnte bei einem unselbständigen Vsvertreter, der keinen Ausgleichsanspruch besitzt (Anm. 489), der Ausschluß eher sittenwidrig sein (Anm. 369).

[489] **γ) Ruhegeld.**

Schrifttum: Hilger, Das betriebliche Ruhegeld, Heidelberg 1959.

Auf Gewährung eines Ruhegeldes hat der unselbständige Vsvertreter, dessen Arbeitsverhältnis aus Altersgründen erloschen ist, regelmäßig nur dann Anspruch, wenn es ihm ausdrücklich zugesagt ist. Eine gesetzliche Verpflichtung besteht nicht, auch aus der allgemeinen arbeitsvertraglichen Fürsorgepflicht ergibt sich keine Pflicht des Prinzipals, dem ausgeschiedenen Vsvertreter eine Altersrente zu zahlen (Hueck-Nipperdey I S. 432, Nikisch² I S. 473—474, Staudinger-Nipperdey-Neumann Anm. 209 zu § 611, S. 1330, BArbG 13. VII. 1956 AP Nr. 15 zu § 242 BGB Ruhegehalt = NJW 1956 S. 1732—1734). Die Tarifverträge sehen keine Altersrente vor, doch streben die Gewerkschaften die Schaffung einer überbetrieblichen Versorgungseinrichtung für die Vswirtschaft an (Kometer Der Vsangestellte 1959 Nr. 1 S. 1—2). Über frühere Ansätze zu einer einheitlichen Altersversorgung für selbständige und unselbständige Vsvertreter: Möller Vsvermittlung S. 201—204. Bei einer Vielzahl der Vsgesellschaften bestehen bereits betriebliche Altersversorgungseinrichtungen (über die dabei auftauchenden Probleme der Gesamtzusage, betrieblichen Übung und Gleichbehandlung vgl. Hilger a. a. O. S. 36—103).

Wegen der speziellen Frage der betrieblichen Altersversorgung muß auf das einschlägige Schrifttum verwiesen werden. Den Pensionsempfänger treffen besondere nachwirkende Treuepflichten (Anm. 486). Unter bestimmten strengen Voraussetzungen hat der Arbeitgeber ein außerordentliches Widerrufsrecht, falls die Weiterzahlung des Ruhegeldes Bestand und Ertragsfähigkeit des Unternehmens gefährdet, Sanierungsaussicht besteht und auch andere Gläubiger Opfer bringen; der Widerruf bezieht sich nur auf die einzelne, jeweils fällige Rate (Hilger a. a. O. S. 253—279). Wegen Erschütterung der Geschäftsgrundlage kommt ein Aufwertungsanspruch in Betracht; die Rentenreform konnte umgekehrt zu einer Rentenkürzung führen, falls Ruhegeld zuzüglich Leistungen der sozialen Renten-(Angestellten-)versicherung das Arbeitseinkommen vergleichbarer aktiver Arbeitnehmer erreichten oder gar überschritten (Hilger a. a. O. S. 280—303).

Einen Ausgleichsanspruch, wie er dem selbständigen Vsvertreter durch § 89b HGB gegeben ist, hat der unselbständige Vsvertreter nicht. § 89b HGB ist in § 65 HGB nicht mit aufgeführt. Aber auch aus anderen Gründen kommt eine entsprechende Anwendung nicht in Frage. Zwar kann auch beim Unselbständigen als Folge einer zulässig vereinbarten Verzichtklausel ein Provisionsverlust eintreten, der einen Ausgleich rechtfertigen könnte. Trotzdem ist eine Übertragung der Vorschriften über den Ausgleichsanspruch ausgeschlossen, weil sie gerade den selbständigen Handelsvertretern wegen ihrer besonderen Lage, insbesondere wegen des Fehlens eines umfassenden sozialen Schutzes (keine Sozialvspflicht) eine Sicherung über das Vertragsende hinaus gewähren sollen (so grundsätzlich mit ausführlicher und überzeugender Begründung BArbG 3. VI. 1958 NJW 1958 S. 1365—1376 = BetrBer 1958 S. 775, zustimmend Schuler NJW 1959 S. 650).

[490] ddd) Leistungen an Hinterbliebene.

Für die Hinterbliebenen eines verstorbenen Vsvertreters wird im Rahmen der sozialen Rentenv gesorgt.

Eine arbeitsvertragliche Pflicht zur Zahlung von Bezügen über den Tod des Arbeitnehmers hinaus ist im Gesetz nicht angeordnet. Wohl aber sehen die Tarifverträge Überbrückungsleistungen an die Hinterbliebenen vor. Nach § 21 Ziff. 4 Tarifvertrag für das private Vsgewerbe (Anm. 428) erhalten die Hinterbliebenen je nach der Dauer der Betriebszugehörigkeit des verstorbenen Vsvertreters das garantierte Mindesteinkommen (Anm. 463) noch für einen Monat oder für drei weitere Monate. Stirbt ein Vsvertreter nach über fünfjähriger Tätigkeit für denselben Ver, so erhalten seine Hinterbliebenen die nach dem Durchschnitt der letzten zwölf Monate berechneten Gesamtbezüge (außer Spesen und Fahrtkostenersatz), jedoch nicht mehr als 800,— DM monatlich für drei Monate. Der Kreis der Berechtigten ist in § 10 Ziff. 4 Abs. 2 Tarifvertrag bestimmt. Eine ähnliche Regelung trifft § 10 Ziff. 5c in Verbindung mit § 4 Ziff. 3 Abs. 2 Tarifvertrag für das Vsvermittler-Gewerbe (Anm. 429).

[491] h) Änderung des Vertreterverhältnisses bei Unselbständigen.

aa) Personenwechsel.

Daß die Parteien des Anstellungsverhältnisses im Rahmen ihrer Vertragsfreiheit, also soweit keine zwingenden gesetzlichen oder tariflichen Vorschriften entgegenstehen, den Vertretervertrag im gegenseitigen Einverständnis nach Belieben abändern können, bedarf keiner näheren Ausführung. Außerhalb des Änderungsvertrages (§ 305 BGB) sind jedoch einige Tatbestände zu betrachten, die den Inhalt des Vertretungsverhältnisses beeinflussen.

Ein Wechsel in der Person des Vsvertreters bei weiterbestehendem Vertreterverhältnis ist angesichts der Pflicht zur höchstpersönlichen Dienstleistung (Anm. 449) nicht möglich. Ein mit einem vom Vsvertreter vorgeschlagenen „Nachfolger" geschlossener Vertretervertrag ist ein neues Rechtsverhältnis, das grundsätzlich mit dem alten nichts zu tun hat, mag auch dem neuen Vsvertreter ein „Bestand" des früheren „übertragen" werden.

Dagegen kommt ein Wechsel in der Person des Prinzipals, der das Vertreterverhältnis im übrigen bestehen läßt, häufiger vor, z. B. bei einer Veräußerung des ganzen

Betriebes. Es ist allgemein anerkannt, daß in diesem Fall — abweichend von § 613² BGB — der Erwerber die Arbeitsverhältnisse durch Vereinbarung mit dem Veräußerer übernehmen kann (vgl. nur Hueck-Nipperdey I S. 485—486); einen Übergang ipso iure lehnt die herrschende Meinung ab (Hueck-Nipperdey I S. 467 mit Anm. 13).

Im Falle einer Verschmelzung sind die unselbständigen Vsvertreter nicht besonders geschützt (anders als die übrigen Angestellten, für welche die Tarifverträge die Übernahme bei Aufrechterhaltung der tariflichen Rechte vorsehen). Das Arbeitsverhältnis setzt sich in dem aufnehmenden Unternehmen fort, kann aber fristgemäß gekündigt werden.

Die Bestandsübertragung auf einen anderen Ver berührt das Vertreterverhältnis nicht; es besteht weiter zwischen den bisherigen Parteien. Die Übertragung kann aber im Ergebnis zu einer befristeten Kündigung durch den Ver und damit zum Erlöschen des Anstellungsverhältnisses führen. Das Reichsaufsichtsamt (VA 1932 S. 93) hat es abgelehnt, zur Wahrung der sozialen Belange der Angestellten im Falle einer Bestandsübertragung allgemeine Anordnungen gemäß § 14 I 3 VAG zu erlassen, da die erforderlichen Maßnahmen wegen der Verschiedenheit der Fälle nur für den Einzelfall getroffen werden könnten.

[492] bb) Teilkündigung.

Im Arbeitsrecht ist die Kündigung einzelner Abreden des Arbeitsvertrages, die das Arbeitsverhältnis im übrigen bestehen läßt, nur für den Fall anerkannt, daß sie besonders vereinbart ist (Hueck-Nipperdey I S. 497—498, Staudinger-Nipperdey-Neumann Vorbem. 63 vor §§ 620—628, S. 1513—1514). Eine solche Vereinbarung, die sich häufig in dem Ausdruck „widerruflich" äußert, kann auch stillschweigend getroffen werden, insbesondere bei nachträglichen nicht essentiellen Zusatzvereinbarungen (dazu schon für Selbständige: Anm. 356; vgl. ferner Staudinger-Nipperdey-Neumann Vorbem. 63 vor §§ 620—628, S. 1513—1514).

Diese Grundsätze gelten speziell für die Kündigung einer Bezirkszuweisung. Während Schröder Der Betrieb 1958 S. 976 (für Selbständige) hier die Teilkündigung grundsätzlich nur bei entsprechender Vereinbarung zulassen will, hält das OLG Bamberg 30. V. 1958 NJW 1958 S. 1830 = Vsvermittlung 1959 S. 14 (ebenfalls für Selbständige) die Teilkündigung hinsichtlich eines (selbständig zu bearbeitenden) Teils des Vertreterbezirks für möglich, und zwar unter Berufung auf einen allgemeinen Rechtsgedanken, der sich aus den Kündigungsregeln bei Miet- und Pachtverhältnissen (§§ 542, 543, 469 BGB) und den dazu im Schrifttum entwickelten Grundsätzen ergebe. Die Interessen des Vertreters würden dadurch gewahrt, daß dieser seinerseits das ganze Vertreterverhältnis aus wichtigem Grunde kündigen könne, wenn er mit dem verbleibenden Bezirk nicht zufrieden sei. Diese Gedanken ließen sich ohne weiteres auf das Arbeitsverhältnis des unselbständigen Vsvertreters übertragen. Über eine einseitige Änderung des örtlichen Aufgabenbereiches durch den Prinzipal: Anm. 439 (bei einer solchen Änderung aus Gründen der Arbeitsbemessung erwächst dem Vsvertreter allerdings kein Recht zur fristlosen Kündigung).

Ist nach den oben entwickelten Grundsätzen für eine Teilkündigung kein Raum, so kann der Prinzipal die von ihm gewünschte Vertragsänderung nur im Wege einer Änderungskündigung erreichen, d. h. durch Kündigung des ganzen Arbeitsverhältnisses unter der aufschiebenden Bedingung, daß der Vsvertreter sich nicht zu der vorgeschlagenen Änderung des Vertretervertrages bereit findet (Näheres: Anm. 356).

[493] cc) Restfälle.

Über die allmähliche Entwicklung des unselbständigen zum selbständigen Vsvertreter und umgekehrt: Anm. 214, 400, steuerrechtlich: BFH 10. IX. 1959 BStBl. 1959 III S. 437—440 = BetrBer 1959 S. 1199.

Über die Zuweisung eines neuen sachlichen Arbeitsbereichs (z. B. die Versetzung in den Innendienst oder die Zuweisung weiterer Verwaltungsaufgaben): Anm. 450. Bei erlaubter (z. B. im Vertrag vorgesehener) Einweisung in ein neues Tätigkeitsgebiet muß der Vsvertreter auch einen Verdienstrückgang hinnehmen, der sich etwa daraus ergibt, daß er nicht mehr durch angespannte Arbeit höhere Provisionen verdienen kann (der Fall, daß ein erfolgreicher Werber in den Innendienst versetzt wird, kommt allerdings praktisch nicht vor; eher wird man Vsvertreter, deren Arbeitskraft im Außendienst nachzulassen beginnt, in den Innendienst übernehmen, und zwar mit ihrem Einverständnis).

[494] i) Rechtslage in Sonderfällen.

aa) Angestellte von Angestellten.

Die von einem unselbständigen Verwaltungsgeneralagenten (Anm. 438) im Namen des Vers eingestellten und beaufsichtigten unselbständigen Vsvertreter sind Angestellte des Vers. Eine im eigenen Namen betraute Unterorganisation ist dagegen ein Indiz für die persönliche Selbständigkeit, sie zeigt, daß der betrauende Generalagent in der Gestaltung seiner Vermittlungstätigkeit frei ist (Anm. 174, 158). Unselbständige „echte" Generalagenten gibt es nicht. Es mag vorkommen und verstößt dann auch nicht gegen die Pflicht zur höchstpersönlichen Arbeitsleistung, daß der unselbständige Vsvertreter bei der Vermittlung in geringem Umfange mit Hilfspersonen zusammenarbeitet (Anm. 449). Dann handelt es sich bei letzteren regelmäßig nicht um eigene feste Angestellte, sondern um stille Vermittler, die für den Nachweis eines Vskandidaten oder Vermittlungsarbeit an der Provision beteiligt werden.

Solchen Hilfspersonen gegenüber ist der Vsvertreter selbständiger Unternehmer, ohne daß es auf sein Verhältnis zum Ver ankommt (Anm. 174). Im übrigen kann der unselbständige Vsvertreter, ohne daß seine Beziehungen zu seinem Prinzipal in irgendeiner Weise berührt werden, Inhaber eines (etwa durch Erbgang erworbenen) Handelsgewerbes sein und in dieser Eigenschaft Angestellte beschäftigen (über die dabei auftauchenden Wettbewerbsfragen: Anm. 453).

[495] bb) Auslandsangestellte.

Für Handlungsgehilfen, die in einer Niederlassung außerhalb Europas beschäftigt werden und denen gegenüber der Prinzipal die Kosten der Rückreise übernommen hat, kann nach § 68 II HGB die ordentliche Kündigung frei und ohne Rücksicht auf die sonst geltenden Beschränkungen geregelt werden (Näheres: Würdinger in: RGRKomm. HGB Bd 1 Anm. 3 zu § 68, S. 586). Für Vsvertreter wird die Bestimmung kaum je praktisch werden. Ausländische Niederlassungen deutscher Ver arbeiten durchweg mit Vsvertretern aus dem betreffenden Land; für ihre Vertreterverträge gilt solchenfalls auch ausnahmslos das Recht des jeweiligen Niederlassungsstaates.

Die Schutzbestimmungen des KündigungsschutzG und des G über die Fristen für die Kündigung von Angestellten (zu beiden Anm. 482) gelten nicht außerhalb Deutschlands (Würdinger in: RGRKomm. HGB Bd 1 Anm. 4 zu § 68, S. 586).

[496] cc) Bezirksvertreter.

Die Zuweisung eines Bezirks hat beim unselbständigen Vsvertreter keine anderen Folgen als beim Selbständigen (dazu Anm. 415).

Provision für alle in seinem Bezirk abgeschlossenen Verträge kann der unselbständige Vsvertreter mangels anderweitiger Vereinbarung ebensowenig verlangen wie der Selbständige; § 87 II HGB ist in der Verweisungsvorschrift des § 65 HGB nicht aufgeführt, die Bestimmung würde aber auch schon wegen § 92 III 2 HGB hier nicht eingreifen (dazu schon Anm. 464).

Über die Bedeutung des örtlichen Aufgabenbereiches für die tarifliche Vergütung der unselbständigen Vsvertreter: Anm. 439.

[497] dd) Mehrfachangestellte.

Es ist nicht grundsätzlich ausgeschlossen, daß ein unselbständiger Vsvertreter in Anstellungsverhältnissen zu zwei oder mehreren verschiedenen Dienstherren steht, solange er nicht gegen das Wettbewerbsverbot des § 60 HGB (Anm. 453) verstößt (Schlegelberger

Schröder[3] a. a. O. Anm. 10 zu § 59, S. 308, allgemein für Arbeitnehmer BArbG 19. VI. 1959 Der Betrieb 1959 S. 1086). In der Praxis bilden solche Erscheinungen aber die Ausnahme aus den gleichen Gründen, die der Nebenberuflichkeit entgegenstehen (Anm. 498).

Zur Befugnis des Prinzipals, den unselbständigen Vsvertreter mit der Werbung auch für andere Ver zu beauftragen: Anm. 449.

[498] ee) Angestellte im Nebenberuf.

Nebenberufliche unselbständige Vsvertreter kennt das Gesetz, anders als bei den selbständigen Vsvertretern (Anm. 419) nicht. Wohl aber sind sie in den Tarifverträgen erwähnt: § 1 Ziff. 2 Abs. 3 Tarifvertrag für das private Vsgewerbe (Anm. 428) schließt seine Geltung aus für „Personen, die ihre Tätigkeit nebenberuflich oder aushilfsweise ausüben oder die regelmäßig nicht mehr als 22 Stunden im Wochendurchschnitt beschäftigt werden" (ähnlich § 1 Ziff. 2c Tarifvertrag für das Vsvermittler-Gewerbe, Anm. 429). Nur für diese Frage wird die Unterscheidung zwischen hauptberuflichen und nebenberuflichen unselbständigen Vsvertretern bedeutsam.

Ein Verstoß gegen das Wettbewerbsverbot des § 60 HGB (Anm. 453) oder eine Verletzung der Arbeitspflicht (Anm. 449) liegt nicht vor, soweit der unselbständige Vsvertreter ausdrücklich als nebenberuflicher Mitarbeiter eingestellt worden ist. Solche Fälle sind aber äußerst selten. Wer im Nebenberuf die Vsvermittlung betreibt, will auch und gerade dann, wenn er im Hauptberuf unselbständige Dienste leistet, im Bereich des Nebenberufs persönlich frei sein. Andererseits legen die Ver, die unselbständige Vsvertreter einstellen, Wert auf die ganze Arbeitskraft, weshalb die nebenberufliche Tätigkeit geradezu als ein Indiz für die Selbständigkeit angesehen werden kann (Anm. 159).

Über den Fall, daß ein Innendienstangestellter in seiner Freizeit Vsverträge für seinen Dienstherrn vermittelt, ohne vertraglich dazu verpflichtet zu sein: Anm. 159, 165, 170.

[499] ff) Angestellte öffentlichrechtlicher Versicherer.

Die öffentlichrechtlichen Vseinrichtungen erledigen ihre Aufgaben, zumal die mit der Vermittlung und dem Abschluß der Vsverträge zusammenhängenden, weitgehend durch Bedienstete anderer öffentlichrechtlicher Körperschaften, z. B. Kommunalbeamte, die nach der Satzung der Vseinrichtung zur Mitarbeit verpflichtet sind (vgl. § 3 II Ziff. 3 preußisches G betreffend die öffentlichen Feuervsanstalten vom 25. VII. 1910 [PrGS S. 141], § 9 I, II Satzung der Hessischen Brandvsanstalt vom 29. II. 1912 [Amtsbl. Reg. Kassel S. 382], Schmidt-Sievers, Das Recht der öffentlichrechtlichen Sachv, Hamburg 1951, S. 34).

Die Bediensteten der öffentlichrechtlichen Ver sind teils Beamte und teils Angestellte des öffentlichen Dienstes. Zu den Rechtsquellen: Anm. 426. Während die Beamten einer ganz eigenen Rechtsordnung unterliegen, handelt es sich bei dem Dienstverhältnis der Angestellten des öffentlichen Dienstes um ein normales privatrechtliches Arbeitsverhältnis (Staudinger-Nipperdey-Mohnen Vorbem. 171 vor § 611, S. 1139), sie sind also Arbeitnehmer, für die lediglich in den Tarifordnungen besondere Regeln aufgestellt sind. Während die Angestellten aller sogen. Monopolanstalten und auch der meisten Wettbewerbsanstalten ausschließlich den Tarifordnungen für den öffentlichen Dienst unterliegen, sind einige der sogen. Wettbewerbsanstalten Mitglied des Arbeitgeberverbandes der Vsunternehmungen; für ihre Arbeitnehmer gilt also neben den Tarifordnungen der Tarifvertrag für das private Vsgewerbe (Anm. 428). Für einige öffentlichrechtliche Ver bestehen auch sogen. Haustarife.

[500] gg) Angestellte bei Nichtkaufleuten.

Die weitaus meisten unselbständigen Vsvertreter unterliegen, da in einem Handelsgewerbe beschäftigt, den §§ 59—75h HGB (Anm. 436). Nur ausnahmsweise ist der Dienstherr kein Kaufmann.

Keine Kaufleute sind die sogen. „reinen" Vsvereine auf Gegenseitigkeit. Nach § 16 VAG sind jedoch auf sie die Vorschriften des HGB entsprechend anzuwenden, also auch die Bestimmungen über die Handlungsgehilfen, so daß sich kein Unterschied in der Behandlung der unselbständigen Vsvertreter ergibt. Für die sogen. kleineren Gegenseitigkeitsvereine fehlt allerdings in § 53 I 1 VAG eine Verweisung auf § 16 VAG; trotzdem müssen, soweit es um die Rechtsstellung der unselbständigen Vsvertreter geht, die Handlungsgehilfenregeln auch hier gelten (Näheres Anm. 436).

Über die Angestellten der öffentlichrechtlichen Ver, denen ebenfalls die Kaufmannseigenschaft fehlt: Anm. 499.

VI. Speziell: Außenverhältnis der Versicherungsvertreter

Gliederung:

[501] VI. Speziell: Außenverhältnis der Versicherungsvertreter.

Schrifttum: Bruck S. 134—151, Ehrenzweig S. 44—56, von Gierke II S. 116—123, Hagen I S. 539—561, Möller Vsvermittlung S. 130—143, Rohrbeck-Durst-Bronisch S. 117—128, auch Anm. 2 zu § 43, Anm. 2 zu § 44, Anm. 2 zu § 45, Anm. 2 zu § 46, Anm. 2 zu § 47, Anm. 2 zu § 48. — De lege ferenda vgl. Kersting AkademieZ 1941 S. 217—219, Die Vs-Praxis 1942 S. 61—65, Möller Vsvermittlung S. 130—145.

[502] 1. Innen- und Außenverhältnis.

Die Rechtsbeziehungen der selbständigen und unselbständigen Vsvertreter zum Unternehmer und Prinzipal (also insbesondere zum Ver) sind in Anm. 140—500 behandelt. Diese Rechtsbeziehungen betreffen das sogen. Innenverhältnis. Aber gerade der Vsvertreter ist dazu berufen, zu Dritten (insbesondere Vmern) in Rechtsbeziehungen zu treten, wie der Ausdruck „Vsaußendienst" ersichtlich macht. Das Außenverhältnis wird im deutschen Recht (nach einer von Laband ZHR Bd 10 S. 203—217 begründeten Auffassung) streng vom Innenverhältnis geschieden, wenngleich gewisse Querverbindungen bestehen (vgl. § 168[1] BGB). Für das Handelsrecht regeln die §§ 48—58 HGB unter der Überschrift: Prokura und Handlungsvollmacht das Außenverhältnis, im Innenverhältnis können Prokuristen und Handlungsbevollmächtigte z.B. Handelsvertreter (§§ 84—92c HGB) oder Handlungsgehilfen (§§ 59—75 HGB) sein. Die das Innenverhältnis betreffenden Normen enthalten im Hinblick auf das Außenverhältnis nur knappe Verweisungs- und Spezialvorschriften (§§ 91, 91a HGB für Handelsvertreter, §§ 75g, 75h HGB für Handlungsgehilfen).

Das Vsvertragsgesetz befaßt sich in §§ 43—48 nur mit dem Außenverhältnis. Der Titel, welcher mit dem Wort „Vsagenten" überschrieben ist, ist ohne Rücksicht darauf anzuwenden, wie das Innenverhältnis gestaltet ist, insbesondere ob der Vsvertreter selbständig oder unselbständig, z.B. Handelsvertreter oder Handlungsgehilfe, ist (Nachweise: Anm. 12 zu § 43). Der Vskandidat oder Vmer, zu welchem der Außendienst kommt, kann nicht erkennen oder nachprüfen, ist auch nicht daran interessiert, ob der Vsvertreter selbständig oder unselbständig ist. Das Vsvertragsgesetz ist ein primär zum Schutze der Vmer geschaffenes Gesetz, ein Vmergesetz; die Regelung des Innenverhältnisses ist anderen Gesetzen vorbehalten. Wenn im Folgenden und zu §§ 43—48 von „Vsagenten" gesprochen wird, so sind darunter regelmäßig Selbständige und Unselbständige zu verstehen.

Bei dem Außenverhältnis geht es besonders um das Problem der Stellvertretung. Fast jeder Vsvertreter ist — wie schon sein Name andeutet — aktiver und/oder doch passiver Stellvertreter. Das Gesetz geht nach seinem Wortlaut (z.B. § 164 I, III BGB) davon aus, daß die Stellvertretung bei Willenserklärungen, also Rechtsgeschäften erfolge. Aber mindestens analog sind die Stellvertretungsregeln auf gewisse Rechtshandlungen anzuwenden, insbesondere auf geschäftsähnliche Handlungen wie Anzeigen und Mahnungen (vgl. Anm. 3 zu § 44). § 46^2 erwähnt generell Geschäfte und „Rechtshandlungen", § 43 Ziff. 2 spezieller die Entgegennahme von Anzeigen durch den Vsagenten; über die Mahnung durch Vsagenten vgl. Anm. 8, 9 zu § 39. Sogar bei Realakten kommt die Anwendung von Stellvertretungsgrundsätzen ausnahmsweise in Betracht, man denke an die Aushändigung von Vsscheinen (§ 43 Ziff. 3) und die Annahme von Prämien (§ 43 Ziff. 4).

[503] 2. Probleme des Außenverhältnisses.

Im Verhältnis zum Vskandidaten oder Vmer kann eine ganze Reihe von Tatbeständen entstehen, bei denen die Frage auftaucht, welche Rechtswirkungen das Tun oder das Unterlassen, das Verschulden oder die Kenntnis eines Vsagenten auslöst. Es gibt keinen generellen Rechtssatz, wonach alles, was der Vsagent tut, unterläßt, verschuldet oder weiß, dem Ver zuzurechnen ist oder doch dem Vmer nicht zum Nachteil gereicht. Wohl aber bestehen zahlreiche einschlägige Einzelnormen (über die Quellen dieser Rechtsgrundsätze: Anm. 504—509; historisch besonders wichtig: Ehrenberg S. 205—250 und in: Festgabe der Göttinger Juristen-Fakultät für Rudolf von Jhering zum fünfzigjährigen Doktor-Jubiläum, Leipzig 1892, S. 1—42). Folgende zehn Problemkreise seien herausgestellt:

Erstens: Das Gesetz rückt in §§ 43, 45—47 die Vertretungsmacht (Vollmacht) der Vsagenten in den Vordergrund. Dabei betreffen § 43 den Vermittlungsagenten, § 45 den Abschlußagenten, § 46 die örtliche Begrenzung der Vertretungsmacht und § 47 die Beschränkbarkeit der Vertretungsmacht. Über die Vertretung nicht nur bei Willenserklärungen, sondern auch bei Rechtshandlungen und Realakten vgl. schon Anm. 502.

Zweitens: Mit einer stillschweigend erteilten Vertretungsmacht (Vollmacht) darf ein Rechtsschein nicht verwechselt werden. Die Rechtsprechung hat den Gedanken der Rechtsscheinshaftung entwickelt und oft auf Vsagenten — besonders bei irreführender Titelführung — angewendet. Vom Rechtsschein soll im Zusammenhang mit § 45 gesprochen werden (Anm. 27—44 zu § 45).

Drittens: Ein Vsagent kann ausnahmsweise nicht nur Vertreter (Bevollmächtigter), sondern auch Bote des Vers sein. Die Abgrenzung von Vertretern und Boten erfolgt zweckmäßig bei § 43 (Anm. 45—47 zu § 43).

Viertens: In § 44 wird — inmitten der Normen über die Vertretungsmacht — die Frage der Wissenszurechnung — Zurechnung von Kenntnis und Kennenmüssen — berührt (Anm. 3—15 zu § 44).

Fünftens: Nach der Rechtsprechung zu § 123 I, II 1 BGB wird im Falle der arglistigen Täuschung seitens eines Vsagenten dieser nicht als Dritter angesehen. Der Vmer kann also in gleicher Weise anfechten, wie wenn er vom Ver selbst getäuscht worden wäre. Dieses Problem, bereits gestreift in Anm. 3 zu § 22, wird im Anschluß an § 44 behandelt werden (Anm. 16—19 zu § 44).

Sechstens: Das Vsvertragsrecht wird hinsichtlich der Rechtspflichten und Obliegenheiten des Vmers weithin vom Verschuldensprinzip beherrscht. Solches Verschulden des Vmers kann dadurch entfallen oder (z.B. zu Nichtarglist oder zu irrelevanter leichter Fahrlässigkeit) hinabgemindert werden, daß ein Vsagent einen Vmer nicht oder schlecht aufklärt und belehrt. Hiervon war bei der vorvertraglichen Anzeigepflicht (Anm. 49 zu § 16) bereits die Rede, zusammenfassend wird das Problem nochmals bei § 44 erörtert (Anm. 20—28 zu § 44).

Siebentens: Ein Vsagent kann Erfüllungsgehilfe des Vers sein, soweit sich der Ver des Vsagenten zur Erfüllung seiner Verbindlichkeiten bedient (§ 278^1 BGB), auch bereits beim Vertragsabschluß (culpa in contrahendo). Solchenfalls hat der Ver ein Verschulden des Vsagenten im gleichen Umfang zu vertreten wie eigenes Verschulden, kann also z. B. schadensersatzpflichtig werden. Auch davon soll zu § 44 gesprochen werden (Anm. 29—52 zu § 44).

Achtens: Vom Erfüllungsgehilfen ist der Verrichtungsgehilfe (§ 831 I BGB) abzugrenzen. Über die deliktische Haftung des Vers für den Vsagenten als seinen Verrichtungsgehilfen ist bei § 44 die Rede (Anm. 53 zu § 44).

Neuntens: Da die §§ 278[1], 831 I BGB dem Vmer noch keinen ausreichenden Schutz bieten, hat sich ein Gewohnheitsrechtssatz entwickelt, wonach mit Rücksicht auf die Vertrauensstellung des Vsagenten ein das Vsverhältnis betreffendes Verhalten des Vsagenten dem Verhalten des Vers insoweit gleichsteht, als der Vmer ohne eigenes Verschulden auf das Verhalten des Vsvertreters vertraut. Auch dieser weitreichende Gewohnheitsrechtssatz soll bei § 44 zur Darstellung kommen (Anm. 54—72 zu § 44).

Zehntens: § 48 knüpft an das Tätigwerden eines Vsagenten eine besondere Regelung der örtlichen Zuständigkeit für Prozesse gegen den Ver.

[504] 3. Rechtsgrundsätze des Außenverhältnisses.

Schon die in Anm. 503 gebotene Problemübersicht läßt erkennen, daß die für das Außenverhältnis maßgebenden Rechtsgrundsätze aus mancherlei Quellen fließen. An erster Stelle ist die Gesetzgebung zu nennen (Anm. 505). Daneben aber spielen Rechtsprechung (Anm. 506), Gewohnheitsrecht (Anm. 507) und Handelsbrauch (Anm. 508) eine gewichtige Rolle, wobei allerdings die Abgrenzung nicht immer einfach ist: Denn die Grenzen zwischen richterlicher Gesetzesanwendung und Rechtsschöpfung sind sehr flüssig; die Rechtsprechung setzt nicht selten Gewohnheitsrecht und Handelsbrauch außer Zweifel; umgekehrt kann eine ständige Praxis der Gerichte zu Gewohnheitsrecht erstarken. Für die Ermittlung der Rechtslage ist häufig auch auf Willenserklärungen, also Rechtsgeschäfte (Anm. 509) zurückzugreifen, z. B. kann eine Vollmacht in einem Agenturvertrag oder einer besonderen Vollmachtsurkunde erteilt werden, wobei solche Willenserklärungen oft standardisiert, typisiert sind.

[505] a) Gesetzgebung.

Die das Außenverhältnis betreffenden Gesetzesvorschriften sind primär in den zu kommentierenden **§§ 43—48** enthalten, daneben steht als weitere versicherungsrechtliche Spezialnorm für Hauptbevollmächtigte ausländischer Vsunternehmungen **§ 106 II Ziff. 3 VAG.** Die Vorschrift geht davon aus, daß der ausländische Ver einer Konzession durch den Bundeswirtschaftsminister bedarf:

> „Die Erlaubnis darf nur erteilt werden, wenn
>
> . . .
>
> 3. die Unternehmung sich verpflichtet, im Bunde eine Niederlassung zu unterhalten und dafür einen Hauptbevollmächtigten zu bestellen, der im Bunde wohnt. Dieser gilt als ermächtigt, die Unternehmung zu vertreten, besonders die Versicherungsverträge mit Versicherungsnehmern im Inland und über inländische Grundstücke verbindlich abzuschließen, auch alle Ladungen und Verfügungen für die Unternehmung zu empfangen."

Schreitet man von den speziellen zu allgemeineren Normen voran, so sind aus dem **Handelsgesetzbuch** die Vorschriften über die Handlungsvollmacht anzuführen (die seltenen Ausnahmefälle, in denen Vsvertretern Prokura erteilt wird, können außer Acht gelassen werden). Da § 56 HGB nur Personen betrifft, die in einem Laden oder offenen Warenlager angestellt sind, kommen lediglich die §§ 54, 55, 57, 58 HGB in Betracht:

§ 54

> Ist jemand ohne Erteilung der Prokura zum Betrieb eines Handelsgewerbes oder zur Vornahme einer bestimmten zu einem Handelsgewerbe gehörigen Art von Geschäften oder zur Vornahme einzelner zu einem Handelsgewerbe gehöriger Ge-

schäfte ermächtigt, so erstreckt sich die Vollmacht (Handlungsvollmacht) auf alle Geschäfte und Rechtshandlungen, die der Betrieb eines derartigen Handelsgewerbes oder die Vornahme derartiger Geschäfte gewöhnlich mit sich bringt. Zur Veräußerung oder Belastung von Grundstücken, zur Eingehung von Wechselverbindlichkeiten, zur Aufnahme von Darlehen und zur Prozeßführung ist der Handlungsbevollmächtigte nur ermächtigt, wenn ihm eine solche Befugnis besonders erteilt ist.
Sonstige Beschränkungen der Handlungsvollmacht braucht ein Dritter nur dann gegen sich gelten zu lassen, wenn er sie kannte oder kennen mußte.

§ 55

(1) Die Vorschriften des § 54 finden auch Anwendung auf Handlungsbevollmächtigte, die Handelsvertreter sind oder die als Handlungsgehilfen damit betraut sind, außerhalb des Betriebes des Prinzipals Geschäfte in dessen Namen abzuschließen.

(2) Die ihnen erteilte Vollmacht zum Abschluß von Geschäften bevollmächtigt sie nicht, abgeschlossene Verträge zu ändern, insbesondere Zahlungsfristen zu gewähren.

(3) Zur Annahme von Zahlungen sind sie nur berechtigt, wenn sie dazu bevollmächtigt sind.

(4) Sie gelten als ermächtigt, die Anzeige von Mängeln einer Ware, die Erklärung, daß eine Ware zur Verfügung gestellt werde, sowie ähnliche Erklärungen, durch die ein Dritter seine Rechte aus mangelhafter Leistung geltend macht oder sie vorbehält, entgegenzunehmen; sie können die dem Unternehmer (Prinzipal) zustehenden Rechte auf Sicherung des Beweises geltend machen.

§ 57

Der Handlungsbevollmächtigte hat sich bei der Zeichnung jedes eine Prokura andeutenden Zusatzes zu enthalten; er hat mit einem das Vollmachtsverhältnis ausdrückenden Zusatze zu zeichnen.

§ 58

Der Handlungsbevollmächtigte kann ohne Zustimmung des Inhabers des Handelsgeschäfts seine Handlungsvollmacht auf einen anderen nicht übertragen.

Diese Bestimmungen werden ergänzt und modifiziert durch §§ 75g, 75h HGB für Handlungsgehilfen, §§ 91, 91a HGB für Handelsvertreter:

§ 75g

§ 55 Abs. 4 gilt auch für einen Handlungsgehilfen, der damit betraut ist, außerhalb des Betriebes des Prinzipals für diesen Geschäfte zu vermitteln. Eine Beschränkung dieser Rechte braucht ein Dritter gegen sich nur gelten zu lassen, wenn er sie kannte oder kennen mußte.

§ 75h

(1) Hat ein Handlungsgehilfe, der nur mit der Vermittlung von Geschäften außerhalb des Betriebes des Prinzipals betraut ist, ein Geschäft im Namen des Prinzipals abgeschlossen, und war dem Dritten der Mangel der Vertretungsmacht nicht bekannt, so gilt das Geschäft als von dem Prinzipal genehmigt, wenn dieser dem Dritten gegenüber nicht unverzüglich das Geschäft ablehnt, nachdem er von dem Handlungsgehilfen oder dem Dritten über Abschluß und wesentlichen Inhalt benachrichtigt worden ist.
(2) Das gleiche gilt, wenn ein Handlungsgehilfe, der mit dem Abschluß von Geschäften betraut ist, ein Geschäft im Namen des Prinzipals abgeschlossen hat, zu dessen Abschluß er nicht bevollmächtigt ist.

§ 91

(1) § 55 gilt auch für einen Handelsvertreter, der zum Abschluß von Geschäften von einem Unternehmer bevollmächtigt ist, der nicht Kaufmann ist.

(2) Ein Handelsvertreter gilt, auch wenn ihm keine Vollmacht zum Abschluß von Geschäften erteilt ist, als ermächtigt, die Anzeige von Mängeln einer Ware, die Erklärung, daß eine Ware zur Verfügung gestellt werde, sowie ähnliche Erklä-

rungen, durch die ein Dritter seine Rechte aus mangelhafter Leistung geltend macht oder sich vorbehält, entgegenzunehmen; er kann die dem Unternehmer zustehenden Rechte auf Sicherung des Beweises geltend machen. Eine Beschränkung dieser Rechte braucht ein Dritter gegen sich nur gelten zu lassen, wenn er sie kannte oder kennen mußte.

§ 91 a

(1) Hat ein Handelsvertreter, der nur mit der Vermittlung von Geschäften betraut ist, ein Geschäft im Namen des Unternehmers abgeschlossen, und war dem Dritten der Mangel an Vertretungsmacht nicht bekannt, so gilt das Geschäft als von dem Unternehmer genehmigt, wenn dieser nicht unverzüglich, nachdem er von dem Handelsvertreter oder dem Dritten über Abschluß und wesentlichen Inhalt benachrichtigt worden ist, dem Dritten gegenüber das Geschäft ablehnt.

(2) Das gleiche gilt, wenn ein Handelsvertreter, der mit dem Abschluß von Geschäften betraut ist, ein Geschäft im Namen des Unternehmers abgeschlossen hat, zu dessen Abschluß er nicht bevollmächtigt ist.

Es wird zu prüfen sein, inwieweit die handelsrechtlichen Vorschriften betreffend die Handlungsvollmacht durch die §§ 43—48 sowie § 106 II Ziff. 3 VAG berührt sind (Anm. 24, 25 zu § 43, Anm. 17, 18 zu § 45, Anm. 4 zu § 47).

Allgemeinen Charakter tragen die bürgerlichrechtlichen Normen im Fünften Titel („Vertretung, Vollmacht") des Dritten Abschnitts („Rechtsgeschäfte") des Allgemeinen Teils. Die **§§ 164—181 BGB** lauten:

§ 164

Eine Willenserklärung, die jemand innerhalb der ihm zustehenden Vertretungsmacht im Namen des Vertretenen abgibt, wirkt unmittelbar für und gegen den Vertretenen. Es macht keinen Unterschied, ob die Erklärung ausdrücklich im Namen des Vertretenen erfolgt oder ob die Umstände ergeben, daß sie in dessen Namen erfolgen soll.

Tritt der Wille, in fremdem Namen zu handeln, nicht erkennbar hervor, so kommt der Mangel des Willens, im eigenen Namen zu handeln, nicht in Betracht.

Die Vorschriften des Abs. 1 finden entsprechende Anwendung, wenn eine gegenüber einem anderen abzugebende Willenserklärung dessen Vertreter gegenüber erfolgt.

§ 165

Die Wirksamkeit einer von oder gegenüber einem Vertreter abgegebenen Willenserklärung wird nicht dadurch beeinträchtigt, daß der Vertreter in der Geschäftsfähigkeit beschränkt ist.

§ 166

Soweit die rechtlichen Folgen einer Willenserklärung durch Willensmängel oder durch die Kenntnis oder das Kennenmüssen gewisser Umstände beeinflußt werden, kommt nicht die Person des Vertretenen, sondern die des Vertreters in Betracht.

Hat im Falle einer durch Rechtsgeschäft erteilten Vertretungsmacht (Vollmacht) der Vertreter nach bestimmten Weisungen des Vollmachtgebers gehandelt, so kann sich dieser in Ansehung solcher Umstände, die er selbst kannte, nicht auf die Unkenntnis des Vertreters berufen. Dasselbe gilt von Umständen, die der Vollmachtgeber kennen mußte, sofern das Kennenmüssen der Kenntnis gleichsteht.

§ 167

Die Erteilung der Vollmacht erfolgt durch Erklärung gegenüber dem zu Bevollmächtigenden oder dem Dritten, dem gegenüber die Vertretung stattfinden soll.

Die Erklärung bedarf nicht der Form, welche für das Rechtsgeschäft bestimmt ist, auf das sich die Vollmacht bezieht.

§ 168

Das Erlöschen der Vollmacht bestimmt sich nach dem ihrer Erteilung zugrunde liegenden Rechtsverhältnisse. Die Vollmacht ist auch bei dem Fortbestehen des Rechtsverhältnisses widerruflich, sofern sich nicht aus diesem ein anderes ergibt. Auf die Erklärung des Widerrufs findet die Vorschrift des § 167 Abs. 1 entsprechende Anwendung.

§ 169

Soweit nach den §§ 674, 729 die erloschene Vollmacht eines Beauftragten oder eines geschäftsführenden Gesellschafters als fortbestehend gilt, wirkt sie nicht zugunsten eines Dritten, der bei der Vornahme eines Rechtsgeschäfts das Erlöschen kennt oder kennen muß.

§ 170

Wird die Vollmacht durch Erklärung gegenüber einem Dritten erteilt, so bleibt sie diesem gegenüber in Kraft, bis ihm das Erlöschen von dem Vollmachtgeber angezeigt wird.

§ 171

Hat jemand durch besondere Mitteilung an einen Dritten oder durch öffentliche Bekanntmachung kundgegeben, daß er einen anderen bevollmächtigt habe, so ist dieser auf Grund der Kundgebung im ersteren Falle dem Dritten gegenüber, im letzteren Falle jedem Dritten gegenüber zur Vertretung befugt.
Die Vertretungsmacht bleibt bestehen, bis die Kundgebung in derselben Weise, wie sie erfolgt ist, widerrufen wird.

§ 172

Der besonderen Mitteilung einer Bevollmächtigung durch den Vollmachtgeber steht es gleich, wenn dieser dem Vertreter eine Vollmachtsurkunde ausgehändigt hat und der Vertreter sie dem Dritten vorlegt.
Die Vertretungsmacht bleibt bestehen, bis die Vollmachtsurkunde dem Vollmachtgeber zurückgegeben oder für kraftlos erklärt wird.

§ 173

Die Vorschriften des § 170, des § 171 Abs. 2 und des § 172 Abs. 2 finden keine Anwendung, wenn der Dritte das Erlöschen der Vertretungsmacht bei der Vornahme des Rechtsgeschäfts kennt oder kennen muß.

§ 174

Ein einseitiges Rechtsgeschäft, das ein Bevollmächtigter einem anderen gegenüber vornimmt, ist unwirksam, wenn der Bevollmächtigte eine Vollmachtsurkunde nicht vorlegt und der andere das Rechtsgeschäft aus diesem Grunde unverzüglich zurückweist. Die Zurückweisung ist ausgeschlossen, wenn der Vollmachtgeber den anderen von der Bevollmächtigung in Kenntnis gesetzt hatte.

§ 175

Nach dem Erlöschen der Vollmacht hat der Bevollmächtigte die Vollmachtsurkunde dem Vollmachtgeber zurückzugeben; ein Zurückbehaltungsrecht steht ihm nicht zu.

§ 176

Der Vollmachtgeber kann die Vollmachtsurkunde durch eine öffentliche Bekanntmachung für kraftlos erklären; die Kraftloserklärung muß nach den für die öffentliche Zustellung einer Ladung geltenden Vorschriften der Zivilprozeßordnung veröffentlicht werden. Mit dem Ablauf eines Monats nach der letzten Einrückung in die öffentlichen Blätter wird die Kraftloserklärung wirksam.
Zuständig für die Bewilligung der Veröffentlichung ist sowohl das Amtsgericht, in dessen Bezirke der Vollmachtgeber seinen allgemeinen Gerichtsstand hat, als das Amtsgericht, welches für die Klage auf Rückgabe der Urkunde, abgesehen von dem Werte des Streitgegenstandes, zuständig sein würde.
Die Kraftloserklärung ist unwirksam, wenn der Vollmachtgeber die Vollmacht nicht widerrufen kann.

§ 177

Schließt jemand ohne Vertretungsmacht im Namen eines anderen einen Vertrag, so hängt die Wirksamkeit des Vertrags für und gegen den Vertretenen von dessen Genehmigung ab.
Fordert der andere Teil den Vertretenen zur Erklärung über die Genehmigung auf, so kann die Erklärung nur ihm gegenüber erfolgen; eine vor der Aufforderung dem Vertreter gegenüber erklärte Genehmigung oder Verweigerung der Genehmi-

gung wird unwirksam. Die Genehmigung kann nur bis zum Ablaufe von zwei Wochen nach dem Empfange der Aufforderung erklärt werden; wird sie nicht erklärt, so gilt sie als verweigert.

§ 178

Bis zur Genehmigung des Vertrags ist der andere Teil zum Widerrufe berechtigt, es sei denn, daß er den Mangel der Vertretungsmacht bei dem Abschlusse des Vertrags gekannt hat. Der Widerruf kann auch dem Vertreter gegenüber erklärt werden.

§ 179

Wer als Vertreter einen Vertrag geschlossen hat, ist, sofern er nicht seine Vertretungsmacht nachweist, dem anderen Teile nach dessen Wahl zur Erfüllung oder zum Schadensersatze verpflichtet, wenn der Vertretene die Genehmigung des Vertrags verweigert.

Hat der Vertreter den Mangel der Vertretungsmacht nicht gekannt, so ist er nur zum Ersatze desjenigen Schadens verpflichtet, welchen der andere Teil dadurch erleidet, daß er auf die Vertretungsmacht vertraut, jedoch nicht über den Betrag des Interesses hinaus, welches der andere Teil an der Wirksamkeit des Vertrags hat.

Der Vertreter haftet nicht, wenn der andere Teil den Mangel der Vertretungsmacht kannte oder kennen mußte. Der Vertreter haftet auch dann nicht, wenn er in der Geschäftsfähigkeit beschränkt war, es sei denn, daß er mit Zustimmung seines gesetzlichen Vertreters gehandelt hat.

§ 180

Bei einem einseitigen Rechtsgeschäft ist Vertretung ohne Vertretungsmacht unzulässig. Hat jedoch derjenige, welchem gegenüber ein solches Rechtsgeschäft vorzunehmen war, die von dem Vertreter behauptete Vertretungsmacht bei der Vornahme des Rechtsgeschäfts nicht beanstandet oder ist er damit einverstanden gewesen, daß der Vertreter ohne Vertretungsmacht handele, so finden die Vorschriften über Verträge entsprechende Anwendung. Das gleiche gilt, wenn ein einseitiges Rechtsgeschäft gegenüber einem Vertreter ohne Vertretungsmacht mit dessen Einverständnisse vorgenommen wird.

§ 181

Ein Vertreter kann, soweit nicht ein anderes ihm gestattet ist, im Namen des Vertretenen mit sich im eigenen Namen oder als Vertreter eines Dritten ein Rechtsgeschäft nicht vornehmen, es sei denn, daß das Rechtsgeschäft ausschließlich in der Erfüllung einer Verbindlichkeit besteht.

Es wird zu untersuchen sein, inwieweit die §§ 164—181 BGB durch die spezielleren Vorschriften über die Rechtsstellung von Vsagenten und Handlungsbevollmächtigten berührt sind (Anm. 26, zu § 43, Anm. 19 zu § 45).

[506] b) Rechtsprechung.

Eine schöpferische ständige Judikatur der höchsten deutschen Gerichte, welcher die Instanzgerichte gefolgt sind, hat besonders zwei Rechtsgrundsätze entwickelt, die das Außenverhältnis der Vsagenten berühren, nämlich die Rechtsscheinshaftung und die Annahme, daß bei arglistiger Täuschung seitens eines Vsvertreters letzterer nicht als Dritter anzusehen sei. Über die Ständigkeit dieser Rechtsprechung und ihre schöpferische Bedeutung zur Rechtsscheinshaftung: Anm. 33 zu § 45, zur arglistigen Täuschung: Anm. 3 zu § 22, Anm. 16—18 zu § 44.

Eine Sammlung von Rechtssätzen aus obergerichtlichen Entscheidungen bietet Neumann, Der Vsagent in der Rechtsprechung, (Berlin) 1937.

[507] c) Gewohnheitsrecht.

Jene Rechtsprechung, welche aus der Vertrauensstellung der Vsagenten ableitet, daß ein das Vsverhältnis betreffendes Verhalten des Vsagenten dem Verhalten des Vers in gewissem Umfange gleichsteht, hat sich kraft ständiger Praxis eine so allgemeine Anerkennung verschafft, daß man von der Geltung eines Gewohnheitsrechtssatzes sprechen kann. Näheres Anm. 56 zu § 44.

[508] d) Handelsbrauch.

Für das Außenverhältnis sind in der Beziehung zu Kaufleuten (§ 346 HGB) auch Handelsbräuche bedeutungsvoll, in der Beziehung zu Nichtkaufleuten Verkehrssitten (vgl. §§ 157, 242 BGB). Von den bei Kersting, Das Recht der deutschen V, Berlin 1938, S. 621—643 wiedergegebenen Handelsbräuchen beziehen sich einige auch auf die Vertretungsmacht, den Rechtsschein und andere Probleme des Außenverhältnisses, vgl. z. B. Nr. 16 (S. 625—626) über die Bedeutung einer Ernennung zum Bezirksdirektor, Nr. 62, 66, 68 (S. 638—640) über die Inkassovollmacht von Agenten ausländischer Ver. Zuweilen ist das Nichtbestehen eines bestimmten Handelsbrauches festgestellt worden, z. B. in Nr. 11 (S. 624) über die Vertretungsmacht des Kommissars einer Feuersozietät.

[509] e) Rechtsgeschäfte.

Die Vollmacht ist ein Rechtsgeschäft, auch Rechtsgeschäfte über die Wissenszurechnung oder den Gerichtsstand kommen vor. Sobald solche Rechtsgeschäfte eine typische, standardisierte Form annehmen, nähern sie sich dogmatisch den Quellen des objektiven Rechts.

Verwiesen sei z. B. auf Ziff. 2 **Hauptpunkte eines Vertrages für hauptberufliche Vsvertreter** (Anm. 138), wo die Vertretungsmacht eines Vermittlungsagenten im Anschluß an § 43 positiv und negativ umschrieben ist.

Für **Hamburg** sind die sogen. **Handelskammervollmachten** wichtig, beruhend auf einer Bekanntmachung der Handelskammer vom 2. XI. 1900, abgeändert 7. VIII. 1923 und 12. V. 1926 (Fundstellen bei Zinkeisen, Hamburgisches Börsen-Handbuch, 11. Aufl., Hamburg 1950, S. 470—471):

Bekanntmachung der Handelskammer,
betr. Hinterlegung von Vollmachten hiesiger Bevollmächtigter
auswärtiger Versicherungsgesellschaften.

Nachdem durch die Einführung des neuen Handelsgesetzbuches seit 1. Januar 1900 die früher hierselbst geübte Eintragung der Vollmachten hiesiger Bevollmächtigter auswärtiger Gesellschaften in das Handelsregister für die Folgezeit rechtlich unzulässig geworden ist, hat die Handelskammer zwecks Ausfüllung der hierdurch für die Beteiligten der Versicherungsbranche entstandenen Lücke, ohne damit jedoch irgendeine Verantwortlichkeit auf sich nehmen zu wollen, die folgenden Bestimmungen getroffen, welche hiermit zur öffentlichen Kenntnis gebracht werden.

1. Die Vollmachten hiesiger Bevollmächtigter deutscher und ausländischer Versicherungsgesellschaften können unter den folgenden Voraussetzungen bei der Handelskammer hinterlegt werden:
   a) Die Vollmacht muß notariell beglaubigt sein und im Original eingereicht werden. In außerdeutschen Ländern ausgestellte Vollmachten müssen außerdem durch den zuständigen deutschen Konsul beglaubigt sein, sofern nicht durch Verträge mit den betreffenden Staaten eine andere Form der Beglaubigung anerkannt ist.
   b) Der Inhalt der Vollmacht muß im wesentlichen dem anliegenden Schema entsprechen, insbesondere muß derselbe klar und übersichtlich sein und darf keine weiteren Einschränkungen und Verklausulierungen der Vertretungsbefugnis enthalten, als die Beschränkung auf bestimmte Versicherungsbranchen.
2. Die Handelskammer trägt die Namen der Vollmachtgeber und der Bevollmächtigten in ein Register ein, welches ebenso wie die hinterlegten Schriftstücke auf der Kanzlei der Handelskammer zur öffentlichen Einsicht ausliegt.
3. In gleicher Weise wird auch bei Abänderungen hinterlegter Vollmachten verfahren, sofern sie nicht gegen die Bestimmungen unter 1 b verstoßen.
4. Bei Aufhebung einer hinterlegten Vollmacht werden die betr. Eintragungen im Register gelöscht und die hinterlegten Urkunden zurückgegeben, sofern bezüglich der Aufhebungserklärung die unter 1 a aufgeführten Vorschriften entsprechend angewendet sind.
   Die Aufhebung oder Änderung der Vollmacht ist der Handelskammer in Hamburg unverzüglich anzuzeigen. Sie wird Dritten gegenüber erst rechtswirksam, wenn sie im Register der Handelskammer vermerkt ist und der Vollmachtgeber die Veröffentlichung entweder durch Aushang im Börsenkontor des Vereins Hamburger Assekuradeure oder durch Bekanntmachung in drei Hamburger Tageszeitungen veranlaßt hat.
5. Die Handelskammer wird zu Beginn jeden Monats ein Verzeichnis der im vergangenen Monat vorgenommenen Eintragungen und Löschungen in ihren „Mitteilungen" veröffentlichen.

6. Für jede der vorstehend erwähnten Eintragungen und Abänderungen ist an die Handelskammer eine Gebühr von DM 10,— zu entrichten. Für die Löschung einer Vollmacht wird eine Gebühr nicht erhoben.

Vollmacht.

Die .... in .... bevollmächtigt hiermit die Firma ...., d. h. diejenige Person oder Personen, welche als Inhaber, Vorstand, Geschäftsführer oder Prokuristen dieser Firma jeweils zu zeichnen berechtigt sind, Versicherungen der folgenden Art: .... und Rückversicherungen für sie zu übernehmen und abzuschließen, hierüber Policen auszustellen und auszuliefern, Prämien einzukassieren und darüber zu quittieren, Schäden zu erledigen, Prozesse zu führen, Prozeßbevollmächtigte zu bestellen, Eide zuzuschieben und anzunehmen, Vergleiche zu schließen, Handlungsbevollmächtigten der bevollmächtigten Firma Unter-Vollmacht zu erteilen, überhaupt in jeder Beziehung die Interessen der .... gerichtlich und außergerichtlich wahrzunehmen und zu vertreten.

Das benutzte Policenformular wird als unanfechtbares Kriterium dafür anerkannt, um welche Versicherungskategorie es sich handelt.

Alles was der Bevollmächtigte hiernach im Namen des Vollmachtgebers vornehmen wird, soll so angesehen werden, als ob der Vollmachtgeber selbst gehandelt hätte.

Der Vollmachtgeber verpflichtet sich, in der Person des Bevollmächtigten für alle aus dessen Tätigkeit entstehenden Beziehungen vor den hamburgischen Gerichten Recht zu nehmen, sowie im Falle des Erlöschens dieser Vollmacht entweder in der Person eines neuen Bevollmächtigten ununterbrochen weiter in Hamburg Recht zu nehmen, oder bei gleichzeitiger Aufhebung der Vertretung in Hamburg dortselbst zur endgültigen Abwicklung aller schwebenden Angelegenheiten einen Liquidator zu bestellen und alsdann in dessen Person in Hamburg Recht zu nehmen.

Die Vollmacht ist in Gemäßheit der dafür erlassenen Bestimmungen bei der Handelskammer in Hamburg zu hinterlegen.

Die Aufhebung oder Änderung dieser Vollmacht ist der Handelskammer in Hamburg unverzüglich anzuzeigen. Sie wird Dritten gegenüber erst rechtswirksam, wenn sie im Register der Handelskammer vermerkt ist und der Vollmachtgeber die Veröffentlichung entweder durch Aushang im Börsenkontor des Vereins Hamburger Assekuradeure oder durch Bekanntmachung in drei Hamburger Tageszeitungen veranlaßt hat.

..............., den ....

In **Bremen** gibt es eine ähnliche Institution, nämlich beim Verein Bremer Seever zu hinterlegende Vollmachten. Es heißt in § 3 Satzung des Vereins Bremer Seever (abgedruckt: Jahrbuch 1957 des Deutschen Transport-Vs-Verbandes 1948 e.V., Hamburg 1957, S. 37—38:

„Auswärtige Mitglieder müssen einen Bremer Bevollmächtigten (Agenten) ernennen und diesem eine schriftliche Vollmacht erteilen, deren Wortlaut von dem Vorstand bestimmt wird und die beim Verein zu hinterlegen ist. Falls die Vollmacht des Vertreters erlischt, ist dem Verein Mitteilung zu machen und unverzüglich ein neuer Vertreter zu ernennen. Bis zur Ernennung eines neuen Bevollmächtigten gilt die Vollmacht des bisherigen Vertreters als fortbestehend.

Die Ernennung mehrerer Vertreter unter Ausstellung der vorgeschriebenen Vollmacht ist zulässig, jedoch können in einem solchen Falle die Mitgliedschaftsrechte nur durch einen, besonders namhaft zu machenden Vertreter ausgeübt werden.

Kein Mitglied darf sich durch einen Agenten vertreten lassen, der zugleich andere, dem Verein nicht zugehörige Gesellschaften im Geschäftszweige der Transportv vertritt.

Als Vertreter können nur Personen bestellt werden, die eine ausreichende fachliche Kenntnis des Vsgeschäfts besitzen. Sie bedürfen der Genehmigung des Vorstandes.

Der Vorstand ist berechtigt, nach Anhörung der Mitgliederversammlung die Abberufung des bisherigen und die Ernennung eines anderen Vertreters zu verlangen, wenn ein wichtiger Grund vorliegt und für die Abberufung mindestens zwei Drittel der Anwesenden stimmen.

Der vom Vorstand des Vereins Bremer Seever bestimmte Wortlaut der Vollmacht lautet:

Vollmacht.

Die ...., in Nachstehendem kurz „Gesellschaft" genannt, bevollmächtigt hiermit die Firma

....,

in ....,

in Nachstehendem kurz „der Bevollmächtigte" genannt, Transport-Versicherungen aller Art, in direkter Versicherung und in Rückversicherung, für sie zu übernehmen und abzuschließen, hierüber Policen auszustellen und auszuliefern, Prämien einzukassieren und darüber zu quittieren, Schäden zu regulieren,

Prozesse zu führen, Vergleiche zu schließen, Prozeß- und andere Bevollmächtigte zu bestellen und solche Bestellungen wieder aufzuheben, überhaupt in jeder Beziehung die Interessen der Gesellschaft gerichtlich und außergerichtlich wahrzunehmen und zu vertreten.

Alles was der Bevollmächtigte hiernach im Namen der Gesellschaft vornehmen wird, soll so angesehen werden, als ob die Gesellschaft selbst gehandelt hätte.

Die Gesellschaft verpflichtet sich, in der Person ihres Bevollmächtigten für alle aus seiner Tätigkeit als Bevollmächtigter entstehenden Beziehungen vor den bremischen Gerichten Recht zu nehmen, sowie auch im Falle des Erlöschens dieser Vollmacht entweder in der Person eines neuen Bevollmächtigten ununterbrochen weiter in Bremen Recht zu nehmen oder, bei gleichzeitiger Aufhebung der Vertretung in Bremen, dortselbst zur endgültigen Abwicklung aller schwebenden Angelegenheiten einen Liquidator zu bestellen und alsdann in dessen Person in Bremen Recht zu nehmen.

Diese Vollmacht ist in Gemäßheit des dafür vom Verein Bremer Seeversicherer ergangenen Beschlusses bei demselben zu hinterlegen. Die Gesellschaft verpflichtet sich, etwaige Abänderungen oder die Aufhebung dieser Vollmacht unverzüglich dem Verein Bremer Seeversicherer zur Anzeige zu bringen.

........................., den ....

[510] 4. Internationalprivat- und Auslandsrecht.

Die für das Außenverhältnis, insbesondere die Vertretungsmacht maßgebenden Grundsätze des deutschen und ausländischen internationalen Privatrechts sind verwickelt. Für Fragen des Bestehens und des Umfanges einer Vollmacht sind nach herrschender Meinung die Normen des Gebrauchsortes, des sogen. Wirkungslandes maßgebend, weil die Belange des Dritten besonders schutzwürdig sind; es kommt also bei Handels- und Vsvertretern auf den Ort der Niederlassung an, von der aus sie tätig werden: „Who goes to Rome must do as those at Rome do" (Näheres bei von Caemmerer RabelsZ 24 [1959] S. 201—221 m.w.N., speziell S. 202, 205—207, vgl. ferner die Materialien S. 326—341; vgl. auch die auf Handelsvertreter bezüglichen Entscheidungen RG 5. XII. 1896 RGZ Bd 38 S. 194—196, 3. IV. 1902 RGZ Bd 51 S. 147—153, 14. I. 1910 JW 1910 S. 181—182 = SeuffArch. Bd 66 S. 146—147 Nr. 73, 14. VI. 1923 Recht 1923 Nr. 1222, 23. III. 1929 LZ 1929 Sp. 1268—1270 = SeuffArch. Bd 83 S. 245—246 Nr. 153, 14. X. 1931 RGZ Bd 134 S. 67—72, BGH 13. VII. 1954 NJW 1954 S. 1561, KG 30. V. 1932 IPRRspr. 1932 S. 52—55 Nr. 25.

Zum Auslandsrecht vgl. für Frankreich Deschamps, L'Agent Général d'Assurances, Paris (1958), Guichard, De la Qualité Juridique des Agents d'Assurances, Paris 1934, für die Schweiz Dubois, Die rechtliche Stellung des Vsagenten insbesondere nach dem schweiz. VVG, Bern 1922, Dupont-Cadosch, Les pouvoirs de représentation de l'agent d'assurance en droit suisse, Lausanne (1932), Meyer, Die Stellung des Generalagenten und Unteragenten der Vsgesellschaft im schweizerischen Recht, Bern 1947.

§ 43

Ein Versicherungsagent gilt, auch wenn er nur mit der Vermittelung von Versicherungsgeschäften betraut ist, als bevollmächtigt, in dem Versicherungszweige, für den er bestellt ist:

1. **Anträge auf Schließung, Verlängerung oder Änderung eines Versicherungsvertrags sowie den Widerruf solcher Anträge entgegenzunehmen;**
2. **die Anzeigen, welche während der Versicherung zu machen sind, sowie Kündigungs- und Rücktrittserklärungen oder sonstige das Versicherungsverhältnis betreffende Erklärungen von dem Versicherungsnehmer entgegenzunehmen;**
3. **die von dem Versicherer ausgefertigten Versicherungsscheine oder Verlängerungsscheine auszuhändigen;**
4. **Prämien nebst Zinsen und Kosten anzunehmen, sofern er sich im Besitz einer vom Versicherer unterzeichneten Prämienrechnung befindet; zur Unterzeichnung genügt eine Nachbildung der eigenhändigen Unterschrift.**

Vertretungsmacht des Vermittlungsagenten.

Boteneigenschaft.

Gliederung:

[1] Entstehung:

§ 43 ist unverändert geblieben, wenn man absieht von einer Neufassung des § 43 Ziff. 4 letzter Halbsatz durch die VO vom 19. XII. 1939. — Begr. I S. 52—55, Begr. III S. 11.

[2] Schrifttum:

Bender, Die Haftung des Vers für seine Vermittlungsagenten, Kölner Diss. 1938, Bischoff, Die rechtliche Stellung der Vsagenten und ihre Vollmacht, Leipziger Diss. 1911, Bremkamp, Die rechtliche Stellung der Agenten einer privaten Vsgesellschaft, Kölner Diss. 1925, Dönhoff, Der Unteragent im Warenhandel und in der Vsvermittlung, ungedruckte Hamburger Diss. 1947, Gerbracht, Die rechtliche Stellung des Vsagenten, Würzburger Diss. 1910, Klingemann, Die rechtliche Stellung des Vermittlungsagenten einer Vsgesellschaft, insbesondere seine Vollmacht, Gießener Diss. 1909, Kramer, Die Verantwortlichkeit des Vers für Handlungen und Unterlassungen seiner Agenten bei Vertragsschluß, Göttinger Diss. 1938, Krüger, Die Vertretungsmacht des Vermittelungsagenten einer privaten Vsgesellschaft, Borna-Leipzig 1915, Lengnick, Die Vertretungsmacht des Vsagenten, Leipziger Diss. 1930, Merz, Der Vs-Agent, Würzburger Diss. 1910, Mies, Die Haftung des Vers für seine Agenten, Kölner Diss. 1938, Neubau, Vollmacht und Rechtsschein beim Vsvertreter, ungedruckte Hamburger Diss. 1942, Pest, Die Tätigkeit des Vermittlungsagenten im Privatvswesen beim Vertragsschluß und ihre Auswirkungen auf die Rechtsbeziehungen zwischen Ver und Vmer, Kölner Diss. 1939, Piper, Die rechtliche Stellung des Vs-Agenten, Heidelberger Diss. 1910, Röpke, Moderne Entwicklungslinien im Rechte des Privatvsagenten, Berlin (1928), Schardt, Die rechtliche Stellung des Vs-Agenten, Erlanger Diss. 1912, Schübeler, Die Verantwortlichkeit der privaten Vsgesellschaften für ihre Agenten gegenüber den Vmern und Anspruchsberechtigten im Vsverkehr, Leipziger Diss. 1917, Schweighäuser, Die Rechtsstellung der Agenten und Generalagenten im Vsgewerbe, Berlin o. J., Vogel, Die Rechtsstellung der Vsagenten, Greifswalder Diss. 1918, Volmer, Die Vertretungsmacht des Vsagenten und die Verantwortlichkeit der Vsgesellschaften für Handlungen und Erklärungen ihrer Agenten gegenüber Dritten, Erlanger Diss. 1937, vgl. ferner Anm. 501 vor §§ 43—48.

[3] I. Vertretungsmacht des Vermittlungsagenten.

1. Rechtsnatur der Vertretungsmacht.

Unter den Problemen des Außenverhältnisses, also der Rechtsbeziehungen zu Vskandidaten und Vmern, ist am bedeutsamsten die Frage, ob der Vsagent den Ver vertreten kann (Anm. 502, 503 vor §§ 43—48). Stellvertreter ist ein Vsagent. falls er eine Willenserklärung, deren Wirkungen unmittelbar den Ver treffen, für den Ver abgibt oder empfängt. Die Vswirtschaft benötigt solche Helfer in besonders starkem Umfang: Die Geschäftspartner kommen selten ihrerseits spontan zum Ver, müssen vielmehr durch eine möglichst große „Außenorganisation" angesprochen werden, wenn eine bedeutende Gefahrengemeinschaft akquiriert werden soll. Damit die Kunden möglichst bald gebunden werden, müssen die Vsagenten Stellvertreter sein.

Die Vertretungsmacht von Vsagenten beruht dem Grunde, der ersten Entstehung nach nie unmittelbar auf gesetzlichen Vorschriften. Deshalb sind die Vsagenten keine gesetzlichen Vertreter. Vielmehr beruht ihre Vertretungsmacht auf Rechtsgeschäft, auf Bevollmächtigung, sie ist Vollmacht. § 43 spricht davon, daß der Vsagent „betraut ist", „bestellt ist" (§ 45 benutzt ausdrücklich den Ausdruck „bevollmächtigt").

Die Bevollmächtigung ist eine einseitige empfangsbedürftige Willenserklärung und zu unterscheiden vom Vsvertreter- oder Anstellungsvertrage, der das Innenverhältnis regelt und stets der Mitwirkung des Vsvertreters bedarf. Auch wenn im letztgenannten Vertrage zugleich die Bevollmächtigung erfolgt (wie z.B. in Ziff. 2 Hauptpunkte eines Vertrages für hauptberufliche Vsvertreter [Anm. 138 vor §§ 43—48]), so sind doch logisch der (zweiseitige) Vertragsabschluß und die (einseitige) Vollmachtserteilung zu unterscheiden. Die Vollmacht wird nach richtiger Meinung sogar als abstrakt angesehen, ist daher von der Gültigkeit des Vertrages, auf dem sie beruht, nicht abhängig (dazu Enneccerus-Nipperdey I 2[14] S. 798—799, Soergel-Siebert-Schultze-v. Lasaulx Anm. 17 vor § 164, S. 598). Ist also der Vsvertretervertrag mit einem Minderjährigen wegen mangelnder Zustimmung des gesetzlichen Vertreters unwirksam, so ist doch die Vollmachtserteilung gültig (vgl. Anm. 10).

Ist die Vollmacht gültig erteilt, ist also ein Vsagent mindestens mit der Vermittlung von Vsgeschäften betraut, so gibt § 43 dieser Vollmacht einen bestimmten typischen, standardisierten Inhalt. Die Vertretungsmacht wird also in ihrem Umfang gesetzlich umrissen. Dennoch darf man nicht von gesetzlicher Vertretungsmacht sprechen, da die Initialzündung immer durch eine Willenserklärung erfolgt, nämlich die Betrauung. Richtig sagt § 43, der Vsagent gelte in einem gewissen Umfang „als bevollmächtigt". Dem Grunde nach liegt stets eine Vollmacht vor, dem Umfange nach wird diese Vollmacht vom Gesetz normiert, ihr Umfang wird gesetzlich fixiert (vermutet oder gar fingiert) — im Interesse der Klarheit und des Verkehrsschutzes, nicht nur des Schutzes der Vmer (vgl. § 43 Ziff. 2, wonach der Vsagent Erklärungen vom Vmer entgegennehmen kann), sondern auch der Ver (vgl. § 43 Ziff. 1, wonach der Vskandidat gebunden ist, sobald er dem Vsagenten einen Antrag übergeben hat).

Zu der Konstruktion als Vollmacht wie hier Ehrenzweig S. 44 („gesetzliche Vermutungsvollmacht"), S. 46 („gesetzliche Vollmachten"), Hagen I S. 549 („gesetzliche Vollmacht des Agenten"), Merz a. a. O. S. 86 („gesetzlich umgrenzten Vollmachtskreis"). Unrichtig Röpke a. a. O. S. 52—53 („gesetzliche Vertretungsmacht"). Irreführend Bender a. a. O. S. 9 („kraft Gesetzes zuerkannte Vertretungsmacht"). Widerspruchsvoll Pest a. a. O. S. 18—19 (einerseits „kraft Gesetzes .... bevollmächtigt", andererseits „gesetzliche Vertretungsmacht"). — Bruck S. 143 und Volmer a. a. O. S. 18 sprechen von einer gesetzlichen Vermutung, von Gierke II S. 120 von gesetzlicher Ermächtigung.

Erklärt der Ver den Willen, eine Person zum Vermittlungsagenten zu machen, oder bevollmächtigt er diese Person zur Entgegennahme von Anträgen, so füllt das Gesetz die Vollmacht bis zum Standardmaß des § 43 auf. Wenn die Vollmachtserklärung sich — wie häufig — mit dem Wortlaut des § 43 deckt oder auf ihn Bezug nimmt, so ist für eine Auffüllung kein Raum, da rechtsgeschäftlicher und gesetzlicher Umfang der Vollmacht sich decken. Aber der Ver kann auch ein größeres als das Standardmaß zuteilen, z. B. den Vsagenten zum Inkasso (über § 43 Ziff. 4 hinaus) bevollmächtigen oder ihn zum Abschlußagenten machen (wodurch dann eine zweite Standardisierungsnorm, nämlich § 45 eingreift). Andererseits kann dem Ver das Standardmaß des § 43 allzu inhaltsreich sein, für diesen Fall eröffnet § 47 die Möglichkeit einer Beschränkung der Vertretungsmacht. Somit greift § 43 beileibe nicht immer ein, vielmehr nur in Ermangelung eines Rechtsgeschäfts, das die Vollmacht entweder in Übereinstimmung mit § 43 selbst regelt oder über § 43 inhaltlich hinausgeht oder den Vollmachtsumfang beschränkt. Diese Anpassungsfähigkeit der gesetzlichen Regelung wollen Bruck S. 143, Ehrenzweig S. 44 und Volmer a. a. O. S. 18 zum Ausdruck bringen, wenn sie den Ausdruck Vermutung und Vermutungsvollmacht benutzen.

[4] 2. Erteilung der Vollmacht.

a) Erklärender.

aa) Versicherer als Erklärender.

aaa) Private Versicherungsunternehmen.

Jenes einseitige Rechtsgeschäft, wonach die vom Vsagenten in fremdem Namen, also namens des Vers, abzugebenden oder zu empfangenden Willenserklärungen unmittelbar für oder gegen den Ver wirken sollen, kann vom Ver selbst ausgehen, also seinen Organen, Prokuristen oder Handlungsbevollmächtigten, speziell in der Organisationsabteilung. Bei Vskonzernen oder Organisationsgemeinschaften werden Vsvertreter oft von mehreren Vern betraut, aber derart, daß der verhandelnde Ver dabei die anderen Ver mit vertritt (vgl. Anm. 417 vor §§ 43—48).

Ausländische Vsunternehmen haben gemäß § 106 II Ziff. 3 VAG (Anm. 505 vor §§ 43—48) einen Hauptbevollmächtigten zu bestellen, der in der Bundesrepublik wohnt. Auch für diesen gilt § 43, darüber hinaus ist der Hauptbevollmächtigte auch Abschlußagent, überhaupt ist seine Vertretungsmacht eine sehr umfassende (Anm. 17 zu

§ 45). Die Vorschrift des § 106 II Ziff. 3 VAG gilt aber nur, wenn das ausländische Vsunternehmen (lediglich oder auch) aufsichtspflichtige Vszweige betreibt. Nach der Verwaltungsübung macht die Aufsichtsbehörde die Bestellung der Hauptbevollmächtigten im Bundesanzeiger und in den Veröffentlichungen des BAA bekannt, es ist aber nicht richtig, daß erst mit der Bekanntmachung die Vollmacht wirksam erteilt sei (so Prölß VAG² Anm. 3 zu § 108, S. 636), vielmehr muß im Interesse des Publikums § 167 I BGB gelten. Der Hauptbevollmächtigte kann als solcher angesichts des numerus clausus der eintragungsfähigen Tatsachen nicht in das Handelsregister eingetragen werden (Bruck LZ 1911 Sp. 183—185, Rotkies VA 1953 S. 204, widerspruchsvoll Prölß VAG² Anm. 5 zu § 106, S. 632 einerseits, Anm. 3 zu § 108, S. 636 andererseits). Über die Legitimation des Hauptbevollmächtigten durch eine aufsichtsbehördliche Urkunde: VA 1912 S. 134 bis 135, AG Hamburg 3. XI. 1911 VA 1912 S. 197—200. Über den künftigen Abbau der Beschränkungen des freien Niederlassungsrechtes im Rahmen der Europäischen Wirtschaftsgemeinschaft vgl. Art. 52—58 EWG-Vertrag (dazu Schmidt Deutsche Vszeitschrift 1960 S. 33—34).

[5] **bbb) Öffentlichrechtliche Versicherungseinrichtungen.**

§§ 43—48 gelten gemäß § 192 I, II grundsätzlich nicht für Vsagenten öffentlichrechtlicher Vseinrichtungen, auch nicht bei Wettbewerbsanstalten. Begr. I S. 182 erklärt es für das Motiv der Regelung, „der Mitwirkung der öffentlichen Beamten bei dem Abschlusse und der Vermittelung der Ven nicht hindernd entgegenzutreten". Dieser Gesichtspunkt überzeugt besonders bei Wettbewerbseinrichtungen nicht, zumal diese sich auch nichtbeamteter Vsagenten bedienen und die Vskandidaten ebenso schutzwürdig sind wie bei privaten Vsunternehmen.

Nach geltendem Recht bestimmt sich bei öffentlichrechtlichen Vseinrichtungen der Vollmachtsumfang der Vsagenten allein nach der Bevollmächtigungserklärung (Enneccerus-Nipperdey I 2¹⁴ S. 800, Soergel-Siebert-Schultze-von Lasaulx Anm. 25 zu § 167, S. 623; vgl. allerdings auch §§ 91 I HGB und Anm. 173 vor §§ 43—48). Jedoch ist für einzelne Vseinrichtungen die entsprechende Anwendung der §§ 43—48 ganz oder teilweise vorgeschrieben, z.B. in § 9 Ziff. 2 Satzung der Westfälischen Provinzial-Feuersozietät (abgedruckt bei Schmidt-Sievers, Das Recht der öffentlichrechtlichen Sachv, Hamburg 1951, S. 392): „Auf die Kommissare und Geschäftsführer finden die §§ 43 Nr. 1—3, 44, 46 und 47 . . . . entsprechende Anwendung". Vgl. auch Vollmer, Die Rechtsstellung der Bürgermeister als Geschäftsführer der Provinzial-Feuer-Vsanstalten in der Rheinprovinz und in Westfalen, Kölner Diss. 1933. Zuweilen hat das Landesrecht die Frage der Vertretungsmacht selbständig, also unabhängig von den §§ 43—48 geregelt, verwiesen sei auf § 11 Satzung der Schleswig-Holsteinischen Landesbrandkasse (abgedruckt bei Schmidt-Sievers a. a. O. S. 403—404):

„1. Die Bezirkskommissare sind berechtigt:

a) Erklärungen über die Annahme von Versicherungen abzugeben, unbeschadet des dem Generaldirektor zustehenden Rechts, solche Versicherungen, zu deren Annahme die Anstalt nicht verpflichtet ist, nachträglich abzulehnen,
b) die Anzeigen, welche während der Versicherung zu machen sind, sowie Kündigungs- und Rücktrittserklärungen oder sonstige, das Versicherungsverhältnis betreffende Erklärungen von dem Versicherungsnehmer entgegenzunehmen,
c) die von der Landesbrandkasse ausgefertigten Versicherungsscheine oder Nachträge zu Versicherungsscheinen auszuhändigen und Bescheinigungen über die Höhe der Versicherungssummen auszustellen,
d) die Beiträge und Kosten anzunehmen und dafür Empfangsbescheinigungen auszustellen, sofern die Erhebung der Beiträge nicht anderen Hebestellen übertragen ist. . . .

2. Ihnen liegt es ob, die rechtzeitige Abschätzung der Gebäude, deren Versicherung beantragt ist, zu veranlassen . . . ., die Anstalt bei der Feststellung der Brandschäden zu vertreten, wenn der Generaldirektor nicht einen anderen Beamten mit der Vertretung der Anstalt beauftragt oder selbst die Vertretung der Anstalt übernimmt, die Brandentschädigung auszuzahlen, soweit sie dazu vom Generaldirektor ermächtigt werden und alle Versicherungen zu überwachen.

3. Der Generaldirektor ist befugt, mit Genehmigung des Verwaltungsrats einzelne Bezirkskommissare zur Ausfertigung von Versicherungsscheinen zu ermächtigen. Eine solche Ermächtigung ist im Amtsblatt der Regierung durch Aushang im Amtszimmer des Bezirkskommissars und in ortsüblicher Weise bekannt zu machen.

4. Die Bezirkskommissare haben Sicherheit zu stellen, wenn ihnen die Erhebung der Beiträge übertragen wird."

Bemerkenswert ist es, daß das Schrifttum entgegen § 192 I, II teilweise die §§ 43—48 (analog?) anwenden will (vgl. von Gierke II S. 100, 115 unter irriger Berufung auf RG 2. IV. 1935 RGZ Bd 147 S. 186—190, einen Fall, in welchem der Agent nicht für die Provinzial-Feuersozietät der Rheinprovinz, sondern für eine Aktiengesellschaft tätig war).

De lege ferenda ist auch bei Agenten öffentlichrechtlicher Wettbewerbsanstalten die Anwendbarkeit der §§ 43—48 erwünscht (Kersting AkademieZ 1941 S. 219, Möller Vsvermittlung S. 42, Rohrbeck-Durst-Bronisch S. 22).

[6] bb) Generalagent als Erklärender.

Bei großen, dichten Organisationen kann nicht die zentrale Organisationsabteilung sämtliche Vsagenten selbst betrauen, es bedarf vielmehr der Einschaltung von Zwischenpersonen. Außerhalb des Vswesens gilt allerdings der Grundsatz, daß es einem Bevollmächtigten im Zweifel nicht gestattet sei, eine Unterbevollmächtigung vorzunehmen (Enneccerus-Nipperdey I 2^{14} S. 801, RG 17. II. 1912 JW 1912 S. 526—527). Aber in der Vswirtschaft ist die Zustimmung des Vers (i. S. des § 58 HGB) immer dann anzunehmen, wenn ein Vsagent als Generalagent betraut wird (allerdings nicht ausdrücklich als bloßer Titulargeneralagent: Anm. 17, 174, 196 vor §§ 43—48) oder wenn er sonst mit Organisationsaufgaben betraut ist (Anm. 224 vor §§ 43—48). Die Vswirtschaft erfordert starke Dezentralisation durch Erteilung von Vermittlungsuntervollmachten (über Abschlußuntervollmachten Anm. 4 zu § 45). Ein Hauptbevollmächtigter kann gemäß § 106 II Ziff. 3 VAG (Anm. 505 vor §§ 43—48) alle Arten von Untervollmachten erteilen.

Von der Untervollmacht ist die Ersatzvollmacht zu unterscheiden, bei welcher an die Stelle des Bevollmächtigten vollständig ein Ersatzmann tritt. Solche Substitution ist auch einem Generalagenten verwehrt (Anm. 346 vor §§ 43—48). Erfolgt eine Unterbevollmächtigung, so sind verschiedene Fälle auseinanderzuhalten.

[7] aaa) Unechte Generalagenten.

Unechte Generalagenten, zu denen insbesondere die unselbständigen Verwaltungsgeneralagenten zu zählen sind (Anm. 438 vor §§ 43—48), schließen die Vertreterverträge mit Unteragenten nicht im eigenen Namen, sondern im Namen des Vers ab (Anm. 17, 174 vor §§ 43—48). Das gilt auch für die Bevollmächtigung. Deshalb liegt es nahe, daß der sog. Unteragent auch als Bevollmächtigter unmittelbar (einstufig) den Ver vertreten soll.

Enneccerus-Nipperdey I 2^{14} S. 801—802 sagen zu diesem Fall: „Der von dem Bevollmächtigten (B) bestellte Unterbevollmächtigte (C) soll unmittelbar im Namen des Geschäftsherrn (A) handeln. Dann wirkt das Geschäft, wenn es der Vollmacht und der Untervollmacht entspricht, lediglich für und gegen A. Mangelt es an der Vollmacht oder der Untervollmacht, so kann (bei Verträgen) im ersten Falle A, im zweiten Falle A oder B genehmigen. Kann C die Vollmacht oder Untervollmacht nicht beweisen, so trifft die Haftung aus § 179" BGB „lediglich ihn, nicht den B, da nur er als Vertreter des A den Vertrag geschlossen hat. Er hat aber, wenn es an der Vollmacht des B mangelte, gegen diesen einen Ersatzanspruch".

[8] bbb) Echte Generalagenten.

Schließt ein Generalagent den Vertretervertrag mit Untervertretern im eigenen Namen ab, so ist es hinsichtlich der Untervollmacht zweifelhaft, ob der Untervertreter unmittelbar im Namen des Vers handeln soll oder — komplizierter — als Vertreter des Generalagenten, der seinerseits Vertreter des Vers ist (über die parallele Problematik für das Innenverhältnis Anm. 174, 184 vor §§ 43—48). Regelmäßig wird der Generalagent den Wunsch haben, daß sein Name auf den Polizen erscheint, der Kunde als sein Kunde erkennbar wird. Solche zweistufige Vertretung nimmt auch Dönhoff a.a.O. S. 44—48 an, a. A. Fülster, Die rechtliche Natur der Untervollmacht, Gießen 1928, S. 83, 101, von Tuhr II 2 S. 334 Anm. 4, 411—412, undeutlich OLG Hamburg 2. I. 1925 HansRZ 1925 Sp. 157—162. Soergel-Siebert-Schultze-von Lasaulx Anm. 36 zu § 167, S. 625—626 sprechen von einer „Auslegungsfrage".

Enneccerus-Nipperdey I 2^{14} S. 802 legen für den Fall zweistufiger Vertretung dar: „C soll in Vertretung des B im Namen des A handeln, also Vertreter des Vertreters sein, z.B. der Assessor C soll als Vertreter des Rechtsanwalts B, des Generalbevollmächtigten des A, im Namen des A einen Kaufvertrag schließen. Dann wirkt das Geschäft, wenn es der Vollmacht und Untervollmacht entspricht, gleichfalls nur für und gegen A. Kann C seine Untervollmacht nicht beweisen, so haftet er nach § 179; fehlt es aber nicht an dieser, sondern an der Vollmacht, so haftet aus § 179 der B. Mangelt es an der Untervollmacht, so kann sowohl A als auch B wirksam genehmigen. Mangelt es an der Vollmacht, so kann A genehmigen, die Genehmigung des B (die übrigens nur Sinn hat, wenn es auch an der Untervollmacht mangelt) hat hier nur die Wirkung, daß B aus § 179 haftet; dem A gegenüber bleibt das Geschäft unwirksam".

[9] b) Empfänger.

aa) Interne und externe Vollmacht.

Nach § 167 I BGB erfolgt die Erteilung der Vollmacht entweder durch Erklärung gegenüber dem zu Bevollmächtigenden (interne Vollmacht) oder durch Erklärung gegenüber dem Dritten, dem gegenüber die Vertretung stattfinden soll (externe Vollmacht), z.B. durch Benennung eines Vsagenten durch Stempelaufdruck auf einem Vsschein. Daneben läßt § 171 I BGB ersehen, daß (externe) Bevollmächtigung auch durch öffentliche Bekanntmachung an einen unbestimmten Personenkreis erfolgen kann (Enneccerus-Nipperdey I 2^{14} S. 793 Anm. 5, 794—795). In diesem Sinne ist die Vollmachtserteilung eine empfangsbedürftige Willenserklärung. Von der Art der Erteilung hängt auch das Erlöschen ab (vgl. §§ 170, 171 II, 173 BGB).

Der konstitutive Akt der Vollmachtserteilung ist zu unterscheiden von der Kundgabe einer (vorher erfolgten) Bevollmächtigung und der Aushändigung einer Vollmachtsurkunde. Solche Kundgabe und Aushändigung können einen Rechtsschein erzeugen, der wirksam wird und bleibt, auch wenn in Wahrheit die Vollmachtserteilung nicht erfolgt ist (Enneccerus-Nipperdey I 2^{14} S. 795—796 m. w. N.) oder wenn die Vollmacht erloschen ist (§§ 171—173 BGB und dazu Anm. 43). Generell über Rechtsscheinshaftung Anm. 27—44 zu § 45.

In der Vswirtschaft ist eine Erteilung und Kundgabe von Vollmachten durch öffentliche Bekanntmachung nicht selten, erwähnt sei das Verzeichnis der Eintragungen und Löschungen von hamburgischen Handelskammervollmachten, das allmonatlich veröffentlicht wird (vgl. Anm. 509 vor §§ 43—48). Der Aushändigung einer Vollmachtsurkunde ist bei Hauptbevollmächtigten diejenige einer Bestellungsurkunde durch die Aufsichtsbehörde gleichzustellen (vgl. Anm. 4).

[10] bb) Minderjährige und mehrere Bevollmächtigte.

Ist der Vsagent in der Geschäftsfähigkeit beschränkt, so berührt das weder die Wirksamkeit der Bevollmächtigung noch jene der von oder gegenüber einem solchen Bevollmächtigten abgegebenen Willenserklärung. Der Agenturvertrag des Minderjährigen ist zwar bei mangelnder Zustimmung des gesetzlichen Vertreters unwirksam (Anm. 151 vor §§ 43—48), aber infolge ihrer abstrakten Natur (Anm. 3) ist die Vollmachtserteilung, welche dem Minderjährigen nur rechtlichen Vorteil bringt, gültig (§§ 131 II, 165 BGB; Enneccerus-Nipperdey I 2^{14} S. 798—799).

Auch eine juristische Person, z.B. eine Generalagentur in der Rechtsform einer Gesellschaft mit beschränkter Haftung, kann bevollmächtigt werden, sie macht von der Vollmacht durch ihre Organe und Bevollmächtigten Gebrauch. Auch eine offene

Handelsgesellschaft kann als solche bevollmächtigt werden; dann ist im Zweifel jeder Gesellschafter zur Vertretung ermächtigt (§ 125 I HGB). Wird eine Mehrzahl von Personen bevollmächtigt, so ist zu untersuchen, ob Einzel- oder Gesamtvollmacht gewollt ist; jedoch ist zur Entgegennahme von Willenserklärungen auch ein Gesamtvertreter allein befugt (analog § 125 II 3 HGB).

[11] cc) Ständigkeit der Betrauung.

Es gehört zum Begriff und Wesen des Vsagenten, daß er ständig betraut ist mit Aufgaben der Vsvermittlung i. w. S. (Anm. 13, 128 vor §§ 43—48). Die §§ 43—48 sind nicht anwendbar auf Personen, bei denen die ständige Betrauung fehlt, die also nicht auf Grund eines Dauerschuldverhältnisses tätig werden, sondern in einem oder mehreren oder vielen isolierten Einzelfällen, womöglich gewerbsmäßig. Deshalb kann ein Vsmakler den Ver nicht gemäß § 43 vertreten usw., er ist ja überdies primär Bundesgenosse des Vmers (Anm. 13 vor §§ 43—48). Aber auch andere nicht ständig betraute Personen unterfallen nicht den §§ 43—48, mögen sie auch allein oder doch primär die Belange des Vers wahrnehmen. Die starke Belastung, welche sich für den Ver aus den §§ 43—48 ergibt, läßt sich rechtspolitisch nur rechtfertigen bei Hilfspersonen, die der Ver auf Grund eines Dauerschuldverhältnisses als seine Vertrauensleute unmittelbar oder mittelbar heranzieht. Mit Recht fordern für den Begriff des Vsagenten solche ständige Betrauung Begr. I S. 52, 53, Bruck S. 135, Hagen I S. 547.

Demgegenüber wollen Ehrenzweig S. 42, von Gierke II S. 113, 118, Prölß[12] Anm. 1 zu § 43, S. 186—187 die §§ 43—48 auch auf „Gelegenheitsvermittler" anwenden. Der Ausdruck ist vieldeutig. Bezeichnet man nicht ständig Betraute, also Personen des Maklertyps, als Gelegenheitsvermittler, so gilt das soeben Gesagte. Versteht man darunter Personen, die nur Gelegenheiten nachweisen, keine Vermittlung i. e. S. vornehmen, so finden §§ 43—48 aus den in Anm. 15 angeführten Gründen keine Anwendung. Wenn man aber einen Gelegenheitsagenten nur deshalb so bezeichnet, weil er trotz ständiger Betrauung dem Ver nur gelegentlich Vmer zuführt, vielleicht weil er Mehrfachagent oder nur nebenberuflich tätig ist, so bestehen gegen die Anwendbarkeit der §§ 43—48 keine Bedenken. Um solchen Fall scheint es sich bei der Kraftfahrzeughändlerfirma in LG Düsseldorf 21. II. 1952 VersR 1953 S. 132 gehandelt zu haben, „wenn sie nur gelegentlich und nebenberuflich" Kraftfahrtven gebracht hat. Im übrigen kann bei nicht ständig Betrauten möglicherweise eine Rechtsscheinshaftung des Vers das Publikum schützen (Anm. 28 zu § 45).

[12] dd) Selbständige und Unselbständige.

Es ist eine grundlegende Frage, ob die Vorschriften der §§ 43—48 mit der Rechtsfolge einer Standardisierung der Vertretungsmacht nur bei selbständigen oder auch bei unselbständigen Vsagenten Anwendung finden.

Zur Begründung der engeren Auffassung könnte der gesetzliche Ausdruck Vsagent herangezogen werden, der früher dem des Handlungsagenten (§ 84 I HGB a. F.) entsprach und heute mit dem des Vsvertreters (§ 92 I HGB) identifiziert werden könnte. Begr. I S. 52 sagt zu § 43: „Der Begriff des Vsagenten braucht von dem Gesetze nicht besonders erläutert zu werden; schon aus der Feststellung, die der umfassendere Begriff des Handlungsagenten im § 84 des Handelsgesetzbuchs erfahren hat, ergibt sich, daß die Eigenschaft des Vsagenten demjenigen zukommt, welcher, ohne im Geschäftsbetrieb des Vers als Gehilfe angestellt zu sein, ständig damit betraut ist, für den Ver Vsverträge zu vermitteln oder in dessen Namen abzuschließen".

Aber in Begr. I S. 53 wird anschließend bereits gesagt: „Soweit der Ver Personen, die in seinem Geschäftsbetrieb als Gehilfen angestellt sind, also nicht zu den Agenten im Rechtssinne gehören, in derselben Weise wie Agenten verwendet, werden auf sie die Vorschriften des Entwurfs über die Agenten zur entsprechenden Anwendung gebracht werden müssen". Aber es ist sogar eine unmittelbare, nicht nur eine analoge Anwendung des Gesetzes geboten. Der Verkehr hat auch Unselbständige immer schon als Vsagenten, später auch als Vsvertreter bezeichnet. Im Außenverhältnis, speziell hinsichtlich der

Vertretungsmacht, läßt sich keine verschiedenartige Behandlung Selbständiger und Unselbständiger rechtfertigen. Die Grenze zwischen beiden ist äußerst flüssig, oft umstritten, sie wird im Handelsrecht nicht selten anders gezogen als z.B. im Steuerrecht (zu allem Anm. 154—171, 432—434 vor §§ 43—48). Der Vskandidat und Vmer darf in seiner Rechtsstellung nicht durch solche Zweifel beeinträchtigt werden. Für ihn ist das Innenverhältnis gleichgültig, nicht ersichtlich und unkontrollierbar. Deshalb müssen §§ 43—48 auch bei Unselbständigen angewendet werden, speziell auch dann, wenn ein Vsangestellter des Innendienstes sich in der Freizeit werbend betätigt.

Wie hier aus dem **Schrifttum:** Bruck S. 136, Ehrenzweig S. 42, Gerhard-Hagen Anm. 4 zu § 43, S. 191—192, von Gierke II S. 113—114, Haymann JRPV 1935 S. 257—258, Möller Vsvermittlung S. 26—27 m. w. N., S. 37, Prölß[12] Anm. 1 zu § 43, S. 187, Rohrbeck-Durst-Bronisch S. 128, Trinkhaus I S. 40, **a. A.** Fromm S. 182, referierend Anonym VW 1949 S. 345.

Wie hier aus der **Rechtsprechung:** RG 19. I. 1915 RGZ Bd 86 S. 129—134 (Vsinspektor, Angestellter), OLG Bremen 16. XII. 1949 VersR 1950 S. 19 (mit Anm. Prölß), stark eingeschränkt KG 11. I. 1951 VersR 1951 S. 131, **a. A.** RG 27. XI. 1934 JRPV 1935 S. 12 = ÖffrechtlV 1935 S. 18, LG Bremen 3. IX. 1949 VW 1949 S. 454 (mit Anm. Bronisch).

[13] ee) General- und Unteragenten.

Für die Anwendbarkeit der §§ 43—48 ist es auch gleichgültig, ob der Vsagent (echter oder unechter) Generalagent oder Unteragent ist, letzterenfalls ob eine einstufige oder zweistufige Betrauung vorliegt (Anm. 7—8). Auch jeder Unteragent vertritt letztlich den Ver und die Vertretungsmacht geht auf dessen Willen zurück. Bei unechten Unteragenten ist die Rechtslage deshalb zweifelsfrei, weil auch der Agenturvertrag hier nicht mit dem Generalagenten, sondern mit dem Ver zustandekommt (Anm. 174 vor §§ 43—48). Für das Publikum ist es wiederum gleichgültig, wieviele Stufen zwischen dem Ver und jenem Vermittler liegen, der mit ihm in Kontakt kommt. Dabei ist es übrigens nicht selten so, daß nicht nur zwei, sondern noch zahlreichere Stufen, also Unteragenturverhältnisse aneinandergereiht sind.

Die §§ 43—48 werden bei Untervertretungsverhältnissen für anwendbar erklärt im Schrifttum von Dönhoff a. a. O. S. 49, Möller Vsvermittlung S. 38, Neubau a. a. O. S. 35, Volmer a. a. O. S. 11 (a. A. Hagen I S. 547), aus der Rechtsprechung vgl. für das vorgesetzliche Recht BOHG 2. V. 1871 BOHGE Bd 2 S. 242—247, RG 3. VII. 1883 RGZ Bd 9 S. 198, 30. III. 1900 RGZ Bd 46 S. 185, 22. IX. 1903 VA 1904 S. 60—61 Nr. 39, für das geltende Recht RG 19. V. 1922 RGZ Bd 104 S. 346 (Angestellte des Generalagenten), RG 2. X. 1925 RGZ Bd III S. 313—316 (Sohn und Vertreter des Generalagenten), OLG Schleswig 31. V. 1958 VersR 1960 S. 592 (Ehemann der Vsagentin).

[14] ff) Unerheblichkeit sonstiger Unterscheidungen.

So wie es gleichgültig ist, ob ein Vsagent selbständig oder unselbständig (Anm. 12), General- oder Unteragent (Anm. 13) ist, so ist es für die Anwendbarkeit der §§ 43—48 auch irrelevant, ob der Vsagent als Einfirmen- oder Mehrfachvertreter arbeitet, haupt- oder nebenberuflich tätig ist (unrichtig für einen Schalterbeamten der Reichsbahn OLG Stuttgart 2. IV. 1949 VW 1949 S. 282, richtig für Kraftfahrzeughändler Bruck 7. Aufl. S. 171). Bei Selbständigen kommt es auf die Kaufmannseigenschaft nicht an, auch können juristische Personen und Personenvereinigungen Vsagenten sein (vgl. z.B. RG 22. IX. 1933 RGZ Bd 141 S. 411, 419, KG 7. XI. 1923 VA 1923 Anh. S. 99 Nr. 1357, Prölß[12] Anm. 1 zu § 43, S. 187). Die Art der Vergütung, welche der Vsagent bezieht, beeinflußt gleichfalls seine Vertretungsmacht nicht.

Die gleichartige Behandlung sämtlicher Vsagenten gilt nicht nur im engeren Anwendungsbereich der §§ 43—48, sondern auch z.B. für Fälle der Arglistanfechtung durch den Vmer (Anm. 16 zu § 44), der culpa in contrahendo (Anm. 30—34 zu § 44) und des Gewohnheitsrechtssatzes, der von der Vertrauensstellung des Vsagenten ausgeht (Anm. 63 zu § 44).

[15] c) Erklärung.

aa) Betrauung mit Versicherungsvermittlung.

An die vollmachtsbegründende einseitige Willenserklärung, die der Ver oder Generalagent abgibt, sind inhaltlich keine hohen Anforderungen zu stellen. §§ 43—48 greifen schon ein, wenn jemand „nur mit der Vermittlung von Vsgeschäften betraut ist". Sofern also ein ständig betrauter Vsvermittler (kein bloßer Vsmakler) werbend (also z. B. nicht nur mit Inkasso, Schadensregulierung oder Stornoverhütung beauftragt) an Vskandidaten für einen Ver oder Generalagenten in dessen Namen herantreten soll, ist er Vsagent i. S. der §§ 43—48, so daß ihm die dort geregelte standardisierte Vertretungsmacht zukommt.

Anwendbar sind §§ 43—48 — außer bei Vermittlungs- und Abschlußvertretern — auch bei Außendienstinspektoren (Anm. 9, 192, 300 vor §§ 43—48), selbst wenn sie nicht allein, sondern zusammen mit einem Vsvertreter zu dessen Unterstützung zu einem Vskandidaten gehen.

Unanwendbar sind §§ 43—48 — außer bei Vsmaklern (Anm. 11), reinen Inkassanten, Schadensbeamten und Stornobekämpfern — nur bei solchen Zivilagenten, die nur Gelegenheiten zum Vertragsabschluß nachzuweisen haben, ohne dabei auf den Willen des Vskandidaten selbst einzuwirken (vgl. Anm. 11). Ein Spezialfall des Gelegenheitsnachweises ist der Nachweis von Anschriften solcher Personen, die ein Interesse am Abschluß von Ven haben könnten. Zum Begriff des Gelegenheitsnachweises vgl. Anm. 11, 16, 128, 422 vor §§ 43—48. Falls die Arbeit der Vermittlung i. w. S. eine so geringe Intensität aufweist, daß die Hilfsperson des Vers keinen Einfluß auf die Willensbildung und Motivation des Vskandidaten auszuüben versucht, besteht kein Raum und Bedürfnis für eine Stellvertretung, also für eine Anwendbarkeit der §§ 43—48.

Unanwendbar sind §§ 43—48 ferner bei Abonnentenwerbern, welche für eine Zeitschrift werben, die mit einer Zeitschriftenv verbunden ist. Dabei wird vorausgesetzt, daß der Abonnentenwerber in einem Vertragsverhältnis zu einem Verlag oder Zeitschriftenhändler steht und daß der Vsvertrag ein Vertrag zugunsten Dritter, z. B. eine Unfallfremdv zugunsten der Abonnenten (§ 179 II), ist. Hier tritt der Werber dem Abonnenten also nicht als betrauter Sachwalter des Vers gegenüber und der Abonnent ist nicht Vmer (ebenso Prölß[12] Anm. 1 zu § 43, S. 187, KG 25. II. 1931 VA 1932 S. 311 bis 312 Nr. 2491 = JRPV 1931 S. 223—224, OLG Stuttgart 30. I. 1934 VA 1934 S. 32 bis 33 Nr. 2686).

[16] bb) Arten der Betrauungserklärung.

Die Betrauung mit der Vsvermittlung muß durch eine Willenserklärung erfolgen. Es muß also eine Äußerung des Vers oder Generalagenten vorliegen, welche Vollzug eines Geschäftswillens ist, hier des Willens, die Rechtswirkung einer Bevollmächtigung herbeizuführen.

Dabei kann die Erklärungshandlung nicht nur in Worten oder mit anderen üblichen Erklärungsmitteln erfolgen (ausdrückliche Bevollmächtigung), sondern auch durch ein andersartiges Verhalten, das von einem Bevollmächtigungswillen getragen ist (stillschweigende Bevollmächtigung). — Ferner kann der Geschäftswille nicht nur in einer Handlung zum Ausdruck kommen, welche die Erklärung dieses Willens zum nächsten Zweck hat (direkte Willenserklärung), sondern auch erschlossen werden aus einem Verhalten, das primär einen anderen Zweck verfolgt (konkludentes, schlüssiges Verhalten). Lediglich die Prokura kann nur mittels ausdrücklicher (und damit zugleich direkter) Erklärung erteilt werden (§ 48 I HGB).

Stillschweigende und konkludente Bevollmächtigungen sind häufig, sie kommen als interne und externe (dazu Anm. 9) vor (von Tuhr II 2 S. 394 neigt dazu, hier durchweg interne Vollmachten anzunehmen). Es gehören hierher die Fälle, in denen jemand bewußt — mit Geschäftswillen — einem anderen die äußere Stellung eines Bevollmächtigten einräumt oder — wiederum mit Geschäftswillen — duldet, daß ein anderer fortgesetzt als sein Vertreter auftritt oder eine erteilte Vollmacht überschreitet (Duldungsvollmacht).

Es wird noch im einzelnen zu zeigen sein, wie die stillschweigende oder konkludente Bevollmächtigung, insbesondere die Duldungsvollmacht von der Scheinvollmacht, der Rechtsscheinshaftung des „Vertretenen" abzugrenzen ist. Die Abgrenzung bereitet in der Praxis, auch der höchsten Gerichte, erhebliche Schwierigkeiten. Nicht immer wird ausreichend geprüft, ob das Verhalten des Vers oder Generalagenten von dem Geschäftswillen getragen war, eine Vollmacht zu erteilen, also die betreffende Person zum Vermittlungsagenten (oder gar Abschluß- oder Inkassobevollmächtigten) zu machen. Oft will ein Vertretener nur (einmalig oder mehrfach) gemäß § 177 I BGB die Vertretung ohne Vertretungsmacht genehmigen, oft will jemand, der eine bestimmte äußere Stellung einräumt, z. B. einen Titel verleiht, damit keine Vollmacht erteilen. Neuerdings ist mit Recht betont worden, daß eine stillschweigende oder konkludente Bevollmächtigung nur in Betracht kommt, falls der Vertretene das Verhalten des Vertreters positiv kennt. Immer dann, wenn nur ein Kennenmüssen des „Vertretenen" in Frage steht, kann lediglich der rechtliche Gesichtspunkt des Rechtsscheines Anwendung finden, da es am Geschäftswillen des „Vertretenen" mangelt. Überhaupt dürfen in allen Fällen fehlender echter Willenserklärungen nicht die Grundsätze des Vertretungsrechtes angewendet werden, sondern es müssen die Prinzipien der Rechtsscheinshaftung zum Zuge kommen mit ihren abweichenden Voraussetzungen und Rechtsfolgen (z. B. Schutz nur gutgläubig Vertrauender, Regreß gegen den „Vertreter"). Genaueres zur Abgrenzungsfrage (mit Beispielen auch für stillschweigende oder konkludente Bevollmächtigung): Anm. 29—32 zu § 45.

[17] 3. Umfang der Vertretungsmacht.

a) Ausgangspunkt.

Ist ein Vsagent mit der Vermittlung i. e. S. willentlich betraut, so knüpft das Gesetz hieran eine Normalvertretungsmacht, die in den vier Ziffern des § 43 umschrieben worden ist, primär so, daß der Vsagent den Ver nur passiv — bei der Entgegennahme von Willens- und Wissenserklärungen — vertreten kann (Anm. 18—19), sekundär so, daß gewisse weitergehende aktive Befugnisse davon abhängen, ob der Ver dem Vsagenten gegenüber (über die Betrauung hinaus) vorgängig in jedem Einzelfall ein zusätzliches Tun beobachtet, nämlich durch Hingabe von ihm ausgefertigter Vsscheine oder von ihm unterzeichneter Prämienrechnungen an den Vsagenten (Anm. 20—21).

Die gesetzlich umrissene Normalvertretungsmacht hat jeder Vermittlungsagent, erst recht also auch jeder Abschlußagent (§ 43: „auch wenn er nur"; § 45: „auch befugt"), demzufolge auch jeder Hauptbevollmächtigte (Anm. 4).

Die gesetzlich standardisierte Vertretungsmacht des § 43 hat sachliche (Anm. 22) und örtliche (Anm. 23), auch zeitliche (Anm. 39—44) Grenzen.

Ergänzend sind die Normen anderer Gesetze (VAG: Anm. 24, HGB: Anm. 25, BGB: Anm. 26) heranzuziehen.

Die sich so insgesamt ergebende Vertretungsmacht des § 43 soll auch vom Negativen her klargestellt werden (Anm. 27). Überdies ist der gesetzliche Vertretungsumfang durch Rechtsgeschäft beschränkbar (Anm. 28), andererseits allerdings auch erweiterbar (Anm. 29—33).

[18] aa) § 43 Ziff. 1.

Die Vorschrift spricht nur von der **Entgegennahme** — Gegensatz: Abgabe — gewisser Willenserklärungen, nämlich von **Anträgen** bestimmten Inhalts und von **Widerrufen** solcher Anträge.

Anträge zielen auf Vertragsabschlüsse, also auf Annahme durch den Ver, ab, sie sind Willenserklärungen und stehen im Gegensatz zu solchen einseitigen Willenserklärungen, welche isoliert bereits Rechtsbedeutung haben, z. B. Rücktritts- und Kündigungserklärungen. Für solche einseitigen Willenserklärungen kann der Vsagent nur nach § 43 Ziff. 2 Empfangsbevollmächtigter sein.

§ 43 Ziff. 1 erwähnt zunächst Anträge (des Vskandidaten, also künftigen Vmers) auf Schließung eines Vsvertrages, nicht z. B. auf Schließung eines Darlehensvertrages oder eines Mietvertrages oder Büromöbelkaufvertrages (zum Inhalt des Antrages vgl.

auch Anm. 27, über die Bedeutung eines Prospektes vgl. OLG München 12. VII. 1905 VA 1906 S. 86—87 Nr. 235). Ist der Vsantrag dem Agenten zugegangen, so ist er dem Ver zugegangen. Entsprechendes gilt zweitens für Anträge (eines Vmers) auf Verlängerung eines Vsvertrages, wobei an vertragliche Verlängerungen (Anm. 10, 11 zu § 8), analog auch an Anschlußverträge (Anm. 12 zu § 8) zu denken ist, nicht an die Fälle der Verlängerungsklausel des § 8 oder der gesetzlichen Verlängerung (Anm. 13 zu § 8). An dritter Stelle sind Anträge des Vmers auf nachträgliche Änderung eines Vsvertrages zu nennen (Anm. 121 zu § 1), z.B. auf Stundung einer Prämie oder auf Änderung des räumlichen Geltungsbereiches einer Einbruchdiebstahlv (RG 13. III. 1923 VA 1923 Anh. S. 79—80 Nr. 1334). (RG 23. II. 1917 LZ 1917 Sp. 977 zählt hierher auch „Anträge" auf Erteilung einer Zustimmung zu einer Gefahrerhöhung, vgl. Anm. 24 zu § 23). Alle diese Anträge können auch stillschweigend und konkludent gestellt werden. Nicht genannt sind in § 43 Ziff. 1 Anträge auf Aufhebung eines Vsvertrages, die auf das Zustandekommen eines Aufhebungsvertrages (Anm. 40 zu § 8) abzielen. Aber hier läßt sich § 43 Ziff. 1 analog heranziehen, oder es kann auf § 43 Ziff. 2 zurückgegriffen werden (so OLG Hamburg 1. XII. 1950 VersR 1951 S. 53).

Anträge gehören zu den empfangsbedürftigen Willenserklärungen. Werden sie in Abwesenheit des Empfängers abgegeben, so werden sie mit dem Zugang wirksam, es sei denn, daß dem Empfänger „vorher oder gleichzeitig ein Widerruf zugeht" (§ 130 I 2 BGB). Auch für solchen Widerruf, der eine einseitige Willenserklärung ist, macht § 43 Ziff. 1 den Vsagenten empfangsbevollmächtigt, gleichgültig, ob der Antrag gleichfalls an den Vsagenten oder direkt an den Ver gesandt worden war (dazu AG Oelde 30. I. 1953 VersR 1953 S. 234). Daß der Widerruf bei Vertretung ohne Vertretungsmacht auch dem falsus procurator gegenüber erklärt werden könne, ergibt bereits § 178^2 BGB: Hat also ein Vermittlungsagent einen Vsvertrag abgeschlossen, so kann der Vmer bis zur Genehmigung des Vertrages durch den Ver dem Vermittlungsagenten den Widerruf des § 178^1 BGB erklären.

Der Anwendungsbereich des § 43 Ziff. 1 ist hiernach recht **begrenzt:** In Betracht kommt niemals eine aktive, sondern stets nur eine passive Vertretung. Diese bezieht sich nur auf bestimmte Willenserklärungen, nicht auf Wissenserklärungen, insbesondere nicht auf vorvertragliche Anzeigen, obgleich sie mit Anträgen auf Schließung eines Vsvertrages stets verbunden zu sein pflegen (jedoch ist hier § 43 Ziff. 2 anzuwenden: Anm. 19). Auch die in § 43 Ziff. 1 genannten Willenserklärungen sind eng umrissen, z.B. ist hier der beim Vertragsabschluß eine Rolle spielende Widerspruch gegen einen Vsschein (§ 5 I) nicht genannt (hinsichtlich dieser Willenserklärung [Anm. 14 zu § 5] ist wiederum § 43 Ziff. 2 anzuwenden: Anm. 19).

Die **Rechtsbedeutung** des § 43 Ziff. 1, also der Tatsache, daß ein dem Vsagenten zugegangener Antrag dem Ver zugegangen ist, liegt darin, daß der Vskandidat an seinen Antrag fortan gebunden ist (§ 145 BGB): Auch ein von einem Vermittlungsvertreter „hereingeholter" Antrag ist unwiderruflich (Beispiel: LG Dortmund 15. II. 1955 VersR 1955 S. 538), mag auch den Kunden sein Entschluß reuen, zu dem es vielleicht nur kraft der Beredsamkeit oder Hartnäckigkeit des Vsagenten gekommen ist. Aber andererseits ist der Vskandidat begünstigt dadurch, daß die Annahmefrist (Anm. 75 zu § 1) nunmehr zu laufen beginnt, nach § 81 II in der Feuerv sogar schon mit der Absendung des Antrages an den Vermittlungsagenten. Da ein bloßer Vermittlungsagent den Antrag nicht annehmen kann, gelten bei seiner Mitwirkung für die Annahmefrist die Grundsätze, welche für die einem Abwesenden gemachten Anträge maßgebend sind (vgl. § 147 II BGB). Der Ver kann keine Verlängerung der Annahmefrist mit der Begründung erreichen, daß der Vsagent es vergessen oder sogar schuldlos verabsäumt habe, den Antrag dem Ver weiterzuleiten. Bei Versäumung der Annahmefrist kann der Ver unter dem Gesichtspunkt der culpa in contrahendo haften (Anm. 90, 122 zu § 1, Anm. 38—40 zu § 44).

[19] bb) § 43 Ziff. 2.

Die Vorschrift spricht gleichfalls nur von (passiver) Entgegennahme — Gegensatz Abgabe —, aber empfangen werden können auch seitens eines bloßen Vermittlungsagenten namens des Vers sowohl Anzeigen, also Wissenserklärungen, als auch Willenserklärungen.

Die **Wissenserklärungen** spielen im Vsvertragsrecht eine besonders große Rolle, besonders bei den Obliegenheiten (Anm. 24 zu § 6). Das Gesetz erwähnt nur Anzeigen, aber gleichzustellen sind Auskünfte, z.B. nach § 34 I, die sich von den Anzeigen lediglich dadurch unterscheiden, daß sie nicht spontan, sondern nur auf Verlangen, auf Anfrage zu geben sind. Wenn der Ver die Anfrage gestellt hat, kann die Auskunft dem Vsagenten erteilt werden (vgl. Anm. 17 zu § 34), dagegen kann der Vermittlungsagent die Anfrage nicht als Vertreter des Vers stellen (vgl. Anm. 6 zu § 34).

Es soll sich nach dem Wortlaut des § 43 Ziff. 2 um Anzeigen handeln, „welche **während der Versicherung** zu machen sind", also während der formellen Dauer des Vsverhältnisses. Es ist gleichgültig, ob die Anzeige „offiziell" erfolgt oder „nur gesprächsweise zur Kenntnis des Agenten gebracht wird" (OLG Düsseldorf 5. VI. 1951 VersR 1951 S. 201). Ferner kommt es nicht darauf an, ob eine vsrechtliche Obliegenheit vorliegt (z.B. die Anzeige einer Gefahrerhöhung: KG 15. IX. 1949 VA Berlin 1949 Nr. 4 S. 9) oder nicht: Auch die Anzeige von einer Verpfändung der Vsforderung nach § 1280 BGB kann zu Händen des Vsagenten erfolgen, ferner die Anzeige von einer Abtretung, gleichgültig ob die Anzeige nur im Rahmen der §§ 407, 409 I 1, II BGB bedeutsam ist oder darüberhinaus als rechtsgeschäftlich vereinbarte Abtretungserschwerung (vgl. Anm. 35 zu § 15, auch § 13 III ALB neu). Bei den vsrechtlichen Obliegenheiten, welche Anzeigen oder Auskünfte zum Gegenstand haben, ist es unerheblich, ob sie vor dem Eintritt des Vsfalls zu erfüllen sind (z.B. nach §§ 10 I 1, 23 II, 27 II, 58 I, 71 I 1) oder nach dem Eintritt des Vsfalles (z. B. §§ 33 I, 34 I). Es kann vorkommen, daß noch Anzeigen zu machen sind, nachdem das Vsverhältnis materiell beendet ist und vollkommen abgewickelt scheint, man denke an sogen. Spätschäden in der Haftpflichtv. Hier ist in Wahrheit das Vsverhältnis formell noch nicht beendet, da noch nicht alle Vertragspflichten der Parteien erfüllt sind, und es greift § 43 Ziff. 2 ein (Prölß[12] Anm. 3 zu § 43, S. 188).

Umstritten ist die Behandlung der **vorvertraglichen Anzeigen,** da sie vor dem formellen Vsbeginn zu erstatten sind und § 43 Ziff. 2 von Anzeigen spricht, die „während der V" zu machen sind. Aber es wäre unerträglich, wollte man die Empfangsvollmacht des Vsagenten leugnen, der doch gerade bei den Vertragsverhandlungen primär in Erscheinung tritt und der den eigentlichen Vsantrag nach § 43 Ziff. 1 entgegenzunehmen vermag, den Vsantrag, der in der Praxis durchweg zugleich die Beantwortung des Fragebogens im Rahmen der vorvertraglichen Anzeigepflicht darstellt (Doppelbedeutung des Antragsscheines: Anm. 72 zu § 1, Anm. 38 zu § 16, Anm. 5 zu § 18). So muß man zu dem Ergebnis kommen, daß der zu eng geratene Wortlaut von § 43 Ziff. 2 auszuweiten ist, auch mit Rücksicht auf § 43 Ziff. 1 (vgl. schon Anm. 7 zu § 16, ferner Begr. I S. 54, Bruck S. 181, Ehrenzweig S. 86, Hagen I S. 549—550, Kersting VersPrax 1942 S. 62, Möller Vsvermittlung S. 131, Prölß[12] Anm. 3 zu § 43, S. 187, RG 2. IV. 1935 RGZ Bd 147 S. 188, 190 [nicht ganz deutlich], OLG Köln 16. V. 1922 VA 1923 Anh. S. 15 Nr. 1302, a. A. Kisch II S. 258—259).

Im einzelnen ergibt sich: Ist die vorvertragliche Anzeigepflicht dem Vsagenten gegenüber erstattet, so ist sie auch dem Ver gegenüber erfüllt. Auch mündliche Anzeigen oder solche, die nicht auf dem Antragsschein, sondern in einem Brief an den Vsagenten enthalten sind, können ausreichen (Anm. 13 zu § 16). Es kommt im Verhältnis zum Vmer nicht darauf an, ob der Vsagent die Anzeigen weiterleitet, womöglich verfälscht, vielleicht sogar eine Fälschung. Ebenso Prölß[12] Anm. 3 zu § 43, S. 187, KG 3. XII. 1927 JRPV 1928 S. 60—61. Unrichtig OLG Düsseldorf 7. XII. 1933 VA 1933 S. 397—398 Nr. 2623 = JRPV 1934 S. 153—154, wo der Vsagent als Bote angesehen und wo der Vsantrag nicht von den vorvertraglichen Anzeigen unterschieden wird. Wenn in der Überbringung des Vsscheines die Annahme des Antrages liegt und dabei der Vmer nachträglich von einem früheren Unfall berichtet, so wird die vorvertragliche Anzeigepflicht noch rechtzeitig erfüllt. Händigt dennoch der Vsagent den Vsschein ohne Vorbehalt aus, so kann der Ver sich nicht auf eine Verletzung der Obliegenheit des Vmers berufen (anders OLG Stuttgart 1. II. 1935 JRPV 1935 Zusatz S. 49—50). Über die Frage, ob das dem Vsagenten Bekannte als dem Ver bekannt zu behandeln, also gemäß § 16 III nicht anzeigepflichtig sei, vgl. Anm. 8—15 zu § 44. — Die normale Rechtslage kann aber umgestaltet sein, z. B. kann für die vorvertraglichen Anzeigen Schriftform bedungen werden

(§ 34a Satz 2, dazu Anm. 12 zu § 34a) oder es kann vereinbart werden, daß die Anzeigen dem Vorstand zugehen müssen, oder daß ein Vermittlungsagent nicht empfangsbevollmächtigt sein soll (§ 47, dazu Anm. 13 zu § 34a, Anm. 7 zu § 47).

Neben den Anzeigen nennt § 43 Ziff. 2 „Kündigungs- und Rücktrittserklärungen und sonstige das Vsverhältnis betreffende Erklärungen", wobei es sich nach den beiden genannten Beispielen um **Willenserklärungen** handeln muß. In Betracht kommen empfangsbedürftige Willenserklärungen aller Art, primär einseitige rechtsgestaltende, zu denen außer Kündigung und Rücktritt auch Anfechtungen gehören, mögen sie auch das Verhältnis ex tunc vernichten (ebenso Prölß[12] Anm. 3 zu § 43, S. 187 [Arglist und Irrtum], KG 20. XI. 1926 VA 1927 S. 25 Nr. 1677 = JRPV 1927 S. 16 [Irrtum], KG 19. VI. 1940 JRPV 1940 S. 110 [Irrtum], OLG München 24. II. 1923 VA 1923 Anh. S. 71 Nr. 1326 [Irrtum, jedoch unter Berufung auf § 43 Ziff. 1], zweifelnd Rohrbeck-Durst-Bronisch S. 126). In Frage kommt auch jenes Verlangen, das einen (verhaltenen) Anspruch auslöst (vgl. §§ 3 II 1, III 1, 11 II, 51 I, II, 60, auch § 368[1] BGB), ferner der Widerspruch des § 5 I, der Verzicht des § 8 II 3, eine Aufrechnungserklärung oder eine Geltendmachung einer Einrede, z.B. des Zurückbehaltungsrechtes oder des nicht erfüllten Vertrages oder der Verjährung, oder eine verjährungshemmende Anerkennung (OLG Hamburg 20. III. 1931 HansRGZ 1931 A Sp. 488). Zu den einseitigen Willenserklärungen zählt auch die Einsetzung, der Widerruf und die Änderung eines Bezugsberechtigten (vgl. § 166 I).

§ 43 Ziff. 2 ist aber auch auf **Vertragsanträge** zu beziehen, soweit diese noch nicht durch § 43 Ziff. 1 erfaßt sind, man denke an Anträge auf Aufhebung eines Vsvertrages (Anm. 18), ferner an Anträge auf Vereinbarung einer unwiderruflichen Bezugsberechtigung gemäß § 13 II 1 ALB neu (sieht man hierin einen Antrag auf Änderung des Lebensvsvertrages, so greift § 43 Ziff. 1 ein) oder an Anträge des Vmers im Zusammenhang mit Abfindungsverträgen (vgl. OLG Colmar 8. VII. 1904 VA 1904 S. 171—173 Nr. 78).

Schließlich muß § 43 Ziff. 2 auch auf **geschäftsähnliche Handlungen** erstreckt werden, die weder Willens- noch Wissenserklärungen sind, z.B. kann der Vmer den Ver mahnen, indem er die Mahnung dem Vsagenten zugehen läßt. Auch das Ersuchen um Erteilung einer Einwilligung gemäß § 23 gehört besser zu § 43 Ziff. 2 als zu § 43 Ziff. 1 (vgl. Anm. 18).

Immer jedoch ist ein Zusammenhang mit dem **Versicherungsverhältnis** vorauszusetzen, weshalb z.B. eine Hypothekenkündigung nicht zu Händen des Vsagenten erklärt werden kann. Jedoch ist bei einem Antrag auf Gewährung einer Vorauszahlung, eines Polizendarlehens in der Lebensv der Zusammenhang mit dem Vsvertrag gegeben (vgl. § 5 ALB neu).

Sowohl im Hinblick auf Wissens- wie auf Willenserklärungen ist in § 43 Ziff. 2 nur von Erklärungen des **Versicherungsnehmers** die Rede: „von dem Vmer entgegenzunehmen". Diese Formulierung ist zu eng. Wenn ein Vsagent durch § 43 Ziff. 1, 2 zum Empfangsbevollmächtigten des Vers wird, so ist nicht einzusehen, warum er allein Erklärungen des Vmers soll entgegennehmen können, nicht auch die verhältnismäßig selten in Betracht kommenden Erklärungen **anderer Personen,** welche Anzeigen zu machen oder Willenserklärungen mit Bezug auf das Vsverhältnis abzugeben haben. Fraglos steht dem Vmer der Erwerber der vten Sache oder der Eintrittsberechtigte gleich, denn beide treten in die Rechtsstellung des Vmers ein (§§ 69 I, 177 I 1), aber auch schon die Anzeige, durch welche der Eintritt erfolgt (§ 177 III 1) kann zu Händen des Vsagenten erstattet werden. Der Vte bei der V für fremde Rechnung (§§ 79 I, 179 II), der Bezugsberechtigte in der Lebens- und Unfallv, können ihre Erklärungen dem Empfangsvertreter abgeben, ferner die Person, in der bei der Personenfremdv das vte Risiko läuft (§§ 161, 179 IV) und der Realgläubiger (man denke an die Anmeldung der Hypothek nach §§ 100, 101[1], 102 II 2, 103 I 1, III 1, 106 I, 107 oder den Antrag nach § 105[1] oder die Mitteilung einer Wohnungsänderung nach § 107a[1]), auch in der Binnenkaskov und Luftv. Dem Vmer steht fernerhin der geschädigte Dritte in der Haftpflichtv gleich (man denke an die Anzeigen und die Auskunft des § 158d I, II, III 1). Erklärungen eines Zessionars, Pfand- oder Pfändungspfandgläubigers können desgleichen an den Vsagenten gerichtet werden.

Negativ ist zum Anwendungsbereich des § 43 Ziff. 2 zu sagen, daß diese Vorschrift niemals eine aktive Vertretung durch den Vsagenten ermöglicht. Auch wenn auf

Grund der zugegangenen Erklärung der Ver zu einem bestimmten Verhalten verpflichtet wird, kann es nicht der Vsagent für ihn aktiv rechtswirksam beobachten, man denke z.B. daran, daß der Vmer gemäß § 5 I widersprochen hat: Der Vsagent darf keinen neuen Vsschein ausstellen, welcher den getroffenen Vereinbarungen entspricht. Hat der Vmer gemäß § 51 I bei einer Überv eine Herabsetzung der Vssumme verlangt, so darf der Vsagent die Herabsetzung nicht namens des Vers vornehmen, obgleich der Ver zur Herabsetzung verpflichtet ist, es sich also um einen „Selbstgänger" handelt.

Was die Empfangsvollmacht anlangt, so fragt es sich, ob dem Ver zu Händen eines Vsagenten eine **Klage zugestellt** werden kann. Der Vsagent ist kein Prozeßbevollmächtigter (§ 176 ZPO), da er nicht aktiv werden kann. § 173 ZPO spricht von der Zustellung an Generalbevollmächtigte und Prokuristen; ein Vsagent ist regelmäßig beides nicht, nur ein Hauptbevollmächtigter ist als Generalbevollmächtigter anzusehen, § 106 II Ziff. 3 VAG nennt übrigens speziell den Empfang von „Ladungen und Verfügungen" (vgl. auch Stein-Jonas-Schönke[17] Anm. III 1 zu § 80, S. 4). § 173 ZPO schließt aber die Zustellung an andere (Sonder-)Bevollmächtigte der Partei nicht aus, soweit die Zustellung an die Partei selbst erfolgen darf oder soweit es sich um die Zustellung handelt, die den Rechtsstreit erst anhängig machen soll (Stein-Jonas-Schönke[17] Anm. II[1] zu § 173, S. 1). Jedoch gehört ein Vsagent, auch ein Abschlußagent, nicht zu diesen Bevollmächtigten. Denn im Sinne des § 43 Ziff. 2 kann es schon zweifelhaft sein, ob die Klage z.B. des Vmers eine Willens- oder Wissenserklärung (nicht gegenüber dem Gericht, sondern) gegenüber dem Gegner, also dem Ver ist (Rosenberg[7] S. 381). Jedenfalls wäre die Zustellung der Klage eine Empfangnahme so besonderer Art, daß sie in § 43 Ziff. 2 speziell genannt sein müßte, wollte man sie hier subsumieren (vgl. e contrario z.B. § 49 I HGB, ferner vgl. § 54 II HGB). So ergibt sich, daß die Zustellung an den Vsagenten nicht mit gleicher Wirkung erfolgen kann wie an den Ver selbst (ebenso RG 16. IX. oder X. 1932 VA 1932 S. 286—287 Nr. 2475 = JRPV 1932 S. 306—307, KG 6. VI. 1925 JRPV 1925 S. 217—218, OLG Hamm 11. oder 25. III. 1925 JW 1926 S. 616—617 = VA 1926 S. 22 bis 23 Nr. 1538, OLG Köln 15. I. 1958 VersR 1958 S. 588, OLG Posen 13. X. 1910 VA 1911 Anh. S. 121—122 Nr. 636, LG Bonn 18. XI. 1946 VA 1947 S. 16, LG Hagen 10. IV. 1958 VersR 1959 S. 441, Bruck S. 143 Anm. 40, S. 144—145 Anm. 46, Prölß[12] Anm. 6 zu § 43, S. 188, Anm. 3 zu § 45, S. 194). Das gilt erst recht dann, wenn es sich nicht um Ansprüche aus einem Vsverhältnis handelt, sondern z.B. um Ansprüche auf Arbeitsentgelt, gerichtet gegen einen Ver (Zustellung eines Pfändungs- und Überweisungsbeschlusses: LArbG Baden 19. IX. 1951 VersR 1952 S. 231—232 mit teilweise kritischer Anm. Fleischmann).

Die **Rechtsbedeutung** des § 43 Ziff. 2 liegt wieder darin, daß eine dem Vsagenten zugegangene Erklärung dem Ver zugegangen ist, d. h. eine Anzeige- oder Auskunftspflicht ist erfüllt, eine einseitige rechtsgestaltende Willenserklärung entfaltet ihre Gestaltungswirkung, z.B. eine fristlose Kündigung oder Anfechtung. Gleichgültig ist es, ob eine Erklärung formell an den Ver (vertreten durch den Vsagenten) gerichtet ist; denn die Umstände ergeben, daß auch diejenigen Erklärungen, die in einem an den Vsagenten adressierten Brief enthalten sind, dem Ver als solchem zugehen sollen (vgl. § 164 III, I 2BGB). Alles Gesagte gilt auch dann, wenn der Vsagent ein Unteragent ist (Anm. 13; irreführend Prölß[12] Anm. 3 zu § 43, S. 188 für eine Schadensanzeige). Im Innenverhältnis ist der Vsagent verpflichtet, die entgegengenommene Erklärung dem Unternehmer oder Prinzipal weiterzuleiten, also der echte Untervertreter an den Generalagenten, sonstige Vsagenten an den Ver (Anm. 218, 224, 226 vor §§ 43—48). Aber auch wenn diese Verpflichtung verletzt wird, ist die Zugangswirkung eingetreten.

§ 43 Ziff. 2 erweist übrigens, daß jedem Vsagenten während des Laufes der vermittelten Vsverträge gewisse Verwaltungsaufgaben zufallen können. Jedoch wird für die relativ geringe Mühe der Entgegennahme und Weiterleitung von Erklärungen grundsätzlich keine spezielle Verwaltungsprovision gezahlt (Anm. 263 vor §§ 43—48).

[20] cc) § 43 Ziff. 3.

Im Gegensatz zu § 43 Ziff. 1, 2 geht es in § 43 Ziff. 3 um ein aktives Verhalten des Vsagenten, nämlich um die Vollmacht zur **Aushändigung von Vsscheinen** und Verlängerungsscheinen. Aber diese aktive Vertretungsmacht des Vsagenten setzt stets ein spezielles vorgängiges Tun des Vers voraus; denn der Vsagent darf nur Urkunden aushändigen, die vom Ver zunächst ausgefertigt und dann dem Vsagenten übergeben worden sind.

Vsverträge sind formlos gültig. Aber Vsscheine sind als Beweisurkunden und Schuldscheine — ausnahmsweise auch als Ausweis- und Wertpapiere — üblich (Anm. 21—32 zu § 3), und gemäß § 3 I 1 ist der Ver verpflichtet, dem Vmer einen Vsschein auszuhändigen. Die Aushändigung kann nach Vertragsschluß erfolgen, aber häufig erfolgt der Vertragsschluß durch Aushändigung (Vsschein als Annahme), dazu Anm. 13—20 zu § 3.

Die Aushändigung als Besitzverschaffung (Anm. 14 zu § 3) setzt keine Willenserklärung des Vers voraus, sondern ist als Verschaffung der tatsächlichen Gewalt ein Realakt, eine Tathandlung, wobei allerdings der Erwerb mit dem Willen des bisherigen Besitzers erfolgen muß (Enneccerus-Wolff-Raiser S. 39—40). Insoweit steht der Wille des Vsagenten dem des Vers gleich (vgl. auch Anm. 15 zu § 3). Das Eigentum geht bei einem Schuldschein und Ausweispapier nach § 952 I 1 BGB über, bei einem Wertpapier, z.B. einer Orderpolize bedarf es der Einigung (Anm. 21 zu § 3, Anm. 9, 17, 19 zu § 4). Die Einigungswillenserklärung des Vers kann der Vsagent in Vertretung des Vers abgeben. Erfolgt der formelle Abschluß des Vsvertrages erst durch Aushändigung des Vsscheines, dann kann der Vsagent unter den übrigen Voraussetzungen des § 43 Ziff. 3 sogar den Vsvertrag abschließen, sei es, daß die Aushändigung des Vsscheins sich als Annahmeerklärung darstellt (Anm. 18 zu § 3, Haymann JRPV 1935 S. 258), sei es, daß darin ein Angebot liegt (Anm. 19 zu § 3).

Vorauszusetzen ist aber, daß der Vsagent den Vsschein nicht selbst, sondern daß der Ver ihn ausgefertigt hat. Ausfertigung bedeutet Abfassung der Urkunde, die durch Unterschrift, Unterzeichnung abzuschließen ist (Anm. 11 zu § 3), wobei faksimilierte Unterschrift ausreicht (§ 3 I 2). Es ist nicht notwendig, daß ein Vorstandsmitglied des Vers unterzeichnet, überhaupt ein Mitarbeiter der Direktion, sondern Ausfertigung durch irgendeine abschlußbevollmächtigte Person reicht aus, z.B. auch durch einen Hauptbevollmächtigten oder Abschlußagenten. Der so ausgefertigte Vsschein muß in den unmittelbaren Besitz des Vermittlungsagenten gelangt sein, wobei es im Interesse des Schutzes der Vskandidaten und Vmer gleichgültig sein muß, wie der Besitz erworben worden ist, insbesondere mit oder ohne Willen des Ausfertigenden; denn der Vsagent gehört in die Sphäre des Vers, und letzterer kann sich nicht darauf berufen, ihm sei der Vsschein abhanden gekommen. Unerheblich ist es auch, ob der Vsagent intern zur Rückgabe des Dokumentes verpflichtet gewesen wäre (dazu Anm. 226 vor §§ 43—48). Wird allerdings der Vsschein, insbesondere seine Unterschrift vom Vsagenten gefälscht, so wirkt das in der Regel nicht gegen den Ver (Anm. 11 zu § 3).

Die Aushändigung kann nicht nur an den Vmer, sondern auch z.B. an Erwerber der vten Sachen oder Eintrittsberechtigte in der Lebensv erfolgen.

§ 43 Ziff. 3 spricht nur von Vsscheinen und Verlängerungsscheinen, muß aber auch auf **andere Urkunden,** z.B. Nachträge (Anhänge) bezogen werden, bei vorläufigen Dekkungszusagen auf Urkunden über diese, bei Gegenseitigkeitsvereinen auf Mitgliederausweise (Mitgliedsbuch, Aufnahmeschein), bei der laufenden V auch auf Einzelpolizen (Zertifikate), bei Gruppenven auf Ausweise, welche einzelne Gruppenangehörige erhalten (vgl. Anm. 3, 4 zu § 3). — Etwas zweifelhafter ist die Behandlung der Vsnachweise im Rahmen des § 43 Ziff. 3, insbesondere der **Vsbestätigungen** in der Kraftfahrhaftpflichtv. Letztere sind dem Vmer vom Ver „bei dem Beginn des Vsschutzes .... auszuhändigen“ (§ 4 I 1 PflVDVO). Sie tragen die gedruckte faksimilierte Unterschrift des Vers. Da Vsschein und Vsbestätigung hier sachlich eng zusammengehören, ist nicht einzusehen, warum ein Vermittlungsagent Vsscheine soll aushändigen können, Vsbestätigungen nicht. Die Ver müssen auch mit Vsbestätigungen vorsichtig umgehen (vgl. Anm. 5 zu § 3). Falls durch Aushändigung einer Vsbestätigung ein Vsvertrag erst zustande kommt, muß auch insoweit der Vsagent als gemäß § 43 Ziff. 3 bevollmächtigt angesehen werden. Vgl. hierzu Anm. 5 zu § 3, Anm. 42 zu § 45.

Ein Vermittlungsagent ist **nicht bevollmächtigt** zur selbständigen Ausfertigung von Vsscheinen oder zur Abgabe von Willenserklärungen, welche über die Aushändigung des Vsscheines hinausgehen.

Wenn jedoch der Aushändigung des Vsscheins — ohne daß eine zusätzliche Erklärung notwendig wäre — eine **Rechtsbedeutung** zukommt, welche sich nicht erschöpft in der Verschaffung der Urkunde (nebst Beweis-, Ausweis- und anderen juristischen Wirkungen) sowie eventuell dem Abschluß des Vsvertrages, so kann der Vsagent durch die Aushändigung auch diese Rechtswirkungen herbeiführen. So kann in der Aushändigung des Vsscheins ohne Prämienzahlung eine deckende Stundung der Vsprämie liegen (Anm. 20 zu § 3, Anm. 45 zu § 35), desgleichen in der Aushändigung einer Vsbestätigung, auf welcher der (materielle) „Beginn des Vsschutzes" datenmäßig angegeben wird (Anm. 51 zu § 35).

Auf dem Vsschein wird oft die Höhe der ersten Prämie ersichtlich gemacht, auch ergibt § 35¹ den engen Zusammenhang von Aushändigung des Vsscheins und Zahlung der ersten Prämie („Einlösung" des Vsscheins), der auch in Zurückbehaltungsrechten des Vers und Vmers (Anm. 48 zu § 35) zum Ausdruck kommt. Deshalb muß ein Vsagent, der den vom Ver ausgefertigten Vsschein aushändigt, stets als bevollmächtigt angesehen werden, die **erste Prämie** (nebst Nebengebühren usw.) zu **kassieren,** auch wenn die besonderen Voraussetzungen des § 43 Ziff. 4 nicht erfüllt sind. Ebenso Prölß[12] Anm. 4 zu § 43, S. 188. Auch VA 1915 S. 120 kommt zu dem Ergebnis, „daß die gesetzliche Vollmacht des Agenten, den Vsschein auszuhändigen, auch die Befugnis umfaßt, die erste Prämie in Empfang zu nehmen", selbst in einem Falle, in welchem die Vsbedingungen vorsahen, eine Prämienzahlung befreie nur dann, „wenn sie gegen besondere, von der Direktion der Gesellschaft unterzeichnete Quittung erfolgt sei". Bestätigend VA 1933 S. 307 unter Hinweis auf Treu und Glauben. § 4 Ziff. 5 ATierB stellt sich auf den Boden dieser Praxis: „Zum Empfang von Beiträgen und Kosten sind die Vertreter bevollmächtigt, wenn sie im Besitz des vom Ver unterzeichneten Vsscheines oder einer von ihm unterzeichneten Beitragsrechnung sind." Was für erste Prämien gilt, muß auch für Verlängerungs- und Nachtragsprämien Geltung beanspruchen, sofern der Vsagent den vom Ver ausgefertigten Verlängerungs- oder Nachtragsschein aushändigt. Vgl. jedoch zur gerichtlichen Geltendmachung und Prämienstundung Anm. 21, 32.

[21] dd) § 43 Ziff. 4.

§ 43 Ziff. 4 behandelt die Vollmacht zur **Prämienannahme,** also zum Kassieren, zum Prämieninkasso. Wie in § 43 Ziff. 3 wird auch hier ein spezielles vorgängiges Tun des Vers vorausgesetzt; denn der Vsagent darf nur Prämien annehmen, sofern er sich im Besitz einer Prämienrechnung befindet, die vom Ver zunächst unterzeichnet und dann dem Vagenten übergeben worden ist.

In Betracht kommt die Annahme von Einmal- und laufenden Prämien, ersten und späteren Prämien, auch Beiträgen bei Gegenseitigkeitsvereinen und Prämienraten. Im Zusammenhang mit § 43 Ziff. 3 ist bereits ausgeführt, daß jene Vorschrift oft zur Entgegennahme der „Einlösungsprämie" bevollmächtigt (Anm. 20). § 43 Ziff. 4 erwähnt auch die Zinsen und Kosten, denen in ausdehnender Auslegung alle Nebengebühren (Anm. 8 zu § 35), Geschäftsgebühren und Steuern (Anm. 9 zu § 35) gleichzustellen sind. Über das Inkasso noch nicht fälliger Prämien Begr. I S. 55 und (für 1948 und 1949 vor der Währungsreform): LG Hamburg 29. XI. 1949 Der Vmer 1950 S. 12—13.

Annahme ist primär Erlangung unmittelbaren Besitzes, also eine Tathandlung, bei der Vertretungsgrundsätze höchstens entsprechend anzuwenden sind (Enneccerus-Wolff-Raiser S. 45). Daneben setzt die Annahme aber auch Einigung über den Eigentumsübergang voraus, also u. a. eine Willenserklärung des Vers, hier vertreten durch den Vsagenten. Zuweilen wird angenommen, daß die Annahme einer Leistung als Erfüllung (§ 363 BGB) stets noch eine spezielle Willenserklärung mit Verfügungscharakter (hier: Verfügung über die Prämienforderung) beinhalte (vgl. Enneccerus-Lehmann[15] S. 249—251); folgt man dieser Auffassung, so ist der Vsagent in der Lage, namens des Vers die Verfügung vorzunehmen. Praktisch steht heute der Barzahlung die Überweisung oder Einzahlung auf ein Konto gleich (Anm. 53 zu § 35), wobei im Rahmen des § 43 Ziff. 4 auch ein Konto des Vsagenten in Betracht kommt, gleichgültig, ob dieses auf den Namen des Vers oder des Vsagenten lautet.

Vorauszusetzen ist aber immer, daß der kassierende Vsagent im Besitze einer vom Ver unterzeichneten Prämienrechnung ist, die faksimiliert unterschrieben sein kann (dazu entsprechend Anm. 11 zu § 3: Der Wortlaut des § 43 Ziff. 4 ist durch VO vom 19. XII. 1939 — ohne inhaltliche Änderung — demjenigen der §§ 3 I 2, 39 I 1 angepaßt worden; Begr. III S. 11). Die Rechnung darf nicht vom Vsagenten unterzeichnet sein, vielmehr ist die Unterschrift einer anderen vertretungsberechtigten Person vorauszusetzen, ebenso wie bei § 43 Ziff. 3 (Anm. 20). Die so unterschriebene Rechnung muß in den unmittelbaren Besitz des Vermittlungsagenten gelangt sein; bei Unteragenten reicht es nicht aus, wenn nur der Generalagent den unmittelbaren Besitz hat (OLG Kiel 23. II. 1934 VA 1934 S. 5 Nr. 2664 = JRPV 1934 S. 251 in einem Fall, in dem der Unteragent die Rechnung zurückgeschickt hatte). Es kommt nicht darauf an, wie der Vermittlungsagent den Besitz erlangt hat, womöglich sogar auf unrechtmäßige Weise (Prölß[12] Anm. 5 zu § 43, S. 188). Es ist auch unerheblich, wer den Text der Prämienrechnung ausgefüllt hat; oft werden den Vsagenten in blanco vom Ver unterzeichnete Rechnungen überlassen. Hat jedoch der Vsagent die Unterschrift des Vers gefälscht, so wirkt das in der Regel nicht gegen den Ver (Haymann JRPV 1935 S. 258 Anm. 7, Prölß[12] Anm. 5 zu § 43, S. 188). Schließlich dürfte es auch irrelevant sein, ob bei der Zahlung der Vsagent die (vorhandene) vom Ver unterzeichnete Rechnung oder eine persönliche Empfangsbescheinigung aushändigt. Denn der Ver wollte den Vsagenten bevollmächtigen und, falls das Kassierte nicht abgeführt wird, liegt dies in der Sphäre des Vers (offen gelassen von VA 1930 S. 115).

Es ist gleichgültig, wer die Prämie begleicht, also der Vmer oder ein Dritter (vgl. Anm. 27 zu § 35), z. B. ein nach § 35a I Befriedigungsberechtigter.

Das Gesetz redet nur von Prämienrechnungen, jedoch muß solchen eine vom Ver im Vorwege ausgestellte und unterzeichnete Prämienquittung gleichgestellt werden (so wohl auch KG 15. I. 1930 JRPV 1930 S. 98—99), auch im Hinblick auf § 370 BGB (bedenklich insoweit VA 1933 S. 307, wo aber auch wohl nur gefordert wird, daß die Quittung gesondert unterschrieben sei).

Nicht bevollmächtigt ist der Vermittlungsagent gemäß § 43 Ziff. 4 zum selbständigen Unterschreiben von Prämienrechnungen, zur Einklagung oder anderweitigen gerichtlichen Geltendmachung des Prämienanspruches (Anm. 10 zu § 38, Anm. 304 vor §§ 43 bis 48), zur Stundung von Prämienforderungen (vgl. speziell Anm. 32), zum Inkasso von Forderungen des Vers, die keine Prämien zum Gegenstande haben (man denke an Hypothekenzinsen), zur Auszahlung von irgendwelchen Beträgen, mag es sich auch um überzahlte Prämien handeln.

Die **Rechtsbedeutung** des § 43 Ziff. 4 liegt darin, daß die Zahlung oder Überweisung an den Vsagenten jener an den Ver gleichsteht. Der Vmer hat seine Leistungshandlung rechtzeitig vorgenommen, wenn er z. B. eine Postanweisung an den Vsagenten rechtzeitig beim Schalterbeamten bewirkt (dazu Anm. 8—13 zu § 36), der Leistungserfolg tritt ein, sobald er beim Vsagenten eintritt, z. B. auf dessen Konto eine Gutschrift erfolgt (Anm. 53 zu § 35). Für die Vollmachtsfrage ist es ohne Belang, ob den Vsagenten intern eine Inkassopflicht (Anm. 222 vor §§ 43—48) belastet. Über die interne Rechenschaftspflicht: Anm. 225 vor §§ 43—48, Herausgabepflicht: Anm. 226 vor §§ 43—48. Der Vmer ist auf Grund der Vollmacht des Vsagenten durch seine Leistung von der Prämienzahlungspflicht befreit, ohne Rücksicht darauf, ob der Vsagent abrechnet und das Kassierte weiterleitet. — Fordert der Vmer, der auf Grund einer Prämienrechnung des Vers gezahlt hat, eine Quittung (§ 368[1] BGB), so kann der Vsagent das Verlangen nach § 43 Ziff. 2 entgegennehmen, und er muß wegen des sachlichen Zusammenhanges mit § 43 Ziff. 4 als bevollmächtigt angesehen werden, die Quittung in Vertretung des Vers zu erteilen.

[22] **c) Grenzen.**

aa) Sachliche Grenzen (Versicherungszweige).

Die in Anm. 18—21 behandelten vier Vollmachtsstandardisierungen gelten nicht uneingeschränkt zugunsten des Vsagenten, sondern nach dem Wortlaut des § 43 nur „in dem Vszweige, für den er bestellt ist". Durchweg wird allerdings ein Vsagent für alle Vszweige bestellt, die der Ver betreibt (Anm. 184 vor §§ 43—48). Bei Konzernen (und Organisationsgemeinschaften, vgl. § 92a II[1] HGB) bildet es sogar die Regel, daß der sog. Konzernvertreter für sämtliche Vszweige bestellt wird, welche die Konzerngesellschaften betreiben. Sollte aber ausnahmsweise das Tätigkeitsfeld eines Vsagenten enger abgesteckt, also spezialisiert sein, so besteht auch die in ihrem Umfang gesetzlich standardisierte Vollmacht nur für das abgesteckte Feld, genauer: Für den speziellen Vszweig.

Die für Vszweige vorgesehene sachliche Begrenzung der Vollmacht kommt praktisch nur für § 43 Ziff. 1 und 2 in Frage. Bei § 43 Ziff. 3 und 4 wird man annehmen müssen, daß ein Feuervsagent auch einen Unfallvsschein aushändigen oder eine Unfallvsprämie kassieren kann, falls er im Besitze des vom Ver ausgefertigten Vsscheines oder der vom Ver unterzeichneten Prämienrechnung ist.

Ist ein Vermittlungsagent nur für bestimmte Vszweige bestellt, so kann sich ein Vskandidat oder Vmer nicht auf § 47[1] berufen und sagen, er habe von der Beschränkung nichts gewußt und nichts wissen müssen. Die gleichsam primäre Einschränkung des § 43 ist nicht mit den sekundären Beschränkungen des § 47[1] zu verwechseln. Die letztgenannte Vorschrift setzt eine „nach den Vorschriften der §§ 43 bis 46 zustehende Vertretungsmacht“ voraus, woran es fehlt, wenn ein Vsagent von vornherein für gewisse Vszweige nicht betraut wird.

Anders ist die Rechtsstellung des Dritten, falls die Vertretungsmacht des Vermittlungsagenten noch enger begrenzt wird. Der Begriff des Vszweiges, wie ihn § 43 benutzt. ist weiter als jener der Vsart (Anm. 32 zu § 1). Wird ein Vsagent nur mit der Vermittlung von Hausratfeuerven, nicht von Industriefeuerven betraut, oder nur mit der Vermittlung von Kraftfahrtven von Personen-, nicht von Lastkraftwagen, oder nur mit der Vermittlung von Gruppenlebensven, so handelt es sich um eine Begrenzung auf Vsarten, und insoweit ist die Schutzvorschrift des § 47 anwendbar. Entsprechendes gilt, falls der Vsagent nur in gewissen Personenkreisen tätig sein soll, z. B. nur bei Mitgliedern bestimmter Sportvereine. Näheres Anm. 11 zu § 47.

Es gibt hiernach einerseits unbeschränkt wirksame Vollmachtsgrenzen, andererseits (durch § 47) beschränkt wirksame Vollmachtsgrenzen. Von beiden Fällen ist ein dritter Tatbestand zu trennen, bei dem der Vollmacht keine Grenzen gesetzt, aber interne Weisungen gegeben werden. So kann einem Kraftfahrtvsagenten die Weisung erteilt werden, keine Ven von Lastzügen zu akquirieren. Geschieht das dann dennoch, so handelt der Vsagent nicht als Vertreter ohne Vertretungsmacht, auch findet § 47 keine Anwendung, sondern der Vsagent kann nur intern schadensersatzpflichtig sein.

[23] bb) Örtliche Grenzen (Bezirke).

Gebietsmäßig ist die standardisierte Vollmacht des Vsagenten grundsätzlich unbeschränkt, so daß ein hamburgischer Vsvertreter auch Anträge süddeutscher Vmer antgegennehmen kann, auch wenn die zu versichernden Sachen ausnahmslos außerhalb Hamburgs belegen sind. Anzeigen und Willenserklärungen kann ein Vmer, z. B. falls er sich auf Reisen befindet, auch an auswärtige Vsagenten seines Vers richten; es kommt also nicht darauf an, ob der Vsagent die betreffende V vermittelt hat. Auch wenn der auswärtige Vsagent sich (fälschlich) für unzuständig erklärt oder ein an ihn gerichtetes Schreiben zurückschickt, ist die Erklärung zugegangen.

Es gibt jedoch drei Ausnahmen von dem Grundsatz des örtlich unbegrenzten Wirkungskreises. Erstens: § 46 sieht vor, daß ein Vsagent ausdrücklich für einen bestimmten Bezirk bestellt wird (Näheres Anm. 1—15 zu § 46). Zweitens: Nach § 106 II Ziff. 3 VAG beschränkt sich die Vertretungsmacht eines Hauptbevollmächtigten eines ausländischen Vers auf das Inland (dazu Anm. 24). Drittens: Entsprechend muß bei Auslandsvertretern deutscher Ver angenommen werden, daß sie im Zweifel nur für den Auslandsbestand Vertretungsmacht besitzen; umgekehrt kann der inländische Vsagent eines deutschen Vers mit Auslandsniederlassung im Zweifel nicht mit Bezug auf den Auslandsbestand handeln. — Zur Frage des örtlichen Gerichtsstandes vgl. Anm. 4—29 zu § 48.

[24] d) Ergänzungsgesetze.

aa) VAG.

Für ausländische Vsunternehmen, die in Deutschland arbeiten, werden §§ 43—48 durch §§ 105—111 VAG wesentlich ergänzt und modifiziert. Ausländische Ver, welche im Inland beaufsichtigte Vszweige betreiben wollen, bedürfen einer Konzession (§ 105 I VAG), die u. a. davon abhängt, daß ein Hauptbevollmächtigter bestellt wird, dessen Vertretungsmacht sich aus § 106 II Ziff. 3 VAG (abgedruckt: Anm. 505 vor §§ 43—48) ergibt. Die dort umschriebene, sehr weite Vertretungsmacht umfaßt sämtliche Vertretungsbefugnisse des § 43 und geht weit darüber hinaus, vgl. Anm. 17 zu § 45.

Was die örtlichen Grenzen (Anm. 23) anlangt, so beschränkt sich die Vertretungsmacht des Hauptbevollmächtigten auf das Inland, genauer auf „Vsverträge mit Vmern im Inland und über inländische Grundstücke". Der Begriff des Inlandsgeschäftes wird näher umrissen durch § 107 VAG:

> „Ausländische Vsunternehmungen, denen der Geschäftsbetrieb im Inland erlaubt worden ist, dürfen die Vsverträge mit Vmern, die ihren gewöhnlichen Aufenthalt im Reiche haben, sowie Vsverträge über inländische Grundstücke nur durch Bevollmächtigte abschließen, die im Reiche wohnen."

Bei Personenven ist hiernach auf Wohnsitz oder Aufenthalt des Vmers abzustellen. Bei Sachven gilt der Grundsatz, daß der Ort der belegenen Sache maßgebend ist, nur bei beweglichen Sachen soll es nach VA 1932 S. 177—179 ausreichen, falls der Vmer der auswärtig belegenen Sache im Zulassungsgebiet Wohnsitz oder Aufenthalt hat und dort kontrahiert. Vgl. auch Bruck AssJhrb Bd 56 S. 10—11, 14—16, Prölß VAG[2] Anm. 2 zu § 105, S. 622, Anm. 2 zu § 107, S. 633.

[25] bb) HGB.

Ein Vermittlungsagent kann zugleich Handlungsbevollmächtigter sein. Dies setzt regelmäßig voraus, daß der „Geschäftsherr" Kaufmann sei (§ 54 I HGB: „Handelsgewerbe"). Dabei ist es gleichgültig, ob der Vermittlungsagent ein unselbständiger Handlungsgehilfe oder ein selbständiger Handelsvertreter ist. Handelsvertreter können auch für Nichtkaufleute tätig sein (Anm. 173 vor §§ 43—48), aber § 55 I HGB läßt die Vorschriften über die Handlungsvollmacht auf alle Handelsvertreter Anwendung finden, also auch dann, wenn der Unternehmer kein Kaufmann ist, sondern z. B. ein kleinerer Gegenseitigkeitsverein oder eine öffentlichrechtliche Vseinrichtung (vgl. auch § 91 I HGB).

Aus dem Recht der Handlungsvollmacht kommt bei Vermittlungsagenten speziell die Anwendung der §§ 54—55 HGB in Frage (Abdruck: Anm. 505 vor §§ 43—48). Für Vermittlungsagenten, welche selbständige Handelsvertreter sind, folgt die Anwendbarkeit aus § 55 I HGB. Bei solchen Vermittlungsagenten, welche unselbständige Handlungsgehilfen sind, greift die Vorschrift des § 55 I HGB nicht ein; denn diese Bestimmung setzt insoweit Abschlußvollmacht voraus. Die Lücke wird aber teilweise geschlossen durch § 75g[1] HGB: „§ 55 Abs. 4 gilt auch für einen Handlungsgehilfen, der damit betraut ist, außerhalb des Betriebes des Prinzipals für diesen Geschäfte zu vermitteln".

Infolge der eingehenden Spezialregelung des § 43 bleibt für die Anwendung der §§ 54—55 HGB nicht allzu viel Raum:

Immerhin gilt ein Vermittlungsagent nach § 55 IV HGB (vgl. auch § 91 II HGB) als ermächtigt, nicht nur Willens- und Wissenerklärungen entgegenzunehmen, welche das Vsverhältnis betreffen, sondern er vermag auch, „die Anzeige von Mängeln einer Ware, die Erklärung, daß eine Ware zur Verfügung gestellt werde, sowie sonstige Erklärungen, durch die ein Dritter seine Rechte aus mangelhafter Leistung geltend macht oder sie vorbehält, entgegenzunehmen". Der Vermittlungsagent kann sogar aktiv werden und „die dem Unternehmer (Prinzipal) zustehenden Rechte auf Sicherung des Beweises geltend machen". Diese Vertretungsmacht ist sachgerecht, soweit der Ver z. B. einen Kraftwagen oder Schreibtisch verkauft hatte, der in der Agentur benutzt wurde und der sich nun beim Käufer als mangelhaft erweist. Hier kann die Wandlungs- oder Minderungserklärung oder das Verlangen nach Schadensersatz dem Ver zu Händen des Vermittlungsagenten zugehen. Der weite Wortlaut des Gesetzes zwingt zu der Annahme, daß auch dann der Vermittlungsagent empfangsbevollmächtigt ist, wenn er nichts mit dem Verkauf zu schaffen hatte, wenn es sich also z. B. um ein Objekt aus der Zentrale handelte (Würdinger in: RGRKomm. HGB Bd 1 Anm. 2 zu § 55, S. 493).

Was die übrigen Bestimmungen des Handelsrechts anlangt, so beschränkt § 54 I HGB die Handlungsvollmacht auf Geschäfte und Rechtshandlungen, wie sie „gewöhnlich" vorkommen. Es fragt sich, ob diese Einschränkung auch die gesetzlich standardisierte Vertretungsmacht des Vermittlungsagenten nach § 43 beherrscht, so daß ganz ungewöhnliche, z. B. ungemein bedeutsame, exzeptionelle Willens- und Wissenserklärungen nicht z. B. von einem nebenberuflichen Unteragenten, der möglicherweise mit dem betreffenden Vsverhältnis sonst nichts zu schaffen hatte, nicht entgegengenommen werden könnten, man denke an die fristlose Kündigung eines großen Industriefeuervsvertrages wegen angeblicher Insolvenz des Vers. Es dürfte in der Tat interessenmäßig geboten sein, § 54 I HGB bei der Anwendung des § 43 einschränkend heranzuziehen, desgleichen dann aber auch § 47 (vgl. Anm. 18 zu § 45, Anm. 11 zu § 47). — Aus § 54 II HGB, wonach die Eingehung von Wechselverbindlichkeiten dem gewöhnlichen Handlungsbevollmächtigten verwehrt ist, läßt sich zusätzlich die Auffassung stützen, daß ein Vermittlungsagent auch dann, wenn er im Besitze einer Prämienrechnung ist (§ 43 Ziff. 4), nicht ermächtigt ist, an Stelle einer Barzahlung oder Überweisung einen Wechsel anzunehmen und weiterzubegeben, wodurch eine Wechselverbindlichkeit für den Ver entstehen würde. Über den Gesichtspunkt, daß in der Entgegennahme eine Stundung läge, vgl. Anm. 21. Die gleiche Vorschrift des § 54 II HGB verwehrt dem normalen Handlungsbevollmächtigten die Prozeßführung; wie gezeigt, ist bereits die Klagezustellung besonders zu behandeln (Anm. 19). — Zur Anwendbarkeit des § 54 HGB auf Regulierungsangestellte vgl. BGH 26. XI. 1952 VersR 1953 S. 13. — § 55 III HGB ergänzt § 43 Ziff. 4 insofern, als ein Vermittlungsagent im Falle spezieller Bevollmächtigung zur Annahme von Zahlungen auch dann berechtigt ist, wenn er sich nicht im Besitz einer vom Ver unterzeichneten Prämienrechnung befindet (Anm. 32). — § 56 HGB wird vom LG Berlin 16. II. 1951 VA Berlin 1951 S. 67—69 = VersR 1951 S. 170—171 mit kritischer Anm. Behne auf Kassenangestellte angewendet (vgl. aber Anm. 18 zu § 45). — Für die Zeichnung durch einen Vermittlungsagenten ist § 57 HGB zu beachten, z. B. hätte ein Vermittlungsagent bei der Übersendung eines Vsscheines (§ 43 Ziff. 3) oder bei der Erteilung einer Prämienquittung (§ 43 Ziff. 4) in Vollmacht des Vers (i. V.) zu zeichnen. — Wegen der Übertragung der Handlungsvollmacht (§ 58 HGB) vgl. Anm. 6.

Hinsichtlich der Beschränkbarkeit der Handlungsvollmacht (§§ 54 III, 55 I, 75g², 91 II 2 HGB), vgl. Anm. 3, 4 zu § 47. Über die Vertretung ohne Vertretungsmacht (§§ 75h, 91a HGB) vgl. Anm. 35—38.

[26] cc) BGB.

Die §§ 164—181 BGB (Abdruck: Anm. 505 vor §§ 43—48) stellen sich als Unterbau für die Spezialregelungen der Sondergesetze dar, z. B. ergibt sich aus § 164 I 1, III BGB die sogen. Fremdwirkung auch bei passiver Vertretungsmacht, also z. B. in den Fällen des § 43 Ziff. 1, 2.

Aber mit dem Umfang der Vertretungsmacht befaßt sich lediglich § 181 BGB (Verbot des Selbstkontrahierens). Die Bestimmung greift ein, wenn ein Vermittlungsagent als solcher, also als Vertreter des Vers auftreten will entweder gegenüber sich selber im eigenen Namen oder sich selber als Vertreter eines Dritten. Der Vermittlungsagent muß also entweder Vmer (Vskandidat) oder Vertreter eines anderen Vmers, z. B. seiner Ehefrau sein.

Hier stellt § 181 BGB die Regel auf: „Ein Vertreter kann .... im Namen des Vertretenen mit sich im eigenen Namen oder als Vertreter eines Dritten ein Rechtsgeschäft nicht vornehmen ....". Die Bestimmung ist auch auf die passive Vertretung zu beziehen, welche in § 164 III BGB der aktiven gleichgesetzt worden ist. Ferner muß die Vorschrift außer auf Rechtsgeschäfte (Willenserklärungen) auch auf Anzeigen und Auskünfte (Wissenserklärungen, Rechtshandlungen) erstreckt werden.

Hiernach kann ein Vermittlungsagent namens des Vers nicht einen eigenen Vsantrag wirksam entgegennehmen, auch nicht einen Vsantrag der Ehefrau oder eines eigenen Kindes, wenn dabei der Vermittlungsagent zugleich als Vertreter seiner Angehörigen wirkt. Entsprechendes gilt für die Entgegennahme von einseitigen rechtsgeschäftlichen Willenserklärungen, z. B. reicht es nicht aus, wenn der Agent eine Kündigung seiner eigenen V rechtzeitig nur sich selber zugehen läßt, vielmehr ist hier die Erklärung gegenüber der Direktion des Vers oder einem anderen Agenten rechtzeitig erforderlich. Auch Anzeigen und Auskünfte kann der Vermittlungsagent nicht an sich selber richten, auch dann nicht, wenn es sich um die Erfüllung einer Obliegenheit, z. B. der vorvertraglichen Anzeigepflicht handelt. Die sogleich zu behandelnde Ausnahme von dem Kontrahierungsverbot kann nur dann gelten, wenn das Rechtsgeschäft „ausschließlich in der Erfüllung einer Verbindlichkeit besteht". Verbindlichkeit ist hier zu verstehen im Sinne einer echten Rechtspflicht, nicht aber einer Obliegenheit, zumal wenn diese eine Wissenserklärung zum Gegenstande hat. Die Richtigkeit des Ergebnisses liegt auf der Hand, da sonst bei eigenen Ven von Vermittlungsagenten Mißbräuchen Tür und Tor geöffnet werden.

§ 181 BGB sieht zwei Ausnahmen vom Verbot des Selbstkontrahierens vor, nämlich eine spezielle Gestattung und den schon erwähnten Tatbestand, „daß das Rechtsgeschäft ausschließlich in der Erfüllung einer Verbindlichkeit besteht". Die zweite Ausnahme kommt bei der Erfüllung von Obliegenheiten — wie schon gesagt — nicht in Frage. Bei echten Rechtspflichten sind solche des Vers und des Vmers zu unterscheiden. Der Ver ist zur Aushändigung des Vsscheins verpflichtet (§ 3 I 1), deshalb kann im Falle des § 43 Ziff. 3 der Vermittlungsagent den vom Ver ausgefertigten Vsschein sich selber aushändigen, auch wenn er dabei Vertreter seiner Ehefrau oder seines Kindes ist. Der Vmer schuldet die Prämie, und man nimmt an, daß ein Vermittlungsagent als Vmer oder Doppelvertreter geschuldete Prämie im Falle des § 43 Ziff. 4 von sich selber anzunehmen vermag, wobei sich allerdings die Zahlung nicht durch bloße Gedanken vollziehen darf, sondern äußerlich erkennbar hervortreten muß, am besten durch eine nicht rückgängig zu machende Buchung (Enneccerus-Nipperdey I 2^{14} S. 777 Anm. 11).

[27] e) Ergebnis.

aa) Lücken der Vertretungsmacht.

Überblickt man zusammenfassend den Umfang der Vertretungsmacht eines Vermittlungsagenten nach § 43 nebst Ergänzungsgesetzen, so erweist sich, daß die Vollmacht grundsätzlich eine passive ist, also eine Empfangsvollmacht. Dies gilt speziell für § 43 Ziff. 1, 2. Ausnahmefälle, bei welchen der Vermittlungsagent aktiv werden kann, sind die Aushändigung des Vsscheins nach § 43 Ziff. 3 und — in gewissem Sinne — das Prämieninkasso nach § 43 Ziff. 4, wobei aber in beiden Fällen ein vorgängiges bestimmtes Tun des Vers erforderlich ist.

Vereinbarungen kann sonach ein Vermittlungsagent nicht treffen (abgesehen besonders von dem Übereignungsvertrag bei Aushändigung des Vsscheins [Anm. 20] oder bei Annahme der Prämie [Anm. 21]). Insonderheit kommen keinerlei Verpflichtungserklärungen in Betracht, die ein Vermittlungsagent mit Wirkung gegen den Ver abgeben könnte. So kann der Vermittlungsagent des § 43 keine Vsverträge abschließen, erst recht nicht in Gestalt von vorläufigen Deckungszusagen (vgl. Anm. 98 zu § 1, aus der Judikatur BGH 9. V. 1951 BGHZ Bd 2 S. 90—91, RG 26. I. 1911 VA 1911 Anh. S. 69—71 Nr. 608, BayObLG 24. I. 1957 VersR 1957 S. 216, LG München 24. VI. 1958 VersR 1958 S. 591). Auch Aufhebungsvereinbarungen kann der Vermittlungsagent nicht treffen (LG Berlin 1. IV. 1957 VersR 1957 S. 511).

Schließt der Ver ab, so ist der Vermittlungsagent auch nicht in der Lage, Nebenabreden zu treffen. Überflüssigerweise, rein klarstellend besagt § 24 II AHagelB: „Die Vermittlungsagenten der Gesellschaft sind nicht berechtigt, den Vmer von den in den Vsbedingungen enthaltenen Verpflichtungen zu entbinden oder sonstige vom Vertrag abweichende Vereinbarungen zu treffen" (ähnlich § 11^2 ATierB: „sind nicht mehr berechtigt"). Jedoch liegt keine Nebenabrede in einem Falle vor, in welchem ein Vermittlungsagent vom Antragsteller hört, dieser wolle nur auf ein Jahr abschließen, und daraufhin die Verlängerungsklausel (§ 8 I) in den vorweg überreichten Vsbedingungen durchstreicht. Wird dem Ver dieser Wunsch nicht übermittelt, so daß der Vmer einen Vsschein mit Verlängerungsklausel erhält, so liegt Dissens vor; der Vsagent hat nicht mehr getan, als einen Antrag entgegenzunehmen; der Vmer schuldet jedenfalls keine Prämie für das zweite Vsjahr (OLG Hamm 13. VI. 1923 VA 1923 Anh. S. 13—14 Nr. 1301;

im Ergebnis ebenso, aber in der Begründung verfehlt: OLG Braunschweig 8. VI. 1928 VA 1928 S. 200—201 Nr. 1857). Entsprechendes muß in anderen Fällen gelten, in denen bei der Antragsentgegennahme Abweichungen von allgemeinen Vsbedingungen gewünscht werden (OLG Celle 7. XII. 1959 VersR 1960 S. 121—122 behandelt einen Fall, in dem eine Viehseuchenv unter Einschluß von Einzelverlusten gewünscht wurde). Immer nimmt der Vermittlungsagent einen Antrag ganz bestimmten Inhalts entgegen, wobei der Antrag teils schriftlich, teils mündlich gestellt sein kann (OLG Dresden 13. V. 1908 LZ 1908 Sp. 956—958 [Prämienlimitierung], Haymann JRPV 1935 S. 258, einschränkend Gottschalk JW 1926 S. 491—492). Besonders wichtig sind die Fälle, in denen der Vsagent selbst den Antragsteller beeinflußt hat (vgl. RG 2. IV. 1935 RGZ Bd. 147 S. 190: Der Vsagent „hat den Vsantrag mit dem von ihm beeinflußten Inhalt entgegengenommen" und dazu Anm. 57 zu § 44). Der Antrag kann besonders auch eine Bedingung des Vertragsabschlusses enthalten, z. B. eine Darlehens- und Hypothekengewährung (vgl. Anm. 18 zu § 44). Es kommt zum Dissens, falls der Ver den Antrag nicht unverändert, also unter Gewährung des Darlehens und der Hypothek annimmt (KG 10. XII. 1907 VA 1908 Anh. S. 47—48 Nr. 380, OLG Colmar 27. XI. 1909 VA 1910 Anh. S. 6 Nr. 493; vgl. aber auch KG 13. X. 1908 VA 1910 Anh. S. 5—6 Nr. 492). Über die Bedingung der „glatten" Erledigung eines Vsfalls aus einer anderen V: OLG Karlsruhe 4. XI. 1911 VA 1912 Anh. S. 45 Nr. 661, vgl. aber auch RG 9. II. 1929 JRPV 1929 S. 144—145. Über die Herstellung eines junctim zwischen mehreren Vsanträgen: OLG Dresden 2. II. 1911 VA 1911 Anh. S. 42—43 Nr. 592 (fälschlich von Boteneigenschaft des Vsagenten ausgehend).

Auch einseitige Willenserklärungen kann ein Vermittlungsagent nicht namens des Vers abgeben, z. B. nicht kündigen, zurücktreten, anfechten oder zustimmen. Ferner erstreckt sich die gesetzliche Vollmacht eines Vermittlungsagenten nicht darauf, auf Gestaltungsrechte oder Einwände des Vers zu verzichten (OLG Stuttgart 1. II. 1935 JRPV 1935 Zusatz S. 50), oder darauf, Vsschutz zu gewähren, sei es, daß ihn der Ver abgelehnt hat (RG 25. V. 1937 RGZ Bd 155 S. 107), sei es, daß dies nicht geschehen war (KG 6. VI. 1928 JRPV 1928 S. 237—238). Was die Zurückweisung einer Kündigung anlangt, so wird man unterscheiden müssen: Selbstverständlich kann der Vsagent sich darauf berufen, daß er zur Entgegennahme nicht befugt sei, auch andere formale Mängel, z. B. Formmängel kann er geltend machen, aber darüberhinaus ist eine Zurückweisung unstatthaft (LG Berlin 1. IV. 1957 VersR 1957 S. 510—511; unrichtig Prölß[12] Anm. 3 zu § 43, S. 188).

Einzelne Lücken der Vertretungsmacht des Vermittlungsagenten sind aufgeführt in Anm. 18—21, 22—23, 24—26.

[28] bb) Einschränkbarkeit der Vertretungsmacht.

Abgesehen von örtlichen (Anm. 23) und zeitlichen (Anm. 39—43) Beschränkungen der Vertretungsmacht, fragt es sich, ob inhaltlich, sachlich der Umfang der Vertretungsmacht eines Vermittlungsagenten einschränkbar ist. Schon aus § 43 ergibt sich die Limitierung auf jene Vszweige, für die der Vermittlungsagent bestellt ist (Anm. 22). Darüberhinaus aber folgt die grundsätzliche Zulässigkeit einer Beschränkung aus § 47 (Näheres Anm. 3 zu § 47).

Gerade bei Vermittlungsagenten wird von der Möglichkeit einer Beschränkung der ihm nach § 43 zustehenden Vertretungsmacht oft Gebrauch gemacht. Leider sind die einschlägigen Klauseln der allgemeinen Vsbedingungen, Agenturverträge oder Vollmachtsurkunden oft unklar, so daß sich oft Rechtszweifel ergeben. Die Vmer werden nicht nur im Rahmen des zwingenden § 47, also dann geschützt, wenn sie die Beschränkung der Vertretungsmacht bei der Vornahme des Geschäfts oder der Rechtshandlung schuldlos oder leichtfahrlässig nicht kannten, sondern zusätzlich auch nach anderen Rechtsgrundsätzen, welche speziell die Rechtsprechung entwickelt hat (Näheres Anm. 4 zu § 47).

Ausnahmen hinsichtlich der Einschränkbarkeit gelten nur hinsichtlich der Hauptbevollmächtigten (Anm. 17 zu § 45) und der Prokuristen (§ 50 I HGB; jedoch sind praktisch bloße Vermittlungsagenten nie Prokuristen). Die prinzipielle Einschränkbarkeit der Vertretungsmacht eines Vermittlungsagenten könnte ferner faktisch eingeschränkt sein durch Rechtsscheinsgesichtspunkte (Näheres Anm. 27—44 zu § 45).

[29] cc) Ausdehnbarkeit der Vertretungsmacht.

aaa) Grundsätze.

Die in § 43 vorgesehene standardisierte Vertretungsmacht des Vermittlungsagenten ist nicht nur einschränkbar, sondern auch erweiterungsfähig. Die Ausdehnung der Vertretungsmacht kann dahin führen, daß der Vermittlungsagent zum Abschlußagenten des § 45 wird. Aber es kommen auch Vollmachtsformen vor, bei denen ein Vsagent zwar nicht abschließen kann (wozu auch die Erteilung von vorläufigen Deckungszusagen gehört), wohl aber andere Vollmachten erlangt, die über § 43 hinausgehen.

Solche Erweiterung der Vertretungsmacht beruht auf einseitiger Willenserklärung des Vers, kann aber auch in allgemeine Vsbedingungen aufgenommen werden. Es geht dabei um die Abgabe von Erklärungen, die Ausfertigung von Vsscheinen, die erweiterte Annahme von Prämien oder die Regulierung von Schäden.

[30] bbb) Erklärungsabgabe.

Während § 43 Ziff. 1, 2 nur von der Entgegennahme von Willens- und Wissenserklärungen spricht, kann ausnahmsweise einem Vermittlungsagenten die Vollmacht gegeben werden, Erklärungen (aktiv) abzugeben. So läßt § 13 I b AFB = § 13 I b AEB ersehen, daß bei der Abwendung oder Minderung des Schadens der Vmer nicht nur die Weisungen des Vers, sondern auch diejenigen „seines Agenten zu befolgen" hat. In dieser Vereinbarung ist zugleich eine Bevollmächtigung der Agenten der Feuer- und Einbruchdiebstahlv zu erblicken, solche Weisungen zu erteilen. Dazu vgl. auch KG 17. II. 1928 JRPV 1928 S. 85.

[31] ccc) Polizenausfertigung.

Während § 43 Ziff. 3 nur die Aushändigung solcher Vsscheine oder Verlängerungsscheine betrifft, die von dem Ver ausgefertigt worden sind, kann ausnahmsweise zusätzlich einem Vermittlungsagenten die Vollmacht gegeben werden, solche Scheine seinerseits auszufertigen (und dann auszuhändigen). RG 21. II. 1883 RGZ Bd 9 S. 239 meinte allerdings, „daß der im Namen des Prinzipales das Vertragsdokument unterschreibende Angestellte jedenfalls prima facie als zum Abschlusse des Vertrages bevollmächtigt aufzufassen ist". Wird diese Vermutung vom Ver nicht widerlegt, so handelt es sich um einen Abschluß-, nicht um einen Vermittlungsagenten mit erweiterter Vollmacht. Aber das Urteil läßt erkennen, daß es Vermittlungsagenten geben kann, die „nur als mit der Vollziehung der Police über den von der Beklagten selbst bereits abgeschlossenen Vsvertrag beauftragt" handeln. Im Falle RG 7. I. 1902 RGZ Bd 50 S. 75—77 ist unter Heranziehung des Rechtsscheinsgedankens angenommen worden, im Zweifel müsse eine Abschlußvollmacht angenommen werden, falls ein Agent befugt ist, allein die Polize zu unterschreiben und dem Vmer auszuhändigen.

[32] ddd) Prämieninkasso.

Während § 43 Ziff. 4 dem Vermittlungsagenten die Befugnis zur Annahme von Prämien nur verleiht, sofern er sich im Besitz einer vom Ver unterzeichneten Prämienrechnung befindet, kann zusätzlich einem Vermittlungsagenten eine erweiterte Inkassovollmacht gegeben werden, was recht häufig vorkommt. Die erweiterte Inkassovollmacht kann eine unbeschränkte sein, sie kann aber auch zu Kontrollzwecken auch nach außen hin dadurch beschränkt werden, daß der Vsagent bestimmte Quittungsformulare zu benutzen hat (OLG München 30. V. 1959 VersR 1959 S. 979). Die Inkassovollmacht kann auf jede Weise außerhalb des § 43 Ziff. 4 erteilt werden (vgl. Anm. 25, § 55 III HGB, Prölß[12] Anm. 5 zu § 43, S. 188; Beispielsfälle: KG 21. XII. 1929 JRPV 1930 S. 116 bis 117, OLG Düsseldorf 18. XII. 1933 VA 1933 S. 398 Nr. 2624 = JRPV 1934 S. 175 bis 176; eine erweiterte Inkassovollmacht ist abgelehnt vom OLG Kiel 23. II. 1934 VA 1934 S. 4—5 Nr. 2664 = JRPV 1934 S. 250—251).

Ein Vermittlungsagent, dem die erweiterte Inkassovollmacht erteilt worden ist, wird im Zweifel auch befugt sein, den Vmer einfach oder qualifiziert zu mahnen (Anm. 9,

17 zu § 39), jedoch geht eine Kündigung über seine typische Aufgabe hinaus (Anm. 43 zu § 39), desgleichen die Verlängerung einer vom Ver gesetzten Zahlungsfrist (RG 14. XI. 1933 JW 1934 S. 417 = VA 1933 S. 405 Nr. 2626). Auch zur gerichtlichen Geltendmachung ist ein Inkassobevollmächtigter nicht ohne weiteres befugt (Anm. 10 zu § 38, Anm. 20 zu § 45).

Eine Stundung, die auch in der Entgegennahme eines Schecks oder Wechsels liegt (Anm. 44 zu § 35), kann ohne besondere Bevollmächtigung ein Vermittlungsagent nicht gewähren, gleichgültig ob er im Rahmen des § 43 Ziff. 3, 4 handelt oder eine erweiterte Inkassovollmacht hat (Anm. 35 zu § 35, RG 22. I. 1892 RGZ Bd 28 S. 391, 24. I. 1899 JW 1899 S. 146, 5. X. 1926 RGZ Bd 114 S. 347—349, 20. IX. 1927 VA 1928 S. 2—3 Nr. 1786 = JRPV 1927 S. 344—345, 8. XI. 1927 JRPV 1927 S. 345, OLG Hamburg 21. VI. 1951 VersR 1951 S. 226—227). Eigenartig § 15 III AHagelB, wonach die Prämie „von der zuständigen Bezirksdirektion mit Genehmigung der Direktion gegen Wechsel gestundet werden“ kann. Für den Vmer entsteht bis zum Vorliegen der (nachträglichen) Genehmigung ein unerträglicher Schwebezustand. Über einen Prämienverrechnungsvertrag (der Vmer hatte eine Forderung gegen den Vsagenten persönlich): RG 5. X. 1926 RGZ Bd 114 S. 347—349, OLG Dresden 3. XI. 1927 VA 1928 S. 14 Nr. 1796.

Über die Bedeutung der Entgegennahme einer verspäteten Prämienzahlung durch einen Vermittlungsagenten mit Inkassovollmacht nach Eintritt eines Schadens: OLG Hamburg 25. V. 1932 VA 1932 S. 234—235 Nr. 2430, desgleichen durch einen Kassenangestellten nach Abschluß einer Ruhensvereinbarung: LG Berlin 16. II. 1951 VA 1951 S. 68—69 = VersR 1951 S. 171 mit Anm. Behne, der mit Recht kritisiert, daß der Kassenangestellte als bevollmächtigt zu gelten habe, durch vorbehaltlose Annahme der Zahlung die Ruhensvereinbarung durch neue Vereinbarung aufzuheben. Über Annahmeverzug des Vers, falls ein Inkassobevollmächtigter nicht annimmt: RG 22. I. 1892 RGZ Bd 28 S. 390—391. Über die Inkassovollmacht von Vsagenten ausländischer Ver: Gutachten Nr. 68 der Industrie- und Handelskammer Berlin: Kersting, Das Recht der deutschen V, Berlin 1938, S. 639—640.

[33] eee) Schadensregulierung.

Auch bei bloßen Vermittlungsagenten kommt es vor, daß man ihnen in Erweiterung des § 43 die Vollmacht gibt, Schäden zu regulieren, also Grund und Höhe eines eingetretenen Schadens zu ermitteln, mit dem Vmer hierüber Vereinbarungen zu treffen (Abfindungserklärungen), oder einseitig abzulehnen oder anzuerkennen, sowie die Auszahlung der Entschädigung vorzunehmen. Die Regulierungsvollmacht kann durch Abstellung auf eine bestimmte Schadenshöhe, z. B. 500,— DM begrenzt werden (nach § 1 II VO PR Nr. 52/50 über Provisionen in der Kraftfahrtv [in der Fassung der VO Nr. 15/59] darf eine zusätzliche Provision von höchstens 2½% gewährt werden, wenn ein hauptberuflicher Vsvermittler regelmäßig Schäden bearbeitet und erledigt, wobei „eine schriftliche Regulierungsvollmacht über mindestens 500,— DM je Schadensfall“ vorausgesetzt wird).

Nicht jedem Regulierungsangestellten steht aber eine Regulierungsvollmacht zu, auch § 43 schafft solche Vertretungsmacht nicht (BGH 26. XI. 1952 VersR 1953 S. 13, 28. III. 1956 VersR 1956 S. 432, Gottschalk JW 1929 S. 2040). Nach § 43 Ziff. 2 ist aber der Regulierungsangestellte stets bevollmächtigt, Auskünfte und Belege (§ 34) entgegenzunehmen, er ist auch in der Lage, Auskünfte und Belege namens des Vers zu verlangen; beides muß auch gelten, falls der Regulierungsangestellte nicht zugleich Vermittlungsagent ist (Anm. 6, 17, 30 zu § 34).

[34] 4. Wirkung der Vertretungsmacht.

a) Vertretung mit Vertretungsmacht.

Das Tätigwerden eines Vertreters mit Vertretungsmacht zeitigt eine Fremdwirkung: Bei aktiver und passiver Vertretung treffen die gesamten Rechtswirkungen unmittelbar und allein den Vertretenen (§ 164 I 1, III BGB). Während der Vertreter aktiv oder passiv ein Verhalten beobachtet, trifft den Vertretenen die Wirkung dieses Verhaltens (Repräsentationstheorie, vgl. Enneccerus-Nipperdey I 2^{14} S. 781, Soergel-Siebert-Schultze-von Lasaulx Anm. 18—24 vor § 164, S. 598—600).

Während ein Stellvertreter eine eigene Willenserklärung (mit Fremdwirkung) abgibt oder empfängt, ist ein Bote lediglich der Überbringer einer fremden Willenserklärung, gleichgültig ob er diese fertige Willenserklärung des Geschäftsherrn an einen Dritten weitergibt oder ob er eine Willenserklärung empfängt (Empfangsbote). Über Vsagenten als Boten Anm. 45—47.

Da ein Vertreter, also auch ein Vsagent mit eigenem Geschäftswillen handelt, muß der Ver auch ein Versehen des Vsagenten gegen sich gelten lassen (OLG Düsseldorf 19. II. 1934 VA 1934 S. 3 Nr. 2663). Es kommt bei Willensmängeln darauf an, ob sie in der Person des Vertreters vorliegen (§ 166 I BGB). So kann der Ver anfechten, wenn der Vsagent irrte (Enneccerus-Nipperdey I 2^{14} S. 782—783). Über das Problem der Wissenszurechnung (§ 166 BGB) wird zur Spezialvorschrift des § 44 Näheres dargelegt (Anm. 3 bis 15 zu § 44).

Ausnahmsweise trifft einen Vertreter mit Vertretungsmacht eine persönliche Haftung; dazu Anm. 35 zu § 44.

[35] b) Vertretung ohne Vertretungsmacht.

aa) Tatbestände.

Die speziellen Rechtsfolgen einer Vertretung ohne Vertretungsmacht (§§ 177—180 BGB) kommen primär zur Anwendung, falls eine Person überhaupt keine Vertretungsmacht erlangt hat, insbesondere falls ihr überhaupt keine Vollmacht erteilt worden ist. Hiernach ist jemand dann falsus procurator, wenn er sich als Vsagent ausgibt, ohne mit der Vermittlung von Vsgeschäften betraut zu sein. — Die zweite Fallgruppe einer Vertretung ohne Vertretungsmacht ergibt sich, falls eine existent gewesene Vertretungsmacht erloschen ist (Anm. 39—41), ohne daß eine erloschene Vollmacht noch nachwirkt (Anm. 42—44). — Ein dritter Komplex von Tatbeständen einer Vertretung ohne Vertretungsmacht liegt bei Überschreitung des Umfanges einer inhaltlich beschränkten Vertretungsmacht vor. Bei Teilbarkeit des Geschäftes kann dann zuweilen angenommen werden, daß der Vertragsgegner den von der Vollmacht gedeckten Teil auch allein abgeschlossen haben würde. Sollte es z. B. vorkommen, daß ein Unfallvsagent Unfallven mit einer Todesfallsumme bis zu 10000,— DM abzuschließen befugt ist und daß er in Überschreitung seiner Vollmacht eine Unfallv über 20000,—DM kontrahiert, so kann angenommen werden, daß in Höhe von 10000,— DM die Unfallv gültig ist (§ 139 BGB; Enneccerus-Nipperdey I 2^{14} S. 789). Ein Vermittlungsagent ist falsus procurator, sofern er abschließt, statt nur zu vermitteln (dazu vgl. auch §§ 75h I, 91a I HGB), oder falls er ein Verhalten entsprechend § 43 beobachtet, obgleich nach Maßgabe des § 47 seine Vertretungsmacht beschränkt ist. — Die vierte und letzte Fallgruppe betrifft den Mißbrauch einer Vertretungsmacht, insbesondere einer Vollmacht. Hier ist zwar die Vertretungsmacht an und für sich gegeben, aber der Vertreter macht von ihr entgegen ihrem Zweck oder den Weisungen des Vollmachtgebers Gebrauch, und der Geschäftsgegner erkennt den Mißbrauch oder hätte ihn erkennen müssen (Enneccerus-Nipperdey I 2^{14} S. 789, Soergel-Siebert-Schultze-von Lasaulx Anm. 9—12 zu § 177, S. 64). Die Gleichstellung des Kennenmüssens des Geschäftsgegners (Vskandidaten, Vmers) mit seiner positiven Kenntnis ist angenommen worden durch RG 17. I. 1934 RGZ Bd 143 S. 201, wonach leichte Fahrlässigkeit des Geschäftsgegners genügt. Unerheblich ist es, ob der Vertreter bewußt zum Nachteil des Vertretenen handeln wollte. Die Bestimmungen über Vertretung ohne Vertretungsmacht sind anzuwenden (Enneccerus-Nipperdey I 2^{14} S. 789). In krassen Fällen der Kollusion ist das Rechtsgeschäft nach § 138 I BGB nichtig, Schadensersatzpflichten des falsus procurator und des Geschäftsgegners ergeben sich dann aus §§ 826, 840 I BGB.

Ausnahmsweise können bei Vertretung ohne Vertretungsmacht unter dem Gesichtspunkte der Rechtsscheinshaftung extern für den Vertretenen die gleichen Rechtsfolgen eintreten wie bei Vertretung mit Vertretungsmacht (Anm. 27—44 zu § 45).

[36] bb) Rechtsfolgen.

aaa) Bei Verträgen.

α) Bürgerlichrechtliche Grundsätze.

Die Rechtsfolgen einer Vertretung ohne Vertretungsmacht sind verschieden bei Verträgen und einseitigen Rechtsgeschäften.

Bei Verträgen bleibt die Wirksamkeit für und gegen den Vertretenen in der Schwebe, sie hängt von seiner Genehmigung ab (§ 177 I BGB).

Die Genehmigung, welche ausdrücklich oder stillschweigend erfolgen kann, durch direkte Willenserklärung oder durch konkludentes, schlüssiges Verhalten, kann gegenüber dem Vertragsgegner oder gegenüber dem falsus procurator erfolgen und bewirkt, daß der Vertrag als von vornherein wirksam zu behandeln ist (§ 184 I BGB). Stets setzt aber die stillschweigende oder konkludente Genehmigung Kenntnis und Willen des Genehmigenden voraus (vgl. BGH 16. V. 1951 BGHZ Bd 2 S. 152—153, 12. VII. 1957 MDR 1958 S. 84). Der Schwebezustand kann auf zweierlei Weise verkürzt oder beendet werden, nämlich einerseits durch Aufforderung zur Erklärung (§ 177 II BGB), andererseits durch Widerruf des Vertragsgegners (§ 178 BGB, dazu Anm. 18).

Wird die Genehmigung verweigert (oder gilt sie gemäß § 177 II 2 BGB als verweigert), so trifft den Vertretenen keine Haftung, nur selten kommt culpa in contrahendo des Vertretenen in Betracht (Anm. 35 zu § 44). Dagegen haftet der falsus procurator gemäß § 179 BGB. Diese sehr strenge Haftung kann bei Vsverträgen auch einen Untervertreter treffen. Nach dem Gesetz könnte der Vmer wahlweise Erfüllung oder Schadensersatz verlangen. Da jedoch ein Vsagent kein Ver ist und nur ein Ver die Gefahrtragungsleistung zu erbringen vermag, scheidet die Erfüllung aus; der Vsagent ist nur zum Schadensersatze verpflichtet. Diesen könnte er leisten, indem er anderweitigen Vsschutz besorgt. Ansonsten läuft der Vsagent Gefahr, bei Eintritt eines „Vsfalles" so leisten zu müssen, wie der Ver hätte leisten müssen. Solcher Schadensersatzanspruch kann also für einen Vsagenten existenzvernichtend wirken. Die Haftung des Vsagenten ist nach § 179 III 1 BGB nicht begründet, wenn der andere Teil den Mangel der Vertretungsmacht kannte oder kennen mußte. Der Vsagent hat die Kenntnis oder die Fahrlässigkeit des Nichtkennens zu beweisen (Enneccerus-Nipperdey I 2[14] S. 788 Anm. 19), wobei leichte Fahrlässigkeit genügt und sich möglicherweise — trotz des Verhaltens des Vsagenten — daraus ergeben kann, daß der Vmer die allgemeinen Vsbedingungen nicht gelesen hat.

Zur Frage der Genehmigung der Abmachung eines Schadenregulierungsangestellten: BGH 26. XI. 1952 VersR 1953 S. 13.

[37] β) Handelsrechtliche Besonderheiten.

Die Genehmigung des § 177 I BGB setzt stets eine Willenserklärung des Vertretenen voraus, mag diese auch stillschweigend und konkludent abgegeben werden. Bloßes Schweigen beinhaltet regelmäßig keine genehmigende Willenserklärung.

Hier nun modifiziert das Handelsrecht für spezielle Fälle die Grundregel des § 179 I BGB, und zwar bei Handlungsgehilfen des Außendienstes (§ 75h HGB) und bei Handelsvertretern (§ 91a HGB). Der erste Absatz dieser Bestimmungen betrifft jeweils den Fall, daß ein bloßer Vermittlungsbevollmächtigter abgeschlossen hat, der zweite Absatz den Fall, daß ein Abschlußbevollmächtigter ein Geschäft abgeschlossen hat, zu dessen Abschluß er ausnahmsweise nicht bevollmächtigt war. Die Bestimmungen gelten also nicht bei von vornherein fehlender oder bei erloschener Vertretungsmacht, sondern nur bei Vollmachtsüberschreitung. Sie können analog angewendet werden bei Vollmachtsmißbrauch, also z. B. dann, wenn — bei Kenntnis oder Kennenmüssen des Vmers — der Handlungsgehilfe oder Handelsvertreter intern die Weisung erhalten hatte, gewisse Geschäfte nicht abzuschließen, obgleich sie durch seine Vollmacht an sich gedeckt wären.

Die §§ 75h, 91a HGB bestimmen nun, daß das bloße Schweigen des Prinzipals oder Unternehmers als Genehmigung gelte, wobei eine Unverzüglichkeitsfrist (Ablehnungslast) den Geschäftsherrn von jenem Zeitpunkte an trifft, in welchem er „über Abschluß und wesentlichen Inhalt benachrichtigt worden ist". Beispiele KG 3. X. 1928 JRPV

1928 S. 352—353, OLG Hamm 6. X. 1932 VA 1932 S. 293 Nr. 2479, LG Düsseldorf 16. XI. 1950 VersR 1951 S. 198.

Die Ausnahmenormen der §§ 75h, 91a HGB dürfen — abgesehen vom Falle des Vollmachtsmißbrauches — nicht über ihren Wortlaut hinausgehend angewendet werden. Würdinger in: RGRKomm. HGB Bd 1 Anm. 4 zu § 91a, S. 759 führt aus, § 91a sei „nicht auf den Fall anzuwenden, daß der Vertreter lediglich den bindenden Vertragsantrag des Dritten entgegengenommen und dem Unternehmer übermittelt hat"; hier handelt der Vsagent als bloßer Vermittlungsvertreter, und es bedarf einer Annahmeerklärung, die nicht im bloßen Schweigen gesehen werden kann. Man wird auch dann die handelsrechtlichen Ausnahmevorschriften nicht anwenden können, wenn ein unselbständiger Vsvertreter kein Handlungsgehilfe ist (bedenklich Würdinger in: RGRKomm. HGB Bd 1 Anm. 2 zu § 75h, S. 675, Anm. 11 zu § 84, S. 687, der den § 75h HGB auf alle angestellten Geschäftsvermittler erstrecken will, gleichgültig, ob der Prinzipal Kaufmann ist oder nicht).

[38] bbb) Bei einseitigen Rechtsgeschäften.

§ 180^1 BGB besagt: „Bei einem einseitigen Geschäft ist Vertretung ohne Vertretungsmacht unzulässig", so daß Nichtigkeit des Rechtsgeschäfts die Folge ist. Ein Schwebezustand ist hier im Interesse der Rechtsklarheit nicht vorgesehen. Eine Haftung des Vertreters ohne Vertretungsmacht läßt sich nur bei Vorliegen einer unerlaubten Handlung (§§ 823 II, 826 BGB) begründen.

Jedoch gelten für den geschilderten Grundsatz bei empfangsbedürftigen einseitigen Willenserklärungen, z. B. Anfechtung, Rücktritt, Kündigung, Aufrechnung wichtige Ausnahmen, einerseits für die aktive Vertretung (§ 180^2 BGB), andererseits für die passive Vertretung (§ 180^3 BGB). Gibt z. B. ein Vermittlungsagent eine Anfechtungs- oder Rücktrittserklärung ab, so finden die Vorschriften über Verträge entsprechende Anwendung, d. h. es kommt auf die Genehmigung des Vers an (Anm. 36). Bei passiver Vertretung entscheidet, ob das einseitige Rechtsgeschäft „gegenüber einem Vertreter ohne Vertretungsmacht mit dessen Einverständnisse vorgenommen wird". Nimmt also ein Vsagent z. B. eine Kündigung entgegen, obgleich seine Empfangsvollmacht nach § 43 Ziff. 2 beseitigt ist (§ 47), so entsteht gleichfalls ein Schwebezustand, die Wirksamkeit der Kündigung ist von der Genehmigung des Vers abhängig (Anm. 36).

Einen Fall der Erteilung eines Ablehnungsbescheides (§ 12 III 2) durch einen Vertreter ohne Vertretungsmacht behandelt (ohne Hinweis auf § 180 BGB) RG 10. I. 1905 VA 1905 Anh. S. 70—71 Nr. 138.

[39] 5. Erlöschen der Vertretungsmacht.

a) Tatbestände des Erlöschens.

Im allgemeinen liegt der Vollmacht eines Vsagenten der Agenturvertrag zugrunde, es handelt sich also nicht um eine isolierte, sondern um eine verbundene Vollmacht. Für verbundene Vollmachten gilt die Koppelungsregel des § 168^1 BGB: „Das Erlöschen der Vollmacht bestimmt sich nach dem ihrer Erteilung zugrunde liegenden Rechtsverhältnisse". Sobald also der Dienst- oder Handelsvertretervertrag endet, erlischt zugleich die Vertretungsmacht des Vsagenten. Über die Beendigungsgründe vgl. Anm. 340—357 vor §§ 43—48. Praktisch am bedeutsamsten ist der Beendigungsgrund der Kündigung: Im Falle unbefristeter Kündigung erlischt auch die Vollmacht unbefristet. Im Falle unzulässiger Kündigung erlischt auch die Vollmacht nicht nach § 168^1 BGB, aber möglicherweise ist unabhängig von der Kündigung ein Widerruf der Vollmacht (§ $168^{2,3}$ BGB) gewollt und erklärt (vgl. Anm. 40). Speziell über den Todesfall vgl. Anm. 41.

Ist ein Agenturvertrag nichtig oder anfechtbar (Anm. 203 vor §§ 43—48), so ist zu prüfen, ob sich im Einzelfall Nichtigkeit oder Anfechtbarkeit auch auf die Vollmachtserteilung erstrecken. Trifft das nicht zu, so handelt es sich um eine isolierte Vollmacht, die durch Widerruf (§ $168^{2,3}$ BGB; Anm. 40) erlischt, ferner im Zweifel durch den Tod des Bevollmächtigten (Anm. 41) und den Konkurs des Vollmachtgebers (Enneccerus-Nipperdey I 2^{14} S. 804—805).

Auch bei einer verbundenen Vollmacht kommt es vor, daß sie nicht nur mit dem zugrunde liegenden Rechtsverhältnisse erlöschen soll, sondern daß der Vollmacht ein Endtermin oder eine auflösende Bedingung beigefügt ist.

Speziell behandelt werden sollen die Erlöschensgründe des Widerrufs (Anm. 40) und des Todes (Anm. 41).

Zu beachten ist, daß es nicht nur ein vollständiges, sondern auch ein teilweises Erlöschen der Vertretungsmacht gibt. § 168[1] BGB ist entsprechend anzuwenden, wenn nachträglich der Aufgabenkreis eines Vsagenten eingeschränkt wird, z. B. durch Tätigwerden nur in bestimmten Vszweigen (Anm. 22) oder Bezirksveränderung (Anm. 23) oder Entziehung der Polizenausfertigung (Anm. 31) oder des Prämieninkasso (Anm. 32) oder der Schadensregulierung (Anm. 33). Auch nachträgliche Einschränkungen der Vertretungsmacht nach Maßgabe des § 47 kommen in Betracht (Anm. 28; Anm. 16 zu § 47).

[40] aa) Speziell: Widerruf.

Isolierte Vollmachten erlöschen durch Widerruf, aber auch bei verbundenen Vollmachten ist regelmäßig ein Widerruf möglich, selbst bei Fortbestehen des der Erteilung zugrunde liegenden Rechtsverhältnisses (§ 168[2] BGB). Allerdings kann sich ein Ver oder Generalagent aus dem Agenturverhältnis schadensersatzpflichtig machen, wenn er bei Fortbestehen dieses Rechtsverhältnisses den Widerruf erklärt.

Es handelt sich bei dem Widerruf um eine einseitige empfangsbedürftige Willenserklärung, welche gemäß § 168[3] BGB in Verbindung mit § 167 BGB formlos gegenüber dem Vsagenten oder jenen Dritten erfolgen kann, denen gegenüber die Vertretung stattfinden sollte, also auch durch Zeitungsanzeigen.

Bei Unteragenten ist die Rechtslage verwickelt. Handelt es sich um unechte Unteragenten, die zum Ver in einem Agenturverhältnis stehen, so ist der Ver widerrufsberechtigt, daneben aber auch der Generalagent. Denn da er namens des Vers Untervollmacht erteilte, kann er sie auch widerrufen. Widerruft übrigens in solchem Falle der Ver die Vollmacht des Generalagenten, so werden damit nicht zugleich die Untervollmachten der Unteragenten betroffen. — Handelt es sich um echte Unteragenten, so ist primär der Generalagent widerrufsberechtigt. Aber auch hier ist dem Ver ein Widerrufsrecht zuzubilligen. Denn er wird ja vertreten und muß es nicht ertragen, daß ihn ein Unteragent vertritt, der ihm nicht genehm ist. Widerruft hier übrigens der Ver die Vollmacht des Generalagenten, so wird damit zugleich den Untervollmachten der echten Untervertreter der Boden entzogen.

Der Widerrufende braucht sein Vorgehen nicht zu begründen. Der Widerruf ist wirksam, auch wenn eine vom Ver erklärte fristlose Kündigung des Agenturverhältnisses sich als unwirksam erweist. Dem benachteiligten früheren Bevollmächtigten können jedoch im Innenverhältnis Ersatzansprüche zustehen, insbesondere auch Ansprüche unter dem Gesichtspunkt der Provisionsvereitelung (Anm. 304 vor §§ 43—48).

§ 168[2] BGB macht ersichtlich, daß der Grundsatz der freien Widerruflichkeit im Einzelfall aufgehoben sein kann, sofern sich aus dem zugrunde liegenden Rechtsverhältnisse solches ergibt. Jedoch kommen bei Vsagenten solche Tatbestände unwiderruflicher Vollmachtserteilung praktisch nicht vor.

[41] bb) Speziell: Tod.

Es ist zu unterscheiden, ob ein Generalagent oder ein sonstiger Vsagent stirbt.

Letzterenfalls handelt es sich regelmäßig um eine Einzelperson. Der Tod des Vsagenten läßt das Agenturverhältnis enden (Anm. 341 vor §§ 43—48), so daß gemäß § 168[1] BGB auch die Vollmacht mit dem Tode erlischt. Aber auch bei isolierter Vollmacht ist solches Erlöschen anzunehmen (Enneccerus-Nipperdey I 2^{14} S. 804—805). Über die Fälle, daß der Vertretervertrag mit einem Einzelkaufmann unter seiner Firma geschlossen worden war oder mit einer offenen Handelsgesellschaft oder einer juristischen Person vgl. Anm. 341 vor §§ 43—48.

Stirbt ein Generalagent, so gilt Entsprechendes, aber es taucht die Frage auf, ob die Vollmacht der Unteragenten bestehen bleibt. Ein unechter Unteragent bleibt Bevollmächtigter des Vers, mag er künftig auch kein Unterbevollmächtigter mehr sein.

Ein echter Unteragent dagegen verliert infolge des Todes des Generalagenten die Untervollmacht, mag auch der Tod des Geschäftsherrn (Generalagenten) den Unteragenturvertrag (inhaltsleer) mit den Erben des Generalagenten fortbestehen lassen (Anm. 342 vor §§ 43—48). Vgl. jedoch zur Vollmacht über den Tod hinaus Enneccerus-Nipperdey I 2[14] S. 806—808.

[42] b) Fortwirken erloschener Vollmacht.

Es gibt bei Vsagenten keine Eintragung der Vollmacht in das Handelsregister wie bei Prokuristen (vgl. § 53 III HGB mit § 15 I HGB). Sogar bei Hauptbevollmächtigten ausländischer Ver besteht keine Eintragungsmöglichkeit und demzufolge keine an eine Eintragung anknüpfende Publizität. Soweit selbständige Handelsvertreter Vollkaufleute sind, ist zwar deren Firma einzutragen, aber Firma und Eintragung bleiben bei Erlöschen der Vertretungsmacht grundsätzlich bestehen. Falls in einem Firmenzusatz der Name des bislang vertretenen Vers erscheint, besteht trotz des Erlöschens der Vollmacht auch der Firmenzusatz zunächst fort. Allerdings wird man eine Rechtspflicht des ausgeschiedenen Handelsvertreters gegenüber dem Ver annehmen müssen, den Firmenzusatz durch Firmenänderung zu beseitigen, und gutgläubig auf den Firmenzusatz Vertrauende können bis dahin unter dem Gesichtspunkte der Rechtsscheinshaftung geschützt sein (Anm. 30 zu § 45).

Aber ein Schutz Dritter, also der Vmer, und zuweilen auch des Bevollmächtigten, also des Vsagenten, ist im allgemeinen Zivilrecht in mehrfacher Richtung positiv geregelt.

[43] aa) Schutz der Versicherungsnehmer.

Es handelt sich hier um vier Fälle: Erstens, die Vollmacht ist durch Erklärung gegenüber einem Dritten, also Vmer oder Vskandidaten, erklärt worden (§ 170 BGB). Zweitens, es ist einem Vmer oder Vskandidaten durch besondere Mitteilung kundgegeben worden, daß die Vollmacht einem Vsagenten erteilt sei (§ 171 I BGB). Drittens, solche Kundgabe ist durch öffentliche Bekanntmachung erfolgt (§ 171 I BGB). Oder viertens, es ist dem Vsagenten eine Vollmachtsurkunde ausgehändigt worden, und der Vsagent legt sie dem Vmer oder Vskandidaten vor (§ 172 I BGB).

In diesen vier Fällen gilt die erloschene Vollmacht als fortbestehend, bis die genannten Erklärungen oder Kundgebungen in entsprechender Weise rückgängig gemacht worden sind, was bedeutet, daß im ersten Falle eine Anzeige vom Erlöschen der Vollmacht an den Dritten zu erfolgen hat, im zweiten und dritten Falle eine Mitteilung an den Dritten oder eine öffentliche Bekanntmachung vom Erlöschen der Vollmacht, im vierten Falle eine Zurückgabe oder Kraftloserklärung der Vollmachtsurkunde (§§ 170, 171 II, 172 II BGB; wegen der Zurückgabe und Kraftloserklärung vgl. auch §§ 175, 176 BGB).

Im einzelnen sei für das Vsagentenrecht noch bemerkt, daß zu den externen Vollmachten des § 170 BGB auch solche gehören, die nicht durch Erklärung gegenüber einem speziellen Dritten erteilt werden, sondern durch öffentliche Bekanntmachung an einen unbestimmten Personenkreis (Anm. 9). Eine Kundgebung einer Bevollmächtigung durch öffentliche Bekanntmachung kommt besonders auch bei Hauptbevollmächtigten sowie bei Handelskammervollmachten in Betracht. In Anlehnung an § 171 II BGB bestimmt die einschlägige Bekanntmachung der Handelskammer Hamburg (abgedruckt: Anm. 509 vor §§ 43—48): „Die Aufhebung .... der Vollmacht ist der Handelskammer in Hamburg unverzüglich anzuzeigen. Sie wird Dritten gegenüber erst rechtswirksam, wenn sie im Register der Handelskammer vermerkt ist und der Vollmachtgeber die Veröffentlichung entweder durch Aushang im Börsenkontor des Vereins Hamburger Assekuradeure oder durch Bekanntmachung in drei Hamburger Tageszeitungen veranlaßt hat" (Ziff. 4 Abs. 2, vgl. auch Ziff. 5). — Der Aushändigung einer Vollmachtsurkunde muß wegen der Spezialregelung des § 43 Ziff. 3, 4 die Aushändigung eines vom Ver ausgefertigten Vsscheines oder einer vom Ver unterzeichneten Prämienrechnung (oder Prämienquittung) gleichgestellt werden, d. h. die Vertretungsmacht bleibt analog § 172 II

BGB bestehen, bis solche Vsscheine, Prämienrechnungen (Prämienquittungen) dem Ver zurückgegeben sind (vgl. hierzu die Rechtsprechungsnachweise Anm. 30 zu § 45).

Geschützt werden aber nach den genannten Vorschriften nur *Gutgläubige*: Die Bestimmungen „finden keine Anwendung, wenn der Dritte das Erlöschen der Vertretungsmacht bei der Vornahme des Rechtsgeschäfts kennt oder kennen muß" (§ 173 BGB). Den Vmer oder Vskandidaten trifft nur ausnahmsweise eine Erkundigungspflicht, z. B. wenn er gerüchtweise davon gehört hat, einem Vsagenten sei fristlos gekündigt worden. Es geht bei den behandelten Vorschriften um eine spezielle Ausprägung des Rechtsscheinsgedankens, wonach stets nur gutgläubig Vertrauende geschützt werden. Näheres zum Rechtsscheinsgedanken Anm. 27—44 zu § 45. Dort ist auch die Frage zu behandeln, ob die aufgeführten Bestimmungen entsprechend anzuwenden sind, wenn eine Vollmacht von Anfang an nicht bestand (Anm. 30 zu § 45).

Bei Vsagenten können die Schutzvorschriften der §§ 170—173 BGB nicht nur Vmern und Vskandidaten (in den Fällen des § 43) zugute kommen, sondern auch anderen *Dritten*, z. B. dann, wenn ein ausgeschiedener Vsagent eine Schreibmaschine namens des früheren Vollmachtgebers kauft.

Da in den genannten Fällen im Verhältnis zwischen Vsagent und Ver bzw. Generalagent die Vollmacht erloschen ist, kann intern der „Vollmachtgeber" den Vsagenten *regreßpflichtig* machen, auch Befreiung von den Ansprüchen des Dritten fordern. Als Rechtsgrundlage für Regreß und Befreiungsanspruch kommen der Agenturvertrag (möglicherweise nachwirkend), Deliktsrecht, Geschäftsführung ohne Auftrag und ungerechtfertigte Bereicherung in Betracht.

[44] bb) Schutz der Versicherungsagenten.

Zuweilen können Vsagenten es nicht wissen, daß ihre Vollmacht erloschen sei. Zwar muß ein Widerruf nach § 168$^{2, 3}$ BGB zugehen, aber im Falle des § 168^{1} BGB (Erlöschen des Grundverhältnisses) gibt es manche Tatbestände, von denen der Vsagent nichts zu erfahren braucht, z. B. bei einem echten Unteragenten vom Tode oder Konkurs des Generalagenten (dazu Anm. 342, 351 vor §§ 43—48). Es kann überdies dringend erwünscht sein, daß die Erben eines Bevollmächtigten nach dessen Tode noch gewisse Vollmachtshandlungen vornehmen.

Die in Betracht kommenden Schutzbestimmungen sind in Anm. 358 vor §§ 43—48 zusammengestellt. Hier gilt das Agenturverhältnis als fortbestehend. Deshalb greift auch § 168^{1} BGB noch nicht ein, d. h. die Vollmacht erlischt noch nicht; geschützt wird also nicht nur der Dritte (Vmer oder Vskandidat), sondern auch der Vsagent, der intern nicht regreßpflichtig und nicht zur Freihaltung verpflichtet ist. Eine gewisse Ausnahme hinsichtlich des Schutzes Dritter bringt § 169 BGB (für den Fall, daß zwar der Vsagent von der Beendigung nichts weiß, wohl aber der Dritte bei der Vornahme eines Rechtsgeschäfts das Erlöschen kennt).

[45] II. Boteneigenschaft des Versicherungsagenten.

1. Tatbestand.

Der (aktive oder passive) Stellvertreter ist vom Boten abzugrenzen, der sich gleichfalls bei der Abgabe oder bei dem Empfang von Willens- und Wissenserklärungen betätigen kann. Ein Vsagent kann *aktiver oder Empfangsbote* sein.

In Fällen des *Aktivwerdens* soll der Stellvertreter einen eigenen Willen entfalten, während ein Bote eine fremde, von seinem eigenen Willen unabhängige Willenserklärung des Geschäftsherrn übermitteln soll (Bilder: Sprachrohr, verlängerter Arm, Briefträger). In Zweifelsfällen entscheidet das vorgesehene Maß eigener Entschlußfreiheit (Enneccerus-Nipperdey I 2^{14} S. 758—759). Extern gilt jedoch: „Ob jemand Vertreter oder Bote ist, bestimmt sich nach seinem äußeren Auftreten gegenüber dem Geschäftsgegner. Was er sein sollte, ergibt sich dagegen aus dem Innenverhältnis zum Geschäftsherrn. Wer als Bote eine Erklärung abgeben soll, kann demnach trotzdem Vertreter sein, da es allein darauf ankommt, wie er im Außenverhältnis tatsächlich aufgetreten ist. Umgekehrt kann als Bote im Außenverhältnis auftreten, wer nach dem Innenverhältnis Vertreter sein sollte . . . . Allerdings wird man im Zweifel davon ausgehen können, daß, wer nach dem Innenverhältnis Bote sein sollte, auch im Außenverhältnis als Bote und nicht als Vertreter aufgetreten ist" (Enneccerus-Nipperdey I 2[14] S. 760, ähnlich Soergel-Siebert-Schultze-von Lasaulx Anm. 18—21 vor § 164, S. 599—600).

Bei passiver Stellvertretung und Empfangsboten ist die Abgrenzung prinzipiell noch schwieriger. Zwar läßt sich dogmatisch sagen: „Die Erklärung an den Vertreter richtet sich an diesen selbst, freilich an ihn als Vertreter; die Erklärung an den Empfangsboten richtet sich nicht an diesen, sondern an denjenigen, der durch ihn empfängt" (Enneccerus-Nipperdey I 2[14] S. 763). Aber die Formel ist wenig praktikabel. Für Vsagenten kann man der Regelung des § 43 Ziff. 1, 2, 4 entnehmen, daß sie regelmäßig nicht nur Empfangsboten, sondern Empfangsvertreter sind (Haymann JRPV 1935 S. 258), zumal da sie z.B. den Antrag und die vorvertraglichen Anzeigen vermittelnd mit zu erarbeiten pflegen. Zu Unrecht leugnen die Stellvertretereigenschaft bei Handelsvertretern, die keine Abschlußvollmacht haben: Soergel-Siebert-Schultze-von Lasaulx Anm. 30 vor § 164, S. 603, KG 3. XII. 1927 JRPV 1928 S. 60.

[46] 2. Rechtsfolgen.

Da ein Vermittlungsagent gemäß § 43 regelmäßig nicht aktiv handeln kann, ist er bei der Abgabe von Willens- und Wissenserklärungen durchweg nur aktiver Bote.

Wird eine Erklärung durch einen Boten unrichtig übermittelt, so kann bei wesentlicher Abweichung eine Anfechtung durch den Absender (Ver, Generalagent) nach § 120 BGB erfolgen, allerdings mit der Rechtsfolge einer Schadensersatzpflicht des Anfechtenden aus § 122 BGB: Der Vmer oder Vskandidat ist so zu stellen, wie wenn er nicht auf die Gültigkeit der durch den Boten übermittelten Erklärung vertraut hätte. Ficht z.B. ein Ver eine Vertragsannahmeerklärung an, so entscheidet, ob der Vmer sich bei einem anderen Ver gedeckt hätte, falls er um die Ungültigkeit der Vertragsannahmeerklärung gewußt hätte. Ist anderweitiger Vsschutz des kontrahierten Umfanges nicht erlangbar, so scheidet insoweit ein Schadensersatz aus. Wäre anderweitig Vsschutz sogar in umfassenderer Deckung erlangbar gewesen, so geht der Ersatz des Vertrauensschadens (negativen Interesses) i. S. des § 122 I BGB doch niemals „über den Betrag des Interesses hinaus, welches der andere .... an der Gültigkeit der Erklärung hat" (Erfüllungs-, positives Interesse). Der Vmer ist also nicht besser zu stellen, als wenn die (angefochtene) Vertragsannahmererklärung gültig gewesen wäre.

Da ein Bote keine eigene Willenserklärung abgibt, ist seine Geschäftsfähigkeit nicht erforderlich.

Bei aktiven Boten geht eine Erklärung dem Empfänger erst zu, wenn der Bote dem Empfänger mindestens die Möglichkeit der Kenntnisnahme eröffnet (über den Begriff des Zugangs: Anm. 3, 4 zu § 10). — Was den Empfang anlangt, so steht dem Zugang beim Ver der Zugang bei einem empfangsbevollmächtigten Vsagenten gleich (Anm. 5 zu § 10). Bei einem Empfangsboten ist dagegen die Rechtslage umstritten. Ist z.B. die Empfangsvollmacht eines Vsagenten wegbedungen (§ 47), so fragt es sich, ob ein einem solchen Vsagenten übergebener oder zugesandter Brief dem Ver erst zugegangen ist, nachdem der Vsagent den Brief dem Ver übermittelt hat. Nach richtiger Auffassung ist letzteres anzunehmen; sonst bestünde keinerlei Unterschied zwischen Empfangsvertretern und Empfangsboten (anders Enneccerus-Nipperdey I 2[14] S. 764).

Über die Wissenszurechnung bei Boten Anm. 10 zu § 44.

[47] 3. Einzelfälle.

Praktisch ist es oft sehr schwierig, Boten und Stellvertreter voneinander abzugrenzen. Das Fehlen oder der Ausschluß der Vertretungsmacht läßt es ja einem Vsagenten unbenommen, als Vertreter ohne Vertretungsmacht zu handeln. Es kann davon ausgegangen werden, daß ein tatsächlich Bevollmächtigter im Zweifel als solcher, also nicht nur als Bote auftreten will (deshalb ist ein Hauptbevollmächtigter niemals bloßer Bote: Bruck AssJhrb Bd 56 S. 4—5). Ferner kann eine Auslegungsregel aufgestellt werden, wonach wegen der drohenden eigenen Haftung im Zweifel niemand als falsus procurator auftreten wird, also ein Vermittlungsagent, dem die Empfangsvollmacht entzogen ist, nur als Empfangsbote. OLG Celle 17. XII. 1920 VA 1921 Anh. S. 17 Nr. 1182 betont, die Vorschrift, daß die Anzeige bei der Gesellschaft selbst zu machen sei, schließe nicht aus, „daß dies unter Vermittelung der Agenturen als Beauftragte der Berechtigten geschieht". OLG Düsseldorf 7. XII. 1933 VA 1933 S. 397—398 Nr. 2623 = JRPV 1934 S. 153—154 sieht einen Vsagenten, der Antrag und Polize verfälscht hat, in beiden Richtungen nur als Boten an; die unverfälschten Willenserklärungen ergäben Dissens; unrichtigerweise wird die Anwendung des § 120 BGB mit der Begründung abgelehnt, der Bote habe sich nicht geirrt. OLG Hamburg 14. III. 1939 VA 1939 S. 370 Nr. 2604 meint, daß bei unterlassener Weitergabe einer Anzeige durch den Vsagenten (Boten) „der Vmer eventuell einen Schadensersatzanspruch nur gegen den Agenten ...., nicht aber gegen den Ver" habe. OLG Stuttgart 27. III. 1930 JRPV 1930 S. 385—386 entschuldigt jedoch einen Vmer, der einen Vsagenten als (säumigen) Empfangsboten verwendet hat. Vgl. auch Anm. 7 zu § 47.

§ 44

Soweit nach den Vorschriften dieses Gesetzes die Kenntnis des Versicherers von Erheblichkeit ist, steht die Kenntnis eines nur mit der Vermittelung von Versicherungsgeschäften betrauten Agenten der Kenntnis des Versicherers nicht gleich.

Wissenszurechnung, Arglistanfechtung, Verschuldensbeeinflussung. Versicherungsagenten als Erfüllungs- und Verrichtungsgehilfen. Vertrauensstellung der Versicherungsagenten.

Gliederung:

[1] **Entstehung:** § 44 ist unverändert geblieben. — Begr. I S. 55—56.

[2] **Schrifttum:** Zur Wissenszurechnung: Oldenbourg, Die Wissenszurechnung, Mannheim-Berlin-Leipzig 1934; zur Arglistanfechtung: von Schatteburg, Rechtsstellung des Vmers, der durch arglistiges oder sonst schuldhaftes Verhalten des Agenten zum Vertragsabschluß verleitet worden ist, Frankfurter Diss. 1931; zur Erfüllungsgehilfen- und Vertrauensstellung des Vsagenten: Clasen JRPV 1942 S. 32—33, 81—82, Dörstling in: Verein Deutscher Lebensver, Verhandlungsniederschrift vom 11. und 12. September 1952, S. 36—44, Goudefroy WallmannsZ 1942 S. 26—28, 1943 S. 3—5, 15, Haymann JRPV 1935 S. 257—259, 278—280, 321—325, 344—346, 358 bis 361, 1936 S. 66—70, Möller WallmannsZ 1942 S. 64—66, Prölß JRPV 1941 S. 155—156, Thees Die Vs-Praxis 1942 S. 49, WallmannsZ 1942 S. 2—4; vgl. ferner allgemein Anm. 501 vor §§ 43—48, Anm. 2 zu § 43.

[3] **I. Wissenszurechnung bei Versicherungsagenten.**

1. Begriff und Abgrenzung.

a) Wissenszurechnung und Wissenserklärungsvertretung.

In juristischen Tatbeständen und speziell im Vsvertragsrecht spielt oft das Wissen (und Wissenmüssen) einer Person eine Rolle, und neben den Willenserklärungen stehen die Wissenserklärungen (Anzeigen, Auskünfte), die von Gesetzgebung und Rechtsdogmatik im allgemeinen stiefmütterlich behandelt werden. Man hilft sich damit, die Bestimmungen über Willenserklärungen (Rechtsgeschäfte) auf Wissenserklärungen analog anzuwenden (Enneccerus-Nipperdey I 2[14] S. 576—579, von Tuhr II 1 S. 113 bis 120). Hierzu kommt man, indem man den Willenserklärungen zunächst Rechtshandlungen und rechtswidrige Handlungen gegenüberstellt und sodann innerhalb der Rechtshandlungen besonders geschäftsähnliche Handlungen und Realakte unterscheidet (Enneccerus-Nipperdey I 2[14] S. 576—580). Zu den geschäftsähnlichen Handlungen zählen einerseits geschäftsähnliche Willensäußerungen (z.B. Mahnungen), andererseits Äußerungen einer Vorstellung, speziell eines Wissens, also Wissenerklärungen. Letztere stehen also den Willenserklärungen sehr nahe.

Sowohl bei dem juristischen Tatbestandsmerkmal Wissen als auch bei Wissenserklärungen tauchen Zurechnungsprobleme auf. Wenn ein juristischer Tatbestand primär auf das Wissen einer bestimmten Person abstellt, so sind dieser Person möglicherweise andere gleichzustellen: Das Wissen der Person II steht dem Wissen der Person I gleich, was bewirkt, daß die Person I so behandelt wird, als ob sie jenes Wissen hätte, das die Person II besitzt (Wissenszurechnung). Die Problematik der Wissenszurechnung ist von der Gesetzgebung nicht generell behandelt. — Von der Wissenszurechnung ist die Wissenserklärungsvertretung zu unterscheiden. Wenn primär eine bestimmte Person eine Wissenerklärung abzugeben hat, so kann sie sich dabei eines Stellvertreters bedienen. Es ist anerkannt, daß Stellvertretungsgrundsätze nicht nur bei Willenserklärungen, sondern auch bei Wissenserklärungen anzuwenden sind (Anm. 502 vor §§ 43 bis 48, Enneccerus-Nipperdey I 2[14] S. 577, 909—912, von Tuhr II 1 S. 120). Dabei ist nicht nur an die aktive, sondern auch an die passive Wissenserklärungsvertretung zu denken, wie sie besonders § 43 Ziff. 2 behandelt.

Die Fragen der Wissenszurechnung und Wissenerklärungsvertretung sind für die Sphäre des Vmers im Hinblick auf Obliegenheiten (Anzeige- und Auskunftspflichten) behandelt in Anm. 78—90 zu § 6. Für die Sphäre des Vers taucht besonders die Frage auf, inwieweit das Wissen der Vsagenten demjenigen des Vers gleichzustellen ist. Eine spezielle Vorschrift primär negativen Inhalts bringt für Vermittlungsagenten § 44. Da Ver dem Vmer nur wenige Anzeigen zu machen oder Auskünfte zu geben haben, tritt die Frage der Wissenserklärungsvertretung (des Vers durch Vsagenten) seltener auf. Über Aufklärungen und Belehrungen durch Vsagenten: Anm. 41—43, 54—72. Über die Entgegennahme von Anzeigen und Auskünften des Vmers durch Vsagenten: Anm. 19 zu § 43.

[4] **b) Grundsätze der Wissenszurechnung.**

aa) Wissenszurechnung bei Vertretungstatbeständen.

In § 166 BGB, also im Rechte der Stellvertretung, ist ein Fall der Wissenzurechnung behandelt, der insofern ein spezieller ist, als hier eine doppelte, gleichsam zweistufige Zurechnung erfolgt. Primär muß ein Fall der Stellvertretung gegeben sein, und sodann unterliegt das Wissen des Stellvertreters nach § 166 BGB der Zurechnung. „Die Zurechnungsform der Stellvertretung erscheint dem Gesetz als die Hauptsache, der gegenüber die Wissenszurechnung des § 166 nur als eine zu ihr gehörende Begleiterscheinung aufgefaßt wird, wie sich schon aus der Stellung des § 166 in dem der Stellvertretung gewidmeten Titel ergibt. Es handelt sich mithin .... nicht um die Normierung einer selbständigen Wissenzurechnung, vielmehr kann hier von einer .... akzessorischen Wissenszurechnung gesprochen werden" (Oldenbourg a. a. O. S. 10).

§ 166 BGB besagt:

> „Soweit die rechtlichen Folgen einer Willenserklärung .... durch die Kenntnis oder das Kennenmüssen gewisser Umstände beeinflußt werden, kommt nicht die Person des Vertretenen, sondern die des Vertreters in Betracht.
> Hat im Falle einer durch Rechtsgeschäft erteilten Vertretungsmacht (Vollmacht) der Vertreter nach bestimmten Weisungen des Vollmachtgebers gehandelt, so kann sich dieser in Ansehung solcher Umstände, die er selbst kannte, nicht auf die Unkenntnis des Vertreters berufen. Dasselbe gilt von Umständen, die der Vollmachtgeber kennen mußte, sofern das Kennenmüssen der Kenntnis gleichsteht."

Die Vorschrift bringt bei Vertretungstatbeständen — übrigens prinzipiell auch bei passiver Vertretung (Oldenbourg a. a. O. S. 10) — nicht nur eine Regelung der Wissenszurechnung (Gleichstellung des Wissens des Vertreters mit dem des Vertretenen), sondern in § 166 I BGB auch das Gegenteil, gleichsam eine Wissensabrechnung: Hier kommt nur noch das Wissen des Vertretenen, also das „zuzurechnende" Wissen, nicht mehr das Wissen des Vertreters in Betracht.

Im Falle der Rechtsscheinsvollmacht kann § 166 BGB entsprechend angewendet werden (Anm. 43 zu § 45).

[5] **bb) Wissenzurechnung außerhalb Vertretungstatbeständen.**

Während § 166 BGB die akzessorische Wissenszurechnung behandelt (Anm. 4) fehlt es an einer Regelung der Frage, ob es auch außerhalb von Vertretungstatbeständen eine Wissenszurechnung gibt. Die Frage ist zu bejahen. Es gibt in der Zivilrechtsordnung mehrere Zurechnungsnormen, welche auf der rechtspolitischen Idee beruhen, daß jemand, der für ein bestimmtes Aufgabenfeld einen anderen einsetzt, nicht nur den Vorteil solcher Ausdehnung seines Aktionsradius genießt, sondern auch gewisse Nachteile. Besonders ist auf die Fälle der Vollmacht, also darauf hinzuweisen, daß eine Willenserklärung des Vertreters gegen den Vertretenen wirkt (§ 164 I 1 BGB), sowie auf die Fälle der Erfüllungsgehilfenhaftung: Nach § 278[1] BGB hat der Schuldner ein Verschulden der Personen, deren er sich zur Erfüllung seiner Verbindlichkeit bedient, in gleichem Umfange zu vertreten wie eigenes Verschulden. Das Zurechnungsprinzip erheischt analoge Anwendung in Richtung auf eine Wissenszurechnung auch außerhalb des § 166 BGB. Der Analogieschluß ist besonders eingehend begründet bei Oldenbourg a. a. O. S. 14—49, der den letzten und tiefsten Grund für die Wissenzurechnung in der arbeitsteiligen Persönlichkeitserweiterung erblickt. Ähnliche Gedankengänge klingen an in der richtungweisenden Entscheidung RG 8. III.1921 RGZ Bd 101 S. 403 (wiedergegeben: Anm. 81 zu § 6).

Besonderes Gewicht ist zu legen auf das Aufgabenfeld, welches dem Mitarbeiter zugeteilt wird. Bei der Vollmacht ergibt sich die Begrenzung durch deren Umfang, bei § 278[1] BGB aus der Verbindlichkeit, bei deren Erfüllung der Erfüllungsgehilfe mitzuwirken berufen ist, wobei ein Verschulden und Schädigungen, die nicht in Erfüllung der Verbindlichkeit, sondern nur bei Gelegenheit dieser Erfüllung vorkommen, dem Geschäftsherrn nicht zugerechnet werden (Enneccerus-Lehmann II[15] S. 196). Oldenbourg a. a. O. S. 49 erfordert „einen adäquaten Kausalzusammenhang zwischen dem Bestellungsakt des Geschäftsherrn und dem Verhalten des Gehilfen, dadurch vermittelt, daß das letztere in Ausführung der dem Gehilfen aufgetragenen Verrichtung verwirklicht wurde". Das Wissen muß also im Zusammenhang mit der spezifischen Aufgabenerfüllung erlangt sein.

Oldenbourg a. a. O. S. 49 umschreibt folgenden Rechtsgrundsatz: „Wer einen anderen zu einer Verrichtung bestellt, die in einer adäquaten Beziehung zu seinem Schuldverhältnis steht, muß sich die im Rahmen dieses Schuldverhältnisses rechtserheblichen Kenntnisse ..., die der andere in Ausführung der ihm aufgetragenen Verrichtung erlangt ...., als von ihm selbst erlangt .... zurechnen lassen." Im Blick auf Vsverhältnisse würde in ähnlicher Weise die reichsgerichtliche Formel entsprechend RG 8. III. 1921 RGZ Bd 101 S. 403 lauten: Wenn ein Vsunternehmen seinen Betrieb in der Weise regelt, daß Tatsachen, deren Kenntnis von Rechtserheblichkeit ist, nicht von Organen, sondern von bestimmten Mitarbeitern zur Kenntnis genommen werden, so muß es sich die Kenntnis der Mitarbeiter wie eine eigene anrechnen lassen.

Von einem Geschäftswillen des Geschäftsherrn ist die Zurechnung nicht abhängig (Oldenbourg a. a. O. S. 34).

[6] cc) Wissenszurechnung bei Handelsvertretern.

Sieht man von dem Spezialfall der Vsagenten ab, so ist bei sonstigen Agenten die Problematik der Wissenszurechnung nur selten behandelt worden.

Düringer-Hachenburg I Anm. 28 zu § 84, S. 680 meinen: „Dem Geschäftsherrn ist auch nicht schlechthin jede Kenntnis oder das Kennenmüssen des Agenten zuzurechnen. So insbesondere nicht bei Erwerbung des Eigentums von einem Nichtberechtigten. Denn der Vermittlungsagent ist nur zur Entgegennahme der Offerte ermächtigt, die Kenntnis von Umständen, die außerhalb des Inhalts der Offerte liegen, kann er nicht in seiner Eigenschaft als Vertreter des Geschäftsherrn erwerben". Die letztgenannte, im Blick auf § 166 I BGB zu verstehende Äußerung ist dahin zu ergänzen, daß auch eine selbständige, nicht akzessorische Wissenszurechnung bei Vermittlungsagenten hier nicht in Betracht kommt, da es nicht ihre Aufgabe ist, bei der bloßen Entgegennahme der Offerte die Eigentumsfrage zu prüfen (ähnlich Oldenbourg a. a. O. S. 59—60, 62—63, der auch darauf abstellt, daß der Eigentümer, welcher aus der Kenntnis Rechte herleitet, nicht in einem Schuldverhältnis zum Geschäftsherrn steht).

Es kommt entscheidend auf den Zusammenhang zwischen der Aufgabe des Vermittlungsagenten und dem Wissen oder Wissenmüssen an. Zwar gilt der Grundsatz: „Ein Unternehmer muß Umstände, die seinem Handelsvertreter, der nur mit Vermittlung von Geschäften betraut ist, bekannt sind oder bekannt sein müssen, im allgemeinen gegen sich gelten lassen, auch wenn der Handelsvertreter keine Abschlußvollmacht hat. ... Das gilt aber nicht für Umstände, die außerhalb des Rahmens der Verhandlungen liegen, die zu dem vermittelten Geschäft geführt haben. Der Grundsatz würde überspannt werden, wenn dem Unternehmer jede Kenntnis seines Vermittlungsvertreters zur Last zu legen wäre, die dieser nach Abschluß seiner Tätigkeit für das einzelne Geschäft nachträglich erhält" (BGH 14. VI. 1957 BetrBer 1957 S. 729 = Der Betrieb 1957 S. 745 m. w. N., speziell unter Hinweis auf RG 23. III. 1929 SeuffArch Bd 83 S. 245 bis 246 Nr. 153, 4. X. 1930 SeuffArch Bd 85 S. 11 Nr. 5; zustimmend: Soergel-Siebert-Schultze-von Lasaulx Anm. 2 zu § 166, S. 613). Staudinger-Coing Anm. 2 zu § 166, S. 982—983 wenden den § 166 BGB bei Vermittlungsagenten — außerhalb des Vsrechtes — an, während Schmidt-Rimpler S. 231—232 die Kenntniszurechnung prinzipiell ablehnt. Speziell für Vsagenten besteht die Sondervorschrift des § 44 (Näheres Anm. 8—15).

[7] c) Wissen und Wissenmüssen.

Sofern es in juristischen Tatbeständen auf das Tatbestandsmerkmal von Vorstellungen ankommt, entscheidet durchweg das positive Wissen, die positive Kenntnis. Beispiele bieten die §§ 121 I 1, 407, 439, 460[1], 464, 814, 819 I, 892 I 1 BGB, 15 I HGB, 30, 31, KO. Wissen und Kenntnis bedeuten übrigens Zustände, beruhend auf dynamischen Vorgängen, also auf Erlangung eines Wissens oder einer Kenntnis, auf Kenntnisnahme. Das Wissen bleibt nach der Kenntnisnahme nicht unbedingt weiter bestehen, es kann wieder entschwinden, vergessen werden. Wissenszurechnung bedeutet also genauer: „Zurechnung der Erlangung einer seither nicht vergessenen Kenntnis“ (Oldenbourg a.a.O. S.16).

Zuweilen wird dem Wissen das Wissenmüssen, Kennenmüssen gleichgestellt. Hier ist die maßgebende Person unwissend, aber ihr Nichtwissen beruht auf Verschulden. Dabei taucht stets die Frage auf, ob bereits leichte Fahrlässigkeit ein Wissenmüssen begründet, oder nur grobe Fahrlässigkeit. Beispiele für Wissenmüssen auch bei leichter Fahrlässigkeit bieten die §§ 122 II, 123 II, 307 I, 405, 460^2 BGB, 15 II HGB, während als ein Beispiel für Wissenmüssen nur bei grober Fahrlässigkeit § 932 II BGB genannt sei. Dem Wissen gleichzuachten ist stets die arglistige Nichtkenntnisnahme (Bruck S. 202, 319, 580 Anm. 89, 586).

[8] 2. Spezialnorm für Versicherungsagenten.

a) Wortlaut des Gesetzes.

§ 44 befaßt sich in einer vsrechtlichen Spezialnorm mit der Wissenszurechnung, wobei zu klären sein wird, inwieweit dadurch für Vsagenten die Regelung des § 166 BGB (Anm. 4) und die allgemeinen Grundsätze über Wissenszurechnung (Anm. 5), speziell auch bei Agenten (Anm. 6), berührt werden.

Der Wortlaut des § 44 gibt nicht allzuviel her. Er bezieht sich nur auf Wissenszurechnung, nicht auf Wissenserklärungsvertretung. Überdies wird nur für Vermittlungsagenten eine Regelung gebracht, die außerdem negativen Inhalt hat: Die Kenntnis eines Vermittlungsagenten soll der Kenntnis des Vers nicht gleichstehen. Der Gegenschluß, wonach die Kenntnis eines Abschlußagenten der Kenntnis des Vers gleichzustellen wäre, ist nicht ohne weiteres gestattet. Es fällt auch auf, daß § 44 nur die Kenntnis, nicht das Kennenmüssen erwähnt, wobei auch nur die Kenntnis in der Sphäre des Vers, nicht in jener des Vmers in Betracht kommt. Schließlich ist darauf abgestellt worden, ob „nach den Vorschriften dieses Gesetzes die Kenntnis des Vers von Erheblichkeit ist“. Anscheinend will § 44 demnach nur die VVG-Wissenszurechnung behandeln.

[9] b) Erheblichkeit der Kenntnis.

Wegen der einschränkenden Einleitung des § 44 fragt es sich, wann nach den vsrechtlichen Vorschriften die Kenntnis des Vers von Erheblichkeit ist. Es schälen sich sechs Normengruppen heraus:

Erstens: § 2 II 1: Der Ver weiß bei der Schließung einer Rückwärtsv, daß die Möglichkeit des Eintritts des Vsfalls schon ausgeschlossen ist (dann kein Prämienanspruch). Für diesen Fall ist die akzessorische Wissenszurechnung in § 2 III übrigens abweichend von § 166 BGB (Anm. 4) gestaltet, denn: „Wird der Vertrag durch einen Bevollmächtigten oder einen Vertreter ohne Vertretungsmacht geschlossen, so kommt in den Fällen des Abs. 2 nicht nur die Kenntnis des Vertreters, sondern auch die des Vertretenen in Betracht“. Hierzu Anm. 5 zu § 2, Kisch II S. 124—125.

Zweitens: §§ 6 I 2, 24 II, 27 I 2, 70 I 2: Eine Kündigungsausschlußfrist beginnt öfters in dem Zeitpunkt, in welchem der Ver eine bestimmte Kenntnis erlangt.

Drittens: §§ 16 III, 17 II, 25 II 2, 28 II 1, 33 II, 71 II 1, 153 I 2: Der Vmer braucht gewisse Umstände nicht anzuzeigen, wenn der Ver diese Umstände bereits kennt.

Viertens: § 20 I 2: Die Rücktrittsfrist beginnt mit dem Zeitpunkt, in welchem der Ver von der Verletzung der vorvertraglichen Anzeigepflicht Kenntnis erlangt.

Fünftens: §§ 51 III, 59 III: Bei betrügerischer Über- oder Doppelv gebührt dem Ver, „sofern er nicht bei der Schließung des Vertrags von der Nichtigkeit Kenntnis hatte, die Prämie bis zum Schlusse der Vsperiode, in welcher er diese Kenntnis erlangt“.

Sechstens: §§ 114 I, II 2, 143 II: Fälle zu einzelnen Vszweigen (Hagel-, Transportv).

[10] 3. **Wissenszurechnung bei Vermittlungsagenten.**

a) **Grundsätze.**

Obgleich ein Vermittlungsagent passiver Willens- und Wissenserklärungsvertreter des Vers ist (§ 43 Ziff. 1, 2), insbesondere bevollmächtigt ist, vorvertragliche (Anm. 19 zu § 43) und vertragliche Anzeigen und Auskünfte des Vmers entgegenzunehmen, so daß sich aus § 166 I BGB eine (akzessorische) Wissenszurechnung ergeben würde (Anm. 4), bestimmt doch § 44, es stehe „die Kenntnis eines nur mit der Vermittelung von Vsgeschäften betrauten Agenten der Kenntnis des Vers nicht gleich." Die Spezialnorm des § 44 geht der allgemeinen Vorschrift des § 166 I BGB vor; es handelt sich um eine Ausnahme von § 166 I (Soergel-Siebert-Schultze-von Lasaulx Anm. 5 zu § 166, S. 614, Staudinger[11] Anm. 2 zu § 166, S. 982—983, anders Bender a.a.O. S. 42).

Die Ausnahmevorschrift ist in der Begr. I S. 55—56 gerechtfertigt: „Der Stellung der Vermittelungsagenten . . ., die außerstande sind, ihrerseits Entschließungen für den Ver zu treffen, entspricht es nicht, daß ihre Kenntnis von einer für den Ver erheblichen Tatsache dieselbe Bedeutung beigelegt wird, wie die Kenntnis des Vers selbst. Eine derartige Regelung würde den ordnungsmäßigen Betrieb des Vsunternehmens ernstlich gefährden. Die Ver sind bei der Auswahl ihrer Vermittlungsagenten auf Personenkreise angewiesen, in denen vielfach nicht das volle Maß der erforderlichen Geschäftskenntnisse und Erfahrungen zu treffen ist, und sie können sich daher keineswegs mit der Annahme abfinden, daß der Agent erhebliche Tatsachen, welche zu seiner Kenntnis gelangen, der zur Entscheidung berufenen Stelle jedesmal rechtzeitig und vollständig mitteilen werde." Entscheidend ist es, daß ein Vermittlungsagent nicht die vollen Konsequenzen aus seinem Wissen ziehen könnte, z. B. kann er nicht selbst kündigen oder zurücktreten (Anm. 27 zu § 43). Hinzutritt die besonders bei nebenberuflichen Vsagenten und Unteragenten oft mangelnde Geschäftsgewandtheit. Unerwähnt läßt die Begr. I S. 55—56 den Gesichtspunkt der Interessenkollision: Sofern der Vermittlungsagent ungünstige Kenntnisse dem Ver weiterleitet, besteht die Gefahr, daß ein Vsvertrag nicht zustande kommt oder aufgelöst wird, so daß der Vsagent Provision nicht verdient oder verliert.

§ 44 betrifft nur den Vermittlungsagenten, über den Abschlußagenten vgl. Anm. 13—15. Für Vermittlungsagenten gilt § 44 sowohl dann, wenn sie die Vertretungsmacht des § 43 besitzen, als auch erst recht dann, wenn diese Vertretungsmacht gemäß § 47[1] eingeschränkt ist. Bei Empfangsboten kommt eine Wissenszurechnung noch weniger als bei Vermittlungsagenten in Frage (Staudinger[11] Anm. 2 zu § 166, S. 983, vgl. OLG Hamm 26. X. 1950 VersR 1951 S. 39). Über Fälle der Ausdehnung der Vertretungsmacht vgl. Anm. 11.

Ist die Vertretungsmacht des § 43 Ziff. 2 nicht eingeschränkt, ist also nicht bedungen, daß Anzeigen der Direktion zu machen sind (Anm. 13 zu § 34a, Anm. 7 zu § 47), so gilt der Vermittlungsagent als bevollmächtigt, Anzeigen und Auskünfte entgegenzunehmen. Diese **Wissenserklärungen** sind also dem **Ver zugegangen,** sobald sie dem Vermittlungsagenten zugegangen sind. Deshalb sind die so — durch empfangene, evtl. auch mündliche, Anzeigen und Auskünfte — vom Vermittlungsagenten erlangten **Kenntnisse als vom Ver erlangt anzusehen.** Hier kann sich der Ver nicht auf § 44 berufen; denn es geht nicht um das Problem der Kenntniszurechnung, sondern um den Zugang von Wissenserklärungen. Es geht nicht an, einerseits anzunehmen, eine Wissenserklärung sei dem Ver zugegangen, andererseits zu leugnen, daß der Ver das entsprechende Wissen besitze. Vgl. schon Möller Vsvermittlung S. 134, zustimmend Ehrenzweig, Die Rechtslehre des Vsvertrages und die klassische Logik, Karlsruhe 1954, S. 47 Anm. 65, auch Bender a. a. O. S. 42, Hagen I S. 543 Anm. 3, Kersting AkademieZ 1941 S. 218 (der eine Klarstellung de lege ferenda befürwortet), Schardt a. a. O. S. 54, Schmidt-Rimpler S. 231—232; KG 15. IX. 1949 VA Berlin 1949 Nr. 4 S. 9, OLG Köln 16. V. 1922 VA 1923 Anh. S. 15 Nr. 1302. Gemäß OLG Düsseldorf 5. VI. 1951 VersR 1951 S. 201 spielt es „keine Rolle, ob die Anzeige in Erfüllung einer Obliegenheit erfolgt oder von dem Vmer bzw. dessen Vertreter nur gesprächsweise zur Kenntnis des Agenten gebracht wird". Ist jedoch Schriftlichkeit der Anzeigen oder Auskünfte oder gar Benutzung eines Formulars, z. B. Antragsscheines, bedungen, und zeigt der Vmer mündlich an, so steht die so vom Vermittlungsagenten erlangte Kenntnis jener des Vers nicht gleich, es gilt § 44 (Möller Vsvermittlung S. 134—135, Schmidt-Rimpler S. 232; OLG Hamburg 11. XI. 1932 VA 1933 S. 109 Nr. 2549).

[11] **b) Ausnahmen.**

Zur Regel des § 44 sind schwerwiegende Ausnahmen zu beachten (zu denen die am Schluß von Anm. 10 herausgestellte unechte Ausnahme hinzutritt):

aa) § 44 betrifft nur die VVG-Fälle (aufgezählt: Anm. 9). Die Fälle des BGB, des HGB, der KO (zu allen: Anm. 7) müßten nach allgemeinen Grundsätzen behandelt werden (Süß VersR 1952 S. 187), also erstens nach § 166 BGB (akzessorische Wissenszurechnung) (Anm. 4) und zweitens nach den Prinzipien genereller Wissenszurechnung (Anm. 5). Jedoch ist eine analoge Anwendung des Grundgedankens von § 44 zu erwägen. Bruck 7. Aufl. Anm. 3 zu § 44, S. 183 befürwortet allgemein eine solche Analogie. Das dürfte jedoch zu weit gehen (wie hier Prölß[12] Anm. 1 zu § 44, S. 193). Nur soweit es sich um die Kenntnis von Gefahrumständen handelt, muß eine Ausnahme gelten: Der Ver hat hier zwei oft konkurrierende Rechtsbehelfe: Rücktritt wegen Verletzung der vorvertraglichen Anzeigepflicht, Anfechtung wegen arglistiger Täuschung (§§ 16 II 1, 17 I, 22). Wenn ein Vskandidat zwar dem Ver die Anzeige nicht erstattet und ihn täuscht, dabei aber der Vermittlungsagent den wahren Sachverhalt kennt, so wäre es unfolgerichtig, im Rahmen der vorvertraglichen Anzeigepflicht nach § 44 die Kenntnis des Vermittlungsagenten unbeachtet zu lassen (also: Rücktrittsrecht), im Rahmen des § 123 I jedoch anzunehmen, der Ver sei nicht getäuscht worden, weil er sich nach § 166 I die Kenntnis des Vermittlungsagenten anrechnen lassen müsse (also: kein Anfechtungsrecht). Richtiger erscheint es, **auch im Falle arglistiger Täuschung über Gefahrumstände § 44 anzuwenden,** also den Ver zu begünstigen. Eine formale Begründung bietet die Erwähnung des Anfechtungsfalles in § 22, materiell entscheidend ist jedoch die Konkurrenz von Rücktritt und Anfechtung. Wie hier Prölß[12] Anm. 1 zu § 44, S. 193. LG Berlin 26. I. 1953 VersR 1953 S. 73, 12. II. 1953 VersR 1953 S. 254—255, LG Oldenburg 22. II. 1952 VersR 1952 S. 268.

bb) Es kann geschehen, daß ein **Vmer** eine **Anzeige nur** deshalb **unterläßt, weil** er weiß, daß der **Vermittlungsagent den anzuzeigenden Umstand kennt.** Zwar „rechtlich ist nicht das Erlangen der Kenntnis, sondern der Zugang der Anzeige als solcher wesentlich, der bei anderweit erlangter Kenntnis fehlt. . . . Aber man wird . . . sagen dürfen, daß eine Mitteilung stillschweigend die Kenntnis des Agenten in sich aufnehmen, ja, sogar in diesem Sinne stillschweigend gemacht werden kann, wenn nämlich der Dritte dem Agenten ausdrücklich oder stillschweigend kundtut, daß er die Mitteilung unterlasse, weil der Agent ihren Inhalt schon kenne — er bittet etwa den Agenten, sich über bestimmte, ohne weiteres festzustellende Tatsachen selbst zu unterrichten oder er läßt bei Abfassung einer schriftlichen Mitteilung, die er auch mündlich hätte machen können, in Gegenwart des Agenten einige Tatsachen unter Umständen weg, aus denen sich ergibt, daß er dies nur mit Rücksicht auf die schon vorhandene Kenntnis des Agenten tut: hier umfaßt die Mitteilung an den Agenten, nach Treu und Glauben ausgelegt, auch die betreffenden Tatsachen. Dieser Gedanke ist meines Erachtens auch im Bereiche des § 44 VVG anwendbar, und man darf deshalb auch dort nicht schlechthin die Kenntnis des Agenten für gleichgültig erklären. Solche ‚stillschweigende Mitteilung' ist freilich ausgeschlossen, wenn der Dritte nach dem zwischen ihm und dem Geschäftsherrn bestehenden Rechtsverhältnis die Mitteilung schriftlich machen muß" (Schmidt- Rimpler S. 232).

cc) § 44 kann dann keine Anwendung finden, wenn ein **Vermittlungsagent speziell damit betraut** ist, bestimmte **Kenntnisse zu sammeln,** also z. B. Ermittlungen zur Gefahrslage anzustellen, sei es vorvertraglich, sei es während der Vertragsdauer im Hinblick auf Gefahrerhöhungen oder Sicherheitsvorschriften. So auch Bender a. a. O. S. 42 (Betrauung mit „Inspektion des Risikos"), Bruck S. 144 Anm. 41 („mit bestimmten Feststellungen beauftragt"), Raiser Anm. 17 zu § 5, S. 176 („mit der Kenntniserlangung von der Gesellschaft beauftragt"), RG 27. III. 1923 VA 1923 Anh. S. 82 Nr. 1336 (Auftrag, von einem Umbau Kenntnis zu nehmen und darüber zu berichten), OLG Hamm 15. VI.

1953 VA 1953 S. 271 (Regulierungsbeauftragter, der kein „Willensvertreter" zu sein braucht), vgl. auch schon Anm. 37 zu § 16, a. A. Kisch II S. 350. Im Falle BGH 25. X. 1952 VersR 1952 S. 428—429 ist eine Kenntnis des Bezirksinspektors, der die Schadensanzeige entgegennahm, und sich angeblich „dumm gestellt" hatte, verneint worden.

dd) Das Gesagte gilt entsprechend, falls dem Vermittlungsagenten sogar eine **Vollmacht** erteilt worden ist, welche **über** die Vertretungsmacht des **§ 43 hinaus**geht. Falls ein Vermittungsagent Vsscheine und Nachträge ausfertigen kann (Anm. 31 zu § 43), so ist er auch nach einer Veräußerung der versicherten Sache in der Lage, einen entsprechenden Nachtrag auszufertigen. Hier muß also seine Kenntnis von einer Veräußerung derjenigen des Vers gleichgestellt werden. Falls ein Vermittungsagent Schadensmeldungen entgegennehmen oder Schäden regulieren kann (Anm. 33 zu § 43), so steht seine Kenntnis von einem Schadenseintritt derjenigen des Vers gleich. Jedoch muß stets ein sachlicher Zusammenhang zwischen spezieller Vollmacht und Kenntniserlangung vorausgesetzt werden: Nimmt ein Vermittungsagent mit Inkassovollmacht eine verspätete Prämienzahlung in Kenntnis der Verspätung und womöglich eines Schadenseintritts an, so ist die Rechtslage nicht so, wie wenn der Ver die Zahlung in dieser Kenntnis angenommen hätte (OLG Hamburg 25. V. 1932 VA 1932 S. 235 Nr. 2430 = JRPV 1935 S. 237).

ee) Besteht der **Rechtsschein,** daß ein bloßer Vermittlungsagent Abschlußagent sei, so muß sich das auch auf die Kenntniszurechnung auswirken, und § 44 findet keine Anwendung (Anm. 37 zu § 16, Anm. 28, 43 zu § 45).

ff) § 44 bringt lediglich eine Abweichung von § 166 I BGB (Anm. 10). Es bleibt jedoch der generelle Grundsatz erhalten, wonach eine Wissenszurechnung erfolgen muß, wenn ein Vsunternehmen seinen Betrieb so regelt, daß Tatsachen, deren Kenntnis von Rechtserheblichkeit ist, nicht von Organen, sondern von bestimmten Mitarbeitern zur Kenntnis genommen werden (Anm. 5). Richtet ein Vsunternehmen seinen Betrieb so ein, daß gewisse **Tatsachen in einer bearbeitenden Bezirksverwaltung oder Generalagentur zur Kenntnis genommen** werden, so ist die Kenntnis dieser Stellen der Direktion zuzurechnen, selbst wenn diese Stellen juristisch nur Vermittlungsagenturen sind (so für eine Krankenv OLG Düsseldorf 19. V. 1953 VersR 1953 S. 315—316 mit zustimmender Anm. Buchner). Der Gedanke klingt auch an beim OLG Hamburg 13. II. 1953 VersR 1953 S. 191 (Leiter einer Bezirksverwaltung kommt „als Wissensvertreter sehr wohl in Betracht"), ferner beim OLG Celle 22. I. 1912 VA 1912 Anh. S. 122 Nr. 709 (eine „Generalagentur" „ist mit einem Agenten nicht auf eine Stufe zu stellen"; eine Anzeige an sie soll einer solchen an die Direktion gleichgestellt werden).

gg) § 44 ist nicht zwingend. Selbstverständlich könnte zugunsten des Vmers **bedungen** werden, die Kenntnis eines Vermittlungsagenten solle derjenigen des Vers gleichstehen. Solche Abrede wird kaum vorkommen (Gerhard-Hagen Anm. 3 zu § 44, S. 200 bis 201).

hh) Praktisch läuft es auf eine Nichtanwendung von § 44 hinaus, falls bei Kenntnis eines Vermittlungsagenten angenommen wird, eine **Obliegenheitsverletzung** des Vmers sei **keine schuldhafte.** So OLG Düsseldorf 14. III. 1929 VA 1929 S. 267 Nr. 2026 = JRPV 1929 S. 155—156: „Nach § 44 . . . steht . . . die Kenntnis eines nur mit der Vermittlung von Vsgeschäften betrauten Agenten der Kenntnis des Vers nicht gleich. . . . Jeder Vsagent hat jedoch . . . als Vertrauensmann des Vers zu gelten. Das Publikum darf ihm vertrauen und erwarten, daß er auf alle für den Abschluß der V erhebliche Umstände aufmerksam macht. Die Unterlassung einer Anzeige muß daher als unverschuldet angesehen werden, wenn der Vmer sich darauf verlassen konnte, daß der Umstand dem Agenten bekannt war. . . . Die Klägerin . . . durfte sich darauf verlassen, daß er . . . von allen ihm bekannten Umständen . . . den Vern Kenntnis geben würde" (bestätigt von RG 7. I. 1930 JW 1930 S. 3618—3619 = VA 1929 S. 336—338 Nr. 2086; vgl. auch KG 28. IV. 1928 JRPV 1928 S. 187). Zuweilen wird auch darauf abgestellt, daß der Vermittlungsagent den Vmer sofort auf die mangelnde Empfangsbefugnis aufmerksam machen müsse, falls eine Anzeige dem Vorstand zuzugehen habe; sonst sei der Vmer entschuldigt (Anm. 13 zu § 34a m. w. N.). Auch § 47[1] wird in diesem Zusammenhang herangezogen (OLG Düsseldorf 5. VI. 1951 VersR 1951 S. 201—202 mit kritischer Anm. Dörstling, vgl. auch Anm. 4, 14 zu § 47).

ii) Schließlich ergibt sich eine Nichtanwendung des § 44 im Ergebnis auch dann, wenn ein Vermittlungsagent nicht nur Kenntnis besitzt, sondern daraufhin eine **Verletzung** seiner **Aufklärungs- und Belehrungspflicht** vornimmt: RG 2. IV. 1935 RGZ Bd. 147 S. 186—190 befaßt sich mit einem Fall, in welchem ein Sohn ein Anwesen demnächst übernehmen sollte. Zwecks Vermeidung der Umschreibungskosten wurde der Vsantrag bereits vom Sohn unterschrieben, der sich als Eigentümer des Anwesens bezeichnete. Das geschah auf Veranlassung des Vermittlungsagenten: „Die Beklagte muß ... diese unrichtige Belehrung des Agenten und somit den auf Grund dieser Belehrung zustande gekommenen Inhalt des Vsantrags gegen sich gelten lassen. Dem widerspricht nicht ... § 44 .... Denn hier handelt es sich nicht darum, daß der Agent etwa nur das Eigentum des Klägers" (Vaters) „und den Vertragswillen des Klägers und des" Sohnes „kannte, sondern daß er darüberhinaus dazu beigetragen hat, daß" der Sohn „als Antragsteller und Eigentümer des Anwesens in dem Vsantrag aufgeführt worden ist; er ist also unter Verletzung seiner Aufklärungs- und Belehrungspflicht auch selbst tätig geworden und hat den Vsantrag mit dem von ihm beeinflußten Inhalt entgegengenommen". Weiteres über die hier herangezogene Vertrauensstellung des Vsagenten Anm. 54—72.

[12] c) Einzelfälle.

Für konkrete Tatbestände ist § 44 für Vermittlungsagenten herangezogen in Anm. 39 zu § 2, Anm. 37 zu § 16, Anm. 10 zu § 33.

Folgende Urteile seinen angeführt: KG 7. XI. 1931 JRPV 1932 S. 12 (Lebensv, mit interessanter Unterscheidung zwischen § 43 Ziff. 2 und § 44), 19. III. 1932 JRPV 1932 S. 185 (Feuerv), 18. IX. 1940 JRPV 1940 S. 166 (Haftpflichtv), OLG Dresden 27. I. 1939 JRPV 1939 S. 60—61 (Lebensv), OLG Düsseldorf 14. III. 1929 VA 1929 S. 267 Nr. 2026 = JRPV 1929 S. 155—156 (Hochwasserv), OLG Hamburg 11. XI. 1932 VA 1933 S. 109 Nr. 4549 (Sachv), 13. II. 1953 VersR 1953 S. 191 (Krankenv), OLG Hamm 26. X. 1950 VersR 1951 S. 39 (Einbruchdiebstahlv), 15. VI. 1953 VA 1953 S. 270, 271 (Haftpflichtv), OLG Karlsruhe 20. II. 1958 VersR 1958 S. 717 (Krankenv), OLG Köln 23. XI. 1921 VA 1922 Anh. S. 61 Nr. 1284 (Einbruchdiebstahlv), 2. II. 1927 JRPV 1927 S. 99 (Lebensv), OLG Königsberg 19. V. 1933 JRPV 1934 S. 175 (Einbruchdiebstahlv), OLG Schleswig 4. VIII. 1953 VersR 1953 S. 395 (Krankenv), LG Berlin 12. II. 1953 VersR 1953 S. 254—255 (Einbruchdiebstahlv), LG Duisburg 30. I. 1952 VersR 1952 S. 426 (Kranken v, mit zusätzlichem irrigem Hinweis auf § 166 II BGB), LG Göttingen 16. VI. 1955 VersR 1955 S. 579 (Lebensv), AG Hamburg 6. XI. 1950 VersR 1951 S. 46 (Krankenv). Unrichtig OLG Zweibrücken 4. VII. 1928 VA 1929 S. 234—235 Nr. 2000 (Tierv); hier wird bei einem Vermittlungsagenten § 44 übersehen und obendrein dessen Wissenmüssen dem Wissen gleichgeachtet.

[13] 4. Wissenszurechnung bei Abschlußagenten.

a) Grundsätze.

§ 44 sagt nur negativ, die Kenntnis eines Vermittlungsagenten stehe der Kenntnis des Vers nicht gleich. Trotzdem wird hieraus häufig generell der Umkehrschluß gezogen, die Kenntnis eines Abschlußagenten sei derjenigen des Vers gleichzustellen (so schon Begr. I S. 55, Bruck S. 145, Möller Vsvermittlung S. 134, Prölß[12] Anm. 2 zu § 44, S. 193). Demgegenüber hat Ehrenzweig, Die Rechtslehre des Vsvertrages und die klassische Logik, Karlsruhe 1954, S. 47—48 mit Recht betont: „Eine Bestimmung über die rechtliche Wertung der Kenntnis des Abschlußagenten fehlt. ... Das Gesetz schweigt. Eine offenbare Gesetzeslücke. Hier muß die sogen. freie Rechtsfindung eingreifen. Sie ist nichts weniger als frei. Denn sie muß sich bemühen, mit den Mitteln logischer Beweisführung festzustellen, wie der Gesetzgeber den Fall geordnet hätte, wenn er seiner gedacht hätte." Ehrenzweig kommt zu dem Ergebnis: „die Kenntnis des Abschlußagenten steht der des Vers nur dann gleich, wenn sie sich auf einen von ihm abgeschlossenen oder vermittelten Vsvertrag bezieht.“

Dieses Ergebnis braucht nicht in freier Rechtsfindung gefunden, sondern muß aus § 166 I BGB hergeleitet werden, der die (akzessorische) Wissenszurechnung bei Vertretungstatbeständen ausdrücklich behandelt (Anm. 4), möglicherweise auch aus dem allgemeinen Gesichtspunkt der Wissenszurechnung bei arbeitsteiliger Persönlichkeitserweiterung, bei der es auf das zugeteilte Aufgabenfeld besonders ankommt (Anm. 5). Ähnlich Hagen I S. 541, Raiser Anm. 17 zu § 5, S. 176, Rohrbeck-Durst-Bronisch S. 117.

Gemäß § 166 I BGB kommt es grundsätzlich nur auf die Kenntnis oder das Kennenmüssen des Abschlußagenten an. Die Kenntnis, der die fahrlässige Unkenntnis des Vers gleichsteht, ist jedoch in zwei Fällen zu beachten, nämlich bei der Rückwärtsv (§ 2 III; vgl. Anm. 9) und bei Abschlüssen gemäß Weisung des Vollmachtgebers (§ 166 II BGB, fälschlich angewendet von LG Duisburg 30. I. 1952 VersR 1952 S. 426).

Ist Schriftlichkeit von Anzeigen oder Auskünften bedungen, unterrichtet aber der Vmer einen Abschlußagenten mündlich, so ist zwar die Wissenserklärung als solche wegen Formmangels unwirksam, aber das Wissen des Abschlußagenten ist dem Ver zuzurechnen (Raiser Anm. 3 zu § 20, S. 493).

[14] b) Ausnahmen.

Da die Ver sehr zahlreiche Vsagenten, auch Abschlußagenten beschäftigen, kann es nicht auf die Kenntnis irgendeines Abschlußagenten ankommen. Ehrenzweig S. 53, Die Rechtslehre des Vsvertrages und die klassische Logik, Karlsruhe 1954, S. 47 bis 48 betont, die Zurechnung könne nur soweit eingreifen, als sich der Abschlußagent bei Abgabe oder Empfang einer Willens- (oder Wissens-)erklärung als Vertreter des Vers betätigt habe; es könne nicht entscheidend sein, ob irgendein Abschlußagent irgendwie und irgendwo etwas erfahren habe (vgl. schon Anm. 13). In der Tat ergibt sich eine Einschränkung der Wissenszurechnung aus § 166 I BGB und dem Aufgabenfelde. Zwar kann eine Anzeige gemäß § 43 Ziff. 2 an jeden beliebigen Vsagenten (sogar Vermittlungsagenten) gerichtet werden und diese Anzeige gilt als dem Ver zugegangen (Anm. 23 zu § 43), aber hiermit ist nicht jene Wissenszurechnung zu verwechseln, die unabhängig von Anzeigen in Betracht kommt.

So ergibt sich auch, daß das rein „private Wissen“ eines Abschlußagenten regelmäßig außer Betracht zu lassen ist: Man denke daran, daß einem Abschlußagenten gewisse gefahrerhebliche Umstände nicht vom Antragsteller, sondern von Freunden unter dem Siegel der Verschwiegenheit privatim, ohne Zusammenhang mit der Agententätigkeit zur Kenntnis gebracht worden sind. Hier weiß der Antragsteller nicht, welches Wissen der Abschlußagent, mit dem er verhandelt, besitzt, und der Ver ist als unwissend zu betrachten, so daß der Antragsteller mit der Anzeigepflicht belastet bleibt.

Die Vollmacht eines Abschlußagenten kann eingeschränkt sein. Soweit diese Einschränkung reicht, ist auch § 44 nicht anwendbar. Dabei geht es zu weit, wenn Gerhard-Hagen Anm. 6 zu § 45, S. 203 sogar meinen: „Ist ... dem Abschlußagenten ausdrücklich die Anweisung erteilt, in bestimmten Fällen den Vsvertrag nicht abzuschließen, z. B. bei Gefahrumständen besonderer Art, so nützt die Kenntnis des Vsagenten, welcher trotzdem den Vsvertrag abschließt, nicht, weil durch den Inhalt seiner Vollmacht dieser Kenntnis die Bedeutung abgesprochen wird.“ Zum mindesten wird zu prüfen sein, ob solcher Anweisung nicht nur interne Wirkung zukommt, so daß sie nicht nach außen hin wirklich die Vollmacht einschränkt (Anm. 22 zu § 43). Aber selbst bei einer Vertretung ohneVertretungsmacht wird § 44 zum Zuge kommen müssen (Anm. 15). Auch das OLG Köln 2. II. 1927 JRPV 1927 S. 99 befaßt sich mit dem Zusammenhang von Vollmachtseinschränkung und Kenntniszurechnung, und Prölß[12] Anm. 2 zu § 44, S. 193 erwähnt den Rahmen des § 46 (örtliche Vollmachtsgrenzen).

Die Wissenszurechnung bei Abschlußagenten erfolgt im Interesse des Vmers. Eine vertragliche Vereinbarung, wonach die Kenntnis eines Abschlußagenten nicht als Kenntnis des Vers angesehen werden soll, ist theoretisch vorstellbar und zulässig.

[15] c) **Einzelfälle.**

Für konkrete Tatbestände ist die Wissenszurechnung bei Abschlußagenten behandelt in Anm. 40 zu § 2, Anm. 37 zu § 16, Anm. 10 zu § 24, Anm. 11 zu § 33.

Folgende Urteile seien angeführt: RG 21. II. 1883 RGZ Bd 9 S. 237—240 (Feuerv), 22. XII. 1906 VA 1907 Anh. S. 77—78 Nr. 328 (Einbruchdiebstahlv), OLG Colmar 11. III. 1904 VA 1904 S. 148 Nr. 66 (Feuerv), OLG Köln 2. II. 1927 JRPV 1927 S. 99 (Lebensv, wo es praktisch keine Abschlußagenten gibt). Das OLG Hamm 28. X. 1950 VersR 1951 S. 39 befaßt sich mit der Kenntnis des Angestellten eines Abschlußagenten, welche ausreichen muß.

Staudinger-Coing Anm. 2 zu § 166, S. 982 nehmen Kenntniszurechnung auch bei Vertretung ohne Vertretungsmacht vor.

[16] **II. Arglistanfechtung bei Agentenmitwirkung.**

1. Anfechtung des Versicherungsnehmers.

a) Tatbestand.

Beim Zustandekommen von Vsverträgen könnten Vsagenten Antragsteller arglistig täuschen, um ihn zum Abschlusse des Vsvertrages zu bewegen. Die Versuchung ist für die Vsagenten besonders groß, weil sie nur im Falle des Vertragsabschlusses Vermittlungsprovision verdienen. Die Täuschung kann sich z.B. beziehen auf die Prämienhöhe oder den Deckungsumfang oder die Rechtsfolgen einer Kündigung einer Lebensv. Früher kamen bei Vsvereinen auf Gegenseitigkeit nicht selten Täuschungen hinsichtlich der Nachschußpflicht des Vmers vor.

Die einschlägige Rechtsprechung zu § 123 BGB unterscheidet nicht, ob der arglistig täuschende Vsagent Vermittlungs- oder Abschlußagent, General- oder Untervertreter (KG 23. VI. 1928 VA 1929 S. 15 Nr. 1928 = JRPV 1928 S. 293—294), haupt- oder nebenberuflich tätig, selbständig oder unselbständig ist.

[17] **b) Rechtsfolge.**

Es fragt sich, ob im Verhältnis Ver/Vmer ein Vsagent Dritter i. S. des § 123 II 1 BGB ist; denn: „Hat ein Dritter die Täuschung verübt, so ist eine Erklärung, die einem anderen gegenüber abzugeben war, nur dann anfechtbar, wenn dieser die Täuschung kannte oder kennen mußte". Wäre der Vsagent Dritter, so könnte ein Vmer seine Erklärung, die er dem Ver gegenüber abgegeben hat, nur anfechten, wenn der Ver die Täuschung kannte oder kennen mußte — was selbstverständlich praktisch kaum vorkommen wird. Deshalb ist es von schwerwiegender Bedeutung, daß Rechtslehre und Rechtsprechung fast einhellig annehmen, der Vsagent sei kein Dritter. Er stehe in der Sphäre des Vers und sei insofern keine unbeteiligte und unparteiische Person (wie ein Makler, vgl. für den Vsmakler: Anm. 51 vor §§ 43—48).

Aus dem Schrifttum seien angeführt Ehrenzweig S. 46, von Gierke Wirtschaft und Recht der V 1935 Nr. 1 S. 7—9, Möller Vsvermittlung S. 135 m.w.N., Müller-Erzbach, Wohin führt die Interessenjurisprudenz?, Tübingen 1932, S. 65—66, Prölß[12] Anm. 7 zu § 43, S. 192, Raiser Anm. 30 zu § 5, S. 182—183, Rohrbeck-Durst-Bronisch S. 121, Soergel-Siebert-Hefermehl Anm. 28 zu § 123, S. 416, Staudinger-Coing Anm. 36—38 zu § 123, S. 686—688, von Tuhr II 1 S. 617, a. A. nur Schneider LZ 1910 Sp. 53—54, verworren Pest a.a.O. S. 54—65.

Aus der Rechtsprechung (dazu schon Anm. 3 zu § 22) vgl. RG 15. III. 1904 JW 1904 S. 232 = VA 1904 S. 170 Nr. 74, 1. II. 1910 VA 1910 Anh. S. 74—75 Nr. 537, 23. II. 1928 JW 1928 S. 1741 = VA 1928 S. 189—190 Nr. 1849, 9. III. 1934 VA 1934 S. 20 Nr. 2675, KG 10. XII. 1907 VA 1908 Anh. S. 47—49 Nr. 380, 19. IV. 1910 VA 1910 Anh. S. 102—103 Nr. 555, 29. X. 1915 VA 1917 Anh. S. 7 Nr. 972, 23. VI. 1928 VA 1929 S. 15 Nr. 1928 = JRPV 1928 S. 293—294, OLG Hamburg 1. VII. 1907 LZ 1907 Sp. 844, 6. II. 1908 VA 1908 Anh. S. 67—69 Nr. 394, 26. XI. 1910 LZ 1911 Sp. 404—405 = OLGRspr. Bd 22 S. 133—134, 27. II. 1931 VA 1931 S. 18—19 Nr. 2247 = HansRGZ 1931 A Sp. 355 bis 356, OLG Hamm 22. V. 1908 VA 1909 Anh. S. 30 Nr. 441, OLG Kassel 20. II. 1908

OLGRspr. Bd 17 S. 45—46, OLG Königsberg 7. I. 1910 VA 1910 Anh. S. 32—33 Nr. 513, OLG Posen 6. VI. 1904 VA 1904 S. 170—171 Nr. 76, LG Köln 12. VI. 1951 VersR 1951 S. 294—295 mit zustimmender Anm. Bronisch, LG Lübeck 1. XII. 1903 VA 1904 S. 59 bis 60 Nr. 38, AG München 20. X. 1952 VersR 1953 S. 202 mit kritischer Anm. Weber. (Bedenklich nur RG 19. I. 1921 JW 1921 S. 623—624 mit kritischer Anm. Titze für einen Agenten außerhalb des Versicherungswesens, dessen Tätigkeit allerdings „über bloß vorbereitende Verhandlungen nicht hinausgegangen“ ist.)

Die Anfechtung des Vmers kann gegenüber dem Vsagenten, auch bloßen Vermittlungsagenten gemäß § 43 Ziff. 2 erklärt werden (Anm. 3 zu § 22, Anm. 19 zu § 43).

[18] c) Sonderfälle.

Eine Anfechtung des Vmers wegen arglistiger Täuschung durch einen Vsagenten kommt nicht nur beim ersten Zustandekommen von Vsverträgen in Betracht, sondern auch bei Änderungen, Verlängerungen, Aufhebungen von Vsverträgen.

Auch bei einseitigen empfangsbedürftigen Willenserklärungen gilt § 123 BGB, also z. B. dann, wenn ein Vmer zu einer Kündigung durch arglistige Täuschung eines Vsagenten bestimmt worden ist. Auch hier ist der Vsagent kein Dritter.

Auch nach Schadensfällen können arglistige Täuschungen vorkommen. So handelte es sich z. B. beim OLG Hamm 22. V. 1908 VA 1908 Anh. S. 30—32 Nr. 441 um die Anfechtung eines über eine Unfallentschädigung geschlossenen Vergleichs wegen einer von einem Vsagenten begangenen arglistigen Täuschung und beim RG 9. III. 1934 VA 1934 S. 18—20 Nr. 2675 um die Anfechtung der Abtretung einer Entschädigungsforderung eines Unfallvmers an den Ver, veranlaßt durch eine vorgeblich vom Vsagenten verübte arglistige Täuschung.

Die Anfechtung kann nicht dadurch ausgeschlossen sein, daß der Vsvertrag mündliche Nebenabreden für rechtsunwirksam erklärt (LG Köln 12. VI. 1951 VersR 1951 S. 294—295 mit zustimmender Anm. Bronisch).

Es fragt sich, ob die Regeln zur Arglistanfechtung bei Agentenmitwirkung auch dann gelten, wenn sich die Täuschung nicht auf das eigentliche Vsverhältnis, sondern auf andere Punkte bezieht, z. B. eine Darlehens- und Hypothekengewährung durch den Ver. Das RG 23. II. 1928 JW 1928 S. 1741 = VA 1928 S. 189—190 Nr. 1849 konnte das Problem umgehen, indem es eine aufschiebende Bedingung der Vsverträge konstruierte und feststellte, der Agent habe den Vmer „bestimmt, unbedingte Anträge zu unterschreiben, während der Wille .... dahin ging, Vsverträge nur unter der Bedingung zu schließen, daß er auf sein Gut ein Hypothekendarlehn .... erhalte“. Das KG 23. VI. 1928 VA 1929 S. 15 Nr. 1928 = JRPV 1928 S. 293—294 sagt: „Wenn der Beklagte beweist, daß er bei den Verhandlungen mit dem Agenten K. erklärt hat, er schließe den Lebensvsvertrag nur ab, wenn ihm die Klägerin ein Darlehn .... gebe, und daß darauf K. ihm dieses Darlehn zugesagt und erklärt habe, diese Bedingung bedürfe der Schriftform nicht und könne auch mündlich mit ihm gültig vereinbart werden, so ist die Anfechtung wegen arglistiger Täuschung begründet“; auch hier ist von einem „Bestandteil des Vsvertrags“ die Rede (vgl. ferner KG 10. XII. 1907 VA 1908 Anh. S. 47—49 Nr. 380, LG Köln 12. VI. 1951 VersR 1951 S. 294—295, 1952 S. 69—70 mit Anm. Bronisch, von der Thüsen; andererseits KG 13. X. 1908 VA 1910 Anh. S. 5—6 Nr. 492). Das OLG Hamburg 27. II. 1931 VA 1931 S. 18—19 Nr. 2247 = HansRGZ 1931 A Sp. 355—356 behandelt einen Fall, in welchem der Angestellte eines Vermittlungsagenten (Firma T.) bei der Vermittlung eines Lebensvsvertrages einen Arzt zum Vertrauensarzt der Gesellschaft bestellt hatte. Das Gericht geht von § 43 Ziff. 1 und der typischen Aufgabe eines Vsagenten aus: „Betrügerische Handlungen eines Agenten bei Eingehung eines Vsvertrags muß die Gesellschaft wie ihre eigenen gegen sich gelten lassen nur insoweit, als es sich um Erklärungen des Agenten, betr. den Vsantrag handelt .... Ob die Bestellung des Klägers zum Vertrauensarzte der Beklagten zu solchen Erklärungen gehört, ist mindestens zweifelhaft. Das Landgericht weist aber mit Recht darauf hin, daß der Agent in diesem Falle das Briefpapier der beklagten Gesellschaft benutzt hat .... Danach mußte aber in dem Kläger die Vorstellung entstehen, daß die Firma T. in Vertretung der Beklagten handle und befugt sei, ihm die Stellung eines Vertrauensarztes zu übertragen".

Bei einer Anfechtung wegen **Drohung** kommt es nicht darauf an, wer droht; hier ist es also gleichgültig, ob man den Vsagenten als Dritten ansieht (vgl. § 123 BGB).

Zur **Irrtumsanfechtung** des Vmers bei Agentenmitwirkung betont KG 10. X. 1925 HansRZ 1926 Sp. 56, es handle sich nicht um eine Eigenschaft des Vers i. S. des § 119 II BGB, falls ein Vsagent „sich bei der Erledigung anderer Vsgeschäfte des Klägers (Vmers) Unregelmäßigkeiten hat zuschulden kommen lassen". OLG Stuttgart 27. IV. 1931 VA 1931 S. 268 Nr. 2327 hebt die Bedeutung von Belehrungen und Auskünften des Vsagenten für die Irrtumsanfechtung des Vmers hervor.

[19] **2. Anfechtung des Versicherers.**

Der Vsagent gehört grundsätzlich in die Sphäre des Vers, so daß bei arglistiger Täuschung eine Anfechtung des Vmers in Betracht kommt (Anm. 16—18). Ausnahmsweise kann aber der Vsagent in die Sphäre des Antragstellers und Vmers hinüberwechseln und (meistens aus Provisionsinteresse) den Ver täuschen. Dann fragt es sich (gleichsam in umgekehrter Marschrichtung), ob der Vsvermittler als „Dritter" i. S. des § 123 II 1 BGB anzusehen ist.

Im Falle KG 9. XI. 1932 JRPV 1933 S. 136—137 war bei einer Einbruchdiebstahlv der Antrag nicht vom Vmer selbst gestellt, sondern von einer gewerbsmäßigen Vermittlerin. Der Vmer hatte das Antragsformular in blanco unterschrieben und der Vermittlerin übergeben. Bei der Antragstellung sind von der Vermittlerin frühere Einbrüche verschwiegen worden. Die Vermittlerin hat den Antrag einem Vermittlungsagenten weitergeleitet. Sie „war zufolge der Blankounterschrift bevollmächtigt worden, dem Vsantrag .... nach Rücksprache mit dem Vsagenten den maßgeblichen Inhalt namens der Klägerin zu verleihen. Als Stellvertreterin der Klägerin aber war sie unter keinen Umständen ein ‚Dritter' i. S. des § 123 II BGB". Im geschilderten Fall war die Vermittlerin offenbar keine Unteragentin des Vers. — Täuscht jedoch ein Vsagent „im Interesse des Vmers", so kommt es nach § 123 II 1 BGB darauf an, ob man annimmt, daß der Vsagent bei der Antragstellung im Einzelfall ausschließlich als Beauftragter und Vertreter des Vmers wirke oder als Dritter. Letzterenfalls erfordert § 123 II 1 BGB, daß der Vmer die Täuschung kannte oder kennen mußte. Im Lebensvsfalle KG 1. X. 1938 JRPV 1938 S. 378—379 bleibt dahingestellt, welche Alternative gegeben war. Das Kennenmüssen des Vmers wird damit begründet, „es wäre für ihn Pflicht gewesen, sich das, was er zu unterschreiben hatte, vorher durchzulesen, und hätte er das getan, so hätte er die falsche Beantwortung der Fragen und damit die Täuschung erkannt". Die Entscheidung ist bedenklich (vgl. schon Anm. 12 zu § 22). Wohl stets wird es bei Vsagenten notwendig sein, sie im Verhältnis Vmer/Ver, also bei Anfechtungen seitens des Vers, als Dritte anzusehen. Das gilt selbst dann, wenn der Vmer dem Vsagenten die Niederschrift vorvertraglicher Anzeigen überläßt; denn der Vsagent hilft dem Vmer auch in seiner Eigenschaft als Hilfsperson des Vers (im Sinne des § 123 II 1 BGB verschlägt es nichts, daß die Rechtsprechung hier den Vsagenten zugleich als Beauftragten des Vmers ansieht, vgl. Anm. 49 zu § 16, unten Anm. 24). Sind aber die Vsagenten in dem hier behandelten Zusammenhang Dritte, so ist zu prüfen, ob auf ihrer Seite Arglist vorliegt und ob der Vmer die arglistige Täuschung kannte oder kennen mußte. Arglist des Vsagenten im Verhältnis zum Ver wird selten nachzuweisen sein. Zur Frage des Kennenmüssens auf seiten des Vmers, also zur Verschuldensfrage, vgl. Anm. 49 zu § 16 und ferner unten Anm. 22—26, wobei aber zu beachten ist, daß eine fahrlässige Verletzung der vorvertraglichen Anzeigepflicht nicht mit dem Kennenmüssen einer arglistigen Täuschung durch den Vsagenten identifiziert werden darf.

Über die Benutzung eines Vsagenten als Täuschungswerkzeug des Vmers: Süß VersR 1952 S. 187. — Über Fälle gemeinsamer Täuschung, also vorsätzlichen Zusammenwirkens von Vmer und Vsagent: KG 24. VII. 1940 JRPV 1940 S. 150—151, OLG Düsseldorf 30. III. 1935 JRPV 1935 Zus. S. 44, OLG Königsberg 19. V. 1933 JRPV 1934 S. 175, LG Berlin 26. I. 1953 VersR 1953 S. 73, LG Hamburg 3. II. 1954 VersR 1954 S. 171.

Möglicherweise führt die Mitwirkung eines Vsagenten dazu, daß ein Verschulden, mindestens aber eine Arglist des Vmers entfällt. Das kann z.B. dann gelten, wenn ein Vsagent den Vmer fälschlich dahin aufklärt, daß der Fragebogen in bestimmter Weise ausgefüllt werden könne oder wenn der Vmer dem Vsagenten die Fragebogenausfüllung überläßt (vgl. über diese Verschuldensbeeinflussung Anm. 13 zu § 22 und ferner unten Anm. 20—28).

Ein Wissender kann nicht getäuscht werden. Soweit ausnahmsweise bei Vermittlungsagenten und regelmäßig bei Abschlußagenten eine Wissenszurechnung erfolgt (Anm. 11, 13), steht das Wissen des Vsagenten demjenigen des Vers gleich, und soweit das Wissen und die Wissenszurechnung reichen, kommen ein Getäuschtwerden und somit eine Anfechtung des Vers nicht in Frage. Über die Anwendbarkeit des § 44 bei Arglistanfechtung vgl. Anm. 11.

Hat der Ver ein Anfechtungsrecht, so kann ein Vermittlungsagent es nicht ausüben, er kann auch nicht auf das Anfechtungsrecht durch Aushändigung des Vsscheins verzichten (OLG Stuttgart 1. II. 1935 JRPV 1935 Zus. S. 50). Dagegen ist ein Abschlußagent analog § 45 zur Abgabe einer Anfechtungserklärung befugt (Anm. 14 zu § 45).

[20] III. Verschuldensbeeinflussung bei Agentenmitwirkung.

1. Allgemeines.

Soweit eine Haftung des **Versicherers** in Frage kommt, gewinnt es Bedeutung, ob ein Vsagent Erfüllungs- oder Verrichtungsgehilfe des Vers ist, wobei Erfüllungsgehilfen auch hinsichtlich eines Verschuldens beim Vertragsabschluß (culpa in contrahendo) denkbar sind (Anm. 30—35).

Hier soll von den Fällen die Rede sein, bei denen es auf ein Verschulden des **Versicherungsnehmers** ankommt, ausnahmsweise auf ein Verschulden des Versicherten, Bezugsberechtigten, Erwerbers, Eintrittsberechtigten, Realgläubigers, geschädigten Dritten. Es kann geschehen, daß ein Verschulden dieser Personen entfällt oder gemindert wird, weil ein Vsagent das Tun oder Unterlassen dieser Personen beeinflußt hat. Hierdurch kann Arglist — also qualifizierter Vorsatz — zu schlichtem Vorsatz, Fahrlässigkeit oder gar Schuldlosigkeit herabgemindert werden, Vorsatz oder grobe Fahrlässigkeit zu leichter Fahrlässigkeit oder Schuldlosigkeit.

Solche „Verschuldensbeeinflussung" gibt es zunächst bei echten Rechtspflichten des Vmers, z.B. bei der Prämienzahlungspflicht. Hier kommt es oft darauf an, ob der Vmer eine Nichtzahlung zu vertreten hat (vgl. für die Erstprämie Anm. 15 zu § 38, für die Folgeprämie Anm. 26 zu § 39). Fälle der Beseitigung eines Verschuldens des Vmers bei Prämienverzug behandeln für das vorgesetzliche Recht RG 22. XI. 1879 RGZ Bd 1 S. 196—198, 29. XII. 1891 RGZ Bd 28 S. 391—392, OLG Frankfurt 2. V. 1907 VA 1908 Anh. S. 39—40 Nr. 373, OLG Hamm 3. X. 1905 VA 1906 Anh. S. 116—119 Nr. 257. Im Falle RG 9. VI. 1925 VA 1925 S. 146 Nr. 1495 hatte der Vsagent, als der Vmer „die Prämie zahlen wollte, diesem erklärt ...., er habe den Vsschein nicht bei sich, die Sache eile auch nicht so, da" der Vmer „ja Deckungszusage habe. Diese Äußerung muß die Beklagte gegen sich gelten lassen" (das Urteil ist auf die Vertrauensstellung des Vsagenten, nicht auf den Gesichtspunkt der Verschuldensbeeinflussung gestützt). Auch bei der Deklarationspflicht im Rahmen einer laufenden V könnte es geschehen, daß infolge des Verhaltens eines Vsagenten der Vmer die Verletzung der Rechtspflicht nicht zu vertreten hat. So hatte im Falle OLG Naumburg 17. XII. 1923 VA 1924 S. 134 Nr. 1418 der Vmer Maultiere auf Grund einer Auskunft eines Vsagenten schuldlos nicht im Rahmen einer Pferdev angemeldet. LG Frankfurt 22. IV. 1938 JRPV 1939 S. 204 bis 205 betraf die Anmeldung von Feuerwerken im Rahmen einer Haftpflichtv. RG 8. I. 1916 WallmannsZ Bd 64 S. 1017 — 1021 bejahte das Verschulden bei Nichtdeklaration im Rahmen einer Schoberv.

Praktisch wichtiger sind die Fälle, in denen ein Vsagent bewirkt, daß der objektive Tatbestand einer Obliegenheitsverletzung für den Vmer (oder sonst mit der Obliegenheit Belasteten) keine nachteiligen Rechtsfolgen, insbesondere keine Verwirkungsfolgen zeitigt, weil die Agentenmitwirkung ein Verschulden aufhebt oder mindert (vgl. nur § 6 I 1, der ein Verschulden erfordert, § 6 III 1, der mindestens grobe Fahrlässigkeit voraussetzt). Auch eine Milderung nachteiliger Rechtsfolgen kommt infolge der Agentenmitwirkung in Frage, z.B. hebt § 6 III 2 für den Fall grober Fahrlässigkeit das Alles-oder-Nichts-Prinzip auf (Anm. 21 zu § 6). Es soll spezieller von der Verschuldensbeeinflussung bei vorvertraglicher Anzeigepflicht in Anm. 22—26, bei weiteren Obliegenheiten vor Eintritt des Vsfalls in Anm. 27, bei Obliegenheiten nach Eintritt des Vsfalls in Anm. 28 die Rede sein.

Generell läßt sich bemerken, daß die Nichtwahrung einer Schriftform entschuldigt sein kann, falls ein Vsagent eine mündliche Anzeige für ausreichend erklärt oder entgegennimmt (vgl. Raiser Anm. 3 zu § 20, S. 493, RG 18. VI. 1929 VA 1929 S. 224—225 Nr. 1990 = Praxis 1929 S. 82, KG 2. XII. 1931 VA 1932 S. 6 Nr. 2369 = JRPV 1932 S. 22, LG Heidelberg 4. X. 1956 VersR 1957 S. 107, auch Anm. 12 zu § 34a). Auch dann kann sich eine Exkulpation ergeben, falls eine Anzeige oder Willenserklärung fälschlich gegenüber einem Vsagenten abgegeben wird, der nicht auf seine mangelnde Empfangsbefugnis hinweist (vgl. Anm. 13 zu § 34a m. w. N., ferner OLG Celle 22. I. 1912 VA 1912 Anh. S. 122 Nr. 709, OLG Düsseldorf 27. VII. 1954 VA 1956 S. 10, LG Heidelberg 4. X. 1956 VersR 1957 S. 107). Im Rahmen des § 47[1] kommt es darauf an, ob ein Dritter eine Beschränkung der Vertretungsmacht des Vsagenten kannte oder infolge grober Fahrlässigkeit nicht kannte. Infolge eines Verhaltens des Vsagenten kann ein derart schweres Verschulden des Dritten entfallen (Anm. 4 zu § 47).

Die Verschuldensfrage spielt nach richtiger Ansicht auch bei einer Versäumung der Klagefrist eine Rolle (Anm. 43—47 zu § 12). Das Verhalten eines Vsagenten kann im Einzelfall die Entschuldigung des Vmers ermöglichen (vgl. OLG Oldenburg 25. V. 1906 VA 1907 Anh. S. 22—23 Nr. 286).

Mit der Verletzung der vorvertraglichen Anzeigepflicht geht oft eine arglistige Täuschung des Vers durch den Vmer Hand in Hand. Die Agentenmitwirkung kann eine Arglist des Vmers beseitigen, worüber in Anm. 21 berichtet werden soll. Von der arglistigen Täuschung beim Vertragsabschluß ist jene bei der Schadensermittlung zu unterscheiden. Sollte bei Beratung des Vmers ein Vsagent eine unrichtige Belehrung in der Richtung geben, daß bei der Angabe zerstörter oder beschädigter Gegenstände oder bei der Wertbemessung in bestimmter Weise verfahren werden könne, so wird nicht selten die Annahme einer Täuschungsabsicht (Anm. 50, 51 zu § 34) ausgeschlossen sein (Beispiel: OLG Düsseldorf 29. V. 1933 JRPV 1934 S. 154—155, vgl. auch KG 2. XII. 1931 VA 1932 S. 6—7 Nr. 2369). — Über den Fall, in welchem ein Vsagent getäuscht wird: Anm. 55 zu § 34.

Rechtsdogmatisch läßt sich die Verschuldensbeeinflussung aus der Vertrauensstellung aller Vsagenten ableiten (dazu Anm. 54—55, 59—60). Würde sich ein Vmer auf den Rat anderer Personen, die nicht in der Sphäre des Vers stehen, verlassen, mag dies auch der Rat eines erfahrenen Vsmaklers oder Rechtsanwalts sein, so führt das weniger leicht zu einer Exkulpation als die Belehrung durch eine Person, die kraft dauernder Betrauung in der speziellen Vertrauenssphäre des Vers steht, mag es sich auch nur um einen nebenberuflichen Unteragenten ohne Abschlußvollmacht handeln.

Der Gesichtspunkt des mitwirkenden Verschuldens, speziell eine Anwendung des § 254 I BGB kommt bei der Verschuldensbeeinflussung formell nicht in Betracht. Denn auf ein Verschulden des Vsagenten kommt es überhaupt nicht an, sondern allein das Verschulden des Vmers ist entscheidend. Es fragt sich nur: Welcher Verschuldensgrad des Vmers ist angesichts der Agentenmitwirkung übriggeblieben? Verfehlt deshalb z.B. OLG Köln 16. V. 1922 VA 1923 Anh. S. 15 Nr. 1302 für einen Fall der objektiven Verletzung der vorvertraglichen Anzeigepflicht: „jedenfalls aber würde das von der Beklagten zu vertretende Verschulden des Agenten die Schuld des Klägers weit überwiegen, so daß die Haftbarkeit der Beklagten dadurch nicht ausgeschlossen oder vermindert würde". Verfehlt auch LG Hildesheim 2. X. 1952 VersR 1954 S. 79.

[21] **2. Spezialfälle.**

a) Verschuldensbeeinflussung bei arglistiger Täuschung.

Arglist ist qualifizierter Vorsatz. Er erfordert den Willen und das Bewußtsein, den Ver zu täuschen und auf den Erklärungswillen des Vers einzuwirken (Anm. 14 zu

§ 22). Fahrlässigkeit und schlichter (unqualifizierter) Vorsatz begründen keine Anfechtbarkeit des Vsvertrages. Die Agentenmitwirkung kann dazu führen, daß der Ver, welchen die volle Beweislast trifft (Anm. 17 zu § 22, zustimmend BGH 13. V. 1957 NJW 1957 S. 988—989 = VersR 1957 S. 351—352, OLG Nürnberg 14. X. 1954 ZfV 1954 S. 119—120, Wahle Vsrundschau 1959 S. 408—411), die Arglist des Vmers nicht darzutun vermag.

Dabei sind, wie schon in Anm. 13 zu § 22 m. w. N. geschildert, zwei Fallgruppen zu unterscheiden:

Erster Fall: Der Vsagent klärt den Vmer fälschlich dahin auf, daß der Fragebogen in bestimmter Weise ausgefüllt werden könne. Weiteres Urteil: OGH Wien 14. III. 1958 Vsrundschau 1959 S. 408—411 mit Anm. Wahle (jedoch erscheint es bedenklich, wenn die Entscheidung meint, es sei abwegig zu untersuchen, ob die gestellten Fragen „als klar anzusehen oder einer weiteren Auslegung zugänglich sind"; denn bei unzweideutigen Fragen könnte trotz der Aufklärung durch den Vsagenten Arglist des Vmers bestehen bleiben [Nachweise: Anm. 13 zu § 22, vgl. ferner LG Hamburg 3. II. 1954 VersR 1954 S. 171]).

Zweiter Fall: Der Vmer überläßt dem Vsagenten die Fragebogenausfüllung. Weitere Urteile: LG Berlin 2. X. 1958 VersR 1959 S. 41, LG Stuttgart 19.X.1954 VersR 1955 S. 145—147 (mit kritischer Anm. Dern).

Hat ein Vmer einen Vermittlungsagenten über Gefahrumstände unterrichtet (ohne daß dieser auf die Ausfüllung des Fragebogens Einfluß zu nehmen braucht), so erfolgt zwar keine Kenntniszurechnung (Anm. 10), aber es wird regelmäßig ausgeschlossen sein, eine arglistige Täuschung seitens des Vmers anzunehmen (OLG Celle 2. XII. 1941 JRPV 1942 S. 159 = HansRGZ 1942 A Sp. 95, OLG Köln 7. X. 1932 VA 1932 S. 304 Nr. 2485). Auch Süß VersR 1952 S. 187 meint, es könne „unter Umständen die Informierung des Vermittlungsagenten die arglistige Täuschung ausschließen .... Es kommt lediglich darauf an, ob subjektiv der Vmer die Vorstellung hatte, daß trotz Kenntnis des Vermittlungsagenten der Ver möglicher-, nicht notwendigerweise, dadurch zum Vertragsschluß bewogen werde. Zuzugeben ist allerdings, daß dann, wenn der Vmer den Vermittlungsagenten selbst über einen Umstand informierte, der Vmer in der Regel keine Täuschungsabsicht hat". Arglist ist bejaht von OLG Celle 16. I. 1934 JRPV 1934 S. 251—252.

[22] b) Verschuldensbeeinflussung bei vorvertraglicher Anzeigepflicht.

Jede schuldhafte Verletzung der vorvertraglichen Anzeigepflicht (vvAnzPfl) kann dem Ver ein Rücktrittsrecht geben (§§ 16 III, 17 II). Es ist an Hand der **höchstrichterlichen Rechtsprechung** (des ROHG, RG, OHG und BGH) **bereits in Anm. 49 zu § 16** ausführlich dargelegt worden, daß eine Agentenmitwirkung dazu führen kann, ein Verschulden des Vmers völlig zu beseitigen.

Die Problematik weicht von jener bei der Anfechtung wegen arglistiger Täuschung insofern stark ab, als es dort ausreicht, wenn die Arglist des Vmers entfällt. Hier, bei der vvAnzPfl, kommt es darauf an, daß jedes Verschulden, auch leichte Fahrlässigkeit des Vmers, ausgeräumt werde (bei Prölß[12] Anm. 2 zu § 22, S. 128—129 werden die einschlägigen Urteile nicht genügend unterschieden). Auch beweislastmäßig ist die Rechtslage nicht gleich: Während der Ver Arglist beweisen muß (Anm. 17 zu § 22 und oben Anm. 21), muß sich der Vmer bei objektiver Verletzung der vvAnzPfl exkulpieren (Anm. 51 zu § 16).

Die Ver versuchen, ein Verschulden der Vmer dadurch eher zu begründen, daß sie Klauseln über die Unmaßgeblichkeit des Verhaltens der Vsagenten in die Fragebogen (Antragscheine) aufnehmen. Über die Bedeutung solcher Klauseln vgl. bereits Anm. 49 zu § 16. Die Instanzgerichte haben sich nicht selten bei der Begründung eines Verschuldens des Vmers auf solche Klauseln berufen, z.B. KG 24. VII. 1940 JRPV 1940 S. 151 (Anfechtungsfall), OLG Celle 24. V. 1954 VersR 1954 S. 453, OLG Hamm 23. III. 1931 VA 1931 S. 43 Nr. 2270, LG Berlin 26. I. 1953 VersR 1953 S. 73, LG Duisburg 30. I. 1952 VersR 1952 S. 427, LG Hamburg 3. II. 1954 VersR 1954 S. 171 (Anfechtungsfall), LG Hildesheim 2. X. 1952 VersR 1954 S. 79, AG Berlin-Schöneberg 27. II. 1956 VersR 1957 S. 13.

Auf Grund der höchstrichterlichen Rechtsprechung sind die Fälle der Fragenbeantwortung durch den Vmer von jenen der Fragenbeantwortung durch den Vsagenten zu unterscheiden, und von dieser Unterscheidung geht Anm. 49 zu § 16 aus. Bei den Oberlandes-, Land- und Amtsgerichten werden diese Fallgruppen öfters verwischt, übrigens zum Teil mit Recht (vgl. Anm. 23). Eine Rechtsprechungsübersicht bietet auch Gottschalk JW 1926 S. 493—494, Neumann a. a. O. S. 8—26.

[23] aa) Fragenbeantwortung durch Versicherungsnehmer.

Hier kommt eine Agentenmitwirkung regelmäßig dergestalt in Betracht, daß der Vsagent unklare Fragen auslegt oder Beantwortungszweifel behebt. Aber in diese Fallgruppe lassen sich nicht nur Tatbestände rechnen, in denen der Vmer persönlich den Fragebogen ausfüllt, sondern auch solche, in denen der Vsagent dies tut, jedoch im Zusammenwirken mit dem Vmer oder doch dergestalt, daß der Vmer den vom Vsagenten ausgefüllten Fragebogen durchliest, also prüft und dann erst unterschreibt. Im Folgenden sind solche Fälle, in denen der Vsagent gleichsam als Schreibhilfe mitwirkt, besonders hervorgehoben.

Ein Beispiel aus der Tierv für eine objektiv unklare Frage ist die nach dem „Anschaffungspreis" des Tieres; der Vmer durfte auf die Belehrung des Vsagenten vertrauen, daß nicht der reine Kaufpreis des Tieres anzugeben sei, sondern auch die mit dem Ankauf entstandenen besonderen Kosten in die gefragte Summe einzubeziehen seien (KG 1. II. 1926 JRPV 1928 S. 109). Daß der Vmer bei objektiv unklaren, mehrdeutigen, zweifelhaften Fragen den erläuternden, auslegenden Belehrungen des Vsagenten über den Sinn, die Bedeutung der Fragen vertrauen darf, ohne daß ihn ein Schuldvorwurf trifft, bestätigen: OLG Colmar 22. VI. 1911 LZ 1911 Sp. 878, OLG Frankfurt 20. XI. 1903 VA 1904 S. 61 Nr. 40, OLG Karlsruhe 4. V. 1927 VA 1927 S. 252—253 Nr. 1757, 20. II. 1958 VersR 1958 S. 717—718, OLG Köln 13. XII. 1954 VersR 1955 S. 76. Einen Fall der Verwendung eines falschen Formulars (Haushalts- statt Geschäftsv) behandelt: OLG Köln 21. XII. 1923 VA 1924 S. 108—109 Nr. 1404.

Meistens handelte es sich aber in den von der Rechtsprechung geprüften Fällen um objektiv klare Fragen. Die Ver haben auch aus den Erfahrungen der Jahrzehnte gelernt und ihre Fragebogen immer präziser, eindeutiger gestaltet. Deutet nun aber der Vsagent klare Fragen um, so darf sich der Vmer auf solche willkürliche Umdeutung nicht blindlings verlassen, ein Verschulden, mindestens leichte Fahrlässigkeit, bleibt durchweg bestehen. Der Vmer verhält sich schuldhaft, wenn er dem Vsagenten, welcher der Frage erkennbar einen unrichtigen Sinn beilegt, schrankenlos vertraut. Einige Urteile in der Zeitfolge: OLG Colmar 22. VI. 1911 LZ 1911 Sp. 876—879: Der Begriff des „Unfalls" umfaßt auch für den Laien offensichtlich „alle Verrenkungen, Verstauchungen oder Beschädigungen von Gelenken", auch mit vorübergehenden Folgen, OLG Marienwerder 22. II. 1916 VA 1916 Anh. S. 62 Nr. 941: Vorbrand wird auf Anraten des Vsagenten verschwiegen: „Seien Sie still"!, OLG Frankfurt 10. II. 1926 JRPV 1926 S. 138—139: Der Ver legte auch auf die Angabe „kleinerer" Vorbrände Wert, OLG Dresden 27. I. 1939 JRPV 1939 S. 60—61: Die Frage „Sind Sie völlig gesund?" erstreckt sich auch auf zeitweise epileptische Krämpfe (Agent als Schreibhilfe), OLG Hamm 26. X. 1950 VersR 1951 S. 38—39: Fälschliche Angabe von Sicherungsmaßnahmen gegen Einbruchdiebstahl, die erst „in absehbarer Zeit" getroffen werden sollten, LG Hamburg 9. I. 1951 VersR 1951 S. 46: Die Frage nach Krankenhausbehandlungen ist klar und gemeinverständlich, LG Dortmund 5. VI. 1951 VersR 1951 S. 194—195: Krankheit sind auch Leibbeschwerden mit stationärer Behandlung, AG Nürnberg 10. VI. 1952 VersR 1952 S. 316: Die Frage nach früheren Krankheiten macht auch die Angabe einer Kropfoperation nötig, LG Berlin 12. II. 1953 VersR 1953 S. 254—255: Die Frage nach früheren Einbruchdiebstählen bezieht auch solche ein, die nicht Gegenstand eines Entschädigungsverfahrens eines Vers gewesen sind (Agent als Schreibhilfe), OLG Celle 24. V. 1954 VersR 1954 S. 453: Die Frage nach gehabten gesundheitlichen Beschwerden schließt auch eine ärztlich behandelte Mandelentzündung ein, LG Marburg 14. X. 1954 VersR 1954 S. 554 bis 555: Blindes Vertrauen auf die Erklärung des Vsagenten, daß eine über ein Jahr zurückliegende „nicht wesentliche" Erkrankung nicht erwähnt zu werden brauche (Agent als Schreibhilfe), OLG Köln 13. XII. 1954 VersR 1955 S. 75—76: Herzkranker verneint die

Frage nach Krankheiten des Gefäßsystems, Atembeklemmung, Herzklopfen, AG Berlin-Schöneberg 27. II. 1956 VersR 1957 S. 13: Die Frage nach gehabten Krankheiten bezieht auch ambulant behandelte Krankheiten der letzten fünf Jahre ein (Agent als Schreibhilfe), OLG Karlsruhe 20. II. 1958 VersR 1958 S. 717—718: Die Frage nach Herz- und Kreislauferkrankungen schließt auch funktionelle Herz- und Kreislaufstörungen, die behandelt worden sind, ein (Agent als Schreibhilfe).

Ist eine Frage des Antragsformulars objektiv klar und eindeutig, so können sich dennoch subjektiv für den Vmer im Einzelfall Beantwortungszweifel hinsichtlich der Tragweite der Frage, also hinsichtlich der Subsumtion, des Umfanges der vvAnzPfl ergeben. Besonders in Fällen, die nahe an der Grenze der objektiven Nichtverletzung der vvAnzPfl liegen, darf der Vmer auf die Erklärungen des Vsagenten ohne Verschulden vertrauen. Beispiele: OLG Hamm 23. XI. 1931 VA 1932 S. 46—47 Nr. 2403: Frage nach 37 beispielhaft angeführten Tiervorerkrankungen, aber nicht nach „Verschlag" (Agent als Schreibhilfe), OLG Köln 7. X. 1932 VA 1932 S. 304—305 Nr. 2485 = JRPV 1933 S. 107—108: Nichtangabe eines Fabrikarztes, der den Vmer wegen einer scheinbaren Erkältung behandelte (Agent als Schreibhilfe), OLG München 27. X. 1931 VA 1931 S. 295—296 Nr. 2350: Die Frage nach der Höhe des Kaufpreises ist in einem Falle falsch beantwortet, in welchem ein niedriger Freundschaftspreis vom Vmer für ein Pferd bezahlt worden war (Agent als Schreibhilfe), KG 27. I. 1937 JRPV 1937 S. 121 bis 122: Die Frage nach Erkrankungen lebenswichtiger Organe bezieht sich „nicht ohne weiteres" auf Zuckererkrankungen und Blutdruckerhöhungen.

Sowohl bei der Auslegung unklarer Fragen als auch bei der Behebung von Beantwortungszweifeln läßt sich die Verschuldensfrage oft nicht abstrakt beurteilen, sondern es sind die konkreten Umstände zu berücksichtigen, besonders die Individualität des Vmers und manchmal auch die Stellung des Vsagenten.

Bei der Individualität des Vmers, der „Verständnismöglichkeit" (Anm. 49 zu § 16), kann die Sprachkundigkeit eine Rolle spielen (negativ: LG Berlin 12. II. 1953 VersR 1953 S. 254), besonders aber sind die Geistesgaben, der Bildungsgrad, die Geschäftsgewandtheit, die Erfahrung, die Lebensstellung, der Gemütszustand (Erregung!) wichtig, vgl. nur OLG Colmar 22. VI. 1911 LZ 1911 Sp. 878, OLG Dresden 27. I. 1939 JRPV 1939 S. 60—61, OLG Hamm 23. XI. 1931 VA 1932 S. 46—47 Nr. 2403, OLG Karlsruhe 20. II. 1958 VersR 1958 S. 717.

Zwar ist es grundsätzlich unerheblich, welche Stellung der mitwirkende Vsagent einnimmt, aber bei einer intensivierten Vertrauensstellung des Vsagenten ist eine Exkulpation des Vmers eher möglich, vgl. nur OLG Marienwerder 3. II. 1911 VA 1912 Anh. S. 4—5 Nr. 642: Eine leichte Verletzung des Mittelfingers der linken Hand ohne fortdauernde Beeinträchtigung der Gebrauchsfähigkeit der Hand sei unerheblich, erklärt ein Inspektor, jahrelang im Dienst des Vers und öffentlich als dessen Redner hervorgetreten; OLG Hamm 15. VI. 1953 VA 1953 S. 270—271: Die Frage, ob im Betrieb mit feuergefährlichen und explosiven Stoffen gearbeitet werde, könne mit „entfällt" beantwortet werden, weil sich die Umstände schon aus der Kennzeichnung des Betriebs als chemische Fabrik ergäben, erklärt ein Bezirksdirektor und Generalagent. Umgekehrt darf der Antragsteller einem Zubringer des Vsagenten, der nur Anträge sammeln sollte, nicht vertrauen (RG 22. IX. 1903 VA 1904 S. 60—61 Nr. 39 [bedenklich]).

[24] bb) Fragenbeantwortung durch Versicherungsagenten.

Wie schon in Anm. 22, 23 geschildert, handelt es sich bei der Unterscheidung: Fragenbeantwortung durch den Vmer oder durch den Vsagenten nicht um eine Antithese. Einige Urteile werden auch auf beide Gesichtspunkte gestützt, z. B. LG Berlin 12. II. 1953 VersR 1953 S. 254: Klare Frage nach früheren Einbrüchen. „Das Verschulden des Kl. wäre auch dann nicht ausgeschlossen, wenn er dem Vermittlungsagenten von dem Einbruch berichtet und dieser die Beantwortung für überflüssig erklärt oder stillschweigend bei der von ihm vorgenommenen Ausfüllung des Antrages unterlassen haben sollte. Denn es entspricht sowohl ständiger Rechtsprechung . . ., daß derjenige schuldhaft handelt, der ein Formular dem Agenten zur Ausfüllung überläßt und sich vor Unterschriftsleistung nicht davon überzeugt, was dieser ausgefüllt hat, wie auch, daß etwaige Erklärungen des Vermittlungsagenten, und seien sie noch so eindringlich, in der Richtung, es brauche eine Frage nicht beantwortet zu werden, den Antragsteller dann nicht entschuldigen, wenn die Antragsfrage eindeutig ist." Ähnlich doppelspurig LG Marburg 14. X. 1954 VersR 1954 S. 554—555: Krankenv, Nichtangabe einer Krebsvorerkrankung. Einerseits kein Vertrauen auf Vsagenten, wenn es sich um klare Fragen handelt, andererseits Notwendigkeit der Vergewisserung, ob die vom Vsagenten „eingesetzten Antworten vollständig und richtig waren".

Die höchstrichterliche Judikatur unterscheidet bei Fragenbeantwortung durch den Vsagenten — wenn man die in Anm. 49 zu § 16 eingeführten Schlagwörter benutzt — Individual- und Wahrnehmungstatsachen. Auch hier ist die Abgrenzung nicht immer einfach. Werden dem Vsagenten (ordnungsgemäße) Unterlagen übergeben, die er nur für den Fragebogen richtig abzuschreiben oder zu verwerten braucht, so kann sich der Vmer auf die richtige Durchführung dieser mechanischen Arbeit einigermaßen verlassen, denn die in den Unterlagen verlautbarten ursprünglichen Individualtatsachen werden zu Wahrnehmungstatsachen. Beispiele: OLG Stuttgart 27. III. 1930 JRPV 1930 S. 385: Tierv; der Vsagent hat einen früheren Antrag als Unterlage benutzt, also „nicht die Antworten des Anzeigepflichtigen niedergeschrieben, so daß er insoweit Beauftragter des Klägers gewesen wäre, sondern er hat die Fragen, wenn auch zu unrecht, als solche behandelt, die auch von ihm selbst beantwortet werden könnten. In diesem Fall ist der Kläger für Unrichtigkeiten des Agenten nicht verantwortlich." OLG Köln 16. VI. 1933 JRPV 1933 S. 355 verneint eine Nachprüfungspflicht des Vmers, wenn dem Vsagenten Steuerkarte und Zulassungspapiere eines Kraftwagens übergeben worden sind, so daß er die darin enthaltenen Angaben nur richtig abzuschreiben braucht. Ähnlich werden Vorerkrankungen zu Wahrnehmungstatsachen, wenn dem Vsagenten ärztliche Berichte übergeben werden, aus denen alles ersichtlich ist.

Die Stellung des Vsagenten bei Erfüllung der vvAnzPfl kann nach alledem eine sehr verschiedene sein. Der Fragenbeantwortung durch den Vmer steht es gleich, wenn der Vsagent (erstens) nur als Schreibhilfe mitwirkt (Anm. 23). Bei Fragenbeantwortung durch den Vsagenten ist (zweitens) im Hinblick auf Individualtatsachen der Vsagent, wie man gesagt hat (Anm. 49 zu § 16), „Beauftragter des Vmers", während er (drittens) bei Wahrnehmungstatsachen für den Ver Tatsachen feststellt, die jedermann ohne weiteres ermitteln kann. Die Beauftragtenstellung des Vsagenten (zweiter Fall) belastet den Vmer mit einer stärkeren Nachprüfungspflicht, denn Individualtatsachen betreffen persönliche Verhältnisse und das eigene besondere Wissen des Vmers. Bei Wahrnehmungstatsachen (dritter Fall) kann sich der Vmer viel leichter entschuldigen. Von der Beauftragtenstellung des Vsagenten (zweiter Fall) sprechen z. B. KG 19. III. 1932 JRPV 1932 S. 184—185 (Verschweigen früherer Brandschäden, keine Exkulpation), OLG Hamburg 13. II. 1953 VersR 1953 S. 191 (Verschweigen von Kriegsbeschädigung, Blankounterschrift, keine Exkulpation: teils „Beauftragter" des Vmers, „teils Vertrauensmann" des Vers), OLG Hamm 23. III. 1931 VA 1931 S. 42—43 Nr. 2270 (falsche Angaben über Baujahr und Kaufpreis in der Autokaskov, keine Exkulpation). Gleichgültig, welche Stellung der Vsagent nach dem Gesagten bei der Erfüllung der vvAnzPfl einnimmt, niemals rückt er — da er stets (mindestens zugleich) Hilfsperson und Vertrauensmann des Vers ist — dem Vmer so nahe, daß in Fällen, in denen der Ver arglistig getäuscht worden ist, der Vsagent nicht als Dritter im Sinne des § 123 II 1 BGB angesehen werden müßte (Anm. 19).

[25] aaa) Individualtatsachen.

Hier liegt das Verschulden des Vmers regelmäßig im Unterlassen: Er unterschreibt einen Antragschein im Vorwege in blanco oder nachträglich ungelesen, ohne nähere Prüfung. Dabei ist es unerheblich, wenn der Vsagent dem Vmer Fragen verschweigt oder entstellt oder bei richtiger Information durch den Vmer die Antwort unrichtig erteilt.

Meistens nehmen hier auch die Instanzgerichte keine Exkulpation an, vgl. schon die in Anm. 24 aufgeführten Urteile zur Beauftragtenstellung des Vsagenten, ferner z. B. KG 27. XI. 1929 JRPV 1930 S. 33—34 (Lebensv), 8. XI. 1930 VA 1930 S. 245 Nr. 2202 (Krankenv), 16. V. 1931 JRPV 1931 S. 289—290 (Krankenv), OLG Celle 2. XII. 1941 JRPV 1942 S. 159 = HansRGZ 1942 A Sp. 96 (Tierv), OLG Colmar 11. III. 1904 VA

1904 S. 147 Nr. 66 (Feuerv, Blankounterschrift), OLG Düsseldorf 23. I. 1939 JRPV 1939 S. 139 (Autov), OLG Hamm 23. III. 1931 VA 1931 S. 42—43 Nr. 2270 (Autov), OLG Kiel 20. XII. 1929 VA 1930 S. 47 Nr. 2134 = JRPV 1930 S. 188—189 (Autov), OLG Köln 23. XI. 1921 VA 1922 Anh. S. 60—61 Nr. 1284 (Einbruchdiebstahlv), OLG Stettin 9. VII. 1931 VA 1931 S. 238—239 Nr. 2309 (Feuerv), LG Berlin 12. II. 1953 VersR 1953 S. 254 (Einbruchdiebstahlv), LG Duisburg 30. I. 1952 VersR 1952 S. 426 bis 427 (Krankenv, Weglassung von Fragen), LG Göttingen 16. VI. 1955 VersR 1955 S. 579 (Lebensv), LG Landshut 5. V. 1953 VersR 1953 S. 393—394 (Lebensv), LG Marburg 14. X. 1954 VersR 1954 S. 554—555 (Krankenv).

Unrichtigerweise ist eine Exkulpation des Vmers angenommen worden vom KG 17. III. 1928 JRPV 1928 S. 121 (Feuerv, Verschweigen früheren Brandschadens. keine Nachprüfung des Antragscheines). Dagegen kann der Vmer gemäß KG 26. IV. 1907 VA 1907 Anh. S. 62—63 Nr. 318 exkulpiert sein, wenn er dem Vsagenten einen unvollständig ausgefüllten Fragebogen überläßt, dieser ihn unverändert einem Generalagenten weiterleitet und letzterer von sich aus ohne Anhörung des Vmers den Fragebogen eigenmächtig und unrichtig ergänzt (gleichfalls Feuerv, früherer Brandschaden vom Generalagenten zu Unrecht verneint). Im Falle KG 22. II. 1930 JRPV 1930 S. 154 konnte der ungewandte, unerfahrene, aus einfachen Verhältnissen stammende Vmer ohne Verschulden meinen, er unterschreibe bei einer Sterbegeldv lediglich die Beitrittserklärung auf der Rückseite des Antragsformulares. Das OLG München 9. V. 1927 VA 1927 S. 253—254 Nr. 1758 entschuldigt einen Landwirt, der einem seit vielen Jahren tätigen Viehvsagenten die Niederschrift überließ, ihm richtige Angaben machte, aber — zur Eile getrieben — das unrichtig Aufgenommene unbesehen unterzeichnete (fälschlich wird dabei gesagt, der Vsagent sei hier Erfüllungsgehilfe des Vers). Das LG Hamburg 10. V. 1938 JRPV 1939 S. 206—207 hat angenommen „eine offenbar ungewandte alte Frau" sei bei einer Krankenv „den Schlichen eines bewußt auf Betrug ausgehenden Vsagenten ... nicht gewachsen" gewesen.

Oft berufen sich die Vmer auf Mangel an Zeit und Gelegenheit zur Nachprüfung. Das OLG Hamburg 13. II. 1953 VersR 1953 S. 191 sagt dem Vmer: „Auch seine Eile entschuldigt ihn nicht. Den Abschluß einer Krankenv erledigt man nicht zwischen Tür und Angel." Das KG 19. III. 1932 JRPV 1932 S. 184—185 hat in einem Falle eingeschränkter Kenntnis der deutschen Sprache in Wort und Schrift die Exkulpation nicht angenommen.

[26] bbb) Wahrnehmungstatsachen.

Bei Wahrnehmungstatsachen ist der Vmer im Falle objektiver Verletzung der vvAnzPfl leichter als exkulpiert anzusehen.

Regelmäßig wird hier ein Verschulden des Vmers auch dann nicht angenommen, wenn er den Fragebogen in blanco oder nachträglich ungelesen unterschreibt. Fälle einer Blankounterschrift: OLG Hamm 4. III. 1925 VA 1925 S. 100—101 Nr. 1464, OLG Zweibrücken 15. III. 1905 VA 1907 Anh. S. 27 Nr. 290. Fälle nachträglicher Unterschrift ohne Nachprüfung: KG 24. XI. 1926 JRPV 1927 S. 13, 8. IX. 1949 VA Berlin 1949 Nr. 4 S. 10, OLG Colmar 29. V. 1903 VA 1904 S. 37—39 Nr. 32, OLG Königsberg 11. I. 1929 JRPV 1929 S. 302—303, OLG Nürnberg 9. XI. 1929 VA 1929 S. 330—331 Nr. 2082 = JRPV 1930 S. 101. Offen ist die Frage, wann unterschrieben wurde, in: KG 7. III. 1928 JRPV 1928 S. 170—171, 28. IV. 1928 JRPV 1928 S. 187—188, OLG Düsseldorf 2. V. 1929 JRPV 1930 S. 64—65, OLG Stettin 5. XI. 1903 VA 1904 S. 153 Nr. 70.

Ausnahmsweise kommt ein Verschulden des Vmers in Betracht, wenn „er besondere Gründe zu einem Mißtrauen gegen den Agenten hat" (OLG Königsberg 11. I. 1929 JRPV 1929 S. 302). Ein Vsschein mit handschriftlichem Zusatz braucht nicht den Argwohn einer Fälschung zu wecken (OLG Hamm 4. III. 1925 VA 1925 S. 101 Nr. 1464).

Über einen Fall der Nichtanzeige von Wahrnehmungstatsachen, bei dem keine Frage gestellt war, vgl. OLG Düsseldorf 14. III. 1929 VA 1929 S. 265—267 Nr. 2026 = JRPV 1929 S. 154—156 (Hochwasserv, Exkulpation; bestätigt von RG 7. I. 1930 JW 1930 S. 3618—3619 = VA 1929 S. 336—338 Nr. 2086 [dazu auch Anm. 60]).

[27] c) Verschuldensbeeinflussung bei Obliegenheiten vor Versicherungsfall.

Nicht nur bei der vorvertraglichen Anzeigepflicht (Anm. 22—26), sondern auch bei anderen Obliegenheiten kann es geschehen, daß Vsagenten mitwirken und in Verletzungsfällen das Verschulden des Vmers beeinflussen, also aufheben oder mindern (vgl. nur Haymann JRPV 1935 S. 321—322, Prölß[12] Anm. 13 zu § 6, S. 76, Anm. 7 zu § 43, S. 191). Die Mitwirkung kann sich um so leichter ergeben, als alle Vsagenten zur Entgegennahme von Anzeigen, welche während der V zu machen sind, bevollmächtigt sind (§ 43 Ziff. 2). Aber auch bei Beschränkung dieser Vertretungsmacht oder bei Obliegenheiten, die keine Wissenserklärung zum Gegenstand haben, kann sich die Vertrauensstellung des Vsagenten auswirken.

Was zunächst **Anzeigen** anlangt, die vor Eintritt des Vsfalls zu machen sind (über Obliegenheiten nach Eintritt des Vsfalls: Anm. 28), so kommt z. B. die Anzeige von Gefahrerhöhungen in Betracht. Ein Verschulden bei Nichtanzeige könnte fehlen, falls ein Vsagent den Vmer (fälschlich) dahin belehrt, eine Gefahrerhöhung sei unerheblich (§ 29[1]) oder der Ver habe in die Gefahrerhöhung eingewilligt (§ 23 I), vgl. Anm. 38 zu § 23, Anm. 9 zu § 25, Anm. 5 zu § 28. Beispiele: RG 23. II. 1917 LZ 1917 Sp. 977, 26. IV. 1918 VA 1918 Anh. S. 70—71 Nr. 1056, 10. VII. 1928 JRPV 1928 S. 229—230, OLG Königsberg 18. XI. 1927 JRPV 1928 S. 14. Zu denken ist ferner an die Anzeige einer mehrfachen V (§ 58) oder einer Veräußerung der vten Sache (§ 71 I). Zum erstgenannten Fall vgl. KG. 20. III. 1929 VA 1929 S. 252—253 Nr. 2016 (Vsagent einer Konkurrenzgesellschaft), OLG Hamburg 14. III. 1933 VA 1933 S. 369—370 Nr. 2604 (beiläufiges Erwähnen gegenüber Vsagenten exkulpiert nicht). Zum letztgenannten Falle vgl. Prölß[12] Anm. 2 zu § 71, S. 272, RG 25. IV. 1933 JRPV 1933 S. 168, KG 2. XII. 1931 VA 1932 S. 6 Nr. 2369, 30. XI. 1932 VA 1933 S. 107—108 Nr. 2547 = JRPV 1933 S. 121—122, OLG Hamm 27. IX. 1928 Praxis 1929 S. 46.

Für **sonstige,** vor dem Vsfall zu erfüllende **Obliegenheiten,** welche nicht in Anzeigen bestehen, sei auf die vorbeugenden Obliegenheiten der §§ 6 II, 32 verwiesen. Im Falle KG 16. VI. 1911 VA 1912 S. 42 Nr. 659 hatte der Einbruchdiebstahlvmer Bargeld unter Verschluß zu bringen. Ein (Abschluß-)Agent hatte fälschlich erklärt, eine kleine geschlossene Kassette bilde solchen Verschluß. Der Vmer ist entschuldigt. Über einen Transportvsfall, in welchem vorgesehen war, daß gewisse Angaben im Frachtbrief gemacht werden sollten, ein Vsagent aber die Auskunft gegeben hatte, drei Kisten Kognak inmitten Pferdefutter brauchten nicht angegeben zu werden, vgl. RG 19. V. 1922 RGZ Bd 104 S. 344—346 (vgl. auch Anm. 60).

[28] d) Verschuldensbeeinflussung bei Obliegenheiten nach Versicherungsfall.

Eine größere Zahl von Rechtsprechungsfällen befaßt sich mit der Frage, ob eine Unfall- oder Schadensanzeige trotz Agentenmitwirkung grobfahrlässig (§ 6 III) nicht oder verspätet erfüllt worden sei. Die grobe Fahrlässigkeit ist verneint vom: RG 7. X. 1921 VA 1922 Anh. S. 16—17 Nr. 1243 (Vsagent hat keine Vollmacht zur Entgegennahme [vgl. Anm. 23, 27 zu § 47], geschäftsungewandte Vmerin), RG 18. VI. 1929 VA 1929 S. 224—225 Nr. 1990 (nach wiederholter Anzeige an den Vsagenten), RG 18. XI. 1932 VA 1932 S. 310—311 Nr. 2490 (ebenso), BGH 25. IV. 1955 VA 1955 S. 259 = VersR 1955 S. 341 (ein Inspektor des Vers hat erklärt, mangels Vsschutz sei eine Anzeige „sinnlos"), KG 5. XII. 1925 VA 1926 S. 37—38 Nr. 1552 (auf telefonische Schadensanzeige erklärt Angestellter der Generalagentur, der Haftpflichtvmer solle mit schriftlicher Anzeige warten, bis der Verletzte spezifizierte Ansprüche stelle), KG 16. XII. 1933 VA 1934 S. 23—24 Nr. 2678 (Vsagent hat während zwei Besprechungen „jeden Hinweis darauf unterlassen, daß die Klägerin auch das Strafverfahren gegen den beteiligten Fahrer der Beklagten anzuzeigen habe"), OLG Celle 22. I. 1912 VA 1912 Anh. S. 122 Nr. 709 (Schadensanzeige wird an Generalagenten gerichtet, obgleich Agenten nicht empfangsbevollmächtigt sind [vgl. Anm. 23, 28 zu § 47]), 19. XI. 1937 VA 1937 S. 237—239 Nr. 3029 (Vermittlungsagent hat erklärt, es bestehe kein Vsschutz), OLG Hamburg 19. II. 1912 VA 1912 Anh. S. 113—114 Nr. 699 (Vsagent — Vater des Vmers — hat erklärt, „daß er die Anzeige an die Gesellschaft besorgen wolle"). Die grobe Fahrlässigkeit ist bejaht vom: OLG Düsseldorf 23. I. 1939 JRPV 1939 S. 139—140, LG Dortmund

11. VIII. 1960 VersR 1960 S. 1081—1082, LG Stuttgart 19. X. 1954 VersR 1955 S. 146. Offen bleibt die Verschuldensfrage beim RG 29. IV. 1938 JW 1938 S. 2216 = VA 1938 S. 193—194 Nr. 3057.

Zur Auskunfts- und Belegpflicht (§ 34) vgl. ROHG 23. X. 1872 ROHGE Bd 7 S. 370—376, OLG Düsseldorf 29. V. 1933 JRPV 1934 S. 154—155 (spezieller zur Arglistfrage).

Eine Einwilligung zur Nottötung eines Pferdes mußte von der Generaldirektion des Vers erteilt werden. Der Sohn des Vmers hat stattdessen die fernmündliche Zustimmung eines Vsagenten eingeholt. Schuldlosigkeit des Vmers ist angenommen worden vom OLG Hamm 23. XI. 1931 VA 1932 S. 47 Nr. 2403.

[29] IV. Versicherungsagenten als Erfüllungsgehilfen.

1. Tatbestand.

a) Übersicht über Tatbestandsvoraussetzungen.

Nach § 278¹ BGB hat der Schuldner, also auch ein Ver, ein Verschulden seines gesetzlichen Vertreters und der Personen, deren er sich zur Erfüllung seiner Verbindlichkeit bedient, in gleichem Umfange zu vertreten wie eigenes Verschulden. Es fragt sich, ob Vsagenten zu dem umschriebenen Personenkreis gehören können (Anm. 30—34), tätig bei Erfüllung von Verbindlichkeiten des Vers (Anm. 35—47) und eingesetzt mit dem Willen des Vers (Anm. 48). Sodann muß es zu einer schuldhaften Verletzung der Verbindlichkeit gekommen sein (Anm. 49).

Als Erfüllungsgehilfen des Vmers kommen Vsagenten praktisch nicht in Betracht, stehen sie doch in der Sphäre des Vers. Immerhin wäre es denkbar, daß ausnahmsweise der Vmer sich z. B. bei der Prämienzahlung eines (nicht inkassobevollmächtigten) Vsagenten bedient, dessen Verschulden er sodann zu vertreten hätte. Bei Obliegenheiten ist § 278¹ BGB nicht anwendbar (Anm. 73—76 zu § 6), deshalb kommen hier auch Vsagenten als Erfüllungsgehilfen des Vmers nicht in Frage.

Soweit infolge des Verhaltens eines Vsagenten eine Verschuldensbeeinflussung in Betracht kommt (Anm. 20—28) ist es müßig, zusätzlich zu prüfen, ob der Vsagent Erfüllungsgehilfe des Vers (z. B. in der Mitarbeit beim Ausfüllen des Fragebogens) sei (so aber OLG München 9. V. 1927 VA 1927 S. 254 Nr. 1758).

[30] b) Personenkreis der Erfüllungsgehilfen.

Vsagenten zählen nicht zu den gesetzlichen Vertretern des Vers. Denn ihre Vertretungsmacht beruht dem Grunde nach auf Rechtsgeschäft, also auf Bevollmächtigung; die §§ 43, 45 bringen nur eine gesetzliche Standardisierung des Umfanges der Vertretungsmacht (Anm. 3 zu § 43).

So können die Vsagenten nur Erfüllungsgehilfen des Vers sein (über Vsmakler vgl. verneinend LG Düsseldorf 16. XI. 1950 VersR 1951 S. 198, LG Köln 28. II. 1956 VersR 1956 S. 789). Die Vsagenten sind es nicht schlechthin und in jeder Beziehung (vgl. OLG Frankfurt 17. II. 1930 JRPV 1930 S. 242), sondern immer ist zu fragen: Um welche konkrete Verbindlichkeit des Vers handelt es sich? Und: Ist der Vsagent bei der Erfüllung dieser Verbindlichkeit eingesetzt? Sind aber diese beiden Fragen geklärt, so steht nichts der Annahme entgegen, daß § 278¹ BGB anwendbar sei.

Es kommt auf die weitere Ausgestaltung der Stellung des Vsagenten im Innen- und Außenverhältnis für die Erfüllungsgehilfeneigenschaft nicht an, insonderheit nicht auf folgende Unterscheidungen:

[31] aa) Vermittungs- und Abschlußagenten.

Die Vertretungsmacht bezieht sich auf die Abgabe und den Empfang von Willens- und Wissenserklärungen namens des Vers, die Erfüllungsgehilfenschaft auf die Mitwirkung bei der Erfüllung von Verbindlichkeiten des Vers. Beide Begriffe haben also nichts miteinander zu tun. Auch z. B. ein Vermittlungsagent, auch ein Vsagent, dem jede Vertretungsmacht genommen ist, ist dennoch dazu berufen, beim Vertragsabschluß, also in contrahendo, mitzuwirken, kann also hierbei Erfüllungsgehilfe des Vers sein (KG 1. VI. 1938 VA 1938 S. 229 Nr. 3078 = JRPV 1938 S. 250).

Dennoch versuchte RG 23. II. 1928 JW 1928 S. 1740—1742 (mit Anm. Ehrenberg) = VA 1928 S. 189—191 Nr. 1849 darauf abzustellen, welchen Umfang die Vertretungsmacht eines Vsagenten hat, insbesondere darauf, ob er Vermittlungs- oder Abschlußagent ist. Das Urteil läßt sich aber nur halten unter dem Gesichtspunkte, daß die Verhandlungen über ein Hypothekendarlehen nicht zum Aufgabenkreis des Vsagenten gehörten. Der Abgrenzungsversuch an Hand des Vollmachtsumfanges klingt wohl noch einmal an bei RG 22. IX. 1933 RGZ Bd. 141 S. 419 (vgl. Erman-Groepper[2] Anm. 6 zu § 278, S. 382), ist aber später fallen gelassen worden (Clasen JRPV 1942 S. 81).

[32] bb) Unselbständige und selbständige Versicherungsagenten.

Erfüllungsgehilfen sind häufig Arbeitnehmer des Geschäftsherrn, also persönlich abhängig. Deshalb können zunächst unselbständige Vsagenten als Erfüllungsgehilfen wirken (Beispiele: RG 27. XI. 1934 JRPV 1935 S. 11—13: Außenbeamter, Angestellter, RG 31. I. 1941 DR 1941 S. 1212 = JRPV 1941 S. 60: Inspektor, KG 15. XII. 1934 JRPV 1935 S. 200—201: Inspektor). Zu diesen Unselbständigen zählen auch und erst recht Angestellte in leitender Stellung (Larenz Schuldrecht I[4] S. 193), z. B. Landesdirektoren, desgleichen Instruktoren (fachliche Berater für Lebens- und Rentenven; OLG München 30. V. 1959 VersR 1959 S. 979).

Aber auch selbständige Vsagenten können sehr wohl Erfüllungsgehilfen sein (so generell für Selbständige: Larenz Schuldrecht I[4] S. 193, Soergel-Siebert-Schmidt Anm. 2 zu § 278, S. 1020, RG 21. XII. 1920 RGZ Bd 101 S. 154, 3. VII. 1936 JW 1936 S. 3111, speziell für Vsagenten z. B. Clasen JRPV 1942 S. 81, offen gelassen von RG 27. XI. 1934 JRPV 1935 S. 12 = Praxis 1935 S. 18, unrichtig LG München 1. VIII. 1950 VersR 1951 S. 33, das die Erfüllungsgehilfeneigenschaft wegen Selbständigkeit ablehnt).

[33] cc) General- und Unteragenten.

Als Erfüllungsgehilfen eines Vers kommen bei mehrstufiger Organisation nicht nur die Generalagenten in Betracht — mögen sie unselbständig oder selbständig sein —, sondern auch die diesen unterstellten Unteragenten, gleichgültig, ob sie vom Generalagenten im Namen des Vers betraut sind (unechte Unteragenten) oder im eigenen Namen des Generalagenten (echte Unteragenten); vgl. zur Unterscheidung Anm. 17, 174 vor §§ 43—48. Auch letztere werden im Interesse des Vers tätig und sind mit Rücksicht auf die Notwendigkeit, den Vsgedanken möglichst weit zu verbreiten, funktionsbedingte Erfüllungsdiener des Vers.

Generell über Unter-Erfüllungsgehilfen: RG 3. VI. 1921 RGZ Bd 102 S. 235, 6. XI. 1933 RGZ Bd 142 S. 189, speziell für das Vsagentenrecht Thees WallmannsZ 1942 S. 3, RG 19. V. 1922 RGZ Bd 104 S. 346, KG 15. XI. 1930 JRPV 1931 S. 41, OLG Oldenburg 17. VI. 1931 VA 1932 S. 7—8 Nr. 2370.

Allerdings wird der von einem Unteragenten auszufüllende Aufgabenbereich nicht immer mit jenem des Generalagenten übereinstimmen. Es wird z. B. oft nicht dem Willen des Vers entsprechen, daß die Unteragenten selbständig — ohne Befragung des Generalagenten oder der Direktion — in contrahendo schwierige Rechtsfragen eines Vskandidaten beantworten (Möller Vsvermittlung S. 137—138).

[34] dd) Haupt- und nebenberufliche Versicherungsagenten.

Wenn sich ein Ver nebenberuflicher Vsagenten bedient, so sind auch diese weithin seine Erfüllungsgehilfen, mag es sich auch um nebenberufliche gelegentliche „Zubringer" eines Generalagenten handeln, so daß vielleicht die Namen der Nebenberuflichen dem Ver nicht einmal bekannt sind (Thees WallmannsZ 1942 S. 3). Unrichtig für eine Eisenbahnschalterbeamtin bei der Reisegepäckv insoweit OLG Stuttgart 2. IV. 1949 VW 1949 S. 282.

Auch hier ist allerdings — wie in Anm. 33 — zu beachten, daß die Aufgaben der nebenberuflichen Vsagenten oft enger abgesteckt sein werden als diejenigen der hauptberuflichen (Möller Vsvermittlung S. 137—138).

[35] c) Mitwirkung bei Verbindlichkeitserfüllung.

aa) Verbindlichkeiten vor formellem Versicherungsbeginn.

aaa) Grundgedanke der culpa in contrahendo.

§ 278[1] BGB hat primär Verbindlichkeiten aus zustandegekommenen Schuldverhältnissen im Auge, d. h. im Hinblick auf das Vswesen Obligationen des Vers aus abgeschlossenen Vsverträgen. Aber die Rechtsentwicklung hat dazu geführt, aus Treu und Glauben und der Verkehrssitte (§ 242 BGB) auch bereits vorvertragliche Verbindlichkeiten der Kontrahierenden abzuleiten, die als echte Rechtspflichten aus einem vertragsähnlichen Vertrauensverhältnis zu konstruieren sind und auf welche die §§ 276, 278 BGB angewendet werden müssen (allgemein: Enneccerus-Lehmann[15] S. 191, RG 7. XII. 1911 RGZ Bd 78 S. 239—241; speziell für das Vsrecht: RG 27. XI. 1934 JRPV 1935 S. 12, 31. I. 1941 DR 1941 S. 1212 = JRPV 1941 S. 60). Als Erfüllungsgehilfen des Vers kommen besonders auch Vsagenten in Frage.

Man hat allerdings behauptet, die im allgemeinen bürgerlichen Recht für das Verschulden beim Vertragsschluß entwickelten Rechtsgrundsätze könnten im Vsvertragsrecht keine Anwendung finden. So kommt Bruck 7. Aufl. Anm. 27 zu § 1, S. 23, Die Vspraxis 1935 S. 86—87 zu dem Ergebnis, bei Abschluß neuer Vsverträge sei kein Raum für das Rechtsinstitut, speziell auch wegen der Möglichkeit vorläufiger Deckungszusagen, ähnlich Gerhard-Hagen Anm. 6 zu § 2, S. 20, Hagen I S. 327. Aber die vorgetragenen Gesichtspunkte sind durch die Entwicklung überholt. Bei Gegebensein besonderer Umstände besteht eine Verbindlichkeit zu ordnungsgemäßer Antragsbehandlung (Anm. 38—40), und sonstige Kontaktverbindlichkeiten des Vers dürfen nicht übersehen werden (Anm. 36, 37, 41—43). Die vorläufige Deckungszusage ist nur in seltenen Fällen erlangbar, auch geht es hier um ganz andere wirtschaftliche Gesichtspunkte. Gegen Bruck: Haymann JRPV 1935 S. 324—325 Anm. 20, vgl. auch die Nachweise Anm. 90 zu § 1.

Eine Gefahr besteht allerdings darin, daß auf dem Wege über das Verschulden beim Vertragsschluß und §278[1] BGB die allgemeinen Grundsätze des Vsrechts ausgehöhlt und beiseitegeschoben werden. Beispielsweise besteht eine Tendenz, die Vorschriften über die Vertretung ohne Vertretungsmacht dadurch zu umgehen, daß man sagt, der falsus procurator hätte als Erfüllungsgehilfe auf den Mangel seiner Vertretungsmacht hinweisen müssen (z. B. auf einen Mangel der Inkassovollmacht: OLG Hamm 4. X. 1935 VA 1935 S. 268 —269 Nr. 2834 [Anm. 43] [richtig aber OLG Kiel 23. II. 1934 VA 1934 S. 5 Nr. 2664 = JRPV 1934 S. 251], oder darauf, daß er eine vorläufige Deckung nicht zusagen dürfe: vgl. RG 21. XI. 1941 DR 1942 S. 575 = JRPV 1942 S. 4—5, oder darauf, daß mündliche Nebenabreden unwirksam seien). Man darf auch nicht § 44 dadurch seines Inhaltes entkleiden, daß man vom Vermittlungsagenten verlangt, er müsse dem Antragsteller oder Vmer sagen, es reiche nicht aus, wenn ein Vermittlungsagent Kenntnis erlange. Im Falle LG Berlin 12. II. 1953 VersR 1953 S. 254—255 war der Ver wegen Verletzung der vorvertraglichen Anzeigepflicht zurückgetreten, hatte auch wegen Arglist des Vmers angefochten. Der Vsagent hatte bei der Fragenbeantwortung mitgewirkt: „Die Rechtsfolge des Rücktritts und der Anfechtung kann der Kl. . . . nicht dadurch ausschalten, daß er die Bekl. wegen Verschuldens bei Vertragsschluß verantwortlich zu machen sucht, weil sie für ihren Agenten einzutreten habe und dieser den Grund für Anfechtung und Rücktritt schuldhaft geschaffen habe. Denn würde dies zugelassen werden, so würde die Bedeutung des § 44 VVG, der bei Tätigwerden eines Vermittlungsagenten allein die Kenntnis des Vers selbst wesentlich sein läßt, entfallen. Ob etwas anderes zu gelten hat, wenn ein Vsunternehmen einen Vermittlungsagenten beschäftigt, von dem ihm bekannt ist oder bekannt sein mußte, daß er die Antragsteller falsch berät, kann auf sich auf beruhen, weil hierfür nichts vorgetragen ist."

Man spricht im allgemeinen von Verschulden beim Vertragsschluß (culpa in contrahendo), aber in erster Linie gilt es, den objektiven Inhalt der vorvertraglichen Verbindlichkeiten festzustellen. Erst dann fragt es sich, ob der Ver die Verletzung solcher konkreten Verbindlichkeit zu vertreten hat (dazu Anm. 49). Die zu erfüllende Verbindlichkeit kann in einem Tun oder Unterlassen bestehen, die Verletzung kann in den Erscheinungsformen der Nicht- oder Schlechterfüllung auftreten, wobei im Falle der Nichterfüllung, je nachdem ob eine Nachholbarkeit der Erfüllung in Frage kommt, Verzugs- und Unmöglichkeitsregeln entsprechend angewendet werden können. Das LG München 24. VI. 1958 VersR 1958 S. 591 spricht von positiver Vertragsverletzung, aber dieser Gesichtspunkt ist entbehrlich und unergiebig.

Entscheidend ist es, daß die Verbindlichkeiten den Ver, nicht den Vsagenten treffen; letzterer wirkt nur als Erfüllungsgehilfe mit. Die Verbindlichkeiten des Vers dürfen sich nicht darauf beschränken, die Vsagenten auszuwählen, zu instruieren, zu überwachen; denn dann könnte nur von einem Eigenverschulden des Vers die Rede sein (verfehlt deshalb OLG Celle 7. X. 1926 VA 1928 S. 32—33 Nr. 1812, OLG München 24. II. 1923 VA 1923 Anh. S. 70—72 Nr. 1326). Das Innenverhältnis Ver/Vsagent, insbesondere die erteilten Weisungen (Anm. 219, 451, 455 vor §§ 43—48), sind für das Außenverhältnis Ver/Vmer und die Frage, ob der Vsagent als Erfüllungsgehilfe Verbindlichkeiten des Vers verletzt hat, nicht unmittelbar entscheidend. Auch das Vsaufsichtsrecht ist allenfalls mittelbar bedeutsam (BGH 19. XI. 1956 VersR 1956 S. 791).

Für die Haftung des Vers aus culpa in contrahendo ist es unerheblich, ob letztlich ein Vsvertrag zustandekommt (vgl. allgemein RG 7. XII. 1911 RGZ Bd 78 S. 239 bis 241, 23. VI. 1926 RGZ Bd 114 S. 159, für das Vsrecht OLG Hamm 4. X. 1935 VA 1935 S. 268 Nr. 2834). Auch in Fällen der Nichtigkeit, der Anfechtbarkeit (RG 23. II. 1928 JW 1928 S. 1740—1742 = VA 1928 S. 189—191 Nr. 1849), des Dissenses (hierzu vgl. aber RG 27. XI. 1934 JRPV 1935 S. 12) kann der Ver haftbar sein.

Möglicherweise haftet neben dem Ver auch der Vsagent persönlich (Clasen JRPV 1942 S. 82, Möller HansRGZ 1941 A Sp. 119—121, auch oben Anm. 177 vor §§ 43—48), entweder aus Delikt (vgl. RG 22. I. 1906 VA 1906 Anh. S. 125—127 Nr. 263, OLG Hamburg 29. IV. 1924 HGZ 1924 Hptbl. S. 158—159 Nr. 91) oder (selten) aus Vertrag (vgl. RG 9. VI. 1888 RGZ Bd 21 S. 90—92 [mit bedenklicher Konstruktion eines Auftragsverhältnisses], RG 22. I. 1906 VA 1906 S. 126—127 Nr. 263 [unter Ablehnung eines Auftragsverhältnisses], RG 25. VIII. 1942 JRPV 1942 S. 131—132 [unter Heranziehung von § 663 BGB, § 362 I HGB], OLG Frankfurt 16. I. 1919 VA 1922 Anh. S. 40—41 Nr. 1266, OLG Hamburg 11. V. 1937 JRPV 1937 S. 185—186). Im Falle BGH 4. II. 1960 VersR 1960 S. 491—493 erscheint es zweifelhaft, ob die aus entgeltlicher Geschäftsbesorgung in Anspruch genommene Vsvermittlungsgesellschaft Vsagent oder Vsmakler war. Jedenfalls ist eine Haftung abgelehnt worden mit der Begründung, der Vsvermittler brauche einen Vmer, der eine Kraftfahrzeugteilkaskov wünsche, nicht darauf hinzuweisen, er sei möglicherweise einem Sicherungsgeber gegenüber verpflichtet, den Wagen vollkasko vern zu lassen. Kausalität ist abgelehnt worden im Falle OLG Colmar 3. VII. 1903 VA 1903 S. 132 Nr. 2. Ballerstedt ArchCivPrax Bd 151 S. 501—531 nimmt für gewisse Fallgruppen eine eigene Haftung des Stellvertreters, auch Handlungsagenten, aus culpa in contrahendo an, ebenso anscheinend Prölß[12] Anm. 5 zu § 3, S. 49, Anm. 7 zu § 43, S. 192.

Über culpa in contrahendo des Vmers: Anm. 90 zu § 1, wo ausgeführt ist, daß die Vorschriften über die vorvertragliche Anzeigepflicht eine abschließende Sonderregelung darstellen. Deshalb kommt es insoweit auch nicht in Frage, daß ein Vsagent als Erfüllungsgehilfe des Vmers zu behandeln ist.

Zu unterscheiden ist das Verschulden bei Neuabschluß von Vsverträgen (dazu generell Anm. 90 zu § 1 sowie Anm. 36—43) und jenes bei nachträglicher Änderung von Vsverträgen (dazu generell Anm. 122 zu § 1 sowie Anm. 44—47).

[36] bbb) Verbindlichkeiten bei Neuabschluß von Versicherungsverträgen.

Kommt im Vertrauen auf den Geschäftsbetrieb des Vers ein Kontakt zwischen einem Vskandidaten und einem Ver über einen Vsagenten zustande, so ergeben sich für den Ver drei Gruppen von Verbindlichkeiten: Erstens geht es um die äußere Fürsorge für Person und Eigentum (Anm. 37), zweitens um die ordnungsgemäße Behandlung des Antrags (Anm. 38—40), drittens um Aufklärungen und Belehrungen beim Vertragsabschluß (Anm. 41—43).

[37] α) Äußere Fürsorge für Versicherungskandidaten.

Betritt ein Vskandidat als „möglicher Kunde" Räumlichkeiten einer Agentur oder wird er als solcher im Kraftwagen des Vsagenten mitgenommen, z.B. zu einer Besichtigung des Risikos, aber auch auf der Heimfahrt nach einem Werbegespräch in einer Gaststätte, so entstehen Verbindlichkeiten des Vers, für die körperliche Integrität und das Eigentum des Vskandidaten zu sorgen (über solche „Schutzpflichten", die mit dem konkreten Inhalt des Vsvertrages nichts zu tun haben, vgl. Soergel-Siebert Anm. 99—105 zu § 242, S. 834—835, RG 7. XII. 1911 RGZ Bd 78 S. 239—241). Der Ver hat besonders dafür zu sorgen, daß seine Außenstellen baulich usw. in Ordnung, richtig beleuchtet und auch sonst verkehrssicher sind.

Falls es sich allerdings um einen Mehrfachagenten handelt und noch gar nicht feststeht, mit welchem der vom Vsagenten vertretenen Ver der Kunde kontrahieren könnte, so kommt nur eine persönliche Haftung des Vsagenten in Frage. Im übrigen aber dürfte es unerheblich sein, ob der Vsagent unselbständig oder selbständig ist. Nicht nur bei einer unselbständigen Außenstelle, sondern auch bei einem selbständigen Vsagenten, besonders bei einem Einfirmenvertreter, handelt es sich noch um die Betriebssphäre des Vers.

[38] β) Ordnungsgemäße Behandlung von Versicherungsanträgen.

Der Fragenkreis, ob ein Verschulden beim Vertragsschluß darin liegt, daß ein Vsagent einen Antrag nicht ordnungsgemäß behandelt, ist bereits in Anm. 90 zu § 1 erörtert worden.

Es geht darum, ob es eine durch den Vsagenten als Erfüllungsgehilfen zu erfüllende vorvertragliche Verbindlichkeit gibt,

einen Antrag der Bearbeitung zuzuleiten, m. a. W.: Muß ein Vermittlungsagent einen Antrag der zuständigen Stelle, speziell der Direktion weitergeben?

einen Antrag zu bearbeiten, m. a. W.: Muß ein Abschlußagent die Annahme oder Ablehnung eines Antrages prüfen?

einen Antragsteller zu bescheiden, m. a. W.: Muß ein Vsagent eine beschlossene Ablehnung oder eine Annahmebereitschaft dem Antragsteller mitteilen, gleichgültig ob die Direktion den Vsagenten hiervon unterrichtet hatte oder ob ein Abschlußagent selbst den Beschluß gefaßt hatte?

Bei der Beantwortung dieser Fragen ist von der Feststellung auszugehen: Falls der Ver die Annahme nicht in der Annahmefrist erklärt, so steht das einer Ablehnung gleich (Anm. 80 zu § 1). Deshalb bestehen bei Neuanträgen **grundsätzlich keine Verbindlichkeiten** des skizzierten Inhaltes, deren Nichterfüllung oder Schlechterfüllung, speziell deren verspätete Erfüllung rechtserheblich sein könnte. Vgl. Ehrenzweig S. 66—67, Prölß[12] Anm. 5 zu § 3, S. 48—49, Raiser Anm. 26 zu § 9, S. 240, RG 22. IX. 1933 RGZ Bd 141 S. 419, LG Paderborn 8. VII. 1954 VersR 1954 S. 409. Unrichtig Stiefel-Wussow[4] Anm. 5 zu § 1, S. 35, wonach eine Annahmefrist „bis höchstens zu einer Woche" mangels konkreter Vereinbarung angemessen sei. „Entsteht durch verspätete Erklärung des Vers ein Schaden, so ist mit Rücksicht auf das in der Betätigung als Vsunternehmen liegende öffentliche Angebot zum Abschluß einschlägiger Verträge unter Umständen ein Verschulden bei Vertragsschluß auf seiten des Vers" anzunehmen. Bedenklich auch LG Stade 21. VII. 1954 VersR 1954 S. 537, das „bei schuldhafter verzögerter Erledigung eines Antrags grundsätzlich nach Treu und Glauben" einen Schadensersatzanspruch geben will und eine Ausnahme nur für den Fall der Bestimmung einer Annahmefrist zuläßt. Unrichtig auch KG 15. XI. 1930 VA 1930 S. 250—251 Nr. 2207 = JRPV 1931 S. 40—41.

[39] Es müssen **besondere Umstände** hinzutreten, damit Verbindlichkeiten des angegebenen Inhalts — und demzufolge culpa in contrahendo — in Betracht kommen; solche Umstände sind z. B.:

Der Vsagent hat die Antragstellung angeregt, womöglich zur Antragstellung hingedrängt. Diese Aktivität verträgt kein venire contra factum proprium durch Passivität (vgl. Ehrenzweig S. 67 Anm. 6, KG 7. XI. 1931 JRPV 1932

S. 24—25 = HansRGZ 1932 A Sp. 470—472 mit KG 29. X. 1932 JRPV 1933 S. 58, AG Dortmund 19. VII. 1949 VW 1949 S. 411).

Es besteht zwischen dem Ver und dem Antragsteller — womöglich über den gleichen Vsagenten — bereits eine anderweitige Geschäftsbeziehung, welche die ordnungsgemäße Behandlung des Antrages besonders nahelegt (vgl. generell RG 7. XI. 1935 JW 1936 S. 799, speziell für das Vsrecht KG 1. VI. 1938 VA 1938 S. 229—230 Nr. 3078 = JRPV 1938 S. 249—250: Antrag für eine Reiseunfallv „wie gehabt" durch Notiz auf einem Zahlkartenabschnitt, gesandt an eine Bezirksdirektion).

Der Vsagent hat eine rasche Erledigung des Antrags zugesagt, was auch darin liegen kann, daß als materieller und technischer Vsbeginn ein bestimmtes nahes Datum vorgesehen ist (vgl. Ehrenzweig S. 67 Anm. 6, aber auch OLG Celle 28. VII. 1939 JRPV 1940 S. 30—31, OLG Köln 6. VI. 1952 VersR 1952 S. 270, wonach es sogar ausreicht, wenn der Vsagent die Eilbedürftigkeit erkennt).

Der Vsagent weiß, daß einer ordnungsgemäßen Erledigung Hindernisse im Wege stehen und weist nicht darauf hin (vgl. analog RG 1. III. 1928 RGZ Bd 120 S. 250).

Der Antragsteller ist geschäftsunerfahren und geht nach den Vorverhandlungen mit dem Vsagenten davon aus, es handle sich um einen klaren Fall („Selbstgänger"), und wenn er nichts höre, sei der Vsvertrag zustande gekommen (dies gilt speziell bei Annahmezwang für den Ver, falls der Antrag einem Vsagenten ausgehändigt ist, der in Abweichung von § 43 Ziff. 1 nicht empfangsbevollmächtigt ist, so daß § 3 I 1 PflvDVO nicht eingreift).

Der Ver ist abschlußbereit, hat womöglich den Vsschein ausgefertigt, aber der Vsagent unterrichtet den Antragsteller nicht unverzüglich von der Annahme, händigt den Vsschein nicht aus (vgl. RG 26. II. 1935 RGZ Bd 147 S. 103—112: ein Vertrauensverhältnis soll auch noch nach Ablauf der Annahmefrist fortbestehen; Vmer aus einfachen, ländlichen Verhältnissen, Vsagent Ratsschreiber, ferner LG Düsseldorf 16. XI. 1950 VersR 1951 S. 198—199).

Jedoch soll es in allen Fällen dem Ver verstattet sein, die Annahmefrist auszuschöpfen: LG Berlin 10. II. 1955 VersR 1955 S. 210: Lebensvsantrag vom 14. VI., Eingang des Vsscheins beim Ortsvertreter 30. VI., vorgesehener materieller Vsbeginn 1. VII., Tod des Vmers 1. VII., Präsentation des Vsscheins 2. VII. Es geht jedoch zu weit, solche Ausschöpfung der Annahmefrist stets zu gestatten; in manchen Fällen ist größere Eile geboten. Im konkreten Fall dürfte es jedoch entscheidend sein, daß der Vsagent die Präsentation nicht ungebührlich verzögert hat. Das OLG Stuttgart 22. VII. 1953 VersR 1953 S. 365 erklärt eine Frist von 17 Tagen zwischen Antragstellung und Ausstellung des Vsscheins für angemessen (Weg über den Vsagenten, allgemeiner Geschäftsgang, Prüfung des Antrags), erst recht ist bei Agenteneinschaltung eine Bearbeitungszeit von 9 oder 8 Tagen nicht verzögerlich (OLG Celle 28. VII. 1939 JRPV 1940 S. 30, OLG Köln 6. VI. 1952 VersR 1952 S. 270). Verwerflich wäre es, falls ein Ver die Annahmefrist — trotz schnellerer Erledigungsmöglichkeit — nur ausschöpft, um möglichst lange gemäß § 38 II nicht im Risiko zu sein (vgl. Anm. 16 zu § 2, Anm. 20 zu § 38). In solchen Fällen wird man ein Verschulden beim Vertragsschluß anzunehmen geneigt sein (LG Berlin 28. XII. 1950 VersR 1951 S. 42, dazu Anm. 90 zu § 1).

Es soll als besonderer Umstand nicht ausreichen, wenn der Antragsteller die Erstprämie vorausgezahlt hat (LG München 24. VI. 1958 VersR 1958 S. 591: Lebensvsantrag mit sechswöchiger Bindung und Zahlung der Dezemberprämie 23. X., vorgesehener materieller Vsbeginn 1. XII., Tod des Vmers 9. XII., inzwischen keine Äußerung des Vers).

[40] Zur ordnungsgemäßen Behandlung der Anträge und vorvertraglichen Anzeigen gehört es auch, daß sie während des Stadiums der Vertragsverhandlungen im Bereiche des Vers und seiner Außenorganisation keine Veränderungen erfahren. Die Vsagenten haben demzufolge als Erfüllungsgehilfen des Vers **Willens- und Wissenserklärungen** des Antragstellers **vollständig** und **unverändert,** also ohne Weglassungen, Zusätze, Verstümmelungen, Verfälschungen **weiterzuleiten,** erst recht darf nicht an

Stelle der Erklärung des Antragstellers eine Fälschung weitergereicht werden. Dieser Fall der culpa in contrahendo ist besonders von Haymann JRPV 1936 S. 67—68 behandelt worden. Er liegt auch vor, wenn ein Vsagent nur als Empfangsbote wirkt (Anm. 45—47 zu § 43). Außerdem ist hervorzuheben, daß umgekehrt ein Vsagent, der von der Direktion ausgefertigte Schreiben, Vsscheine oder sonstige Urkunden dem Antragsteller übermitteln soll, diese nicht verändern darf. Wie hier RG 13. VII. 1923 RGZ Bd 107 S. 240—244: Ein Autovertreter hatte 1919 bei einem vermittelten Autoverkauf auf dem Auftragsformular in dem dem Kunden ausgehändigten Exemplar eine Preiserhöhungsklausel weggelassen, dem Verkäufer aber eine Kopie mit nachträglich eingefügter Klausel geschickt. Eine Auftragsbestätigung (mit Klausel) hatte der Autovertreter dem Käufer nicht weitergeleitet. Eine Verfälschung in beiden Richtungen spielte auch im Falle OLG Hamm 4. III. 1925 VA 1925 S. 100—101 Nr. 1464 eine Rolle: Der Vsagent ließ im Vsantrage den Hinweis auf die Strohbedachung weg und verfälschte den Vsschein durch den Zusatz: „zum Teil mit Stroh gedeckt". Gemäß einem Kraftfahrvsurteil RG 27. XI. 1934 JRPV 1935 S. 12 = Praxis 1935 S. 18—19 hatte der Vsagent dem Ver nicht mitgeteilt, daß angesichts der mangelnden Rechtsfähigkeit einer Bezirksgruppe der SPD eine natürliche Person fälschlich als Vmer und Halter bezeichnet worden sei: „Es entspricht der Rechtsprechung des Reichsgerichts, daß eine Partei, wenn sie selbst von dem Inhalte des Vertragsantrags durch die pflichtwidrige Handlungsweise ihres als Hilfsperson verwendeten Angestellten getäuscht worden ist, dem Gegner gegenüber für das Verhalten ihres Gehilfen einzustehen hat". Das OLG Düsseldorf 7. XII. 1933 VA 1933 S. 397—398 Nr. 2623 = JRPV 1934 S. 153—154 dagegen hat eine allerdings nur auf den Vsvertrag, nicht auf Verschulden beim Vertragsschluß gestützte Klage abgewiesen: Ein Generalagent hatte einen Unfallvsantrag des Klägers fälschlich hergestellt, welcher frühere Unfälle verschwieg, die auf dem echten Antragsformular angegeben waren; vor Aushändigung des Vsscheins hatte der Generalagent dann wieder die der Polize angeheftete Antragsabschrift so gefälscht, daß sie mit den vom Kläger bei der Antragstellung gemachten Angaben übereinstimmte (vgl. dazu kritisch auch Anm. 47 zu § 43).

[41] γ) Aufklärungen, Belehrungen beim Vertragsabschluß.

Schon nach allgemeinen Rechtsgrundsätzen „hat der eine Vertragsteil dem anderen dafür zu haften, wenn er diesem bei Vertragsschluß Umstände, von denen jener sich sagen mußte oder gar wußte, daß sie für den Willensentschluß des anderen von wesentlicher Bedeutung seien, fahrlässig verschwiegen oder darüber unrichtige Angaben gemacht hat" (RG 23. VI. 1926 RGZ Bd 114 S. 159, auch RG 1. III. 1928 RGZ Bd 120 S. 249—253 [Grundstückskäufe]).

Im Vsvertragsrecht ist schon früh — gerade im Hinblick auf die Vsagenten — der Rechtssatz herausgearbeitet worden: Die dem Vsagenten „von der Gesellschaft dem Publikum gegenüber zugewiesene Aufgabe besteht eben darin, für sie mit diesem den unmittelbaren mündlichen Verkehr zu pflegen und den Vmern die erforderliche Belehrung und Aufklärung über den Inhalt und die Bedeutung der Vsbedingungen und die sonstigen Anforderungen der Gesellschaft zu gewähren. Der Vmer darf und muß in dieser Beziehung dem Agenten vertrauen" (RG 30. III. 1900 RGZ Bd 46 S. 190). Dieser auch auf Treu und Glauben und die Vertrauensstellung gegründete Rechtssatz erscheint in vielfältigen Ausprägungen, nämlich bei der Verschuldensbeeinflussung (Anm. 20), bei der Rechtsscheinshaftung (Anm. 33, 32 zu § 45), ferner im hier behandelten Zusammenhange der culpa in contrahendo, aber auch als ganz verselbständigte Institution; insoweit muß man von einem Gewohnheitsrechtssatz sprechen (Anm. 54—72).

Nach Zahl und Bedeutung der Fälle steht der Gewohnheitsrechtssatz im Vordergrund. Er führt unter bestimmten weiteren Voraussetzungen zu dem Ergebnis, daß der Ver so behandelt wird, als ob die vom Vsagenten gegebene (unrichtige) Aufklärung oder Belehrung richtig gewesen wäre. Diese sehr weitgehende Konsequenz ist in manchen Fällen gar nicht erforderlich, dem Vmer ist oft schon damit genützt, wenn er so gestellt wird, wie er stehen würde, falls der Vsagent sich pflichtgemäß verhalten, also den Vmer ordnungsgemäß aufgeklärt oder belehrt hätte. Bei der letztgenannten

Rechtsfolge handelt es sich um jene eines Verschuldens beim Vertragsschluß (dazu Anm. 51). Näheres zur Abgrenzung des Gewohnheitsrechtssatzes von der culpa in contrahendo: Anm. 61.

Der nähere Inhalt der Aufklärungs- und Belehrungsverbindlichkeit wird bei der Erörterung des Gewohnheitsrechtssatzes hervortreten, wenn dort Fälle unrichtiger Orientierung behandelt werden (Anm. 64—67). Für das Verschulden beim Vertragsschluß ist auch wesentlich, inwieweit der Vsagent als Erfüllungsgehilfe des Vers den Vskandidaten spontan aufklären und belehren muß (Offenbarungspflicht); das hängt sicherlich von der Person des Vskandidaten ab. Äußert ein Antragsteller eine unzutreffende Meinung, so muß der Ver sie durch den Vsagenten richtigstellen. Bemerkt der Vsagent „einen Zweifel, ein Mißverständnis oder eine Unklarheit bei dem Antragsteller, so ist es seine Pflicht aufzuklären" (RG 31. I. 1941 DR 1941 S. 1213 = JRPV 1941 S. 61). Etwas zu weit geht es zu sagen, es bestehe „eine Offenbarungspflicht der Beteiligten für solche Tatsachen, die für die Entschließung des anderen Teiles erkennbar von Bedeutung sein können" (OLG Frankfurt 7. IV. 1933 VA 1933 S. 376 Nr. 2609). Offenbarung und Aufklärung müssen auch erfolgen, falls das eigenen Interessen zuwiderläuft (OLG Celle 27. X. 1936 HansRGZ 1937 A Sp. 334).

[42] Beispiele, bei denen die Pflichtwidrigkeit des Vsagenten in einem **Schweigen,** also **Unterlassen** bestand:

BGH 9. V. 1951 BGHZ Bd 2 S. 90: Hier „brachte die Klägerin bei der Aufnahme des Antrages .... ihre Auffassung zum Ausdruck, daß der Vsschutz aus dem bisherigen Vsvertrag trotz der Betriebsverlegung ohne Unterbrechung fortbestehe. Wenn diese Auffassung nach Meinung der Beklagten unzutreffend war, so war ihr Agent verpflichtet, sie richtigzustellen. Das hat er unstreitig nicht getan". Aufrechterhalten von BGH 19. XI. 1956 VersR 1956 S. 791, 16. IV. 1959 MDR 1959 S. 553 = VA 1959 S. 279, zitiert in OLG Köln 28. III. 1958 VersR 1958 S. 748—749, OLG Neustadt 14. VII. 1955 VersR 1955 S. 626. Das OLG Celle 19. VII. 1956 VersR 1956 S. 706 fügt hinzu, die Richtigstellungspflicht bestehe nur insoweit, als dem Vsagenten die unrichtige Vorstellung des Vmers tatsächlich erkennbar war.

KG 11. II. 1933 VA 1933 S. 82—83 Nr. 2525 = JRPV 1933 S. 158—159: Der Vsagent eines Gegenseitigkeitsvereins hat bei Besprechung der Prämienhöhe die Nachschußpflicht der Vmer (zwischen 50 und 150%) verschwiegen.

OLG München 31. III. 1941 HansRGZ 1941 A Sp. 111—112: Der Vsagent war sich darüber im klaren, daß der Vmer sich für vorläufig gedeckt hielt. Dann aber mußte er dem Vmer „mit aller Offenheit gegenübertreten".

OLG Naumburg 25. VI. 1931 JW 1931 S. 3229—3230: Der Vmer wollte nur so abschließen, daß die V nach einem Jahr ohne weiteres endete. Gerade weil der Vsagent (Zeuge) dem Vmer (Beklagten) „die Vsbedingungen nicht zugänglich machte, obwohl er, wie anzunehmen ist, in deren Besitze war, hätten es die Grundsätze von Treu und Glauben und die Pflicht zur Berücksichtigung der Belange des Vmers bei dieser Sachlage erfordert, daß der Zeuge die Kündigungsbestimmungen auch ohne ausdrückliche Aufforderung oder Frage von sich aus dem Bekl. inhaltlich bekanntgab. Indem er das unterließ, hat er die ihm von der Vsgesellschaft dem Publikum und hier dem Bekl. gegenüber zugewiesene Aufgabe mißachtet. Diese Nachlässigkeit muß die Vsgesellschaft .... gegen sich gelten lassen". Vgl. aber auch AG Buttstädt 10. II. 1939 JRPV 1939 S. 80.

AG Berlin-Tiergarten 31. III. 1950 VersR 1950 S. 162—163: Ein erblindeter Pantinenmacher mußte bei einer Kinderschadenhaftpflichtv darauf hingewiesen werden, daß die V „in den nächsten 10 Jahren nicht gekündigt werden konnte, auch wenn die Kinder bis dahin auswärts, erwachsen oder verstorben sein sollten. Gegenüber einem vollblinden, im Vswesen unerfahrenen Manne versäumte der Agent eine Pflicht, als er ihn nicht auf die 10 Jahre hinwies. Das Dabeistehen der noch unerfahreneren Ehefrau .... befreite den Agenten nicht von der Verpflichtung".

OLG Celle 27. X. 1936 HansRGZ 1937 A Sp. 331—335: Lebensvsfall, behandelt unter Anm. 43 als Fall gleichzeitig unrichtiger Angaben.

Bedenklich AG Oelde 30. I. 1953 VersR 1953 S. 234, wo eine Verbindlichkeit des Vsagenten erwogen wird, einen Widerruf des Antrags an den Ver weiterzuleiten, obgleich dieser Widerruf wegen § 43 Ziff. 1 (Zugang des Antrags) nicht mehr möglich war.

Jedoch darf die **Offenbarungs-,** also **Redepflicht** des Vers/Vsagenten **nicht überspannt** werden:

RG 31. I. 1941 DR 1941 S. 1212—1215 (mit Anm. Kersting) = JRPV 1941 S. 60—61: Kraftfahrvsfall. Der Vsagent fragte bei der Ausfüllung des Antragsvordruckes, ob das Fahrzeug nur zur Güterbeförderung benutzt werde. Als dies bejaht worden war, klärte der Vsagent den Antragsteller nicht weiter darüber auf, welche Folgen eine auch nur gelegentliche Personenbeförderung auslöste. „Der erkennende Senat hat wiederholt ausgesprochen, daß sich der Vmer um die Bedingungen (und zwar sowohl um die Allgemeinen, wie um Besondere Bedingungen, Zusätze usw.), durch deren Inhalt die Vsverträge erst ihrerseits Inhalt erlangen, selbst kümmern muß, ... Nun sind gewiß die an die Beantwortung der Fragen in einem Antragsvordruck geknüpften Rechtsfolgen, insbesondere von Fragen, die auf verschiedene Gestaltungsmöglichkeiten des Vsverhältnisses abzielen, nicht ohne weiteres dem Inhalt von mehr oder weniger umfangreichen Allgemeinen Vsbedingungen völlig gleichzustellen.“ Aber der Antragsteller braucht nicht über die Rechtsfolgen seiner Antworten belehrt zu werden, zumal dann nicht, wenn der Fragebogen diese Rechtsfolgen deutlich macht. In der Sprache jener Zeit: „Das heutige Rechts-, Wirtschafts- und Gemeinschaftsleben überhaupt stellt an jeden erwachsenen Volksgenossen im Hinblick auf die Notwendigkeit, auch nicht einfache Vordrucke zu lesen, zu beachten, auszufüllen usw. mannigfaltige und meist viel höhere Anforderungen, als sie hier an den Inhaber der Kl., einer kaufmännischen Firma, gestellt wurden. .... Kümmerte er sich weder auf die Frage des Inspektors hin um die Folgen seiner Antwort, noch auch nachher, bei der Unterschrift, um das, was er unterschrieb, so begründete das keine Verpflichtung des Inspektors, ihn ungefragt zu belehren.“

BGH 19. XI. 1956 NJW 1957 S. 140 = VersR 1956 S. 791: Haftpflichtvsfall. Der klagende Vmer „meint, der Vertreter der Bekl. sei mit Rücksicht auf das offenkundige Interesse des Kl. an einer V gegen alle mit dem Sandabbau verbundenen Betriebsgefahren verpflichtet gewesen, den Kl. auf die Einschränkung des Vsschutzes bei Erdrutschungen ausdrücklich hinzuweisen. Jedoch hat das Berufungsgericht mit Recht das Bestehen einer solchen Aufklärungspflicht verneint und die .... Behauptung ...., der Ver müsse nach einer Anweisung der Aufsichtsbehörde bei der Entgegennahme von Vsanträgen auf die Tragweite der Ausschlußbestimmungen ausdrücklich aufmerksam machen, als unerheblich angesehen. Inwieweit der Ver den Vmer bei Vertragsabschluß belehren muß, bestimmt sich in der Tat nicht nach den internen, nur an den Ver gerichteten Verwaltungsanweisungen des Aufsichtsamts, die keine Gesetzeskraft haben und höchstens mittelbar in Verbindung mit anderen Tatsachen für die Beurteilung des Gesamtverhaltens eines Vers bedeutsam sein können, sondern nach den gesetzlichen Vorschriften und den allgemeinen Grundsätzen des bürgerlichen Rechts. Eine unbedingte Rechtspflicht des Vers, jeden Vmer auf die einzelnen Ausschlußbestimmungen spontan hinzuweisen, ist aber im Gesetz nicht vorgesehen; sie läßt sich auch nicht aus dem allgemeinen Rechtsgedanken des § 242 BGB begründen .... Wer eine V eingehen will, muß mit dem Bestehen von Risikoausschlüssen rechnen und kann sich über deren Inhalt und Umfang durch Einsichtnahme in die Vsbedingungen und, wenn er dann noch Zweifel hat, durch Rückfrage beim Ver oder dessen Agenten leicht vergewissern“ (ebenso Vorinstanz: OLG Neustadt 14. VII. 1955 VersR 1955 S. 627, ferner vgl. wegen des — unnötigen — Hinweises auf Ausschlüsse OLG Köln 28. III. 1958 VersR 1958 S. 748, OLG München

12. III. 1931 VA 1931 S. 31 Nr. 2259, OLG Schleswig 5. XI. 1951 VersR 1952 S. 62, LG Düsseldorf 13. III. 1952 VersR 1952 S. 161).

BGH 16. IV. 1959 MDR 1959 S. 553 = VA 1959 S. 279: Haftpflichvsfall. Der Ver braucht die Nebenklagekosten nicht zu erstatten. Es „kann ein solcher Anspruch auch nicht aus § 242 BGB mit der Begründung hergeleitet werden, daß die Bekl. den Kl. nicht auf das Nichtbestehen ihrer Deckungspflicht für diese im vorliegenden Falle sehr beträchtlichen Kosten hingewiesen hat. Würde eine solche Aufklärungspflicht bejaht werden, so könnte der Vsschutz in allen Fällen, in denen der Ver den Vmer nicht noch besonders über den genauen Umfang des Vsschutzes aufgeklärt hat, über die im Vsvertrag und Gesetz festgelegten Grenzen hinaus erweitert werden. Schon diese Überlegung zeigt, daß dem Ver eine solche allgemeine Aufklärungspflicht nicht obliegen kann. Wer eine V eingeht, muß sich vielmehr grundsätzlich selbst über ihren Inhalt und Umfang auf Grund des Vertragsinhalts, der Vsbedingungen und des Gesetzes unterrichten. Wenn er hierüber Zweifel hat, kann er diese durch Rückfrage beim Ver oder dessen Agenten klären."

OLG Celle 28. VII. 1939 JRPV 1940 S. 30—31: Haftpflichtvsfall. Es kann kein „Verschulden beim Vertragsschluß, das die Beklagten gegen sich gelten lassen muß, darin erblickt werden, daß U. den Kläger bei Aufnahme des Vsantrags nicht darauf hingewiesen hat, daß der Vsschutz nach § 2 der Allgemeinen Vsbedingungen der Beklagten erst mit der Einlösung des Vsscheines durch Zahlung der Prämie usw. einsetzte, und ihm infolgedessen zur Vermeidung von Nachteilen nicht empfohlen hat, sich eine vorläufige Deckungszusage von der Beklagten geben zu lassen. Denn selbst wenn man bei der Bedeutung, die das Vswesen heute im Verkehrsleben hat, dem Agenten eine Pflicht zur sachgemäßen Beratung des Vmers aufbürden will, so muß doch der Umfang der Sorgfaltspflicht des Agenten stets nach den Anforderungen bemessen werden, die man im Einzelfall billigerweise an ihn stellen kann. Von einem Uhrmacher und Kaufmann auf dem Lande, der nur gelegentlich einmal einen Vsantrag aufnimmt, konnte der Kläger aber nicht mehr verlangen, als daß er den Antrag so aufnahm, wie es den Vorschriften der Vsgesellschaft entsprach" (vgl. hierzu auch Anm. 49).

OLG Stettin 7. I. 1932 VA 1932 S. 55 Nr. 2411: Explosionsfall in Abdeckerei, durch vermittelte Feuerv nicht gedeckt. „Soweit der Kläger seinen Anspruch auf ein Verschulden bei Vertragsschluß (culpa in contrahendo) der Beklagten stützt, ist folgendes zu erwägen. Grundsätzlich ist davon auszugehen, daß weder durch die Verkehrssitte noch durch Gewohnheitsrecht eine Verpflichtung für die Vsgesellschaften begründet ist, den Vmer über die Zweckmäßigkeit der abzuschließenden V zu belehren. Über den Umfang und die Einschränkungen der V nach den AVB wird der Vmer schon bei Stellung des Vsantrags in Kenntnis gesetzt. Er muß die in dem Antrag enthaltene Schlußerklärung unterschreiben, daß er ein Exemplar der fraglichen Bedingungen vor der Unterzeichnung erhalten hat. Demgemäß hat auch der Kläger zu jenem Zeitpunkte die Bedingungen erhalten, wie er in seinem Antrage bescheinigt hat. An Hand dieser Bedingungen und auf Grund seiner eigenen Betriebskenntnis war der Kläger in der Lage, den für seinen Betrieb zweckmäßigsten Vsschutz selbst zu ermitteln. — Hieran ändert auch nichts, daß, wie der Kläger behauptet, ein ‚besonderer Vsfachmann' den Abschluß vermittelt hat. Dieser mußte wohl die vstechnischen Fragen beherrschen, konnte aber die besonderen Betriebsgefahren einer Abdeckerei nicht besser überblicken als der Kläger, und es war nicht von ihm zu verlangen, den Kläger auf alle möglichen durch Zusatzven zu schützende Gefahrenmomente seines Betriebs aufmerksam zu machen."

[43] Beispiele, bei denen die Pflichtwidrigkeit des Vsagenten in **unrichtigen Angaben** bestand, mögen diese auf Nachfrage oder spontan gemacht sein:

OLG Celle 6. I. 1931 VA 1931 S. 3—5 Nr. 2237 = JRPV 1931 S. 274—276: Bezirksdirektor verursacht Entstehen einer Doppelv durch die unrichtige Auskunft, eine Vorv sei durch einen Schadensfall erloschen.

OLG Celle 27. X. 1936 HansRGZ 1937 A Sp. 331—335: Kläger benötigte zur Kreditsicherung einen dreijährigen Lebensvsschutz. Der Vsagent A., ein Major, empfahl eine gemischte Lebensv und gab an, der Rückkaufswert betrage nach Ablauf der drei Jahre etwa 7000 RM, in Wahrheit belief er sich auf 2033 RM. Das Gericht bejaht culpa in contrahendo. „Außerdem wäre es die Pflicht des A. als Vermittlungsagent in Ausübung seiner Belehrungspflicht, die auch der Beklagten obgelegen hätte, gewesen, den Kläger auf andere, günstigere Vsarten, insbesondere eine Risikoumtauschv oder eine Risikov hinzuweisen. Das mußte er selbst dann tun, wenn die Beklagte selbst die Vsart nicht in ihr Geschäft aufgenommen hatte."

OLG Hamm 4. X. 1935 VA 1935 S. 268—269 Nr. 2834: Der Vsagent „G. hat den Kläger in doppelter Hinsicht schuldhaft unrichtig beraten: 1. Die von ihm dem Kläger angeratene Einmalprämien-V war in der vorgeschlagenen Fassung nach der eigenen Darstellung der Beklagten undurchführbar und wäre daher von der Beklagten abgelehnt worden. 2. G. hat den Kläger ferner unrichtig dahin beraten, daß er zur Empfangnahme der Einmalprämie befugt sei. Jede dieser beiden Erklärungen ist für sich allein für den vom Kläger erlittenen Schaden kausal. Zu 2. ergibt sich das bereits aus der verhältnismäßig hohen Summe, welche der Kläger einem Unbefugten nicht anvertraut haben würde." Das Urteil ist nicht unbedenklich, weil hier auf dem Weg über die culpa in contrahendo die Regeln über die Vertretung ohne Vertretungsmacht beiseitegeschoben werden (Anm. 35).

OLG Köln 19. III. 1931 JRPV 1931 S. 291—292: Das Gericht meint, daß der Vsagent, „als er zu den Beklagten nach deren Behauptung immer nur von ‚sparen' als dem Hauptzweck der ‚Sparuhr' sprach und die V nur als ‚nebenher' laufend bezeichnete, zum mindesten in fahrlässiger Weise gegen seine .... Belehrungs- und Aufklärungspflicht verstieß".

OLG Marienwerder 13. XI. 1942 HansRGZ 1943 A Sp. 75—78: Autohaftpflichtv. Der Vsagent hat den Vmer (Erwerber) fälschlich dahin belehrt, daß Deckung auf Grund eines vom Veräußerer abgeschlossenen Vertrages fortbestehe.

OLG München 24. II. 1923 VA 1923 Anh. S. 70—72 Nr. 1326: Viehv. Der Vsagent hat dem Vmer fälschlich erklärt, in Vsfällen gehörten die Tierkadaver dem Vmer. (Das Urteil hält fälschlich nur das Eigenverschulden des Vers für erheblich: Anm. 35.)

OLG München 30. V. 1959 VersR 1959 S. 979: Rentenv. Ein im Dienste des Vers beschäftigter Instruktor (fachlicher Berater für Lebens- und Rentenven) hatte in Anwesenheit des Vsagenten H. auf Befragen des Vmers irreführend erklärt: „H. ist berechtigt, gegen unsere Quittungen jeden Betrag zu kassieren." (Hinsichtlich des H., dessen Pflicht es gewesen wäre, nicht zu schweigen, stellt das Gericht auf den Gewohnheitsrechtssatz [Anm. 54—72] ab.)

LG Hannover 15. IX. 1937 VA 1937 VA 1937 S. 183 Nr. 2990: Lebensfremdv, ungültig mangels schriftlicher Einwilligung (§ 159 II 1). „Der Umfang der Aufklärungspflicht kann nur von Fall zu Fall näher festgestellt werden. Die Klägerin hat nun behauptet, sie habe den Agenten D. ausdrücklich darauf hingewiesen, daß sie doch nicht für ihren Mann, von dem sie getrennt lebe, unterschreiben könne; D. habe darauf erklärt, das mache gar nichts aus, sie könne ruhig für ihren Mann unterschreiben, gültig sei dann der Vertrag trotzdem. Wenn diese Behauptung zuträfe ...., so würde sich D. bei der Erfüllung der Aufklärungspflicht zum mindesten einer groben Fahrlässigkeit schuldig gemacht haben, für die die Beklagte einzustehen hätte, um so mehr, als bei der Klägerin keine Erfahrung in derartigen geschäftlichen Dingen vorauszusetzen war."

AG Frankfurt 15. III. 1950 VersR 1950 S. 160: Handwerkerlebensv. Es genügt, „daß die Vertreter der Kl. den Vertragsschluß durch Behauptungen herbeigeführt haben, deren Richtigkeit sie nicht mit der erforderlichen Sorgfalt nachgeprüft haben. Als erfahrene Vsvertreter hatten sie nach sorgfältiger Prüfung wissen müssen, daß ein Umsatzsteuerbescheid für einen Monat keine Grundlage für die Vorausberechnung des Gesamteinkommens zur Feststellung der Angestelltenvspflicht" bilden kann.

Eine ausreichende Aufklärung und Belehrung ist angenommen worden vom OLG Frankfurt 7. IV. 1933 VA 1933 S. 376 Nr. 2609 (Binnentransportv), LG Essen 13. X. 1950 VersR 1951 S. 11 (Betriebshaftpflichtv).

[44] **ccc) Verbindlichkeiten bei Änderung von Versicherungsverträgen.**

Bei nachträglicher Änderung von Vsverträgen ergibt sich aus der Präexistenz des Vsverhältnisses eine verstärkte Treuebindung des Vers, so daß hier — ähnlich wie bei anderweitiger Geschäftsbeziehung der Parteien (Anm. 39) — besondere Umstände die Verbindlichkeiten des Vers in contrahendo vermehren (vgl. schon Anm. 122 zu § 1).

Man kann hier — abgesehen von der stets notwendigen äußeren Fürsorge für den Vmer (Anm. 37) — wieder unterscheiden hinsichtlich der ordnungsmäßigen Behandlung der Änderungsanträge (Anm. 45) und der Aufklärungen, Belehrungen bei Vertragsänderung (Anm. 46).

[45] **α) Ordnungsgemäße Behandlung von Änderungsanträgen.**

Genannt seien folgende Fälle der Agentenmitwirkung, in denen mindestens objektiv eine Verbindlichkeitsverletzung in Frage stand:

Fälle der Ortsveränderung.

RG 31. I. 1922 RGZ Bd 104 S. 22: Einbruchdiebstahlv, Umzug des Vmers, Veränderungsantrag, Verzögerung der Bearbeitung durch Generalagentur: Antrag 12. II., Umzug 1.—2. IV., Einbruch 11.—12. IV.

RG 13. III. 1923 VA 1923 Anh. S. 79—80 Nr. 1334 = HansRZ 1923 Sp. 664—665: Ganz ähnlicher Fall. Antrag Dezember, Umzug 6. II., Einbruch 11. II.

KG 15. XII. 1934 JRPV 1935 S. 200—201: Wiederum ähnlicher Fall. Antrag 15. VIII., Umzug 1. X., Einbruch 5.—6. X. Besonderheit: Erschwertes Risiko, Ver hat am 2. X. Selbstbehalt von einem Drittel verlangt, worauf Vmer Änderungsvertrag scheitern läßt (zur Kausalitätsfrage: Anm. 51).

KG 17. IV. 1937 VA 1937 S. 197—199 Nr. 3002 = JRPV 1937 S. 202—203: Wiederum ähnlicher Fall. Antrag 7. IV., Umzug evtl. schon 1. IV., Einbruch 11. V. Besonderheit: Verzögerte Besichtigung 21. IV. Verlangen von Sicherungsmaßnahmen, verwirklicht 28. IV.

Sonstige Fälle.

BGH 24. XI. 1951 VersR 1952 S. 38 (Vorinstanz: OLG Koblenz 9. III. 1951 VersR 1951 S. 164—165) verneint bei einem Aufhebungsantrag eine Pflichtverletzung, falls eine Geschäftsstelle eine Mitteilung „über die Annahme des Angebots nicht sofort . . . weitergeleitet habe. Ein solcher Anspruch scheitert schon daran, daß die Ausnutzung der gesetzlichen Annahmefrist . . . keine positive Vertragsverletzung darstellt" (besser wäre hier der Gesichtspunkt der mangelnden culpa in contrahendo herangezogen worden).

KG 17. V. 1922 JRPV 1925 S. 257—258: Lagerv. Antrag auf Verlängerung einer Erhöhung. Der Vsagent hat den Antrag dem Berliner Generalbevollmächtigten des Vers am Tage des Eingangs weitergegeben (4. XII. 1919). Einige Tage später hat er beim Generalbevollmächtigten erinnert und vernommen, der Nachtrag werde ihm zugehen. Daraufhin hat — vor dem Schadensfall (10. XII. 1919) — der Vsagent dem Vmer gesagt, „daß die Sache in Ordnung ginge." Hiernach konnte der Vmer „sich zu der erhöhten Vssumme auch für die Zeit nach dem 5. XII. 1919 für vert halten". (Das Urteil stellt einerseits auf die beiden Erklärungen [dazu Anm. 66], andererseits auf die Verzögerung der Bearbeitung [bis zum 11. XII. 1919] ab.)

KG 17. I. 1923 JRPV 1924 S. 37—38: Einbruchdiebstahlv. Erhöhungsantrag. Verzögerung der Bearbeitung (?). Eingang bei Agentur 12. IV., bei Generalagentur 14. IV. Direktion hätte „immer noch einige Tage vor dem" 20. IV. antworten sollen. Einbruch Ende April.

OLG Celle 7. X. 1926 VA 1928 S. 32—33 Nr. 1812 = JRPV 1926 S. 335—336: Viehv. Nachvspflicht und -antrag. Antrag 7. IX. bei Vsagent, der 18 Tage untätig bleibt. Tod des Tieres vor verspäteter Annahme. (Das Urteil hält fälschlich nur das Eigenverschulden des Vers für erheblich: Anm. 35.)

OLG Neustadt 6. VII. 1956 VersR 1957 S. 311—312 = MDR 1957 S. 34—35 (verkürzt): Insassenunfallv. Antrag auf Umschreibung der V auf ein anderes Fahrzeug beim Vsagenten O. „Wenn der Zeuge O. es diesmal verabsäumt hat, das Weitere zu veranlassen, hat er damit die ihm in seiner Vertreterstellung gegenüber dem Versicherten obliegenden Pflichten fahrlässig-schuldhaft verletzt. Wenn er die für den förmlichen Umstellungsantrag erforderlichen Angaben nicht alsbald erhalten konnte, hätte er durch eine entsprechende Notiz der Gefahr des Vergessens der weiteren Bearbeitung des mündlich gestellten Antrages vorbeugen müssen. Hierbei kann es dahingestellt bleiben, ob man dieses Verschulden des Vertreters O. mehr unter dem Gesichtspunkt einer positiven Vertragsverletzung betrachtet, weil es sich nur um eine Modalität eines bereits bestehenden Vertragsverhältnisses gehandelt hat, oder als Verschulden bei Vertragsverhandlungen. Nach Ansicht des Senats greifen beide Gesichtspunkte hier mit dem gleichen Ergebnis ineinander über. Das Verschulden ihres Vertreters muß die Bekl. gemäß § 278 BGB gegen sich gelten lassen."

[46] β) Aufklärungen, Belehrungen bei Vertragsänderung.

Hier geht es einerseits um das Problem einer spontanen Redepflicht des Vers/Vsagenten, andererseits um die Verbindlichkeit, den Vmer richtig zu orientieren.

Eine Rede-, also Offenbarungspflicht des Vers ist in folgenden Fällen diskutiert worden:

KG 15. XII. 1934 JRPV 1935 S. 201: In Fällen der Eilbedürftigkeit und bei Zweifelhaftigkeit „glatter" Annahme ist es sachwidrig, wenn der Vsagent „die Frage einer vorläufigen Deckungszusage überhaupt nicht zur Sprache brachte".

OLG Hamm 4. XII. 1930 VA 1930 S. 238—241 Nr. 2198 = JRPV 1931 S. 324—325: Feuerv. Anläßlich einer nachträglichen V von Zugabeartikeln in einem Holzschuppen hätte der Vsagent „mit Rücksicht auf den Vsvertrag und den Erhöhungsantrag daran denken müssen, daß dieser Schuppen ja als Lagerraum neu hinzugekommen war, und die Klägerin entsprechend aufklären müssen". Der Vsagent „hat also bei Aufnahme des Erhöhungsantrags übersehen, daß der Schuppen, der von der Klägerin mit zur Aufbewahrung ihrer Geschäftsvorräte in Benutzung genommen war, nicht mitvert war. Er hätte ihn bei Anwendung der nötigen Sorgfalt in dem Erhöhungsantrag aufführen müssen." Dabei wird hingewiesen auf den etwas anders liegenden und zugunsten des Vers entschiedenen Fall RG 2. X. 1925 RGZ Bd 111 S. 313—316: Wenn der Vmer den Vsagenten „G. Sch. gefragt hätte, ob die Lagerhalle V auch unter den Vsvertrag falle, und wenn G. Sch. diese Frage bejaht hätte, dann wäre der Vsvertrag nunmehr mit bindender Wirkung auf die Lagerhalle V ausgedehnt worden. So hat sich aber der Vorgang nicht abgespielt." Der Vmer „ging davon aus, daß die Halle V bereits vert sei, und fragte nur danach, ob die Aufbewahrung den Anforderungen der Gesellschaft genüge. Nur diese Frage hat G. Sch. bejaht. Er war also gar nicht vor die Entscheidung der Frage gestellt worden, ob denn die Halle V wirklich schon vert sei. Aus seiner bloßen Äußerung über die Technik der Aufbewahrung lassen sich so weitgehende Schlüsse nicht ableiten, wie die Revision es tun will.... Die Anforderungen, die man an einen Vsagenten zu stellen hat, sind vom Oberlandesgericht überspannt worden. Wenn dem Agenten die Frage vorgelegt wird, ob gewisse Sachen in gewissen Räumen genügend sicher aufbewahrt sind, dann darf er sich mit seiner Antwort auf diese Frage beschränken. Es kann nicht von ihm verlangt werden, daß er zunächst prüft, ob auch alle die Voraussetzungen, von denen der Fragesteller bei seiner Frage ausgegangen ist, wirklich richtig sind. Wenn sich also G. Sch. auf den Boden der Frage stellte und nur die Auskunft gab, die von ihm verlangt wurde, so trifft ihn keine Fahrlässigkeit." Eine Verbindlichkeit des Vsagenten ist ferner verneint vom OLG Stuttgart 13. V. 1953 VersR 1953 S. 357—358, wo der Vsagent annehmen konnte, ein Schuppen sei bei der staatlichen Gebäudevsanstalt vert.

OLG Hamburg 27. IV. 1933 VA 1933 S. 333 Nr. 2576 = JRPV 1933 S. 286: „Besteht der Irrtum des Vmers in dem Glauben, seine V sei noch oder wieder in Kraft, und ist dieser Irrtum durch mangelnde Aufklärung veranlaßt, so muß der Ver sich so behandeln lassen, als ob die V in Wirklichkeit in Kraft sei."

Eine unrichtige Orientierung des Vmers durch einen Vsagenten bei einer Vertragsänderung spielte in folgenden Fällen eine Rolle:

OLG Hamm 22. IV. 1926 JRPV 1926 S. 170—171: Als der Vmer bei einer Feuerv erklärte, er wolle umziehen und dann die Summe erhöhen, hat der Vsbeamte S — Vsagent war F — „erwidert, der Kläger solle die Erhöhung unbedenklich schon jetzt vornehmen. Wenn er demnächst umziehen werde und die Vsgefahr in den neuen Räumen nicht größer sei, bekomme er auch dort seine Deckung. Er brauche den Umzug nur F. zu melden, der die Nachricht weitergeben werde. S. hat dann F. unterwiesen, daß er, sobald der Kläger seinen Umzug anzeige, die neue Wohnung zu besichtigen habe, um sich über die Brandgefahr zu unterrichten, und alsdann der Subdirektion Anzeige erstatten solle. S., der damals Leiter der Feuerabteilung der Subdirektion der Beklagten war, hat die im Verkehr erforderliche Sorgfalt außerachtgelassen, als er den Kläger und den erst kurz vorher eingestellten Agenten F., der über seine Pflichten noch nicht eingehend unterrichtet war, über ihre Obliegenheiten im Falle einer Translokation mangelhaft und unrichtig instruierte."

OLG Kiel 11. IV. 1922 VA 1922 Anh. S. 37—38 Nr. 1264 = HansRZ 1922 Sp. 853 bis 855: Der Vsagent erklärte zu einer bestehenden Feuerv, die beantragte „Nachv sei in Ordnung" (ähnlicher, aber anders konstruierter Fall OLG Düsseldorf 27. VII. 1950 VersR 1950 S. 147 [Anm. 66]).

[47] bb) Verbindlichkeiten nach formellem Versicherungsbeginn.

Selbstverständlich können nach dem Abschluß von Vsverträgen — und ohne Rücksicht auf deren Änderung — Vsagenten als Erfüllungsgehilfen des Vers bei der Verbindlichkeitserfüllung mitwirken (vgl. RG 22. IX. 1933 RGZ Bd 141 S. 419 für die Zeit nach Erteilung einer Deckungszusage durch Abschlußagenten).

Dabei denkt man primär an die Gefahrtragungspflicht des Vers, z. B. hat der Ver es zu vertreten, falls Vsagenten durch große Unterschlagungen ein Unsicherwerden des Vers herbeiführen (vgl. Anm. 35 zu § 13) oder falls ein Abschlußagent zu Unrecht zurücktritt (vgl. § 45) oder erklärt, es sei kein Vsverhältnis zustandegekommen, oder falls ein Vsagent mit Schadensregulierungsvollmacht eine Entschädigungsleistung zu Unrecht ablehnt oder verzögert (vgl. Anm. 24 zu § 8, Anm. 9, 15, 17 zu § 11). Im Falle AG Frankfurt 6. XII. 1950 VA 1951 S. 126 hat der Ver durch eine Bezirksverwaltung eine unrichtige Auskunft über die Auswirkung der Währungsumstellung auf ein Sterbegeld gegeben.

Auch bei sonstigen Rechtspflichten des Vers, z. B. jener zur Aushändigung des Vsscheins (§ 3 I 1) kann ein Vsagent als Erfüllungsgehilfe mitwirken (vgl. § 43 Ziff. 3). Das Problem hat besondere Bedeutung wegen des Einlösungsprinzips des § 38 II. Näheres Anm. 49 zu § 35 m. w. N., dazu Ehrenzweig S. 67, Raiser Anm. 25 zu § 9, S. 239.

In Betracht kommen auch ergänzende Leistungspflichten des Vers aus Treu und Glauben (vgl. Anm. 39 zu § 3), bei denen der Vsagent Erfüllungsgehilfe sein kann: RG 17. II. 1928 JRPV 1928 S. 85 behandelt einen Fall, in welchem der Ver durch einen Bezirksdirektor pflichtwidrig unzweckmäßige Weisungen zur Minderung eines Brandschadens (§ 62 I 1) erteilte, welche den Schaden vergrößerten. Das OLG Celle 6. I. 1931 VA 1931 S. 3—5 = JRPV 1931 S. 274—275 spricht von einer Verpflichtung des Vers zu sachgemäßer Beratung des Vmers, zu erfüllen durch den Vsagenten. Als letzterer „von dem Bestehen einer Doppelv sichere Kenntnis erhielt, gab er ihm nicht den Rat, das Vsverhältnis .... — zum nächsten zulässigen Termin — zu kündigen".

Das OLG Schleswig 5. XI. 1951 VersR 1952 S. 61—62 betont andererseits: „Auch für den Agenten besteht keine Rechtspflicht, alle Vsverhältnisse seines Bezirks stets gegenwärtig zu haben und dafür zu sorgen, daß sie den wechselnden Interessen der einzelnen Vmer laufend angepaßt werden. Es kann auch nicht als Pflichtverletzung angesehen werden, daß B. bei den einzelnen vom Antragsteller vorgetragenen Gelegenheiten .... nicht auf Lücken in den sonst noch bestehenden Vsverhältnissen hingewiesen hat. Das würde eine mit den Anforderungen des Lebens und dem Betriebe der Vsunternehmen nicht in Einklang zu bringende, ja außerhalb des Bereiches der menschlichen Leistungsfähigkeit liegende Verpflichtung und damit eine Überspannung der Sorgfaltspflichten bedeuten" (zustimmend OLG Köln 28. III. 1958 VersR 1958 S. 749 zur Architektenhaftpflichtv nach gewandelter Rechtsprechung). Ähnlich KG 24. V. 1922 VA 1922 Anh. S. 36 bis 37 Nr. 1263: Keine „Verpflichtung des Vers, dem Vten zur Erhöhung der Vssumme zu raten" zwecks Beseitigung einer Unterv (unter Heranziehung von § 676 BGB), OLG Hamburg 14. III. 1933 VA 1933 S. 370 Nr. 2604: „Eine allgemeine Pflicht, den Vmer unaufgefordert über alle möglichen Dinge aufzuklären, besteht für die Beklagte nicht", besonders nicht nach Zustandekommen des Vsvertrages (Hinweis auf Obliegenheit zur Anzeige einer mehrfachen V).

[48] **d) Eingesetztsein zur Verbindlichkeitserfüllung.**

Es reicht nicht aus, daß bestimmte Personen (Anm. 30—34) bei der Erfüllung von Verbindlichkeiten des Vers mitwirken (Anm. 35—47), sondern die Zurechnungsnorm des § 278[1] BGB setzt voraus, daß der Geschäftsherr sich dieser Personen „zur Erfüllung seiner Verbindlichkeit bedient". Es muß also dem Willen, mindestens der Billigung des Vers entsprechen, daß der Vsagent — gerade hier — tätig wird, der Vsagent muß für eine bestimmte Aufgabe eingesetzt sein. Es kommt also auf die zugeteilte Funktion an; der Erfüllungsgehilfe ist „funktionsbedingter Erfüllungsdiener", und der Geschäftsherr hat für diesen nur einzustehen, da er „auf dessen Verwendung im Rahmen des Vertragsverhältnisses Einfluß hatte (Einwirkungsprinzip)" (Soergel-Siebert-Schmidt Anm. 3 zu § 278, S. 1021). Grundlegend BGH 21. IV. 1954 BGHZ Bd 13 S. 111 bis 115, wo auch betont wird, es komme nicht darauf an, ob der Erfüllungsgehilfe „gewußt hat, daß eine Verbindlichkeit bestand und er sie durch sein Handeln erfüllte. Es kommt nicht auf Wissen und Willen des Gehilfen, sondern dessen an, der ihn zur Erfüllung seiner Verbindlichkeit für sich handeln läßt."

Die Vsagenten wirken in der Außenorganisation des Vers prinzipiell als funktionsbedingte Erfüllungsdiener. Das gilt, wie in Anm. 33 dargetan, auch für (unechte und echte) Unteragenten, selbst bei vielstufiger Hierarchie. Die Billigung des Tätigwerdens durch den Ver genügt.

Aber es reicht nicht aus, im Einzelfall den prinzipiellen Willen, die generelle Billigung des Vers festzustellen. Immer muß die konkret zugeteilte Funktion, die spezielle dem Vsagenten gestellte Aufgabe ermittelt werden. Das macht keine Schwierigkeit, soweit die Werbetätigkeit in Frage kommt. Diese ist von allen Vsagenten, auch von bloßen Vermittlungsagenten, selbst solchen, bei denen die in § 43 umschriebene Vertretungsmacht beschränkt ist (§ 47), zu entfalten, sodaß grundsätzlich bei allen vor dem formellen Vsbeginn zu erfüllenden Verbindlichkeiten des Vers die culpa in contrahendo der Vsagenten relevant ist (vgl. allerdings für Unteragenten und Nebenberufliche Anm. 33, 34). Ein Instruktor (fachlicher Berater für Lebens- und Rentenven) ist gemäß OLG München 30. V. 1959 VersR 1959 S. 979 auch dazu berufen, beim Abschluß Auskünfte über die Inkassovollmacht der Vsagenten zu erteilen. Sichert ein Vsagent bei der Werbung für einen Tierver eine Hypothek zu, so stellt RG 23. II. 1928 JW 1928 S. 1742 = VA 1928 S. 190—191 Nr. 1849 darauf ab, „ob die Zusicherung eines Hypothekendarlehns, ... die an sich .... einen anderen Geschäftszweig betrifft, mit den zu jener Zeit bei Abschluß von Vsverträgen dieser Art bestehenden Geschäftssitten in Einklang zu bringen ist. Dies kann nicht ohne weiteres angenommen werden." Wird der Vsagent während des Vertragslaufes tätig, so muß von Fall zu Fall geprüft werden, ob er die konkrete Funktion mit der Billigung des Vers ausübt. Das trifft z. B. dann nicht zu, wenn ein nicht inkassobevollmächtigter Vsagent kassiert. Man darf den Begriff des Erfüllungsgehilfen nicht ins Uferlose ausweiten (Möller Vsvermittlung S. 138 mit Anm. 65).

Es gibt aber Erfüllungsgehilfen nicht nur kraft Willens oder Billigung des Vers, sondern auch kraft Rechtsscheines (Anm. 28 zu § 45). Ein Ver, der veranlaßt oder duldet, daß nach außen hin eine Person sich wie ein Erfüllungsgehilfe geriert, muß sich von gutgläubig hierauf Vertrauenden so behandeln lassen, als sei tatsächlich die Einsetzung erfolgt (Möller Vsvermittlung S. 137 Anm. 59, einschränkend Soergel-Siebert-Schmidt Anm. 10 zu § 278, S. 1023).

Ist im Einzelfall nicht mehr zu ermitteln, welcher von mehreren in Betracht kommenden Erfüllungsgehilfen gehandelt hat, so ist eine Wahlfeststellung ausreichend (Verschulden des Agenten oder Generalagenten: RG 31. I. 1922 RGZ Bd 104 S. 22—23).

[49] e) Verschulden bei Verbindlichkeitsverletzung.

Das Einstehenmüssen des Vers für den Vsagenten nach § 278[1] BGB setzt voraus, daß dieser schuldhaft gehandelt hat. Ist vom Antragsteller oder Vmer der Beweis geführt, daß objektiv vom Erfüllungsgehilfen eine der in Anm. 35—47 aufgeführten Verbindlichkeiten des Vers — durch Tun oder Unterlassen — verletzt und daß hierdurch ein Schaden (dazu Anm. 51) entstanden sei, so muß der Ver dartun, daß den Vsagenten kein Schuldvorwurf treffe (vgl. §§ 282, 285 BGB).

Solche Exkulpation wird selten gelingen, da leichte Fahrlässigkeit ausreicht (Einzelfälle: RG 26. II. 1935 RGZ Bd 147 S. 110—111, LG Stuttgart 12. XII. 1953 VersR 1954 S. 75). Das OLG Marienwerder 13. XI. 1942 HansRGZ 1943 A Sp. 77 (vgl. Anm. 43) meint: „Es wäre Pflicht eines ordentlichen Vsagenten gewesen, sich über die für sein Spezialgebiet einschlägige Rechtsprechung zu informieren" (Begriff der Veräußerung der vten Sache). Das geht recht weit. Jedenfalls ist immer von Bedeutung, wer der Verhandlungspartner des Vsagenten ist (vgl. schon Anm. 23; Extreme: Erblindeter, geschäftsunerfahrener Pantinenmacher [AG Berlin-Tiergarten 31. III. 1950 VersR 1950 S. 162—163, oben Anm. 42] und Vollkaufmann, womöglich mit eigener Vsabteilung). Auf die Person des Vsagenten darf jedoch angesichts des objektivierten Fahrlässigkeitsbegriffs (vgl. § 276 I 2 BGB) nur in engen Grenzen abgestellt werden; es kommt dabei allenfalls auf die für den Verhandlungspartner erkennbaren Qualitäten des Vsagenten an (Beispiel: OLG Celle 28. VII. 1939 JRPV 1940 S. 30—31: Uhrmacher und Kaufmann auf dem Lande, der nur gelegentlich einmal einen Vsantrag aufnimmt).

Der Ver könnte sich von Fahrlässigkeit der Vsagenten freizeichnen (§ 278[2] BGB), jedoch kommt das praktisch nicht vor, würde wohl auch aufsichtsbehördlichen Bedenken begegnen.

[50] 2. Rechtsfolge.

Hat der Vsagent als Erfüllungsgehilfe des Vers eine Verbindlichkeit verletzt, so kommt als Sanktion ein Ersatz des eingetretenen Schadens (Anm. 51) in Betracht, soweit nicht ein mitwirkendes Verschulden des Antragstellers oder Vmers die Ersatzpflicht beeinflußt (Anm. 52).

Beim Übergang von einer Klage aus dem Vsvertrag auf die Schadensersatzklage handelt es sich um eine Klageänderung (OLG Düsseldorf 7. XII. 1933 VA 1933 S. 398 Nr. 2623).

[51] a) Ersatz des eingetretenen Schadens.

Generell läßt sich sagen, daß der Antragsteller oder Vmer so zu stellen ist, wie er stehen würde, wenn der zum Ersatz verpflichtende Umstand nicht eingetreten wäre (§ 249[1] BGB). Es ist demnach zu fragen: In welcher Position befände sich der Ersatzberechtigte, falls der Vsagent die Verbindlichkeit des Vers ordnungsgemäß, also auch rechtzeitig, erfüllt hätte?

Im Hinblick auf den wichtigen Fall der culpa in contrahendo (Anm. 35—46) findet man oft die Wendung, die Ersatzpflicht beschränke sich auf das negative oder Vertrauensinteresse, im Gegensatz zum Erfüllungsinteresse (vgl. z.B. allgemein RG 1. III. 1928 RGZ Bd 120 S. 251—252, für das Vsrecht BGH 26. XI. 1952 VA 1953 S. 13 = VersR 1953 S. 13). Aber diese Aussage sollte besser vermieden werden (Möller Vsvermittlung S. 141 Anm. 84, richtig RG 22. VI. 1936 RGZ Bd 151 S. 357—360). Es ist vielmahr in jedem Einzelfall an Hand der nach § 249[1] BGB maßgebenden Differenztheorie der eingetretene Schaden zu ermitteln.

Dabei kann sich z.B. ergeben: Hätte der Vsagent die Verbindlichkeit erfüllt,

so wäre der Vsvertrag überhaupt nicht abgeschlossen worden, der Vmer würde also keine Prämie schulden. Beispiele: KG 11. II. 1933 VA 1933 S. 83 Nr. 2525 = JRPV 1933 S. 159 (Einrede gegenüber Prämienklage), OLG Jena 21. XII. 1932 VA 1933 S. 124 Nr. 2558 (Bausparvertrag: „als Schadensersatz Entlassung aus dem Vertrag und Rückzahlung der geleisteten Beträge"), OLG Köln 19. III. 1931 JRPV 1931 S. 292 („so gestellt ...., als ob der Vsvertrag nicht zustande gekommen wäre"), OLG München 24. II. 1923 Anh. S. 72 Nr. 1326 („von der Prämienverbindlichkeit zu entlasten verpflichtet", und es stehe dem „Anspruch auf die Prämie die allgemeine Arglisteinrede [exceptio doli generalis]" entgegen);

so wäre der (nicht abgeschlossene) Vsvertrag abgeschlossen worden und der Vmer wäre gedeckt gewesen. Beispiele: RG 31. I. 1922 RGZ Bd 104 S. 22—23 (alternativ), RG 26. II. 1935 RGZ Bd 147 S. 110 („Klägerin so stellen ...., als ob diese einen Anspruch auf Vsschutz hätte", das negative Interesse falle hier mit dem positiven zusammen), KG 17. IV. 1937 VA 1937 S. 199 Nr. 3002 = JRPV 1937 S. 203, 1. VI. 1938 VA 1938 S. 229—230 Nr. 3078 = JRPV 1938 S. 249—250, OLG Neustadt 6. VII. 1956 VersR 1957 S. 312 („Erfüllungsinteresse, das sich vorliegend mit dem negativen Vertragsinteresse deckt"). Hier geht es also besonders um die Fälle nicht ordnungsmäßiger Behandlung von Vsanträgen und Änderungsanträgen (Anm. 38, 45). Vgl. aber auch OLG Hamm 22. IV. 1926 JRPV 1926 S. 171 („stellen, als ob er vert gewesen wäre"), OLG Marienwerder 13. XI. 1942 HansRGZ 1943 A Sp. 77 („Erfüllungsinteresse");

so wäre der (unwirksame) Vsvertrag wirksam abgeschlossen worden. Beispiel: LG Hannover 15. IX. 1937 VA 1937 S. 183 Nr. 2990 (Einwilligung nach § 159 II 1 wäre erteilt worden, im konkreten Fall nicht bewiesen);

so wäre der Vsvertrag mit anderem Inhalt abgeschlossen worden, oder der Vmer hätte andere Maßnahmen ergriffen. Beispiele: RG 31. I. 1941 DR 1941 S. 1212 = JRPV 1941 S. 60 (durch Agentenverschulden erstreckt sich Autohaftpflichtv nicht auf Personenbeförderung. Bei richtiger Belehrung hätte „entweder die Kl. den Vertrag .... mit einem Prämienzuschlag von 10%" auf Personenbeförderungsfälle erstreckt, oder aber sie hätte ihrem Fahrer die Anweisung gegeben, keine betriebsfremden Personen mitzunehmen), AG Berlin-Tiergarten 31. III. 1950 VersR 1950 S. 162—163 („Durch das Verschulden des Vermittlungsagenten .... kam die Unterschrift unter dem 10-Jahresantrag zustande. Die Kl. .... muß deshalb die Kündigung des Bekl..... gelten lassen"; bedenklich, besser: Anspruch auf Befreiung von Prämienverbindlichkeit);

so wäre der (nicht abgeschlossene) Vsvertrag bei einem anderen Ver abgeschlossen worden und der Vmer wäre gedeckt gewesen. Beispiele: RG 31. I. 1922 RGZ Bd 104 S. 22—23 (alternativ), KG 7. XI. 1931 JRPV 1932 S. 25 = HansRGZ 1932 A Sp. 472, 15. XII. 1934 JRPV 1935 S. 201 (aber „auch dieser Vsschutz nur unter den einschränkenden Bedingungen" des ersten Vers: Selbstbehalt von einem Drittel), anderweitige Deckung nicht erwiesen in RG 21. XI. 1941 DR 1942 S. 575—576 = JRPV 1942 S. 5 (hier heißt es, regelmäßig komme nur Ersatz des negativen Interesses in Betracht. „Wohl aber kann es Fälle geben, in denen das Erfüllungsinteresse gefordert werden kann; wenn nämlich der Herstellungsgrundsatz des § 249 BGB zu solchem Ergebnisse führt");

so wäre der Vsvertrag bei einem anderen Ver günstiger abgeschlossen worden. Beispiel: OLG Celle 27. X. 1936 HansRGZ 1937 A Sp. 331—335 (Lebensv nach Risikoumtauschtarif statt gewöhnlicher gemischter V);

so hätte der Antragsteller dem Vsagenten eine Prämie auf einen nicht abgeschlossenen Vsvertrag nicht bezahlt. Beispiel: OLG Hamm 4. X. 1935 VA 1935 S. 268—269 Nr. 2834;

so hätte der Vmer eine Doppelv nicht abgeschlossen. Beispiel: OLG Celle 6. I. 1931 VA 1931 S. 3—5 Nr. 2237 = JRPV 1931 S. 274—276 (Kläger „durften bis zur Befreiung von der Doppelv und ihren Folgen die fällige Folgeprämie zurückhalten", also kein Prämienverzug).

Jedoch kann der Schaden des Antragstellers oder Vmers nach dem Prinzip der **Vorteilsausgleichung** durch anzurechnende Vorteile gemindert sein. Wäre der Vsvertrag nicht abgeschlossen worden, so hätte der Vmer zwar keine Prämie geschuldet. Aber nachdem der Vsvertrag (infolge Agentenverschuldens) abgeschlossen worden ist, darf man nicht außer Betracht lassen, daß der Vmer immerhin die Gefahrtragungsleistung (als Vorteil) genossen hat (diesen Gesichtspunkt beachten die oben angeführten Urteile nicht; er klingt an beim LG Stuttgart 12. XII. 1953 VersR 1954 S. 75). Wäre der Vsvertrag abgeschlossen worden, also der Vmer gedeckt gewesen, so hätte er dafür Prämie bezahlen müssen (OLG Marienwerder 13. XI. 1942 HansRGZ 1943 A Sp. 78). Wäre der Vsvertrag mit anderem Inhalt abgeschlossen worden, so hätte das evtl. einen Prämienzuschlag erfordert (RG 31. I. 1941 DR 1941 S. 1212 = JRPV 1941 S. 60). Wäre der Vsvertrag bei einem anderen Ver günstiger abgeschlossen worden, so hätte doch der zweite Vsagent nicht wie der erste von seiner Provision dem Vmer etwas abgegeben (OLG Celle 27. X. 1936 HansRGZ 1937 A Sp. 335).

Die Verbindlichkeitsverletzung, die durch den Vsagenten als Erfüllungsgehilfen erfolgt ist, muß für den eingetretenen Schaden ursächlich sein. Solche **Kausalität** ist in einem Falle verzögerter Behandlung eines Veränderungsantrags auch noch gegeben, falls vor dem Schadensfall der Vmer einen Änderungsvertrag scheitern läßt, weil der Ver einen Selbstbehalt von einem Drittel fordert. KG 15. XII. 1934 JRPV 1935 S. 201: „Hierdurch wird der erforderliche Ursachenzusammenhang keineswegs zugunsten der Beklagten unterbrochen. Denn die verzögerte Behandlung der Vsangelegenheit durch die Beklagte ist schuldhaft, weil sie, worauf der Kläger mit Rücksicht auf das bestehende Vsverhältnis und die Zahlung der ganzen Jahresprämie hier jedenfalls Anspruch hatte, dem Kläger nicht genügend Zeit ließ, zu versuchen, den für erforderlich erachteten Vsschutz bei anderen Vern zu günstigeren Bedingungen zu erlangen. Daß der Kläger den neuen Laden ohne jeden Vsschutz lassen wollte, kann nach der vorgetragenen und festgestellten Sachlage keineswegs angenommen werden und folgt auch nicht aus der jetzt unstreitigen Tatsache, daß der Kläger die neue V bei einer anderen Gesellschaft erst geraume Zeit nach dem Einbruch abgeschlossen hat." Zur Beweislast, falls der Ver geltendmacht, der Antragsteller habe den Vsschein aus Mangel an Mitteln nicht einlösen können: RG 26. II. 1935 RGZ Bd 147 S. 111—112.

[52] b) Einfluß eines mitwirkenden Verschuldens.

In allen Fällen der Schadensersatzpflicht des Vers kann § 254 BGB Anwendung finden (für die Fälle der culpa in contrahendo vgl. allgemein RG 22. VI. 1936 RGZ Bd 151 S. 357—361 sowie Anm. 90, 122 zu § 1 m. w. N.). Dabei sind an die Sorgfaltspflicht eines kaufmännischen Antragstellers oder Vmers kaufmännische Maßstäbe anzulegen (§ 347 I HGB; OLG Hamm 4. XII. 1930 VA 1930 S. 240 Nr. 2198 = JRPV 1931 S. 325). Es kommt nicht darauf an, ob das mitwirkende Verschulden ein „besonders erhebliches" sei (vgl. Anm. 61; OLG Kiel 11. IV. 1922 VA 1922 Anh. S. 37—38 Nr. 1264 = HansRZ 1922 Sp. 853—855, OLG Naumburg 25. VI. 1931 JW 1931 S. 3229, auch OLG Celle 27. X. 1936 HansRGZ 1937 A Sp. 334), auch leichte Fahrlässigkeit genügt. Beim Gewohnheitsrechtssatz gelten für den Vertrauensschutz andere Maßstäbe (Anm. 69).

Das mitwirkende Verschulden kann darin liegen, daß sich der Antragsteller nicht um das Schicksal seines Vsvertrages oder Änderungsvertrages kümmert (RG 26. II. 1935 RGZ Bd 147 S. 111: auch einfacher 62jähriger Frau auf dem Lande obliegt solche Kontrolle, KG 13. VII. 1921 VA 1922 Anh. S. 57 Nr. 1281 [Schadenshälftelung], KG 1. VI. 1938 VA 1938 S. 230 Nr. 3078 = JRPV 1938 S. 250 [Schadenshälftelung], OLG Celle 7. X. 1926 VA 1928 S. 33 Nr. 1812 = JRPV 1926 S. 336 [Antragsteller ein Sechstel], OLG Marienwerder 13. XI. 1942 HansRGZ 1943 A Sp. 78 [Antragsteller ein Drittel], OLG Neustadt 6. VII. 1956 VersR 1957 S. 312 [Antragsteller drei Fünftel].

Andere Fälle mitwirkenden Verschuldens sind gesehen worden in einem Antrag auf Reiseunfallv auf Zahlkartenabschnitt, kurz vor der Reise, unterlassener Reiseverschiebung (KG 1. VI. 1938 VA 1938 S. 230 Nr. 3078 = JRPV 1938 S. 250), mangelnder Überprüfung der Vsunterlagen (OLG Hamm 4. XII. 1930 VA 1930 S. 240—241 Nr. 2198 = JRPV 1931 S. 325).

Im Falle KG 6. V. 1933 JRPV 1933 S. 284—285 ist dem Antragsteller wegen überwiegenden Verschuldens jede Entschädigung versagt worden (so auch LG Berlin 28. IV. 1931 JRPV 1932 S. 204—205, LG Kassel 31. I. 1952 VA 1952 S. 132).

Manche Urteile verneinen ein mitwirkendes Verschulden des Antragstellers oder Vmers, z. B. KG 29. X. 1932 JRPV 1933 S. 58 (trotz mangelnder Nachforschung), KG 17. IV. 1937 VA 1937 S. 199 Nr. 3002 = JRPV 1937 S. 203 (ebenso), OLG Celle 6. I. 1931 VA 1931 S. 4—5 Nr. 2237 = JRPV 1931 S. 275, 27. X. 1936 HansRGZ 1937 A Sp. 334, OLG Hamm 4. X. 1935 VA 1935 S. 268 Nr. 2834, OLG München 24. II. 1923 VA 1923 Anh. S. 72 Nr. 1326.

[58] V. Versicherungsagenten als Verrichtungsgehilfen.

Die deliktische Haftung des Vers für Vsagenten als Verrichtungsgehilfen (§ 831 I BGB) spielt neben der vertraglichen und vorvertraglichen Haftung des Vers für Vsagenten als Erfüllungsgehilfen (Anm. 29—52) keine große Rolle. Rechtsgrundsätzlich handelt es sich um zwei völlig verschiedene Fälle: Bei § 278[1] BGB geht es um die Zurechnung fremden Verschuldens, bei § 831 I BGB um ein eigenes (vermutetes) Auswahl- und Überwachungsverschulden des Geschäftsherrn, während ein eigenes Verschulden des Verrichtungsgehilfen nicht vorauszusetzen ist. Da dem Geschäftsherrn oft die Exkulpation gelingt, ist es für Antragsteller und Vmer im allgemeinen günstiger, sich auf § 278[1] BGB zu berufen, zumal da ein Verschulden des Erfüllungsgehilfen bei objektiver Pflichtverletzung fast immer vorliegt. Überdies ist der Anwendungsbereich des § 831 I BGB insofern eingeschränkt, als der Verrichtungsgehilfe (hier: Vsagent) seinerseits den (mindestens objektiven) Tatbestand einer unerlaubten Handlung verwirklicht haben muß: Eine bloße (fahrlässige) Vermögensschädigung reicht hierzu im allgemeinen nicht aus. Schließlich ist hervorzuheben, daß der Verrichtungsgehilfe „in Ausführung der Verrichtung", nicht nur bei Gelegenheit der Verrichtung, das schädigende Verhalten beobachtet haben muß.

Darüber, daß auch selbständige Handelsvertreter Verrichtungsgehilfen sein können, vgl. für einen Generalvertreter des Warenhandels BGH 29. VI. 1956 NJW 1956 S. 1715—1716 = VersR 1956 S. 710. Das OLG Köln 16. X. 1929 VA 1929 S. 296 Nr. 2049 stellt bei einem Konzernvertreter (Anm. 417 vor §§ 43—48) auf das Vorhandensein einer Ausschließlichkeitsklausel ab. Stattgegeben wurde der Klage gegen das „federführende" Sachvsunternehmen, obgleich der Vsagent „den Kläger durch betrügerische Vorspiegelungen zum Abschlusse zweier Lebensven" bewogen hatte; er „händigte ihm gefälschte Vsscheine aus und zog Prämien .... in Höhe von 2205,50 RM bei ihm ein". Das Gericht bejahte, daß der Vsagent „in Ausführung der Verrichtung" gehandelt habe: „Die Anwendung von § 831 BGB setzt nicht voraus, daß gerade die den Schaden unmittelbar verursachende Handlung selbst dem Bestellten aufgetragen worden ist. Als entscheidend und genügend ist anzusehen, wenn die schädigende Handlung in den Kreis der Maßnahmen fällt, die die Ausführung der Verrichtung darstellen, und nur inhaltlich mit der Ausführung des Auftrags im inneren Zusammenhang steht .... K. war entsprechend dem Anstellungsvertrage zur Einziehung von Prämien berechtigt. Diese Tätigkeit stellte also eine ihm übertragene Verrichtung dar. Die Einziehung der Prämie vom Kläger, wenn auch auf Grund der gefälschten Vspolicen, fiel demnach in den Kreis der dem Agenten übertragenen Verrichtungen und hing mit diesen aufs engste zusammen." Die Exkulpation gelang nicht, da keine Information über Vorstrafen wegen Betrugs und Urkundenfälschung. Das Handeln „in Ausführung der Verrichtung" lehnt KG 7. V. 1909 VA 1909 Anh. S. 87—88 Nr. 476 bei einem Vermittlungsagenten ab, der einem Antragsteller aus Provisionsinteresse entgegen den Vsbedingungen vortäuschte, er könnte nach drei Jahren Rückzahlung der Lebensvsprämien fordern. Entsprechend KG 8. XII. 1933 VA 1934 S. 247—249 Nr. 2742 bei einem Bausparagenten, soweit die Geschäftsbedingungen „abweichende Vereinbarungen oder Zusicherungen" von der schriftlichen Genehmigung des Vorstandes abhängig machen. Das RG 23. II. 1928 JW 1928 S. 1741 = VA 1928 S. 190 Nr. 1849 scheint davon auszugehen, daß ein Vsagent, der ein Hypothekendarlehen zusichert, nicht mehr in Ausführung seiner (vsmäßigen) Verrichtungen handle. Umgekehrt läßt das OLG Hamburg 27. II. 1931 VA 1931 S. 18—19 Nr. 2247 den Ver für eine unerlaubte Handlung eines Vsagenten „einstehen", die darin besteht, daß der Vermittlungsagent eines Lebensvers einen Arzt zum Vertrauensarzt bestellt und damit zum Abschluß einer Lebensv veranlaßt. Im Falle LG Danzig 14. XII. 1912 Mitteilungen 1913 S. 167—168 wäre das Urteil besser auf Rechtsscheinshaftung statt auf § 831 BGB gestützt worden: Hier hatte der beauftragte Unteragent eines unbewanderten Feuervs-„Generalvertreters" Deckung zugesagt. Aber beide waren als Vermittlungsagent doch nicht zu der Verrichtung des Abschließens bestellt. Die Exkulpation sah das Gericht als mißlungen an.

Die Haftung des Vers aus § 831 I BGB ist von jener aus **§ 31 BGB** zu unterscheiden. Diese Vorschrift setzt voraus, daß der Vorstand, ein Vorstandsmitglied oder ein anderer verfassungsmäßig berufener Vertreter des Vers (hierzu zählen allenfalls Hauptbevollmächtigte ausländischer Ver; nicht aber sonstige Vsagenten: KG 7. V. 1909 VA 1909 Anh. S. 88 Nr. 476) durch eine in Ausführung der ihm zustehenden Verrichtungen begangene, zum Schadensersatze verpflichtende Handlung einem Dritten Schaden zufügt. Das Eigenverschulden des Organs kann z. B. ein Organisationsverschulden im Hinblick auf die Außenorganisation sein, etwa mangelhafte Revision der Vsagenten, schlechter betriebswirtschaftlicher Aufbau des Unternehmens (vgl. RG 13. III. 1923 VA 1923 Anh. S. 80 Nr. 1334, OLG München 24. II. 1923 VA 1923 Anh. S. 72 Nr. 1326).

[54] VI. Vertrauensstellung der Versicherungsagenten.

1. Grundsätze.

Die Rechtssätze des allgemeinen Zivil- und Vsrechtes reichen nicht aus, um im Hinblick auf das Verhalten der Vsagenten einen Schutz der Antragsteller und Vmer zu gewährleisten, der den Anforderungen der Gerechtigkeit und Billigkeit voll entspricht. So hat sich ein durch ständige Rechtsprechung erhärteter Gewohnheitsrechtssatz gebildet, den der BGH 9. V. 1951 BGHZ Bd 2 S. 92 mit den Worten umschreibt, es dürfe ein Vmer

> „auf die Richtigkeit einer .... Auskunft des Agenten über den Umfang der V vertrauen, weil dessen Aufgabe gerade darin besteht, dem Vmer für die Vsgesellschaft die erforderliche Belehrung und Aufklärung über den Inhalt und die Bedeutung der Vsbedingungen und der sonstigen Anforderungen der Gesellschaft zu gewähren. Wenn die Vsgesellschaften ihre Agenten mit solchen Aufgaben betrauen, müssen sie auch für deren Erklärungen einstehen und diese gegen sich gelten lassen.... Gegenüber einer falschen Aufklärung über den Inhalt und die Bedeutung der Vsbedingungen durch den Vermittlungsagenten kann sich der Ver nur dann auf den der Aufklärung entgegenstehenden Wortlaut der Bedingungen selbst berufen, wenn dieser so klar ist, daß der Widerspruch dem Vmer erkennbar war und ihm damit ein erhebliches eigenes Verschulden zur Last fällt."

Diese Formulierung ist vielleicht etwas zu eng geraten. Sie könnte umfassender gemäß einem Vorschlag de lege ferenda (wiedergegeben bei Möller Vsvermittlung S. 139, Thees WallmannsZ 1942 S. 3) lauten:

> „Das das Vsverhältnis betreffende Verhalten des Vsvertreters steht dem Verhalten des Vers insoweit gleich, als der Vmer ohne eigenes Verschulden auf das Verhalten des Vsvertreters vertraut".

[55] 2. Entwicklung.

Nachdem das ROHG 23. I. 1872 ROHGZ Bd 5 S. 40—41 geleugnet hatte, es gebe einen Grundsatz, wonach „Vsgesellschaften .... die in bezug auf das Vsgeschäft vorgenommenen Handlungen derjenigen Personen, welche sie dem Publikum als ihre Vertreter bezeichnen .... als für sich verbindlich anerkennen" müßten, hat das Reichsgericht die Vertrauensstellung der Vsagenten herausgearbeitet, zuerst in Fällen der vorvertraglichen Anzeigepflicht im Sinne der Verschuldensbeeinflussung (RG 2. XII. 1890 RGZ Bd 27 S. 151, 30. III. 1900 RGZ Bd 46 S. 184—192), im letztgenannten Falle aber bereits mit der weiterreichenden, richtungweisenden, oft wiederholten Formulierung (a. a. O. S. 190):

> Die dem Vsagenten „von der Gesellschaft dem Publikum gegenüber zugewiesene Aufgabe besteht eben darin, für sie mit diesem den unmittelbaren mündlichen Verkehr zu pflegen und den Vmern die erforderliche Belehrung und Aufklärung über den Inhalt und die Bedeutung der Vsbedingungen und die sonstigen Anforderungen der Gesellschaft zu gewähren. Der Vmer darf und muß in dieser Beziehung dem Agenten vertrauen, und die Gesellschaft muß insoweit für dessen Erklärungen einstehen und die Verantwortung tragen. Das ist nicht nur ein Gebot von Treue und Glauben, sondern folgt auch aus dem rechtlichen Verhältnis des Agenten zur Gesellschaft. Gegen die Nachteile, die den Vsanstalten hieraus erwachsen können, mögen sie sich durch Vorsicht bei der Wahl ihrer Agenten schützen".

Die ersten Fälle, in denen der zitierte Rechtssatz vom Reichsgericht verselbständigt angewendet wird, sind folgende: RG 14. V. 1909 VA 1909 Anh. S. 96—98 Nr. 483, 15. X. 1909 Gruchot Bd 54 S. 426—428, 26. IV. 1910 RGZ Bd 73 S. 302—306, 25. VI. 1912 VA 1912 Anh. S. 115—116 Nr. 701b, 20. XII. 1912 VA 1913 Anh. S. 71 bis 72 Nr. 745b (ziemlich unergiebig), 7. III. 1913 VA 1913 Anh. S. 72—74 Nr. 746, 27. III. 1914 VA 1914 Anh. S. 103—105 Nr. 845.

Die erste Entwicklung wurde abgeschlossen durch den bekannten Sturmflutfall: RG 19. I. 1915 RGZ Bd 86 S. 128—135. Es handelte sich um die Sturmv eines Kurhauses an der Ostseeküste. Der Antragsteller wollte auch gegen Sturmflutschäden vert sein. Der Vsagent „M. hat bei der Besprechung über die Aufnahme des Vsantrages .... seine Ansicht, daß Wasserschäden mitvert seien, geäußert", aber „der Agent hat zur Vorsicht noch einmal anfragen sollen". Die Direktion schrieb dem M., daß eine V, wie sie der Kläger wünsche, nicht gewährt werden könne. M. verschwieg dies dem Antragsteller, übergab ihm vielmehr den Vsschein mit der Erklärung, die Gesellschaft habe den Antrag angenommen. Ergebnis: Die Gesellschaft hat „für dieses Verhalten des den Verkehr zwischen ihr und dem Kläger vermittelnden Agenten einzustehen und dessen Erklärung als ihre eigene gelten zu lassen"; der Kläger genießt Sturmflutvsschutz, nachdem die Düne, auf welcher das Kurhaus stand, bis auf wenige Meter vor dem Gebäude vom Wasser hinweggespült und in die See gestürzt war, so daß das Kurhaus abgerissen werden mußte. Das Ergebnis ist sehr weitreichend. Es ist mit Schadensersatzgrundsätzen, speziell Verschulden beim Vertragsschluß, nicht zu erzielen. Denn hätte der Vsagent den Kläger richtig aufgeklärt, so hätte er zwar vielleicht die V nicht abgeschlossen, aber er hätte nirgends in Deutschland Vsschutz gegen Sturmfluten erlangen können.

Das Reichsgericht hat stets an seiner Judikatur festgehalten und sie nur geringfügig ausgebaut. Erwähnt seien nur noch die Urteile aus der amtlichen Sammlung: RG 19. V. 1922 RGZ Bd 104 S. 346 stellt den Erklärungen des Vsagenten jene einer Angestellten des Vsagenten gleich. RG 2. X. 1925 RGZ Bd 111 S. 314—315 macht deutlich, „daß die Agenten der Vsgesellschaften, auch die bloßen Vermittlungsagenten, dazu berufen sind, den Vslustigen und den Vten Auskunft über Inhalt und Bedeutung der Vsbedingungen und über den Umfang des abzuschließenden oder bereits abgeschlossenen Vsvertrags zu erteilen. Derartige Auskünfte muß die Gesellschaft gegen sich gelten lassen, das Publikum darf ihnen vertrauen. Wenn also ... der Vertreter der Nebenintervenientin den G. Sch. gefragt hätte, ob die Lagerhalle V auch unter den Vsvertrag falle, und wenn G. Sch. diese Frage bejaht hätte, dann wäre der Vsvertrag nunmehr mit bindender Wirkung auf die Lagerhalle V ausgedehnt worden. So hat sich aber der Vorgang nicht abgespielt." Im Falle RG 2. IV. 1935 RGZ Bd 147 S. 186—190 waren der Kläger (Vater), sein Sohn Jakob R. und der Vsagent H. beteiligt und es „ging der übereinstimmende Wille des Klägers und des Jakob R. dahin, daß der Kläger, solange ihm noch der Hof gehöre, Vmer sein und Jakob R. insoweit als sein Vertreter den Antrag unterschreiben solle und daß der Sohn erst von dem Augenblick ab Vmer sein solle, wo er Eigentümer des Hofes geworden sein werde. Der Antrag sollte so gefaßt werden, daß eine mit Kosten verbundene Umschreibung vermieden wurde. Von diesem Vertragswillen hatte H. Kenntnis. Wenn nun der Agent bei dieser Sachlage die Antragstellung so wie geschehen zuließ, so hat er dem Kläger und dessen Sohn nicht schlechthin zu der unrichtigen Beantwortung einer unzweideutigen Frage geraten, sondern jene unrichtig dahin belehrt, daß in dem besonders gearteten Fall auf diese Weise rechtswirksam vert werden könne, nämlich dadurch, daß der Kläger für die Zeit seines Eigentums den Vertrag als Vmer — vertreten durch seinen Sohn — abschließe, ohne daß das richtige Eigentumsverhältnis und das Vertreterverhältnis im schriftlichen Antrag angegeben seien. Das Berufungsgericht stellt in anderem Zusammenhang weiter ohne Rechtsirrtum fest, es sei kein Verschulden des Klägers darin zu sehen, daß er den Vsantrag von seinem Sohn Jakob habe unterschreiben und diesen sich als Eigentümer des Anwesens habe bezeichnen lassen, da sich ein Mann aus solch einfachen bäuerlichen Verhältnissen wie der Kläger bei der Antragstellung auf die Belehrung und Einstellung des Vsagenten verlassen dürfe. Die Beklagte muß deshalb im vorliegenden Falle diese unrichtige Belehrung des Agenten und somit den auf Grund dieser Belehrung zustande gekommenen Inhalt des Vsantrags gegen sich gelten lassen" (abweichend Vorinstanz: OLG Köln 26. IX. 1934 JRPV 1935 Zus. S. 1—3 zu § 278[1] BGB).

Die Instanzgerichte folgten in zahlreichen Entscheidungen dem Reichsgericht, aber oft wurden die verschiedenen rechtlichen Gesichtspunkte des Vsagentenrechts nicht genau geschieden.

Im zweiten Weltkrieg (aber auch schon in RG 27. XI. 1934 JRPV 1935 S. 11—13) schien das Reichsgericht von seiner bewährten Judikatur abgehen und den Gesichtspunkt der culpa in contrahendo in den Vordergrund rücken zu wollen. Vgl. z. B. RG 31. I. 1941 DR 1941 S. 1210—1213 = JRPV 1941 S. 59—61, wozu Kersting DR 1941 S. 1214 bis 1215 mit Recht kritisch bemerkt, hier werde nicht auf den alten Gewohnheitsrechtssatz eingegangen. Ähnlich RG 21. XI. 1941 DR 1942 S. 575—576 = JRPV 1942 S. 4—6, wozu kritisch Prölß Deutscher VsDienst 1942 S. 33—35 und Thees Deutsche Justiz 1942 S. 364—365.

Gerade in der Zeit des zweiten Weltkrieges wurde auch literarisch der Gewohnheitsrechtssatz eingehend erörtert, nicht zuletzt deshalb, weil die Akademie für Deutsches Recht erwog, ihn in die geplante Neukodifikation des Vsagentenrechtes zu übernehmen (vgl. etwa Kersting AkademieZ 1941 S. 218—219, Prölß JRPV 1941 S. 155 bis 156, Claasen JRPV 1942 S. 31—33, 79—83, Thees WallmannsZ 1942 S. 2—4, Goudefroy WallmannsZ 1942 S. 26—28, Möller WallmannsZ 1942 S. 64—66, Kersting Vspraxis 1942 S. 63—64, Goudefroy WallmannsZ 1943 S. 3—5, 15, Möller Vsvermittlung 139—143.

Nach dem zweiten Weltkriege hat — wie in Anm. 54 gezeigt — der Bundesgerichtshof (BGH 9. V. 1951 BGHZ Bd 2 S. 87—93) an die Rechtsprechung des Reichsgerichts — unter Zitierung von RG 2. IV. 1935 RGZ Bd 147 S. 186—190 — angeknüpft. Auch die Instanzgerichte haben den Gewohnheitsrechtssatz weiter angewendet.

[56] 3. Rechtsnatur.

Das Reichsgericht hat seit dem Urteil RG 30. III. 1900 RGZ Bd 46 S. 190 das Einstehenmüssen der Ver für die Vsagenten immer wieder (zuletzt wohl in RG 2. IV. 1935 RGZ Bd 147 S. 188) aus dem „Gebot von Treue und Glauben" abgeleitet, ferner „aus dem rechtlichen Verhältnis des Agenten zur Gesellschaft". Beide Begründungen sind jedoch für die von der Rechtsprechung entwickelte Zurechnungsnorm nicht ausreichend. Aus Treu und Glauben (§§ 157, 242 BGB) läßt es sich nicht rechtfertigen, daß zu den Zurechnungstatbeständen der Vertretung, des Rechtsscheins, der Erfüllungs- und Verrichtungsgehilfenhaftung ein neuer außergesetzlicher Zurechnungstatbestand hinzugefügt worden ist. Das Innenverhältnis Vsagent/Ver ergibt nichts für die Zurechnung im Außenverhältnis. So ist die vom Reichsgericht oft wiederholte Formulierung nicht als dogmatische Konstruktion, sondern als Ausdruck eines rechtspolitischen Zieles anzusehen.

Nachdem aber die Judikatur Jahrzehnte hindurch ihren Standpunkt aufrechterhalten hat, ohne daß sich in Wissenschaft und Praxis eine Opposition äußerte, läßt sich eine allgemeine Rechtsüberzeugung feststellen, die von einer gleichmäßigen fortdauernden Übung getragen wird. Damit sind jetzt die Voraussetzungen für das Vorliegen eines Gewohnheitsrechtssatzes gegeben (dazu vgl. Möller Vsvermittlung S. 139, WallmannsZ 1942 S. 64, Prölß[12] Anm. 7 zu § 43, S. 189, vor allem aber BGH 9. V. 1951 BGHZ Bd 2 S. 92 („nach anerkanntem Gewohnheitsrechtssatz"), und ihm folgend z. B. OLG Celle 13. X. 1952 VersR 1952 S. 401, OLG Köln 28. III. 1958 VersR 1958 S. 748, OLG München 30. V. 1959 VersR 1959 S. 979. Die Entwicklung zeigt, wie eine schöpferische Rechtsprechung zunächst als eigenständige Rechtsquelle wirkt, um dann den Rang ungeschriebenen Gewohnheitsrechtes zu erlangen.

Inzwischen hatte die Judikatur (RG 15. X. 1909 Gruchot Bd 54 S. 428) auch die Konstruktion erwogen und verworfen, wonach ein stillschweigender Vertrag geschlossen werde, der den Ver für die Richtigkeit der Auskünfte des Vsagenten einstehen lasse.

[57] 4. Abgrenzung.

a) Gewohnheitsrechtssatz und Vertretungshandlungen.

Bei fast allen Urteilen zum Gewohnheitsrechtssatz handelt es sich um bloße Vermittlungsagenten, die nicht in der Lage sind, den Ver aktiv zu vertreten, also auf diesem Wege Erklärungen mit Fremdwirkung abzugeben. Der Gewohnheitsrechtssatz ist also nicht vom Vertretungsrecht her zu rechtfertigen, und fast alle Urteile bemühen sich, jene beiden Erscheinungsformen der Fremdwirkung voneinander abzugrenzen, die einerseits im Vertretungsrecht, andererseits im Gewohnheitsrechtssatz in Betracht kommen.

Schon im Falle RG 14. V. 1909 VA 1909 Anh. S. 98 Nr. 483 wird betont, „daß berechtigter Zweifel über die Tragweite des Begriffs ‚landwirtschaftlicher Betrieb' beim Vmer bestehen konnte. Nichts anderes als die Beseitigung dieses Zweifels, die Klarstellung des Begriffs in dem zulässigen weiteren Sinne bedeutet es aber, wenn der Kläger darauf drang, daß einige gelegentlichen Fuhren eingeschlossen sein müßten. Zu dieser Klarstellung war der Agent zufolge seiner Stellung berufen." Noch deutlicher wird es in RG 26. IV. 1910 RGZ Bd 73 S. 303, daß es bei Agentenmitwirkung zwei Arten der Einflußnahme auf die Vertragsgestaltung gibt: Abschlußvollmacht und Gewohnheitsrechtssatz. Letzterer greift auch bei Mitwirkung eines bloßen Vermittlungsagenten ein: „Immerhin kann ... im einzelnen Fall die Tatsache, daß der Vsvertrag ... durch Vermittlung eines Angestellten der Gesellschaft (Agenten) zustande gekommen ist, auf die rechtliche Gestaltung des Vsverhältnisses von besonderem Einfluß sein." RG 25. VI. 1912 VA 1912 Anh. S. 115 Nr. 701b bemerkt: „Allerdings würde es nicht zu billigen sein, wenn das angefochtene Urteil, wie einzelne seiner Ausführungen gedeutet werden können, dem Vermittelungsagenten die Stellung eines Vertreters der Gesellschaft zuweist und deshalb seine Erklärung als für die Gesellschaft bindend erachtet." Es gibt eben neben der Vertretung gewohnheitsrechtlich eine zweite Form der Fremdwirkung. Nach RG 20. XII. 1912 VA 1913 Anh. S. 71—72 Nr. 745b kann ein Vermittlungsagent wirksam keine „Sonderabkommen" kontrahieren, wohl aber zweifelhafte und auslegungsbedürftige Fragen klären. Sehr deutlich RG 7. III. 1913 VA 1913 Anh. S. 72—74 Nr. 746: „Danach ist ein solcher Agent zwar nicht befugt, in Vertretung seiner Gesellschaft einen mit dem klaren Inhalte der Police und der Allgemeinen Vsbedingungen unvereinbaren, darüber hinausgehenden Vertrag abzuschließen, dennoch aber kann er ... im einzelnen Falle auf die rechtliche Gestaltung einen seine Gesellschaft bindenden Einfluß dadurch ausüben, daß er dem Vslustigen eine von ihm gewünschte Aufklärung über den Inhalt einer nicht ganz klaren, schwerverständlichen Bedingung oder Frage erteilt." Dann handle es sich nicht „um eine neben dem schriftlichen Vertrage getroffene besondere Vereinbarung", sondern „nur um die Feststellung des Inhalts einer im schriftlichen Vertrag enthaltenen Vertragsbestimmung." Alle späteren

Entscheidungen halten an dieser Grundkonzeption fest, vgl. z. B. RG 27. III. 1914 VA 1914 Anh. S. 105 Nr. 845 (einerseits „Vereinbarungen", andererseits „Belehrung oder Aufklärung über die Bedeutung des Antrags und der Vsbedingungen"), RG 19. I. 1915 RGZ Bd 86 S. 131 (keine Befugnis der Vermittlungsagenten, die Vsgesellschaften „im engeren juristischen Sinne" zu vertreten). Die Unterscheidung einer Vertretungsmacht im engeren und im weiteren Sinne, wie sie auch wiederkehrt in RG 25. XI. 1919 JW 1920 S. 280, ist dogmatisch allerdings bedenklich. Besser RG 12. X. 1915 VA 1916 Anh. S. 19 Nr. 918: „Der Agent W. war zwar Angestellter, aber nicht Vertreter der Gesellschaft. Es handelt sich hier auch nicht um eine mit ihm getroffene Vereinbarung, sondern um eine von ihm erteilte Belehrung und Erläuterung." RG 11. III. 1919 VA 1919 Anh. S. 55 Nr. 1097 = JW 1919 S. 382 wiederholt die Formel vom besonderen Einflusse des Vermittlungsagenten auf die rechtliche Gestaltung des Vsverhältnisses (im Anschluß an RG 26. IV. 1910 RGZ Bd 73 S. 303). Für die spätere Zeit vgl. RG 19. V. 1922 RGZ Bd 104 S. 346, 27. I. 1928 VA 1928 S. 256—257 Nr. 1910. Das RG 2. IV. 1935 RGZ Bd 147 S. 190 spricht davon, der Vermittlungsagent sei „unter Verletzung seiner Aufklärungs- und Belehrungspflicht auch selbst tätig geworden und hat den Vsantrag mit dem von ihm beeinflußten Inhalt entgegengenommen."

Die in der höchstrichterlichen Judikatur vorgenommene klare Abgrenzung zwischen Gewohnheitsrechtssatz und Vertretungshandlungen bewirkt, daß der Ver sich auch nicht auf eine Klausel zu berufen vermag, wonach mit dem Vermittlungsagenten getroffene Nebenabreden unwirksam sind. Denn der Vsagent trifft nicht als Bevollmächtigter eine Vereinbarung, sondern erteilt kraft des Gewohnheitsrechtssatzes eine Aufklärung oder Belehrung, was stets unabdingbar seine Aufgabe ist (vgl. Haymann JRPV 1935 S. 280 gegen Grüllich JRPV 1926 S. 241—242; ferner Haidinger VersR 1960 S. 594).

Es liegt keine Klagänderung vor, wenn der Vmer seinen Anspruch zunächst auf Vertretungshandlungen, sodann aber auf den Gewohnheitsrechtssatz stützt (vgl. RG 14. V. 1909 VA 1909 Anh. S. 98 Nr. 483).

Über Wechselbeziehungen zwischen dem Gewohnheitsrechtssatz und der Wissenszurechnung (§ 44): Anm. 11 (unter ii).

[58] b) Gewohnheitsrechtssatz und Rechtsscheinshandlungen.

Wie noch zu zeigen sein wird (Anm. 27—44 zu § 45) erlangt unter bestimmten Voraussetzungen ein Vermittlungsagent nach außen hin kraft Rechtsscheins die Stellung eines Abschlußagenten, auch im übrigen können Vollmachten kraft Rechtsscheins entstehen. In solchen Fällen gelten — mindestens analog — Vertretungsgrundsätze, so daß für die Abgrenzung von Rechtsscheinshandlungen zum Gewohnheitsrechtssatz auf das in Anm. 57 Gesagte verwiesen werden kann. Ein Rechtsscheinsbevollmächtigter kann im Rahmen seiner Scheinvollmacht Fremdwirkungen zu Lasten des Vers auslösen, insoweit bedarf es also nicht der Heranziehung des Gewohnheitsrechtssatzes. Aber auch eine Scheinvollmacht hat bestimmte Grenzen. Außerhalb dieser Grenzen könnte ein Rechtsscheinsbevollmächtigter immerhin dadurch auf die rechtliche Gestaltung des Vsverhältnisses Einfluß üben, daß er den Vmer über zweifelhafte Fragen aufklärt oder belehrt.

Die Rechtsprechung kombiniert die Gesichtspunkte des Rechtsscheins mit dem Gewohnheitsrechtssatz zuweilen dergestalt, daß sie sagt, ein Vmer dürfe den Auskünften eines besonders herausgestellten Vsagenten leichtgläubiger vertrauen. So stand z. B. im Falle RG 26. IV. 1910 RGZ Bd 73 S. 302—306 einer geschäftsungewandten Vmerin ein durch den Rechtsschein herausgehobener Vsagent gegenüber: „Daß L. im Rahmen seiner Befugnisse handelte, konnte die Klägerin um so eher annehmen, als die Vsgesellschaft ... dem L. damals schon den Titel eines ‚Generalagenten' und ‚Bezirksdirektors' beigelegt hatte, was im Publikum leicht den Glauben hervorrufen konnte, seine Fähigkeiten und Kenntnisse, seine Zuverlässigkeit und seine Befugnisse gingen über diejenigen eines bloßen ‚Agenten' hinaus, und seine Auskunft ... sei deshalb mit besonderer Sicherheit als den Absichten seiner Auftraggeberin entsprechend anzusehen." Ähnlich RG 7. III. 1913 VA 1913 Anh. S. 73 Nr. 746 („Generalagent"), KG 4. III. 1931 VA 1931 S. 23 Nr. 2250 = JRPV 1931 S. 212—213 („Agent, der mit ihrer Duldung den Titel ‚Subdirektor' führt").

[59] c) Gewohnheitsrechtssatz und Agentenarglist.

Möglicherweise handelt ein Vsagent arglistig, z. B. wegen seines Provisionsinteresses, wenn er einem Vmer Belehrungen oder Aufklärungen gibt.

Dennoch greift der Gewohnheitsrechtssatz ein, vgl. nur RG 14. V. 1909 VA 1909 Anh. S. 98 Nr. 483, wo der Vsagent eine Rückfrage beim Ver hielt und nach negativem Bescheid wahrheitswidrig den Vmer positiv instruierte, oder RG 19. I. 1915 RGZ Bd 86 S. 133—134, wo der Vsagent die Benachrichtigung des Vers über den Umfang der Sturmv unterschlug und der Vmer „gegenteilig und vielleicht sogar arglistig . . . in den Glauben versetzt" wurde, „er sei nun so vert, wie er es wünschte." Der Vmer hat in solchen Fällen ein Wahlrecht. Er kann nach Klärung des Sachverhalts den Vsvertrag anfechten, da der Vsagent kein Dritter ist (Anm. 16—17). Der Vmer kann sich aber auch auf den Boden des Gewohnheitsrechtssatzes stellen und Vsschutz entsprechend der Belehrung und Aufklärung seitens des Vsagenten verlangen. Die Rechtslage ist hinsichtlich der Arglistanfechtung allerdings nicht unzweifelhaft, da ja infolge des Gewohnheitsrechtssatzes die Arglist des Vsagenten keinen ungünstigen Einfluß auf den vom Vmer gewünschten Inhalt des Vsvertrages geübt hat. Aber gerade auch im Interesse des Vers wird man dem Vmer die Möglichkeit eröffnen müssen, sich von einem Vsvertrage loszusagen, der infolge der Arglist des Vsagenten einen Inhalt gewonnen hat, den der Ver niemals gewollt hat.

[60] d) Gewohnheitsrechtssatz und Verschuldensbeeinflussung.

Der rechtliche Gesichtspunkt der Verschuldensbeeinflussung (Anm. 20—28) steht mit dem Gewohnheitsrechtssatz in Verbindung, und dennoch ist eine Unterscheidung geboten.

Historisch gesehen steht die Verschuldensbeeinflussung im Vordergrunde. Die Ausgangsentscheidung RG 30. III. 1900 RGZ Bd 46 S. 184—192, welche die Formel von der Vertrauensstellung des Vsagenten zuerst brachte (Anm. 55), behandelt noch einen Fall, in welchem es um die Frage ging, ob die vorvertragliche Anzeigepflicht vom Vmer schuldhaft verletzt sei.

Vstechnisch ist es bedeutsam, daß in einer Urkunde der Vsantrag und die Erfüllung der vorvertraglichen Anzeigepflicht miteinander verbunden zu werden pflegen (über die rechtliche Doppelbedeutung des Antragscheins vgl. Anm. 72 zu § 1, Anm. 38 zu § 16, Anm. 5 zu § 18). Werden gewisse Fragen, z. B. nach der Person des Vmers, unrichtig beantwortet, so beeinflußt dies erstens den Antragsinhalt und zweitens die Erfüllung der vorvertraglichen Anzeigepflicht. Erfolgt die unrichtige Ausfüllung kraft einer Belehrung des Vsagenten, so kann die Verletzung der vorvertraglichen Anzeigepflicht entschuldigt sein, im übrigen aber kann hinsichtlich der Vmereigenschaft und der Person des Vten der Gewohnheitsrechtssatz Anwendung finden. Ein Beispiel bietet RG 25. VI. 1912 VA 1912 Anh. S. 115—116 Nr. 701b (Vorinstanz: KG 30. I. 1912 VA 1912 Anh. S. 114—115 Nr. 701a): Hier ging es um eine Einbruchdiebstahlv, genommen von einem Einzelkaufmann. Der Ver lehnte die Entschädigung mit der Begründung ab, der Einzelkaufmann sei nicht Eigentümer der gestohlenen Waren, sondern diese gehörten einer offenen Handelsgesellschaft, deren einer, mit 50% beteiligter Gesellschafter der Vmer sei. Der Vmer replizierte, er habe dem Vsagenten die Eigentumsverhältnisse richtig angegeben, dieser aber habe erwidert, es sei einfacher, die V würde nicht im Namen der offenen Handelsgesellschaft genommen, „da es nur darauf ankomme, welche Gegenstände vert seien". In diesem Falle ist die Verletzung der vorvertraglichen Anzeigepflicht entschuldigt, und der Gewohnheitsrechtssatz bewirkt, daß der Ver in voller Höhe des Schadens haftbar gemacht werden kann. Es würde nicht ausreichen, nur einen der beiden rechtlichen Gesichtspunkte anzuwenden. Andere Beispiele: RG 14. VI. 1907 JW 1907 S. 526 (nur die Entschuldigung erwähnend), KG 3. XI. 1911 VA 1912 Anh. S. 77—79 Nr. 678, OLG Köln 21. XII. 1923 VA 1924 Anh. S. 108—109 Nr. 1404.

Um einen Grenzfall zwischen Verschuldensbeeinflussung und Gewohnheitsrechtssatz ging es in RG 19. V. 1922 RGZ Bd 104 S. 344—346: Gütertransportv mit einer Obliegenheit des Vmers, die versandten Güter richtig zu deklarieren. Kognac wird zwischen Pferdefutter verschickt. Der Vmer trägt vor, die Angabe des Kognac im Frachtbrief sei deshalb unterblieben, weil der Vsagent die Auskunft gegeben habe, „daß die Angabe des Kognacs auf dem Frachtbrief nicht nötig sei, wohl aber in der Police". Hier kann man entweder sagen, die Deklarationspflicht sei schuldlos verletzt (Verschuldensbeeinflussung), oder aber der Ver müsse die Belehrung des Vsagenten „über den Inhalt und die Bedeutung nicht zweifelsfreier Bestimmungen der Vsbedingungen gegen sich gelten lassen" (so das Reichsgericht, welches hiernach den objektiven Inhalt der Obliegenheit als umgestaltet ansieht).

Um eine unzulässige Verquickung von Verschuldensbeeinflussung und Gewohnheitsrechtssatz handelt es sich, wenn RG 7. I. 1930 JW 1930 S. 3618—3619 = VA 1929 S. 336—338 Nr. 2086 bei einem Falle der Verschuldensbeeinflussung meint, der Vmer sei dann trotz Agentenmitwirkung nicht zu schützen, „wenn ihm selbst beim Abschlusse des Vsvertrags ein besonders erhebliches Verschulden zur Last fällt". Denn der Gesichtspunkt des besonders erheblichen Verschuldens spielt nur im Rahmen des Gewohnheitsrechtssatzes (Anm. 69) eine Rolle, während es bei der Verschuldensbeeinflussung im Rahmen der vorvertraglichen Anzeigepflicht nur darauf ankommt, ob irgendein Verschulden des Vmers übrigbleibt. Deshalb verfehlt auch OLG Köln 13. XII. 1954 VersR 1955 S. 76.

[61] e) Gewohnheitsrechtssatz und Erfüllungsgehilfenhaftung.

Die rechtlichen Gesichtspunkte der Erfüllungsgehilfenhaftung (Anm. 29—52) und des Gewohnheitsrechtssatzes können miteinander konkurrieren (Prölß Deutscher Vs-Dienst 1942 S. 34). So sind z.B. in RG 2. X. 1925 RGZ Bd 111 S. 313—316, OLG Celle 13. X. 1952 VersR 1952 S. 401—402, OLG München 30. V. 1959 VersR 1959 S. 979—980 beide Gesichtspunkte nebeneinander geprüft. Allerdings gestaltet der Gewohnheitsrechtssatz den Vsvertrag im Sinne der Agentenauskunft zugunsten des Vmers um, sodaß man versucht sein könnte, eine Schädigung des Vmers zu leugnen. Aber dem Vmer muß immer die Wahl bleiben, ob er sich auf die fehlerhafte Belehrung als solche oder auf die culpa in contrahendo berufen will.

Eine inhaltlich konträre Abgrenzung der beiden rechtlichen Gesichtspunkte versucht das OLG Marienwerder 13. XI. 1942 HansRGZ 1943 A Sp. 75—78: „Der Senat ist .... der Auffassung, daß das Reichsgericht dann die Haftung des Vers auf Grund der Vertrauensstellung des Agenten durchgreifen läßt, wenn es sich darum handelt, daß der Agent Aufklärung über die allgemeinen Vsbedingungen gibt, ihren Inhalt erläutert oder ähnliches. ... Dagegen tritt die Haftung des Vers auf Grund des § 278 BGB dann ein, wenn dem Agenten ein anderweites Verschulden beim Vertragsschluß zur Last zu legen ist" (zustimmend LG Hamburg 26. X. 1950 VersR 1951 S. 173). Jedoch läßt sich solche Unterscheidung nicht durchführen und auch nicht auf die höchstrichterliche Praxis stützen, welche sich mit Aufklärungen und Belehrungen auch unter dem Gesichtspunkt der Erfüllungsgehilfenhaftung befaßt (Anm. 41—43, 46). Sagen läßt sich allenfalls, daß die äußere Fürsorge für Vskandidaten (Anm. 37) und die ordnungsgemäße Behandlung von Vsanträgen (Anm. 38—40) sowie Änderungsanträgen (Anm. 45) nur unter dem rechtlichen Gesichtspunkt der Erfüllungsgehilfenhaftung beachtlich ist.

Was nun speziell die Aufklärungen und Belehrungen anlangt, so sind die Tatbestandsvoraussetzungen und Rechtsfolgen einerseits der Erfüllungsgehilfenhaftung, andererseits des Gewohnheitsrechtssatzes streng zu unterscheiden, was aber nicht ausschließt, daß im Einzelfall beide Rechtsbehelfe zusammenzutreffen vermögen (zum Folgenden vgl. schon Möller Vsvermittlung S. 140 bis 141, WallmannsZ 1942 S. 65—66):

aa) § 278[1] BGB setzt voraus, daß der Vsagent in der in Betracht kommenden Beziehung mit dem Willen des Vers tätig geworden ist (Anm. 48), der Gewohnheitsrechtssatz betrifft jeden Vsagenten (Anm. 63).

bb) § 278[1] BGB erfordert ein Verschulden des Erfüllungsgehilfen (Anm. 49), der Gewohnheitsrechtssatz verzichtet auf solche subjektive Wertung des Verhaltens des Vsagenten (Anm. 67).

cc) Bei § 278[1] BGB greift im Falle des Mitverschuldens des Vmers § 254 BGB ein (Anm. 52), während nach dem Gewohnheitsrechtssatz ein Einstehenmüssen des Vers stets völlig entfällt, wenn den Vmer ein erhebliches eigenes Verschulden trifft (Anm. 69). Fälle fehlerhafter Vermengung dieser beiden Gesichtspunkte OLG Kiel 11. IV. 1922 VA 1922 Anh. S. 37—38 Nr. 1264 = HansRZ 1922 Sp. 853—855, OLG Naumburg 25. VI. 1931 JW 1931 S. 3229, auch OLG Celle 27. X. 1936 HansRGZ 1937 A Sp. 114.

dd) Bei § 278[1] BGB wird der Schuldner so behandelt, wie wenn er selbst schuldhaft seine Verbindlichkeit verletzt hätte, d. h. der Schuldner hat im Wege des Schadensersatzes den Gläubiger so zu stellen, wie dieser stehen würde, wenn die Verbindlichkeit nicht verletzt worden wäre (Anm. 51). Der Gewohnheitsrechtssatz dagegen konstruiert keine Schadensersatzpflicht, sondern der Ver muß den Vsvertrag so erfüllen, wie er es müßte, wenn er selbst das vom Vsagenten beobachtete Verhalten verwirklicht hätte (Anm. 70).

ee) Während bei § 278[1] BGB das vom Vsagenten beobachtete Verhalten fraglos nicht nur in einem Tun, sondern auch in einem Unterlassen bestehen kann (Anm. 35, 42, 46), ist es beim Gewohnheitsrechtssatz zum mindesten zweifelhaft, ob nicht seine Anwendung stets ein Tun des Vsagenten, nämlich eine fehlerhafte Belehrung oder Aufklärung voraussetzt (Anm. 64).

[62] **f) Gewohnheitsrechtssatz und Verrichtungsgehilfenhaftung.**

Hier ist die Abgrenzung nicht allzu schwierig. Die Verrichtungsgehilfenhaftung führt zu einer deliktischen Schadensersatzpflicht des Vers aus (vermutetem) eigenem Verschulden (Anm. 53), während der Gewohnheitsrechtssatz einen Anspruch auf Erfüllung des Vsvertrages auslöst, wobei der Vertragsinhalt durch den Vsagenten beeinflußt worden ist und ein Verschulden des Vers oder Vsagenten (dazu Anm. 67) keine Rolle spielt

[63] **5. Tatbestand.**

a) Maßgebliche Person.

Im Rahmen des Gewohnheitsrechtssatzes kommt es nur darauf an, daß die falsche Belehrung oder Aufklärung (oder das sonstige etwa zuzurechnende Verhalten) von einem Vsagenten beobachtet worden ist, also von einer Person, die ständig damit betraut ist, in der Sphäre des Vers als dessen „Verbündeter" tätig zu sein (vgl. Anm. 13 vor §§ 43 bis 48). Selbstverständlich muß es sich um die Auskunft eines Vsagenten des in Anspruch genommenen Vers, also nicht diejenige eines Vsagenten eines anderen Vers (mit Bezug auf das konkrete Vsverhältnis) handeln (BGH 27. X. 1954 VA 1955 S. 77). Auf Vsmakler oder gar deren Angestellte kann der Gewohnheitsrechtssatz nicht angewendet werden (Prölß[12] Anm. 7 zu § 43, S. 192, unrichtig LG Hamburg 26. X. 1950 VersR 1951 S. 172—174, dazu kritisch Stech VersR 1951 S. 208).

Bei Vsagenten kommt es nicht darauf an, ob sie selbständig oder unselbständig, bloße Vermittlungs- oder Abschlußagenten sind. Die Judikatur hat sich fast nur mit Vermittlungsagenten befaßt, da Abschlußagenten kraft ihrer Vertretungsmacht den Inhalt des Vsvertrages beeinflussen können, sodaß man auf den Gewohnheitsrechtssatz nicht zurückzugreifen braucht (vgl. aber für einen Abschlußagenten KG 15. II. 1922 VA 1922 Anh. S. 36 Nr. 1262).

Es ist gleichgültig, ob der Vsagent General- oder (unechter oder echter) Unteragent ist, auch Angestellte von (selbständigen) General- oder Unteragenten können durch ihr Verhalten die Haftung des Vers auslösen: Im Falle RG 12. X. 1915 VA 1916 Anh. S. 18 Nr. 918 hatte der Unteragent vor der Auskunftserteilung beim Generalagenten Rückfrage gehalten; RG 19. V. 1922 RGZ Bd 104 S. 346 stellte dem Vsagenten (Generalagenten) dessen Angestellte gleich; RG 2. X. 1925 RGZ Bd 111 S. 314 betraf das Verhalten des Sohnes und Vertreters eines Generalagenten; im Falle OLG Hamburg 18. III. 1909 VA 1909 Anh. S. 104—107 Nr. 488 handelte es sich um einen „Sammler von Vsanträgen", der für einen Generalagenten wirkte.

Schließlich ist es gleichgültig, ob der Vsagent haupt- oder nebenberuflich tätig ist. Im Falle RG 15. X. 1909 Gruchot Bd 54 S. 427 ging es sogar um einen ehrenamtlichen „Spezialdirektor", Subdirektor; Prölß JZ 1951 S. 517 erwähnt die nebenberuflichen Vsvertreter und Gelegenheitsagenten. Allerdings hat das OLG Stuttgart 2. IV. 1949 VW 1949 S. 282 Auskünfte einer Eisenbahnschalterbeamtin über eine Reisegepäckv für unmaßgeblich erklärt; jedoch wäre diese Entscheidung besser auf das eigene erhebliche Verschulden des Vmers gegründet worden.

Es muß schließlich irrelevant sein, ob die im Publikumsverkehr verwendete Hilfskraft des Vers dem Innen- oder Außendienst angehört. Prölß[12] Anm. 7 zu § 43 S. 192 meint, der Gewohnheitsrechtssatz gelte nicht für Büroangestellte des Vers (das von ihm zitierte Urteil LG Berlin 16. II. 1951 VA Berlin 1951 S. 67—69 = VersR 1951 S. 170—171 betrifft nicht den Gewohnheitsrechtssatz). Jedoch kann das schutzbedürftige Publikum rechtlich nicht verschieden behandelt werden, je nachdem ob es vom Außendienst des Vers besucht wird oder seinerseits die Direktion oder eine (unselbständige oder selbständige) Außenstelle des Vers aufsucht.

Bei der Erfüllungsgehilfenhaftung ist es bedeutsam, ob und wozu ein Vsagent eingesetzt worden ist, also funktionsmäßig mit dem Willen des Vers verwendet wird (Anm. 48). Beim Gewohnheitsrechtssatz kommt es auf die Prüfung des Willens des Vers nicht an, weil die Aufgabe eines jeden Vsagenten „gerade darin besteht, dem Vmer für die Vsgesellschaft die erforderliche Belehrung und Aufklärung .... zu gewähren" (BGH 9. V. 1951 BGHZ Bd 2 S. 92). Es war demnach wohl nur von illustrativer Bedeutung, wenn RG 19. V. 1922 RGZ Bd 104 S. 346 von der Zurechnung einer falschen Auskunft spricht, die „von einer Angestellten des Agenten gegeben wird, die ihn mit seinem Willen und Wissen dem Publikum gegenüber vertritt. Das gilt vor allem in einem Fall wie dem vorliegenden, wo es sich um einen Generalagenten in einer Großstadt handelt, von dem die Beklagte, wie ohne weiteres anzunehmen ist, recht wohl weiß, daß er sich zur Bescheidung des Publikums seiner Angestellten bedient".

[64] b) Beobachtetes Verhalten.

aa) Allgemeines.

Man muß das gebotene und das beanstandbare Verhalten des Vsagenten unterscheiden. Die Aufgabe des Vsagenten — also das Gebotene — besteht darin, „die erforderliche Belehrung und Aufklärung über den Inhalt und die Bedeutung der Vsbedingungen und der sonstigen Anforderungen der Gesellschaft zu gewähren" (BGH 9. V. 1951 BGHZ Bd 2 S. 92, fast wörtlich übereinstimmend mit RG 30. III. 1900 RGZ Bd 46 S. 190, wo es nur heißt: „die sonstigen Anforderungen"). Beanstandbar und zuzurechnen ist es dem Ver, falls der Vsagent eine unrichtige Belehrung oder Aufklärung gibt.

Wie aber steht es mit der Anwendung des Gewohnheitsrechtssatzes, falls der Vsagent die Belehrung oder Aufklärung unterläßt? Die meisten Entscheidungen betreffen falsche Auskünfte. Immerhin gibt es seit 1915 scheinbar auch einige Unterlassungsfälle: RG 26. II. 1915 LZ 1915 Sp. 839 geht davon aus, daß der Vmer klar zu erkennen gegeben hatte, er wolle auch gegen die Haftpflicht für Beschädigung anvertrauter Sachen vert sein, „der Agent hat ihn aber in keiner Weise darauf aufmerksam gemacht, daß die V gegen Haftpflicht für Beschädigungen an anvertrauten Sachen nicht in die von ihm beantragte V falle. ... Die Sache liegt rechtlich nicht anders, wie in den .... entschiedenen Fällen, in denen der Agent eine bestimmte Auslegung der Vsbedingungen dem Vmer gegenüber als zutreffend bezeichnet hatte und in denen deshalb angenommen wurde, daß die Gesellschaft diese Auslegung gegen sich gelten lassen müsse. Auch im gegenwärtigen Fall ergab das Verhalten des Agenten, daß er die Annahme des Klägers, er sei für alle Sachschäden vert, als richtig bestätigte". Auch RG 11. III. 1919 VA 1919 Anh. S. 54—55 Nr. 1097 = JW 1919 S. 381—382 hat eine Unterlassung zum Gegenstand. Der Vsagent war neben der von einem Pferde gezogenen Feldbahn des Klägers einhergegangen und vermittelte dabei eine Fuhrwerksbetriebshaftpflichtv. „Der Kläger konnte deshalb, solange er anders nicht belehrt wurde, annehmen, daß er .... für den gesamten Fuhrwerksbetrieb gegen Haftpflicht vert ist." Das RG 19. I. 1915 RGZ Bd 86 S. 134 legt im Sturmflutfall das Schwergewicht darauf, daß der

Vsagent den Kläger nicht darüber unterrichtete, „daß sein Antrag von der Gesellschaft in dem Sinne abgelehnt war, daß sie Sturmflutv nicht übernahm. ... Erhielt nun der Kläger diese Benachrichtigung nicht, sondern wurde er gegenteilig und vielleicht sogar arglistig .... in den Glauben versetzt, er sei nun so vert, wie er es wünschte, so hat die Gesellschaft für dieses Verhalten .... einzustehen". Immerhin war hier aber ein Tun des Vsagenten voraufgegangen, hatte er doch seine Ansicht dahin geäußert, daß Wasserschäden mitvert seien. Tun und Unterlassen trafen auch zusammen im Falle BGH 9. V. 1951 BGHZ Bd 2 S. 90: Der Vsagent war der Auffassung des Vmers, der Vsschutz laufe in neuen Räumen ohne Unterbrechung weiter, nicht entgegengetreten, sondern hatte die Klägerin in ihrem Glauben an die Richtigkeit dieser Ansicht bestärkt durch die ausdrückliche Bestätigung, die Sache sei jetzt in Ordnung.

Man wird mit Prölß[12] Anm. 7 zu § 43, S. 191, JZ 1951 S. 517 zusammenfassend feststellen können, eine unrichtige Auskunft könne vom Vsagenten auch konkludent erteilt werden. Entscheidend ist also in den angezogenen Fällen nicht die Unterlassung des Vsagenten, sondern die konkludent erteilte falsche Auskunft (KG 2. VII. 1927 VA 1927 S. 259 Nr. 1762 = JRPV 1927 S. 286 spricht von einer „stillschweigenden Belehrung", OLG Köln 28. III. 1958 VersR 1958 S. 748 von einem „schlüssigen Verhalten"). In reinen Unterlassungsfällen kommt nicht der Gewohnheitsrechtssatz, sondern die Erfüllungsgehilfenhaftung zum Zuge (Anm. 61), z.B. wäre im Falle OLG Braunschweig 8. VI. 1928 VA 1928 S. 200—201 Nr. 1857 (Anm. 66) besser culpa in contrahendo angenommen worden. Richtig OLG Hamburg 14. III. 1933 VA 1933 S. 369 bis 370 Nr. 2604.

Es ist gleichgültig, ob der Vsagent die falsche Auskunft auf Anfrage oder sogar spontan gibt. In RG 26. IV. 1910 RGZ Bd 73 S. 304 hatte der Vsagent der Lebensvskandidatin „aus eigenem Antrieb, offenbar um ihre Bedenken zu zerstreuen, ... auseinandergesetzt ...., sie könne nach drei Jahren wieder austreten und werde dann das eingezahlte Geld zinslos zurückbekommen."

Es ist auch unerheblich, ob der Vsagent die Auskunft aus eigenem Wissen erteilt oder aber nach einer Rückfrage. Im Falle RG 14. V. 1909 Anh. S. 98 Nr. 483 hatte der Vsagent beim Ver Rückfrage gehalten, gab aber die (richtige) Auskunft nicht an den Vmer weiter, sondern informierte diesen unrichtig. Trotzdem haftet der Ver. Der Vsagent „hätte dem Kläger die entsprechende Zusicherung ohne weiteres mit bindender Wirkung für die Gesellschaft geben können. Wenn er vorsichtigerweise eine vorgängige Anfrage an die Gesellschaft für nötig erklärte und später dem Vmer — wenn auch wahrheitswidrig — berichtete, die Gesellschaft sei einverstanden, so mußte natürlich der Vmer um so mehr darauf vertrauen und zu vertrauen berechtigt sein, daß seine Auffassung von dem Umfange der V richtig sei." Im Sturmflutfall RG 19. I. 1915 RGZ Bd 86 S. 133—134 hat der Vsagent die Auskunft des Vers dem Vmer nicht weitergeleitet, also geschwiegen. RG 12. X. 1915 VA 1916 Anh. S. 18 Nr. 918 schildert, daß der Vsagent beim Generalagenten zurückfragte und dort die falsche Auskunft bezog. Auch OLG Düsseldorf 27. VII. 1950 VersR 1950 S. 147 betrifft einen Fall, in welchem nach Rückfrage beim Generalagenten eine Auskunft erteilt wurde.

Eine bindende Auskunft liegt nicht vor, falls der Vsagent nur erläutert, welche Praxis der Ver regelmäßig verfolgt (KG 11. V. 1927 VA 1928 S. 52—53 Nr. 1827 [Höherdeckung in der Kreditv]).

[65] bb) Zeitpunkt.

Die überwiegende Anzahl der entschiedenen Fälle betrifft Tatbestände falscher Auskünfte, die vor dem formellen Beginn eines neu abzuschließenden Vsvertrages gegeben wurden. Aber der Gewohnheitsrechtssatz reicht weiter, er gilt „nicht nur für den Abschluß ganz neuer Vsverträge, sondern in gleicher Weise auch, wenn es sich darum handelt, ob ein bereits eingegangenes Vsverhältnis als fortdauernd anzusehen sei oder wegen eingetretenen Eigentumswechsels der Erneuerung bedürfe" (RG 15. X. 1909 Gruchot Bd 54 S. 427). Um eine Änderungsvereinbarung ging es auch im Falle BGH 9. V. 1951 BGHZ Bd 2 S. 87—93, vgl. auch Haidinger VersR 1960 S. 594.

Sieht man aber von Änderungsanträgen ab, so fragt es sich, ob auch nach dem formellen Vsbeginn der Gewohnheitsrechtssatz fortgilt, also für unrichtige Auskünfte, die während der Vsdauer gegeben werden. Noch RG 1. III. 1904 JW 1904 S. 215—216 = SeuffArch Bd 59 S. 362—365 Nr. 203 zeigt sich hier sehr zurückhaltend; denn es sei „durch den erfolgten Abschluß des Vsvertrages ein festes Rechtsverhältnis auf der schriftlichen Grundlage der Police bereits begründet". Dagegen erweitert RG 2. X. 1925 RGZ Bd 111 S. 315 den Aufgabenkreis der Vsagenten unbedenklich dahin, „den Vslustigen und den Vten Auskunft über Inhalt und Bedeutung der Vsbedingungen und über den Umfang des abzuschließenden oder bereits abgeschlossenen Vsvertrags zu erteilen". Im Ergebnis ebenso RG 9. VI. 1925 VA 1925 S. 146 Nr. 1495 (Begleichung der Prämie eile nicht). Es kommen ausnahmsweise sogar falsche Auskünfte nach dem Ende der V in Betracht (OLG Breslau 9. I. 1932 VA 1932 S. 227—228 Nr. 2426).

[66] cc) Inhalt.

Die unrichtige Auskunft des Vsagenten kann sehr verschiedene Punkte betreffen, z. B. die vten Personen, die vten Gegenstände, das vte Risiko, den Vsort, die Vszeit, das Deckungskapital, den Inhalt von Verhaltensnormen und andere Punkte. Entsprechend seien die vorliegenden Entscheidungen gruppiert:

Versicherte Personen.

RG 14. VI. 1907 JW 1907 S. 526: Der Vsagent hat „selbst das Antragsformular ausgefüllt und dabei den Kläger als den Eigentümer des Hauses bezeichnet ...., obschon er wußte, daß die Eheleute in Gütertrennung lebten und das Haus der Frau gehörte" (dieses frühe Urteil erwähnt aber zu Unrecht nur den Gesichtspunkt der Entschuldigung des Klägers, nicht den Gewohnheitsrechtssatz; vgl. Anm. 60). RG 15. X. 1909 Gruchot Bd 54 S. 426 berichtet, „daß der Subdirektor den Kläger auf seine Anfrage wegen der von seinem Vater genommenen Brandv dahin beschieden habe, daß eine Umschreibung der V bei Übertragung des Eigentums auf den Sohn im Verkaufsfalle nicht erforderlich sei." RG 25. VI. 1912 VA 1912 Anh. S. 115—116 Nr. 701b: Der Vsagent hat bewirkt, daß statt einer offenen Handelsgesellschaft nur ein Mitgesellschafter als Vmer und Vter bezeichnet ist. RG 2. IV. 1935 RGZ Bd 147 S. 186—190: Zwecks Ersparnis einer Umschreibung hat der Vsagent empfohlen, angesichts eines beabsichtigten Eigentumsüberganges vom Vater auf den Sohn solle sogleich der Sohn als Antragsteller und Vmer auftreten. KG 3. XI. 1911 VA 1912 Anh. S. 77—79 Nr. 678: Der Vsagent hat geraten, „die älteste von den drei Schwestern sollte die V auf die ganzen 3000 M auf ihren Namen allein abschließen, dadurch werde derselbe Zweck erreicht, wie wenn auch ihre Schwestern die V zum Teil auf ihren Namen abschlössen, und es würden nicht nur größere Umständlichkeiten vermieden, sondern auch noch Kosten erspart". KG 4. III. 1931 VA 1931 S. 23 Nr. 2250: Der Vsagent („Subdirektor") hat dem Konzessionsinhaber einer Kraftdroschke, der nicht der Eigentümer und (vielleicht) nicht der Halter ist, auf Anfrage die Auskunft gegeben, er könne die Autohaftpflichtv nehmen; dann aber vermag später der Ver nicht einzuwenden, es fehle an der Haltereigenschaft. KG 2. XII. 1931 VA 1932 S. 6 Nr. 2369: Der Vmer hatte dem Vsagenten die Eigentumsverhältnisse am Mobiliar klargelegt, aber die Klarstellung ist im Antrag (und Vsschein) auf Veranlassung des Vsagenten unterblieben. „Insoweit gilt zunächst die V als für fremde Rechnung abgeschlossen." OLG Hamburg 18. III. 1909 VA 1909 Anh. S. 104—107 Nr. 488: Ein „Arbeiter und Hausverwalter" hatte eine Einbruchdiebstahlv für Bargeld genommen. Nach einer Auskunft des Unteragenten deckte die V auch Eigentum des Grundbesitzers, für den der Hausverwalter Mieten kassierte. Der Hausverwalter soll auf Zahlung an sich selbst klagen können.

Versicherte Gegenstände.

OLG Köln 21. XII. 1923 VA 1924 S. 108—109 Nr. 1404: Bei der V einer Geschäftseinrichtung verwendet der Vsagent ein Formular für Haushaltsven, sodaß die Gegenstände im Antrag als Haushaltungsgegenstände bezeichnet sind (ähnlich LG Hamburg 26. X. 1950 VersR 1951 S. 172—174). KG 15. II. 1922 VA 1922 Anh. S. 36 Nr. 1262: Eine Reisegepäckv bezieht sich auch auf einen nicht im Zusammenhang mit einer Reise als Frachtgut versandten Koffer, falls der Vsagent eine dahingehende Auskunft erteilt.

KG 2. VII. 1927 VA 1927 S. 259 Nr. 1762 = JRPV 1927 S. 286—287: Es bestand eine Einbruchdiebstahlv für ein Damenkonfektionslager. Der Kläger zog bei Geschäftsaufgabe in die Räume ein, und zwar mit einem Herrenstoffgeschäft. Der Vsagent läßt nur eine Besitzwechselanzeige ausfüllen, obgleich das Damenkonfektionslager nicht an den Kläger übergegangen ist. Dennoch haftet kraft der „stillschweigenden Belehrung" durch den Vsagenten der Ver, falls Herrenstoffe gestohlen werden.

Versichertes Risiko.

Haftpflichtvsfälle RG 14. V. 1909 VA 1909 Anh. S. 96—98 Nr. 483: Ein „landwirtschaftlicher Betrieb" umfaßt auch gelegentliche Gefälligkeitsfuhren. RG 20. II. 1912 VA 1913 Anh. S. 71—72 Nr. 745b: Der Vsvertrag bringt eindeutig zum Ausdruck, daß Sprengschäden ausgeschlossen sind. RG 7. III. 1913 VA 1913 Anh. S. 73—74 Nr. 746: Maurermeister können sich darauf verlassen, wenn der Vsagent angesichts des Ausschlusses von Bearbeitungsschäden erklärt, der Ausschluß beziehe sich nur auf Bauten für eigene Rechnung, nicht auf Bauten für andere. RG 27 III. 1914 VA 1914 Anh. S. 105 Nr. 845: Trotz eines Ausschlusses darf sich der Vmer auf Grund einer Auskunft des Generalagenten darauf verlassen, daß Rutschungen, die durch den Betrieb der Ziegelei und der dazu gehörigen Lehmgrube verursacht werden, mit unter die V fallen. RG 26. II. 1915 LZ 1915 Sp. 838—839: Bei einer Bauunternehmerhaftpflichtv ist die Beschädigung anvertrauter fremder Sachen eingeschlossen, wenn der Vmer bei der Aufnahme des Vsantrages klar zu erkennen gegeben hat, er wünsche im Gegensatz zu früher solche Dekkung, und wenn der Vsagent nicht darauf aufmerksam gemacht hat, solche V werde vom Ver überhaupt nicht übernommen. RG 12. X. 1915 VA 1916 Anh. S. 18—19 Nr. 918 (Vorinstanz OLG Marienwerder 13. IV. 1915 VA 1915 Anh. S. 45—46 Nr. 881): Der Vsagent erklärt dem Vmer, dem Verwalter einer Pfarrwirtschaft, die Haftpflichtv solle sich auch auf die Privatwirtschaft des Vmers erstrecken. RG 11. III. 1919 VA 1919 Anh. S. 54—55 Nr. 1097 = JW 1919 S. 381—382: Unter die Haftpflichtv als „Unternehmer eines Fuhrwerksbetriebs" fällt kraft des Verhaltens eines Vsagenten auch der Unfall eines Kindes bei einem Feldbahnbetrieb. RG 25. XI. 1919 JW 1920 S. 280—281: Eine Hausbesitzerhaftpflichtv erstreckt sich dagegen trotz entgegenstehender Auskunft des Vsagenten („Wenn einmal jemand hier in den Keller fallen sollte, ... dafür kommt Ihnen die Vsgesellschaft auf") nicht auf Unfälle, die Besucher eines Bordellbetriebes erleiden. OLG Neustadt 18. I. 1955 VA 1955 S. 216—218: Eine Betriebshaftpflichtv einer Firma, welche Verputzarbeiten an Bauten vornimmt, würde trotz der Bearbeitungsschädenklausel die Haftung für bei der Reinigung von Fenstern von Spritzern entstehende Glasschäden umfassen, falls der Vsagent eine entsprechende Aufklärung erteilt hätte.

Sturmflutvsfall: RG 19. I. 1915 RGZ Bd 86 S. 128—135: Näheres Anm. 55.

Lebensvsfall: RG 4. VII. 1919 VA 1919 Anh. S. 51—52 Nr. 1095: Der Vsagent hat fälschlich bestätigt, auch die Kriegsgefahr sei im Rahmen der Lebensv bereits mitgedeckt.

Versicherungsort.

RG 2. X. 1925 RGZ Bd 111 S. 315: Wenn der Vmer den Vsagenten gefragt hätte, ob eine bestimmte Lagerhalle auch unter den Vsvertrag falle, und wenn der Vsagent diese Frage bejaht hätte, dann wäre der Vsvertrag nunmehr mit bindender Wirkung auf die Lagerhalle ausgedehnt worden. BGH 9. V. 1951 BGHZ Bd 2 S. 87—93: Eine Feuerv erstreckt sich auf den Betrieb in neuen Räumen, wenn der Vsagent nach Aufnahme des Veränderungsantrags die Auskunft erteilt, die Sache sei nunmehr in Ordnung. OLG Celle 13. X. 1952 VersR 1952 S. 401—402: Bei einer Einbruchdiebstahlv erkundigt sich nach einem Umzuge der Vmer nach dem Schicksal einer Veränderungsanzeige, und der Vsagent beruhigt ihn mit den Worten, so etwas dauere längere Zeit, die Hauptsache sei, daß er die Prämie bezahlt habe.

Versicherungszeit.

RG 9. VI. 1925 VA 1925 S. 146 Nr. 1495: Der Ver muß es für den materiellen Vsbeginn gegen sich gelten lassen, wenn der Vsagent, als ihm der Vmer „die Prämie zahlen wollte, diesem erklärt hat, er habe den Vsschein nicht bei sich, die Sache eile auch nicht so, da" der Vmer „ja Deckungszusage habe" (dazu vgl. bereits Anm. 20 und — mit entgegengesetztem Ergebnis — RG 26. I. 1911 VA 1911 Anh. S. 71 Nr. 608, OLG Dresden 3. XI. 1927 VA 1928 S. 14 Nr. 1796). KG 17. V. 1922 JRPV 1925 S. 257—258: Generalbevollmächtigter und Vsagent haben die Auskunft gegeben, daß ein Antrag auf Verlängerung einer Lagerv „in Ordnung ginge" (dazu vgl. auch Anm. 45). OLG Braunschweig 8. VI. 1928 VA 1928 S. 200—201 Nr. 1857: Der Vmer wollte längstens auf ein Jahr vert sein, der Vsagent hatte nicht auf die Verlängerungsklausel und die Notwendigkeit einer Kündigung hingewiesen (da reine Unterlassung, besser culpa in contrahendo, vgl. Anm. 64 und als Parallelfall OLG Naumburg 25. VI. 1931 JW 1931 S. 3229—3230 [Anm. 42]). OLG Breslau 6. I. 1932 VA 1932 S. 227—228 Nr. 2426: Der Vmer hatte seine V beim Ver I gekündigt und einen neuen Antrag beim Vers II gestellt. Der Ver I, und zwar dessen Bezirksverwaltung, teilte aber dem Ver II auf Anfrage mit, die V beim Ver I dauere noch fort. Diese Erklärung hatte für den Vmer dieselbe Bedeutung, als wenn der Ver I sie ihm selbst gegenüber abgegeben hätte; der Ver I haftet deshalb für einen nach dem Ende der V eingetretenen Brandschaden. OLG Düsseldorf 27. VII. 1950 VersR 1950 S. 147: Der Vsagent hat dem Unfallvmer unmittelbar nach einem Ferngespräch mit dem vorgeordneten Abschlußagenten erklärt, nach der Prämienzahlung werde der Vsschutz einsetzen (ähnlicher, aber anders konstruierter Fall OLG Kiel 11. IV. 1922 VA 1922 Anh. S. 37—38 Nr. 1264 = HansRZ 1922 Sp. 853—855 [Anm. 46]). OLG Hamm 17. V. 1926 VA 1926 S. 253—255 Nr. 1617: Bei einer Umwandlung in eine Goldmarkv hat der Vsagent (Subdirektor) sich so verhalten, daß der Vmer annehmen mußte, er bleibe auch ohne erneute ärztliche Untersuchung ohne ein Wartejahr vert. LG München 6. IV. 1954 VersR 1954 S. 361: Das Urteil erwägt, ob der Vermittlungsagent im Sinne einer Wegbedingung des § 2 II 2 (Rückwärtsv trotz Vsfalls) Aufklärung gegeben habe.

Deckungskapital.

RG 26. IV. 1910 RGZ Bd 73 S. 302—306: Die Lebensvmerin hat sich auf die Auskunft eines Bezirksdirektors verlassen, „sie könne nach Ablauf von drei Jahren .... die bis dahin eingezahlten Beträge unverkürzt, aber ohne Zinsen zurückfordern." OLG Karlsruhe 16. XII. 1931 VA 1932 S. 15—17 Nr. 2378: Der Vsagent hat die Auffassung des Vmers bestätigt, „das Deckungskapital einer Lebensv sei gleich der Summe der eingezahlten Vsprämien."

Inhalt von Verhaltensnormen.

RG 19. V. 1922 RGZ Bd 104 S. 344—346: Der Vsagent verändert den objektiven Inhalt einer Deklarationspflicht, wenn er bei einer Gütertransportv insoweit eine falsche Auskunft erteilt. OLG Stuttgart 30. XII. 1926 VA 1928 S. 59 Nr. 1833: Der Vsagent bezeichnet die vermutliche Prämienhöhe mit 600 RM, der Betrag bleibt aber im Antrag offen. Erfolgt die Annahme mit einer Prämie von 918 RM, so fehlt es an einer Einigung.

Sonstige Fälle.

RG 27. I. 1928 VA 1928 S. 256—257 Nr. 1910: Unrichtige Auslegung einer Maximierungsklausel in der Einheitsv durch einen Vsagenten. OLG Colmar 8. VII. 1904 VA 1904 S. 172 Nr. 78: Der Vsagent deutet eine vom Vmer zu unterschreibende Abfindungserklärung dahin, daß sie sich nicht auf eine etwaige Invaliditätsrente beziehe. OLG München 30. V. 1959 VersR 1959 S. 979—980: Der Vsagent hat mit angehört, wie ein Bezirksinstruktor dem Vmer erklärte, der Vmer könne jederzeit Prämien an den — in Wahrheit nicht bevollmächtigten — Vsagenten zahlen.

[67] dd) Verschulden?

Während bei der Erfüllungsgehilfenhaftung ein Verschulden des Vsagenten vorauszusetzen ist (Anm. 49, 61), bei der Verrichtungsgehilfenhaftung ein Eigenverschulden des Vers (Anm. 53, 62), kommt es bei dem Gewohnheitsrechtssatz auf ein Verschulden des Vsagenten oder Vers überhaupt nicht an. So ausdrücklich Thees WallmannsZ 1942 S. 4, OLG Marienwerder 13. XI. 1942 HansRGZ 1943 A Sp. 76, wohl auch OLG Celle 13. X. 1952 VersR 1952 S. 401, a. A. Goudefroy WallmannsZ 1942 S. 27.

Es darf nicht irreführen, daß zuweilen die Gerichte die unrichtige Belehrung oder Aufklärung des Vsagenten als schuldhaft werten; z. B. RG 19. I. 1915 RGZ Bd 86 S. 134: „Schuldhaft aber hat der Agent gehandelt, wenn er den Kläger nicht darüber unterrichtete, daß sein Antrag von der Gesellschaft in dem Sinne abgelehnt war, daß sie Sturmflutv nicht übernahm." Auch bei Unterlassungen käme es nur auf eine objektive Rechtspflicht zum Tun an, nicht auf ein Verschulden. Im übrigen kommen Unterlassungen nur als konkludent erteilte falsche Auskünfte in Betracht (Anm. 64).

[68] c) Gutgläubiges Vertrauen.

aa) Allgemein: Grenzen des Vertrauensschutzes.

Wenn auch der Gewohnheitsrechtssatz darauf beruht, daß der Ver dem Vsagenten eine Vertrauensstellung einräumt (Anm. 54), so darf doch auf der anderen Seite der Antragsteller und Vmer nicht blindlings auf jede Belehrung oder Aufklärung eines Vsagenten bauen. Es gibt gewisse Grenzen des Vertrauensschutzes, die besonders dann erreicht sind, wenn den Vertrauenden ein eigenes erhebliches Verschulden trifft (dazu speziell: Anm. 69).

Die Grenzen des Vertrauensschutzes, wie sie aus Billigkeitsgründen im Interesse des Vers gezogen werden müssen, sind flüssig. Bei der Absteckung spielt einerseits die Person des Vertrauenden, andererseits diejenige des Vsagenten eine Rolle.

Was die Person des Antragstellers oder Vmers anlangt, so wird (durchweg negativ) gewürdigt, die Klägerin sei eine nicht im geschäftlichen Leben stehende Frau, kaum geschäftsgewandt, ohne besondere vsrechtliche Sachkunde (RG 26. IV. 1910 RGZ Bd 73 S. 305), der Vmer gehöre als Maurermeister zum Durchschnittspublikum (RG 7. III. 1913 VA 1913 Anh. S. 73 Nr. 746), es komme auf den Bildungsgrad an, der als niedrig angesehen wurde bei einem Mann aus einfachen bäuerlichen Verhältnissen (RG 2. IV. 1935 RGZ Bd 147 S. 189). Die Klägerin als eine im Vsrecht und in schwierigen vstechnischen Fragen unerfahrene Frau wird in ihrer „lebensnahen Betrachtungsweise" geschützt (BGH 9. V. 1951 BGHZ Bd 2 S. 92—93). Die in einer kleinen Provinzstadt wohnende Vmerin war eine offenbar recht wenig geschäftsgewandte Person (KG 3. XI. 1911 VA 1912 Anh. S. 78 Nr. 678).

Die Person des Vsagenten ist weniger bedeutsam (Anm. 63), aber ein verstärkter Vertrauensschutz kommt in Frage, falls der Vsagent durch Titel, Stellung, Rechtsschein besonders herausgehoben ist (Anm. 58).

[69] bb) Speziell: Verschulden des Versicherungsnehmers.

Der Vertrauensschutz entfällt nicht bei jedem geringfügigen Verschulden des Antragstellers oder Vmers, also bei jeder leichten Fahrlässigkeit, sondern nach der ständigen höchstrichterlichen Rechtsprechung, die den geltenden Gewohnheitsrechtssatz formuliert, nur bei erheblichem Verschulden. Wohl erstmalig spricht RG 26. IV. 1910 RGZ Bd 73 S. 304 von dem Wegfall des Vertrauensschutzes, falls dem Vmer „ein besonderes erhebliches Verschulden zur Last fällt", ebenso RG 19. I. 1915 RGZ Bd 86 S. 132 (übersehen von Prölß JZ 1951 S. 517). Wohl nur um einen Schreibfehler handelt es sich, wenn dann RG 12. X. 1915 VA 1916 Anh. S. 18 Nr. 918 aus dem besonderen erheblichen Verschulden des Vmers „ein besonders erhebliches Verschulden" macht. Richtig wieder RG 7. I. 1930 VA 1929 S. 337 Nr. 2086, BGH 9. V. 1951 BGHZ Bd 2 S. 92 („erhebliches eigenes Verschulden" mit Haidinger VersR 1953 S. 3). Konkret auf mindestens grobe Fahrlässigkeit abstellend: OLG Köln 28. III. 1958 VersR 1958 S. 749.

Wenn ein Vmer bereits dann Vertrauensschutz genießt, falls ihn keine grobe Fahrlässigkeit trifft, so muß er selbstverständlich erst recht dann geschützt werden, falls ihm überhaupt kein Schuldvorwurf gemacht werden kann (so lag es in den Fällen RG 19. I. 1915 RGZ Bd 86 S. 133, 2. IV. 1935 RGZ Bd 147 S. 189). — Unrichtig AG München 23. III. 1954 VersR 1954 S. 284—285, wonach jedes Verschulden des Vmers die Haftung des Vers beseitigt, ebenso anscheinend auch OLG München 30. V. 1959 VersR 1959 S. 980. De lege ferenda wäre allerdings solche Lösung vielleicht zu befürworten (vgl. den Vorschlag laut Anm. 54, ferner Möller Vsvermittlung S. 139—140, Prölß JZ 1951 S. 517).

— Für die Anwendung des § 254 BGB ist im Rahmen des Gewohnheitsrechtssatzes kein Raum (Anm. 61).

Ein erhebliches Verschulden des Antragstellers oder Vmers liegt regelmäßig vor, wenn er nur auf die Worte des Vsagenten vertraut, entgegen dem gesunden Menschenverstand, speziell aber entgegen den eindeutigen gedruckten Unterlagen, insbesondere Antragsschein und Vsbedingungen. Bei klarer Sach- und Rechtslage liegt durchweg ein erhebliches Verschulden vor. Die Formulierungen der Judikatur sind äußerlich uneinheitlich, materiell aber identisch. RG 26. IV. 1910 RGZ Bd 73 S. 305: Es sei nicht zuzugeben, daß die Auskunft des Vsagenten mit dem Inhalte der Vsbedingungen „geradezu in Widerspruch stehe". RG 7. III. 1913 VA 1913 Anh. S. 73 Nr. 746: Die Vsbedingungen waren nicht „so völlig klar und unzweideutig . . . ., daß für eine Belehrung . . . . gar kein Raum gewesen sei." RG 27. III. 1914 VA 1914 Anh. S. 105 Nr. 845: „Daß Rutschungen . . . . mit unter die V fielen, war aus dem Antragsformulare nicht ohne weiteres zu entnehmen; aber ebensowenig das Gegenteil." RG 19. I. 1915 RGZ Bd 86 S. 133: Die Vorschrift der Vsbedingungen, über deren „objektiv richtige Auslegung jetzt nicht zu befinden ist, ist nicht so klar und unzweideutig", daß sie die vom Vsagenten gegebene Auslegung nicht zuließe. RG 12. X. 1915 VA 1916 Anh. S. 18 Nr. 918 spricht von dem Auftauchen erheblicher Zweifel „auch für einen gebildeten und selbst rechtsverständigen Vmer". RG 4. VII. 1919 VA 1919 Anh. S. 52 Nr. 1095 fragt, ob der Vmer „den Inhalt und Sinn der Vsbedingungen anders auffassen konnte und durfte, als sie bei rein objektiver Beurteilung . . . . auszulegen sind". RG 25. XI. 1919 JW 1920 S. 280 verwehrt es dem Vsagenten, Auskünfte zu geben, „welche im Widerspruch stehen mit dem so klar ausgedrückten Willen der Vsgesellschaft, daß dieser auch dem Vmer ohne erhebliches Verschulden nicht verborgen bleiben kann". RG 19. V. 1922 RGZ Bd 104 S. 346 spricht von Erklärungen des Vsagenten „über den Inhalt und die Bedeutung nicht zweifelsfreier Bestimmungen der Vsbedingungen". RG 27. I. 1928 VA 1928 S. 256 bis 257 Nr. 1910 verbietet „eine den klaren Sinn und Wortlaut verkehrende Auslegung" und prüft, ob zwei verschiedene Auslegungen möglich seien. RG 2. IV. 1935 RGZ Bd 147 S. 189 erklärt den Gewohnheitsrechtssatz für unanwendbar, „wenn die Fragen unzweideutig sind und bei dem Bildungsgrad des Anzeigepflichtigen nicht falsch verstanden werden können". BGH 9. V. 1951 BGHZ Bd 2 S. 92 schließlich meint, der Ver könne sich „nur dann auf den der Aufklärung entgegenstehenden Wortlaut der Bedingungen selbst berufen, wenn dieser so klar ist, daß der Widerspruch dem Vmer erkennbar war und ihm damit ein erhebliches eigenes Verschulden zur Last fällt."

Recht plastisch OLG Köln 28. V. 1958 VersR 1958 S. 749: „Wer von den Vsbedingungen überhaupt keine Kenntnis nimmt, handelt grob fahrlässig und hat sich einen etwaigen Irrtum über den Vertragsinhalt selbst zuzuschreiben. Dasselbe gilt, wenn völlig klare Bestimmungen übersehen oder durch Unaufmerksamkeit in ihrem eindeutigen Sinn nicht erfaßt werden. Ausnahmen mögen bei gänzlich geschäftsungewandten Personen denkbar sein."

Es wird nach alledem ein besonderes Maß von Klarheit gefordert, bevor der Ver einwenden kann, der Gewohnheitsrechtssatz könne keine Anwendung finden. Nicht entscheidend ist es, in welchem Sinne letztlich die Vsbedingungen auszulegen sind. Der Gewohnheitsrechtssatz gewinnt gerade dann rechtliche Bedeutung, wenn die vom Vsagenten für maßgeblich erklärte Auslegung im Ergebnis nicht aufrechtzuerhalten ist; denn nur solchenfalls wird ja durch die Auskunft des Vsagenten der Vertragsinhalt umgestaltet. Die Auslegungsproblematik im Zusammenhang mit dem Gewohnheitsrechtssatz hat hiernach nichts zu schaffen mit der sonstigen Auslegung allgemeiner Vsbedingungen, speziell der sog. Unklarheitenregel (Einl. Anm. 69—75). Eine Unklarheit im Sinne des Gewohnheitsrechtssatzes ist jedenfalls viel öfter und leichter anzunehmen als eine solche im Sinne der Unklarheitenregel.

Es ist aber zu beachten, daß auf Grund der jahrzehntelangen Erfahrungen und der Mitwirkung der Aufsichtsbehörden die Vsbedingungen allmählich immer klarer formuliert werden, so daß der praktische Anwendungsbereich des Gewohnheitsrechtssatzes allmählich kleiner wird. Die Entscheidungen der Vergangenheit können nicht unbesehen in der Gegenwart verwendet werden, da oft die Vsbedingungen geändert worden sind, z.B. zur Frage des Deckungskapitals (Anm. 66).

Weitere Urteile zur Frage der Klarheit oder Unklarheit, bei denen Klarheit angenommen wurde: OLG München 12. VII. 1905 VA 1906 Anh. S. 87 Nr. 235, OLG Stuttgart 8. XI. 1939 JRPV 1940 S. 63—64, LG Köln 4. VII. 1950 VersR 1950 S. 179 bis 180, LG München 24. VI. 1958 VersR 1958 S. 591, LG Stuttgart 12. XII. 1953 VersR 1954 S. 75.

[70] **6. Rechtsfolgen.**

a) Zurechnung des Agentenverhaltens.

aa) Allgemeines.

Liegen alle Tatbestandsvoraussetzungen des Gewohnheitsrechtssatzes vor, so wird der Inhalt des Vsvertrages durch die unrichtige Belehrung oder Aufklärung des Vsagenten beeinflußt, ohne daß man dieses Ergebnis der Fremdwirkung mit Stellvertretungs- oder Rechtsscheinsgrundsätzen zu begründen vermag (Anm. 57, 58). Es handelt sich auch nicht um einen bloßen sekundären Schadensersatzanspruch gegen den Ver, wie er bei der Erfüllungsgehilfenhaftung in Betracht kommt (Anm. 61), auch nicht um einen deliktischen Schadensersatzanspruch wie bei der Verrichtungsgehilfenhaftung (Anm. 62).

Vielmehr geht es um einen völlig selbständigen, auf Gewohnheitsrecht beruhenden Zurechnungsgrund (Anm. 56). Der Vsvertrag wird im Sinne der Auskunft des Vsagenten gestaltet oder umgestaltet und ist nunmehr vom Ver so zu erfüllen, wie er gestaltet oder umgestaltet worden ist. Haymann JRPV 1935 S. 323—324, Prölß JZ 1951 S. 517 sprechen von einer „Wahrheitsfiktion".

Die Rechtsprechung bringt diese Zurechnungswirkung klar zum Ausdruck: „Daraus ergibt sich, daß die Beklagte sich so behandeln lassen muß, als habe sie selbst — durch ihre Hauptdirektion — dem Kläger die Fortdauer der V bestätigt" (RG 15. X. 1909 Gruchot Bd 54 S. 428). „Es kann sich .... die Beklagte dem Kläger gegenüber nicht darauf berufen, daß sie Sturmflutschäden nicht habe vern wollen und inhaltlich der Police nicht vert habe, sie muß vielmehr die V gegen sich so gelten lassen, wie sie der Kläger angeboten hatte und wie das Angebot nach der Erklärung des Agenten bei Aushändigung der Police angenommen war" (RG 19. I. 1915 RGZ Bd 86 S. 134—135). Denn es ist „so anzusehen, als wenn sie selbst dem B gesagt hätte, die Begleichung der Prämie eile nicht so, da er ja durch die Deckungszusage geschützt sei" (RG 9. VI. 1925 VA 1925 S. 146 Nr. 1495). „Hiernach muß die Beklagte den Vertrag so gegen sich gelten lassen, als habe sie selbst dem Kläger bestätigt, daß er auch bei Stellung dieses Antrags für die Zeit seines Eigentums Vmer sei" (RG 2. IV. 1935 RGZ Bd 147 S. 190).

[71] **bb) Einzelfälle.**

Die Wahrheitsfiktion des Gewohnheitsrechtssatzes (Anm. 70) kann nicht dadurch wieder zunichte gemacht werden, daß der Ver sich auf den rechtlichen Gesichtspunkt des Dissenses, speziell des versteckten Einigungsmangels beruft (RG 11. III. 1919 VA 1919 Anh. S. 55 Nr. 1097 = JW 1919 S. 382). Ein eigenartiger Fall war allerdings gegeben, als der Vsagent den Antragsteller dahingehend belehrte, die Prämie betrage etwa 600 RM. Hierdurch wurde der Vsantrag gestaltet, obgleich der Prämienbetrag im Antrag offenblieb. Als nun der Ver den Antrag mit einer Prämie von 918 RM „annahm", konnte der Vmer sich auf die Nichtübereinstimmung der Beträge, also das Nichtzustandekommen des Vsvertrages, berufen (OLG Stuttgart 30. XII. 1926 VA 1928 S. 59 Nr. 1833).

Auch die Tatsache, daß der Vmer die Polize widerspruchslos angenommen hat, ändert nichts daran, daß der Vsvertrag inhaltlich im Sinne der Auskunft des Vsagenten gestaltet ist (RG 19. I. 1915 RGZ Bd 86 S. 134). Zur gegenwärtigen Rechtslage (§ 5) vgl. LG Hamburg 26. X. 1950 VersR 1951 S. 174 mit Anm. Stech VersR 1951 S. 208—209.

Es fragt sich nur, ob der Ver den Vsvertrag wegen Irrtums anzufechten vermag. Bei Stellvertretern ergibt § 166 I BGB in Verbindung mit § 119 BGB, daß es nur auf die Person des Erklärenden ankommt. Hat dieser den Inhalt der Erklärung gewollt, so ist es unerheblich, daß er nicht dem Willen des Vertretenen entspricht (argumentum e contrario aus § 120 BGB [Bote]: RG 23. IV. 1913 RGZ Bd 82 S. 196). Der Vsagent handelt bei der Auskunftserteilung nicht als bloßer Bote. Allerdings ist er insoweit auch kein Bevollmächtigter des Vers, aber er vermag doch kraft des Gewohnheitsrechtssatzes auf andere Weise den Inhalt des Vsvertrages zu beeinflussen (Anm. 57). Angesichts dieser Fremdwirkung ist die analoge Anwendung des § 166 I BGB geboten. Nur wenn beim Vsagenten, was kaum jemals zutreffen wird, die Voraussetzungen der Irrtumsanfechtung vorliegen, kann der Ver von dem Anfechtungsrechte Gebrauch machen, muß aber dem Vmer gemäß § 122 BGB den Vertrauensschaden ersetzen (im Ergebnis ebenso Prölß JRPV 1941 S. 156, Thees WallmannsZ 1942 S. 4). Über Anfechtung des Vmers für den Fall, daß der Gewohnheitsrechtssatz nicht angewendet wird: OLG München 12. VII. 1905 VA 1906 Anh. S. 87 Nr. 235, OLG Stuttgart 27. IV. 1931 VA 1931 S. 268 Nr. 2327.

Über die Begünstigung dritter Personen (Vter, Bezugsberechtigter, Realgläubiger, geschädigter Dritter in der Haftpflichtv) durch den Gewohnheitsrechtssatz vgl. Kersting AkademieZ 1941 S. 219, ferner oben Anm. 66 (vte Personen) und dazu Haymann JRPV 1935 S. 324.

[72] b) Versichererregreß gegen Versicherungsagenten.

Da der Ver dem Vmer gegenüber im Sinne der vom Vsagenten erteilten Auskunft haftet, wird der Ver bestrebt sein, sich im Wege des Rückgriffes beim Vsagenten schadlos zu halten. Solcher Regreß des Vers kann in Einzelfällen im Wege eines deliktischen Schadensersatzanspruches möglich sein, z. B. bei sittenwidriger Schadenszufügung (§ 826 BGB) oder bei einem gegenüber dem Ver begangenen Betrug (§ 823 Abs. 2 BGB). Regelmäßig aber wird sich der Rückgriff leichter auf den im Innenverhältnis bestehenden Vertrag stützen lassen, mag es sich um einen Handelsvertretervertrag oder um den Dienstvertrag eines unselbständigen Vsagenten handeln. In beiden Fällen läßt sich aus der Interessenwahrnehmungspflicht die Obligation des Vsagenten ableiten, daß er erforderliche Belehrungen und Aufklärungen sachlich richtig erteile (vgl. Anm. 217, 455 vor §§ 43—48). Im Falle einer schuldhaften Verletzung dieser im Innenverhältnis bestehenden Verpflichtung macht sich der Vsagent schadensersatzpflichtig. Handelt es sich um einen echten Untervertreteter, so kommt eine Schadensliquidation durch den Generalagenten im Drittinteresse des Vers, dem ja der Schaden erwachsen ist, in Frage.

§ 45

Ist ein Versicherungsagent zum Abschlusse von Versicherungsverträgen bevollmächtigt, so ist er auch befugt, die Änderung oder Verlängerung solcher Verträge zu vereinbaren sowie Kündigungs- und Rücktrittserklärungen abzugeben.

Vertretungsmacht des Abschlußagenten. Rechtsscheinshaftung für Versicherungsagenten.

Gliederung:

[1] Entstehung:

§ 45 ist unverändert geblieben. — Begr. I S. 56—57.

[2] Schrifttum:

Anm. 2 zu § 43. — Zum Rechtsschein speziell: Clasen JRPV 1942 S. 79—81, Fikentscher ArchCivPrax Bd 154 S. 1—21, Macris, Die stillschweigende Vollmachtserteilung, Marburg 1941.

[3] I. Vertretungsmacht des Abschlußagenten.

1. Rechtsnatur der Vertretungsmacht.

Während § 43 die Vertretungsmacht des Vermittlungsagenten standardisiert, befaßt sich § 45 mit der Vertretungsmacht des Abschlußagenten. Zum Vermittlungsagenten wird eine Person einfach dadurch, daß sie „betraut ist", „bestellt ist" (§ 43; Anm. 3 zu § 43), während das Gesetz beim Abschlußagenten noch deutlicher betont, er werde „zum Abschlusse von Vsverträgen bevollmächtigt" (§ 45).

Die Vertretungsmacht des Abschlußagenten beruht hiernach gleichfalls auf (rechtsgeschäftlicher) Vollmacht, aber in ihrem Umfang ist diese Vollmacht durch das Gesetz (§ 45) typisiert, standardisiert. Begr. I S. 56 hält diese Standardisierung für eine bloße

Klarstellung und Verdeutlichung („erscheint von vornherein die Annahme begründet, daß er damit den Agenten zugleich ermächtigt habe, ... Um Zweifeln zu begegnen, spricht der Entwurf die bezeichnete Folgerung besonders aus"). So selbstverständlich dürfte jedoch die Standardisierungsregelung des § 45 nicht sein.

§ 45 ergänzt § 43: Jeder Abschlußagent ist begrifflich zugleich Vermittlungsagent, das Mehr der Abschlußtätigkeit umfaßt das Weniger der Vermittlungstätigkeit. Das macht § 43 deutlich mit den Worten: „EinVsagent gilt, auch wenn er nur mit der Vermittelung von Vsgeschäften betraut ist, als bevollmächtigt ...". Der Abschlußagent hat also nicht nur die standardisierte Vertretungsmacht des § 45, sondern zusätzlich jene des § 43. In ihrer Umkehrung gilt diese Feststellung selbstverständlich nicht; denn es gibt reine Vermittlungsagenten ohne Abschlußvollmacht.

Die Vertretungsmacht eines Vsagenten kann auch noch über die §§ 43, 45 hinaus ausgedehnt werden (Anm. 22). Andererseits ist diese Vertretungsmacht mannigfaltig einschränkbar; § 47 gilt auch für Abschlußagenten (Anm. 21).

[4] 2. Erteilung der Vollmacht.

aa) Erklärender.

Auch die Abschlußvollmacht ist eine vom Innenverhältnis zu unterscheidende abstrakte einseitige empfangsbedürftige Willenserklärung (Anm. 3 zu § 43), die vom Ver oder einem Generalagenten abgegeben werden kann.

Bei inländischen Vern kommen Abschlußvollmachten in gewissen Vszweigen recht selten vor. So sind z. B. in der Lebens- und Krankenv die Vsagenten fast ausnahmslos reine Vermittlungsagenten, weil sich die Zentrale die Risikoprüfung vorbehalten möchte, sei es aus sachlichen Gründen (Heranziehung des Vsmediziners, Gleichmäßigkeit etwaiger Risikozuschläge, Rückvsnahme), sei es aus persönlichen Motiven (Provisionsinteresse der Vsagenten). Jedoch kennt dieser Grundsatz Ausnahmen, z. B. aus betriebsinternen Gründen einer Verkürzung des Instanzenzuges, oder als Nachwirkung von Bestandsübertragungen (den Mitarbeitern eines fusionierten Vsunternehmens soll ein selbständiger Aufgabenkreis erhalten bleiben). Inwieweit im Bereich der Schadens- und Unfallv Abschlußvollmachten erteilt werden, hängt sehr von der Geschäftspolitik der einzelnen Vsunternehmen ab. Während einige hierin allzu großzügig sind, verfahren andere höchst zurückhaltend. Zwischenformen schränken die Abschlußvollmacht für gewisse Vszweige oder schwerwiegende Großrisiken ein. Infolge des Systems der Vsnachweise (Vsbestätigungen; § 29 b I 1 StVZO) kommen bei der Kraftfahrzeughaftpflichtv Abschlußvollmachten besonders häufig vor (Anm. 6). In der Transportv sind Abschlußagenten häufig, weil „hier das Bedürfnis der Deckung in der Regel keinen Aufschub duldet" (RG 13. V. 1916 RGZ Bd 88 S. 234). Bei Vskonzernen oder Organisationsgemeinschaften ist ein Vsagent nicht selten im Verhältnis zu einer Gesellschaft Vermittlungsagent, zu einer anderen Gesellschaft Abschlußagent.

Über Abschlußvertreter öffentlichrechtlicher Sachver vgl. die Quellen bei Schmidt-Sievers S. 378, 392 (Nordrhein-Westfalen), S. 403 (Schleswig-Holstein).

Bei ausländischen Vern hat der Hauptbevollmächtigte gemäß § 106 II Ziff. 3[2] VAG stets Abschlußvollmacht: „Dieser gilt als ermächtigt, die Unternehmung zu vertreten, besonders die Vsverträge mit Vmern im Inland und über inländische Grundstücke verbindlich abzuschließen". Das gilt für alle beaufsichtigten Vszweige, also auch die Lebensv. In der unbeaufsichtigten Transportv erheischt es die Praxis der Geschäftsabwicklung, daß der Hauptbevollmächtigte Abschlußvollmacht haben muß, z. B. in Hamburg die Handelskammervollmacht, in Bremen die beim Verein Bremer Seever zu hinterlegende Vollmacht (Anm. 509 vor §§ 43—48).

Generalagenten sind infolge ihrer herausgehobenen Stellung durchweg Abschlußagenten, aber nicht in der Lebens- und Krankenv. Sowohl bei echten als auch bei unechten Generalagenten gehört der Aufbau einer Unterorganisation zu ihren Aufgaben, und das macht die Erteilung von Untervollmachten notwendig und statthaft. Ist der Generalagent selbst nur Vermittlungsagent, so kann er selbstverständlich seinerseits den Unteragenten keine Abschlußuntervollmacht erteilen. Schwieriger ist die Rechtslage bei Generalagenten mit eigener Abschlußvollmacht. Hier muß man von Fall zu Fall prüfen, ob der (unechte oder echte) Generalagent durch den Ver zugleich bevollmächtigt werden sollte, Abschlußuntervertreter einzusetzen. Trifft das nicht zu (dies nimmt im Zweifelsfalle Jacusiel LZ 1926 Sp. 1126 an), so handeln Generalagent und (im Verhältnis zum Vmer) Unteragent als Vertreter ohne Vertretungsmacht (vgl. LG Görlitz 22. X. 1928 VA 1929 S. 228 Nr. 1995: Untervertreter durfte Kuponpolizen nicht verwenden). Bei echten Generalagenten mit Abschlußvollmacht wird man eher geneigt sein können anzunehmen, daß sie Abschlußuntervertreter einsetzen können. Denn hier liegt eine zweistufige Vertretung vor, der Unteragent ist hier nicht Abschlußagent des Vers, sondern genauer Abschlußagent des Generalagenten, der erst seinerseits Abschlußagent des Vers ist (Anm. 8 zu § 43). Es geht aber zu weit, wenn RG 22. IX. 1933 RGZ Bd 141 S. 416, 419 einfach aus der Tatsache, daß der Generalagent Abschlußagent ist, folgert, daß auch die Unteragenten des Generalagenten Abschlußagenten seien. KG 24. IX. 1924 JRPV 1924 S. 26 folgert aus der Abschlußagenteneigenschaft des Generalagenten, er sei „daher" berechtigt, auch seinerseits Abschlußunteragenten zu bestellen.

Hauptbevollmächtigte ausländischer Ver sind kraft ihrer weiten Vertretungsmacht auch ermächtigt, Abschlußunteragenten zu bevollmächtigen. Über die Untervollmacht des Bürovorstehers eines Generalagenten vgl. OLG Rostock 30. XI. 1927 VA 1928 S. 196—197 Nr. 1853.

[5] b) Empfänger.

Auch der Abschlußagent kann intern oder extern bevollmächtigt werden (Anm. 9 zu § 43) und von der Vollmachtserteilung ist deren Kundgabe oder die Aushändigung einer Vollmachtsurkunde zu unterscheiden (Anm. 9 zu § 43). Gerade bei Abschlußagenten sind externe Vollmachten und Kundgabeakte häufiger, verwiesen sei auf Handelskammervollmachten, Bestellungsurkunden für Hauptbevollmächtigte (Anm. 9 zu § 43).

Ein minderjähriger oder sonst in der Geschäftsfähigkeit beschränkter Abschlußagent kann gemäß § 165 BGB dennoch wirksam namens des Vers abschließen. Über juristische Personen und offene Handelsgesellschaften als Vsagenten vgl. Anm. 10 zu § 43. Selten wird es vorkommen, daß einer Mehrzahl von Personen Gesamtvollmacht erteilt wird, sodaß sie nur gemeinsam handeln können. So ergibt es sich oft, daß ein Abschlußagent eine viel umfassendere Vertretungsmacht hat als ein Vorstandsmitglied, das satzungsgemäß meistens nur zusammen mit einem anderen Vorstandsmitglied oder einem Prokuristen handeln kann.

Unerheblich ist es, ob der Abschlußbevollmächtigte selbständig oder unselbständig ist (Anm. 12 zu § 43); über General- und Unteragenten vgl. Anm. 4. § 45 gilt nicht bei Vsmaklern (überhaupt nur bei ständig Betrauten, vgl. jedoch KG 27. IV. 1932 VA 1932 S. 225—226 Nr. 2424 = JRPV 1932 S. 221—222), ferner nicht bei Vsagenten, die nur Gelegenheiten nachweisen.

[6] c) Erklärung.

Jemand, der ständig mit der Vermittlung von Vsgeschäften betraut ist (Anm. 15 zu § 43), der also Vsagent ist, muß gemäß § 45 zum Abschlusse von Vsverträgen bevollmächtigt werden. Es muß also zu der reinen Werbe- und Vermittlungsarbeit die Aufgabe hinzutreten, den Erfolg der Werbebemühungen zu sichern, also den Antrag des Vskandidaten anzunehmen, sodaß der Ver oder Generalagant die Annahmeerklärung nicht mehr seinerseits abzugeben braucht. Auch Außendienstinspektoren können Abschlußagenten sein, nicht dagegen Personen, die nicht einmal vermitteln sollen, sondern z. B. nur Gelegenheiten zum Vertragsabschluß nachzuweisen haben.

Die Bevollmächtigungserklärung braucht auch beim Abschlußagenten keine ausdrückliche zu sein, auch nicht durch direkte Willenserklärung zu erfolgen. Es reichen also stillschweigende Bevollmächtigungen oder solche durch konkludentes, schlüssiges Verhalten aus (vgl. Anm. 16 zu § 43); jedoch ist für eine echte Abschlußvollmacht stets ein entsprechender Geschäftswillen des Vers oder Generalagenten vorauszusetzen. Beispiele für stillschweigende oder konkludente Erteilung der Abschlußvollmacht werden in Anm. 31 gebracht, da die Abgrenzung zum Rechtsschein einer Vollmacht häufig problematisch ist.

Als besonders wichtiger Fall sei jener herausgehoben, daß einem Vsagenten Vsbestätigungen für Kraftfahrzeughaftpflichtven (§ 29 b I 1 StVZO) übergeben werden. Da die Vsbestätigung das Bestehen einer Haftpflichtv bescheinigt, überdies sogar den Beginn des Vsschutzes, muß in der Aushändigung von Vsbestätigungen zum Zwecke der Weitergabe an Vmer mindestens stillschweigend und konkludent die Bevollmächtigung zum Abschluß solcher Haftpflichtven erblickt werden (vgl. Anm. 5 zu § 3, auch Anm. 51 zu § 35, Anm. 20 zu § 43, BGH 25. VI. 1956 BGHZ Bd 21 S. 122—128, OLG Celle 14. II. 1952 VersR 1952 S. 93, OLG Schleswig 31. V. 1958 VersR 1960 S. 592, Prölß[12] S. 557, Stiefel-Wussow[4] Anm. 19 zu § 1, S. 46).

Ferner ist der Fall zu nennen, daß der Ver dem Vsagenten faksimiliert unterzeichnete Blockpolizen übergibt (dazu Voss VW 1961 S. 81—82, 84—86).

Auch die Hingabe von in blanco unterschriebenen Vsscheinen über Autounfallven enthält eine Bevollmächtigung, und zwar auch für Kraftfahrräder, wenn auf dem Formular „gültig nur für Personenautomobile" steht; Unklarheiten gehen zu Lasten des Vers (KG 17. XII. 1927 VA 1928 S. 230—231 Nr. 1886).

Wenn in einer Agenteninstruktion die Vsagenten als „Vertreter" der Gesellschaft bezeichnet werden, so kann dieser „allgemeine und mehrdeutige Ausdruck ... regelmäßig nicht in dem Sinne verstanden werden, daß die Agenten in der engeren, rechtlichen Bedeutung dieses Wortes ein Vertretungsorgan der Vsgesellschaft bildeten, insbesondere nicht dahin, daß sie berufen und ermächtigt wären, für sie Vsverträge abzuschließen" (RG 30. III. 1900 RGZ Bd 46 S. 185). Auch darin, daß ein Lebensvsagent als „Abschlußvermittler" bezeichnet wird, liegt keine Erteilung einer Abschlußvollmacht (vgl. OLG Stuttgart 28. X. 1958 VersR 1959 S. 261—262). Die Tatsache, daß ein Vsagent (auch außerhalb des § 43 Ziff. 3, 4) inkassobevollmächtigt ist (Anm. 32 zu § 43), läßt keinen Schluß darauf zu, daß er Abschlußagent sei (RG 14. XI. 1933 JW 1934 S. 417 = VA 1933 S. 405 Nr. 2626).

Ein im Namen der Vers das Vertragsdokument unterschreibender Vsagent ist „jedenfalls prima facie als zum Abschlusse des Vertrages bevollmächtigt aufzufassen" (RG 21. II. 1883 RGZ Bd 9 S. 239, 7. I. 1902 RGZ Bd 50 S. 76—77).

Über die Anfechtung einer Abschlußbevollmächtigung: KG 17. XII. 1927 VA 1928 S. 231 Nr. 1886.

Fehlt es an einem Geschäftswillen des Erklärenden, so kommt gegenüber gutgläubig Vertrauenden eine Haftung des Vers unter dem rechtlichen Gesichtspunkt des Rechtsscheins in Betracht (Anm. 27—44).

[7] 3. Umfang der Vertretungsmacht.

a) Ausgangspunkt.

Ist jemand mit der Vermittlung von Vsgeschäften betraut (§ 43) und ist ihm überdies eine Abschlußvollmacht erteilt (Anm. 4—6), so entsteht für den Abschlußagenten eine Vertretungsmacht mit dreifach abgestuftem Inhalt und Umfang: Er hat zunächst die Vertretungsmacht jedes Vermittlungsagenten, er hat weiterhin die ihm erteilte Abschlußvollmacht, und ihm werden drittens durch § 45 im Wege einer standardisierenden Ausweitung der Abschlußvollmacht vier weitere Vertretungsbefugnisse zugesprochen.

Neben der generellen Abschlußvollmacht (Anm. 8) soll die speziellere Vollmacht zur Erteilung von Deckungszusagen erörtert werden (Anm. 9).

Neben der standardisierenden Erweiterung in Richtung auf Änderungs- und Verlängerungsvereinbarungen sowie Abgabe von Kündigungs- und Rücktrittserklärungen (Anm. 10—13) muß eine gewisse Ergänzung der gesetzlichen Aufzählung des § 45 erfolgen (Anm. 14).

Die gesetzlich standardisierte Vertretungsmacht des § 45 hat sachliche (Anm. 15) und örtliche (Anm. 16) Grenzen.

Ergänzend sind die Normen anderer Gesetze heranzuziehen (Anm 17—19).

Es wird sich zeigen, daß auch die Vertretungsmacht eines Abschlußagenten noch Lücken aufweist (Anm. 20). Sie ist einerseits durch Rechtsgeschäft beschränkbar (Anm. 21), andererseits erweiterbar (Anm. 22).

[8] **aa) Generell: Abschluß von Versicherungsverträgen.**

§ 45 setzt voraus, daß ein Vsagent zum Abschluß von Vsverträgen bevollmächtigt ist. Insoweit muß also eine rechtsgeschäftliche Vertretungsmacht verliehen worden sein, und es kommt darauf an, welchen Umfang die Willenserklärung des Vers (oder unterbevollmächtigenden Generalagenten) vorsieht. Es kann z. B. im Blick auf Versicherungszweige (vgl. § 43; RG 22. IX. 1933 RGZ Bd 141 S. 416) oder Versicherungsarten eine Limitierung vorgesehen werden, auch andere sachliche und örtliche Grenzen der Abschlußvollmacht kommen in Betracht. Dabei fragt es sich nur, ob zum Schutze Dritter § 47 Anwendung findet, der „eine Beschränkung der dem Vsagenten nach den Vorschriften der §§ 43 bis 46 zustehenden Vertretungsmacht" voraussetzt. Eine unmittelbare Anwendung dieser Norm scheidet aus, da die Abschlußvollmacht i. e. S. dem Abschlußagenten nicht nach den §§ 43—46 zusteht, sondern eben kraft der Bevollmächtigung. Näheres zur Anwendbarkeit des § 47: Anm. 11, 13 zu § 47.

Ist ein Vsagent schlechthin zum Abschlusse von Vsverträgen bevollmächtigt worden, so bezieht sich die Vollmacht auf sämtliche von dem Ver betriebenen Vszweige und Vsarten; bei Aufnahme neuer Sparten auch auf diese. Auch wenn in der Vollmachtsurkunde nur der Regelfall der Annahme von Anträgen erwähnt ist, muß doch angenommen werden, daß der Abschlußagent auch seinerseits Offerten machen kann. Der Abgabe der Annahme- oder Antragserklärung steht der Widerruf solcher Erklärungen (§ 130 I 2 BGB) gleich.

RG 22. IX. 1933 RGZ Bd 141 S. 416, 418 stellt klar, daß ein Abschlußagent auch von vornherein Änderungen der allgemeinen Vsbedingungen von Fall zu Fall zu vereinbaren vermag, und daß auch Abweichungen vom Prämientarif in Betracht kommen. Beispiele für Änderungen der allgemeinen Vsbedingungen: RG 26. II. 1926 VA 1926 S. 12—13 Nr. 1530 = JRPV 1926 S. 83 (Beseitigung des Einlösungsprinzips, zumal da Vsbedingungen dieses nur aufstellen, „sofern nicht ein anderes vereinbart war"), RG 22. IX. 1933 RGZ Bd 141 S. 418 (erweiterter Haftpflichtvsschutz mit erhöhten Schadenshöchstgrenzen), KG 10. X. 1934 VA 1934 S. 206 Nr. 2708 (mündliche, statt schriftliche Erteilung einer Deckungszusage), unrichtig KG 15. II. 1922 VA 1922 Anh. S. 36 Nr. 1262 („nicht die Befugnis . . ., die Vsbedingungen der Police zu ändern"), OLG Colmar 16. II. 1912 VA 1912 Anh. S. 116 Nr. 702 (Umwandlung der Prämienschuld in eine Holschuld), OLG Köln 2. II. 1927 JRPV 1927 S. 99 („Vereinbarungen gegen die Vsbedingungen zu treffen, ist . . . der Abschlußagent nicht befugt"). Für Abweichungen vom Prämientarif unrichtig Gottschalk JW 1926 S. 491.

Zur Frage, ob ein Abschlußagent auch ungewöhnliche Abschlüsse vornehmen kann, speziell solche mit außergewöhnlichen Abweichungen von allgemeinen Vsbedingungen oder Prämientarifen, vgl. Anm. 15, 18.

Zum Abschlusse zählt die Ausfertigung des Vsscheines (Anm. 11 zu § 3), also insbesondere die Unterzeichnung des Vsscheins namens des Vers. Zum Vsschein gehört gegebenenfalls der Hinweis auf Abweichungen von dem Antrage oder den getroffenen Vereinbarungen (§ 5 II). Daß der Vsagent ausgefertigte Vsscheine aushändigen und dabei die erste Prämie kassieren darf, ergibt sich schon aus § 43 Ziff. 3 (Anm. 20 zu § 43). Der Ausfertigung des Vsscheines steht jene einer Ersatzurkunde (§ 3 II 1) gleich, desgleichen jene von Mitgliederausweisen, Einzelpolizen (Zertifikaten) bei der laufenden V, Vsausweisen (Anm. 3, 4 zu § 3).

[9] **bb) Speziell: Erteilung von Deckungszusagen.**

Bei der Erteilung von Deckungszusagen handelt es sich nur um einen Sonderfall des Abschlusses von Vsverträgen (Anm. 94 zu § 1), gleichgültig, ob man dabei an echte vorläufige Deckungszusagen denkt oder an endgültige Vsverträge, bei denen der Vsschutz in Abweichung vom Einlösungsprinzip schon vor Zahlung der ersten Prämie beginnt (zum Begriff der Deckungszusage Anm. 93 zu § 1). Wird in Urteilen von Deckungszusagen gesprochen, so handelt es sich übrigens oft um ganz normale endgültige Vsverträge ohne Aufhebung des Einlösungsprinzips (z. B. im Falle RG 22. IX. 1933 RGZ Bd 141 S. 410, 412, 420). Wegen aufsichtsbehördlicher Richtlinien für die Erteilung von Deckungszusagen durch Vsagenten vgl. VA 1927 S. 95—96, R 48/40 vom 31. VII. 1940 Ziff. 4.

Wer zum Abschluß von Vsverträgen bevollmächtigt ist, ist hiernach im Zweifel auch zur Erteilung von Deckungszusagen bevollmächtigt (Prölss[12] Anm. 2 zu § 45, S. 194, RG 22. IX. 1933 RGZ Bd 141 S. 416 [generell], RG 26. II. 1926 VA 1926 S. 12—13 Nr. 1530 = JRPV 1926 S. 83—84 [sofortiger Vsbeginn], OLG Marienwerder 12. XI. 1926 VA 1928 S. 11—12 Nr. 1794 = Praxis 1927 S. 73—74 [vorläufige Deckung]). Das Urteil BGH 25. VI. 1956 VersR 1956 S. 482 beruht primär auf dem Gedanken des Rechtsscheines, desgleichen OLG Celle 14. II. 1952 VersR 1952 S. 93.

Ein Abschlußagent kann Deckungszusagen nicht nur schriftlich, sondern — auch bei entgegenstehender (interner) Instruktion — auch mündlich erteilen (vgl. BGH 25. VI. 1956 VersR 1956 S. 482—483, OLG Marienwerder 12. XI. 1926 VA 1928 S. 11 Nr. 1794 = Praxis 1927 S. 73). Auch eine nicht ausdrückliche, sondern nur stillschweigende Deckungszusage kommt in Betracht. Ferner reicht es aus, wenn die Deckungszusage durch konkludentes, also schlüssiges Verhalten erfolgt, also z. B. durch Aushändigung einer Vsbestätigung (BGH 25. VI. 1956 VersR 1956 S. 483).

Es kommen Fälle vor, in denen Agenten nur zur Abgabe vorläufiger Deckungszusagen, nicht zum Abschluß endgültiger Vsverträge bevollmächtigt werden (vgl. Prölss VersR 1952 S. 1 und als Beispiel OLG Marienwerder 12. XI. 1926 VA 1928 S. 11—12 Nr. 1794 = Praxis 1927 S. 73—74). Solche Vsagenten wären im gleichen Vszweige teils Abschluß-, teils Vermittlungsagenten, und es fragt sich, ob zum Schutze der Vmer § 47 heranzuziehen ist (Anm. 11 zu § 47).

Als eine Sonderform ungewöhnlicher Abschlüsse kommen rückwirkende Dekkungszusagen, also Kombinationen einer RückwärtsV mit einer Deckungszusage in Betracht. Prölss[12] Anm. 2 zu § 45, S. 194, Anm. 6 zu § 43, S. 189, VersR 1952 S. 2 leugnet bei Abschlußagenten das Bestehen der Ermächtigung, auch rückwirkende Deckungszusagen zu erteilen, ebenso KG 8. XI. 1930 JRPV 1931 S. 8—9, BayObLG 24. I. 1957 VersR 1957 S. 216, dahingestellt von OLG Braunschweig 22. XI. 1955 VersR 1956 S. 188.

[10] b) Standardisierung.

aa) Vereinbarung von Änderungen.

Ist ein Vsagent zum Abschlusse von Vsverträgen bevollmächtigt, so ist er kraft Gesetzes (§ 45) auch befugt, „die Änderung ... solcher Verträge zu vereinbaren". Die Befugnis beschränkt sich auf den Vszweig oder die Vsart der primären Bevollmächtigung. Wer nur vorläufige Deckungszusagen erteilen kann, ist auch nur befugt, sie, nicht aber endgültige Vsverträge, zu ändern.

Bei der Änderung handelt es sich hier um nachträgliche Änderungen von Vsverträgen, die später als der formelle Vertragsabschluß erfolgen. Falls sogleich beim formellen Vertragsabschluß allgemeine Vsbedingungen oder Prämientarife geändert werden, so liegt kein hier zu behandelnder Tatbestand vor (vgl. vielmehr Anm. 8).

Ein Abschlußagent kann nicht nur selbstabgeschlossene, sondern auch andere Vsverträge ändern (Prölss[12] Anm. 2 zu § 45, S. 194), sogar solche, die nicht zu seinem Vsbestand gehören, es sei denn, daß bei einem Bezirksagenten § 46[1] eingreift.

Formal können Änderungen von allgemeinen und besonderen Vsbedingungen, ausnahmsweise auch von Satzungen eines Gegenseitigkeitsvereins in Betracht kommen. Einen Sonderfall bilden Prämienänderungen, speziell Abweichungen von einem zunächst zugrunde gelegten Prämientarif. Da ein Abschlußagent von vornherein von allgemeinen Vsbedingungen oder Prämientarifen beim Abschluß abzuweichen vermag (Anm. 8), kann er das auch nachträglich tun (zur Frage, ob es sich auch um ungewöhnliche Abweichungen handeln kann: Anm. 15, 18). Bestand keine vertragliche Regelung, so kann nachträglich auch eine Änderung der gesetzlichen Vorschriften vereinbart werden. Alle Änderungen können so erfolgen, daß sie künftig das Vertragsverhältnis dauernd beeinflussen sollen, oder so, daß nur einmalig die vorher bestehende Regelung modifiziert wird, man denke an den Fall, daß bei Vereinbarung schriftlicher Erklärungsform einmalig eine mündliche Erklärung ausreichen soll (Beispiel: KG 14. IV. 1926 VA 1926 S. 229—230 Nr. 1598 = JRPV 1926 S. 136 [Kündigung] mit Anm. 13 zu § 34a).

Inhaltlich kann eine Änderungsvereinbarung sehr zahlreiche Punkte angehen, Näheres Anm. 110 zu § 1. Der Vsschutz kann nicht nur erweitert werden (insbesondere durch Nachv), sondern auch eingeschränkt werden (insbesondere durch Teilaufhebung). Hinsichtlich der Prämien sind nicht nur Erhöhungen und Ermäßigungen, sondern speziell auch Verschiebungen der Zahlungszeit (Stundungen) bedeutsam. Ein Abschlußagent kann nachträglich alle Arten von Prämien stunden, speziell auch mit der Wirkung, daß der Vsschutz einsetzt oder wiedereinsetzt (deckende, verzugheilende Stundung); Näheres über die Arten der Prämienstundung Anm. 33—47 zu § 35. Über Einschränkungen der Stundungsvollmacht von Abschlußagenten Anm. 35 zu § 35, Anm. 8 zu § 47. Beispiel für Prämienstundung durch Abschlußagenten: RG 26. II. 1926 VA 1926 S. 12—13 Nr. 1530 = JRPV 1926 S. 83—84; negativ: RG 14. XI. 1933 JW 1934 S. 417 = VA 1933 S. 405 Nr. 2626, KG 24. VI. 1931 JRPV 1931 S. 321. Das Gesamtschicksal des Vsvertrages wird z. B. berührt durch eine Ruhensvereinbarung (Anm. 10 zu § 2).

§ 45 spricht nur von der Vereinbarung von Änderungen; es gibt aber auch Fälle in denen durch einseitige Willenserklärung des Vers ein Vsvertrag geändert wird (Anm. 117, 119 zu § 1). Man wird in Analogie zu § 45 annehmen müssen, daß ein Abschlußagent auch zur Abgabe solcher einseitigen Änderungserklärungen befugt ist, z. B. zur Stellung des Verlangens nach Übermittlung einer bisher abgeholten Prämie (§ 37; Anm. 11 zu § 37) oder des Verlangens nach einer Prämienerhöhung (§ 41 I; Anm. 10 zu § 41) oder des Verlangens nach der Beseitigung einer Überv (§ 51 I).

So wie ein Abschlußagent Vsscheine ausfertigen kann, vermag er im Falle von Änderungen des Vsvertrags — nicht nur selbstabgeschlossenen — Nachträge zu Vsscheinen auszufertigen (und dann selbstverständlich gemäß § 43 Ziff. 3 auch auszuhändigen). Über Nachträge Anm. 124 zu § 1, Anm. 3 zu § 3.

[11] bb) Vereinbarung von Verlängerungen.

Ein Abschlußagent ist kraft Gesetzes (§ 45) ferner befugt, die „Verlängerung solcher Verträge zu vereinbaren". Die Befugnis beschränkt sich wiederum auf den Bereich der primären, also der Abschlußbevollmächtigung.

Nicht nur selbstabgeschlossene und zum eigenen Vsbestand gehörende Vsverträge können verlängert werden (für Bezirksagenten vgl. jedoch § 46[1]).

Einer Verlängerungsvereinbarung bedarf es nicht, sofern eine Verlängerungsklausel (§ 8 I) vereinbart worden und keine Kündigung erfolgt ist. Ein Abschlußagent könnte als Vertragsänderung auch nachträglich während des Laufes der V eine Verlängerungsklausel vereinbaren.

Besteht ein Vsvertrag ohne Verlängerungsklausel, so kann das Verlängerungsangebot durch den Ver, vertreten durch den Abschlußagenten gemacht werden, oder es kann der Abschlußagent ein Verlängerungsangebot des Vmers namens des Vers annehmen. Dabei kommen nicht nur ausdrückliche Willenserklärungen in Betracht (Anm. 11 zu § 8), sondern ausnahmsweise auch stillschweigende Willenserklärungen (Anm. 10 zu § 8), z. B. dann, wenn der Vmer die Prämie auf Grund eines ihm vom Abschlußagenten zugesandten Verlängerungsscheines zahlt. Verlängerungen kommen wirtschaftlich auch durch den nachträglichen Abschluß von Anschlußverträgen zustande (Anm. 12 zu § 8), rechtlich sind allerdings Anschlußverträge oft als Neuabschlüsse anzusehen. Die Abgrenzung der Verlängerungen ist oft schwierig nicht nur im Verhältnis zu Neuabschlüssen, sondern auch im Verhältnis zu Vertragsänderungen, man denke an Wiederinkraftsetzungs- und Wiederherstellungsvereinbarungen (Anm. 109 zu § 1). Es steht jedoch im Rahmen des § 45 fest, daß ein Abschlußagent sämtliche in Betracht kommenden Vereinbarungen treffen kann (vgl. dazu RG 14. XI. 1933 JW 1934 S. 417 = VA 1933 S. 404—405 Nr. 2626).

Zur Vereinbarung von Verlängerungen gehört auch die Ausfertigung von Verlängerungsscheinen, über sie Anm. 3 zu § 3, Anm. 9 zu § 8.

[12] cc) **Abgabe von Kündigungserklärungen.**

Kraft Gesetzes (§ 45) ist ein Abschlußagent befugt, Kündigungserklärungen abzugeben (während er sie als gleichzeitiger Vermittlungsagent nach § 43 Ziff. 2 nur entgegenzunehmen vermag). Die Befugnis zur Kündigung namens des Vers muß sich auf den Bereich der primären Bevollmächtigung beschränken. Ein Sachvsagent, der nur für die Feuerv Abschlußvollmacht hat, ist also nicht befugt, Haftpflichtvsverträge seines Vers zu kündigen. Im übrigen aber beschränkt sich die Kündigungsvollmacht nicht auf selbstabgeschlossene und zum eigenen Vsbestand gehörende Vsverträge, vorbehaltlich des § 46[1].

In Betracht kommt die Abgabe von Kündigungserklärungen in sämtlichen Fällen, in denen dem Ver ein ordentliches oder außerordentliches Kündigungsrecht zusteht (vgl. die Aufzählung in Anm. 22 zu § 8). Sogar eine außerordentliche Kündigung aus wichtigem Grunde oder wegen Erschütterung der Geschäftsgrundlage (dazu Anm. 25, 26 zu § 8) könnte durch einen Abschlußagenten namens des Vers erklärt werden. Einer Vollkündigung steht eine Teilkündigung, z. B. nach § 30 I gleich.

Zuweilen handeln Abschlußagenten bei der Abgabe von Kündigungserklärungen nicht im Interesse des Vers, sondern aus egoistischen Motiven. Speziell kurz vor Beendigung von Agenturverhältnissen und bei Mehrfachagenten kommt es vor, daß sie Ven „umdecken", was eine Kündigung des bislang bestehenden Vsverhältnisses voraussetzt. Beispiel: KG 14. IV. 1926 VA 1926 S. 229—230 Nr. 1958 = JRPV 1926 S. 135—136, wo die Frage erwogen ist, ob der Abschlußagent in erkennbarer Weise seine Vollmacht mißbraucht hat, sodaß er wie ein Vertreter ohne Vertretungsmacht zu behandeln wäre (Anm. 35 zu § 43). Die Frage des erkennbaren Mißbrauches muß regelmäßig verneint werden (Häufigkeit von Mehrfachagenturen und Umdeckungen aus gesellschaftsinternen Gründen: „Die Vmer haben keinen Anlaß, diesen Vorgängen nachzugehen, deren innerer Zusammenhang oft nur den beteiligten Vsgesellschaften und ihren Vertretungen bekannt ist").

Ein wichtiger Kündigungsfall ist jener des Verzugs mit einer Folgeprämie (§ 39 III). Die Kündigungserklärung setzt eine qualifizierte Mahnung (§ 39 I) voraus. Die Kündigungserklärung kann auch bereits mit der qualifizierten Mahnung verbunden werden (§ 39 III 2). Bei dieser Verzahnung von Kündigung und Mahnung wird man trotz Schweigens des § 45 zu dem Ergebnis kommen müssen, daß ein Abschlußagent nicht nur kündigen kann, sondern auch die regelmäßig vorangehende, minder folgenschwere Maßnahme der Mahnung zu treffen vermag, wobei der qualifizierten die einfache Mahnung gleichsteht (Anm. 9, 17 zu § 39). Wie hier Prölss[12] Anm. 2 zu § 45, S. 194.

[13] dd) **Abgabe von Rücktrittserklärungen.**

Schließlich bestimmt § 45, ein Abschlußagent sei auch befugt, Rücktrittserklärungen abzugeben (die er als gleichzeitiger Vermittlungsagent nach § 43 Ziff. 2 nur entgegennehmen kann). Auch die Befugnis zum Rücktritt muß sich auf den Bereich der primären Bevollmächtigung beschränken. Es ist dagegen auch hier grundsätzlich unerheblich, ob der Abschlußagent den aufzulösenden Vsvertrag selbst abgeschlossen hat und ob er zu seinem eigenen Vsbestand gehört.

Rücktrittsfälle sind (auch wegen § 6 IV) im Vsvertragsrecht nur selten vorgesehen. Andererseits sind allerdings der Rücktritt wegen Verletzung der vorvertraglichen Anzeigepflicht (§§ 16 II, 17 I) und wegen Verzugs mit einer Erstprämie (§ 38 I 1) praktisch recht bedeutsam. Einen Teilrücktritt kennt § 30 I. In sämtlichen Fällen kann der Abschlußagent namens des Vers den Rücktritt erklären.

Der Rücktritt nach § 38 I 1 setzt keine Mahnung voraus. Eine einfache Mahnung kommt nur in Betracht, falls der Ver z. B. Verzugszinsen oder Verzugsschaden beanspruchen will (Anm. 15, 16 zu § 38). Wenn aber der Abschlußagent befugt ist, den viel schwerer wiegenden Rücktritt zu erklären, so wird man ihn auch für befugt halten dürfen, im Falle des § 38 die einfache Mahnung vorzunehmen.

[14] ee) Ergänzung der Aufzählung.

Schon bei der Behandlung der Abschlußvollmacht und der vier Standardisierungsfälle des § 45 sind über den Wortlaut dieser Vorschrift hinaus gewisse Ausweitungen der Vertretungsmacht des Abschlußagenten behandelt worden. So kann er z. B. Vsscheine und ähnliche Urkunden ausfertigen und auf Abweichungen des Vsscheins vom Antrag oder von getroffenen Vereinbarungen hinweisen (Anm. 8). Im Zusammenhang mit der Vereinbarung von Änderungen war auch von einseitigen Änderungserklärungen sowie von der Ausfertigung von Nachträgen die Rede (Anm. 10), im Zusammenhang mit der Vereinbarung von Verlängerungen von der Ausfertigung von Verlängerungsscheinen (Anm. 11). Da der Abschlußagent Kündigungs- und Rücktrittserklärungen abgeben kann, vermag er auch Prämien anzumahnen (Anm. 12, 13).

Es fragt sich, ob man § 45 noch in erweitertem Umfange anzuwenden vermag. Ein Vsvertrag kann dadurch — mindestens im praktischen Sinne — geändert oder verlängert werden, daß der Ver z. B. auf Gestaltungsrechte, etwa Kündigungsrechte verzichtet, auch ein Verzicht auf Einwände, etwa vorgekommene Formverstöße, ist nicht selten. Kann auch ein Abschlußagent solchen Verzicht auf Gestaltungsrechte oder Einwände erklären? Sofern solche Verzichtserklärungen inhaltlich der Tatbestandsgruppe der Vertragsänderungen oder -verlängerungen mindestens sehr nahe stehen, erscheint eine analoge Anwendung des § 45 möglich und geboten. Ein Beispiel bietet KG 14. IV. 1926 VA 1926 S. 229—230 Nr. 1598 = JRPV 1926 S. 135—136, wo ein Abschlußagent sich mit einer nur mündlich erklärten Kündigung einverstanden erklärte und damit auf die vereinbarte Schriftform der Kündigung, also auf einen Einwand verzichtete (vgl. schon Anm. 10). Näheres zur Abgrenzung: Anm. 20. Generell über den Verzicht auf Gestaltungsrechte und Einwände bei Obliegenheiten Anm. 45—48 zu § 6, auf Gestaltungsrechte und Einwände (Leistungsfreiheit) bei Prämienverzug Anm. 19 zu § 38, Anm. 27 zu § 39.

Verzicht setzt Verzichtswillen des Abschlußagenten voraus und unterscheidet sich hierdurch von der Verwirkung. Ausnahmsweise kann ein Rechtsbehelf des Vers dadurch verwirkt werden, daß ein Abschlußagent, der gemäß § 45 dazu in der Lage wäre, diesen Rechtsbehelf längere Zeit nicht geltend macht. Näheres zur Verwirkung bei Obliegenheitsverletzungen Anm. 49 zu § 6, Anm. 53 zu § 16, Anm. 27 zu § 32, zur Verwirkung bei Prämienverzug Anm. 27 zu § 39.

Während Kündigung und Rücktritt (Anm. 12, 13) zwei spezielle Beendigungstatbestände darstellen, fragt es sich, ob § 45 nicht analog auf sonstige Beendigungsgründe angewendet werden muß. Die Frage ist zu bejahen, und zwar primär für die Anfechtung von Vsverträgen wegen arglistiger Täuschung des Vers über Gefahrumstände (§ 22). Dieser Fall ist demjenigen des Rücktritts wegen Verletzung der vorvertraglichen Anzeigepflicht sehr verwandt, oft konkurrieren beide Rechtsbehelfe. Es wäre unverständlich, falls der Abschlußagent namens des Vers zwar zurücktreten aber nicht anfechten kann (Anm. 19 zu § 22). Man wird aber noch einen Schritt weitergehen und annehmen müssen, daß auch andere Anfechtungserklärungen wegen Irrtums, Drohung oder Täuschung (letztere nicht über Gefahrumstände) für den Ver durch Abschlußagenten abgegeben werden können (über diese Anfechtungsfälle Anm. 5—8 zu § 22). Als weiterer Beendigungstatbestand kommt der Abschluß einer Aufhebungsvereinbarung in Betracht (dazu Anm. 40 zu § 8). Auch Prölss[12] Anm. 2 zu § 45, S. 194 subsumiert die „Aufhebung im beiderseitigen Einverständnis" dem § 45.

[15] c) Grenzen.

aa) Sachliche Grenzen.

Während § 43 auf den Vszweig abstellt, für den der Vermittlungsagent bestellt ist (Anm. 22 zu § 43), ist bei § 45 eine Beschränkung auf Vszweige nicht vorgesehen. Aber eine Abschlußvollmacht baut sich stets auf einer Vermittlungsvollmacht auf (Anm. 3) und ein Abschlußagent muß seinerseits zum Abschlusse bevollmächtigt sein, wobei sich diese Bevollmächtigung primär auf Vszweige beziehen wird (sämtliche oder einzelne Vszweige, die der Ver betreibt). Deshalb wird man zu dem Ergebnis kommen müssen, daß auch die zusätzlichen standardisierten Befugnisse eines Abschlußagenten nach § 45 nur für diejenigen Vszweige gegeben sind, für welche die Abschlußvollmacht gilt („Änderung oder Verlängerung solcher Verträge“, für Kündigungen und Rücktritte vgl. Anm. 12, 13). Demgegenüber kann sich ein Dritter nicht auf § 47[1] berufen, also geltend machen, er habe nicht gewußt und wissen müssen, daß der Abschlußagent nur in bestimmten Vszweigen arbeite. Wohl aber kommt der rechtliche Gesichtspunkt des Rechtsscheines in Betracht (vgl. OLG Köln 4. IV. 1919 JW 1920 S. 446: Abschlußvollmacht nur für Transport-, nicht für Lagerversicherungen, Anm. 31).

Der Verkehrsschutz erheischt es, § 47 anzuwenden, falls eine Abschlußvollmacht nicht nur hinsichtlich bestimmter Vszweige umrissen, sondern weitergehend beschränkt ist. Darf ein Abschlußagent nach solcher Vollmacht nur in bestimmten Vsarten, nur mit konkreten Personenkreisen, nur für spezielle Wagnisse, nur bis zu gewissen Vssummen abschließen, so muß zugunsten der Vskandidaten und Vmer § 47 angewendet werden, d. h. diese Dritten brauchen die Beschränkungen nur dann gegen sich gelten zu lassen, wenn sie sie kannten oder infolge grober Fahrlässigkeit nicht kannten. Diese Regel gilt primär, wenn es sich um den Abschluß eines Vsvertrages handelt, z. B. einen solchen, der zwar zum Vszweig Feuerv gehört, aber zu einer Vsart, die dem betreffenden Abschlußagenten durch Vollmachtsbeschränkung verschlossen ist, etwa zur Industriefeuerv. Diese Regel gilt aber auch für die vier Standardisierungsfälle des § 45 und ihre Ausweitungen Wenn dieser Agent Industriefeuerven ändert oder kündigt, so kommt es wiederum darauf an, ob der Dritte die bestehende Beschränkung kannte oder kennen mußte.

Von primären Vollmachtsumreißungen (Vszweig) und echten Beschränkungen einer Vollmacht (z. B. auf Vsarten) sind interne Weisungen zu unterscheiden, welche die externe Abschlußvollmacht und die Anwendbarkeit des § 45 überhaupt nicht berühren, auch das Problem des § 47 nicht auftauchen lassen, sondern nur das Innenverhältnis zwischen Agent und Ver angehen, wobei sich wegen Verletzung der Weisungsfolgepflicht (Anm. 219 vor §§ 43—48) eine Schadensersatzpflicht des Agenten ergeben kann.

Über den Abschluß ungewöhnlicher Vsverträge vgl. Anm. 18.

[16] bb) Örtliche Grenzen.

Auch bei Abschlußagenten (über Vermittlungsagenten: Anm. 23 zu § 43) ist die Vertretungsmacht gebietsmäßig grundsätzlich unbeschränkt, so daß ein norddeutscher Agent nicht nur mit süddeutschen Vmern abschließen, sondern auch deren Vsverträge abändern oder kündigen kann. Wegen der drei Ausnahmen von diesem Grundsatz vgl. Anm. 23 zu § 43, speziell § 46.

[17] d) Ergänzungsgesetze.

aa) VAG.

Zu den Abschlußbevollmächtigten zählt der Hauptbevollmächtigte ausländischer Vsunternehmen, dem gemäß § 106 II Ziff. 3 S. 2 VAG eine sehr weite Vertretungsmacht zusteht: „Dieser gilt als ermächtigt, die Unternehmung zu vertreten, besonders die Vsverträge mit Vmern im Inland und über inländische Grundstücke verbindlich abzuschließen, auch alle Ladungen und Verfügungen für die Unternehmung zu empfangen.“ Die Vorschrift (vgl. auch schon Anm. 21 vor §§ 43—48, Anm. 24 zu § 43) hat fünf Voraussetzungen: Erstens muß es sich um ein ausländisches Vsunternehmen, gleichviel welcher Rechtsform, handeln. Zweitens muß dieses Vsunternehmen im Inland das Vsgeschäft betreiben wollen (§ 105 I VAG). Es fehlt an solchem inländischen Betrieb, wenn ein Vmer im Korrespondenzwege oder fernmündlich mit einem im Ausland befindlichen Organ oder Vertreter, z. B. Abschlußagenten des ausländischen Vers kontrahiert; hier richtet sich die Vertretungsmacht nach ausländischem Recht (Anm. 510 vor §§ 43—48). Drittens muß es sich um den Betrieb aufsichtspflichtiger Vszweige handeln, gleichgültig ob allein aufsichtspflichtige Vszweige betrieben werden oder aufsichtsfreie neben aufsichtspflichtigen (Prölss VAG[2] Anm. 1 zu § 105, S. 621). Die reine Transportv ist nach § 148 I 1 VAG aufsichtsfrei, so daß für die Repräsentanten ausländischer Transportver — irreführend zuweilen auch Hauptbevollmächtigte genannt — die sog. Börsenvollmachten (Anm. 509 vor §§ 43—48) besondere Wichtigkeit besitzen. Viertens hat das ausländische Vsunternehmen im Inland eine Niederlassung (Zweigniederlassung: Prölss VAG² Anm. 5 zu § 106, S. 632) zu unterhalten. Fünftens ist schließlich für die Niederlassung ein im Inland wohnender Hauptbevollmächtigter zu bestellen, wobei die Bestellung ein einseitiges Rechtsgeschäft, und zwar eine Bevollmächtigung ist (zur Bestellung: Anm. 4 zu § 43). So ist der Hauptbevollmächtigte — wie der Name sagt — Bevollmächtigter, kein gesetzlicher Vertreter (Bruck AssJhrb Bd 56 S. 5).

Sind die geschilderten fünf Voraussetzungen gegeben, so steht dem Hauptbevollmächtigten eine sehr umfassende Vertretungsmacht zu. Diese beruht zwar ihrem Grunde nach auf Rechtsgeschäft (Vollmacht), ist aber ihrem Umfange nach durch das Gesetz standardisiert, und zwar in unbeschränkbarer Weise (VA 1905 S. 102, 1915 S. 74; BGH 11. II. 1953 BGHZ Bd 9 S. 39—40, KG 12. IX. 1907 VA 1908 Anh. S. 3—4 Nr. 351 m. w. N., LG Hamburg 23. X. 1957 VA 1958 S. 226—227; Bruck S. 112, LZ 1911 Sp. 182, AssJhrb Bd 56 S. 6—7, Prölss VAG² Anm. 1 zu § 108, S. 634, Rehm-Berliner-Fromm S. 622, Rotkies VA 1953 S. 203). § 47 findet keine Anwendung.

Die unbeschränkte Vertretungsmacht des Hauptbevollmächtigten hat einen außerordentlich weiten Umfang; es sind „seine Befugnisse kraft Gesetzes so umfassend, daß er jede Handlung im Inland allein vornehmen kann, auch wenn sie nach den Statuten der Gesellschaft anderen Organen vorbehalten sein sollte" (VA 1915 S. 74). Der Hauptbevollmächtigte ist der alleinige, ausschließliche Vertreter des ausländischen Vsunternehmens im Inland (VA 1915 S. 74, Bruck AssJahrb Bd 56 S. 5—6, auch Prölss VAG² Anm. 1 zu § 108, S. 634—635, der betont, daß der Hauptbevollmächtigte sogar die Vertretung durch die Organe der Gesellschaft ausschließe, was das LG Hamburg 23. X. 1957 VA 1958 S. 227 dahingestellt sein läßt). Er hat eine organähnliche Stellung, stärker als diejenige eines Handlungsbevollmächtigten (auch Generalbevollmächtigten) oder Prokuristen (Bruck S. 113, LZ 1911 Sp. 183, Prölss VAG² Anm. 1 zu § 108, S. 635, Rotkies VA 1953 S. 203, 204, a. A. Rehm-Berliner-Fromm S. 622—623), vergleichbar nur derjenigen eines allein vertretungsberechtigten Vorstandes (BGH 11. II. 1953 BGHZ Bd 9 S. 40). Der organähnlichen Stellung entspricht es, daß der Name des Hauptbevollmächtigten auf den Briefbogen des ausländischen Vsunternehmens angegeben werden muß (VA 1939 S. 38, VA Hamburg 1952 S. 23) und daß in einem Urteil neben der Bezeichnung des ausländischen Vsunternehmens diejenige des Hauptbevollmächtigten zu bringen ist (§ 313 I Ziff. 1 ZPO: „gesetzlichen Vertreter"; Prölss VAG² Anm. 1 zu § 108, S. 635).

Im einzelnen ist die Vertretungsmacht des Hauptbevollmächtigten eine aktive und passive, bezieht sich auf alle außergerichtlichen oder gerichtlichen Rechtsgeschäfte oder Rechtshandlungen, wobei der Empfang von Ladungen und Verfügungen in § 106 II Ziff. 3 S. 2 VAG besonders erwähnt wird (für sonstige Vsagenten vgl. Anm. 19 zu § 43; Anm. 20). Auch Anmeldungen zum Handelsregister der Zweigniederlassung kann der Hauptbevollmächtigte vornehmen (LG Hamburg 23. X. 1957 VA 1958 S. 226—227). Zum Gerichtsstand des § 109 VAG vgl. Anm. 27 zu § 48. Noch während des Liquidationsstadiums dauert die Vertretungsmacht fort (VA 1905 S. 102).

In Betracht kommen nicht nur die Grundhandelsgeschäfte der Zweigniederlassung, sondern auch alle sonstigen Geschäfte, insbesondere Hilfsgeschäfte, die der Betrieb mit sich bringt (Bruck AssJhrb Bd 56 S. 16), man denke an Grundstückserwerb, Mietverträge, Verträge mit Handlungsgehilfen und Handelsvertretern, Erteilung von Prokura und Handlungsvollmacht (Prölss VAG² Anm. 1 zu § 108, S. 635). Jedoch kann ein Hauptbevollmächtigter keinen anderen Hauptbevollmächtigten, keinen Substituten bestellen (VA 1916 S. 67, Prölss VAG² Anm. 1 zu § 108, S. 635). Es ist auch nicht entscheidend, ob es sich um Geschäfte handelt, die mit dem Vswesen in Zusammenhang stehen, oder um vsfremde Geschäfte (Bruck LZ 1911 Sp. 183, AssJhrb Bd 56 S. 17—20). Als praktisch besonders bedeutungsvoll hat es sich im ersten Weltkriege erwiesen, daß ein Hauptbevollmächtigter sogar Bestandsübertragungsverträge (Haftungs- und Überführungsverträge) abschließen kann (Bruck S. 112 Anm. 10,

AssJhrb Bd 56 S. 16—17, Prölss VAG² Anm. 1 zu § 108, S. 635; VA 1915 S. 9—11, 74—75; über die Behandlung dieser Verträge im Versailler Vertrag Bruck HansRZ 1921 Sp. 5—8). Speziell zum Abschluß von Vsverträgen stellt § 106 II Ziff. 3 S. 2 VAG auf den Abschluß „mit Vmern im Inland und über inländische Grundstücke", also auf eine Inlandsberührung ab; dazu schon Anm. 24 zu § 43.

Als sonstige Begrenzung kommt nur der Tatbestand einer Kollusion, also eines Mißbrauches der weiten Vertretungsmacht eines Hauptbevollmächtigten unter Mitwirkung des Geschäftsgegners in Betracht, man denke daran, daß sich ein Dritter vom Hauptbevollmächtigten zur Begleichung von dessen Spielschulden einen Scheck geben läßt, der namens des ausländischen Vsunternehmens vom Hauptbevollmächtigten ausgestellt wurde. Über den Kollusionsfall allgemein Anm. 35 zu § 43, speziell für den Hauptbevollmächtigten Bruck LZ 1911 Sp. 182, AssJhrb Bd 56 S. 7, Rehm-Berliner-Fromm S. 622. Interne Weisungen berühren die umfassende Vertretungsmacht extern nicht (VA 1905 S. 102; Bruck AssJhrb Bd 56 S. 6—7, Rotkies VA 1953 S. 203). Über die Rechtslage nach Abberufung eines Hauptbevollmächtigten: VA 1916 S. 67.

[18] **bb) HGB.**

Von dem verwickelten Verhältnis des § 43 zu §§ 54—58 HGB war schon in Anm. 25 zu § 43 die Rede. Bei Abschlußagenten (§ 45) kommt es darauf an, ob sie selbständig oder unselbständig sind. Für selbständige Handelsvertreter gelten die Verweisungsnormen der §§ 55 I, 91 I HGB, während für unselbständige Abschlußagenten nur auf § 55 I HGB Bezug genommen zu werden braucht.

Hiernach gilt für alle Abschlußagenten der Grundsatz des **§ 54 I HGB**, wonach die Vertretungsmacht sich nur erstreckt auf „Geschäfts- und Rechtshandlungen, die der Betrieb eines derartigen Handelsgewerbes oder die Vornahme derartiger Geschäfte gewöhnlich mit sich bringt". Ungewöhnliche, außergewöhnliche, aus einem Normalrahmen herausfallende Geschäfte sind also durch die Vertretungsmacht nicht gedeckt, wobei jedoch zum Schutze des Verkehrs nach § 47 darauf abzuheben ist, ob der Dritte die Beschränkung, also die Ungewöhnlichkeit kannte oder infolge grober Fahrlässigkeit nicht kannte (so auch RG 22. IX. 1933 RGZ Bd 141 S. 416, 417, 419: „gewöhnliche Vsgefahr"); vgl. Anm. 11 zu § 47.

Der Rechtsgedanke des § 54 I HGB ist primär beim Abschluß von Vsverträgen (einschließlich Erteilung von Deckungszusagen) heranzuziehen. Wird dabei von allgemeinen Vsbedingungen oder Prämientarifen abgewichen, so braucht das nichts Ungewöhnliches zu sein. Es gibt auch allgemeine Vsbedingungen für speziellere Risikogruppen. Besondere Vsbedingungen, welche zugeschnitten sind auf die Spezifika des Einzelfalles, sind nicht stets außergewöhnlich, speziell wenn sie sachdienlich sind. Prämiensenkungen gegenüber den als Richtlinie dienenden Prämientarifen kommen alltäglich vor. So ist die Grenzlinie zwischen gewöhnlichen und ungewöhnlichen Abschlüssen recht schwer zu ziehen, und je enger man den Kreis der gewöhnlichen Geschäfte bemißt, desto größer wird der Anwendungsbereich der Schutznorm des § 47 sein. Ein Vsvertrag ist jedoch z. B. ungewöhnlich, wenn er vorhandene allgemeine Vsbedingungen völlig beiseite schiebt oder einen neuen Vszweig, eine neue Vsart zum Gegenstand hat, oder ein vstechnisch untragbares Wagnis vert, oder Schleuderprämien zugrunde legt. Eine Rückwärtsv (§ 2 I) ist als solche nichts Ungewöhnliches. Wohl aber ist es ganz unüblich, daß ein Ver eine Rückwärtsv abschließt, obgleich beide Teile wissen, daß ein Vsfall bereits eingetreten ist. Deshalb bindet bei solcher Kenntnis des Abschlußagenten der Vsvertrag den Ver nicht (BayObLG 24. I. 1957 VersR 1957 S. 216, OLG Hamburg 28. IV. 1927 JW 1927 S. 2438 mit Anm. Gerhard = JRPV 1927 S. 212, Prölss¹² Anm. 2 zu § 45, S. 194). Entsprechendes gilt bei rückwirkenden Deckungszusagen (Anm. 9).

§ 54 I HGB gilt auch in den Standardisierungsfällen des § 45, so daß ein Abschlußagent ungewöhnliche nachträgliche Vertragsänderungen, unübliche langfristige Verlängerungen nicht zu vereinbaren befugt ist; dasselbe gilt für ganz außergewöhnliche Kündigungen, Rücktritte, Aufhebungsvereinbarungen.

Bei allen Abschlußagenten ist auch **§ 54 II HGB** anzuwenden (Begr. I S. 57). Es bedarf einer Spezialvollmacht zur „Veräußerung oder Belastung von Grundstücken, zur Eingehung von Wechselverbindlichkeiten zur Aufnahme von Darlehen und zur Prozeßführung".

§ 55 II HGB, wonach die erteilte Vollmacht zum Abschluß von Geschäften nicht dazu bevollmächtigt, „abgeschlossene Verträge zu ändern, insbesondere Zahlungsfristen zu gewähren", ist durch die Spezialnorm des § 45 für Abschlußagenten des Vswesens abgeändert (Anm. 10). Deshalb kann ein Abschlußagent bei Vsverträgen auch Zahlungsfristen gewähren.

Dagegen ist **§ 55 III HGB** auch auf Vsabschlußagenten zu beziehen: „Zur Annahme von Zahlungen sind sie nur berechtigt, wenn sie dazu bevollmächtigt sind". Näheres Anm. 20.

§ 56 HGB kommt bei Vsunternehmen und Vsagenten nicht zur Anwendung (KG 8. VI. 1929 JRPV 1929 S. 302), vgl. jedoch für Kassenangestellte Anm. 25 zu § 43 (entgegen LG Berlin 16. II. 1951 VA Berlin 1951 S. 67—69 = VersR 1951 S. 170—171 können Kassenangestellte aber nach § 56 HGB keine Vereinbarungen über Wiederinkraftsetzung einer V treffen).

Nach **§ 57 HGB** haben auch Vsabschlußagenten mit einem das Vollmachtsverhältnis ausdrückenden Zusatze zu zeichnen; es darf keine Verwechslung mit einer Prokura möglich sein.

Hinsichtlich der Beschränkbarkeit der Handlungsvollmacht (§ 54 III HGB) vgl. Anm. 4 zu § 47. Über die Vertretung ohne Vertretungsmacht vgl. Anm. 38—41 zu § 43. Auf Hauptbevollmächtigte ausländischer Vsunternehmen sind die Bestimmungen über die Handlungsvollmacht nicht anzuwenden (Anm. 17).

[19] cc) BGB.

Die §§ 164—181 BGB beziehen sich durchweg nicht auf den Umfang der Vertretungsmacht, speziell eines Abschlußvertreters. — § 164 I 2 BGB besagt, daß es nicht darauf ankomme, ob ein Abschlußagent ausdrücklich im Namen des Vers handele; denn die Umstände werden immer ergeben, daß der Abschluß mit Fremdwirkung erfolgen soll. Mag auch mancher Vmer sagen, er sei bei Herrn N. vert, wobei N. ein Abschlußagent ist, so ist doch ausreichend deutlich, daß es nach dem deutschen Vsaufsichtsrecht und der Praxis keine Einzelver gibt und daß in Wahrheit der von N. vertretene Ver Vertragskontrahent sein soll. — Nimmt ein Abschlußagent ein einseitiges Rechtsgeschäft, z. B. Kündigung oder Rücktritt vor, so greift § 174 BGB ein: Das Gestaltungsgeschäft ist unwirksam, wenn der Abschlußagent eine Vollmachtsurkunde nicht vorlegt und der andere das Rechtsgeschäft aus diesem Grunde unverzüglich zurückweist. Abschlußagenten benötigen hier also eine Vollmachtsurkunde, wobei es sich fragt, ob diese nur die Abschlußvollmacht zu verbriefen braucht oder auch die erweiternden Standardisierungsfälle des § 45, insbesondere das Recht zur Vornahme von Kündigungen und Rücktritten verlautbaren muß. Es dürfte ausreichen, wenn die Vollmachtsurkunde nur die Abschlußbefugnis verbrieft, während im übrigen der Vmer auf § 45 verwiesen werden kann. Das Zurückweisungsrecht des Vmers entfällt, wenn der Ver den Vmer von der Bevollmächtigung in Kenntnis gesetzt hatte, was auch nach Vertragsabschluß, z. B. durch Vermerk auf dem Vsschein, geschehen sein kann.

Besonders wichtig für den Umfang der Vertretungsmacht eines Abschlußagenten ist § 181 BGB; dazu schon Anm. 26 zu § 43. Das Verbot des Selbstkontrahierens gilt primär für die aktive Vertretung. Der Abschlußagent kann also regelmäßig nicht im Namen des Vers eigene Anträge oder solche von Personen annehmen, die er vertritt. Deshalb ist es bedenklich, wenn ein Abschlußagent einen Antragsschein in Vertretung des Vskandidaten unterzeichnet (im Falle OLG Hamm 7. VI. 1926 VA 1926 S. 240 Nr. 1608 handelte es sich um einen Vermittlungsagenten). Ein Abschlußagent kann sich auch nicht namens des Vers eine selbstgeschuldete Prämie stunden oder sich selbst eine Kündigung aussprechen. Ausnahmen gelten im Falle der Gestattung durch den Ver, ferner dann, wenn „das Rechtsgeschäft ausschließlich in der Erfüllung einer Verbindlichkeit besteht". Will ein Abschlußagent für ein eigenes Kraftfahrzeug eine Haftpflichtv nehmen, so kann er sich nicht darauf berufen, daß für den Ver eine Verbindlichkeit bestehe, den

Antrag des Abschlußagenten anzunehmen. Denn dieser Annahmezwang des Vers (§ 3 I 2 PflVG) ist ein öffentlichrechtlicher, und überdies erfüllt der Ver mit der Annahme des Antrages nicht nur eine Verbindlichkeit, sondern es entstehen für ihn neue Verbindlichkeiten, insbesondere die Gefahrtragungspflicht. Über einen Fall verbotenen Selbstkontrahierens in der Kraftfahrtv: AG Castrop-Rauxel 18. IV. 1956 VersR 1958 S. 681 (Deckungszusage).

Über die Frage, ob ein Vsagent dergestalt zugleich Empfangsvertreter des Vmers sein kann, daß der Vsvertrag schon zustandekommt, sobald der Ver dem Vermittlungsagenten die Vspolize zusendet oder sonstwie mitteilt, der Antrag sei angenommen, verneinend Anm. 79 zu § 1, Gottschalk JW 1926 S. 492, KG 8. XI. 1922 JRPV 1925 S. 300—301 = HansRZ 1923 Sp. 217—218, OLG Nürnberg 26. III. 1913 VA 1913 Anh. S. 118—119 Nr. 770, bejahend Ehrenberg S. 264, ROHG 13. II. 1872 ROHG Bd 5 S. 110—115.

[20] e) Ergebnis.

aa) Lücken der Vertretungsmacht.

Auch beim Abschlußagenten, also bei zusammenfassender Betrachtung der §§ 45, 43, ergibt sich, daß die Vertretungsmacht manche Lücken aufweist, insbesondere nicht jede Aktivität ermöglicht (über die Lücken der Vertretungsmacht eines reinen Vermittlungsagenten vgl. Anm. 27 zu § 43).

Auch ein Abschlußagent ist grundsätzlich nicht zum Prämieninkasso befugt (unrichtig KG 14. III. 1923 VA 1923 Anh. S. 10—11 Nr. 1297 = HansRZ 1923 Sp. 497, Bruck 7. Aufl. S. 184). Auch für ihn gilt allerdings § 43 Ziff. 4 (Besitz einer vom Ver unterzeichneten Prämienrechnung) und der Grundsatz, daß die Aushändigung eines vom Ver ausgefertigten Vsscheins (§ 43 Ziff. 3) auch dazu befugt, die zugehörige Erstprämie zu kassieren (Anm. 20 zu § 43). Da nun aber ein Abschlußagent Vsscheine, Nachträge und Verlängerungsscheine selber auszufertigen befugt ist (Anm. 8, 10, 11) wird man auch annehmen müssen, daß der Abschlußagent auch die entsprechenden Einlösungs-, Zusatz- und Verlängerungsprämien kassieren darf. Darüber hinaus aber gilt § 55 III HGB (Anm. 18): Auch ein Abschlußagent ist also nicht befugt, Folgeprämien einzuheben. Einer besonderen Vollmacht bedarf es auch für Prämienklagen. Niemals kann sie ein Vsagent im eigenen Namen anstrengen (Anm. 222 vor §§ 43—48, vgl. ferner KG 14. III. 1923 VA 1923 Anh. S. 10—11 Nr. 1297 = HansRZ 1923 Sp. 497, 19. VI. 1926 JRPV 1926 S. 234; Prölss[12] Anm. 3 zu § 45, S. 194; Abtretungen von Prämienansprüchen sind höchst selten; unrichtig LG Hirschberg 1. XII. 1925 VA 1926 S. 25—26 Nr. 1542, wo eine angeblich allgemein übliche stillschweigende Ermächtigung konstruiert wird). Prämienklagen im Namen des Vers erheischen eine besondere Vollmacht, die in einer Inkassovollmacht nicht ohne weiteres enthalten ist (Anm. 10 zu § 38, Anm. 32 zu § 43, Prölss[12] Anm. 3 zu § 45, S. 194). Entsprechendes gilt für die Zwangsvollstreckung aus Titeln, die in einer Prämienklage erstritten sind. Über Schadensersatzklagen von Vsagenten gegen Antragsteller bei Nichtzustandekommen der V: VA 1932 S. 141—142.

Ein Abschlußagent hat ferner keine Schadensregulierungsbefugnis, falls ihm nicht eine besondere Vollmacht gegeben worden ist (Anm. 33 zu § 43). Er kann also die Entschädigungspflicht weder anerkennen, noch ablehnen (Prölss[12] Anm. 3 zu § 45, S. 194; Begr. I S. 57). Ebenso RG 10. I. 1905 VA 1905 Anh. S. 70—71 Nr. 138: Auch ein Abschlußagent kann nicht rechtswirksam ablehnen mit der Rechtsfolge, daß die Klagefrist zu laufen beginnt (§ 12 III 2, Anm. 28 zu § 12), ferner RG 25. V. 1937 RGZ Bd 155 S. 107: „Die gesetzliche Vollmacht des Vsagenten . . . erstreckte sich nicht darauf, einen Vschutz zu gewähren, den die Beklagte ablehnte.“ Auch einen Vergleich vermag der Abschlußagent nicht zu schließen (Begr. I S. 57).

Für den Ver bestimmte Zustellungen können an Vsagenten nicht erfolgen (Anm. 19 zu § 43), auch nicht, wenn es sich um Abschlußagenten handelt (RG 16. IX. oder X. 1932 VA 1932 S. 286—287 Nr. 2475 = JRPV 1932 S. 306—307, OLG Hamm 11. oder 25. III. 1925 JW 1926 S. 616—617 = VA 1926 S. 22—23 Nr. 1538, OLG Köln 15. I. 1958 VersR 1958 S. 588, OLG Posen 13. X. 1910 VA 1911 Anh. S. 121—122 Nr. 636, LG

Hagen 10. IV. 1958 VersR 1959 S. 441, Bruck S. 144—145 Anm. 46, Prölss[12] Anm. 3 zu § 45, S. 194).

Schwierig ist die Frage, inwieweit ein Abschlußagent auf Gestaltungsrechte und Einwände verzichten kann. Begr. I S. 57 und Prölss[12] Anm. 3 zu § 45, S. 194 scheinen solche Befugnis schlechthin zu leugnen; richtiger dürfte es sein, zu unterscheiden. Gewisse Verzichtserklärungen stehen nämlich inhaltlich den in § 45 genannten Vertragsänderungen oder -verlängerungen sehr nahe, insoweit ist eine Analogie geboten (Anm. 14). Dagegen ist ein Abschlußagent zur Abgabe von Verzichtserklärungen nicht befugt, soweit er damit in die Schadensregulierung eingreift. Ist z. B. ein Vsfall eingetreten und ist der Ver wegen Verletzung der vorvertraglichen Anzeigepflicht rücktrittsberechtigt, so kann der Abschlußagent nicht auf das Rücktrittsrecht mit der Wirkung verzichten, daß der Ver entgegen § 21 zur Leistung verpflichtet bleibt. Wohl aber könnte der Abschlußagent namens des Vers auf das Rücktrittsrecht verzichten, wenn kein Vsfall eingetreten ist. Das Gesagte zeigt, daß der Abschlußagent auch auf den Einwand eingetretener Leistungsfreiheit nicht verzichten kann, z. B. wegen Prämienverzuges (§§ 38 II, 39 II). Dagegen könnte z. B. auf das Kündigungsrecht nach Verzug mit einer Folgeprämie (§ 39 III 1) durch den Abschlußagenten verzichtet werden. Nach Ablauf der Klagefrist, also nach Eintritt der Leistungsfreiheit des Vers, kann der Abschlußagent nicht auf den entsprechenden Einwand verzichten (RG 25. V. 1937 RGZ Bd 155 S. 107).

Grundsätzlich nicht durch § 45 gedeckt sind auch andere einseitige Erklärungen des Abschlußagenten, z. B. eine Zustimmung oder das Verlangen nach Auskünften und Belegen (Anm. 6 zu § 34). Bei der Zurückweisung einer Kündigung ist die Rechtslage nicht anders als beim Vermittlungsagenten (vgl. Anm. 27 zu § 43, LG Berlin 1. IV. 1957 VersR 1957 S. 511).

[21] bb) Einschränkbarkeit der Vertretungsmacht.

Von sachlichen (Anm. 15) und örtlichen (Anm. 16) Grenzen der Vertretungsmacht eines Abschlußagenten war bereits kurz die Rede. Dabei waren bloße interne Weisungen von echten Vollmachtsbegrenzungen zu unterscheiden. Die Vertretungsmacht eines Abschlußagenten ist ebenso wie diejenige eines Vermittlungsagenten (Anm. 28 zu § 43) beschränkbar, und zwar sowohl die primäre Abschlußvollmacht als auch die Standardisierung des § 45. Näheres Anm. 8 zu § 47.

Echte Vollmachtseinschränkungen sind entweder unbeschränkt oder beschränkt wirksam. Letzterenfalls kommt es darauf an, ob der Dritte die Einschränkung der Vertretungsmacht „bei der Vornahme des Geschäfts oder der Rechtshandlung kannte oder infolge grober Fahrlässigkeit nicht kannte" (§ 47[1]). Im Falle solcher Kenntnis oder grobfahrlässigen Unkenntnis wird der Dritte nicht geschützt, wohl aber wird er geschützt bei schuldloser, auch sogar bei leichtfahrlässiger Unkenntnis der Einschränkung.

[22] cc) Ausdehnbarkeit der Vertretungsmacht.

Angesichts der aufgezeigten Lücken der Vertretungsmacht des Abschlußagenten (Anm. 20) besteht nicht selten ein Bedürfnis für deren Auffüllung, z. B. könnte einem Abschlußagenten Inkasso- oder Schadensregulierungsvollmacht zusätzlich gegeben werden, ebenso wie einem Vermittlungsagenten (Anm. 32, 33 zu § 43 m. w. N.).

[23] 4. Wirkung der Vertretung.

a) Vertretung mit Vertretungsmacht.

Hier tritt die in Anm. 34 zu § 43 geschilderte Fremdwirkung ein.

[24] b) Vertretung ohne Vertretungsmacht.

Die in Betracht kommenden Tatbestände sind in Anm. 35 zu § 43 geschildert worden, desgleichen ihre Rechtsfolgen in Anm. 36—38 zu § 43. Dort war auch speziell von dem Fall die Rede, daß ein bloßer Vermittlungsagent als Abschlußagent auftritt (Anm. 37 zu § 43).

[25] 5. Erlöschen der Vertretungsmacht.

a) Tatbestände des Erlöschens.

Auch hier gelten keine Besonderheiten für Abschlußagenten, speziell auch für die Erlöschensgründe des Widerrufs und des Todes. Vgl. also Anm. 39—41 zu § 43.

[26] b) Fortwirken erloschener Vollmacht.

Auf Anm. 42—44 zu § 43 sei verwiesen.

[27] II. Rechtsscheinshaftung für Versicherungsagenten.

1. Anwendungsbereich der Rechtsscheinshaftung.

a) Rechtsscheinsvollmacht.

Es besteht weithin ein Bedürfnis dafür, eine Fremdwirkung, wie sie für die Vollmacht kennzeichnend ist (Anm. 34 zu § 43, Anm. 23), auch in Fällen eintreten zu lassen, in denen ein entsprechender Geschäftswille des „Vertretenen" fehlt, aber der Anschein einer Bevollmächtigung besteht (Schein-, Anscheins-, Rechtsscheinsvollmacht). Die Zurechnung setzt allerdings mehr als den Scheintatbestand des Bestehens einer Vollmacht voraus: Der „Vertretene" muß seinerseits den Schein „gesetzt", „veranlaßt" haben, der Schein muß aus der Sphäre des „Vertretenen" herstammen, so daß man den „Vertretenen" an seinem eigenen Verhalten „aufhängen" kann und so daß die „Erklärungstreue" es verbietet und verwehrt geltend zu machen, der Schein entspreche nicht der Wahrheit (estoppel-Prinzip): Schutzbedürftig und schutzwürdig sind Dritte, die gutgläubig auf den Schein vertrauen (Vertrauensschutz). Zur Interessenabwägung vgl. auch BGH 11. III. 1955 NJW 1955 S. 986.

Gerade im Vswesen gibt es viele Sachverhalte, in denen eine Zurechnung zu Lasten des Vers gerecht und billig ist. Besonders das Titelunwesen (Anm. 41) läßt manchen Scheintatbestand entstehen, angesichts dessen der Verkehr Schutz verdient.

Im einzelnen ist die Rede von der Abgrenzung der Rechtsscheinsvollmacht in Anm. 29—32, von den Rechtsgrundlagen in Anm. 33, von den Voraussetzungen in Anm. 34 bis 42, von den Rechtsfolgen in Anm. 43—44.

Über einen Fall eines gegen den Vmer wirkenden Rechtsscheins vgl. BGH 27. IX. 1956 NJW 1956 S. 1673—1675 = VersR 1956 S. 638—639.

[28] b) Restfälle.

Der Gedanke des Rechtsscheins spielt nicht nur bei der Stellvertretung, also bei der Rechtsscheinsvollmacht eine Rolle. Überall wo in der Rechtsordnung eine Zurechnung fremden Tuns oder Unterlassens, Wissens oder Wissenmüssens vorgesehen ist, kann ein Scheintatbestand dem Verkehr vorspiegeln, es seien die Zurechnungsvoraussetzungen gegeben, und dieser Scheintatbestand kann von dem durch die Zurechnung Belasteteten gesetzt sein.

So kann es **Erfüllungsgehilfen** kraft Rechtsscheins geben, die zwar vom Geschäftsherrn nicht als „funktionsbedingte Erfüllungsdiener" eingesetzt sind, aber bei denen der Geschäftsherr ein Tätigwerden (zwar nicht will und billigt, aber) geschehen läßt (hierzu sehr vorsichtig Soergel-Siebert-Schmidt Anm. 10 zu § 278, S. 1023). Auch Vsagenten (oder Scheinagenten) können Scheinerfüllungsgehilfen sein, so daß § 278[1] BGB nebst den Rechtssätzen über Vsagenten als Erfüllungsgehilfen (Anm. 29—52 zu § 44), speziell über die culpa in contrahendo, entsprechend anzuwenden ist (Anm. 48 zu § 44, Möller Vsvermittlung S. 137 Anm. 59).

Auch **Verrichtungsgehilfen** kraft Rechtsscheins können vorkommen. Dann gelten entsprechend die Grundsätze betreffend die Haftung des Vers für Verrichtungsgehilfen (Anm. 53 zu § 44).

Weiter könnte ein Vsagent **Wissenserklärungsvertreter** des Vers kraft Rechtsscheins sein, sei es als passiver, sei es als aktiver Vertreter.

Auch eine **Wissenszurechnung** kraft Rechtsscheins kann es geben, so wenn ein Vermittlungsagent sich als Abschlußagent geriert. Hier findet § 44 keine Anwendung

(Anm. 11 zu § 44 unter ee). § 166 BGB kann im Falle der Rechtsscheinsvollmacht entsprechend angewendet werden (Anm. 4 zu § 44, Anm. 43).

Schließlich sei erwähnt, daß bei **nicht ständig betrauten Vsvermittlern**, z. B. Vsmaklern, der Rechtsschein dafür sprechen kann, eine ständige Betrauung, also ein Vsagentenverhältnis liege vor (Anm. 11 zu § 43, vgl. KG 27. IV. 1932 VA 1932 S. 225—226 Nr. 2424 = JRPV 1932 S. 221—222).

[29] 2. Abgrenzung der Rechtsscheinsvollmacht.

Die Rechtsscheinsvollmacht muß in mehrfacher Richtung abgegrenzt werden, und zwar besonders zur echten Vollmacht hin (Anm. 30—31). Dabei geht es erstens — gleichsam objektiv — um die Frage: Wo ist Raum für eine Rechtsscheinsvollmacht? (Anm. 30). Zweitens ist — in subjektiver Hinsicht — zu untersuchen: Wodurch unterscheidet sich eine stillschweigend oder konkludent erfolgte Bevollmächtigung, speziell eine Duldungsvollmacht, von der Rechtsscheinsvollmacht? (Anm. 31). Im Anschluß an die Abgrenzung der Rechtsscheinsvollmacht von der echten Vollmacht muß die Grenzziehung zu anderen Rechtsinstituten erfolgen (Anm. 32).

[30] a) Abgrenzung zur echten Vollmacht.

aa) Objektive Merkmale.

Für die Annahme einer Rechtsscheinsvollmacht ist nur Raum, wenn und soweit für einen Vsagenten eine (aktive oder passive) echte Vollmacht fehlt. Ein vollständiges Fehlen der echten Vollmacht kommt in Betracht, wenn eine solche niemals bestanden hat oder erloschen ist. Darüber hinaus kann der Rechtsscheinsgedanke aber auch insoweit zum Zuge kommen, als eine echte Vollmacht zwar prinzipiell existiert, aber in ihrem Umfang begrenzt ist, sei es infolge der primär erfolgten Umschreibung des Vollmachtsumfanges, sei es infolge sekundärer Ausnahmeregelungen, die den Vollmachtsumfang beschränken. Die sich hiernach ergebenden vier Fallgruppen seien durch einige Beispiele erläutert:

Erstens: Eine **Vollmacht hat nie bestanden.** — Solcher Fall ist z. B. gegeben, wenn ein ohne Vollmacht beschäftigter Arbeitnehmer eines Vers oder eines (echten) Generalagenten sich nach außen hin als Vsagent geriert, gleichgültig, ob als Vermittlungs- oder als Abschlußagent. In BGH 25. VI. 1956 BGHZ Bd 21 S. 122—124, 128 hatte eine Innendienstangestellte einer Bezirksdirektion des beklagten Vers Vsbestätigungen ausgegeben; „wenn die Beklagte ihren Angestellten bereits mit Faksimile-Unterschriften versehene Bestätigungskarten in die Hand gibt, so muß sie die Gefahr eines Mißbrauchs in Kauf nehmen und zumindest aus den Gesichtspunkten des Rechtsscheins und des Vertrauensschutzes dafür einstehen". In RG 7. I. 1902 RGZ Bd 50 S. 75—77 hatte ein im Außendienst beschäftigter bloßer Bote sich als Abschlußagent geriert. — Aber beileibe nicht nur Arbeitnehmer eines Vers oder seines Generalagenten kommen als Scheinbevollmächtigte in Betracht, sondern auch selbständig handelnde Dritte, bei denen womöglich jedes Innenverhältnis fehlt. So könnte eine Rechtsscheinsvollmacht angenommen werden, wenn ein Ver Vsbestätigungen im Büro derart herumliegen läßt, daß ein Besucher sie sich aneignen kann. Treibt er nunmehr Mißbrauch mit solcher Versicherungsbestätigung, so kann es so angesehen werden, als sei dieser Dritte Abschlußagent des Vers. Häufiger kann es bei Vsmaklern oder anderen nicht ständig Betrauten vorkommen, daß sie als Rechtsscheinsbevollmächtigte zu behandeln sind (Anm. 11 zu § 43, vgl. auch KG 27. IV. 1932 JRPV 1932 S. 221—222, 11. I. 1933 JRPV 1933 S. 139 = Hans RGZ 1942 A Sp. 35—36).

Zweitens: Eine **Vollmacht ist erloschen.** — Vorweg ist hierbei zu beachten, daß in einigen Fällen der Bevollmächtigte und das Publikum dadurch geschützt werden, daß das Agenturverhältnis und damit auch die Vollmacht als fortbestehend gelten (Anm. 44 zu § 43); insoweit ist für eine Rechtsscheinsvollmacht kein Raum. — Ist aber die Vollmacht eines Vsagenten wirklich beendet, so kennen doch im Interesse des gutgläubigen Verkehrs die §§ 170, 171 II, 172 II BGB die Fiktion eines Fortbestehens. Es geht um die Fälle, in denen die Vollmacht extern erteilt oder doch durch besondere Mitteilung an einen Dritten oder durch öffentliche Bekanntmachung kundgegeben oder in einer

Vollmachtsurkunde dokumentiert war. Die konkreten Rechtsscheinsnormen des allgemeinen bürgerlichen Rechts gestatten eine gewisse Ausweitung im Wege der Analogie, z. B. dann, wenn dem ausgeschiedenen Vsagenten vom Ver ausgefertigte Vsscheine, Prämienrechnungen oder Prämienquittungen belassen worden sind (Näheres: Anm. 43 zu § 43).

Aber die analoge Anwendung der bürgerlichrechtlichen Spezialnormen hat Grenzen. Sie versagt z. B. dann, wenn eine Vollmacht nur intern erteilt und nicht durch besondere Mitteilung oder öffentliche Bekanntmachung kundgegeben worden war, und wenn überdies die Aushändigung einer Vollmachtsurkunde oder anderer legitimierender Dokumente keine Rolle spielt. Deshalb richtig KG 8. VI. 1929 JRPV 1929 S. 301—302, bedenklich LG Berlin gemäß KG 28. XI. 1925 JRPV 1926 S. 7—8, welches generell unter Berufung auf § 171 II BGB meint: „Es würde Treu und Glauben im Verkehr in krasser Weise widersprechen, wenn die Beklagte, nachdem sie G. als Leiter ihrer Bezirksdirektion in K. eingesetzt hatte und er als solcher dort bekannt geworden war, Dritten gegenüber, die sich hierauf verlassen, aus einem nur dem G. selbst erklärten Widerrufe der Vollmacht Rechte herleiten könnte . . . Die Beklagte hat . . . unstreitig nicht nur nicht den Widerruf in irgendeiner Weise bekannt gemacht, sondern auch geduldet, daß G. die Vordrucke der Beklagten weiter benutzte, so daß der Vollmachtswiderruf in keiner Weise nach außen hin erkennbar geworden ist." Irgendwelche Vordrucke können aber unterschriebenen Vsscheinen usw. nicht gleichgesetzt werden.

Ebensowenig wie die bürgerlichrechtlichen Normen läßt sich § 47 zum Schutz Dritter heranziehen, falls eine Vollmacht vollständig erloschen ist. Unrichtig deshalb KG 24. IX. 1924 JRPV 1924 S. 56: „Jedenfalls braucht nach § 47 . . . der Dritte, also hier die Klägerin, die Beschränkung und damit wie hier die Entziehung der einmal erteilten Vertretungsmacht nur dann gegen sich gelten zu lassen, wenn er die Beschränkung beim Abschluß kannte oder infolge grober Fahrlässigkeit nicht kannte." Man darf nicht ohne weiteres Beschränkung und Entziehung einander gleichsetzen. Es ging um den Widerruf einer Untervollmacht, die ein echter Generalagent erteilt hatte. Der Rechtsschein einer Fortexistenz der Untervollmacht wurde dadurch bekräftigt, daß dem Unteragenten nach seinem Ausscheiden von Fall zu Fall besondere Vollmachten erteilt worden sind, wobei die Abschlüsse dann äußerlich „genau in derselben Weise getätigt wurden wie vorher". So dürfte das Ergebnis des KG billigenswert sein, nicht aber die Berufung auf § 47.

Mit Recht ist der allgemeine Rechtsscheinsgedanke zugrundegelegt worden vom RG 20. XII. 1940 JRPV 1941 S. 44—45: Hier hatte ein nur kurzfristiges Agenturverhältnis bestanden und eine Deckungszusage wurde erst nach der Beendigung akut: „Wenn die Beklagte unter solchen Umständen ihre Firmenpapiere nicht sofort zurückverlangte, wenn sie überhaupt nicht gleichzeitig mit der sofort wirkenden Entziehung jeglicher Befugnis des Sch. gewissenhaft Vorsorge dafür traf, wie laufende, von Sch. eingeleitete Beziehungen abzuwickeln seien, so muß sie nach Treu und Glauben" nachträgliche Deckungszusagen gegen sich gelten lassen. — Vgl. ferner KG 8. VI. 1929 JRPV 1929 S. 302. — Ein Rechtsscheins kann sich auch dann nachwirkend ergeben, wenn ein selbständiger Vsagent als Vollkaufmann eine eingetragene Firma führt, bei welcher ein Firmenzusatz den Anschein erweckt, der Vsagent sei nach wie vor Vertreter der Vsgesellschaft X (Anm. 42 zu § 43). — Handelte es sich bei dem ausgeschiedenen Vsagenten um einen unselbständigen Außendienstprokuristen mit Filialprokura (sehr selten, vgl. § 50 III HGB), so kommt vor der Löschung der Filialprokura im Handelsregister ein Schutz Dritter unter dem Gesichtspunkt der negativen Publizität des Handelsregisters in Betracht (vgl. § 15 I, III HGB).

Im Falle AG Köln 17. VIII. 1950 VersR 1951 S. 15 ist einem Vmer der Rechtsscheinsschutz versagt worden. Dieser Vmer hatte einem früheren Vsinspektor des Vers ohne Aushändigung des Vsscheins die Erstprämie gezahlt, wobei der Vsinspektor allerdings eine Beitragsquittung noch auf einem Formular des Vers erteilt hatte.

Drittens: Eine **Vollmacht besteht,** ist aber **primär limitiert.** Hier kommt eine Rechtsscheinsvollmacht insoweit in Betracht, als der Vsagent die primäre Umfangsbegrenzung überschreitet.

Der Hauptfall ist jener, daß ein bloßer Vermittlungsagent über § 43 hinaus tätig wird, also Vsverträge abschließt (vgl. §§ 75 h I, 91 a I HGB). Ein Abschlußagent könnte über die §§ 43, 45 hinaus tätig werden, indem er z. B. Prämien kassiert (Anm. 20 zu § 45). Als primäre sachliche Begrenzung einer Agentenvollmacht kommt ferner diejenige auf bestimmte Vszweige in Betracht (Anm. 22 zu § 43, Anm. 15 zu § 45); für den Fall einer Grenzüberschreitung vgl. §§ 75 h II, 91 a II HGB. Schließlich gilt eine Agenturvollmacht nach § 46 möglicherweise örtlich begrenzt (Anm. 23 zu § 43, Anm. 16 zu § 45); für den Fall einer Grenzüberschreitung vgl. wieder §§ 75 h II, 91 a II HGB.

In allen diesen Fällen können §§ 75 h, 91 a HGB (Beispiele: Anm. 37 zu § 43) den Verkehr nicht ausreichend schützen; denn für den Ver bleibt die Möglichkeit bestehen, unverzüglich, nachdem er über den vollmachtüberschreitenden Abschluß und wesentlichen Inhalt des Geschäfts benachrichtigt worden ist, dem Dritten gegenüber das Geschäft abzulehnen.

Auch § 47 schützt den Verkehr bei einer Überschreitung primärer Vollmachtsgrenzen nicht (Anm. 22 zu § 43, Anm. 13 zu § 47).

Nur wenn die besonderen Voraussetzungen einer Rechtsscheinsvollmacht gegeben sind, kommt ein Schutz gutgläubig vertrauender Dritter in Betracht. Die Rechtsprechung bietet zahlreiche Beispiele: RG 16. VI. 1931 RGZ Bd 133 S. 97—101 betrifft einen Vermittlungsagenten (tätig nicht nur für jene öffentlichrechtliche Vsanstalt, bei der er angestellt ist, sondern auch für eine Nachbaranstalt), der sich durch Erteilung einer Deckungszusage als Abschlußagent geriert. Fälle einer rechtsscheinsgedeckten Erteilung von Deckungszusagen sind überhaupt ziemlich häufig, speziell in der Kraftfahrtversicherung unter Verwendung von Vsbestätigungen durch bloße Vermittlungsagenten (vgl. Anm. 6 m. w. N.). Auch der Fall, daß Vermittlungs- oder Abschlußagenten ohne Vollmacht kassieren, kommt nicht selten vor. Im Falle OLG Köln 4. IV. 1919 JW 1920 S. 446 sprach der Rechtsschein dafür, daß eine nur für die Transportversicherung gegebene Abschlußvollmacht auch für die Lagerversicherung gelte (vgl. schon Anm. 15). Im Falle RG 4. VII. 1927 JW 1927 S. 2114 ist sogar angenommen worden, ein Vsagent(?) könne Darlehen namens des (beklagten) Vers aufnehmen, wenn er „im Einverständnis mit dem Bekl. sich als Direktor des J.-Konzerns Abt. Groß-Berlin bezeichnet habe", mit einem Schild im Geschäftsraum: „Alleinzeichnungsberechtigt ist für die Abt. Groß-Berlin nur Herr Direktor B., der wie untenstehend zeichnet: J.-Konzern Abt. Groß-Berlin B."

Viertens: Eine **Vollmacht besteht,** ist aber **sekundär beschränkt.** Solche Beschränkung liegt vor, falls eine sachlich — insbesondere durch Vszweige — und eventuell örtlich klar umrissene Vermittlungs- oder Abschlußvollmacht durch Ausnahmeregelungen, also nicht primär, eingeschränkt wird.

§ 47[1] behandelt die **„Beschränkung" der** dem Vsagenten **nach den §§ 43 bis 46 zustehenden Vertretungsmacht** und versagt einen Publikumsschutz nur für jenen Fall, in welchem ein Dritter die Beschränkung kannte oder infolge grober Fahrlässigkeit nicht kannte. Da § 47 im Vergleich zum allgemeinen Rechtsscheinsprinzip eine Besserstellung des Publikums mit sich bringt, ist für die Institution der Rechtsscheinsvollmacht allenfalls dann Raum, wenn man vermittels ihrer auch Personen schützt, welche grobfahrlässig die Beschränkung der Vertretungsmacht nicht kannten (zum Begriff der Gutgläubigkeit bei der Rechtsscheinsvollmacht vgl. Anm. 40). Denn der Schutz des § 47 versagt bei grober Fahrlässigkeit des Dritten.

Aber sekundäre Beschränkungen der Vertretungsmacht eines Vsagenten können auch außerhalb des § 47 vorkommen. Man denke an Fälle, in denen einem Vsagenten über die §§ 43, 45 hinaus eine zunächst erweiterte Vollmacht erteilt worden ist, also z. B. eine Vollmacht zur Polizenausfertigung, zum Prämieninkasso, zur Schadensregulierung (Anm. 29—33). Wird solche Vollmacht durch Ausnahmeregelungen sekundär beschränkt, dürfen z. B. Schäden gewisser Kunden oder von bestimmter Höhe an vom Vsagenten nicht bearbeitet werden, so ist § 47 unmittelbar nicht anwendbar, nur eine Analogie kommt in Frage (Anm. 11 zu § 47). Jedenfalls ist hier aber für die allgemeinen Prinzipien der Rechtsscheinsvollmacht Raum.

Von sekundären Beschränkungen der Vertretungsmacht sind **rein interne Weisungen** zu unterscheiden (vgl. schon Anm. 22 zu § 43). Sie haben keine Außenwirkung, d. h. die Vertretungsmacht wird nicht eingeschränkt, das Publikum ist geschützt, da die Vollmacht die normale Fremdwirkung entfalten kann.

[31] bb) Subjektive Merkmale.

Wenn es gilt, echte Vollmacht und Rechtsscheinsvollmacht zu unterscheiden, so ist vom äußeren Tatbestand auszugehen; schon RG 7. I. 1902 RGZ Bd 50 S. 76 betont, „daß es darauf ankommt, ob und wie die Bevollmächtigung in die äußere Erscheinung tritt" (zitiert von RG 13. V. 1916 RGZ Bd 88 S. 235). Die wahrnehmbare **Erklärung** ist primär bedeutungsvoll.

Da aber die (rechtsgeschäftliche) Vollmacht auf Willenserklärung beruht, kann jedenfalls bei der echten Vollmacht auf das Willensmoment, also den **Geschäftswillen** des Vollmachtgebers nicht verzichtet werden. In dieser Richtung liegen die Schwierigkeiten der Abgrenzung (stillschweigender und konkludenter) echter Vollmachten von Rechtsscheinsvollmachten (vgl. schon Anm. 16 zu § 43). Theorie und Rechtsprechung sind erst allmählich zu befriedigenden Ergebnissen gelangt (über die Entwicklung vgl. Fikentscher ArchCivPrax Bd 154 S. 1—9, Macris a. a. O. S. 9—103).

Die frühere Rechtsprechung nahm allzu großzügig stillschweigende und konkludente Bevollmächtigungen an, ohne die Willensrichtung des „Vertretenen" zu prüfen. Ein Geschäftswille wurde letzterem einfach unterschoben, mit der Folge, daß für das Institut der Rechtsscheinsvollmacht kein Bedürfnis bestand, der „Vertreter" nicht als falsus procurator handelte und nicht einmal intern schadensersatzpflichtig gemacht werden konnte. Es gibt sogar Fälle, in denen es offensichtlich ist, daß der „Vertreter" (nicht nur ohne, sondern) gegen den Willen des „Vertretenen" tätig wurde. Vgl. Macris a. a. O. S. 44—45 m. w. N., zur Theorie Macris a. a. O. S. 53—54 m. w. N.

Der Rechtsscheinsgedanke bricht sich erst allmählich Bahn (frühe Urteile RG 22. I. 1892 RGZ Bd 28 S. 390, 1. III. 1904 JW 1904 S. 215—216, 26. I. 1911 VA 1911 Anh. S. 71 Nr. 608). Noch lange werden echte (stillschweigend oder konkludent erteilte) Vollmacht und Rechtsscheinsvollmacht miteinander verquickt. Unklar — aus dem Vsrecht — sprechen z. B. RG 21. II. 1883 RGZ Bd 9 S. 239, 7. I. 1902 RGZ Bd 50 S. 76—77 von einer prima facie anzunehmenden Abschlußvollmacht, und das letztgenannte Urteil legt besonderen Wert auf die „äußere Erscheinung" und darauf, daß „ein Principal es zuläßt, daß ein Anderer sich als Handlungsbevollmächtigter geriert". Was bedeutet „zuläßt"? Ist hier ein Geschäftswillen vorauszusetzen? Eine gleiche Unklarheit hinterläßt RG 13. V. 1916 RGZ Bd 88 S. 231—236, ein Fall, in welchem ein Seevsabschlußagent Kriegsven gezeichnet hatte: „Denn dadurch, daß die Gesellschaft die Zeichnung solcher Policen durch ihren Agenten zuläßt, erklärt sie, daß die Eingehung derartiger Ven zu ihrem gewöhnlichen Geschäftsbetriebe gehört, und zugleich, daß sich die Abschlußvollmacht des Agenten auf derartige Ven erstreckt" (S. 236). Vgl. auch RG 24. VI. 1926 JW 1927 S. 1249—1250 mit kritischer Anm. Schmidt-Rimpler, RG 14. XI. 1933 JW 1934 S. 417 = VA 1933 S. 404—405 Nr. 2626, KG 21. VI. 1924 HansRZ 1924 Sp. 684—685, 21. XII. 1929 JRPV 1930 S. 116—117, 27. IV. 1932 VA 1932 S. 225—226 Nr. 2424 = JRPV 1932 S. 221—222, 13. VII. 1932 HansRGZ 1941 A Sp. 265—268, 11. I. 1933 JRPV 1933 S. 138—139 = HansRGZ 1942 A Sp. 35—36, OLG Düsseldorf 18. XII. 1933 VA 1933 S. 398 Nr. 2624, OLG Hamm 7. II. 1936 HansRGZ 1937 A Sp. 141, OLG Köln 22. XI. 1932 HansRGZ 1941 A Sp. 268—269.

Etwa seit Ende der zwanziger Jahre gibt es vsrechtliche Entscheidungen, die eindeutig mit dem Gesichtspunkte des Rechtsscheins einer Vollmacht arbeiten. RG 4. VII. 1927 JW 1927 S. 2114 sagt in Abgrenzung zur echten Vollmacht besonders klar, es sei „in Rechtsprechung und Schrifttum anerkannt, daß jemand auch dann für die Handlungen eines anderen haftbar gemacht werden kann, wenn er ein Verhalten an den Tag legt, das bei Dritten die Meinung hervorzurufen geeignet ist, daß er den anderen zum Handeln in seinem Namen bevollmächtigt habe." RG 16. VI. 1931 RGZ Bd 133 S. 100: „Daß eine Haftung des Geschäftsherrn für Handlungen eines Angestellten, die über dessen wirkliche Bevollmächtigung hinausgehen, daraus begründet werden kann, daß sich der Geschäftsherr in einer Weise verhält, die nach Treu und Glauben das Publikum zu der Annahme veranlassen kann, der Angestellte sei zur Eingehung der Verbindlichkeit ermächtigt, wird in Anlehnung an § 54 HGB von Rechtsprechung und Rechtslehre allgemein anerkannt." Auf dieses Urteil berufen sich sodann RG 25. V. 1937 RGZ Bd 155 S. 107, 20. XII. 1940 JRPV 1941 S. 45 = DR 1941 S. 998—999 mit Anm. Kersting (Vorinstanz: OLG Hamm 29. VII. 1938 VA 1938 S. 238—239

Nr. 3082). Wichtig ist auch das Urteil OGH Wien 7. XII. 1949 VsRundschau 1950 S. 73—76. Vgl. ferner KG 8. VI. 1929 JRPV 1929 S. 301—302, 14. VI. 1934 JRPV 1934 S. 268, OLG Hamburg 27. IV. 1933 VA 1933 S. 333 Nr. 2576 = JRPV 1933 S. 285—286, OLG Köln 15. I. 1958 VersR 1958 S. 588, LG Görlitz 22. X. 1928 VA 1929 S. 228—229 Nr. 1995, LG Köln 18. VI. 1936 VA 1936 S. 219—220 Nr. 2900.

Manche Urteile lassen die Frage, ob echte Vollmacht oder Rechtsschein, dahingestellt, da im Außenverhältnis zum Vmer die gleichen Rechtswirkungen eintreten. Vgl. z. B. KG 14. IV. 1926 VA 1926 S. 229—230 Nr. 1598 = JRPV 1926 S. 135—136, OLG Celle 22. V. 1950 VersR 1950 S. 114—115, OLG Köln 16. VI. 1933 HansRGZ 1941 A Sp. 271—272.

Aber eine vertiefte Behandlung der Rechtsscheinsproblematik findet sich in der deutschen **höchstrichterlichen Judikatur** erst **nach dem zweiten Weltkriege.** Außerhalb des Vsrechtes sind folgende Urteile besonders bedeutungsvoll:

BGH 12. II. 1952 BGHZ Bd 5 S. 116: „Auf den Rechtsschein der Vollmacht kann sich der Geschäftsgegner des Vertretenen in solchen Fällen berufen, in denen er nach Treu und Glauben annehmen durfte, der Vertretene kenne und dulde das Verhalten des für ihn auftretenden Vertreters. Daß diese Voraussetzung hier für den Kläger gegeben war, der von der Gastwirtin Sch. nicht nur die Wettscheine erhielt, sondern sie auch im Besitz der Wertmarken und des Entwertungsstempels der Beklagten sah, hat das Berufungsgericht ohne Rechtsirrtum angenommen. Es übersieht aber, daß eine weitere Voraussetzung auf seiten des Geschäftsherrn erfüllt sein mußte, daß dieser nämlich bei pflichtgemäßer Sorgfalt das Verhalten des Vertreters hätte erkennen müssen und verhindern können."

BGH 10. III. 1953 MDR 1953 S. 345—346: „Nach anerkannten Rechtsgrundsätzen kann sich der Vertretene auf den Mangel der Vollmacht seines angeblichen Vertreters dann nicht berufen, wenn er dessen Verhalten zwar nicht kannte, es aber bei pflichtgemäßer Sorgfalt hätten kennen und verhindern können und wenn der Geschäftsgegner das Verhalten des Vertreters nach Treu und Glauben dahin auffassen durfte, daß es dem Vertretenen bei verkehrsmäßiger Sorgfalt nicht habe verborgen bleiben können und daß dieser es also dulde ... Er muß sich in diesem Fall den Rechtsschein der Vollmacht des für ihn Handelnden, den er durch sein eigenes Verhalten herbeigeführt hat, entgegenhalten lassen. Im Gegensatz zu diesem Fall der sog. Anscheinsvollmacht steht die stillschweigende Vollmachtserteilung, wenn nämlich der Vertretene das ihm bekannte Verhalten des Vertreters duldet und diese Duldung vom Geschäftsgegner nach Treu und Glauben und mit Rücksicht auf die Verkehrssitte dahin gedeutet werden darf, daß der Vertreter vom Vertretenen Vollmacht, für ihn zu handeln erhalten hat." Der BGH fügt noch hinzu, daß die Grundsätze über die Duldungsvollmacht/Anscheinsvollmacht nicht nur auf den wirtschaftlichen Verkehr Anwendung finden müßten: „Nur werden, da die Grundsätze von Treu und Glauben und die Verkehrsauffassung maßgebend sind, unterschiedliche Beurteilungen möglich sein, je nachdem es sich um Beziehungen zwischen kaufmännischen Betrieben oder ... um Beziehungen zu wirtschaftsfremden Persönlichkeiten handelt." Ferner wird dargelegt: „Die Grundsätze über die Anscheinsvollmacht setzen im allgemeinen voraus, daß dasjenige Verhalten des einen Teiles, aus dem der Vertragsgegner auf die Bevollmächtigung eines Dritten schließen zu können glaubt, von einer gewissen Dauer ist und sich nicht nur in wenigen Teilakten erschöpft ... Denn nur bei solcher Sachlage wird im allgemeinen gesagt werden können, der Vertragsgegner habe aus der Duldung des Auftretens des Stellvertreters entnehmen dürfen, daß das Handeln des Vertreters dem Vertretenen nicht verborgen geblieben sein könne und daß er, da er es geduldet habe, mit der Vertretung einverstanden sein müsse."

BGH 5. I. 1955 MDR 1955 S. 214—215 wiederholt Formulierungen der beiden Vorentscheidungen, auch bezüglich der in der Regel vorauszusetzenden „Häufigkeit oder Dauer von Zuständigkeitsüberschreitungen".

BGH 21. IV. 1955 NJW 1955 S. 985 wendet die Rechtsprechung betreffend die Rechtsscheinsvollmacht auch gegenüber juristischen Personen des öffentlichen Rechts an (was für öffentlichrechtliche Ver Bedeutung gewinnen kann).

BGH 29. XI. 1956 BGHZ Bd 22 S. 238: „Die rechtliche Bedeutung des Rechtsscheins, die einer Reihe von gesetzlichen Vorschriften zugrunde liegt (hier insbesondere §§ 5, 15 HGB), ist in Lehre und Rechtsprechung, auch in der des erkennenden Senats, in steigendem Maße auf solche Fälle ausgedehnt worden, die gesetzlich nicht ausdrücklich geregelt sind. Wer einen bestimmten Rechtsschein erweckt, muß sich in weitem Umfang so behandeln lassen, als ob die wirkliche Lage diesem Rechtsschein entspräche. Dabei wird jedoch stets vorausgesetzt, daß ein anderer durch sein Vertrauen auf diesen Rechtsschein zu irgendwelchen Entschließungen veranlaßt wird, die er bei Kenntnis der wahren Rechtslage nicht oder anders getroffen haben würde."

BGH 15. XII. 1955 NJW 1956 S. 460: „Die beiden Fälle der sog. ‚Duldungsvollmacht' und der sog. ‚Anscheinsvollmacht' sind zwar in dem von der Revision herangezogenen Urteil ... deutlich unterschieden. In beiden Fällen setzt aber die Bindung des Geschäftsherrn durch das Verhalten des nicht bevollmächtigten Vertreters voraus, daß dieses Verhalten nicht nur dem Geschäftsherrn bekannt war oder hätte bekannt sein müssen, sondern daß auch der Geschäftspartner es bei Abschluß des streitigen Geschäfts gekannt hat. Kannte dieser es nicht, so liegt auch kein Anlaß für ihn vor, sich im Rahmen von Treu und Glauben darauf zu berufen."

BGH 12. VII. 1957 MDR 1958 S. 83—84 verwendet für die Rechtsscheinsvollmacht wieder die ältere Formulierung, die darauf abstellt, ob der „Vertretene" das Handeln des „Vertreters" hätte kennen und verhindern können. Außerdem wird darauf hingewiesen, daß es zeitlich allein auf den Rechtsschein bei Vertragsabschluß ankomme.

Aus dem Bereiche des Versicherungsrechtes gibt es drei (weniger ergiebige) Urteile des BGH:

BGH 26. XI. 1952 VersR 1953 S. 13 lehnt es ab, daß durch die Entsendung und Ankündigung eines Regulierungsangestellten der Rechtsschein einer Vollmacht für ein Abfindungsabkommen entstehe.

BGH 25. VI. 1956 BGHZ Bd 21 S. 128: „Wenn die Beklagte ihrer Angestellten bereits mit Faksimile-Unterschriften versehene Bestätigungskarten in die Hand gibt, so muß sie die Gefahr eines Mißbrauchs in Kauf nehmen und zumindest aus den Gesichtspunkten des Rechtsscheins und des Vertrauensschutzes dafür einstehen, wenn ein Dritter, dem eine solche Karte ausgehändigt wird, den durchaus naheliegenden Schluß zieht, daß die Angestellte zu dieser Handlung auch ermächtigt sei und der Ver die darin liegende konkludente Willenserklärung billige." Das Urteil scheidet die rechtlichen Gesichtspunkte des Rechtsscheins und der konkludenten Willenserklärung nicht in scharfer Weise.

BGH 27. IX. 1956 NJW 1956 S. 1673—1675 = VersR 1956 S. 638—639 betrifft den Rechtsschein auf der Seite des Vmers und wiederholt die Formel des BGH: „Denn anders als bei der sog. ‚Duldungsvollmacht' kommt es bei der Anscheinsvollmacht gerade nicht darauf an, ob der Vertretene das Verhalten des vollmachtlosen Vertreters kennt; es genügt, daß er es bei genügender Sorgfalt kennen mußte und verhindern konnte." Ferner betont das Urteil nochmals, daß es nicht erheblich sei, ob es sich um den Verkehr mit kaufmännischen Betrieben handle, und es weist auf das Erfordernis der Häufigkeit oder Dauer des Verhaltens des „Vertretenen" hin.

Die Rechtsprechung ist von Fikentscher ArchCivPrax Bd 154 S. 8 folgendermaßen zusammengefaßt:

„Schließt jemand mit dem angeblichen Vertreter eines anderen ein zweiseitiges Rechtsgeschäft, so wird der andere kraft des Rechtsscheins der in Wahrheit nicht erteilten Vollmacht verpflichtet und berechtigt, wenn der mit dem Vertreter Abschließende nach Treu und Glauben mit Rücksicht auf die Verkehrssitte aus dem Verhalten des anderen entnehmen darf, er kenne und dulde das Tätigwerden des für ihn auftretenden Vertreters und habe ihn zu solchem Auftreten bevollmächtigt.

Eine Vertretungswirkung tritt jedoch nicht ein, wenn der andere das Tätigwerden des Vertreters bei Anwendung der im Verkehr erforderlichen Sorgfalt nicht hätte erkennen und verhindern können."

Fikentscher a. a. O. S. 110—111 spricht von dem „vertreterartigen Verhalten" einerseits, dem „geschäftsherrenartigen Verhalten des Vertretenen" andererseits, und daneben stehen Entschließung und Verhalten des gutgläubig vertrauenden Dritten. (Da ein Vsagent immer mit Fremdwirkungswillen handelt, kann hier das von Fikentscher a. a. O. S. 13—21 behandelte Problem, ob ein „Vertretungswille" zu fordern sei, unerörtert bleiben.)

Die Judikatur des BGH (am klarsten: BGH 10. III. 1953 MDR 1953 S. 345—346) geht immer wieder von den Fragen aus: Kannte (und duldete) der Vertretene das Verhalten des Vertreters? Hätte er das Verhalten kennen und verhindern können? Im ersten Fall soll echte (Duldungs-) Vollmacht vorliegen, im zweiten Rechtsscheinsvollmacht (ähnlich auch Soergel-Siebert-Schultze-von Lasaulx Anm. 12 zu § 167, S. 619, Anm. 14 zu § 167, S. 620, OLG München 30. V. 1959 VersR 1959 S. 979).

Es müßte aber für die Abgrenzung auf den **Geschäftswillen** des „Vertretenen", wie ihn jede Bevollmächtigung voraussetzt, größerer Wert gelegt werden. Richtig ist nun allerdings, daß bei mangelnder positiver Kenntnis des „Vertretenen" ein Geschäftswille und deshalb eine echte Vollmacht nicht gegeben sein kann. Hier kommt in der Tat nur Rechtsscheinshaftung in Frage. Wenn aber der „Vertretene" um das vertreterartige Verhalten weiß, so kann daraus nicht sogleich auf einen Geschäftswillen des „Vertretenen" geschlossen werden. Es gibt sogar manche Fälle, in denen der „Vertretene" — etwa durch Titelverleihung — durch sein eigenes Tun einen äußeren Tatbestand bewußt setzt und doch nicht will, daß der „Vertreter" als solcher tätig werde. Außerdem ist an die Fälle zu denken, in denen der „Vertretene" soeben vom Verhalten des „Vertreters" Kenntnis erhalten hat und noch nicht sogleich einschreiten kann. In Fällen der Kenntnis des „Vertretenen" kann also entweder echte Bevollmächtigung oder Rechtsscheinshaftung in Frage kommen. Der BGH stellt die Rechtsscheinshaftung der Duldungsvollmacht als echter Vollmacht gegenüber. Aber der Begriff Duldung ist hier aus mehreren Gründen unzweckmäßig. Er erfaßt nicht jene Tatbestände, in denen der Vertretene selbst den äußeren Tatbestand durch ein Tun gesetzt hat; die Duldung ist nur eine Sonderform des Unterlassens. Die Duldung ist das Unterlassen einer Person, die ein Recht zu verbietendem Tun hat. Der Begriff der Duldung sagt nichts darüber aus, ob faktisch der Duldende bereits Gelegenheit hatte, wirksam zu verbieten, und erst recht nichts darüber, aus welchen Motiven, mit welcher Willensrichtung die Duldung erfolgt. Kann nicht der „Vertretene" eine Zeitlang abwarten? Auch die Rechtsprechung stellt (bei Rechtsscheinshaftung) auf Häufigkeit oder Dauer der Zuständigkeitsüberschreitungen ab. Es erscheint im Verhältnis „Vertretener" — „Vertreter" unbillig, allzu schnell mit einer Duldungsvollmacht bei der Hand zu sein, die es ja ausschließt, daß intern der (echt) Bevollmächtigte schadensersatzpflichtig gemacht wird. Eine stillschweigende oder konkludent erteilte Vollmacht setzt voraus, daß der Geschäftswille des Vertretenen festgestellt werde. Es „muß sich aus dem Verhalten des Vollmachtgebers bei objektiver Wertung die Erklärung entnehmen lassen, daß er durch sein Verhalten Vollmacht habe erteilen wollen. Läßt sich nur annehmen, er sei damit einverstanden, daß ein Dritter als sein Vertreter auftritt, ohne daß hierin gleichzeitig die Erteilung einer Vollmacht erblickt werden kann, so veranlaßt er allein den Rechtsschein, der Dritte sei von ihm bevollmächtigt" (Enneccerus-Nipperdey I 2[14] S. 795). Es gibt durchaus Fälle einer Vertretung ohne Vertretungsmacht, bei denen der Vertretene weiß, daß der Vertreter als solcher tätig wird. In Duldungsfällen kann nur eine bewußte Duldung (eine Duldung im Bewußtsein dessen, daß sie vom Verkehr als Bevollmächtigung gewertet werde) eine echte Vollmacht entstehen lassen. Bei der Abgrenzung von Duldungs- und Rechtsscheinsvollmacht ist immer auch zu überlegen, ob der „Vertreter" intern Schonung verdient. Die hier vertretene Auffassung, wonach es eine (bloße) Rechtsscheinshaftung auch in Fällen geben kann, in denen der Geschäftsherr um die Zuständigkeitsüberschreitung positiv wußte, klingt an im Urteil BGH 15. XII. 1955 NJW 1956 S. 460.

[32] b) Abgrenzung zu anderen Rechtsinstituten.

Das Ziel, gutgläubig vertrauende Vmer zu schützen, wird nicht nur mit der Rechtsscheinshaftung erreicht (welche in Anm. 30—31 von der echten Vollmacht abgegrenzt worden ist).

Bereits hingewiesen wurde hinsichtlich des Erlöschens einer Vollmacht auf die im allgemeinen Zivilrecht vorgesehene Fiktion des Fortbestehens des Agenturverhältnisses (einschließlich Vollmacht) oder der Vollmacht allein (Anm. 44, 43 zu § 43, Anm. 30) und auf die negative Publizität des Handelsregisters (Anm. 30). Hinsichtlich limitierter Vollmachten gewähren §§ 54 III, 55 I, 75 g^2, 75 h, 91 I, II 2, 91 a HGB und § 47 den kontrahierenden Vmern einen gewissen Schutz (Anm. 37 zu § 43, Anm. 4 zu § 47, Anm. 30). Dabei wird in allen Fällen konstruktiv der Weg über die Lehre von der Stellvertretung beschritten. Die Lehre von der Rechtsscheinshaftung vervollständigt den Schutz, den die angeführten Normen gewähren.

Auch der Gewohnheitsrechtssatz, wonach ein Vsagent als Vertrauensperson des Vers — auch außerhalb der ihm übertragenen Vertretungsmacht — besonders durch Belehrungen und Aufklärungen Einfluß auf den Inhalt des Vsvertrages nehmen könne (vgl. Anm. 54—72 zu § 44), gehört in diesen Zusammenhang. Während ein Bevollmächtigter und ein Rechtsscheinsbevollmächtigter den Ver bei Willenserklärungen vertreten, geht es bei dem Gewohnheitsrechtssatz nur um die genauere Feststellung des Inhalts einer Vertragsbestimmung (Anm. 57 zu § 44). Auskünfte eines durch Rechtsschein besonders herausgestellten Vsagenten hat die Judikatur als besonders vertrauenswürdig behandelt (Anm. 58 zu § 44). Was die Vertrauensfrage anlangt, so kommt es nach dem Gewohnheitsrechtssatz darauf an, ob der Vmer ohne erhebliches Verschulden die Belehrung oder Aufklärung des Vsagenten für richtig erachten konnte (Anm. 68—69 zu § 44), während bei der Rechtsscheinshaftung das gutgläubige Vertrauen in die Bevollmächtigtenstellung des Vmers entscheidet (Anm. 39—40). Die Grenzen zwischen einer bloßen Auskunft (Belehrung oder Aufklärung) einerseits und einer rechtsgeschäftlichen Willenserklärung (Vertretungshandlung) andererseits sind im Einzelfall zuweilen flüssig, z. B. wenn der Vsagent äußert, der Vmer sei nun (z. B. hinsichtlich der fraglichen Personen oder Gegenstände, örtlich oder zeitlich) gedeckt, es sei alles „in Ordnung": Über Auskünfte dieses Inhalts vgl. Anm. 66 zu § 44; über entsprechende Vertretungshandlungen z. B. KG 11. I. 1933 JRPV 1933 S. 138—139 = HansRGZ 1942 A Sp. 35—36 (offenlassend, ob echte Vollmacht oder Rechtsscheinshaftung); unklar in der rechtlichen Konstruktion OLG Celle 3. VII. 1931 VA 1932 S. 8—9 Nr. 2371.

Titze JW 1925 S. 1753 und Lenz JR 1931 S. 150—151 haben vorgeschlagen, Fälle, in denen die Rechtsprechung Rechtsscheinshaftung annahm, unter dem Gesichtspunkte der culpa in contrahendo zu lösen. Jedoch sind Tatbestand und Rechtsfolge beider Rechtsbehelfe sehr verschieden. Verschulden beim Vertragsschluß setzt die Feststellung einer Verbindlichkeit des Vers voraus (Anm. 35—46 zu § 44), ferner ein Eingesetztsein des Vsagenten zur Verbindlichkeitserfüllung (Anm. 48 zu § 44) und ein Verschulden des Vsagenten bei der Verbindlichkeitserfüllung (Anm. 49 zu § 44). Demgegenüber erfordert die Rechtsscheinshaftung völlig abweichende Voraussetzungen (Anm. 34—42), jedenfalls weder eine vorvertragliche Verbindlichkeit des Vers noch ein Verschulden des Vsagenten, und der Scheintatbestand kann nicht nur auf einem Tun des Vers beruhen, sondern auch auf einem Unterlassen (Anm. 36—38). Während culpa in contrahendo zum Schadenersatz führt (Anm. 50—52 zu § 44), löst die Rechtsscheinshaftung einen Erfüllungsanspruch aus (Anm. 43). Daraus ergibt sich: Läßt sich ein (primärer) Erfüllungsanspruch aus Rechtsscheinshaftung ableiten, so ist für einen (sekundären) Schadensersatzanspruch gegen den Ver kein Raum. Fehlt es an jeder Vertretungsmacht (kraft echter Vollmacht oder kraft Rechtsscheins), so fragt es sich, ob die Normen über die Vertretung ohne Vertretungsmacht umgangen werden können auf dem Wege über die culpa in contrahendo (dazu Anm. 35 zu § 44).

[33] 3. Rechtsgrundlagen der Rechtsscheinshaftung.

Die Rechtsscheinshaftung ist zu einem eigenständigen Rechtsinstitut geworden, das — von der Rechtsprechung herausgearbeitet und bestätigt — heute möglicherweise sogar kraft Gewohnheitsrechtes besteht, nicht nur unter Kaufleuten als Handelsgewohnheitsrecht.

Überdies läßt sich die Rechtsscheinshaftung aus Treu und Glauben ableiten (Soergel-Siebert-Schultze-v. Lasaulx Anm. 12 zu § 167, S. 619, RG 15. I. 1943 RGZ Bd 172 S. 284, BGH 10. III. 1953 MDR 1953 S. 345—346) .Der „Vertretene" veranlaßt einen Scheintatbestand. Er würde sich treuwidrig in einen Widerspruch zu seinem eigenen Verhalten setzen, wenn er sich den Scheintatbestand nicht zurechnen lassen will im Verhältnis zu solchen Dritten, welche gutgläubig auf den Schein vertrauen, also an den Scheintatbestand glauben (zum Gesichtspunkt des venire contra factum proprium: RG 20. XII. 1940 JRPV 1941 S. 45).

Auch auf die besondere Vertrauensstellung des Vsagenten ist die Rechtsscheinshaftung mit gestützt worden (vgl. RG 1. III. 1904 JW 1904 S. 215—216, Anm. 41 zu § 44).

[84] 4. Voraussetzungen der Rechtsscheinshaftung.

a) Übersicht.

Die Rechtsscheinshaftung setzt primär einen äußeren Tatbestand, einen Scheintatbestand voraus (Anm. 35), speziell denjenigen des Bestehens (auch Fortbestehens) einer Vollmacht bestimmten Umfanges (im hier fraglichen Zusammenhang: einer Vollmacht eines Vsagenten). Dieser Schein muß von demjenigen, der mit der Rechtsscheinshaftung belastet werden soll, also speziell dem „Vertretenen", hier vornehmlich dem Ver oder seinem Generalagenten „gesetzt", also veranlaßt sein, sei es durch ein Tun, sei es durch ein schuldhaftes Unterlassen (Anm. 36—38). Auf den veranlaßten Scheintatbestand muß ein Dritter bauen, also vertrauen (Anm. 39), und zwar subjektiv gutgläubig (Anm. 40). Unter den besonders hervortretenden Einzelfällen (Anm. 41—42) ist im Vswesen jener einer (besondere Vollmachten vorspiegelnden) Titelführung praktisch der wichtigste.

[85] b) Scheintatbestand.

Eine Rechtsscheinsvollmacht eines Vsagenten setzt einen äußeren Tatbestand voraus, der den Anschein erweckt, einem Vsagenten sei eine Vollmacht erteilt, diese Vollmacht sei noch nicht erloschen und sie ermächtige nach ihrem Inhalt und Umfange zu bestimmten Vertretungshandlungen. Die in Betracht kommenden Fallgruppen sind bereits in Anm. 30 aufgezählt: Ein niemals Bevollmächtigter (z. B. Arbeitnehmer, Bote, sonstiger Dritter) geriert sich als Vsagent, womöglich Abschlußagent. Jemand, dessen Vollmacht erloschen ist, führt sich so auf, als ob er nach wie vor vertretungsberechtigt sei. Ein betrauter und noch nicht ausgeschiedener Vsagent überschreitet die ihm verliehene Vertretungsmacht, schließt z. B. als bloßer Vermittlungsagent Vsverträge ab oder überschreitet eine eingeschränkte Schadensregulierungsvollmacht. Der Scheintatbestand setzt also in erster Linie stets voraus, daß ein Vsagent — ohne Bestehen einer entsprechenden wirklichen Vollmacht — eine Vertretungshandlung vornimmt, ein Vertreterverhalten namens eines Vers beobachtet (vertreterartiges Verhalten i. S. von Fikentscher ArchCivPrax Bd 154 S. 110—111).

Aber das vertreterartige Verhalten des Vsagenten reicht als sachliche Grundlage des Rechtsscheins nicht aus. Es genügt auch nicht, daß der Handelnde noch zusätzlich (ausdrücklich oder stillschweigend) behauptet, bevollmächtigter Vsagent zu sein. „Es geht nicht an, schon deshalb, weil ein Angestellter seine Vertretungsmacht ausdrücklich oder stillschweigend behauptet und der Geschäftsgegner sich hierauf verlassen hat", die Rechtswirkungen einer Scheinvollmacht eintreten zu lassen (BGH 5. I. 1955 MDR 1955 S. 214).

Erforderlich ist vielmehr ein zusätzlicher äußerer Tatbestand, der auf das Vorhandensein einer Vollmacht hinweist. „Es müssen also gewisse positive Anhaltspunkte in der objektiven Sachlage dafür gegeben sein und darauf hindeuten, daß der Prinzipal das Auftreten des Vertreters billigt" (Staudinger-Coing I[11] Anm. 9 f zu § 167, S. 996). Als Beispiele aus dem Bereiche der Vswirtschaft kommen in Betracht: Firma des Vsagenten mit Firmenzusatz, der auf einen bestimmten Ver hinweist, Kennzeichnung der Arbeitsräume des Vsagenten (am Haus, an der Haustür, an der Bürotür), Briefbogen, Stempel, Besitz von VsPolizen, Vsbestätigungen, Prämienrechnungen, -quittungen (womöglich vom Ver unterzeichnet oder mit Angabe des Namens des Vsagenten), Eintragungen in Adreß- oder Telefonbüchern, Telegrammadressen, Prospekte, Anzeigen (nicht nur in Zeitungen und Zeitschriften, sondern auch als Kino- oder Fernsehreklame), Art der Unterschrift, Titelführung (dazu speziell Anm. 41). Nicht selten treten mehrere solcher äußeren Umstände kumuliert auf, z. B. im Falle KG 14. VI. 1934 JRPV 1934 S. 268: Die Ver hatten dem Scheinbevollmächtigten „die Büroräume zur Verfügung gestellt und einen Mietszuschuß gezahlt. B. hat sich mit ihrem Einverständnis Direktor genannt, und sie haben es geduldet, daß außen am Hause und innerhalb desselben Schilder mit der Bezeichnung ‚. . .-Konzern Abt. . . .' angebracht waren, und zwar ohne einen Zusatz, der darauf hinwies, daß es in sich Wirklichkeit nicht um Geschäftsräume des Konzerns, sondern um Geschäftsräume eines Vermittlungsagenten gehandelt habe. Besonders irreführend mußte auch die im Innern der Geschäftsräume angebrachte Bekanntmachung wirken, daß allein zeichnungsberechtigt der Direktor B. sei, der wie folgt zeichnen werde: ‚. . . -Konzern Abt. . . . B.'."

Es ist hinsichtlich des Scheintatbestandes als solchen gleichgültig, auf welche Weise er entstanden ist, insbesondere ob er geschaffen ist vom Vsagenten, vom Ver oder auf sonstige Weise. Es gehört auch nicht in den hier behandelten Zusammenhang zu prüfen, ob der Scheintatbestand mit größerer Häufigkeit verwirklicht wurde oder während gewisser Dauer bestand (dazu vgl. Anm. 37).

Es muß nur vorausgesetzt werden, daß bei Vertragsabschluß der Scheintatbestand gegeben war (BGH 12. VII. 1957 MDR 1958 S. 83). Ein einmal existent gewordener Scheintatbestand wirkt zeitlich fort. BGH 11. III. 1955 BGHZ Bd 17 S. 13, 17 führt aus, die „Wirkung des Rechtsscheins endet nicht schon dann, wenn der Scheingesellschafter sein den Rechtsschein erzeugendes Verhalten aufgibt, sondern erst dann, wenn der Dritte hiervon Kenntnis erhält oder wenn infolge Zeitablaufs das Fortbestehen des Rechtsscheins zweifelhaft ist und deshalb dem Dritten eine Nachprüfung der wahren Rechtslage zumutbar erscheint." Das Urteil betont das Bedürfnis nach Vertrauensschutz und Verkehrssicherheit. Wegen der Beendigung des Rechtsscheines vgl. auch BGH 10. III. 1953 MDR 1953 S. 346, wo erwogen wird, ob eine Anscheinsvollmacht ihre Schutzwirkung nicht „ebenso lange äußert wie eine echte Vollmacht, d. h. bis ihr Widerruf nach außen erkennbar wird."

[36] c) Veranlassung.

Ein Rechtsschein kann dem „Vertretenen", der ja nicht den Geschäftswillen hatte, eine echte Vollmacht zu erteilen, nur zugerechnet werden, wenn er seinerseits den Scheintatbestand (Anm. 35) irgendwie gesetzt, veranlaßt hat (Anm. 27). Ist ohne Zutun des Vers beim Vmer der irrige Eindruck erweckt worden, der Ver habe den Vsagenten bevollmächtigt, so ist eine Rechtsscheinshaftung nicht anzuerkennen (RG 25. V. 1937 RGZ Bd 155 S. 107). Als zurechenbares Verhalten des „Vertretenen" kommt, was neuerdings häufig übersehen wird, nicht nur ein Unterlassen (eine Duldung), sondern auch ein Tun in Betracht. Beide Modalitäten der Veranlassung lassen sich durch den Begriff Verhalten zusammenfassen (diesen Begriff verwendet z. B. RG 16. VI. 1931 RGZ Bd 133 S. 100, 25. V. 1937 RGZ Bd 155 S. 107, BGH 10. III. 1953 MDR 1953 S. 345). Ein vom Vsagenten geführter Titel kann z. B. entweder auf einer Titelanmaßung beruhen, gegen welche der Ver nicht einschreitet, oder aber auf einer Titelverleihung durch den Ver (Beispiele: Anm. 41).

Das eigene Verhalten des Vers braucht als solches nicht nach außen hin in Erscheinung zu treten (irreführend z. B. Rohrbeck-Durst-Bronisch S. 122: „wenn der Ver ein Verhalten gezeigt hat").

Da die Ver juristische Personen sind, fragt es sich, welche natürlichen Personen den Rechtsschein tatsächlich durch ihr Verhalten gesetzt haben müssen. Diese Frage taucht auch auf bei juristischen Personen des öffentlichen Rechtes (so allgemein die neuere Rechtsprechung: BGH 21. IV. 1955 NJW 1955 S. 985, noch offen gelassen vom BGH 5. I. 1955 MDR 1955 S. 214, noch weitergehend für den gesamten Privatrechtsverkehr der öffentlichen Hand: Enneccerus-Nipperdey I 2^{14} S. 797 Anm. 24).

Speziell für öffentlichrechtliche Ver vgl. schon RG 16. VI. 1931 RGZ Bd 133 S. 97—101. Auch gegenüber kleineren Vsvereinen auf Gegenseitigkeit, die rechtlich nicht als Kaufleute behandelt werden, kann sich der Vmer auf den Gesichtspunkt des Rechtsscheines berufen, da solche Vereine im Wirtschaftsleben wirken (vgl. RG 11. IX. 1941 DR 1942 S. 172, BGH 9. II. 1951 NJW 1951 S. 309, 10. III. 1953 MDR 1953 S. 346, auch BGH 27. IX. 1956 NJW 1956 S. 1674 = VersR 1956 S. 639).

Der Rechtsschein einer Vollmacht von Vsagenten kann gesetzt werden von jedem Organ des Vers, auch von einem einzelnen, nicht allein vertretungsberechtigten Vorstandsmitglied; denn es geht hier um eine Frage der internen Geschäftsführung, nicht der externen Vertretung. Besonders kommt der Organisationsdirektor in Betracht, aber auch ein nicht dem Vorstand angehörender Organisationsleiter, auch sonstige Mitarbeiter der Organisationsabteilung des Vers und Vsinspektoren. Im Blick auf Unteragenten gewinnt es Bedeutung, daß auch (selbständige und unselbständige) Generalagenten, denen die Unteragenten organisatorisch unterstellt sind, als Veranlasser des Rechtsscheins in Frage kommen (Beispiel: KG 13. VII. 1932 HansRGZ 1941 A Sp. 265—268). Hat ein (selbständiger) Vsagent einen Angestellten, der mit dem Publikum verkehrt, so ist es dem Ver zuzurechnen, falls der Vsagent bei dem Angestellten einen Rechtsschein setzt (Beispiel: analog RG 19. V. 1922 RGZ Bd 104 S. 344—346). Generell stellen Staudinger-Coing I[11] Anm. 9 i, 10 d zu § 167, S. 997, 1000 ab auf den „nächsten in Betracht kommenden Angestellten der juristischen Person mit selbständiger Entscheidungsmacht."

Die Fälle einer dem Ver zuzurechnenden Unterlassung (Anm. 37) sind nicht genau so zu behandeln wie jene eines zuzurechnenden Tuns (Anm. 38).

[37] aa) Zuzurechnende Unterlassung.

Falls der Scheintatbestand nicht vom Ver durch positives Tun gesetzt worden ist, kann eine Unterlassung (Duldung) dem Ver nur zugerechnet werden, wenn sie schuldhaft ist. Dabei muß eine leichte Fahrlässigkeit der groben gleichgeachtet werden, und selbstverständlich hat der Ver auch für jede vorsätzliche Unterlassung einzustehen (BGH 12. II. 1952 BGHZ Bd 5 S. 116: Der Geschäftsherr hätte den Scheintatbestand „bei pflichtgemäßer Sorgfalt ... erkennen müssen und verhindern können", BGH 10. III. 1953 MDR 1953 S. 345: Der Scheintatbestand habe „dem Vertretenen bei verkehrsmäßiger Sorgfalt nicht ... verborgen bleiben können", BGH 27. IX. 1956 NJW 1956 S. 167 = VerR 1956 S. 639: Es genüge, daß der Vertretene den Scheintatbestand „bei pflichtgemäßer Sorgfalt hatte kennen und verhindern können").

Die Urteile gehen davon aus, daß der „Vertretene" den Scheintatbestand nicht kannte, aber kennen mußte. Hier wird immer nur eine Fahrlässigkeit des „Vertretenen" festgestellt werden können. Es ist jedoch in Anm. 31 dargetan, daß es eine Rechtsscheinshaftung auch in Fällen geben kann, in denen der Geschäftsherr um die Zuständigkeitsüberschreitung positiv wußte (solche Kenntnis untersucht OLG Koblenz 28. X. 1955 VersR 1955 S. 709). In solchen Fällen einer bewußten Duldung liegt ein Vorsatz des „Vertretenen" vor (ohne daß die Willensrichtung des Geschäftsherrn dahin zu gehen braucht, eine Vollmacht erteilen zu wollen).

Von einem Verschulden des Vers kann im allgemeinen erst die Rede sein, nachdem sich der Vsagent wiederholt und längere Zeit hindurch als Bevollmächtigter des Vers geriert hat. Eine gewisse Dauer erfordert auch BGH 10. III. 1953 MDR 1953 S. 346 mit dem Hinweis, das Verhalten des Dritten dürfe sich nicht in wenigen Teilakten erschöpfen. BGH 5. I. 1955 MDR 1955 S. 215 besagt, der Gedanke des Vertrauensschutzes setze in der Regel voraus, „daß eine gewisse Häufigkeit oder Dauer von Zuständigkeitsüberschreitungen vorliegt" (wiederholend BGH 27. IX. 1956 NJW 1956 S. 1674 = VersR 1956 S. 639). Vgl. ferner OLG Koblenz 28. X. 1955 VersR 1955 S. 709 und OLG Kiel 23. II. 1934 VA 1934 S. 4—5 Nr. 2664 = JRPV 1934 S. 250—251. Es wird von einem Ver gefordert werden müssen, daß er seine Außenorganisation — auch soweit es sich um selbständige Vsvertreter handelt — regelmäßig überwacht und dabei auch auf das Geschäftsgebaren und die äußere Ausgestaltung der Agenturen achtet. Zeitungsanzeigen der Vsagenten muß der Ver verfolgen (OLG Marienwerder 12. XI. 1926 VA 1928 S. 11—12 Nr. 1794 = Praxis 1927 S. 73—74).

Schreibt ein Vsagent auf beanstandbaren Briefbogen auch an den Ver, oder benutzt er auch dabei irreführende Stempel, oder wird sonstwie dem Ver ein Scheintatbestand bekannt, so muß er ohne schuldhaftes Zögern Gegenmaßnahmen ergreifen. Bis zum Ablauf solcher Unverzüglichkeitsfrist kommt eine Rechtsscheinshaftung des Vers noch nicht in Betracht.

Dogmatisch gesehen handelt es sich übrigens bei der Überwachungs„pflicht" des Vers im Blick auf seine Außenorganisation nicht um eine echte Rechtspflicht, sondern um eine Last, eine Obliegenheit des Vers. Bei einem „Verschulden gegen sich selbst" schneidet sich der Ver insofern ins eigene Fleisch, als ein schuldhaftes Unterlassen die Rechtsscheinshaftung des Vers auslöst (es entsteht nicht etwa eine Schadensersatzpflicht wegen Verletzung einer gegenüber den Verkehrsteilnehmern existenten echten Rechtspflicht). Zur Rechtskonstruktion auch Neubau a. a. O. S. 84.

Gegen das Verschuldenserfordernis wenden sich namentlich Enneccerus-Nipperdey I 2^{14} S. 796—797. Dabei wird aber übersehen, daß es in Fällen der Untätigkeit des „Vollmachtsgebers" erforderlich ist, einen Zurechnungsgrund festzustellen. Ein dem „Vertretenen" schuldlos unbekannt gebliebener Scheintatbestand kann nicht ausreichen, ein schwerwiegendes Verpflichtetwerden anzunehmen. — Vgl. auch die das Verschuldenserfordernis analysierenden Bemerkungen von Schmidt-Rimpler JW 1927 S. 1249—1250.

Von einer mindestens fahrlässigen Duldung seitens des Vers kann nur gesprochen werden, falls er die Möglichkeit gehabt hätte, das Auftreten des Vsagenten, also den Scheintatbestand zu verhindern (BGH 12. II. 1952 BGHZ Bd 5 S. 116, 10. III. 1953 MDR 1953 S. 345, 27. IX. 1956 S. 1674 = VersR 1956 S. 639). Dabei muß der Ver alle ihm zur Verfügung stehenden materiell- und verfahrensrechtlichen Mittel einsetzen. Zunächst genügt es, wenn er dem Vsagenten eine Weisung erteilt (Anm. 219, 451 vor §§ 43—48) oder in einschlägigen Fällen (während des Vertragslaufes oder nach Vertragsende) Herausgabe z. B. von Drucksachen, etwa Vsbestätigungen, Vspolizen oder anderen Unterlagen fordert (Anm. 226, 359—360, 364 vor §§ 43—48) und ihn vermahnt. Erst bei Fruchtlosigkeit dieses Vorgehens müßte gerichtlich — notfalls im Wege einer einstweiligen Verfügung (Beispiel: KG 8. VI. 1929 JRPV 1929 S. 301—302) eingeschritten werden (letzteres übersieht OLG München 30. V. 1959 VersR 1959 S. 979). — Soergel-Siebert-Schultze-v. Lasaulx Anm. 17 zu § 167, S. 620—621 meinen (unter Berufung auf RG 15. I. 1943 RGZ Bd 170 S. 284), bei objektivem Fehlen einer Verhinderungsmöglichkeit hafte der Geschäftsherr u. U. aus Verschulden beim Vertragsschluß auf das Vertrauensinteresse. Dabei handelt es sich dann nicht um ein Einstehenmüssen für eigenes Verschulden (des Vers), sondern um ein solches für fremdes Verschulden (des Vsagenten); vgl. Anm. 29—52 zu § 44, speziell Anm. 35 zu § 44, wo davor gewarnt wird, die Vorschriften über die Vertretung ohne Vertretungsmacht zu umgehen.

[38] bb) Zuzurechnendes Tun.

Die neuere Rechtsprechung übersieht vielfach den Fall, daß ein Scheintatbestand durch ein Tun des „Vertretenen" gesetzt wird. Solchenfalls ist beileibe nicht immer der Geschäftswille gegeben, dahin zielend, dem Vsagenten (stillschweigend oder konkludent) eine echte Vollmacht zu erteilen (Anm. 31). Wenn z. B. ein Ver ein irreführendes Firmenschild, Briefbogen, Stempel, Vspolizen oder andere Urkunden liefert oder einen irreführenden Titel verleiht, so läßt solches Tun nicht ohne weiteres auf den Geschäftswillen des Vers schließen, eine Abschlußvollmacht oder sonstige Vollmacht zu erteilen.

In Fällen eines Tuns des Vers, das einen Rechtsschein hervorruft, ist kein Verschulden notwendig, wie es bei Unterlassungsfällen gefordert werden muß (Anm. 37). Ein irreführendes Tun ist immer zurechenbar. Ein Ver kann sich nicht darauf berufen, er habe nicht gewußt, daß z. B. an gewisse von ihm verliehene Titel die Rechtsprechung bestimmte Rechtsscheinswirkungen knüpfe.

Mit dem Gesagten hängt es zusammen, daß in den Tunsfällen auch keine Häufigkeit und Dauer der Zuständigkeitsüberschreitungen des Vsagenten vorauszusetzen ist. Wenn heute der Ver einen irreführenden Titel verliehen hat, so kann bei Ingebrauchnahme noch heute eine Rechtsscheinswirkung eintreten. Hat ein Geschäftsherr jemanden einmalig zu Vertragsverhandlungen eingesetzt und ihm weitgehend freie Hand gelassen, so wird der Geschäftsherr bei entsprechendem Geschäftsabschluß gebunden (so LG Oldenburg 3. IX. 1958 MDR 1959 S. 37).

Es braucht in Tunsfällen auch nicht untersucht zu werden, ob der Ver die Möglichkeit gehabt hätte, den Scheintatbestand zu verhindern. Denn hier ist ja dieser Scheintatbestand primär durch das Tun des Vers entstanden.

[39] d) Vertrauen.

Ist ein Scheintatbestand vom Ver in zurechenbarer Weise veranlaßt worden, so besteht kein Grund dafür, das Publikum schlechterdings zu schützen, sondern schutzwürdig ist (anders als beim Grundbuch) nur derjenige, der auf den Schein baut, sich auf ihn verläßt, auf ihn vertraut. Dabei lassen sich zwei Komponenten unterscheiden, nämlich Kenntnis und Kausalität.

Von Vertrauen kann nur die Rede sein, wenn der Vmer den Scheintatbestand, wie er bei Vertragsabschluß existierte (Anm. 35), kannte, und zwar in eben jenem Zeitpunkte (BGH 15. XII. 1955 NJW 1956 S. 460, 12. VII. 1957 MDR 1958 S. 83—84 mit zustimmender Anm. Pohle). Die Beweislast dafür, daß er tatsächlich den Scheintatbestand gekannt und darauf vertraut habe, soll nach BGH 15. XII. 1955 NJW 1956 S. 460 den Vertrauenden treffen.

Zu dem Kenntnismoment muß das Kausalmoment hinzutreten, d. h. die bekanntgewordenen rechtsscheinsbegründenden Tatsachen müssen den Vmer zu dem fraglichen Rechtsgeschäft veranlaßt haben (BGH 11. III. 1955 BGHZ Bd 17 S. 18—19, wonach auch hier die Beweislast denjenigen trifft, der sich auf den Rechtsschein als Haftungsgrundlage beruft; BGH 29. XI. 1956 BGHZ Bd 22 S. 238, wo die generelle Formulierung gewählt wird, es müsse „ein anderer durch sein Vertrauen auf diesen Bechtsschein zu irgendwelchen Entschließungen veranlaßt“ werden, „die er bei Kenntnis der wahren Rechtslage nicht oder anders getroffen haben würde“; es bleibt offen, ob das Ergebnis der „Entschließung ein Tun oder ein Unterlassen sein muß und ob die Entschließung mittelbar oder unmittelbar vermögensrechtlichen Inhalt haben muß“; aus dem Schrifttum vgl. zum Kausalmoment Soergel-Siebert-Schultze-v. Lasaulx Anm. 17 zu § 167, S. 620).

[40] e) Gutgläubigkeit.

Es ist anerkannt, daß der Geschäftsgegner — hier: der Vmer — im Hinblick auf den Rechtsschein der Vollmacht — hier: des Vsagenten — gutgläubig sein muß (vgl. nur Staudinger-Coing I[11] Anm. 9 1 zu § 167, S. 997).

Die Gutgläubigkeit des Vertrauenden ist zwar unter dem Gesichtspunkt von Treu und Glauben erforderlich, jedoch bedarf das Erfordernis der Konkretisierung (deshalb allzu ungenau BGH 12. II. 1952 BGHZ Bd 5 S. 116, 10. III. 1953 MDR 1953 S. 345, 5. I. 1955 MDR 1955 S. 214).

Es ist selbstverständlich, daß von gutem Glauben nicht gesprochen werden kann, sofern der Vmer die fehlende Vollmacht kannte. Falls der Vmer die wahre Sach- und Rechtslage zwar nicht kannte, aber kennen mußte, taucht die Frage auf, inwieweit Gutgläubigkeit des Vertrauenden anzunehmen ist. Welcher Maßstab soll an das Sorgfaltsverhalten des Vmers angelegt werden? Soll der gute Glaube allein durch grobe oder auch durch leichte Fahrlässigkeit ausgeschlossen werden?

Staudinger-Coing I[11] Anm. 9 1 zu § 167, S. 997 lassen bereits bei leichter Fahrlässigkeit die Gutgläubigkeit und damit den Rechtsscheinsschutz entfallen. Zöge man die Bestimmung des § 47[1] analog heran, so wäre der Kenntnis nur die grobfahrlässige Unkenntnis gleichzuachten. Auch der gewohnheitsrechtliche Vertrauensschutz bei Aufklärungen und Belehrungen durch Vsagenten soll nur bei erheblichem Verschulden des Vmers entfallen (Anm. 69 zu § 44).

Es erscheint geboten, wegen Ähnlichkeit der Interessenlage den in § 47[1] sowie gewohnheitsrechtlich beim Vertrauensschutz zum Ausdruck gekommenen Rechtsgedanken auch beim Rechtsscheinsschutz zur Anwendung zu bringen. Es dürfen nicht Leichtgläubigkeit und Unüberlegtheit geschützt werden, andererseits aber ist nun einmal der Scheintatbestand in zurechenbarer Weise vom Ver gesetzt worden, und ein nicht grobfahrlässiger Vmer darf hierauf vertrauen. Die Rechtsprechung scheint der hier vorgeschlagenen Lösung zu folgen. RG 14. XI. 1933 JW 1934 S. 417 = VA 1933 S. 404 Nr. 2626 schließt: „Die Rechtsanwendung auf das . . . Sachverhältnis ergibt also, daß W. ohne erhebliches eigenes Versehen nicht in dem Glauben sein konnte, er sei nun wieder rechtsverbindlich vert." RG 15. II. 1911 RGZ Bd 75 S. 300—301 stellt ab auf ein „grobes Verschulden". Ein Vmer kann hiernach als gutgläubig angesehen werden, wenn er ohne grobe Fahrlässigkeit annehmen durfte, der Ver (der den Rechtsschein durch Tun oder schuldhaftes Unterlassen veranlaßt hatte) sei mit den Vertretungshandlungen des Vsagenten einverstanden. Die Beweislast für die Schlechtgläubigkeit trifft den Ver.

Was Einzelheiten anlangt, so trifft den Vmer angesichts des bestehenden Scheintatbestandes keine Nachforschungs- oder Erkundigungspflicht, Mißtrauen wird von der Rechtsordnung nicht geboten (vgl. RG 13. V. 1916 RGZ Bd 88 S. 235—236, wo gesagt wird, es sei als „geschäftswidrig" anzusehen, daß der Vmer den Vsagenten befrage, ob er auch wohl die erforderliche Vollmacht habe). Bei wirtschaftsfremden Personen ist grobe Fahrlässigkeit weniger häufig anzunehmen (BGH 10. III. 1953 MDR 1953 S. 346, 27. IX. 1956 NJW 1956 S. 1674 = VersR 1956 S. 639). Durch aufklärende Vermerke auf Antragsscheinen, Vspolizen, Prämienrechnungen usw. kann die Gutgläubigkeit des Vmers beseitigt werden. In Betracht kommt auch — wie bei Banken — ein Aushang in den Geschäftsräumen der Agentur (BGH 5. I. 1955 MDR 1955 S. 215). Vgl. ferner die analog heranziehbaren Urteile zu § 47[1]: Anm. 25 zu § 47.

[41] f) Einzelfälle.

aa) Titelführung.

Wenn im Folgenden Einzelfälle zur Anwendung der Rechtsscheinshaftung für Vsagenten aufgeführt werden, so werden auch Entscheidungen berücksichtigt, die früher unter dem rechtlichen Gesichtspunkt der stillschweigenden oder konkludenten Bevollmächtigung gefällt wurden, teilweise auch unter anderen rechtlichen Gesichtspunkten. Im Vordergrunde stehen Scheintatbestände, die mit dem Titelunwesen der Vswirtschaft (dazu schon Anm. 196, 443 vor §§ 43—48) zusammenhängen.

Die irreführende Titelführung durch einen Vsagenten kann auf einer zuzurechnenden Unterlassung oder einem Tun des Vers oder der ihm gleichstehenden Personen beruhen (Anm. 36—38). Fälle, in denen sich der Vsagent den Titel selbst beigelegt hat, der Ver aber nicht eingeschritten ist, also die Titelführung geduldet hat, behandeln RG 4. VII. 1927 JW 1927 S. 2114, KG 4. III. 1931 VA 1931 S. 23 Nr. 2250 = JRPV 1931 S. 212—213, 14. VI. 1934 JRPV 1934 S. 268, OLG Hamburg 2. V. 1929 VA 1929 S. 294 Nr. 2047, OLG Hamm 4. X. 1935 VA 1935 S. 268—269 Nr. 2834, OLG Köln 15. I. 1958 VersR 1958 S. 588, LG Köln 18. VI. 1936 VA 1936 S. 219—220 Nr. 2900. Fälle, in denen dem Vsagenten der Titel verliehen worden ist, behandeln RG 26. IV. 1910 RGZ Bd 73 S. 304—305, 7. III. 1913 VA 1913 Anh. S. 73 Nr. 746, KG 2. XI. 1921 VA 1922 Anh. S. 7 Nr. 1234, 27. IV. 1932 JRPV 1932 S. 221—222. Im Falle KG 30. IX. 1925 VA 1926 S. 287 Nr. 1641 = HansRZ 1926 Sp. 20—21 hat der Ver in einem Schreiben an den Vmer den Vsagenten als seinen Generalvertreter bezeichnet.

Folgende Titel und Bezeichnungen sind in der Judikatur, teils mit positivem, teils mit negativem Ergebnis, als Grundlage für den Rechtsschein einer Vollmacht behandelt worden:

Abschlußvermittler: OLG Stuttgart 28. X. 1958 VersR 1959 S. 261—262: Lebensv; kein Rechtsschein für Abschlußvollmacht.

Bezirksbüro: KG 6. VI. 1928 JRPV 1928 S. 237—238: Autov; kein Rechtsschein für Vollmacht, gegenüber einer Reparaturwerkstätte Zahlungsverpflichtung einzugehen. OLG Hamburg 27. II. 1931 VA 1931 S. 18—19 Nr. 2247 = HansRGZ 1931 A Sp. 355 bis 356: Lebensv; Briefbogen mußte in dem Vmer (Arzt) die Vorstellung erwecken, daß der Vsagent „befugt sei, ihm die Stellung eines Vertrauensarztes zu übertragen" (Anfechtung des Vsvertrages, Anm. 18 zu § 44).

Bezirksdirektor, Bezirksdirektion: Allgemein zum Direktortitel im Vswesen Anm. 196 vor §§ 43—48. RG 26. IV. 1910 RGZ Bd 73 S. 305: Lebensv; Titel konnte im Publikum leicht den Glauben hervorrufen, „seine Tätigkeit und Kenntnisse, seine Zuverlässigkeit und seine Befugnisse gingen über diejenigen eines bloßen ‚Agenten' hinaus" (Aufklärung über Vsbedingungen, Anm. 58, 66 zu § 44). RG 14. XI. 1933 JW 1934 S. 417 = VA 1933 S. 405 Nr. 2626: Lebensv; aus der Bezeichnung ist nicht zu folgern, daß der Vsagent „Abschlußagent gewesen sei". OLG Düsseldorf 27. VII. 1954 VA 1956 S. 10: Haftpflichtv, die einer Bezirksdirektion zur Betreuung und zum Prämieninkasso übertragen ist; dem Bezirksdirektor gegenüber können alle erforderlichen Erklärungen, speziell Schadensanzeigen abgegeben werden. OLG Hamburg 2. V. 1929 VA 1929 S. 294 Nr. 2047: Lebensv; Kauf von 3500 Stück Heimspardosen; Rechtsschein, denn Bezirksdirektion ist im allgemeinen Sprachgebrauch „nicht eine Agentur, sondern eine mit weitergehenden Befugnissen ausgestattete Geschäftsstelle und nur räumlich beschränkt" (dazu RAA VA 1930 S. 91). OLG Hamburg 27. IV. 1933 VA 1933 S. 333—334 Nr. 2576 = JRPV 1933 S. 285—286: Lebensv; es werde „im Kreise des Publikums die Stellung eines Bezirksdirektors als so bedeutsam angesehen ..., daß es den Bezirksdirektor für den abschlußberechtigten Bevollmächtigten der Vsgesellschaft hält"; in concreto: Entgegennahme, Quittierung, Verbuchung von Prämien nach Vertragsbeendigung, dadurch im Ergebnis Wiederaufleben (Begründung unklar). OLG Hamm 15. X. 1931 JRPV 1932 S. 107: Haftpflichtv; dem Bezirks-Direktor gegenüber können ohne grobe Fahrlässigkeit Schadensanzeigen erstattet werden. LG Köln 18. VI. 1936 VA 1936 S. 219—220 Nr. 2900: Krankenv; durch den Titel werde der Vmer „zu der Auffassung gedrängt, daß er in allen seine V betreffenden Angelegenheiten mit dieser örtlichen Verwaltungsstelle verhandeln könne"; in concreto: Kündigung gegenüber Bezirksdirektion wirksam trotz entgegenstehender AVB. Industrie- und Handelskammer Berlin bei: Kersting, Das Recht der deutschen V, Berlin 1938, S. 625—626 Nr. 16: „Grundsätzlich ist ein Agent nicht berechtigt, ohne Genehmigung seiner Gesellschaft Zeitungsanzeigen aufzugeben. Es bleibt lediglich die Frage zu prüfen, welche Rechtswirkung Dritten gegenüber die Ernennung des Herrn X. zum Bezirksdirektor und seiner Geschäftsstelle zur Bezirksdirektion für Berlin und die Provinz Brandenburg hat. Wenn auch bei Vsgesellschaften derartige Ernennungen weit verbreitet sind, ohne daß damit die Vollmachten des Vertreters erweitert werden sollen, so bringen unseres Erachtens die Gesellschaften durch die Verleihung derartiger Titel doch zum Ausdruck, daß der Betreffende Vollmachten besitzt, die über die eines gewöhnlichen Vsvertreters hinausgehen. Ein Dritter kann unseres Erachtens mit Recht annehmen, daß eine Bezirksdirektion für Berlin und die Provinz Brandenburg bevollmächtigt ist, für die Gesellschaft rechtsverbindlich eine Anzeige aufzugeben."

Direktor: Allgemein vgl. Anm. 196 vor §§ 43—48. RG 4. VII. 1927 JW 1927 S. 2114: Vsagent bezeichnet sich als „Direktor des J.-Konzerns Abt. Groß-Berlin", Schild im Geschäftsraum: „Alleinzeichnungsberechtigt ist für die Abt. Groß-Berlin nur Herr Direktor B."; Rechtsschein der Vollmacht zur Aufnahme eines Darlehens und zum Kassieren (Vorinstanz: KG 14. VI. 1934 JRPV 1934 S. 268). RAA VA 1930 S. 91: Bezeichnung als Direktor und Abteilungsleiter ist irreführend und abzustellen.

Filialdirektor, Filialdirektion: Allgemein vgl. Anm. 196 vor §§ 43—48. OLG Köln 15. I. 1958 VersR 1958 S. 588—590: Rechtsschein, daß die Filialdirektion eine Zweigniederlassung, der Filialdirektor ein unselbständiger Vsvertreter sei; aber keine Vollmacht zur Entgegennahme von Zustellungen.

Generalagent, Generalagentur: Allgemein vgl. Anm. 196 vor §§ 43—48. Ähnlich wie beim Bezirksdirektor und der Bezirksdirektion ist die Beurteilung nicht einheitlich.

Rechtsscheinswirkungen zugunsten des Vmers nahmen an: RG 7. I. 1902 RGZ Bd 50 S. 75—77: Lebensv; bei einem Generalagenten ist entschieden worden, daß ein zur Unterzeichnung und Aushändigung des Vsscheins bevollmächtigter Generalagent eine Invaliditätsv dahin erweitern könne, daß sie auch das Todesfallrisiko decke. RG 26. IV. 1910 RGZ Bd 73 S. 305: Lebensv; Titel könne im Publikum leicht den Glauben hervorrufen, daß Befugnisse des Generalagenten über diejenigen eines bloßen Agenten hinausgingen (Aufklärung über Vsbedingungen, Anm. 58, 66 zu § 44). RG 7. III. 1913 VA 1913 Anh. S. 73 Nr. 746: Haftpflichtv; durch Bestellung zum Generalagenten wird der Vsagent „als eine besonders in Vssachen bewanderte und besonders vertrauenswürdige Person hingestellt" (Aufklärung über Vsbedingungen, Anm. 58, 66 zu § 44). KG 2. XI. 1921 VA 1922 Anh. S. 6—7 Nr. 1234: Diebstahlv; schon der Titel Generalagent müsse „im Verkehr den Anschein erwecken, daß ein derartiger Angestellter weitere Rechte hat als die in § 43 ... erwähnten"; demzufolge Vsvertrag als zustandegekommen anzusehen. KG 27. IV. 1932 VA 1932 S. 225—226 Nr. 2424 = JRPV 1932 S. 221 (dazu auch KG 11. I. 1933 JRPV 1933 S. 138—139 = HansRGZ 1942 A Sp. 35—36): Autov; Vsmakler ist als Generalagent in der Vspolize bezeichnet; dann kann eine verspätete „Zahlung als unverzügliche und rechtzeitige im Sinne der vorläufigen Deckungszusage" von ihm angenommen werden. OLG Celle 22. I. 1912 VA 1912 Anh. S. 122 Nr. 709: Eine Generalagentur darf ohne Fahrlässigkeit für befugt erachtet werden, eine Schadensanzeige entgegenzunehmen. OLG Marienwerder 12. XI. 1926 VA 1928 S. 11—12 Nr. 1794 = Praxis 1927 S. 73—74: Feuerv; Abschlußvollmacht — und Deckungszusage — auf Grund Rechtsscheins bei einem Generalagenten, der u. a. in Zeitungsanzeigen sofortigen Vsschutz bei Stellung eines Vsantrags verspricht.

Keine Rechtsscheinswirkungen kommen in Betracht gemäß RG 25. V. 1937 RGZ Bd 155 S. 104, 106—107, 108 (Haftpflichtv; Generalagent kann nicht Vsschutz gewähren, den der Ver ablehnt), KG 9. II. 1929 JRPV 1929 S. 144—145 (Autov; Generalagent kann nicht wirksam mündliche Nebenabreden treffen), KG 28. II. 1934 JRPV 1934 S. 283—284 (Autov; der Vsvermittler war Generalagent einer anderen, ausländischen Gesellschaft; nur deshalb wurde er von einer anderen Gesellschaft, deren Gelegenheitsmakler er war, so angeredet).

Generalvertreter, Generalvertretung: Rechtscheinswirkungen sind geleugnet worden in den nicht vsrechtlichen Urteilen RG 27. III. 1925 JW 1925 S. 1753 mit Anm. Titze, OLG Celle 25. XI. 1955 BetrBer 1956 S. 95, ferner in der Lebensvssache OLG Stuttgart 28. X. 1958 VersR 1959 S. 261—262. Dagegen hat das KG 30. IX. 1925 VA 1926 S. 287 bis 288 Nr. 1641 = HansRZ 1926 Sp. 20—21 in einer Einbruchdiebstahlvssache entschieden, ein Generalvertreter könne eine Deckungszusage verlängern.

Hauptagent, Hauptagentur: LG Oldenburg 22. II. 1952 VersR 1952 S. 268 nimmt irrig an: „Ob ein Agent als Abschlußagent anzusehen ist, bestimmt sich nicht nach seiner äußeren Stellung, sondern nach dem Innenverhältnis zu dem Ver."

Inspektor, Oberinspektor, Vsinspektor: Allgemein vgl. Anm. 196 vor §§ 43—48. RG 19. I. 1915 RGZ Bd 86 S. 128—135: In diesem „Sturmflutfall" (Anm. 55 zu § 44) wurde gesagt: Die „Erläuterung des den Titel ‚Vsinspektor' führenden Agenten konnte der Kläger ... für zutreffend halten."

Kommissar, Oberkommissar, Kreiskommissar: Allgemein vgl. Anm. 196 vor §§ 43 bis 48. Industrie- und Handelskammer Berlin bei: Kersting, Das Recht der deutschen V, Berlin 1938, S. 624 Nr. 11: „Ein Handelsgebrauch betreffend den Umfang der Vertretungsmacht, die dem Kreis-Vskommissar einer Feuersozietät zukommt, besteht nicht."

Landesdirektor, Landesdirektion: Allgemein vgl. Anm. 196 vor §§ 43—48.

Spezialdirektor, Spezialdirektion: Allgemein vgl. Anm. 196 vor §§ 43—48.

Subdirektor, Subdirektion: Allgemein vgl. Anm. 196 vor §§ 43—48. Rechtsscheinswirkungen sind geleugnet worden vom OLG Hamburg 28. IV. 1927 JRPV 1927 S. 212. Dagegen lassen Rechtsscheinswirkungen eintreten KG 21. VI. 1924 HansRZ 1924 Sp. 684—685: Ein Vsagent kann in Transportven das Lagerrisiko einschließen, wenn er in Vertretung einer Subdirektion zeichnet; KG 4. III. 1931 VA 1931 S. 23 Nr. 2250 = JRPV 1931 S. 212—213: Die Autovsgesellschaft muß „es gegen sich gelten lassen, wenn ein Agent, der mit ihrer Duldung den Titel ‚Subdirektor' führt, auf Anfrage die Auskunft gibt, daß ein verbares Interesse vorliegt" (Aufklärung, Anm. 58, 66 zu § 44); OLG Celle 3. VII. 1931 VA 1932 S. 8—9 Nr. 2371: Der Reiseunfallver muß es gegen sich gelten lassen, daß der abschlußberechtigte Subdirektor als ein „Vertreter höheren Grades" den Vmer in den Glauben versetzt hat, trotz Nichtzahlung der Erstprämie sei alles in Ordnung"; OLG Hamm 9. II. 1921 VA 1922 Anh. S. 48 Nr. 1273: „Eine als ‚Subdirektion' bezeichnete Geschäftsstelle ist ... nichts anderes als ein Abschlußagent"; OLG Hamm 4. X. 1935 VA 1935 S. 268—269 Nr. 2834: Haftet ein Lebensver für culpa in contrahendo eines Subdirektors, so liegt kein mitwirkendes Verschulden des Vmers vor, wenn er den

Subdirektor als zur Empfangnahme der Einmalprämie befugt ansieht. Industrie- und Handelskammer Berlin bei: Kersting, Das Recht der deutschen V, Berlin 1938, S. 629 Nr. 28: Verhältnis eines Vsagenten zu einer Subdirektion: „Die Vsgesellschaft muß, wenn sie eine solche Firmierung duldet, gegen sich gelten lassen, daß durch die Verhandlungen der Subdirektion direkte Rechtsbeziehungen für und gegen die Vsgesellschaft entstehen. Nach außen hin ist eine derartige Subdirektion als Geschäftsstelle der Vsgesellschaft aufzufassen. Die Frage, wieweit im Innenverhältnis die Bevollmächtigung der Subdirektion seitens der Vsgesellschaft reicht, bleibt dadurch unberührt."

Unteragent, Unteragentur: In einem Fall, in dem ein „Unteragent" den Vsvertrag abgeschlossen hatte, nahm zwar LG Görlitz 22. X. 1928 VA 1929 S. 228 Nr. 1995 einen Rechtsschein einer Vollmacht an, jedoch nicht wegen des Titels, sondern aus anderen Gründen.

Verwaltungsbüro: Industrie- und Handelskammer Berlin bei: Kersting, Das Recht der deutschen V, Berlin 1938, S. 635 Nr. 53: Briefbogen Verwaltungsbüro für Groß-Berlin der . . . Lebensv läßt „im Geschäftsverkehr annehmen, daß ein solcher Brief von einer Niederlassung der . . . -Lebensv ausgeht und auch die Gesellschaft selbst, nicht etwa deren Verwalter persönlich, verpflichten soll. Der in der Unterspalte des Briefkopfes angegebene Hinweis ‚Postscheckkonto unter N. N.' und ‚Bankkonto unter N. N.' rechtfertigt eine andere Beurteilung nicht, da es sich hier um Zusätze zu einer eindeutigen Firmierung handelt. Auch ein im Vsgewerbe tätiger Agent muß auf Grund der angewandten Firmierung, die noch durch die flankierenden Firmenzeichen unterstützt wird, annehmen, daß er mit der Gesellschaft selbst einen Vertrag eingeht. Darin wird er auch durch den Gebrauch des Wortes ‚Verwaltungsbüro' bestärkt, da das Vsgewerbe hierunter im Gegensatz zur ‚Provisionsgeschäftsstelle' eine eigene Niederlassung der Gesellschaft versteht."

[42] bb) Sonstige Fälle.

Der Rechtsschein kann selbstverständlich nicht nur durch Titelführung (Anm. 41) entstehen, sondern auf vielerlei Weise (vgl. schon Anm. 35). Nur wenige Fallgruppen seien zusätzlich herausgehoben:

Die Erteilung einer Vollmacht kann den Anschein erwecken, die Vertretungsmacht gehe weiter: RG 7. I. 1902 RGZ Bd 50 S. 75—77 (Unterzeichnung und Aushändigung eines Vsscheines, auch Erweiterung einer Lebensv), RG 13. V. 1916 RGZ Bd 88 S. 235—236 (Zeichnung von Vsscheinen, auch Abschluß), KG 14. IV. 1926 VA 1926 S. 230 Nr. 1598 = JRPV 1926 S. 136 (Abschluß, auch Entgegennahme von Kündigungen), OLG Düsseldorf 27. VII. 1954 VA 1956 S. 10 (Prämieninkasso, auch Entgegennahme von Schadensanzeigen), OLG Hamm 7. II. 1936 HansRGZ 1937 A Sp. 141 (Ausfertigung von Vsscheinen, auch Einverständnis mit Prämienzahlung durch Scheck).

Duldung wiederholten Prämieninkassos deutet auf eine Inkassovollmacht hin; entsprechendes gilt für die Duldung wiederholter Schadensregulierung oder wiederholter Entgegennahme von Willens- oder Wissenserklärungen oder wiederholter Deckungszusagen: KG 21. XII. 1929 JRPV 1930 S. 116—117, BayObLG 24. I. 1957 VersR 1957 S. 216, OLG Celle 22. V. 1950 VersR 1950 S. 115, OLG Düsseldorf 18. XII. 1933 VA 1933 S. 398 Nr. 2624, OLG Köln 16. VI. 1933 HansRGZ 1941 A Sp. 271 bis 272, LG Görlitz 22. X. 1928 VA 1929 S. 229 Nr. 1995.

Der Besitz von Dokumenten kann den Anschein erwecken, der Vsagent dürfe von diesen Dokumenten Gebrauch machen: BGH 25. VI. 1956 BGHZ Bd 21 S. 128 (Bestätigungskarten), OLG Celle 22. V. 1950 VersR 1950 S. 114—115 mit zustimmender Anm. Gerlach (Deckungszusageformular), OLG Celle 14. II. 1952 VersR 1952 S. 93 (Bestätigungskarten), OLG Karlsruhe 25. X. 1957 VersR 1957 S. 798 (Bestätigungskarten), OLG Schleswig 31. V. 1958 VersR 1960 S. 592 (Bestätigungskarten), LG Görlitz 22. X. 1928 VA 1929 S. 228—229 Nr. 1995 (Kuponpolizen).

Man kann die Fälle auch unter dem Gesichtspunkt ordnen, **was der Vsagent** auf Grund Rechtsscheins mit Fremdwirkung gegen den Ver **tun konnte**. Hier sind besonders wichtig:

Abschluß von Vsverträgen: RG 7. I. 1902 RGZ Bd 50 S. 75—77, 13. V. 1916 RGZ Bd 88 S. 235—236, KG 2. XI. 1921 VA 1922 Anh. S. 6—7 Nr. 1234, 21. VI. 1924 HansRZ 1924 Sp. 684—685, 13. VII. 1932 HansRGZ 1941 A Sp. 265—268.

Abschluß von anderen als Vsverträgen: RG 4. VII. 1927 JW 1927 S. 2114 (Vorinstanz: KG 14. VI. 1934 JRPV 1934 S. 268) (Darlehensgabe an Ver), OLG Hamburg 2. V. 1929 VA 1929 S. 294 Nr. 2047 (Kauf von Heimspardosen).

Erteilung von Deckungszusagen: RG 16. VI. 1931 RGZ Bd 133 S. 97—101, 20. XII. 1940 JRPV 1941 S. 45 = DR 1941 S. 998—999, BGH 25. VI. 1956 BGHZ Bd 21 S. 126—128, KG 2. XI. 1921 VA 1922 Anh. S. 6—7 Nr. 1234, 30. IX. 1925 VA 1926 S. 287—288 Nr. 1641 = HansRZ 1926 Sp. 20—21, OLG Celle 22. V. 1950 VersR 1950 S. 114—115, OLG Köln 22. XI. 1932 HansRGZ 1941 A Sp. 268—269, 16. VI. 1933 HansRGZ 1941 A Sp. 271—272.

Deckende Prämienstundung und andere Handlungen, welche dem Vmer trotz Nichtzahlung oder verspäteter Zahlung Vsschutz verschaffen: KG 27. IV. 1932 VA 1932 S. 225—226 Nr. 2424 = JRPV 1932 S. 221—222, 11. I. 1933 JRPV 1933 S. 138—139 = HansRGZ 1942 A Sp. 35—36, OLG Hamburg 27. IV. 1933 VA 1933 S. 333—334 Nr. 2576 = JRPV 1933 S. 285—286, OLG Hamm 7. II. 1936 HansRGZ 1937 A Sp. 141.

[43] 5. Rechtsfolgen der Rechtsscheinsvollmacht.

a) Außenverhältnis.

Liegt der Rechtsschein einer Vollmacht vor und wird ein gutgläubig Vertrauender geschützt, so ist doch keine wirkliche Vollmacht gegeben (Möller Vsvermittlung S. 82). Insbesondere darf die Rechtsscheinswirkung nicht ohne weiteres mit derjenigen einer stillschweigend oder konkludent erteilten Vollmacht gleichgesetzt werden.

Aber im Außenverhältnis, d. h. konkret im Verhältnis zwischen Ver und Vmer löst der Rechtsschein doch praktisch dieselben Wirkungen aus, wie wenn eine Vollmacht wirklich erteilt worden wäre. RG 15. I. 1943 RGZ Bd 170 S. 284 betont: „Unter den Tatbestandsmerkmalen des Rechtsscheins ... wäre aus dem Handeln eines Nichtbevollmächtigten die Folge herzuleiten, daß dieselben Wirkungen ausgelöst werden wie von der Rechtswirksamkeit (Druckfehler?: Rechtswirklichkeit), daß also das Rechtsgeschäft als wirklich zustande gekommen gelten würde." BGH 29. XI. 1956 BGHZ Bd 22 S. 238: „Wer einen bestimmten Rechtsschein erweckt, muß sich in weitem Umfang so behandeln lassen, als ob die wirkliche Lage diesem Rechtsschein entspräche." Soergel-Siebert-Schultze-v. Lasaulx Anm. 18 zu § 167, S. 621 vergleichen die Wirkungen der Anscheinsvollmacht mit derjenigen einer Duldungsvollmacht, also einer stillschweigend erteilten rechtswirksamen Vollmacht. Ähnlich Staudinger-Coing I[11] Anm. 9n zu § 167, S. 997. Der Ver kann sich auf den Mangel der Vollmacht des angeblichen Vsagenten nicht berufen (vgl. BGH 10. III. 1953 MDR 1953 S. 345). Der Ver ist also an die von oder gegenüber dem Vsagenten vorgenommenen Rechtsgeschäfte oder Rechtshandlungen ebenso gebunden, als ob er tatsächlich eine (aktive oder passive) Vollmacht erteilt hätte; es tritt also die auch für die Stellvertretung typische Fremdwirkung ein (vgl. KG 14. VI. 1934 JRPV 1934 S. 268). Der Vmer kann also primär Erfüllung des Vsvertrages vom Ver fordern (BGH 13. X. 1960 VersR 1961 S. 83).

Ist aus einem kraft Rechtsscheins zustandegekommenen Vertrage Schadensersatz zu leisten, so ist das Erfüllungsinteresse zu ersetzen (Fikentscher ArchCivPrax Bd 154 S. 8). Über die Abgrenzung vom negativen Vertragsinteresse, also Vertrauensinteresse, vgl. RG 15. I. 1943 RGZ Bd 170 S. 284—285.

Stets ist zu beachten, daß aus dem Vertrauen auf einen Rechtsschein niemals weitergehende Ansprüche hergeleitet werden können, als sie bestehen würden, wenn der Rechtsschein der wirklichen Rechtslage entsprochen hätte (BGH 20. I. 1954 BGHZ Bd 12 S. 109, 11. III. 1955 BGHZ Bd 17 S. 17). Liegt also nur der Rechtsschein einer beschränkten Vollmacht vor, so haftet der Ver nicht für Handlungen eines Vsagenten, die außerhalb der Grenzen dieses Rechtsscheins liegen. Auch bei einem Bezirksdirektor, einer Bezirksdirektion ist für den Bereich der Lebensv nicht anzunehmen, daß er Vsverträge namens des Vers abschließen kann (RG 14. XI. 1933 JW 1934 S. 417 = VA 1933 S. 405 Nr. 2626, OLG Hamburg 2. V. 1929 VA 1929 S. 294 Nr. 2047). Bei einem Bezirksdirektor, bei einer Filialdirektion spricht der Rechtsschein nicht auch dafür, daß eine Vollmacht zur Entgegennahme von Zustellungen gegeben ist (OLG Köln 15. I. 1958 VersR 1958 S. 588 bis 590). Über das Verhältnis zu § 47 vgl. Anm. 4 zu § 47.

Im Falle der Rechtsscheinsvollmacht kann § 166 BGB, der u. a. die akzessorische Wissenszurechnung behandelt, entsprechend angewendet werden (Anm. 4 zu § 44; vgl. auch Anm. 28). Auch eine entsprechende Anwendung der §§ 169, 170, 171, II, 173 BGB kommt bei Rechtsscheinsvollmachten in Betracht (BGH 10. III. 1953 MDR 1953 S. 346).

Da die Rechtsscheinswirkungen zu Lasten des Vers nicht auf einer Willenserklärung des Vers beruhen (Anm. 31), sondern auf objektivem Recht (Gewohnheitsrecht) sowie auf Treu und Glauben (Anm. 33), kann der Ver nicht mit einer Irrtumsanfechtung durchdringen (Enneccerus-Nipperdey I 2[14] S. 797), auch kann eine rechtsgeschäftliche Aufhebung der Rechtsscheinshaftung nicht erfolgen.

[44] **b) Innenverhältnis.**

Der Unterschied zwischen einer Rechtsscheinsvollmacht und einer wirklichen Vollmacht zeigt sich besonders darin, daß eine wirkliche Vollmacht auch im Innenverhältnis den Vollmachtgeber bindet; nur in seltenen Fällen der Verletzung rein interner Weisungen kann der Ver den Vsvertreter schadensersatzpflichtig machen (Anm. 219, 451 vor §§ 43—48). Bei der Rechtsscheinshaftung tritt zwar nach außen, im Verhältnis zum Vmer, eine Fremdwirkung ein, aber im Innenverhältnis, also im Verhältnis Ver/Vsvertreter, Generalagent/echter Untervertreter, besteht die Möglichkeit einer Regreßnahme; denn der Rechtsscheinsbevollmächtigte ist in Wahrheit Vertreter ohne (echte) Vertretungsmacht, falsus procurator.

Der Regreßanspruch muß allgemein-zivilrechtlich begründet werden. Er kann sich aus Gesetz, z. B. unerlaubter Handlung (§ 826 BGB), und gegebenenfalls aus Vertrag, speziell aus einem etwa bestehenden Vsvertretervertrag ergeben. Der Vsvertreter verletzt die Weisungen und meistens auch die Interessen des Vers, wenn er die ihm zustehende Vertretungsmacht überschreitet, und hieraus ergibt sich seine Schadensersatzpflicht (Anm. 217, 219, 232—234, 451, 456 vor §§ 43—48). Bei beiderseitigem Verschulden, insbesondere dann, wenn der Ver den Scheintatbestand schuldhaft gesetzt hat (Anm. 36 bis 37), kann § 254 I BGB zugunsten des schadensersatzpflichtigen Vsvertreters angewendet werden.

Angesichts der eventuellen Schadensersatzpflicht des Vsvertreters ist letzterer übrigens in einem Rechtsstreit des Vmers gegen den Ver kein „klassischer" Zeuge (betont vom KG 2. XI. 1921 VA 1922 Anh. S. 6—7 Nr. 1234).

§ 46

Ist der Versicherungsagent ausdrücklich für einen bestimmten Bezirk bestellt, so beschränkt sich seine Vertretungsmacht auf Geschäfte und Rechtshandlungen, welche sich auf Versicherungsverträge über die in dem Bezirke befindlichen Sachen oder mit den im Bezirke gewöhnlich sich aufhaltenden Personen beziehen. In Ansehung der von ihm vermittelten oder abgeschlossenen Verträge bleibt der Agent ohne Rücksicht auf diese Beschränkung zur Vornahme von Geschäften und Rechtshandlungen ermächtigt.

Bezirksagenten

Gliederung:

[1] Entstehung:

§ 46 ist unverändert geblieben. — Begr. I S. 57.

[2] Schrifttum:

Anm. 2 zu § 43.

[3] I. Arten der Begrenzung von Vollmachten.

Es gibt nur ganz selten echte Generalvollmachten, die den Vertreter zum alter ego des Vertretenen machen. Selbst die Prokura und die Generalhandlungsvollmacht haben primäre und sekundäre Schranken (vgl. §§ 49 II, 54 I, II HGB, Anm. 18 zu § 45), und im Vswesen ist der Hauptbevollmächtigte nur Inlandsvertreter (vgl. § 106 II Ziff. 3 VAG, Anm. 17 zu § 45).

Die primären Schranken ergeben sich aus dem grundsätzlichen Umfang der Vollmachtserteilung, und zwar beim Vsagenten in Verbindung mit den Standardisierungsvorschriften der §§ 43, 45. Hiernach hat jeder Vsagent eine prinzipiell umgrenzte Vertretungsmacht, die sich sachlich auf Vszweige zu beschränken pflegt (vgl. § 43), dabei die Aufgaben des § 43 Ziff. 1—4, beim Abschlußagenten auch jene des § 45 umfaßt und überdies ausdehnbar ist, z. B. in Richtung auf das Prämieninkasso, die Schadensregulierung (Anm. 29—33 zu § 43, Anm. 22 zu § 45).

Die sekundären Schranken bringen Ausnahmen, schränken also die primär gegebenen Vertretungsbefugnisse ein (§ 47, Anm. 28 zu § 43, Anm. 21 zu § 45).

Unter den Beschränkungen des Umfanges der Vertretungsmacht sind die örtlichen Schranken wesentlich (dazu schon Anm. 23 zu § 43, Anm. 16 zu § 45). Sie können primäre oder sekundäre sein. Wird ein Hauptbevollmächtigter für die inländische Niederlassung eines ausländischen Vers bestellt, so handelt es sich um eine primäre Beschränkung. Auch im Falle des § 46, also des Bezirksagenten, wird von vornherein der Vsagent „für einen bestimmten Bezirk bestellt". Es kommen aber auch Fälle vor, in denen ein Vsagent in allen Teilen des Geschäftsgebietes des Vers arbeiten kann, jedoch verbotsweise z. B. nicht in Hamburg oder in einem anderen Land, weil hier bereits andere Vsagenten tätig sind. Dann würde eine im Ausnahmewege formulierte, also sekundäre örtliche Schranke vorliegen.

Eine gewisse Ähnlichkeit mit örtlichen Schranken weisen solche auf, die den Kundenkreis zwar nicht geographisch, wohl aber nach anderen Merkmalen begrenzen, man denke an Vsagenten, die nur bei Ärzten oder anderen freien Berufen werben sollen (primäre Schranke) oder an Vsagenten, denen die Werbung in bestimmten Personenkreisen verboten ist (sekundäre Schranke). Hier kommt eine Analogie zu § 46 in Frage (vgl. parallel § 87 II 1 HGB, Anm. 187 vor §§ 43—48). Über die entsprechende Anwendung von § 47 vgl. Anm. 11 zu § 47.

[4] II. Mehrdeutigkeit des Begriffs des Bezirksagenten.

§ 46 geht von der Vertretungsmacht aus, der Bezirksagent der Vswirtschaft hat eine (primär: Anm. 3) beschränkte Vertretungsmacht. Man kann also sagen, die Regelung verschlechtere seine Rechtsstellung. Denn grundsätzlich ist die Vertretungsmacht sowohl des Vermittlungs- als auch des Abschlußagenten gebietsmäßig unbeschränkt, sie findet lediglich eine Schranke im Geschäftsgebiet des Vers. § 46[1] bringt für den Fall, daß der Vsagent für einen bestimmten Bezirk bestellt ist, eine Ausnahme.

Umgekehrt wird die Rechtsstellung eines Bezirksagenten i. S. des § 87 II 1 HGB verbessert: Er hat nämlich — ohne Rücksicht auf das Kausalerfordernis — „Anspruch auf Provision auch für die Geschäfte, die ohne seine Mitwirkung mit Personen seines Bezirkes . . . während des Vertragsverhältnisses abgeschlossen sind". Vsvertreter sind im Zweifel keine Bezirksagenten in diesem begünstigenden Sinne, und zwar gemäß § 92 III 2 HGB: „§ 87 Abs. 2 gilt nicht für Vsvertreter", übrigens auch nicht für unselbständige Vsvertreter (in § 65 HGB ist auf § 87 II HGB nicht verwiesen worden). Immerhin könnte durch Vereinbarung auch einem Vsvertreter Provision oder Superprovision für alle aus seinem Bezirk herrührenden Geschäfte versprochen werden. Aber das kommt selten vor.

Die Provisionsfrage betrifft das Innenverhältnis des Bezirksvertreters zum Ver. Näheres hierzu Anm. 187—191, 285, 403, 415, 496 vor §§ 43—48. Dagegen bezieht sich § 46 auf das Außenverhältnis zum Vmer.

[5] III. Erteilung der bezirklich begrenzten Vollmacht.

1. Erklärender.

Auch die Vollmacht für einen Bezirksagenten kann nicht nur von einem Ver (Anm. 4—5 zu § 43), sondern auch von einem Generalagenten (Anm. 6—8 zu § 43) erteilt werden. Im letztgenannten Falle ist es gleichgültig, ob der Generalagent selber Bezirksagent ist. Häufig kommt die weitere Unterteilung des Generalagentenbezirks in Unteragentenbezirke vor.

[6] 2. Ausdrücklichkeit.

Vsagenten können mit der Vsvermittlung (und als Abschlußagenten mit dem Abschlusse von Vsverträgen) ausdrücklich oder stillschweigend, direkt oder konkludent betraut werden (Anm. 16 zu § 43, Anm. 6 zu § 45). Im Interesse voller Rechtsklarheit setzt jedoch § 46[1] voraus, daß „der Vsagent ausdrücklich für einen bestimmten Bezirk bestellt wird". Ohne solche Ausdrücklichkeit der Beschränkung ist die Vertretungsmacht örtlich nicht limitiert; jeder Dritte, insbesondere jeder Vmer, kann wirksam mit dem Vsagenten überall im Geschäftsgebiet des Vers kontrahieren; § 47 kommt nicht zur Anwendung.

Der Begriff der ausdrücklichen Bestellung für einen bestimmten Bezirk bedarf der Definition. Die Wendung wurde auch verwendet in § 89 HGB a. F., sie findet sich nicht mehr in der korrespondierenden Provisionsvorschrift des § 87 II 1 HGB. Während das OLG Breslau 23. XI. 1905 DJZ 1906 Sp. 587—588 zu § 89 HGB a. F. den Begriff eng auslegte und meinte, bei einer ausdrücklichen Willenserklärung komme keine andere Quelle für die Auslegung in Betracht als der Ausdruck, es sei unstatthaft, „den Willen anderswoher zu schöpfen", kritisierten Hahn DJZ 1906 Sp. 588—589, Düringer-Hachenburg I Anm. 1 zu § 89, S. 696—697 diese engere Auffassung. Aber die zu § 89 HGB a. F., also zur Provisionsregelung maßgebenden Gesichtspunkte können nicht ohne weiteres auf § 46[1] übertragen werden. Die Interessenlage ist unterschiedlich. Der Dritte und speziell der Vmer bedürfen des Schutzes. Nur wenn klar und eindeutig der Wille des Vers oder Generalagenten erklärt worden ist, die Vertretungsmacht des Vsagenten örtlich zu beschränken, soll diese Beschränkung gegenüber Dritten Rechtswirkungen zeitigen. Hieraus folgt, daß § 46[1] wortgetreu auszulegen ist und—wie die Erteilung einer Prokura (§48[1] HGB) — eine ausdrückliche und damit direkte Willenserklärung voraussetzt; eine stillschweigende oder konkludente Willenserklärung reicht nicht aus.

Das Gesagte bedeutet nicht, daß Worte benutzt sein müssen, es gibt auch andere übliche Erklärungsmittel. Es bedarf auch keiner Formwahrung, etwa der Schriftform. Die Bestellung für einen bestimmten Bezirk kann auch nicht nur durch externe, sondern auch durch interne Willenserklärung erfolgen (vgl. Anm. 9 zu § 43). Zu Unrecht fordert Prölss[12] Anm. 1 zu § 46, S. 195 „Erklärungen nach außen hin in geschäftsüblicher Weise (Zeitungsanzeigen, auf Briefbogen, Agenturschildern)", ähnlich Bruck 7. Aufl. Anm. 3 zu § 46, S. 185, richtig Hagen I S. 539—540. Auf das Wissen des Vmers von der örtlichen Schranke kommt es nicht an (Prölss[12] Anm.1 zu § 46, S. 195, Trinkhaus I S. 99—100, a. M. Ehrenzweig S. 54).

Nur die Bestellung für einen bestimmten Bezirk muß ausdrücklich sein. Es kann demnach vorkommen, daß jemand mit der Vermittlung nur stillschweigend oder konkludent betraut ist oder zum Abschluß nicht ausdrücklich bevollmächtigt ist, aber es ist bei einem Bezirksagenten erforderlich und ausreichend, daß seine Bestellung für den Bezirk ausdrücklich erfolgt.

Unerheblich ist es schließlich, ob der Bezirksagent in einer Weise bezeichnet und betitelt wird, die seine Eigenschaft als Bezirksagent ersichtlich macht. Deshalb ist es auch gegebenenfalls irrelevant, ob die Bezeichnung etwa lautet Bezirksbüro, Bezirksdirektor, Filialdirektor, Kreiskommissar, Landesdirektor (vgl. Anm. 41 zu § 45). Wie schon ausgeführt, braucht ja die Bestellung für einen bestimmten Bezirk nicht extern hervorzutreten, auf das Wissen des Vmers kommt es nicht an.

[7] 3. Bezirksumgrenzung.

§ 46[1] spricht von der Bestellung des Vsagenten „für einen bestimmten Bezirk". Hieraus darf aber nicht formalistisch geschlossen werden, ein Vsagent könne nicht für zwei oder mehr örtlich getrennte Bezirke fungieren. Vielmehr muß angenommen werden, daß sich auch im letztgenannten Falle die Vertretungsmacht auf jeweils bezirksbezogene Geschäfte und Rechtshandlungen beschränkt.

Der Bezirk muß aber ein bestimmter sein, wobei es gleichgültig ist, wie die klare örtliche Grenzziehung vorgenommen wird, etwa nach politischen Grenzen von Ländern, Kreisen, Gemeinden, nach geographischen Grenzen, etwa nördlich und südlich der Mainlinie, oder sonstwie. In Städten nennt man die Bezirksagenten gern Platzagenten; selbstverständlich könnten solchem Platzagenten Stadteile oder gar nur Straßenzüge zugewiesen werden. Auch am Orte des Sitzes des Vers wirken nicht selten Platzagenten. Der Begriff des Reiseagenten steht nicht in einem klaren Gegensatz zu dem des Bezirksagenten; denn man kann darunter auch einen Bezirksagenten mit größerem Bezirk verstehen, der gezwungen ist, im Bezirk herumzufahren.

Arbeitet ein ausländischer Ver in Deutschland, so wird man stets annehmen müssen, daß der inländische Hauptbevollmächtigte Bezirksagent für das inländische Geschäftsgebiet ist. Allerdings ergibt sich die Beschränkung der Vertretungsmacht auf das Inland auch schon aus § 106 II Ziff. 3 VAG in Verbindung mit § 107 VAG (vgl. Anm. 24 zu § 43). Bei Auslandsvertretern deutscher Ver ist anzunehmen, daß sie im Zweifel nur für den Auslandsbestand Vertretungsmacht besitzen; umgekehrt kann der inländische Vsagent einer deutschen Gesellschaft, die auch Auslandsniederlassungen unterhält, im Zweifel nicht mit Bezug auf die Auslandsbestände handeln (vgl. bereits Anm. 23 zu § 43).

Es ist nicht erforderlich, daß der Bezirksagent im Bezirk wohnt oder eine gewerbliche Niederlassung unterhält.

Über Bezirksveränderungen vgl. Anm. 13, 15.

[8] IV. Umfang der bezirklich umgrenzten Vollmacht.

§ 46 befaßt sich nur mit der örtlichen Komponente der Vertretungsmacht eines Bezirksagenten. Inhaltlich-sachlich richtet sich der Umfang der Vertretungsmacht danach, ob es sich um einen Vermittlungs- oder Abschlußagenten handelt; es gibt also Bezirksvermittlungs- und Bezirksabschlußagenten (KG 24. VI. 1931 JRPV 1931 S. 321: „Der § 46 . . . will nicht die Vertretungsbefugnis der Vermittlungs- oder Abschlußagenten erweitern, sondern nur Bestimmungen über den örtlichen Wirkungskreis dieser Agenten treffen"). Es ist vorstellbar, daß ein Vsagent in einem bestimmten Bezirk als Abschlußagent wirkt, im übrigen aber nur als Vermittlungsagent.

§ 46 nennt die Vertretungsmacht bei Geschäften und Rechtshandlungen. Diese Formulierung umfaßt sämtliche aktiven und passiven Rechtsvorgänge, bei denen eine Stellvertretung in Betracht kommt, also neben Willens- und Wissenserklärungen auch geschäftsähnliche Handlungen (vgl. Anm. 19 zu § 43). Ist die Vertretungsmacht über die §§ 43, 45 hinaus erstreckt, z. B. auf Prämieninkasso oder Schadensregulierung (Anm. 29—33 zu § 43, Anm. 22 zu § 45), so bezieht sich die örtliche Begrenzung der Vertretungsmacht beim Bezirksagenten sinngemäß auch auf solche Ausdehnungen der

Normalvertretungsmacht, z. B. kann der Inkassobezirksagent keine bezirksfremden Prämien einziehen.

§ 46 unterscheidet den gleichsam originären Umfang der Vertretungsmacht (§ 46[1]) von der fortwirkenden Vertretungsmacht (§ 46[2]), die akut wird, nachdem ein Bezirksagent einen Vsvertrag vorher vermittelt oder abgeschlossen hatte.

[9] 1. Originärer Vollmachtsumfang.

a) Sachbezogenheit.

Nach § 46[1] knüpft sich die beschränkte Vertretungsmacht eines Bezirksagenten entweder an Sachen oder an Personen. Was die Sachen anlangt, so soll sich die Vertretungsmacht auf Geschäfte und Rechtshandlungen beschränken, „welche sich auf Vsverträge über die in dem Bezirke befindlichen Sachen ... beziehen.“ Zu denken ist hierbei primär an die Vermittlung oder den Abschluß von Sachversicherungsverträgen. Es kommt also darauf an, ob die zu versichernden Sachen zur Zeit des Vertragszustandekommens, bei Vermittlungsagenten zur Zeit der Antragsstellung im Bezirke sind. Dabei fällt es auf, daß § 46[1] (anders als §§ 106 II Ziff. 3, 107 VAG) nicht nur Grundstücke, sondern schlechterdings alle Sachen, also auch bewegliche Sachen und speziell Schiffe, ergreift. Es kann hiernach nicht darauf ankommen, ob es sich um stationäre Risiken handelt; auch Transportven vermag der Bezirksagent zu vermitteln oder abzuschließen, sofern sich die Güter oder Schiffe jedenfalls im Zeitpunkte des Vertragszustandekommens oder der Antragstellung im Bezirke befanden. Dies kann man auch daraus ableiten, daß bei der Personenbezogenheit infolge des Kriteriums des gewöhnlichen Aufenthaltes eine gewisse Dauer gefordert wird, während das Gesetz bei der Sachbezogenheit auf dieses Erfordernis verzichtet. Wie hier Gerhard-Hagen Anm. 3 zu § 46, S. 204—205, abweichend Bruck 7. Aufl. Anm. 4 zu § 46, S. 185, welcher meint, daß die nur vorübergehende Verbringung vter beweglicher Sachen in den Bezirk eines Bezirksagenten nicht dessen Zuständigkeit begründe.

Was für die echte Sachv gilt, muß auch für andere Aktivenven Geltung beanspruchen, sofern den vten Gefahren die Sachgefahren immanent sind. Deshalb kann der Bezirksagent auch eine Mietverlust- oder Betriebsunterbrechungs- oder Frachtv abschließen, sofern das Mietshaus, der Betrieb oder das die Fracht verdienende Schiff sich im Bezirke befinden. Aber der Begriff der Sachbezogenheit ist noch großzügiger auszulegen und auch auf gewisse Passivenven, insbesondere Sachhaftpflichtven zu erstrecken. Deshalb kann der Bezirksagent hinsichtlich der in seinem Bezirk befindlichen Kraftfahrzeuge nicht nur Kasko- und Gepäck-, sondern auch Haftpflichtven vermitteln oder abschließen (eine ausreichende örtliche Bindung dürfte übrigens auch schon gegeben sein, wenn das Kraftfahrzeug im Bezirk zugelassen ist, mag es sich auch im maßgebenden Zeitpunkt gerade auswärts befinden). Entsprechendes muß z. B. für Grundeigentümerhaftpflichtven gelten, sofern das Grundstück im Bezirke liegt. Dagegen ist bei Kreditven eine Belegenheit der zu vernden Forderung schwer festzustellen, § 46[1] nennt auch nur Sachen.

Im Falle der Sachbezogenheit ist es nicht schädlich, wenn der Eigentümer außerhalb des Bezirks wohnt (Prölss[12] Anm. 2 zu § 46, S. 195); er braucht sich auch bei der Antragstellung oder dem Abschlusse nicht im Bezirk aufzuhalten. Übrigens kann auch der Bezirksagent außerhalb der Bezirksgrenzen den bezirksbezogenen Vsvertrag vermitteln oder abschließen: Der Bezirksagent und sein Kunde treffen sich an der Riviera, wo der Bezirksagent als Abschlußagent für das im Bezirk zugelassene, jetzt an der Riviera befindliche Auto des Kunden Kaskovsdeckung zusagt.

Bislang war nur davon die Rede, daß ein Bezirksagent auf Grund der Sachbelegenheit vermittelt oder abschließt. Auch alle anderen Vertretungshandlungen kommen in Betracht. Ohne Rücksicht darauf, ob der Bezirksagent vermittelt oder abgeschlossen hat, also auch bei Direktverträgen oder woanders abgeschlossenen Vsverträgen, ist der Bezirksagent befugt, mit Fremdwirkung für und gegen den Ver passiv und aktiv zu handeln, sofern nur die Voraussetzung der Sachbezogenheit von vornherein oder durch Verbringung der Sache in den Bezirk nachträglich gegeben ist. So kann ein Bezirksagent z. B. Verlängerungs- oder Änderungsanträge entgegennehmen, ferner

Anzeigen von Gefahrerhöhungen oder Schadensanzeigen, Kündigungs- oder Anfechtungserklärungen. Der Inkassobezirksagent vermag Prämien anzunehmen. Der Abschlußbezirksagent kann Kündigungs- und Rücktrittserklärungen abgeben. Der Bezirksagent ist nun einmal die berufene Außenstelle des Vers, an die der Vmer sich wenden kann. Das gilt auch dann, wenn der Bezirksagent an seiner Einschaltung wirtschaftlich nicht interessiert ist, da er keine Provision erhält. Dennoch muß er z. B. Willens- und Wissenserklärungen entgegennehmen und weiterleiten; anderenfalls können für den Ver erhebliche Rechtsnachteile erwachsen.

[10] b) Personenbezogenheit.

Sieht man von der Sachbezogenheit (Anm. 9) ab, so beschränkt sich die Vertretungsmacht des Bezirksagenten nach § 46[1] „auf Geschäfte und Rechtshandlungen, welche sich auf Vsverträge ... mit den im Bezirke gewöhnlich sich aufhaltenden Personen beziehen".

Die Vorschrift betrifft nicht etwa nur die Personenv, sondern sämtliche Vszweige und -arten, also auch die Sachv und ihr gleichstehende Vszweige. Bei letzterer ergibt sich also eine doppelte Möglichkeit der Anknüpfung an den Bezirk, nämlich die Sachbezogenheit oder die Personenbezogenheit. Der Vsagent kann Vsverträge mit Personen, die sich in seinem Bezirk aufhalten, auch über Sachen vermitteln oder abschließen, die sich außerhalb des Bezirks befinden (Prölss[12] Anm. 2 zu § 46, S. 195). Entsprechendes gilt auch hier für sonstige Vertretungshandlungen. So kann z. B. ein Vmer, der woanders abgeschlossen hat, nach seiner Übersiedlung in den Bezirk eine Feuerv gegenüber dem Bezirksagenten kündigen, auch wenn das vte Gebäude außerhalb des Bezirkes liegt.

§ 46[1] spricht nicht vom Wohnsitz, sondern nur vom gewöhnlichen Aufenthalt der zu vernden oder vten Personen. Die Begriffe Wohnsitz und gewöhnlicher Aufenthalt sind streng zu unterscheiden (Prölss[12] Anm. 2 zu § 46, S. 195): Während die Wohnsitzbegründung eine Rechtshandlung ist (vgl. § 8 I BGB), handelt es sich bei dem Aufenthalt um ein rein tatsächliches Verhältnis (Gerhard-Hagen Anm. 3 zu § 46, S. 205). Aber was in § 46[1] für den gewöhnlichen Aufenthalt bestimmt ist, muß erst recht für den (gewillkürten oder gesetzlichen) Wohnsitz, bei Gewerbebetrieben, Personenvereinigungen und juristischen Personen für die gewerbliche Niederlassung, die Handelsniederlassung (Hauptniederlassung oder Zweigniederlassung) und den Sitz gelten.

Der gewöhnliche Aufenthalt wird nicht durch ein nur augenblickliches Verweilen begründet, andererseits ist die Absicht, ständig zu bleiben, nicht zu fordern. Notwendig und ausreichend ist es, daß für einen gewissen, nicht ganz vorübergehenden Zeitraum ein Platz als Ort des Verweilens gewährt wird. Am Studienort, Zuchthausort liegt ein gewöhnlicher Aufenthalt, nicht aber in einem Kurort, in welchem drei bis fünf Wochen verbracht werden. Denkbar sind nebeneinander mehrere Aufenthaltsorte. Beispiele bei Gerhard-Hagen Anm. 3 zu § 46, S. 205.

[11] 2. Fortwirkender Vollmachtsumfang.

Hat ein Bezirksagent einen Vsvertrag (oder einen sonstigen Vertrag) für einen Ver vermittelt oder abgeschlossen, so soll nach § 46[2] seine Vertretungsmacht fortbestehen, trotz einer Lösung des Bezirksbandes. Die Bestimmung dient in erster Linie dem Verkehrsschutz, dem Interesse des Vmers (Begr. I S. 57). Es fragt sich, ob daneben auch Belange des Vsagenten geschützt werden sollten, ob also ein Bestandsschutz für den von ihm akquirierten Vsbestand gewährt werden soll. Letzteres ist jedenfalls nicht in dem Sinne beabsichtigt, daß der Vmer künftig trotz der Lösung des Bezirksbandes nur über den „alten" Bezirksagenten mit dem Ver verkehren kann: Der Vmer kann sich vielmehr auf Grund neuer Sach- oder Personenbezogenheit, also auf Grund originärer Vertretungsmacht mit einem „neuen" Bezirksagenten in Verbindung setzen, z. B. eine Schadensanzeige an den Bezirksagenten seines neuen Aufenthaltsortes senden (Begr. I S. 57).

§ 46[2] macht nicht ersichtlich, in welchen Fällen der „alte" Bezirksagent ermächtigt bleiben soll. Zu unterscheiden sind örtliche Veränderungen in der Sphäre des Vmers (Anm. 12) und in der Sphäre des Vers (Anm. 13).

[12] a) Ortwechsel in Versicherungsnehmersphäre.

Aus dem Gesichtspunkte des Verkehrsschutzes ergibt es sich, daß der Vmer sich an den Akquisiteur wenden kann, auch nachdem die versicherte Sache aus dem Bezirk (dauernd oder vorübergehend) verbracht worden ist und auch nachdem der Vmer sich nicht mehr gewöhnlich im Bezirk aufhält. Der Vmer kann also dem ihm altbekannten Akquisiteur Treue bewahren. Dogmatisch handelt es sich um eine überbezirkliche Ausweitung der Bezirksvertretungsmacht.

Der fortwirkende Vollmachtsumfang besteht nur solange, wie das Agenturverhältnis des Vers zu dem Bezirksagenten fortbesteht. Nach dem Tode oder sonstigen Ausscheiden des Bezirksagenten kann derVmer sich nicht mehr an die „Bezirksdirektion" wenden, es sei denn, daß es sich um eine selbständige Agentur in Gestalt einer juristischen Person oder einer fortbestehenden offenen Handelsgesellschaft handelt. Die Begr. I S. 57 meint, der fortgezogene Vmer könne sich solange an den Akquisiteur wenden, „bis ihn der Ver an den für den neuen Wohnort zuständigen Agenten verweist". Die Ausdrucksweise ist ungenau: Erheblich ist es nur, wenn der Ver die Vertretungsmacht des Bezirksagenten aus § 46², also im Hinblick auf den fortwirkenden Vollmachtsumfang beschränkt. Die Beschränkung ist nach § 47¹ statthaft, und der Vmer muß sie gegen sich gelten lassen, wenn er vom Ver entsprechend unterrichtet worden ist. Über die entsprechenden Probleme des Innenverhältnisses vgl. Anm. 190 vor §§ 43-48 mit Hinweis auf Ziff. 5 Anm. 9 Hauptpunkte (Anm. 138 vor §§ 43—48).

[13] b) Ortwechsel in Agentensphäre.

Zweifelhafter ist die Rechtslage, falls in der Sphäre des Vers und seiner Außenorganisation Änderungen vorkommen.

Falls der Bezirksagent, ohne daß die Bezirksgrenzen verschoben werden, in einen anderen Bezirk versetzt wird, in welchem es für die früher akquirierte V an jeder Sach- oder Personenbezogenheit fehlt, kann sich doch nach dem Wortlaut des § 46² der Vmer weiter an den jetzt auswärtigen Bezirksagenten wenden, mit dem ihn vielleicht seit langem persönliche und geschäftliche Bande verknüpfen. So kann der Vmer z. B. Verlängerungen oder Erweiterungen des Vsschutzes über den versetzten Bezirksagenten laufen lassen (ebenso Prölss[12] Anm. 3 zu § 46, S. 195). Vorauszusetzen ist nur, daß der Vsagent noch als solcher für den fraglichen Ver tätig bleibt. Es werden sodann die Belange des Vmers und des Vsagenten gleicherweise durch § 46² geschützt. Aber auch diese aus § 46² hergeleitete Vertretungsmacht ist gemäß § 47¹ beschränkbar. Zum Innenverhältnis vgl. Anm. 191 vor §§ 43—48.

Das Gesagte muß entsprechend gelten, falls der Bezirk des Bezirksagenten verkleinert wird, so daß nunmehr der Bezirksagent mangels Sach- oder Personenbezogenheit für die akquirierte V an und für sich nicht mehr zuständig wäre.

[14] 3. Schutz der Versicherungsnehmer.

Die Institution der Bezirksvollmacht schwört für den Antragsteller und Vmer erhebliche Gefahren herauf. Der Vsagent ist falsus procurator, soweit er außerhalb des Anwendungsbereiches von § 46 tätig wird. Über die Wirkungen des Handelns als Vertreter ohne Vertretungsmacht vgl. Anm. 35—38 zu § 43, Anm. 24 zu § 45.

Aber es ist denkbar, daß einem Bezirksagenten zusätzlich eine über § 46 hinausgehende Vollmacht (auch stillschweigend oder konkludent) erteilt wird, z. B. eine Vollmacht zu Neuabschlüssen (nicht nur Verlängerungen und Erweiterungen) bei alten Kunden. (Über das Recht zu bezirksfremder Tätigkeit vgl. Anm. 188 vor §§ 43—48.)

Ferner kann ein Rechtsschein dafür sprechen, daß die örtlichen Vertretungsschranken nicht bestehen, z. B. bei nur interner Bestellung des Bezirksagenten, der auch nicht einen auf die Bezirksbegrenzung hinweisenden Titel führt (wie z. B. Bezirksdirektor). Die Dinge können auch so liegen, daß ein Rechtsschein darauf hinweist, die Bezirksgrenzen seien weiter abgesteckt, als sie in Wahrheit reichen. Über die näheren Voraussetzungen eines Schutzes des gutgläubigen Vertrauens auf eine Rechtsscheinsvollmacht vgl. Anm. 27—44 zu § 45.

Ferner genießt ein Antragsteller oder Vmer vollen Schutz, sofern es an der Ausdrücklichkeit der Bestellung für einen bestimmten Bezirk mangelt (Anm. 6).

Fehlt es nicht an der Ausdrücklichkeit, so kann sich der Ver auf den Mangel der Vertretungsmacht berufen, sofern ein Bezirksagent seine Zuständigkeit überschreitet. Hagen I S. 540 betont, „daß die räumliche Beschränkung des einzelnen Agenten unbedingt wirkt, sofern sie, sei es auch nur dem Agenten gegenüber deutlich erklärt ist; der Vmer kann sich, wenn er sich an einen unzuständigen Agenten wendet, nicht auf Schuldlosigkeit oder guten Glauben an die Zuständigkeit berufen. Dies rechtfertigt sich auch geschäftlich dadurch, daß die räumliche Beschränkung der Agentenzuständigkeit so allgemein üblich und bekannt ist, daß auch der Geschäftsunerfahrene damit rechnen muß und ihm eine gehörige Erkundigung billigerweise zugemutet werden darf." § 47 gilt hinsichtlich der primären örtlichen Schranken nicht (Anm. 13 zu § 47). Denn diese Vorschrift setzt voraus, daß die Vertretungsmacht gemäß § 46 ihrerseits beschränkt sei (wie hier auch Bruck 7. Aufl. Anm. 3 zu § 46, S. 185, Prölss[12] Anm. 1 zu § 47, S. 196, a. M. Ehrenzweig S. 54, Ehrenzweig, Die Rechtslehre des Vsvertrages und die klassische Logik, Karlsruhe 1954, S. 48—49). § 47 greift also nur bei sekundären örtlichen Schranken ein, z. B. dann, wenn bei einem Bezirk Exklaven vorgesehen werden oder wenn zu § 46[2] die fortwirkende Vollmacht aufgehoben oder der Vollmachtsumfang eingeschränkt wird. Dazu Begr. I S. 58, Anm. 10 zu § 47.

Soweit § 47 den Antragsteller oder Vmer nicht schützt, kann der Ver auch nicht unter dem Gesichtspunkt der culpa in contrahendo in Verbindung mit § 278[1] BGB schadensersatzpflichtig gemacht werden (Anm. 35 zu § 44).

[15] V. Beendigung der bezirklich begrenzten Vollmacht.

Für das Ende der Bezirksvollmacht gelten keine Besonderheiten, es kann deshalb auf Anm. 39—44 zu § 43, Anm. 25—26 zu § 45 verwiesen werden. Die Fortwirkung gemäß § 46[2] gilt nur unter dem Vorbehalt, daß der Vsagent überhaupt noch weiter als solcher für den Ver tätig bleibt (Anm. 12).

Für Neuabschlüsse von Vsverträgen kann die bezirklich begrenzte Vollmacht auch dann enden, wenn der Vsagent in einen anderen Bezirk versetzt wird oder sein Bezirk verkleinert wird. Vgl. jedoch § 46[2] mit Anm. 13 hinsichtlich der Fortwirkung einer Bezirksvollmacht für Verlängerungen oder Erweiterungen.

Trotz Beendigung einer Bezirksvollmacht kann dem Kunden möglicherweise noch unter dem Gesichtspunkt des Rechtsscheinsschutzes geholfen werden, sei es auf Grund der positiven Normen der §§ 170, 171 II, 172 II BGB, sei es auf Grund einer Analogie hierzu oder sei es auf Grund des allgemeinen Rechtsscheinsgedankens (zu allem Anm. 30 zu § 45).

§ 47

Eine Beschränkung der dem Versicherungsagenten nach den Vorschriften der §§ 43 bis 46 zustehenden Vertretungsmacht braucht ein Dritter nur dann gegen sich gelten zu lassen, wenn er die Beschränkung bei der Vornahme des Geschäfts oder der Rechtshandlung kannte oder infolge grober Fahrlässigkeit nicht kannte. Auf eine abweichende Vereinbarung kann sich der Versicherer nicht berufen.

Beschränkung der Agentenvollmacht

Gliederung:

[1] Entstehung.

§ 47 ist unverändert geblieben, zur Vorgeschichte vgl. Anm. 20. — Begr. I S. 57—58.

[2] Schrifttum.

Anm. 2 zu § 43.

[3] I. Zweck der Vorschrift.

Bei der Abwägung der Belange der Ver und ihrer Kunden ist der Gesetzgeber zu dem Ergebnis gekommen, daß die (gesetzlich standardisierte) Vertretungsmacht der Vermittlungs- und Abschlußagenten beschränkbar sein muß: „Bei der Verschiedenheit der im einzelnen obwaltenden Verhältnisse kann den Vern das Recht nicht entzogen werden, die den Agenten durch das Gesetz beigelegten Befugnisse sachlich einzuschränken" (Begr. I S. 57, ähnlich Ehrenzweig S. 54—55). Nur bei Hauptbevollmächtigten ausländischer Ver (Anm. 17 zu § 45) sowie bei Prokuristen (§ 50 I HGB) ist die Vertretungsmacht unbeschränkbar, ähnlich wie bei vertretungsberechtigten Gesellschaftern einer offenen Handelsgesellschaft (§ 126 II HGB) oder Kommanditgesellschaft (§ 161 II HGB) sowie beim Vorstand einer Aktiengesellschaft (§ 74 II AktienG) oder Geschäftsführer einer Gesellschaft mit beschränkter Haftung (§ 37 II GmbHG).

Auf der anderen Seite verdient aber auch der Antragsteller, Vmer oder sonstige Dritte Schutz. Anders als im allgemeinen bürgerlichen Recht kann nicht jede beliebige — auch interne — Umreißung des Vollmachtsumfanges Außenwirkung zeitigen. Deshalb schreibt § 47 zwingend vor, eine Beschränkung der dem Vsagenten nach den §§ 43—46 zustehenden Vertretungsmacht brauche ein Dritter nur dann gegen sich gelten zu lassen, wenn er die Beschränkung kannte oder infolge grober Fahrlässigkeit nicht kannte. Ein schuldlos oder leicht fahrlässig unwissender Dritter wird hiernach geschützt. Die Rechtslage ist ähnlich wie gemäß § 54 III HGB bei der Handlungsvollmacht (vgl. auch §§ 55 I, 75 g^2, 91 I, II 2 HGB), nur daß im Rahmen des Handelsgesetzbuches nicht nur Kenntnis und grobfahrlässige Unkenntnis, sondern auch schon leichtfahrlässige Unkenntnis den Schutz des Dritten entfallen läßt. Man geht davon aus, daß einem Handlungsbevollmächtigten durchweg Kaufleute gegenübertreten, während der Vsagent es mit einem breiteren, auch weniger geschäftsgewandten Publikum zu tun hat (dazu auch Anm. 4).

[4] II. Abgrenzung der Vorschrift.

§ 47, der dem Publikumsschutz dient, gehört in ein System sonstiger Normen, die gleichfalls diesen Zweck verfolgen:

Schon erwähnt wurde es, daß es Fälle unbeschränkbarer Vertretungsmacht gibt, z. B. beim Hauptbevollmächtigten oder Prokuristen (Anm. 3), auch Filialprokuristen, bei dem nach § 50 III HGB nur die lokale Beschränkung auf den Betrieb einer Niederlassung eine Rolle spielt.

Nach bürgerlichrechtlichen Vorschriften wirkt in gewissem Umfange eine erloschene Vollmacht fort, sei es zum Schutz des Publikums (hier besonders der Vmer), sei es primär zum Schutz der Bevollmächtigten (hier speziell der Vsagenten). Darüber Anm. 42—44 zu § 43 (mit Hinweis auf gewisse gebotene Analogien). Vgl. auch § 46^2 mit Anm. 11 zu § 46.

Auf den besonderen Schutz, den § 54 III HGB bei der Handlungsvollmacht dem Publikum gewährt, wurde schon aufmerksam gemacht (Anm. 3). Soweit ein Fall gleichzeitig den §§ 54 III, 55 I, 75 g^2 oder 91 I, II^2 HGB einerseits und dem § 47 andererseits subsumierbar ist, geht § 47 vor, da die letztgenannte Vorschrift den Dritten — anders als das Handelsrecht — auch bei leichtfahrlässiger Unkenntnis von einer Vollmachtsbeschränkung schützt. § 47 kommt einem Dritten selbst dann zugute, wenn er Kaufmann ist, denn § 47 ist lex specialis zugunsten aller, auch kaufmännischer Vmer.

Zur negativen Publizität des Handelsregisters vgl. Anm. 30 zu § 45.

Ist eine Vollmachtsbeschränkung unklar und erklärt ein Vsagent, die Unklarheit sei dahingehend zu beseitigen, daß ein bestimmtes Verhalten des Vsagenten durch die Vollmacht gedeckt sei, so kann hierdurch das Verschulden des Dritten i. S. des § 47^1 beeinflußt, und es kann bewirkt werden, daß der Dritte schuldlos oder zum mindesten nur leichtfahrlässig vertraut (Anm. 20 zu § 44). Überdies wäre es für den Ver unter bestimmten Voraussetzungen bindend, falls ein Vsagent den Vmer über seinen angeblichen Vollmachtsumfang aufklärt und belehrt, sei es beim Vertragsschluß, sei es später (dazu Anm. 54—72 zu § 44).

Spielt eine Unklarheit keine Rolle, so arbeitet die Judikatur gern mit dem Gesichtspunkt, daß der Vsagent (als Erfüllungsgehilfe des Vers) auf seine eingeschränkte Vertretungsmacht hätte hinweisen müssen (vgl. Anm. 13 zu § 34a, Anm. 11 [hh], 20 zu § 44 und von den dort zitierten Urteilen besonders RG 7. X. 1921 VA 1922 Anh. S. 16—17 Nr. 1243). Diese Konstruktion einer culpa in contrahendo ist besonders bedenklich, weil sie geeignet erscheint, jede Vollmachtsbeschränkung illusorisch zu machen und die Regeln über Vertretung ohne Vertretungsmacht im Endergebnis beiseite zu schieben (Anm. 35 zu § 44).

Hat ein Vsagent als Vertreter ohne Vertretungsmacht gehandelt, so gilt unter Umständen das Schweigen des Vers als Genehmigung (§§ 75 h, 91 a HGB). Dazu Anm. 37 zu § 43.

Auf Vertretung ohne Vertretungsmacht kann sich ein Ver nicht berufen, falls der Rechtsschein besteht, eine (in Wahrheit eingeschränkte) Vertretungsmacht sei uneingeschränkt, primär oder sekundär (Anm. 30 zu § 45). Bei sekundären Beschränkungen können die rechtlichen Gesichtspunkte des § 47 und des Rechtsscheinsschutzes konkurrieren. Im allgemeinen wird es für den Vmer günstiger sein, sich auf § 47 zu berufen. Hat aber der Vmer grobfahrlässig gehandelt, so versagt § 47, während die Anwendung des Rechtsscheinsgedankens zweifelhaft ist (Anm. 40 zu § 45). Ein Scheintatbestand kann es dem Vmer erleichtern, sich gemäß § 47^1 zu entlasten (Beispiel: LG Köln 18. VI. 1936 VA 1936 S. 219—220 Nr. 2900). — Besteht eine Rechtsscheinshaftung des Vers, so pflegt doch der Scheintatbestand durchweg nicht auf eine unbeschränkte Vertretungsmacht hinzuweisen (Anm. 43 zu § 45).

[5] III. Fälle der Beschränkung.

Es gibt zahlreiche Möglichkeiten einer „Beschränkung der dem Vsagenten ... zustehenden Vertretungsmacht" (§ 47¹). Dem Anwendungsbereich des § 47 (Anm. 6—11) stehen manche Gebiete gegenüber, für die sich eine Unanwendbarkeit des § 47 ergibt (Anm. 12—15).

[6] 1. Anwendungsbereich des § 47.

§ 47¹ spricht von einer Beschränkung der dem Vsagenten „nach den Vorschriften der §§ 43—46 zustehenden Vertretungsmacht". Hier handelt es sich, da eine primäre Vertretungsmacht vorausgesetzt wird, um sekundäre Schranken (Anm. 3 zu § 46). Genannt sind nur diejenigen, welche an § 43 (Anm. 7), § 44 (Anm. 9), § 45 (Anm. 8) oder § 46 (Anm. 10) anknüpfen, aber es gibt auch rechtsähnliche andere sekundäre Schranken, die in Analogie zu § 47 behandelt werden müssen (Anm. 11).

Soweit die Vertretungsmacht eines Vsagenten i. S. des § 47 beschränkt ist, ist er selbstverständlich befugt, auf seine fehlende Vertretungsmacht hinzuweisen, also z. B. Anzeigen oder Willenserklärungen oder Prämien, die ihm zugehen, zurückzuweisen, oder hervorzuheben, daß er keine bindende Zusage geben könne, oder klarzustellen, daß sein Wissen dem des Vers nicht gleichstehe, oder daß seine Bezirksvollmacht eingeschränkt sei (vgl. hierzu § 180³ BGB, Prölss¹² Anm. 3 zu § 43, S. 188). Ein unaufgeklärter Vmer oder Antragsteller kann sich nicht selten auf mangelndes Verschulden berufen (Anm. 20 zu § 44, Anm. 13 zu § 34 a; Prölss¹² Anm. 1 zu § 47, S. 196). Eine andere Frage ist es, ob der Vsagent als Erfüllungsgehilfe des Vers verpflichtet ist, auf seine mangelnde Vertretungsmacht hinzuweisen (dazu verneinend Anm. 35 zu § 44).

[7] a) Beschränkung der Vertretungsmacht des § 43.

§ 43 sieht in vier Ziffern eine gesetzlich standardisierte Vertretungsmacht jedes Vermittlungs- und Abschlußagenten vor, ist jedoch nicht unabdingbar. Deshalb kann die Vertretungsmacht des § 43 eingeschränkt werden, sei es zu einer einzelnen Ziffer, sei es zu mehreren oder allen Ziffern, so daß die „Beschränkung" einer Aufhebung der Vertretungsmacht gleichkommt.

Besonders häufig wird in den allgemeinen Vsbedingungen die Empfangsvollmacht des Vsagenten für Willens- und Wissenserklärungen beseitigt, vollständig oder teilweise. Dabei kann eine negative oder eine positive Formulierung gewählt werden: Der Vsagent ist nicht befugt zur Entgegennahme, oder nur der Vorstand ist zur Entgegennahme befugt.

Beispiele: Eine positive Formulierung ist gewählt worden, wenn § 15 II 1 ALB alt bestimmt: „Verpfändungen und Abtretungen der Ansprüche aus der V sind der Gesellschaft gegenüber nur dann wirksam, wenn sie der bisherige Verfügungsberechtigte dem Vorstand schriftlich angezeigt hat." Ähnlich unter Einbeziehung des Widerrufes von Bezugsberechtigungen § 13 III ALB neu. Undeutlicher § 6 II ALB alt: „Die Kündigung ist schriftlich unmittelbar an die Gesellschaft zu richten" (hier soll nach Bruck-Dörstling Anm. 9 zu § 6, S. 123 eine Geschäftsstelle der Gesellschaft empfangsbevollmächtigt sein, ein Agent nicht; eine nach dem Wortlaut wenig überzeugende Differenzierung).

Eine Unterscheidung verschiedener Außendienstorgane kennt die landwirtschaftliche V in positiver Formulierung: § 24 I AHagelB: „Alle Anträge, Erklärungen und Anzeigen des Vmers sind nur dann rechtswirksam, wenn sie dem Vorstand der Gesellschaft bzw. der im Vsschein als zuständig bezeichneten Bezirksdirektion schriftlich zugehen." Ähnlich § 11¹ ATierB mit der unschärferen Variante: „wenn sie dem Ver bzw. der im Vsschein als zuständig bezeichneten Verwaltungsstelle schriftlich zugehen."

Die positive Formulierung kann mit einer negativen kombiniert werden, wie — zugleich mit Unterscheidung verschiedener Außendienstorgane — in folgenden

Formeln: § 11 AHaftpflB: „Alle für den Ver bestimmten Anzeigen und Erklärungen sind schriftlich an den Vorstand des Vers oder an diejenigen Geschäftsstelle, welche im Vsschein oder dessen Nachträgen als zuständig bezeichnet ist, zu richten. Die Agenten sind zu deren Entgegennahme nicht berechtigt.“ Fast gleichlautend § 19 AUnfallB mit einem weiteren Absatz: Die für den Fall des Todes vorgeschriebene telegraphische Anzeige . . . darf nur an den Vorstand des Vers gerichtet werden.“ Ähnlich § 9 AKB: „Alle Anzeigen und Erklärungen des Vmers sind schriftlich an den Vorstand des Vers oder an die im Vsschein als zuständig bezeichnete Stelle zu richten; sonstige Vermittler sind zu deren Entgegennahme nicht bevollmächtigt. Für Anzeigen im Todesfall gilt jedoch § 7, IV, 3.“ Dort heißt es: „Ein Todesfall ist dem Vorstand des Vers innerhalb 24 Stunden telegraphisch anzuzeigen . . .“ § 6 I a), c) GrundBed fordern: „Willenserklärungen und Anzeigen haben nur dann rechtliche Wirkung, wenn sie dem Ver (Vorstand des Vsunternehmens) oder der zuständigen Geschäftsstelle zugegangen sind . . . Willenserklärungen und Anzeigen, die von Vermittlungs- und Inkasso-Agenten entgegengenommen oder abgegeben werden, sind für den Ver nicht rechtsverbindlich.“

Die Formulierungen der beiden letzten Absätze, welche von Anträgen, Erklärungen, Willenserklärungen sprechen, umfassen auch schon den Antrag auf Abschluß des Vsvertrages. Das ist ein für den Ver höchst unerwünschtes Ergebnis; denn der Antragsteller wäre erst gebunden, nachdem der nicht empfangsbevollmächtigte Vsagent den Antrag der „zuständigen“ Stelle zugeleitet hat und er dort zugegangen ist, bis dahin könnte der Antragsteller den Antrag widerrufen (vgl. Anm. 71, 74 zu § 1). Wohl aus diesem Grunde meinen Stiefel-Wussow[4] Anm. 2 zu § 9, S. 236: „Die Bestimmung gilt jedoch nur für das Vertragsverhältnis selbst, nicht dagegen für den Abschluß des Vertrages.“ Man kann diese Ansicht jedoch nicht darauf stützen, daß die Formulierungen in den allgemeinen Vsbedingungen stünden, welche erst nach Vertragsabschluß Geltung erlangten; denn sie regeln auch schon das vorvertragliche Stadium. Das LG Dortmund 15. II. 1955 VersR 1955 S. 538 beruft sich auf die Überschrift „Das Vsverhältnis“ vor §§ 15—19 AUnfallB und meint, daß vor dessen Entstehung der Vsagent empfangsbevollmächtigt sei. Auch diese Spitzfindigkeit befriedigt nicht. Der Antragsteller muß angesichts der Unklarheit der Rechtslage (die künftig behoben werden muß) geschont werden, d. h. er kann den Antrag widerrufen. Andererseits wird man aber § 3 I 1 PflVGDVO derart anwenden müssen, daß der Antrag auf Abschluß einer Autohaftpflichtv als angenommen gilt, wenn der Ver ihn nicht innerhalb einer Frist von fünf Tagen vom Eingang des Antrags beim Vermittlungsagenten an schriftlich ablehnt. Sonst wäre der Zweck dieser Norm durch § 9 Satz 1 AKB vereitelt. — Die Formulierungen der allgemeinen Vsbedingungen beziehen sich auch auf vorvertragliche Anzeigen, dazu Anm. 13 zu § 34 a, Anm. 19 zu § 43. — Über die Wirkung der Beschränkungsregelungen bei Anfechtung des Vsvertrages vgl. Anm. 29.

Es ist nicht ausgeschlossen, daß ein nicht empfangsbevollmächtigter Vsagent als Empfangsbote des Vers handelt (Anm. 45—47 zu § 43, Anm. 13 zu § 34a, OLG Celle 17. XII. 1920 VA 1921 Anh. S. 17 Nr. 1182, OLG Stuttgart 27. III. 1930 JRPV 1930 S. 385—386, LG Berlin 16. IV. 1956 VersR 1957 S. 12, LG Stuttgart 7. IV. 1951 VersR 1951 S. 162). — Über Versuche der Rechtsprechung, dem Antragsteller und Vmer sonstwie zu helfen, vgl. Anm. 6, 14, 23. — Über den Zugang beim Vorstand des Vers vgl. Anm. 5 zu § 10.

Speziell zur Schadensanzeige sagt § 16 I 3, 4 AHagelB: „Anzeigen bei Vermittlungsagenten sind unzulässig . . . Die Anzeige ist durch eingeschriebenen Brief an die zuständige Bezirksdirektion einzusenden.“

Sehr problematisch ist die Formulierung des § 14 III ALB alt: „Alle Willenserklärungen und Anzeigen, die bei Abschluß des Vertrags oder später der Gesellschaft gegenüber abgegeben werden, brauchen von ihr nur dann als rechtswirksam angesehen zu werden, wenn sie dem Vorstand der Gesellschaft schriftlich zugegangen sind.“ Ähnlich § 12 III ALB neu: „Willenserklärungen und Anzeigen gegenüber der Gesellschaft bedürfen der Schriftform. Sie brauchen von ihr nur dann als rechtswirksam angesehen zu werden, wenn sie dem Vorstand der Gesellschaft zugegangen sind.“ Über den „Vexiercharakter dieser Bestimmung“ vgl. schon Anm. 32 zu § 8; es ist merkwürdig, daß das BAA sie erneut genehmigt hat. Unwirksamkeit nimmt Ehrenzweig S. 55 Anm. 1 an.

Während die Beschränkungen der sich aus § 43 Ziff. 1, 2 ergebenden Vertretungsmacht sehr häufig sind, kommen solche zu § 43 Ziff. 3, 4 kaum vor. Der Ver hat es ja in der Hand, dem Vsagenten ausgefertigte Vsscheine oder unterzeichnete Prämienrechnungen zu überlassen.

[8] b) Beschränkung der Vertretungsmacht des § 45.

§ 45 sieht für Abschlußagenten eine gesetzlich standardisierte aktive Vertretungsmacht vor. Auch sie kann eingeschränkt werden, z. B. im Hinblick auf die Vereinbarung von Vertragsänderungen oder -verlängerungen, oder auf die Abgabe von Kündigungs- oder Rücktrittserklärungen oder bezüglich der zu gewährenden Deckung oder des Kreises der Personen, die zu vern sind (RG 22. IX. 1933 RGZ Bd 141 S. 416—418). Es könnte beispielsweise klargestellt werden, daß der Abschlußagent von den allgemeinen Vsbedingungen nicht nachträglich abweichen dürfe: „Die Vertreter des Vers sind nicht berechtigt, den Vmer von den in den Vs-Bedingungen enthaltenen Verpflichtungen zu entbinden oder sonstige vom Vertrag abweichende Vereinbarungen zu treffen" (§ 11^2 ATierB).

Über Einschränkungen der Befugnis zur Prämienstundung vgl. Anm. 35 zu § 35 (mit Hinweis auf § 3 V 2 ALB alt, § 15 III AHagelB), Anm. 10 zu § 45 sowie § 2 II 3 ALB neu: „Prämien können nur durch schriftliche Erklärung des Vorstandes der Gesellschaft gestundet werden", wobei zu bemerken ist, daß Lebensvsagenten nur selten Abschlußagenten sind.

Voss VW 1961 S. 82, 84—85 meint, daß bei Blockpolizen dem Vsagenten stets nur die eigentliche Abschlußvollmacht zustehe, kein „Dispositionsrecht über das weitere Schicksal des Vertrages" (keine Kündigung, kein Rücktritt, keine Anfechtung, keine Prämienstundung). Aber der Wille des Vers, die Vertretungsmacht des § 45 derart zu beschränken, kommt nicht zum Ausdruck.

[9] c) Beschränkung der Vertretungsmacht des § 44.

§ 44 behandelt die Wissenszurechnung und hat außerdem negativen Inhalt: Die Kenntnis des Vermittlungsagenten steht jener des Vers nicht gleich (Anm. 8 zu § 44). Deshalb gibt es i. S. des § 47^1 eigentlich keine dem Vsagenten nach § 44 zustehende Vertretungsmacht. Gemeint sein kann nur, daß die Wissenszurechnung abdingbar sei, soweit sie sich aus allgemeinen Grundsätzen oder speziellen Gründen im Blick auf die Vermittlungs- oder Abschlußagenten an und für sich ergibt.

So könnte beispielsweise normiert werden, daß bei Abschlußagenten keine Wissenszurechnung erfolgen solle; soweit übrigens die Vollmacht eines Abschlußagenten beschränkt ist, dürfte sowieso schon eine Kenntniszurechnung entfallen. Zu allem Anm. 13—15 zu § 44. Erfolgt an und für sich ausnahmsweise bei Vermittlungsagenten eine Kenntniszurechnung (Anm. 11 zu § 44), so könnte der Wegfall der Wissenszurechnung normiert werden. Soweit die Vertretungsmacht eines Vermittlungsagenten beschränkt ist, z. B. im Hinblick auf vom Vmer zu erstattende Anzeigen (Anm. 7), kann auch niemals angenommen werden, das durch eine Anzeige dem Vsagenten vermittelte Wissen sei dem Ver zuzurechnen, gleichgültig, ob der Vsagent als Empfangsbote mitwirkt oder nicht (Anm. 10 zu § 44).

[10] d) Beschränkung der Vertretungsmacht des § 46.

§ 46 verleiht einem Bezirksagenten eine örtlich beschränkte Vertretungsmacht, die ihrerseits nach § 47^1 beschränkbar ist. Das gilt sowohl für den originären wie für den fortwirkenden Vollmachtsumfang; bei beiden können sekundäre örtliche Schranken errichtet werden (Anm. 3 zu § 46, enger Ehrenzweig S. 55 Anm. 2).

Beispiele bieten Vorschriften der allgemeinen Vsbedingungen, nach denen sich der Vmer mit Anträgen, Erklärungen, Anzeigen nur an die „als zuständig bezeichnete Bezirksdirektion" (§ 24 I AHagelB), an die „als zuständig bezeichnete Verwaltungsstelle" (§ 11^1 ATierB) wenden kann oder „an diejenige Geschäftsstelle, welche im Vsschein oder dessen Nachträgen als zuständig bezeichnet ist" (§ 11 AHaftpflB, § 19 I AUnfallB), ähnlich auch § 9 AKB, § 6 I a) GrundBed (zu allem Anm. 7). — Auch wenn der Bezirk des Bezirksagenten durch Exklaven beschränkt ist, findet § 47 Anwendung, desgleichen falls ein Bezirksagent gewisse in dem Bezirke befindliche Sachen nicht vern darf oder gewisse Personen nicht, obgleich sich diese im Bezirk gewöhnlich aufhalten. — Begr. I S. 58 erwähnt den Fall, daß „bezüglich einer schon bestehenden V dem Agenten, welcher die V abgeschlossen oder vermittelt hat, die Vertretungsbefugnis genommen werden soll."

[11] e) **Analoge Anwendbarkeit des § 47.**

Der Rechtsgedanke des § 47 muß auch auf gewisse andere sekundäre Beschränkungen der Vertretungsmacht eines Vsagenten angewendet werden.

§ 43 spricht von der Bestellung eines Vsagenten für bestimmte Vszweige. Von den Vszweigen sind die Vsarten zu unterscheiden, welche sich ergeben, sofern man Vszweige unter Risikogesichtspunkten oder nach anderen Kriterien unterteilt (Anm. 32 zu § 1). So kann man innerhalb der Feuerv Mobiliar- und Immobiliarv, Industrie- und Hausratfeuerv trennen. Ist nun ein Vsagent von vornherein nur für spezielle Vsarten bestellt, so ist dies für das Publikum schwer erkennbar; es kann kaum verstehen, weshalb z. B. ein Abschlußagent wohl eine Hausratv, nicht aber eine Industriev abschließen darf, wohl eine Kraftfahrtv von Personen-, nicht aber von Lastkraftwagen. Da es sich in solchen Fällen um eine sachliche Grenze der Vertretungsmacht handelt, welche jene verengert, die in § 43 für Vszweige vorgesehen ist, muß § 47 analog angewendet werden (vgl. schon Anm. 22 zu § 43, Anm. 15 zu § 45).

Entsprechendes muß gelten, falls ein Vsagent nur in gewissen Personenkreisen tätig sein soll (positive Umschreibung) oder doch in gewissen Personenkreisen nicht tätig sein soll (negative Umschreibung). Es gibt Werber, die sehr spezialisiert sind. Auch kann einem Vsagenten geboten sein, die Kreise eines Kollegen hinsichtlich bestimmter Kunden nicht zu stören. Verläßt ein Vsagent das ihm personell zugewiesene Aufgabengebiet, so sind wiederum Dritte schutzbedürftig und § 47 muß Anwendung finden (vgl. schon Anm. 22 zu § 43). Über die analoge Anwendbarkeit von § 46 vgl. Anm. 3 zu § 46.

Die in den §§ 43, 45 vorgesehene, gesetzlich standardisierte Vertretungsmacht der Vsagenten ist erweiterbar (Anm. 29—33 zu § 43, 22 zu § 45). Erfolgt eine Ausdehnung der Vertretungsmacht z. B. in Richtung auf das Prämieninkasso, die Schadensregulierung, so wird nicht selten die Ausweitung durch Ausnahmen (sekundär) beschränkt: Der Vsagent mit Inkassovollmacht darf bei gewissen Kunden nicht kassieren, der Vsagent mit Schadensregulierungsvollmacht darf nur Schäden bis zu 500.— DM erledigen. Wiederum sind solche Limitierungen für die Vmer und das sonstige Publikum schwer ersichtlich, so daß ein Bedürfnis besteht, auch hier § 47 analog anzuwenden (vgl. schon Anm. 30 zu § 45). Anders OLG München 30. V. 1959 VersR 1959 S. 978—979 in einem Falle, in welchem ein Vsagent über § 43 Ziff. 4 hinaus Prämien kassieren durfte, aber nur bei Benutzung numerierter Quittungsvordrucke.

In Anwendung des § 54 I HGB muß man zu dem Ergebnis kommen, daß die Vertretungsmacht der Vermittlungs- und Abschlußagenten sich auf Geschäfte und Rechtshandlungen beschränkt, wie sie gewöhnlich vorkommen (Anm. 25 zu § 43, Anm. 18 zu § 45). Da die Abgrenzung zwischen normalen und ungewöhnlichen Vorgängen flüssig ist und besonders von vstechnischen Laien schwer durchschaut werden kann, erscheint es angebracht, insoweit § 47 gleichfalls analog anzuwenden (Anm. 18 zu § 45), also davon auszugehen, daß es sich bei der Herausnahme der ungewöhnlichen Geschäfte und Rechtshandlungen um eine sekundäre Begrenzung handele (wie hier RG 22. IX. 1933 RGZ Bd 141 S. 416, 417, 419).

Einer sekundären Begrenzung ist es auch gleichzustellen, falls ein Abschlußagent nur vorläufige Deckungszusagen erteilen darf (Anm. 9 zu § 45). Hier verdient ein Vmer, mit dem ein endgültiger Vsvertrag abgeschlossen worden ist, Schutz.

[12] 2. **Unanwendbarkeit des § 47.**

§ 47 bezieht sich nicht auf gewisse primäre Beschränkungen der Vertretungsmacht (Anm. 13), ferner nicht auf unechte Beschränkungen der Vertretungsmacht (Anm. 14). Auch gewisse andere Fälle der Unanwendbarkeit des § 47 müssen herausgestellt werden (Anm. 15).

[13] a) Primäre Beschränkungen der Vertretungsmacht.

Tritt dem Publikum ein Vsagent gegenüber, so darf es nicht von vornherein auf das unbedingte Vorhandensein der Mindestvertretungsmacht des § 43 vertrauen, sondern es muß ein gewisses Mindestmaß an Vorsicht walten lassen und bestimmte Erkundigungen einziehen. § 47 setzt erst ein, wenn eine primär vorhandene Vertretungsmacht beschränkt ist. Hinsichtlich der Existenz der primären Vertretungsmacht verbleibt notwendigerweise eine Prüfungspflicht beim Publikum.

§ 43 geht davon aus, daß die Bestellung eines Vsagenten auf einen oder mehrere Versicherungszweige limitiert ist. Arbeitet ein Feuervsagent ohne Vertretungsmacht auch auf dem Gebiete der Kraftfahrtv, so kann sich ein Vmer nicht auf § 47 sowie darauf berufen, daß ihm die „Beschränkung" auf die Feuerv ohne grobe Fahrlässigkeit unbekannt geblieben sei (vgl. schon Anm. 22 zu § 43).

Neben den primären sachlichen stehen die primären örtlichen Grenzen. § 46[1] legitimiert die Institution des Bezirksagenten, welcher in primärer Umschreibung seiner Vertretungsmacht nur einen lokal begrenzten Wirkungskreis besitzt. Deshalb kann sich der holsteinische Kunde eines hamburgischen Bezirksagenten nicht auf § 47 sowie darauf berufen, er habe gemeint, dieser Vsagent habe auch in Schleswig-Holstein arbeiten dürfen. Die primäre räumliche Beschränkung der Vertretungsmacht wirkt „unbedingt" (Gerhard-Hagen Anm. 1 zu § 47, S. 206, Hagen I S. 540, vgl. schon Anm. 14 zu § 46). Anderer Meinung Ehrenzweig, Die Rechtslehre des Vsvertrages und die klassische Logik, Karlsruhe 1954, S. 48—49.

Nach § 181 BGB besteht das Verbot des Selbstkontrahierens (Anm. 26 zu § 43, Anm. 19 zu § 45). Der Anwendung dieser Norm kann man sich nicht durch Berufung auf § 47 entziehen.

§ 47 ist selbstverständlich auch dann unanwendbar, wenn ein bloßer Vermittlungsagent über § 43 hinaus tätig wird, insonderheit Vsverträge abschließt, oder wenn ein Abschlußagent über die §§ 43, 45 hinaus tätig wird z. B. Prämien kassiert (über diese Fälle primärer Limitierung vgl. Anm. 30 zu § 45).

[14] b) Unechte Beschränkungen der Vertretungsmacht.

Schon die Begr. I S. 58 betont: „Eine Vereinbarung, nach welcher die dem Vmer gegenüber dem Ver obliegenden Anzeigen in schriftlicher Form zu erfolgen haben, wird durch die Vorschrift des § 47 Satz 2 nicht berührt. Ist eine solche Vereinbarung getroffen, so hat allerdings eine Mitteilung an den Agenten, die nur mündlich geschieht, keine Wirkung. Hierin liegt aber keine Beschränkung der Vertretungsbefugnis des Agenten, vielmehr handelt es sich lediglich um eine Folge der für die Anzeigen des Vmers vorgeschriebenen Form. Der Vmer, der bei einer dem Agenten erstatteten Anzeige die Wahrung der Form versäumt hat, kann daher nicht etwa auf Grund des § 47 Satz 2 geltend machen, daß er bei der Erstattung der Anzeige die Notwendigkeit der Beobachtung der schriftlichen Form nicht gekannt habe." Zustimmend Gerhard-Hagen Anm. 1 zu § 47, S. 206.

Das Gesagte könnte aber dadurch praktisch irrelevant werden, daß man alles dem Vsagenten (mündlich) Bekanntgewordene unter dem Gesichtspunkt der Wissenszurechnung als dem Ver bekannt behandelt (dazu Anm. 10, 13 zu § 44). Besonders die Rechtsprechung sucht dem Antragsteller und Vmer auch dadurch zu helfen, daß sie die Verletzung der Obliegenheit (in Gestalt der Formverletzung) für schuldlos oder nur leicht fahrlässig erklärt (Anm. 12 zu § 34 a, Anm. 11 [hh], 20 zu § 44). Von einem Verschulden des Vsagenten, der den Dritten nicht über die Formbedürftigkeit aufgeklärt habe und für den der Ver — aus culpa in contrahendo schadensersatzpflichtig — einstehen müsse, kann nur selten die Rede sein (Anm. 29—52 zu § 44). Eher kommt bei Abschlußagenten die Annahme einer vertraglichen Abänderung der Vsbedingungen in Frage (Anm. 8, 10 zu § 45).

Als Beispiele für Formvereinbarungen der skizzierten Art seien angeführt § 17 BUB: „Vsanträge sowie sämtliche Anzeigen und Erklärungen des Vmers mit Ausnahme der Schadenanzeige bedürfen der Schriftform", §§ 19 AFB, AEB, AWG ebenso, aber: „müssen schriftlich erfolgen", § 19 AHausratB ebenso, aber: „bedürfen der schriftlichen

Form" (die Aufsichtsbehörden sollten auf bessere Koordinierung der genehmigten Vsbedingungen achten).

Von allgemeinen Formvereinbarungen der soeben behandelten Art sind solche zu unterscheiden, in denen zugleich die Vertretungsfrage mitbehandelt wird, z. B. dergestalt, daß dem Vorstand gegenüber schriftlich eine Wissens- oder Willenserklärung abgegeben werden muß (zahlreiche Beispiele: Anm. 7). Wird entgegen solcher Vereinbarung dem Vsagenten (schriftlich oder mündlich) die Erklärung abgegeben, so findet § 47[1] Anwendung. Überdies sucht wiederum die Judikatur dem Antragsteller und Vmer auch anderweitig zu helfen, sei es durch Wissenszurechnung (Anm. 13 zu § 34a, Anm. 10, 13 zu § 44), sei es durch die Annahme, eine Obliegenheitsverletzung sei schuldlos oder nur leichtfahrlässig (Anm. 13 zu § 34a, Anm. 11 [hh], 20 zu § 44, Anm. 23, 27 m. w. N.), sei es durch die bedenkliche Konstruktion einer Verpflichtung des Vsagenten, den Kunden auf den Mangel der Empfangsvollmacht hinzuweisen (Anm. 35 zu § 44). — Über einen Fall, in welchem Abschlußagenten vorgeschrieben wurde, vorläufige Deckungszusagen nur schriftlich zu erteilen: KG 10. X. 1934 VA 1934 S. 206—207 Nr. 2708 (unter Anwendung des § 47). Bei Abschlußagenten arbeitet man auch mit dem Gesichtspunkt einer Abänderung der Vsbedingungen (Anm. 13 zu § 34a, Anm. 8, 10 zu § 45).

Dagegen handelt es sich wieder um nur scheinbare, unechte Beschränkungen der Vertretungsmacht des Vsagenten, wenn in allgemeinen Vsbedingungen Formulierungen gewählt werden wie: „Mündliche Nebenabreden haben keine Gültigkeit", „. . . sind unverbindlich". Hierdurch wird nicht ausgeschlossen, daß mit Abschlußagenten Nebenabreden schriftlich getroffen werden, und daß bei Vermittlungsagenten dem Antrage schriftlich gewisse Bedingungen oder andere Modalitäten beigefügt werden (auch in Begleit- und Sonderschriftstücken). — Wenn § 2 I 4 ATierB besagt: „Die Annahme des Antrags hat schriftlich zu erfolgen", so schließt dies nicht aus, daß die Annahme seitens eines Abschlußagenten geschieht.

§ 47 ist ferner dann unanwendbar, wenn allgemeine Vsbedingungen lediglich besagen, eine Erklärung sei dem Ver gegenüber abzugeben. Denn das bedeutet nicht, die Erklärung könne nicht gegenüber einem Stellvertreter des Vers, also einem Vsagenten abgegeben werden (Prölss[12] Anm. 1 zu § 47, S. 196, KG 9. VII. 1930 Praxis 1930 S. 65). Dies gilt auch dann, wenn allgemeine Versicherungsbedingungen an einigen Stellen sagen, eine Anzeige (z. B. von einer Gefahrerhöhung) sei dem Ver zu erstatten, an anderen dagegen, eine Anzeige (z. B. von einem Schaden) sei „dem Agenten oder dem Ver" zu machen (so z. B. § 6 I 2 und § 13 I a[1] AEB, § 6 I 2 und § 13 I a[1] AFB, § 7 I 2 und § 14 I a[1] AWG). Dieser feine Formulierungsunterschied fällt für einen Vmer nicht klar genug ins Auge, als daß man im Wege eines Gegenschlusses objektiv folgern müßte, die erstgenannte Anzeige könne nicht einem Vsagenten, sondern nur dem Vorstand des Vers erstattet werden. Man kann bei einem Vmer nicht voraussetzen, daß er nach Auffindung der ihn interessierenden Vorschrift der allgemeinen Vsbedingungen außerdem noch sämtliche sonstigen Bestimmungen sorgfältig analysiere (wie hier KG 9. VII. 1930 Praxis 1930 S. 65).

Oft wiederholen allgemeine Vsbedingungen das, was sowieso nach den §§ 43—46 rechtens ist. Auch solchenfalls ist für die Anwendung des § 47 kein Raum. Als Beispiele seien angeführt § 24 II AHagelB: „Die Vermittlungsagenten der Gesellschaft sind nicht berechtigt, den Vmer von den in den Vsbedingungen enthaltenen Verpflichtungen zu entbinden oder sonstige vom Vertrag abweichende Vereinbarungen zu treffen", § 6 I c GrundB: „Willenserklärungen und Anzeigen, die vom Vermittlungs- und Inkasso-Agenten . . . abgegeben werden, sind für den Ver nicht rechtsverbindlich", § 4 V ATierB: „Zum Empfang von Beiträgen und Kosten sind die Vertreter bevollmächtigt, wenn sie im Besitz des vom Ver unterzeichneten Vsscheines oder einer von ihm unterzeichneten Beitragsrechnung sind."

Ist die Vertretungsmacht des Vsagenten nicht mit Außenwirkung beschränkt, sondern sind ihm lediglich im Innenverhältnis interne Weisungen erteilt, so handelt der Vsagent mit Vertretungsmacht und das Publikum bedarf nicht des Schutzes aus § 47 (vgl. schon Anm. 22 zu § 43, Anm. 15 zu § 45). Solche Fälle behandeln RG 13. V. 1916 RGZ Bd 88 S. 231—236, Obergericht Danzig 1. II. 1927 JRPV 1927 S. 119—120 (wo nur hilfsweise § 54 III HGB und § 47 herangezogen werden), OLG Karlsruhe 25. X. 1957 VersR 1957 S. 797—798, OLG Marienwerder 12. XI. 1926 VA 1928 S. 11—12 Nr. 1794 = Praxis 1927 S. 73—74 (wo nur hilfsweise § 47 herangezogen wird).

[15] c) Sonstige Unanwendbarkeit des § 47.

Das Publikum bedarf keines Schutzes, § 47 ist unanwendbar, falls ein Vsagent für einen bestimmten Bezirk bestellt werden sollte, dies aber entgegen § 46[1] nicht ausdrücklich geschehen ist; denn hier entfaltet die örtliche Begrenzung keine Wirksamkeit (dazu Anm. 6, 14 zu § 46).

Das Publikum kann zwar schutzbedürftig sein, genießt aber diesen Schutz nicht auf dem Wege über § 47, falls die Vollmacht für einen Vsagenten niemals erteilt oder falls sie erloschen ist. Hier können den Dritten nur die Institute des Rechtsscheines sowie der gesetzlichen Fiktion des Fortbestehens der Vertretungsmacht, selten auch die negative Publizität des Handelsregisters helfen (Näheres Anm. 30 zu § 45). Irrig KG 24. IX. 1924 JRPV 1924 S. 56. — § 47 ist auch unanwendbar bei bedingter oder befristeter Bevollmächtigung, also z. B. vor Eintritt einer aufschiebenden, nach Eintritt einer auflösenden Bedingung. — Bei nur teilweiser Aufhebung, nur teilweisem Erlöschen einer Agenturvollmacht handelt es sich der Sache nach um eine Beschränkung, und eine Anwendung des § 47 kommt in Betracht.

Über das Verhältnis der Rechtsscheinshaftung zu § 47 vgl. Anm. 4.

[16] IV. Zustandekommen der Beschränkung.

Dasjenige, was hinsichtlich der Erteilung der Vollmacht gilt, gilt auch für Beschränkungen der Vertretungsmacht. Es kann also hinsichtlich der Person des Erklärenden auf Anm. 4—8 zu § 43, Anm. 4 zu § 45 verwiesen werden, hinsichtlich der Person des Empfängers auf Anm. 9—14 zu § 43, Anm. 5 zu § 45. Besonders wichtig ist, daß interne und externe Vollmachtsbeschränkungen zu unterscheiden sind (Anm. 9 zu § 43). Im Interesse des Publikums ist ein externes Hervortreten der Beschränkungen wünschenswert. Das RAA (VA 1920 S. 101) hat es daher für notwendig erachtet, daß die Vmer auf eine Einschränkung der Agentenvollmacht nicht nur in den allgemeinen Vsbedingungen, sondern auch sonst „in nachdrücklicher und in die Augen fallender Weise (Aufdruck auf dem Vsschein, Aufkleben eines roten Zettels oder sonstwie) hingewiesen werden und daß die Gesellschaften durch eine geschäftsplanmäßige Erklärung dem Amte gegenüber eine entsprechende Verpflichtung übernehmen" (vgl. auch bereits VA 1909 S. 106).

Die Beschränkung der Vertretungsmacht eines Vsagenten beruht — wie die Bevollmächtigung — auf einer einseitigen Willenserklärung des Vers oder Generalagenten. Die Einseitigkeit schließt es aber nicht aus, daß der Umfang der Vertretungsmacht (intern) agenturvertraglich geregelt wird oder (extern) im Versicherungsvertrage, speziell in den allgemeinen Vsbedingungen (Beispiele: Anm. 7, 8, 10). Aber die Einseitigkeit der Erklärung reicht an und für sich aus, so daß eine Beschränkung auch durch Aushang, Zeitungsanzeigen oder Verlautbarung im Antragsschein erfolgen kann. Gerhard-Hagen Anm. 3 zu § 47, S. 207 scheinen zu Unrecht stets eine Vereinbarung, und zwar eine interne fordern zu wollen, Prölss[12] Anm. 1 zu § 47, S. 196 bezieht § 47 nur auf „vertragliche" Beschränkungen.

Es braucht sich nicht um eine ausdrückliche oder direkte Willenserklärung zu handeln, sondern die Beschränkung könnte auch durch eine stillschweigende Willenserklärung oder konkludentes, schlüssiges Verhalten vorgenommen werden. Jedoch wird ein Dritter im allgemeinen eine Beschränkung der Vertretungsmacht nur dann gegen sich gelten zu lassen brauchen, wenn sie deutlich, also ausdrücklich und direkt erfolgt ist. Unklare Formulierungen gehen zu Lasten des Vers, mindestens insofern als bei einem Mißverstehen keine grobe Fahrlässigkeit des Vmers anzunehmen ist (KG 9. VII. 1930 Praxis 1930 S. 65, LG Köln 18. VI. 1936 VA 1936 S. 220 Nr. 2900). Dadurch, daß der Ver den Vmer einen Antragsvordruck benutzen läßt, beschränkt er nicht die Vollmacht des Vermittlungsagenten zur Entgegennahme von Anträgen, die gerichtet sind auf die Deckung eines laut Antrag ungedeckten Risikos (OLG Celle 7. XII. 1959 VersR 1960 S. 121—122: Viehseuchenvsvertrag soll gemäß Antrag des Vmers auch Einzelverluste einbeziehen).

Der Wortlaut des § 47[1] darf nicht dahin verstanden werden, daß die Beschränkung immer eine zeitlich nachträgliche sein müsse (nur im logischen Sinne ist von der dem Vsagenten primär „zustehenden" Vertretungsmacht die Rede). Vielmehr unterfallen § 47 auch solche Beschränkungen, die von vornherein bei der Betrauung oder Bevollmächtigung des Vermittlungs- oder Abschlußagenten vorgesehen werden. Nachträgliche Beschränkungen der Vertretungsmacht können auf einer Änderung des Agenturvertrages beruhen, so daß § 168[1] BGB hinsichtlich des teilweisen Erlöschens der Vollmacht eingreift (vgl. Anm. 39 zu § 43). Aber der Ver oder Generalagent hat es auch in der Hand, die Vollmacht jederzeit teilweise zu widerrufen (§ 168[2,3] BGB, Anm. 40 zu § 43). Erfolgt der Widerruf entgegen den Bedingungen des Agenturvertrages, so kann sich allerdings infolge des Widerrufes der Widerrufende schadensersatzpflichtig machen.

[17] V. Umfang der Beschränkung.

Die Beispiele in Anm. 7 zeigen, daß eine rechtsgeschäftliche Beschränkung jener Vertretungsmacht, die in den §§ 43—46 vorgesehen ist, in sehr verschieden starkem Umfange vorgenommen werden kann. Es können z. B. einem Vermittlungsagenten praktisch alle jene Befugnisse genommen werden, welche die Standardisierungsvorschrift des § 43 Ziff. 1—4 vorsieht. Auf der anderen Seite kann es sich aber auch um geringfügige einzelne Beschränkungen der Vertretungsmacht handeln. In allen Fällen gilt jedoch § 47.

[18] VI. Wirksamwerden der Beschränkung.

1. Grundsätzliche Unterscheidung.

Man muß auseinanderhalten, welche Wirkung eine Beschränkung der Vertretungsmacht einerseits gegenüber dem Vertreter, also Vsagenten entfaltet, andererseits gegenüber Dritten, also dem Publikum.

Bei der Wirkung gegenüber dem Vsagenten handelt es sich um Probleme des Innenverhältnisses. Regelmäßig ist dem Vsagenten eine Beschränkung seiner Vertretungsmacht bekannt. Dann stellt sich die Beschränkung zugleich als Weisung dar, die Schranke nicht zu überschreiten. Bei schuldhafter Zuwiderhandlung schuldet der Vsagent Schadensersatz, daneben kann sich gegen ihn bei Wiederholungsgefahr ein Unterlassungsanspruch richten. Da aber eine Beschränkung der Vertretungsmacht auch durch externe Erklärung gegenüber einem Vmer oder dem Publikum erfolgen kann, ist es theoretisch denkbar, daß der Vsagent hiervon nichts erfährt. Solchenfalls liegt keine Weisung vor. Den Vsagenten trifft dann auch regelmäßig kein Verschulden, keine Schadensersatzpflicht. (Aber auch bei Kenntnis des Vsagenten von der Beschränkung seiner Vertretungsmacht kann er im Einzelfall entschuldigt sein.)

Wichtiger ist die Frage, ob die Beschränkung der Vertretungsmacht Dritten gegenüber wirksam wird (zum Kreis der in Betracht kommenden Dritten vgl. Anm. 26). § 47[1] geht von der Unterscheidung zweier Fälle aus. Man muß zunächst prüfen, ob der Dritte die Beschränkung „bei der Vornahme des Geschäfts oder der Rechtshandlung" kannte oder infolge grober Fahrlässigkeit nicht kannte. Dann entfaltet sich die Wirkung der Beschränkung gegen den Dritten, er muß die Beschränkung gegen sich gelten lassen (Näheres: Anm. 19). Der entgegengesetzte Fall liegt vor, falls der Dritte die Beschränkung zu dem angegebenen Zeitpunkt infolge leichter Fahrlässigkeit oder ohne Verschulden nicht kannte. Dann „braucht ein Dritter" die Beschränkung nicht „gegen sich gelten zu lassen" (Näheres: Anm. 20). Die Formulierung des § 47[1] ist sprachlich mißglückt. Der Hauptgedanke des § 47 ist der Schutz des Vmers oder sonstigen Dritten, was deutlicher würde durch die Worte: „Eine Beschränkung der dem Vsagenten . . . zustehenden Vertretungsmacht braucht ein Dritter dann nicht gegen sich gelten zu lassen, wenn er die Beschränkung schuldlos oder infolge leichter Fahrlässigkeit nicht kannte."

Die vom § 47[1] gewählte Ausdrucksweise sollte die Beweislast klarstellen: Der Ver muß die Kenntnis oder grobfahrlässige Unkenntnis des Dritten beweisen (Bruck 7. Aufl. Anm. 7 zu § 47, S. 188, Gerhard-Hagen Anm. 2 zu § 47, S. 207, KG 5. II. 1930 JRPV 1930 S. 135).

[19] a) Wirkung des § 47 zu Lasten Dritter bei Kenntnis und grober Fahrlässigkeit.

Der Ver kann sich auf die vorgenommene Beschränkung der Vertretungsmacht berufen, falls der Vmer, Antragsteller oder sonstige Dritte die Beschränkung entweder positiv kannte (dazu Anm. 22) oder infolge grober Fahrlässigkeit nicht kannte (dazu Anm. 23—30). Der Vsagent ist solchenfalls als falsus procurator zu behandeln, es gilt das in Anm. 35—38 zu § 43, Anm. 24 zu § 45 Gesagte. Bei einseitigen Rechtsgeschäften, speziell bei Entgegennahme von Willens- und Wissenserklärungen seitens eines Vermittlungsagenten, dem die Empfangsvollmacht entzogen ist, muß neben § 180[1] BGB auch § 180[3] BGB beachtet werden: Nimmt der Vermittlungsagent eine Erklärung entgegen, so ist sie nicht ohne weiteres nichtig, sondern der Ver kann entsprechend § 177 I BGB genehmigen und die Genehmigung wirkt zurück (§ 184 I BGB). Das gilt aber nur, falls die Erklärung dem Vermittlungsagenten „mit dessen Einverständnisse" zugegangen ist, also bei unbeanstandeter persönlicher Entgegennahme von Anträgen, Anzeigen oder Auskünften, nicht bei Zusendung durch die Post. Bei Verträgen, z. B. bei Stundungsvereinbarungen, die mit einem Abschlußagenten zustandekommen, obgleich eine von § 45 abweichende Beschränkung der Vertretungsmacht vorliegt, gelten unmittelbar die §§ 177, 178 BGB: Der Ver kann das Handeln ohne Vertretungsmacht genehmigen, und der Vmer kann den unangenehmen Schwebezustand verkürzen und beendigen. Wird die Genehmigung versagt, so kann der Vmer den Vsagenten nicht schadensersatzpflichtig machen (§ 179 III 1 BGB).

[20] b) Wirkung des § 47 zum Vorteil Dritter bei leichter Fahrlässigkeit oder Schuldlosigkeit.

Falls der Dritte die Beschränkung der Vertretungsmacht nicht kannte und falls ihn dabei keine grobe Fahrlässigkeit trifft (dazu Anm. 23—30), wird er durch § 47 zwingend (Anm. 31) begünstigt.

Der Trennungsstrich verläuft in § 47[1] zwischen grober und leichter Fahrlässigkeit des Dritten, während § 54 III HGB bei der Handlungsvollmacht beide Arten der fahrlässigen Unkenntnis der Kenntnis von der Beschränkung gleichachtet. Der erste Entwurf eines VVG (Berlin 1903, S. 10, 96 [§ 44]) hatte die handelsrechtliche Regelung zum Vorbild gewählt. In der Reichstagskommission (Reichstagsdrucksache, 12. Legislatur-Periode, I. Session 1907, Zu No. 364, Anlage 2, S. 46—48) lag ein Antrag vor, nur bei positiver Kenntnis den Dritten nicht zu schützen, in eventum aber die jetzt geltende Regelung zu wählen. Letztere wurde angenommen: Es gelte, „die unerfahrenen kleinen Leute" zu schützen. Aber: „Eine gewisse Sorgfalt müsse man auch vom kleinen Mann verlangen. Allerdings dürfe man ihn hier nicht für einfache Fahrlässigkeit verantwortlich machen, da diese Regelung eine Erkundigungspflicht auferlege, die er nicht leisten könne. Nicht an einer verborgenen Stelle der Vsbedingungen dürften solche Vollmachtsbeschränkungen untergebracht werden, sondern deutlich und in die Augen fallend. Wer sie dann noch nicht beachte, handle grob fahrlässig und dürfe sich den Schaden selbst zuschreiben." Andererseits: „Der Prinzipalantrag bedeute eine Prämiierung der Leute, die die Vsbedingungen nicht lesen. Wenn z. B. jemand an einen Agenten zahle, der nicht zur Empfangnahme berechtigt sei, und diese Nichtberechtigung sei klar und deutlich in der Police zum Ausdruck gebracht, dem Vmer aber deshalb nicht bekannt, weil er die Police gar nicht gelesen habe, so habe dieser gewiß keinen Anspruch auf Schutz. Die an Dolus grenzende Fahrlässigkeit müsse man im Interesse eines ehrlichen Verkehrs unbedingt ausnehmen. Der Eventualantrag sei nicht von großer praktischer Bedeutung, da die Grenze zwischen grober und leichter Fahrlässigkeit sich leicht verwische, und der Richter auf der Basis des Antrags kaum Entscheidungen fällen werde, die zu Unzuträglichkeiten führten." Im Plenum hat man die in der Kommission erarbeitete Fassung übernommen.

Die in § 47¹ dem schuldlosen oder leichtfahrlässigen Dritten gewährte Begünstigung besteht nicht einfach darin, daß der Vsagent als Vertreter mit Vertretungsmacht behandelt wird, sondern dem Wortlaut des § 47¹ ist zu entnehmen, daß dem Dritten eine Wahlmöglichkeit eröffnet ist: Der Vmer, Antragsteller oder sonstige Dritte kann sich auf den Standpunkt stellen, die Vertretungsmacht des Vsagenten sei wirksam beschränkt worden: Er kann also z. B. einen fälschlich dem Vsagenten übergebenen Antrag widerrufen (vgl. §§ 180³, 178 BGB). Der Dritte „braucht" aber die Beschränkung der Vertretungsmacht nicht gegen sich gelten zu lassen, kann sich also auch auf den Boden der Vertretung mit Vertretungsmacht stellen, also im Beispielsfall davon ausgehen, der Antrag sei dem Ver in jenem Zeitpunkt zugegangen, in welchem er dem Vermittlungsagenten zugegangen ist. Durchweg ist es zum mindesten aus den Umständen zu entnehmen, welchen Standpunkt der Dritte wählt. Meistens wird es für ihn günstiger sein anzunehmen, der Vsagent habe als Vertreter mit Vertretungsmacht gehandelt. Einen Schadensersatzanspruch gegen den Vsagenten kann der Vmer auch dann nicht geltend machen, wenn ihn kein Verschulden (vgl. § 179 III 1 BGB) trifft; denn der Vmer kann ja den Schaden leichtlich dadurch abwenden, daß er sich auf § 47¹ beruft, also den Vsagenten als Vertreter mit Vertretungsmacht behandelt (vgl. § 254 II 1 BGB).

[21] 2. Maßgebender Zeitpunkt.

Es kommt im Rahmen des § 47¹ auf die Unkenntnis, die Kenntis oder das Kennenmüssen des Vsagenten im Zeitpunkte der „Vornahme des Geschäfts oder der Rechtshandlung" an. Der Ver muß die Kenntnis oder grobfahrlässige Unkenntnis des Dritten von der Beschränkung des Vertretungsmacht für diesen Zeitpunkt beweisen (Anm. 18). Als Geschäft oder Rechtshandlung ist das Tätigwerden des Dritten, nicht jenes des Vsagenten zu verstehen. Es kommt also im Falle der Geschäfte oder Rechtshandlungen unter Abwesenden z. B. bei § 43 Ziff. 1 auf die Absendung des Antrags, bei § 43 Ziff. 2 auf die Absendung der Anzeige oder Willenserklärung, bei § 43 Ziff. 4 auf die Überweisung einer Prämie an.

Erfährt der Vmer erst sogleich nach der Absendung, daß die Empfangsvollmacht des Vsagenten nicht bestehe, so schadet ihm diese nachträgliche Kenntnis nicht (vgl. auch OLG Düsseldorf 27. VIII. 1954 VA 1956 S. 10 = VersR 1954 S. 588). Über ein früher erlangtes Wissen vgl. Anm. 22.

Auch für die grobfahrlässige Unkenntnis kommt es auf den genannten Zeitpunkt an, und es gewinnt Bedeutung, daß der Vmer nach einem Vsfall die Vsbedingungen ansehen muß (Anm. 25), andererseits aber häufig entschuldigt ist: Grobe Fahrlässigkeit verneinen RG 1. IV. 1910 VA 1910 Anh. S. 62—63 Nr. 528 (leidender Zustand des Vmers nach einem Unfall), OLG Düsseldorf 5. VI. 1951 VersR 1951 S. 201—203 mit kritischer Anm. Dörstling (Krankenhausaufenthalt mit Untersuchungen lenkt Gedanken des Vmers auf andere Dinge ab).

[22] 3. Wesen der Kenntnis.

Die Kenntnis von einer Beschränkung der Vertretungsmacht schließt den Schutz des Dritten nach § 47¹ aus. Kenntnis ist das positive Wissen um das Bestehen einer Beschränkung, nicht schon die Annahme und Vermutung, daß solche Beschränkung bestehe.

Auch für die Kenntnis stellt das Gesetz auf den in Anm. 21 behandelten Zeitpunkt ab. Aber ein früher erlangtes Wissen, das z. B. durch einen Aufdruck auf dem Antragsschein vermittelt worden ist, muß als fortbestehend behandelt werden. Dörstling VersR 1951 S. 202 warnt mit Recht vor einer Vertauschung der Begriffe der Kenntnis und des Darandenkens. Falls der Ver beweist, ein Vmer sei auf eine Beschränkung der Vertretungsmacht ausdrücklich aufmerksam gemacht worden, so kann der Vmer nicht einwenden, er habe bis zu dem nach Anm. 21 maßgebenden Zeitpunkt den Hinweis wieder vergessen.

[23] 4. Verschulden bei Unkenntnis.

Häufig wird der Ver die positive Kenntnis des Dritten nicht beweisen können. Dann verbleibt ihm die Möglichkeit, die schuldhafte, und zwar die grobfahrlässige Unkenntnis des Dritten darzutun. Die Grenzen zur leichten Fahrlässigkeit sind flüssig. Grobfahrlässig handelt, wer die im Verkehr erforderliche Sorgfalt besonders schwer, in besonders hohem Maße, in ausnehmender Sorglosigkeit außer Acht läßt (vgl. Nachweise in Anm. 31 zu § 6 und speziell zu § 47^1: RG 14. III. 1922 JW 1924 S. 1430, OLG Düsseldorf 5. VI. 1951 VersR 1951 S. 202, OLG Kiel 10. XI. 1926 VA 1928 S. 34 Nr. 1813 = JRPV 1927 S. 84, LG Köln 18. VI. 1936 VA 1936 S. 220 Nr. 2900).

Der Verschuldensgesichtspunkt spielt nicht nur nach § 47^1, sondern auch in anderen Fällen, besonders bei Obliegenheitsverletzungen eine Rolle (vgl. § 6 I 1, III 1). Erstattet ein Vmer fälschlich einem Vsagenten, nicht unmittelbar der Direktion eine Anzeige, so kann diesem Vmer entweder über § 47^1 geholfen werden (Beschränkung der Vertretungsmacht wirkt nicht gegenüber dem Vmer) oder über § 6 I 1, III 1 (Obliegenheitsverletzung ist nicht schuldhaft). Manche Urteile beschreiten sogleich den zuletzt genannten Weg (z. B. RG 7. X. 1921 VA 1922 Anh. S. 16—17 Nr. 1243, OLG Celle 22. I. 1912 VA 1912 Anh. S. 122 Nr. 709, OLG Hamm 9. II. 1921 VA 1922 Anh. S. 48—49 Nr. 1273), obgleich es logisch sauberer ist, zunächst das Eingreifen des § 47^1 zu prüfen (danach ist die Rechtslage so zu beurteilen, als ob der Vsagent vertretungsberechtigt gewesen, die Obliegenheit also gar nicht verletzt sei). Im Folgenden werden aber auch Urteile miterwähnt, die umgekehrt verfahren.

Die Judikatur hat für bestimmte Fallgruppen herausgearbeitet, wann die Unkenntnis des Vmers, Antragstellers oder sonstiger Dritter einerseits grobfahrlässig oder andererseits leichtfahrlässig oder schuldlos ist (Anm. 24—29). Abschließend sollen die Ergebnisse zusammengefaßt werden (Anm. 30).

[24] a) Fallgruppen der Rechtsprechung.

Die von der Judikatur behandelten Fälle stellen oft darauf ab, wo sich die Regelung der Beschränkung der Vertretungsmacht findet, insbesondere ob in den Vsbedingungen, im Antragsschein, auf anderen Urkunden (Anm. 25). Wichtig ist aber auch die Person des Vmers, Antragstellers oder sonstiger Dritter (Anm. 26). Das Verhalten des Vsagenten (Anm. 27) oder Vers (Anm. 28) vermag die Wertung des Verhaltens des Dritten stark zu beeinflussen. Schließlich werden gewisse Restfälle zu erörtern sein (Anm. 29). Einzelne Tatbestände können zugleich mehreren Fallgruppen zugeordnet werden.

[25] aa) Ort der Regelung.

Falls eine Beschränkung der Vertretungsmacht nur mittels einer Erklärung gegenüber dem Vsagenten erfolgt (Anm. 16), z. B. im Agenturvertrag, besteht die Gefahr, daß der Vmer dies nicht erfährt und auch nicht wissen muß, so daß er den Schutz aus § 47^1 genießt. Deshalb müssen die Ver schon im eigenen Interesse darauf achten, daß die Beschränkung nach außen, gegenüber den Dritten und überhaupt dem Publikum in Erscheinung tritt (externe Erklärung [Anm. 16], evtl. zusätzlich zur internen Erklärung).

Dieses Ziel kann erreicht werden durch Anschläge in den Agenturen, durch Rundschreiben, Prospekte oder Zeitungsanzeigen des Vers, besonders aber durch die Drucksachen, die auf das einzelne Vsverhältnis Bezug haben: Antragsschein, Vsschein, Vsbedingungen, Prämienrechnungen.

Der Antragsteller und Vmer muß den Inhalt dieser Dokumente, vor allem der Vsbedingungen genau zur Kenntnis nehmen. Hatte er hierzu Gelegenheit, so handelt er im Falle der Nichtkenntnisnahme regelmäßig grobfahrlässig: OLG Hamm 9. II. 1921 VA 1922 Anh. S. 49 Nr. 1273, OLG Kiel 24. II. 1927 VA 1927 S. 224 Nr. 1737, LG Köln 18. VI. 1936 VA 1936 S. 220 Nr. 2900, ebenso Reichstagskommission (vgl. Anm. 20), Biedermann WuRdVers 1912 S. 249—250, Gerhard-Hagen Anm. 2 zu § 47, S. 207, unrichtig bezüglich der Vsbedingungen Ehrenzweig S. 55—56, allzu apodiktisch Prölss[12] Anm. 2 zu § 47, S. 196 (vgl. unten Anm. 26—30). Speziell nach einem Vsfall muß der Vmer die allgemeinen Vsbedingungen nochmals genau lesen: OLG Kiel 10. XI. 1926 VA 1928 S. 34 Nr. 1813 = JRPV 1927 S. 84, vgl. aber auch die in Anm. 21 angeführten Urteile, welche grobe Fahrlässigkeit verneinen. Das Verschulden kann aggraviert werden, falls die Dokumente die Beschränkung der Vertretungsmacht besonders hervorheben: OLG Kiel 10. XI. 1926 VA 1928 S. 34 Nr. 1813 = JRPV 1927 S. 84. Wichtig ist es auch, wenn der Vmer eine Erklärung unterschrieben hat, ohne von ihr Kenntnis zu nehmen: LG Köln 4. VII. 1950 VersR 1950 S. 179.

Im Einzelfall kann grobe Fahrlässigkeit des Antragstellers oder Vmers besonders dann fehlen, wenn ihm das fragliche Dokument nicht ausgehändigt worden ist (OLG Celle 7. XII. 1959 VersR 1960 S. 122, OLG Düsseldorf 27. VII. 1954 VA 1956 S. 10 = VersR 1954 S. 588). Solchenfalls kann eine Erkundigungspflicht nicht konstruiert werden. Eine grobe Fahrlässigkeit kann auch dann entfallen, wenn dem Vmer das Dokument, z. B. der Vsschein mit den Vsbedingungen, oder die Prämienrechnung, erst Zug um Zug bei Vornahme des vom Ver beanstandeten Vertretungsaktes übergeben wird, man denke an die Aushändigung gegen Zahlung der Erst- oder Folgeprämie bei aufgehobener Inkassovollmacht des Vsagenten (RAA: VA 1915 S. 120).

[26] bb) Person des Dritten.

Bei der Beurteilung der Frage, ob grobe Fahrlässigkeit des Vmers vorliege, müssen die persönlichen Umstände und besonderen Verhältnisse in Betracht gezogen werden, obgleich der anzulegende Maßstab „grundsätzlich nicht als ein individueller, sondern als ein objektiver, abstrakter zu deuten ist" (RG 14. III. 1922 JW 1924 S. 1430).

Grobe Fahrlässigkeit ist eher anzunehmen bei einem „Fuhrunternehmer, der acht eigene Pferde besitzt und also immerhin ein nicht ganz klein zu nennendes Geschäft hat" und „über ausreichende Geschäftskenntnis" verfügt (OLG Kiel 10. XI. 1926 VA 1928 S. 34 Nr. 1813 = JRPV 1927 S. 84).

Dagegen kann grobe Fahrlässigkeit eher entfallen bei einer geschäftsungewandten Vmerin (RG 7. X. 1921 VA 1922 Anh. S. 17 Nr. 1243) oder „infolge hohen Alters, körperlicher Hinfälligkeit und mangelhafter geistiger Bildung" (RG 14. III. 1922 JW 1924 S. 1430) oder bei „Berücksichtigung des Bildungsgrades und den bescheidenen Lebensverhältnissen des Klägers — er ist ein kleiner persönlich mitarbeitender Brothändler — " (OLG Kiel 24. II. 1927 VA 1927 S. 224 Nr. 1737).

Bezüglich der besonderen Verhältnisse (leidender Zustand nach einem Unfall, Krankenhausaufenthalt) vgl. die in Anm. 21 angeführten Urteile.

Für die Frage der Kenntnis oder der grobfahrlässigen Unkenntnis kommt es auch darauf an, in welcher „Nähe" der in Betracht kommende Dritte zum Vsverhältnis steht. Der Vmer (nur an ihn denkt Ehrenzweig S. 19 Anm. 3, S. 56 Anm. 4) muß sowohl im Stadium der Antragstellung als auch später den Inhalt des Antragsscheines, der Vspolize, der Vsbedingungen usw. am besten kennen; er erhält auch die Prämienrechnungen. Aber auch andere Personen können mit Obliegenheiten und sogar Rechtspflichten aus dem Vsverhältnis belastet sein und müssen sich dann über den Vertragsinhalt informieren (richtig OLG Kiel 10. XI. 1926 VA 1928 S. 34 Nr. 1813 = JRPV 1927 S. 84). Das gilt in erster Linie für den Erwerber der vten Sache und für den Eintrittsberechtigten in der Lebensv; denn beide rücken in die Vmerrolle ein (§§ 69 I, 177 I 1). Aber auch der Vte bei der V für fremde Rechnung hat die Obliegenheiten zu erfüllen (§ 79 I). Dabei darf aber der Vte — z. B. ein Kraftfahrer — nicht überfordert werden, da neben ihm der Vmer — z. B. ein Kraftfahrzeughalter — die Obliegenheiten zu erfüllen hat (vgl. LG Heidelberg 4. X. 1956 VersR 1957 S. 107—108). Über den Fall einer Unfallv für fremde Rechnung (Abonnentenv), bei welcher die Witwe als Erbin des Vten die Todesanzeige verspätet an den Vsagenten erstattet hatte: OLG Stuttgart 29. XI. 1927 VA 1928 S. 29—30 Nr. 1809. Handelt bei Anzeige einer Gefahrerhöhung für den Vmer seine Ehefrau als Vertreterin, so ist sie „nicht in dem Maße dafür verantwortlich, daß sie die schon in den Vsanträgen enthaltenen einschränkenden Bestimmungen nicht kannte, wie ihr Ehemann, der die Anträge unterschrieben hatte" (OLG Düsseldorf 5. VI. 1951 VersR 1951 S. 202).

[27] **cc) Verhalten des Versicherungsagenten.**

Das Verhalten des Vsagenten, der in der Sphäre des Vers wirkt, kann dazu führen, daß grobe Fahrlässigkeit des Vmers entfällt. Beispiele: RG 7. X. 1921 VA 1922 Anh. S. 16—17 Nr. 1243 (Vorinstanz: OLG Celle 17. XII. 1920 VA 1921 Anh. S. 17—19 Nr. 1182): „Der Berufungsrichter erwägt, daß, wenn auch der Agent der Beklagten nicht befugt war, als Vertreter der Beklagten die Anzeige entgegen zu nehmen, dennoch der Umstand, daß der Agent sie tatsächlich annahm, ohne die geschäftsungewandte Klägerin irgendwie darauf hinzuweisen, daß er zur Entgegennahme für die Beklagte nicht berechtigt sei . . ., es in einem milderen Lichte erscheinen lasse, daß die Klägerin nicht ihrerseits die Allgemeinen Vsbedingungen durchgesehen, sich vielmehr darauf verlassen hat, der doch im allgemeinen zur Vermittelung des Verkehrs mit dem Publikum bestellte Agent werde sie über eine etwaige Unzulänglichkeit der bei ihm gemachten Anzeige belehren. Daß der Berufungsrichter bei dieser seiner Verneinung einer groben Fahrlässigkeit sich eine Verkennung des Begriffs der groben Fahrlässigkeit oder eine sonstige Rechtsverletzung hätte zuschulden kommen lassen, ist nicht anzuerkennen"; KG 5. II. 1930 JRPV 1930 S. 135—136 betrifft die Schadensanzeige an einen Vsagenten, der „infolge unklarer Instruktionen" davon überzeugt sein durfte, die Schadensfeststellung durchführen zu lassen und der mit entsprechender „Sicherheit aufgetreten ist"; KG 28. II. 1934 JRPV 1934 S. 283 erörtert hypothetisch, daß der unzuständige Vsagent „erklärt hätte, mit der Entgegennahme des mündlich gestellten Antrages sei ‚alles in Ordnung' "; OLG Düsseldorf 5. VI. 1951 VersR 1951 S. 202 (Vorinstanz: LG Düsseldorf 11. V. 1950 VersR 1950 S. 146): Es habe „ein Vsagent, falls er zur Entgegennahme einer Anzeige nicht ermächtigt ist, diese unverzüglich zurückzuweisen, oder den Anzeigenden darauf aufmerksam zu machen, daß die Anzeige schriftlich an den Vorstand der Gesellschaft zu richten ist . . . Tut er dies nicht, so ist der Vmer entschuldigt und muß daher die Vsunternehmung die Anzeige gegen sich gelten lassen"; OLG Düsseldorf 27. VII. 1954 VA 1956 S. 10 = VersR 1954 S. 588: „Im übrigen muß der nicht zum Empfang berechtigte Agent eine Anzeige unverzüglich zurückweisen oder er muß darauf aufmerksam machen, daß diese Anzeige noch nicht Anzeige bei der Gesellschaft ist, sonst ist der Vmer entschuldigt, soweit Nicht- oder nicht rechtzeitige Anzeige nach Gesetz oder Vertrag zur Verwirkung führen würde"; OLG Hamm 9. II. 1921 VA 1922 Anh. S. 49 Nr. 1273: Fernmündliche Schadensanzeige an Subdirektion: „Ausschlaggebend war bei alledem aber, daß die Subdirektion C. die Anzeige des Klägers ersichtlich als eine ordnungsmäßig erstattete Schadenanzeige hinnahm. An sich konnte sie damit allerdings den Kläger von seiner oben erwähnten Vertragspflicht, auch die Direktion unmittelbar zu benachrichtigen, nicht befreien; sie versetzte ihn aber jedenfalls hierdurch in die (von seinem Standpunkte aus ganz gerechtfertigte) Annahme, sie werde nunmehr ihrerseits das Weitere veranlassen und damit sei der Anzeigepflicht des Klägers genügt . . . Wäre aber die Subdirektion betreffs der Anzeigepflicht des Klägers anderer Ansicht gewesen, so würde es jedenfalls ihre Geschäftspflicht, ihr nobile officium, gewesen sein, den in Vsangelegenheiten weniger erfahrenen Kläger eines Besseren zu belehren. Solange dies nicht geschah, durfte der Kläger ohne grobe Fahrlässigkeit seinerseits davon ausgehen, daß er im gegebenen Falle seinerseits etwas weiteres nicht zu veranlassen habe"; OLG Hamm 15. X. 1931 JRPV 1932 S. 107: „Falls die Beklagte auf die Erfüllung dieser Vorschrift besonderen Wert legen wollte, so hätte die Dortmunder Bezirksdirektion den Kläger auch auf die irrige Adressierung aufmerksam machen müssen, statt dessen hat sie, ohne Weiterungen zu machen, den Schadensfall von dort aus behandelt"; OLG Kiel 24. II. 1927 VA 1927 S. 223—224 Nr. 1737: Der Generalagent oder Subdirektor hatte „durch sein ganzes Verhalten — wenn auch nicht gerade durch eine ausdrückliche Erklärung, die Sache sei nun völlig in Ordnung, alles Weitere besorge er, so doch durch die widerspruchslose Entgegennahme der beiden Anzeigen von der Erkrankung und von dem Eingehen des Pferdes am 2. und 3. Mai 1925 — den Kläger in den Glauben versetzt, es sei nunmehr alles Erforderliche geschehen"; LG Heidelberg 4. X. 1956 VersR 1957 S. 107 für eine fälschlich an einen Generalagenten gerichtete Schadensanzeige; LG Köln 18. VI. 1936 VA 1936 S. 220 Nr. 2900 für eine Kündigung: „Der Vmer muß im allgemeinen immer dann als entschuldigt angesehen werden, wenn der Agent eine ihm rechtzeitig zugegangene Willenserklärung widerspruchslos behält, obwohl er in der Lage gewesen wäre, diese zurückzuweisen und damit dem Vmer die Gelegenheit zu geben, die Erklärung rechtzeitig an die richtige Stelle zu bringen".

Zuweilen wird aber auch ein abweichender Standpunkt eingenommen: OLG Kiel 10. XI. 1926 VA 1928 S. 34 Nr. 1813 = JRPV 1927 S. 84 hält dem Vmer vor: „Er kann sich auch zu seiner Entlastung nicht darauf berufen, daß der Agent K. ihn, wie er behauptet, bei der fernmündlichen Mitteilung von der Erkrankung des braunen Wallachs am 6. Oktober 1925 nicht darauf aufmerksam gemacht hat, daß die Anzeigen an die Beklagte unmittelbar zu richten seien. Seine Pflicht war es, sich über die Bestimmungen des Vertrags genau zu unterrichten. Daß er etwa den Agenten gefragt habe, ob diese Anzeige an ihn genüge, und der Agent dies darauf bestätigt habe, behauptet er selbst nicht."

Unrichtige Aufklärungen und Belehrungen des Vsagenten über seine eigene Vertretungsmacht können den Ver nur binden und eine grobe Fahrlässigkeit des Vmers nur ausschließen, falls die Vertragsbestimmungen unklar sind (LG Köln 4. VII. 1950 VersR 1950 S. 179—180).

[28] dd) Verhalten des Versicherers.

Kündigt ein Vmer fälschlich durch Schreiben an den Vsagenten, so ist ein Ver gehalten, die ihm vom Vsagenten (mit zweimonatiger Verzögerung) weitergeleitete Kündigung zurückzuweisen (LG Berlin 16. IV. 1956 VersR 1957 S. 12). Ein Ver ist überdies gehalten, „die schriftliche Mitteilung eines solchen Agenten, der den fälschlich in mündlicher Form bei ihm eingegangenen Antrag weitergegeben hätte, unverzüglich zurückzuweisen" (KG 28. II. 1934 JRPV 1934 S. 283).

Wenn einem Vsagenten die Inkassobefugnis nach § 43 Ziff. 4 genommen werden sollte, so bedeutete es „keine grobe Fahrlässigkeit des Klägers (Vmers), wenn er trotz der entgegenstehenden Klausel auf dem Vsantrag und in den Allgemeinen Vsbedingungen den Agenten als zur Einziehung der Prämie befugt ansah. Es sollte ihm nämlich der ursprünglichen Abmachung gemäß der Vsschein nebst Prämienrechnung von der Beklagten unmittelbar durch Nachnahmesendung zugehen. Wäre das der Fall gewesen, dann wäre der Kläger niemals auf den Gedanken gekommen, die Prämie an den Vertreter zu zahlen. Wenn nun aber die Beklagte (Vsgesellschaft) den Vsschein nebst Prämienrechnung dem Kläger nicht auf dem vorgesehenen Wege zugehen, sondern durch den Vertreter aushändigen ließ, dann konnte der Kläger auch der Auffassung sein, die Zahlung der Prämie solle gegen Aushändigung des Vsscheins und Ausstellung der Prämienquittung an den Vertreter erfolgen" (LG Bonn 19. V. 1931 VA 1931 S. 206 Nr. 2284).

Ein vom Ver gesetzter Rechtsschein kann den Vmer entschuldigen: Ist der Vsagent „nach außen wie eine Abteilung der Direktion" des Vers „aufgetreten", so ist die Agentur als zum Empfange einer Kündigung befugt zu erachten (KG 14. IV. 1926 VA 1926 S. 230 Nr. 1598; ganz ähnlich bei einer Bezirksdirektion: LG Köln 18. VI. 1936 VA 1936 S. 220 Nr. 2900). Sogar an eine „Generalagentur" soll eine Schadensanzeige gesandt werden dürfen (OLG Celle 22. I. 1912 VA 1912 Anh. S. 122 Nr. 709). Hat der Ver dem Vmer mitgeteilt, seine V sei einer Bezirksdirektion zur Betreuung übertragen, so kann dorthin eine Schadensanzeige übermittelt werden (OLG Düsseldorf 27. VII. 1954 VA 1956 S. 10 = VersR 1954 S. 588). Da die beklagte Gesellschaft es „zuläßt, daß ihre Dortmunder Agentur sich Bezirksdirektion nennt, so konnte der Kläger, ohne grobfahrlässig zu handeln, die Anzeige an diese richten" (OLG Hamm 15. X. 1931 JRPV 1932 S. 107). Bedenklich: OLG Stuttgart 29. XI. 1927 VA 1928 S. 30 Nr. 1809, wo es bei einer Abonnentenv dem Ver zugerechnet wird, daß ohne Wissen des Vers der Vsagent im Aufdruck eines Bestätigungsschreibens vermerkt hatte, alle Anzeigen hätten an ihn, den Vsagenten zu erfolgen. Bedenklich auch OLG Hamm 4. X. 1935 VA 1935 S. 268—269 Nr. 2834, wo bei einer „Subdirektion" mit dem rechtlichen Gesichtspunkt der culpa in contrahendo gearbeitet wird.

[29] ee) Sonstige Fälle.

Unklare Formulierungen der Beschränkung der Vertretungsmacht können zum mindesten die grobe Fahrlässigkeit des Vmers ausschließen (Anm. 16).

Eine Vollmachtsurkunde braucht sich der Vmer nicht vorlegen zu lassen (Ehrenzweig S. 55).

Ein Vermittlungsagent kann normalerweise auch Anfechtungserklärungen des Vmers entgegennehmen (Anm. 19 zu § 43). Ist aber die Empfangsvollmacht des Vsagenten für Willenserklärungen beschränkt, so fragt es sich, ob die Beschränkung auch hinsichtlich einer Anfechtungserklärung wirksam wird, obgleich doch die Anfechtung die getroffenen Abreden ex tunc vernichtet. — Auf das letztgenannte Argument berufen sich Bruck 7. Aufl. Anm. 3 zu § 47, S. 187, Prölss[12] Anm. 3 zu § 47, S. 196, KG 20. XI. 1926 VA 1927 S. 25 Nr. 1677 = JRPV 1927 S. 16. Danach wäre die Anfechtung gegenüber dem Vsagenten stets wirksam. — Eigenartig ist der Gedankengang des OLG München 24. I. 1923 VA 1923 Anh. S. 71 Nr. 1326, welches eine Anfechtung nach Analogie eines Antragswiderrufs (§ 43 Ziff. 1) behandelt und davon ausgeht, es handle sich bei Anfechtungen nicht um Erklärungen, „welche während der V zu machen sind" (vgl. § 43 Ziff. 2). Könne der Ver letztere nach den Vsbedingungen nicht entgegennehmen, so sei es ihm doch nicht verwehrt, Anfechtungserklärungen entgegenzunehmen. — Da bis zur Anfechtung der Vsvertrag besteht, wird man annehmen müssen, daß die Empfangsvollmacht des Vsagenten auch für die Anfechtungsfälle beschränkt worden ist. Aber bei der Zweifelhaftigkeit der Rechtslage wird man häufig grobe Fahrlässigkeit des Vmers verneinen müssen, falls er seine Anfechtungserklärung an den Vsagenten richtet.

[30] b) Zusammenfassung der Ergebnisse.

Die Rechtsprechung geht zwar prinzipiell davon aus, daß es grobfahrlässig sei, wenn ein Antragsteller und Vmer die ihm zugänglichen Vertragsdokumente nicht lese und beachte (Anm. 25), aber dieser Grundsatz wird doch vielfach durchbrochen, sei es mit Rücksicht auf die persönlichen Umstände und besonderen Verhältnisse der zu schützenden Person (Anm. 26), sei es wegen des Verhaltens des Vsagenten (Anm. 27) oder Vers (Anm. 28), sei es aus sonstigen Gründen (Anm. 29). Der Schutzgedanke des § 47[1] wird von der Judikatur eher überspannt als allzu zurückhaltend angewendet.

[31] 5. Unabdingbarkeit der Regelung.

Nach § 47[2] kann sich der Ver nicht auf eine Vereinbarung berufen, wonach der Dritte eine Beschränkung der dem Vsagenten zustehenden Vertretungsmacht auch dann gegen sich gelten lassen muß, wenn er die Beschränkung nicht kennt und ihn dabei kein Verschulden oder nur leichte Fahrlässigkeit trifft. Die Schutzwirkung des § 47[1] tritt zwingendermaßen ein.

[32] VII. Beendigung der Beschränkung.

Eine (anfänglich oder spätere) Beschränkung der Vertretungsmacht des Vsagenten kann nachträglich fortfallen, die Vertretungsmacht kann also wieder ihren Normalumfang erlangen, wie er in den §§ 43—46 geregelt ist, oder eine Mittellösung kann erzielt werden.

Für eine Beendigung der Beschränkung reicht eine einseitige Willenserklärung aus; es handelt sich der Sache nach um eine zusätzliche Erteilung von Vertretungsmacht. Die Beendigung kann intern oder extern erklärt werden. Zu allem vgl. entsprechend Anm. 16.

Eine externe Beendigung der Beschränkung würde sich ergeben, falls neue Vsbedingungen zur Verwendung kommen, welche die Vertretungsmacht des Vsagenten wieder erweitern.

Auch eine gleichmäßige ständige Übung könnte eine Beschränkung beiseite schieben, sei es generell (so bedenklicherweise unter Berufung auf einen Handelsbrauch und eine Auskunft des BAA das AG Hamburg 22. III. 1955 VA 1955 S. 343 für das Erfordernis der Schriftlichkeit bei Schadensanzeigen in der Kraftfahrtv), sei es speziell im Rechtsverhältnis zwischen Vmer und Ver. Vgl. Gerhard-Hagen Anm. 3 zu § 47, S. 207—208.

Gemäß OLG Hamm 9. II. 1921 VA 1922 Anh. S. 49 Nr. 1273 „können vertragliche Vsbedingungen durch eine tatsächliche gegenteilige Übung im Geschäftsverkehr stillschwiegend außer Anwendung gesetzt werden mit der Maßgabe, daß dem Vmer aus ihrer Nichtbeachtung kein Nachteil erwächst". Gemäß OLG Kiel 10. XI. 1926 VA 1928 S. 34

Nr. 1813 = JRPV 1927 S. 84 ist es erheblich, „wenn der Agent in früheren Fällen ohne Widerspruch" des Vers „derartige Anzeigen entgegengenommen hätte. Darin könnte unter Umständen eine stillschweigende Abänderung der Allgemeinen Vsbedingungen gefunden werden".

§ 48

Hat ein Versicherungsagent den Vertrag vermittelt oder abgeschlossen, so ist für Klagen, die aus dem Versicherungsverhältnisse gegen den Versicherer erhoben werden, das Gericht des Ortes zuständig, wo der Agent zur Zeit der Vermittelung oder Schließung seine gewerbliche Niederlassung oder in Ermangelung einer gewerblichen Niederlassung seinen Wohnsitz hatte.

Die nach Abs. 1 begründete Zuständigkeit kann durch Vereinbarung nicht ausgeschlossen werden.

Zuständigkeitsordnung in Versicherungssachen.

Gliederung:

[1] **Entstehung:** § 48 ist unverändert geblieben. — Begr. I S. 58—59.

[2] **Schrifttum:** Buchholz, Gerichtsstand in Vssachen, ungedruckte Hamburger Diss. (Entwurf) 1961, Durst, Vswissenschaft und Vspraxis 1948 S. 342—343, Hallbauer, Das Recht 1908 Sp. 727—732, Neuberger JRPV 1929 S. 45—46, Prölss JRPV 1937 S. 195 bis 196, Richter JRPV 1926 S. 340—341.

[3] I. Einleitende Übersicht.

Fragen der gerichtlichen Zuständigkeit sind sowohl für Vmer als auch für Ver von großer Bedeutung, sei es wegen der Sachkunde des angerufenen Gerichts („assecurantia terra ignota": Prölss VersR 1958 S. 429, auch Haidinger VW 1960 S. 684—685, ZfV 1960 S. 772—773), sei es wegen des Mangels an Rechtsanwälten mit Spezialkenntnissen, sei es wegen des Wunsches nach örtlicher Nähe des Gerichts. Früher haben die Ver die Neigung gezeigt, möglichst alle Prozesse an den Ort ihres Sitzes zu ziehen; dem ist das RAA entgegengetreten (VA 1903 S. 113). § 48 war bei seiner Entstehung recht umstritten: Einerseits wurde geltend gemacht, die Norm gehe zu Lasten der Ver zu weit, andererseits sollte der Vmer noch stärker geschützt werden (vgl. Bericht der VIII. Kommission [Reichstagsdrucksache, 12. Legislatur-Periode, I. Session 1907, Zu No. 364 Anlage 2, S. 48—50], Bericht der XII. Kommission [Reichstagsdrucksache, 12. Legislatur-Periode, I. Session 1907/1908, No. 626, S. 6—8]).

Zu unterscheiden sind örtliche Zuständigkeit (Gerichtsstand) (Anm. 4—29) und sachliche Zuständigkeit (Anm. 30), je nachdem, ob es sich um den örtlichen Wirkungskreis des Gerichts handelt oder um die Art der Sache, in der das Gericht tätig sein soll (Rosenberg[8] S. 120).

Man spricht von ausschließlicher Zuständigkeit, falls sie andere, nichtausschließliche Zuständigkeiten nicht wirksam werden läßt und durch Parteivereinbarung nicht geändert werden kann (§ 40 II ZPO). Durchweg aber hat der Kläger die Wahl unter mehreren zuständigen Gerichten (§ 35 ZPO).

Das Gericht hat die Zuständigkeit von Amts wegen zu prüfen (RG 19. X. 1908 RGZ Bd 70 S. 185; irrig RAA VA 1907 S. 50). Näheres Rosenberg[8] S. 151—161, zugleich über die Folgen der Unzuständigkeit.

[4] II. Örtliche Zuständigkeit.

Die örtliche Zuständigkeit entscheidet darüber, wie Klagen erster Instanz auf die vorhandenen Amts- oder Landgerichte verteilt werden. Man unterscheidet allgemeine (Anm. 5—7) und besondere (Anm. 8—27) Gerichtsstände. Nach § 12 ZPO ist das Gericht, bei dem eine Person ihren allgemeinen Gerichtsstand hat, für alle gegen sie zu erhebenden Klagen zuständig, sofern nicht für eine Klage ein ausschließlicher Gerichtsstand begründet ist. Alle anderen Gerichtsstände sind besondere, weil sie nur für einzelne Klagen in Betracht kommen.

Die Berufung und Revision kann in Streitigkeiten über vermögensrechtliche Ansprüche gemäß §§ 512a, 549 II ZPO nicht darauf gestützt werden, daß das Gericht seine örtliche Zuständigkeit mit Unrecht angenommen hat.

Hier werden nur die für Vssachen möglicherweise bedeutsamen Gerichtsstände behandelt, speziell § 48 (Anm. 20—26) und § 109 VAG (Anm. 27).

Über die örtliche Zuständigkeit der allgemeinen Verwaltungsgerichte bei Vsverhältnissen des § 192 I entscheidet § 52 Verwaltungsgerichtsordnung; gemäß § 52 Ziff. 1 a. a. O. ist in Streitigkeiten, die sich auf unbewegliche Vermögen beziehen, nur jenes Verwaltungsgericht örtlich zuständig, in dessen Bezirk das Vermögen liegt (die Vorschrift dürfte auf Immobiliarfeuerven anzuwenden sein). Über landesrechtliche Normen vgl. die Rechtsquellen bei Schmidt-Sievers S. 121 für Bremen, S. 211 für Hessen, S. 289, 296 für Niedersachsen, S. 387 für Nordrhein-Westfalen, ferner für Württemberg-Baden LG Stuttgart 19. IX. 1952 VersR 1957 S. 525, Verwaltungsgerichtshof Stuttgart 30. VI. 1955 VersR 1957 S. 526.

[5] 1. Allgemeine Gerichtsstände.

Der allgemeine Gerichtsstand ist getrennt geregelt für natürliche Personen (Anm. 6), für juristische Personen und andere parteifähige Gebilde (Anm. 7) und für den Fiskus (§§ 18, 19 ZPO, über öffentlichrechtliche Vseinrichtungen vgl. Anm. 4, 25).

[6] a) Bei natürlichen Personen.

Der allgemeine Gerichtsstand einer physischen Person wird regelmäßig durch den Wohnsitz bestimmt (§ 13 ZPO). Der allgemeine Gerichtsstand einer Person, die keinen Wohnsitz hat, wird durch den Aufenthaltsort im Inland und, wenn ein solcher nicht bekannt ist, durch den letzten Wohnsitz bestimmt (§ 16 ZPO). Diese Regelung hat besonders für Klagen gegen Vmer, die durchweg Prämienklagen sind, Bedeutung.

Der Wohnsitzbegriff des § 13 ZPO stimmt mit jenem des bürgerlichen Rechtes überein (RG 10. X. 1929 RGZ Bd 126 S. 9). Entsprechendes gilt auch dann, wenn der Wohnsitzbegriff in Gerichtsstandsklauseln von Vsbedingungen verwendet wird (so zu § 8 II AKB: OLG Nürnberg 15. IV. 1958 VersR 1958 S. 677). Maßgebend sind also die §§ 7—9, 11 BGB. Anwendungsfall in Vssachen: OLG Nürnberg 15. IV. 1958 VersR 1958 S. 677—678.

§ 10 I, der die Wohnungsänderung anlangt, betrifft nur Willenserklärungen, die dem Vmer gegenüber abzugeben sind, und deren Zugang. Weitere als die in § 10 I 2 angegebenen Wirkungen treten nicht ein (Anm. 20 zu § 10). Die Vorschrift ist also für den Gerichtsstand ohne Bedeutung, d. h. im Falle einer Wohnungsänderung, die der Vmer dem Ver nicht mitgeteilt hat, kann der Ver den Vmer nicht ohne weiteres am bisherigen Wohnsitz verklagen (vgl. auch OLG Nürnberg 15. IV. 1958 VersR 1958 S. 677—678). § 16 ZPO greift nur bei Personen ein, die keinen Wohnsitz haben, nicht bei Wohnsitzänderung.

Auch bei Ausländern entscheidet der inländische Wohnsitz, während es nicht in dem Machtbereiche deutscher Gesetze liegt, die Zuständigkeit ausländischer Gerichte — etwa bei ausländischem Wohnsitz — zu regeln; die Zuständigkeitsvorschriften des deutschen Rechtes sind nur für das Raumgebiet Deutschlands bestimmt (vgl. RG 5. IV. 1921 RGZ Bd 102 S. 86, KG 30. III. 1936 JW 1936 S. 3570—3571).

In Vsbedingungen finden sich nicht selten Gerichtsstandsklauseln, welche auf den Wohnsitz des Vmers abstellen, und zwar nicht nur für Klagen gegen den Vmer, sondern auch für Klagen seitens des Vmers. So sagt § 10 II AHaftpflB: „Für die aus diesem Vsverhältnis entstehenden Rechtsstreitigkeiten ist neben den gesetzlich zuständigen Gerichten das Gericht des inländischen Wohnsitzes des Vmers zuständig" (gleichlautend § 18 II AUnfallB, jedoch „des Vten" statt „des Vmers"). Ähnlich § 8 II AKB: „Für alle aus diesem Vertrag entstehenden Rechtsstreitigkeiten sind neben den gesetzlich zuständigen Gerichten die Gerichte des Wohnsitzes des Vmers zuständig, sofern er nicht im Auslande liegt" (fast gleichlautend § 16 Allgemeine Bedingungen für die V von Gebäuden gegen Schäden durch Hausbockkäfer: VA 1960 S. 32). § 12 ATierB sagt: „Neben den gesetzlich zuständigen Gerichten sind auch die Gerichte des Sitzes der Gesellschaft und der Zweigniederlassungen und das Gericht des Ortes, an dem der Vmer seinen Wohnsitz hat, zuständig". Durch den Hinweis auf die gesetzlich zuständigen Gerichte wird jeweils auf den zwingenden Gerichtsstand der Agentur (§ 48) hingewiesen. Daran fehlte es in § 15 Allgemeine Vsbedingungen für die Einheitsv (VA 1931 S. 158: „Der Gerichtsstand ist, neben dem Sitze der Gesellschaft, der Ort, an welchem die Vte ihre gewerbliche Niederlassung oder in Ermangelung einer gewerblichen Niederlassung ihren Wohnsitz hatte"; besser jetzt § 14 I Allgemeine Einheitsvs-Bedingungen: VA 1960 S. 108). Die Klauseln sprechen übrigens zuweilen vom Vmer, zuweilen vom Vten. Man wird sie jeweils analog auf beide Fälle beziehen müssen, also bei einer V für eigene Rechnung auf den Vmer, bei einer V für fremde Rechnung auf den Vmer und den Vten, bei einer Unfall- oder Lebensv übrigens auch auf Bezugsberechtigte und in allen Vszweigen auf Aktiv- und Passivprozesse von Zessionaren, Pfandgläubigern, Pfändungspfandgläubigern des Vmers oder Vten.

Über die Auslegung der Klausel: „Die Gesellschaft .... nimmt .... wegen der Ansprüche aus Vsverträgen .... auch Recht vor den ordentlichen Gerichten desjenigen Ortes, an welchem der Vmer seinen Wohnsitz hat": VA 1916 S. 167—168. Über das aufsichtsbehördliche Gebot, den Gerichtsstand Berlin in allen Vsverträgen mit Vmern in Berlin zu vereinbaren: VA Berlin 1949 Nr. 1 S. 6—7. Über eine geschäftsplanmäßige Erklärung, die das BAA bei der V von Waren in Tiefkühlanlagen verlangt: VA 1960 S. 46 („Erhebt der Vmer oder der Vte bei dem für seinen inländischen Wohnsitz zuständigen Gericht eine Klage gegen den Ver, so werden wir die Einrede der örtlichen Unzuständigkeit nicht geltend machen").

[7] b) Bei juristischen Personen.

§ 17 ZPO behandelt den allgemeinen Gerichtsstand von juristischen Personen und anderen parteifähigen Gebilden, also Personenvereinigungen und Vermögensmassen, die als solche verklagt werden können; man denke speziell an die offene Handelsgesellschaft (§ 124 I HGB) und die Kommanditgesellschaft (§ 161 II HGB). Primär entscheidend ist der Sitz (§ 17 I ZPO). Neben dem durch den Sitz gegebenen Gerichtsstand ist noch ein durch Statut oder in anderer Weise besonders geregelter (allgemeiner) Gerichtsstand zulässig (§ 17 III ZPO). Man spricht von einem Nebensitz (Wieczorek Anm. C zu § 17, S. 208). Die Regelung des § 17 ZPO hat sowohl für Klagen gegen Vmer (die keine natürlichen Personen sind) als auch gegen Ver Bedeutung.

Die Vsunternehmen sind durchweg Aktiengesellschaften oder Vsvereine auf Gegenseitigkeit. Hinsichtlich des in der Satzung zu bestimmenden Sitzes einer Aktiengesellschaft vgl. §§ 5, 16 III Ziff. 1, 38 AktG. Bei großen Gegenseitigkeitsvereinen gelten §§ 18 I, II 1, 30 I, 32 I, 40 III VAG, während bei kleineren Vereinen wegen § 53 I 1, II 1 VAG nur § 18 I VAG und das Vereinsrecht (§ 24 BGB) zur Anwendung kommen. Nach § 24 BGB gilt als Sitz eines Vereins, wenn nicht ein anderes bestimmt ist, der Ort, an welchem die Verwaltung geführt wird. Meistens kann man den Sitz eines großen Gegenseitigkeitsvereins wegen § 18 II 1 VAG aus der Firmierung ablesen; denn die Firma soll den Sitz des Vereins erkennen lassen. Im übrigen vgl. zum Sitz und allgemeinen Gerichtsstand der Gegenseitigkeitsvereine Kisch Gegenseitigkeitsverein S. 25 bis 28, 332. Über die Möglichkeit eines Doppelsitzes bei Vsunternehmen Einl. Anm. 110.

[8] 2. Besondere Gerichtsstände.

Besondere Gerichtsstände kommen im Gegensatz zu den allgemeinen nicht für sämtliche Klagen gegen eine Person in Betracht, sondern sie sind nur für einzelne Klagen bestimmter Art gegeben. Dabei kann man persönliche und sachliche besondere Gerichtsstände unterscheiden, je nachdem ob die Beziehung einer Partei oder der Streitsache zu dem Gerichtsbezirk kompetenzbegründend wirkt.

[9] a) Gerichtsstand des Daueraufenthalts.

Nach § 20 I ZPO ist das Gericht des Aufenthaltsortes für alle vermögensrechtlichen Klagen gegen Personen zuständig, die sich an einem Ort unter Verhältnissen aufhalten, „die ihrer Natur nach auf einen Aufenthalt von längerer Dauer hinweisen, insbesondere als Hausgehilfen, Arbeiter, Gewerbegehilfen, Studierende, Schüler oder Lehrlinge". Die Absicht, an einem Orte länger als nur tageweise zu verweilen, ist bei einem durch höhere Gewalt — z. B. den Staat oder die Natur — erzwungenen Aufenthalt, nicht erforderlich; deshalb greift § 20 I ZPO ein bei Mitgliedern ausländischer Streitkräfte, die in Deutschland stationiert sind, und zwar auch dann, wenn sie ihren Wohnsitz im Ausland behalten (Wieczorek Anm. A II zu § 20, S. 209).

[10] b) Gerichtsstand der Mitgliedschaft.

Nach § 22 ZPO ist das Gericht, „bei dem Gemeinden, Korporationen, Gesellschaften, Genossenschaften oder andere Vereine den allgemeinen Gerichtsstand haben, ... für die Klagen zuständig, die von ihnen gegen ihre Mitglieder als solche oder von den Mitgliedern in dieser Eigenschaft gegeneinander erhoben werden". Hiernach können Vsvereine auf Gegenseitigkeit am Orte ihres allgemeinen Gerichtsstandes (Anm. 7) nicht nur verklagt werden, sondern auch ihrerseits gegen Mitglieder klagen. Der Gesetzgeber geht davon aus, daß die Gerichte am Orte des Sitzes mit den mitgliedschaftlichen Rechtsverhältnissen am besten vertraut sind (RG 31. III. 1903 RGZ Bd 54 S. 208). Beim Gegenseitigkeitsverein sind Mitgliedschafts- und Vsverhältnis nach der richtigen Einheitstheorie nicht getrennt vorzustellen (Anm. 36 zu § 1), und auch nach Beendigung der Mitgliedschaft besteht bis zur Abwicklung des Rechtsverhältnisses der Gerichtsstand der Mitgliedschaft fort (vgl. RG 29. I. 1881 RGZ Bd 3 S. 385—388, 5. IV. 1881 RGZ Bd 4 S. 394—399 für Prämienklagen von Gegenseitigkeitsvereinen). Ist die Mitgliedschaft jedoch nicht zustande gekommen, so gilt § 22 ZPO nicht (LG Dortmund 15. II. 1955 VersR 1955 S. 538, das jedoch zu dem Ergebnis kommt, das Mitgliedschaftsverhältnis sei entstanden). Eine Rechtsnachfolge, sei es auf seiten des Gegenseitigkeitsvereins, sei es auf seiten des Mitglieds (z. B. Beerbung), schließt den Gerichtsstand der Mitgliedschaft nicht aus (vgl. RG 31. III. 1903 RGZ Bd 54 S. 208).

Besonders ältere Satzungen oder Vsbedingungen von Gegenseitigkeitsvereinen weisen auf den Gerichtsstand der Mitgliedschaft dann und wann hin (Beispiel aus der Viehv: VA 1909 S. 55). Früher hat das RAA gemeint: „Einer Bestimmung, daß für Klagen der Gesellschaften auf Zahlung von Beiträgen ausschließlich das Gericht am Sitze der Gesellschaft zuständig sein soll, ist nicht entgegengetreten worden. Bei Vsvereinen auf Gegenseitigkeit empfiehlt sich solche Bestimmung geradezu; nach den Wahrnehmungen des Amtes bei der Aufsichtsführung sind solche Vereine infolge abweichender Entscheidungen der verschiedenen Gerichte .... in Schwierigkeiten geraten" (VA 1909 S. 162).

Aber später hat sich das RAA in ständiger Praxis gegen Prämienklagen am Ort des Sitzes der Gegenseitigkeitsvereine gewandt; es hat vielmehr „in ständiger Übung an dem Grundsatz festgehalten, daß Prämienklagen bei den Gerichten des jeweiligen Wohnsitzes des Vmers erhoben werden sollen. Der Vmer wird dann in der Mehrzahl der Fälle in der Lage sein, sich selbst zu vertreten, während bei einem anderen Gerichtsstand sich für ihn die Notwendigkeit ergeben wird, unter Aufwendung erheblicher Kosten einen Anwalt zu bestellen oder auf die Wahrnehmung seiner Rechte überhaupt zu verzichten. .... Die Verwendung der vorgedruckten Zahlungsbefehle für Prämienklagen mit dem Vermerk: ‚Die Zuständigkeit des Amtsgerichts folgt aus § 22 ZPO' ist einzustellen. Für Prämienklagen gegen Nichtmitglieder kommt nicht § 22 ZPO .... in Frage, so daß bei solchen Prämienklagen die Gerichte des jeweiligen Wohnsitzes des Vmers zuständig wären. Dann würden aber bei einer Berufung auf § 22 ZPO die Mitglieder .... ungünstiger gestellt werden als die Nichtmitglieder, was nicht gebilligt werden kann" (VA 1937 S. 50).

Über den Gerichtsstand bei Pensionskassen vgl. RAA VA 1935 S. 98, auch VA 1912 S. 109.

[11] c) Gerichtsstand des Vermögens.

Nach § 23[1] ZPO ist für Klagen „wegen vermögensrechtlicher Ansprüche gegen eine Person, die im Inland keinen Wohnsitz hat, ... das Gericht zuständig, in dessen Bezirk sich Vermögen derselben .... befindet. Man spricht vom „Ausländerforum", aber im Gerichtsstand des Vermögens kann auch gegen Deutsche oder Staatenlose ohne Wohnsitz im Inland geklagt werden (über die entsprechende Anwendung von § 23 ZPO bei Personen in der russischen Zone mit Vermögen in der Bundesrepublik vgl. BGH 24. XI. 1951 BGHZ Bd 4 S. 66—68, Rosenberg[8] S. 141—142). § 23[1] ZPO ist analog bei juristischen Personen anzuwenden, die im Inland keinen Hauptsitz haben; dabei ist es gleichgültig, wenn außerdem noch andere besonderr Gerichtsstände gegeben sind (Wieczorek Anm. A II zu § 23, S. 212). Deshalb kann gegen ausländische Vsunternehmen trotz § 109 VAG auch im Gerichtsstand des Vermögens geklagt werden (OLG Hamburg 13. XII. 1916 WallmannsZ 1916/17 S. 800). Besondere Bedeutung aber gewinnt der Gerichtsstand des § 23[1] ZPO bei ausländischen, in Deutschland nicht zum Geschäftsbetrieb zugelassenen Vern, z. B. Lloyd's-Vern (vgl. die im Gerichtsstand des Vermögens angestrengten Prozesse KG 31. X. 1934 JRPV 1935 S. 139—141, 8. V. 1937 JRPV 1937 S. 310, 6. V. 1939 JRPV 1939 S. 215—216, sämtlich für die Juwelenv).

Wo befindet sich Vermögen? Hat der Beklagte eine Forderung, so entscheidet nach § 23[2] ZPO der Wohnsitz des Schuldners. Auch der Kläger selbst kann Schuldner sein (KG 6. V. 1939 JRPV 1939 S. 215—216: Kostenforderung des Beklagten gegen den Kläger, die sich daraus ergibt, daß der gleiche Anspruch in einem früheren Rechtsstreit wegen Unzuständigkeit des Gerichts kostenpflichtig abgewiesen worden ist). Besonders aber kommen Prämienforderungen des ausländischen Vers gegen andere inländische Vmer in Betracht. Im Falle KG 31. X. 1934 JRPV 1935 S. 140 ist dem Kläger der Vermögensnachweis nicht gelungen. Dagegen erwägt KG 8. V. 1937 JRPV 1937 S. 310 den Gesichtspunkt einer Umkehrung der Beweislast: Die Lloyd's-Ver seien beweispflichtig dafür, daß sie keinerlei Forderungen aus ihren Vsverträgen in Deutschland besäßen. Ist eine Vssumme oder sonstige Vsleistung vom Ver hinterlegt, so entscheidet der Hinterlegungsort über den Gerichtsstand des Vermögens; bei Orderpapieren ist der Ort maßgebend, an dem sich die Orderpolize befindet (zu beiden Fällen Wieczorek Anm. B III zu § 23, S. 213).

§ 23 ZPO greift nicht ein, falls ein ausschließlicher Gerichtsstand vereinbart worden ist (OLG Karlsruhe 5. V. 1904 VA 1906 Anh. S. 79 Nr. 231). Problematisch ist die Rechtslage bei Hinfälligwerden solcher Vereinbarung: Ein Schweizer Staatsangehöriger, der in Moskau wohnte, hatte mit der russischen Zweigniederlassung eines amerikanischen Vers einen Lebensvsvertrag geschlossen und die ausschließliche Zuständigkeit der Gerichte in St. Petersburg vereinbart. Nach der russischen Revolution und dem Wegfall der Möglichkeit, in St. Petersburg zu klagen, wurden doch nicht die deutschen Gerichte gemäß § 23 ZPO für zuständig erachtet, sondern es wurde angenommen, daß der Schweizer in den Vereinigten Staaten klagen müsse (KG 19. VI. 1926 VA 1927 S. 7—9 Nr. 1664 = JRPV 1926 S. 246—247 mit Anm. Pfeiffer; vgl. auch KG 10. XI. 1928 JRPV 1929 S. 36—38 mit Anm. Pfeiffer).

[12] d) Gerichtsstand des Streitobjekts.

§ 23[1] ZPO regelt neben dem Gerichtsstand des Vermögens (Anm. 11) auch jenen des Streitobjektes: „Für Klagen wegen vermögensrechtlicher Ansprüche gegen eine Person, die im Inland keinen Wohnsitz hat, ist das Gericht zuständig, in dessen Bezirk sich .... der mit der Klage in Anspruch genommene Gegenstand befindet". Streitobjekt können nicht nur Sachen (z. B. Vsscheine), sondern auch inländische Forderungen sein (Wieczorek Anm. C zu § 23, S. 214, wonach eine negative Feststellungsklage z. B. zuzulassen wäre, falls sich ein Ausländer einer Transportvsforderung gegen einen inländischen Ver berühmt).

[13] e) Gerichtsstand der Sachbelegenheit.

Der Gerichtsstand der Sachbelegenheit, auch dinglicher Gerichtsstand oder forum rei sitae genannt, ist in den §§ 24—26 ZPO geregelt. Er hat — unbewegliche Sachen voraussetzend — als teilweise ausschließlicher Gerichtsstand (§ 24 I ZPO) besondere Bedeutung für die Vermögensverwaltung der Vsunternehmen.

Im übrigen aber muß negativ hervorgehoben werden, daß es nicht mehr in den Bereich der Immobiliarpfandrechte gehört, wenn sich eine Hypothek (Grundschuld oder Rentenschuld) auf eine Vsforderung erstreckt (§ 1127 I BGB) oder falls einem Realgläubiger bei „krankem" Vsverhältnis noch weitergehende Rechte (z. B. nach § 102 I) zustehen. Hier handelt es sich bei einer Klage des Hypothekengläubigers nicht um eine solche, durch die eine dingliche Belastung einer unbeweglichen Sache geltend gemacht wird. Entsprechendes gilt, falls ein Ver oder Vmer klageweise das Bestehen vsrechtlicher Ansprüche eines Realgläubigers bestreitet; auch hier gilt nicht § 24 I ZPO. Zu § 26 ZPO ist negativ zu bemerken, daß Prämienklagen gegen einen Grundeigentümer aus einer Immobiliarv nicht im dinglichen Gerichtsstand angestrengt werden können; denn die Prämienklage richtet sich nicht gegen den Eigentümer einer unbeweglichen Sache als solche. Überdies zählt umgekehrt eine Klage des Eigentümers und Vmers auf eine Gebäudevsentschädigung nach einem Brande i. S. des § 26 ZPO nicht zu den „Klagen wegen Beschädigung eines Grundstücks" (hier klagt der Vmer nicht in seiner Qualität als Eigentümer, mag auch ein Eigentümerinteresse vsvertragsrechtlich vorauszusetzen sein).

Bei Schiffen, die sonst von der Rechtsordnung oft analog unbeweglichen Sachen behandelt werden, gilt nicht der Gerichtsstand der Sachbelegenheit, wohl aber jener des Heimathafens (§ 488 HGB, § 6 I BinnenschiffahrtsG). Aber eine Klage auf Zahlung einer Kaskovsprämie dürfte sich nicht gegen den Reeder als solchen, den Schiffseigner als solchen richten (zweifelhaft; vgl. Schaps-Abraham, Das deutsche Seerecht, 3. Aufl., 2. Band, 1. Lieferung, Berlin 1960, Anm. 3 zu § 488, S. 75).

[14] f) Gerichtsstand des Erfüllungsorts.

§ 29 ZPO lautet:

„Für Klagen auf Feststellung des Bestehens oder Nichtbestehens eines Vertrages, auf Erfüllung oder Aufhebung eines solchen sowie auf Entschädigung wegen

Nichterfüllung oder nicht gehöriger Erfüllung ist das Gericht des Ortes zuständig, wo die streitige Verpflichtung zu erfüllen ist".

Die Vorschrift setzt voraus, daß die Klage auf einen schuldrechtlichen Vertrag verweist, gleichgültig ob nach dem Klagantrag das Bestehen oder Nichtbestehen des Vertrages zu begründen ist (Wieczorek Anm. A II zu § 29, S. 220). Dingliche, sachenrechtliche Verträge und Ansprüche kommen nicht in Frage. Im Bereiche des Schuldrechtes sind Ansprüche auszuscheiden, die nicht auf Vertrag, sondern auf Gesetz beruhen; deshalb können Ansprüche aus unerlaubter Handlung, ungerechtfertigter Bereicherung oder Geschäftsführung ohne Auftrag nicht im Gerichtsstand des Erfüllungsorts eingeklagt werden, obgleich es auch bei diesen Verpflichtungen einen Erfüllungsort gibt.

§ 29 ZPO nennt an erster Stelle „Klagen auf Feststellung des Bestehens oder Nichtbestehens eines Vertrages", also auch eines Vsvertrages, über dessen formelles Zustandekommen oder dessen Beendigung gestritten wird. Gleichzustellen sind Feststellungsklagen hinsichtlich einzelner Forderungen (vielleicht auch einzelner Gestaltungsrechte); man denke an einen Streit über das Bestehen oder Nichtbestehen einer Prämien- oder Gefahrtragungsforderung.

An zweiter Stelle kommen Erfüllungsklagen als Leistungsklagen nach § 29 ZPO in Betracht. Der Ver kann auf Prämie, der Vmer kann auf Gefahrtragung im Gerichtsstand des Erfüllungsorts klagen, wobei die Gefahrtragungsklage auch vor Eintritt des Vsfalls als Leistungsklage möglich ist (Anm. 41 zu § 1) und wobei nach dem Eintritt des Vsfalls nicht nur Zahlung der Vsentschädigung oder Vssumme, sondern möglicherweise auch eine Abschlagszahlung (Anm. 31—36 zu § 11) gefordert werden kann. Zu denken ist auch an weitere Erfüllungsansprüche, sei es des Vers (Deklaration bei der laufenden V), sei es des Vmers (Aushändigung des Vsscheins, Ausstellung von Ersatzurkunden, Erteilung von Abschriften, Zahlung von Überschuß-, Prämienrückgewähr-, Prämienrückvergütungs-, Vtendividendenbeträgen [dazu Anm. 13—20, 33—43 zu § 3]).

Zu den in § 29 ZPO genannten Schadensersatzklagen wegen Nichterfüllung oder Schlechterfüllung zählen Klagen gegen den Vmer wegen Verzugszinsen oder weitergehenden Verzugsschadens bei Prämiennichtzahlung (Anm. 12—16 zu § 38, Anm. 30—31 zu § 39), ferner Klagen gegen den Ver wegen Verzugs (Anm. 14—29 zu § 11) oder Unmöglichkeit (etwa bei Unsicherwerden des Vers: Anm. 33—40 zu § 13).

Bei der Anwendung des § 29 ZPO ist nicht engherzig zu verfahren. So kommt der Gerichtsstand des Erfüllungsorts auch bei Klagen aus culpa in contrahendo, speziell aus den §§ 122 I, 179 I, II BGB in Betracht (Rosenberg[8] S. 142). Einzubeziehen sind auch Rückgewährklagen nach erfolgtem Rücktritt des Vers (vgl. § 20 II 2 mit Anm. 15—20 zu § 20). Schuldet ein Vmer trotz Rücktritts des Vers Prämie oder eine angemessene Geschäftsgebühr (§ 40 I 1, II 2, 3), so bleibt § 29 ZPO anwendbar. Dies wird man sogar annehmen müssen, falls trotz Anfechtung oder Nichtigkeit des Vsvertrages dem Ver Prämie gebührt (§§ 40 I 1, 51 III, 59 III).

Die Frage, „wo die streitige Verpflichtung zu erfüllen ist", kann oft zweifelhaft sein. Die Lehre vom sogen. Erfüllungs- oder Leistungsort ist wegen der Mehrdeutigkeit dieser Begriffe schwierig (dazu Anm. 3—7 zu § 36). Überdies muß hinsichtlich jeder einzelnen Verpflichtung des Vers oder Vmers der Erfüllungsort gesondert festgestellt werden.

Entscheidend ist primär ein etwa vereinbarter Erfüllungsort. Auf dem Umwege über solche Vereinbarung wird dann zugleich der Gerichtsstand geregelt (daneben gibt es auch reine Gerichtsstandsabreden: Anm. 28 und über die Unterschiede Wieczorek Anm. A II zu § 29, S. 221). Über Erfüllungsortvereinbarungen vgl. Anm. 14—15 zu § 36, ferner § 24 III AHagelB: „Erfüllungsort für die beiderseitigen Leistungen aus dem Vsvertrage ist der Sitz der zuständigen Bezirksdirektion".

Das RAA hat gemäß VA 1921 S. 119 folgende Bestimmung nicht genehmigt: „Erfüllungsort für die von dem Vmer geschuldeten Prämien, Kosten und Stempelgebühren ist der Sitz der Gesellschaft oder derjenigen Generalagentur, die im Vsschein oder seinen Nachträgen als zuständig bezeichnet ist". Gegen den hier vertraglich vorgesehenen Gerichtsstand spreche, daß der Vmer „häufig sehr großen Wert darauf legt, sich selbst gegen den erhobenen Anspruch zu verteidigen, z. B. in allen Fällen, wo das Zustandekommen eines Vertrags bestritten wird. Diese Verteidigung wird ihm jedoch erschwert und verteuert, wenn er außerhalb seines Wohnsitzes verklagt werden kann"; auch bei Beschränkung auf die Folgeprämien widerstreite die vorgesehene Erfüllungsortvereinbarung dem Interesse des Vmers, z. B. wenn er den Vertrag gekündigt habe und die Zulässigkeit der Kündigung den Gegenstand des Rechtsstreits bilde. Gemäß VA 1931 S. 182—183 ist folgender Klausel die Genehmigung versagt worden: „Als Erfüllungsort für die Entrichtung der Prämien und Nebengebühren gilt der Sitz der Geschäftsstelle, die den Vsschein ausgefertigt hat" (Gründe: Verschlechterung der Rechtsstellung des Vmers im Blick auf § 36, Vmer müsse unter Aufopferung geringer Kosten sich im Prozesse selbst vertreten können, manche Vmer würden wegen Schwerfälligkeit und Schreibungewandtheit von der Bestellung eines Prozeßvertreters Abstand nehmen). Diese Praxis ist fortgesetzt worden mit VA 1936 S. 55: „§ 36 .... ist .... zwar nicht zwingend ...., so daß eine anderweitige Regelung zivilrechtlich zulässig wäre. Das RAA hat sich jedoch wiederholt .... in ausführlicher Begründung gegen eine solche Vereinbarung gewendet. ... Das RAA wird auch in Zukunft die Einhaltung dieser Grundsätze überwachen. Es verlangt, sobald es durch Beschwerde oder sonstwie Kenntnis von der Nichtbeachtung seiner Grundsätze erhält, von den Unternehmungen die Verweisung an das Gericht des Wohnsitzes des Vmers." Allerdings wird die Aufsichtsbehörde diese Praxis nicht rechtfertigen können, sofern sie selbst eine bestimmte Erfüllungsortklausel genehmigt hatte.

Wird der Sitz des Vers als Erfüllungsort vereinbart, so kommt es bei späterer Sitzverlegung darauf an, wo sich der Sitz bei Abschluß des Vsvertrages befand (LG Berlin 21. VI. 1954 VersR 1954 S. 410).

Fehlt es an einer Erfüllungsortvereinbarung, so entscheidet die gesetzliche Regelung, und zwar primär die Spezialregelung des Vsvertragsrechtes in § 36, wonach für die Entrichtung der Prämie der jeweilige Wohnsitz, gegebenenfalls die jeweilige gewerbliche Niederlassung des Vmers der Erfüllungsort ist. Hiernach sind gemäß § 29 ZPO Prämienklagen gegen den Vmer am jeweiligen Wohnsitz oder Gewerbeorte anzustrengen (VA 1921 S. 119, 1931 S. 182—183, 1936 S. 55). Hinsichtlich des Erfüllungsortes für die Leistungen des Vers fehlt es an einer vsrechtlichen Spezialnorm. Gemäß § 269 I, II BGB liegt der Erfüllungsort am Ort der gewerblichen Niederlassung des Vers, gleichgültig ob es sich um Geldleistungen (§ 270 IV BGB) oder um andere Leistungen handelt.

Über den Gerichtsstand des Erfüllungsortes bei Vsvertreterverträgen vgl. Anm. 198, 215, 240, 444, 449 vor §§ 43—48.

[15] g) Gerichtsstand der Vermögensverwaltung.

Nach § 31 ZPO ist für Klagen, „die aus einer Vermögensverwaltung von dem Geschäftsherrn gegen den Verwalter oder von dem Verwalter gegen den Geschäftsherrn erhoben werden .... das Gericht des Ortes zuständig, wo die Verwaltung geführt ist". Auch im Blick auf die Prämienreserve kann i. S. des § 31 ZPO nicht davon gesprochen werden, daß der Lebensver Vermögensverwalter, der Vmer Geschäftsherr sei. Kennzeichnend für den Begriff der Vermögensverwaltung ist eine Vertretungsmacht, ein Handeln im Namen des Geschäftsherrn. Deshalb können Vsagenten Vermögensverwalter für den Ver sein. So grundlegend RG 3. XI. 1886 RGZ Bd 20 S. 364—365 hinsichtlich des in Berlin wirkenden Generalagenten und Generalbevollmächtigten eines hamburgischen Vers: „Eine .... Verwaltung liegt nicht .... bloß dann vor, wenn ein Vermögen als Ganzes oder die Erhaltung, Ausbeutung oder Verwendung von speziellen Vermögensstücken, namentlich von Immobilien, den Gegenstand der Verwaltung bildet. ... Die Verwaltung ist eine Spezies des Mandats; Gegenstand desselben ist nicht ein einzelnes Geschäft, sondern die durch einen längeren oder kürzeren Zeitraum fortgesetzte Ausführung gleichartiger Geschäfte, womit auch eine Verwahrung von Vermögensstücken verbunden sein kann. ... Der Kläger hatte als Generalagent .... alle Verträge der beklagten Gesellschaft mit ‚Inländern' selbständig abzuschließen; er hatte die Prämie zu erheben, nach den Anweisungen der Beklagten Zahlungen aus der von ihm geführten Kasse zu leisten, über seine Verwaltung am Ende jeder Rechnungsperiode Rechnung zu legen, mit der Beklagten Abrechnung zu halten und die entbehrlichen Beträge an die Beklagte abzuliefern." Entscheidend ist nicht die Frage der Abschlußvollmacht, sondern die Verwaltung von Vermögen, z. B. von einkassierten Erst- oder Folgeprämien oder von Mitteln, aus denen Schäden reguliert werden. Unscharf Wieczorek Anm. B I zu § 31, S. 226.

[16] h) Gerichtsstand der Begangenschaft.

Nach § 32 ZPO ist für Klagen aus unerlaubten Handlungen das Gericht zuständig, in dessen Bezirk die Handlung begangen ist. Die Vorschrift könnte eine Rolle spielen, sooft der Klagegrund der unerlaubten Handlung in Betracht kommt. Bei Klagen gegen den Ver wird das selten zutreffen; zu denken ist aber an Vsagenten als Verrichtungsgehilfen und § 831 I BGB (Anm. 53 zu § 44). Häufiger könnten Deliktsklagen gegen Vmer sein; man denke an Betrug bei Abschluß des Vsvertrages (Anm. 58 zu § 16, Anm. 10 zu § 22), an Täuschungshandlungen nach vorsätzlicher Herbeiführung des Versicherungsfalles (§ 61) oder arglistige Täuschung bei der Schadensermittlung (Anm. 59 zu § 34). Wegen Klagen aus unerlaubter Handlung gegen Vsagenten vgl. Anm. 177 vor §§ 43—48, Anm. 35 zu § 44. Eine große Rolle spielt § 32 ZPO bei Kraftfahrzeugunfällen, mittelbar also auch für die Kraftfahrthaftpflichtver.

Der Tatort liegt gemäß RG 18. X. 1909 RGZ Bd 72 S. 43 möglicherweise zugleich an verschiedenen Plätzen: „Setzt sich .... eine Handlung aus einer Reihe von Tatbestandsmerkmalen oder aus einer Reihe von einzelnen Handlungen in der Art zusammen, daß erst diese Reihe von Merkmalen oder Handlungen dasjenige Tun bilden, aus dem jemand .... haftbar gemacht wird, so kommt jedem dieser einzelnen Momente und jedem der einzelnen Bestandteile der (Gesamt-)Handlung grundsätzlich die gleiche Bedeutung zu". Vgl. auch Rosenberg[8] S. 43: „Ort der Tat ist jeder Ort, an dem auch nur ein Stück des Tatbestandes der unerlaubten Handlung verwirklicht ist."

[17] i) Gerichtsstand der Erbschaft.

Besonders für die Lebensv kann es Bedeutung gewinnen, daß in § 27 ZPO ein besonderer Gerichtsstand der Erbschaft vorgesehen ist, in welchem gemäß § 28 ZPO auch Klagen wegen aller Nachlaßverbindlichkeiten erhoben werden können, solange sich der Nachlaß noch ganz oder teilweise im Bezirk jenes Gerichts befindet, bei dem der Erblasser zur Zeit seines Todes den allgemeinen Gerichtsstand gehabt hat. In Betracht käme z. B. die Klage eines Bezugsberechtigten gegen die Erben, nachdem der Lebensver mit befreiender Wirkung an die Erben als Inhaber des Vsscheins geleistet hatte, evtl. auch eine Prämienklage des Vers gegen den Erben, dieses natürlich auch außerhalb der Lebensv. Der Gerichtsstand der Erbschaft betrifft aber nicht Ansprüche des Nachlasses gegen Dritte, z. B. gegen Ver.

[18] k) Gerichtsstand des Sachzusammenhanges.

Nach § 33 I ZPO kann bei dem Gericht der Klage „eine Widerklage erhoben werden, wenn der Gegenanspruch mit dem in der Klage geltend gemachten Anspruch oder mit den gegen ihn vorgebrachten Verteidigungsmitteln in Zusammenhang steht". Oft klagen Vmer nur einen Teil der Vsentschädigung oder Vssumme ein; hier kann der Ver wegen des gleichfalls streitigen Restes eine negative Feststellungswiderklage im Gerichtsstand des § 33 I ZPO erheben (dazu Rosenberg[8] S. 483). Vgl. auch § 34 ZPO.

[19] l) Gerichtsstand der Niederlassung.

§ 21 I ZPO lautet:

> „Hat jemand zum Betriebe einer Fabrik, einer Handlung oder eines anderen Gewerbes eine Niederlassung, von der aus unmittelbar Geschäfte geschlossen werden, so können gegen ihn alle Klagen, die auf den Geschäftsbetrieb der Niederlassung Bezug haben, bei dem Gericht des Ortes erhoben werden, wo die Niederlassung sich befindet."

Es kann sich sowohl um Niederlassungen des Vmers als auch um solche des Vers handeln. Der Begriff des Gewerbes darf nicht zu eng umrissen werden, speziell nicht im Blick auf die Gewinnerzielungsabsicht. Deshalb können auch große und kleinere Vsvereine auf Gegenseitigkeit eine gewerbliche Niederlassung haben, mögen auch letztere nicht als Kaufleute gelten (§§ 53 I 1, 16 VAG); auch Niederlassungen öffentlich-rechtlicher Vseinrichtungen unterfallen § 21 I ZPO (Wieczorek Anm. B I zu § 21, S. 210).

Den Begriff der Niederlassung erfüllen nicht nur Zweigniederlassungen (speziell bei Hauptbevollmächtigten, Anm. 17 zu § 45), sondern auch andere unselbständige Verwaltungsstellen, unselbständige Vsvertreter. Bei selbständigen Vsagenten, speziell Handelsvertretern (§§ 84—92c HGB) kann man jedoch wegen ihrer rechtlichen Selbständigkeit nicht von einer Niederlassung des Vers reden, insbesondere nicht bei Mehrfachgeneralagenten. Über die Ausscheidung der Handelsvertreter aus dem Niederlassungsbegriff Baumbach-Lauterbach[25] Anm. 2 zu § 21, S. 53, Ehrenzweig S. 189 Anm. 3, Raiser Anm. 71 zu § 18, S. 463.

Aber im Rahmen des § 21 I kommen nicht alle Niederlassungen, sondern nur solche in Betracht, von denen aus „unmittelbar Geschäfte geschlossen werden". Auszuscheiden sind also unselbständige Verwaltungsstellen, in denen bloße Vermittlungsvertreter wirken (Wieczorek Anm. B II zu § 21, S. 210—211). Die unselbständige Verwaltungsstelle muß vielmehr Abschlußvollmacht haben, speziell zum Abschluß von Vsverträgen (Beispiele: OLG Hamm 12. V. 1955 VersR 1955 S. 614, wo bei einer Organisationszentrale darauf abgestellt wird, daß sie mindestens nach außen hin den Anschein einer Niederlassung erweckt hat, indem sie selbst einen Vsvertrag abschloß; OLG Nürnberg 15. IV. 1958 VersR 1958 S. 678, wo bei einer Filialdirektion darauf abgehoben wird: „Es werden auch von ihr aus unmittelbar Geschäfte abgeschlossen, wenn auch nur in begrenztem Umfang"). Bei den seitens der Niederlassung unmittelbar geschlossenen Geschäften braucht es sich nicht notwendig um Vsverträge zu handeln, man denke an die Vollmacht eines Generalagenten, unechte Unteragenten im Namen des Vers zu betrauen oder an die Vollmacht einer anderen unselbständigen Verwaltungsstelle, Anstellungsverträge für den Geschäftsbetrieb der Niederlassung abzuschließen (RG 31. I. 1932 RGZ Bd 103 S. 432). Das OLG Nürnberg 15. IV. 1958 VersR 1958 S. 678 stellt auch auf die Vollmacht eines Filialdirektors „zu eigenen Schadenregulierungen" ab, OLG Breslau 22. IX. 1938 HRR 1939 Nr. 111, OLG Hamm 12. V. 1955 VersR 1955 S. 614 heben bei alledem noch den Gesichtspunkt des Rechtsscheines heraus.

Der Gerichtsstand der Niederlassung kommt bei Gegebensein der geschilderten Voraussetzungen nur für Klagen in Betracht, die auf den Geschäftsbetrieb der Niederlassung Bezug haben. An solcher Beziehung fehlte es im Falle des OLG Nürnberg 15. IV. 1958 VersR 1958 S. 678. Allerdings ist bei Versicherungsabschlüssen nicht unbedingt zu fordern, daß sie im konkreten Falle durch die unselbständige Verwaltungsstelle erfolgt seien. Es reicht aus, falls die Zentrale abgeschlossen, aber die Abwicklung des Vsvertrages der Niederlassung übertragen hat (Wieczorek Anm. B II zu § 21, S. 211).

§ 21 I ZPO ist nicht zwingend, sondern abdingbar.

Über den Gerichtsstand des Heimathafens bei Schiffen vgl. schon Anm. 13.

[20] m) Gerichtsstand der Agentur (§ 48).

aa) Voraussetzungen.

α) Mitwirkung eines Versicherungsagenten.

§ 21 I ZPO schützt den Vmer nicht in ausreichendem Maße; denn er kommt praktisch nur bei Zweigniederlassungen und unselbständigen Verwaltungsstellen mit Abschlußvollmacht zur Anwendung und ist obendrein abdingbar (Anm. 19). Da auch der Erfüllungsort am Sitze des Vers zu liegen pflegt (Anm. 14), ist der Vmer nach allgemeinen Rechtsgrundsätzen „nicht in der Lage, ... bei dem Gerichte des Ortes seines eigenen Wohnsitzes oder seiner eigenen Niederlassung Klage auf die Leistung des Vers zu erheben, vielmehr ist er regelmäßig darauf angewiesen, in dem Gerichtsstande des Vers zu klagen. Dieser Rechtszustand trägt den Besonderheiten des Geschäftsbetriebs der Vsanstalten und den Interessen der Vmer nicht genügend Rechnung. Wenn die Ver an zahlreichen, von dem Sitze des Unternehmens oft weit entfernten Orten Agenten anstellen und mit ihrer Hilfe Verträge abschließen, so entspricht es der Billigkeit, daß in bezug auf die so zustande gekommenen Geschäfte den Vmern die Möglichkeit gegeben wird, bei den Gerichten dieser Orte auch ihre Ansprüche geltend zu machen .... Dieses Gericht wird auch in der Regel den bei der Entscheidung des Rechtsstreits in Betracht kommenden tatsächlichen Verhältnissen näher stehen und die erforderlichen Beweise leichter und schneller erheben können als die nach dem gegenwärtigen Rechte zuständigen Gerichte" (Begr. I S. 58—59). Kritisch dagegen Richter JRPV 1926 S. 340—341.

Der aus den angegebenen Gründen geschaffene § 48, welcher rein zivilprozessualer Natur ist (OLG Breslau 13. V. 1914 VA 1915 Anh. S. 3 Nr. 855, Durst Vswissenschaft und Vspraxis 1948 S. 343), setzt voraus, daß „ein Vsagent den Vertrag vermittelt oder abgeschlossen" hat. Es kommt auf die tatsächliche Mitwirkung des Vsagenten an, reicht also nicht aus, daß sich ein (passiver) Vsagent am Orte befindet (Hallbauer Das Recht 1908 Sp. 727). Im Falle der Mitwirkung ist es — wie sonst (Anm. 12—14 zu § 43) — gleichgültig, ob es sich um einen selbständigen oder unselbständigen Vsagenten handelt (so bezüglich Unselbständiger Prölss[12] Anm. 3 zu § 48, S. 197, OLG Bremen 16. XII. 1949 VersR 1950 S. 19 mit Anm. Prölss gegen LG Bremen 3. IX. 1949 VW 1949 S. 454 mit Anonym VW 1949 S. 345). Ferner kommt es nicht darauf an, ob der mitwirkende Vsagent General- oder Unteragent ist. Gibt der Unteragent intern den Antrag einem Generalagenten weiter, so ist der Gerichtsstand des § 48 doch nur am Orte des Unteragenten gegeben (Ehrenzweig S. 189 Anm. 2, Prölss[12] Anm. 3 zu § 48, S. 197, JRPV 1937 S. 195—196, VersR 1950 S. 19; a.A. Raiser Anm. 71 zu § 18, S. 462). Sind allerdings dem Vmer gegenüber sowohl der Unter- als auch der Generalagent (meistens als Vermittlungs- bzw. Abschlußagent) in Erscheinung getreten, so hat der Vmer gegebenenfalls die Wahl zwischen zwei Orten (Hallbauer Das Recht 1908 Sp. 729). Auch die Mitwirkung von Mehrfachagenten oder nebenberuflichen Vsagenten läßt § 48 anwendbar bleiben. Wirken mehrere Vsagenten zusammen und treten sie sämtlich gegenüber dem Vmer hervor (wie im obigen Falle des Unter- und Generalagenten), so kann der Vmer ein Wahlrecht zwischen verschiedenen Gerichtsständen des § 48 besitzen (Hallbauer Das Recht 1908 Sp. 729).

Bei Vsmaklern gilt § 48 nicht (KG 31. X. 1934 VA 1935 S. 261 Nr. 2829 = JRPV 1935 S. 140, OLG Bremen 16. XII. 1949 VersR 1950 S. 19, Ehrenzweig S. 189 Anm. 2, Raiser Anm. 71 zu § 18, S. 462, Prölss Anm. 3 zu § 48, S. 197—198). Überdies setzt § 48 I eine Vermittlungs- oder Abschlußtätigkeit voraus, so daß ein bloßer Gelegenheitsnachweis nicht ausreicht (Raiser Anm. 71 zu § 18, S. 462).

Beweispflichtig für das Mitwirken eines Vsagenten ist der Vmer (Gerhard-Hagen Anm. 1 zu § 48, S. 210, KG 31. X. 1934 VA 1934 S. 262 Nr. 2829 = JRPV 1935 S. 140).

[21] β) Klage aus Versicherungsverhältnis.

Der Gerichtsstand der Agentur gilt nur „für Klagen, die aus dem Vsverhältnisse .... erhoben werden". Fehlt es an jedem Zusammenhang mit einem Vsverhältnis, so kommt § 48 nicht zur Anwendung; man denke an Klagen aus dem Bereich der Vermögensverwaltung, z. B. Darlehensklagen gegen den Ver, ferner an Klagen aus Dienst- oder Agenturverhältnissen.

Andererseits ist aber der Begriff der Klagen aus dem Vsverhältnisse nicht allzu engherzig auszulegen, wenn der Schutzzweck des § 48 erreicht werden soll. Selbstverständlich kommen neben Klagen auf die Vsleistung auch z. B. solche auf Rückvergütung, Aufwendungsersatz, Verzugsschaden, Aushändigung des Vsscheins in Frage. Einzubeziehen sind auch Feststellungsklagen, mit denen z. B. die Feststellung des Bestehens des Vsverhältnisses oder des Vsschutzes begehrt werden kann. Trifft den Ver oder einen Vsagenten Verschulden beim Vertragsschlusse, so gilt auch insoweit § 48, dessen Anwendungsbereich auch auf Fälle erstreckt werden muß, in denen der Vmer in sachlichem Zusammenhang mit einem Vsverhältnis aus einem abgeschlossenen Vergleich, aus Geschäftsführung ohne Auftrag, ungerechtfertigter Bereicherung oder unerlaubter Handlung klagt; zu denken ist an Prämienrückforderungen nach Betrug durch einen Vsagenten oder nach Anfechtung oder bei Nichtigkeit eines Vsverhältnisses. Ehrenzweig S. 189 Anm. 1 bezieht „Klagen auf Feststellung der Erlöschung oder der Nichtigkeit" des Vsvertrages ein. Prölss[12] Anm. 1 zu § 48, S. 197 will mit Recht erfassen „alle Ansprüche, bei denen das Bestehen, Nichtbestehen oder Nichtmehrbestehen eines Vsverhältnisses auch nur die Rolle einer klagebegründenden Behauptung spielt". Viel zu eng Hallbauer Das Recht 1908 Sp. 729—730.

Gleichgültig ist es, wer die Klage gegen den Ver erhebt; als Kläger kommt neben dem Vmer und seinem Rechtsnachfolger (Erwerber, Eintrittsberechtigter) auch ein Vter, Bezugsberechtigter, Zessionar, Pfandgläubiger oder Pfändungspfandgläubiger in Frage (Hallbauer Das Recht 1908 Sp. 729, Prölss[12] Anm. 2 zu § 48, S. 198).

[22] γ) Versicherer als Beklagter.

§ 48 I bezieht sich nur auf Klagen, die „gegen den Ver" erhoben werden. Dem Ver steht sein Rechtsnachfolger, z. B. nach einer Bestandsübertragung (§ 14 I 3 VAG) gleich. Aber Klagen können dem Vsagenten nicht zugestellt werden (Anm. 19 zu § 43, Anm. 20 zu § 45). Der Gerichtsstand des § 48 hat mit dem Umfang der „gesetzlichen Vollmacht" des Vsagenten nichts zu tun (OLG Köln 15. I. 1958 VersR 1958 S. 588, LG Hagen 10. IV. 1958 VersR 1959 S. 441). Klagen gegen den Vmer werden durch § 48 nicht berührt.

[23] bb) Rechtsfolge.

α) Örtliche Zuständigkeit.

Unter den Voraussetzungen der Anm. 20—22 ist „das Gericht des Ortes zuständig, wo der Agent zur Zeit der Vermittelung oder Schließung seine gewerbliche Niederlassung oder in Ermangelung einer gewerblichen Niederlassung seinen Wohnsitz hatte". Unerheblich sind also der Ort des Vertragsabschlusses und der Ort der gewerblichen Niederlassung oder des Wohnsitzes des Vmers (Prölss[12] Anm. 3 zu § 48, S. 198, Raiser Anm. 71 zu § 18, S. 462). Beim Vsagenten entscheidet primär die gewerbliche Niederlassung, hilfsweise der Wohnsitz. Hat der Vsagent mehrere Niederlassungen oder Wohnsitze, so wird man darauf abstellen müssen, von wo aus die Aktivität entfaltet worden ist (Hallbauer Das Recht 1908 Sp. 728—729). Vermittlungsagenten, besonders nebenberufliche werden häufig keine gewerbliche Niederlassung, sondern nur einen Wohnsitz haben. Über die nach außen in Erscheinung tretende Mitwirkung von mehreren Vsagenten, speziell Unter- und Generalagenten vgl. bereits Anm. 20.

Entscheidend ist hinsichtlich der Ortsfrage allein die gewerbliche Niederlassung oder der Wohnsitz „zur Zeit der Vermittelung oder Schließung" des Vsvertrages. Bei Abschlußagenten läßt sich ein Zeitpunkt des formellen Vsbeginns feststellen und damit der Ort fixieren. Bei Vermittlungsagenten erstreckt sich die Vermittlungstätigkeit oft über einen längeren Zeitraum, währenddessen der Vsagent nach einem anderen Orte umgezogen sein kann. Hallbauer Das Recht 1908 Sp. 728, 729 will hier dem Kläger ein Wahlrecht hinsichtlich der verschiedenen Orte einräumen; gibt während der Vermittlungsdauer der Vermittlungsagent eine gewerbliche Niederlassung auf, so soll neben das Gericht der Niederlassung das Gericht des Wohnsitzes treten, und Entsprechendes gilt, falls ein Vermittlungsagent sich während der fraglichen Zeit neben dem Wohnsitz eine gewerbliche Niederlassung einrichtet.

Die gewerbliche Niederlassung oder der Wohnsitz des Vsagenten im fraglichen Zeitpunkt oder Zeitraum fixieren den Gerichtsstand der Agentur für die gesamte Dauer des Vsverhältnisses, ganz gleichgültig, ob in der Zwischenzeit die Agentur aufgegeben oder verlegt wird, der Vmer seine gewerbliche Niederlassung oder seinen Wohnsitz ändert (dazu Gerhard-Hagen Anm. 1 zu § 48, S. 210, Raiser Anm. 71 zu § 18, S. 462—463). Hat ein Vsagent vermittelnd oder abschließend beim Vertragsschluß mitgewirkt, so werden der Vmer, seine Rechtsnachfolger und alle anderen in Betracht kommenden Kläger für alle Zukunft durch § 48 begünstigt; sie können sich darauf verlassen, stets im Gerichtsstand der Agentur klagen zu können. Über den Wegfall des Gerichtsstandes der Agentur (Königsberg) infolge der Kriegsauswirkungen: AG Heide 25. X. 1950 VersR 1951 S. 42.

[24] β) Nicht ausschließliche Zuständigkeit.

§ 48 soll den Vmer usw. begünstigen, aber nicht beengen. Der Gerichtsstand der Agentur ist ein elektiver. „Für den Vmer besteht selbstverständlich kein Zwang, bei dem Gerichte des Wohnsitzes oder der Niederlassung des Agenten Klage zu erheben, vielmehr bleibt die aus der Zivilprozeßordnung .... sich ergebende Zuständigkeit der Gerichte für Klagen gegen den Ver unberührt" (Begr. I S. 59, ähnlich Gerhard-Hagen Anm. 2 zu § 48 S. 210). BGH 11. II. 1953 BGHZ Bd 9 S. 40—41 betont, daß „dem Vmer daneben durch Vereinbarung auch noch ein Gerichtsstand im Ausland eröffnet" werden könne.

[25] γ) **Sachlicher Anwendungsbereich.**

§ 48 gilt — wie das gesamte Gesetz — nicht für die See- und Rückv (§ 186), ferner nicht für die öffentlich-rechtliche Zwangsv (§ 192 I). Sogar: „Auf sonstige Ven, die bei einer nach Landesrecht errichteten öffentlichen Anstalt genommen werden, finden .... die Vorschriften über die Vsagenten keine Anwendung" (§ 192 II). Bei Wettbewerbs- und Monopoleinrichtungen der öffentlich-rechtlichen V könnte hiernach ein Gerichtsstand der Agentur nur kraft Landesrechtes bestehen.

[26] δ) **Zwingender Charakter.**

Gemäß § 48 II kann die Zuständigkeit des Gerichtes der Agentur „durch Vereinbarung nicht ausgeschlossen werden". Die Norm ergibt sich aus „der erheblichen Bedeutung, welche die Frage des Gerichtsstandes für den Vmer hat" (Begr. I S. 59). Der zwingende Charakter steht nicht nur Vereinbarungen beim Abschluß des Vsvertrages entgegen, sondern auch nachträglichen Abmachungen, sogar nach dem Eintritt des Vsfalles (Hallbauer Das Recht 1908 Sp. 731). Etwaige Vereinbarungen sind nur insoweit wirksam, als sie andere, dispositive Gerichtsstände wegbedingen (Beispiel bei Hallbauer Das Recht 1908 Sp. 731).

Es handelt sich bei § 48 um eine absolut zwingende Norm, welche auch dort Beachtung erheischt, wo die Beschränkungen der Vertragsfreiheit nicht gelten (Einl. Anm. 46). Deshalb gilt auch für die Transportv von Gütern, die Kreditv und die laufende V trotz § 187 I, II der absolut zwingende § 48. Ebenso KG 30. IV. 1930 VA 1930 S. 177 Nr. 2143 = JRPV 1930 S. 280—281 für eine Wertsachentransportv, OLG Hamm 12. V. 1955 NJW 1955 S. 1323—1324 für eine Gütertransportv. A. M. OLG Hamburg 26. I. 1923 VA 1923 Anh. S. 102—103 Nr. 1359 für eine Viehtransportv, Berliner JRPV 1931 S. 250 für die laufende V, Prölss[12] Anm. 4 zu § 48, S. 198, NJW 1955 S. 1323 generell. Übrigens hat die Aufsichtsfreiheit gewisser Vszweige mit der Wegdingbarkeit des § 48 nichts zu schaffen (a. A. Clasen JRPV 1928 S. 149). Wenn § 13 ADB bestimmt: „Für Streitigkeiten aus dem Vsvertrage sind die Gerichte des Ortes, an dem der Ver .... seine Hauptniederlassung (Gesellschaftssitz) hat, zuständig", so mißachtet diese Norm den zwingenden § 48 (dazu widersprüchlich Prölss[12] Anm. 4 zu § 48, S. 198 einerseits, Anm. 1 zu § 13 ADB, S. 445 andererseits).

Der Gerichtsstand des § 48 ist gemäß KG 31. X. 1934 VA 1935 S. 262 Nr. 2829 = JRPV 1935 S. 140 so wichtig, „daß das inländische Gesetz diesen Gerichtsstand gegenüber dem Ausländer in jedem Falle, also bei ausdrücklicher Vereinbarung der Anwendbarkeit ausländischen Rechts auf das Vertragsverhältnis, zum Schutz des rechtsuchenden Inländers gegeben hat" (Gerichtsstand der Agentur bei Klagen gegen ausländische Ver). Der zwingende § 48 darf auch vom Ver vor Klageerhebung durch den Vmer nicht dadurch umgangen werden, daß der Ver an einem anderen Orte, z.B. an seinem eigenen Sitze, eine negative Feststellungsklage anstrengt (Bruck 7. Aufl. Anm. 5 zu § 48, S. 189, Neuberger JRPV 1929 S. 45—46, Raiser Anm. 71 zu § 18, S. 463, a. M. Prölss[12] Anm. 4 zu § 48, S. 198).

[27] η) **Gerichtsstand des Hauptbevollmächtigten (§ 109 VAG).**

§ 109 VAG, der in einem Abschnitt über ausländische Vsunternehmen steht, lautet: „Für Klagen, die aus dem inländischen Vsgeschäft gegen die Unternehmung erhoben werden, ist das Gericht zuständig, in dessen Bezirk sie ihre Niederlassung (§ 106 Abs. 2 Nr. 3) hat. Dieser Gerichtsstand darf nicht durch Vertrag ausgeschlossen werden."

Der angezogene § 106 II Ziff. 3 VAG verpflichtet das Unternehmen, im Inland eine Niederlassung zu unterhalten und dafür einen Hauptbevollmächtigten zu bestellen.

(Hauptbevollmächtigte deutscher Vsunternehmen in den verschiedenen deutschen Ländern, wie sie früher in § 147 II VAG vorgesehen waren, gibt es nicht mehr; deshalb entfällt auch der Gerichtsstand des § 147 III VAG; § 147 VAG ist gestrichen durch § 9 I VO vom 22. VI. 1943, RGBl. I S. 363.)

Hauptbevollmächtigte ausländischer Vsunternehmen gibt es im rechtstechnischen Sinne nur bei Betrieb aufsichtspflichtiger Vszweige, nicht z.B. bei reinen Transportvsgesellschaften (Prölss VAG[2] Anm. 1 zu § 105, S. 621). Der § 109 VAG gilt deshalb nicht hinsichtlich solcher unechten „Hauptbevollmächtigten" (KG 31. X. 1934 JRPV 1935 S. 140—141 = HansRGZ 1936 A Sp. 188). Wenn aber das ausländische Vsunternehmen auch aufsichtspflichtige Vszweige betreibt, so entsteht die Konzessionspflicht und damit auch der Gerichtsstand des § 109 VAG, und zwar auch für die an und für sich nicht aufsichtspflichtigen Vszweige (Prölss VAG[2] Anm. 2 zu § 109, S. 637, a. M. Rehm-Berliner-Fromm Anm. 2 zu § 109, S. 631). Zweifelhaft ist die Rechtslage, falls ein konzessionspflichtiges ausländisches Unternehmen ohne Konzession durch einen „Hauptbevollmächtigten" tätig wird. Es dürfte angemessen sein, hier (neben der Strafvorschrift des § 140 I, II VAG) den § 109 VAG zugunsten des hier besonders schutzbedürftigen Vmers analog anzuwenden (a. M. Rehm-Berliner-Fromm Anm. 2 zu § 109, S. 631).

Der besondere Gerichtsstand des Hauptbevollmächtigten gilt nur für Klagen gegen das ausländische Vsunternehmen (oder Rechtsnachfolger, auch inländische). Es muß sich aber um Klagen handeln, „die aus dem inländischen Vsgeschäft .... erhoben werden", also nicht um Klagen aus Vsverträgen, die zu einem ausländischen Vsbestand gehören. Zum Begriff des inländischen Vsbestandes vgl. § 107 VAG, ferner KG 14. I. 1910 VA 1910 Anh. S. 54—56 Nr. 524, 19. VI. 1926 VA 1927 S. 7—9 Nr. 1664 = JW 1926 S. 2856—2858 mit Anm. Rabinowitsch, Bruck (wo jeweils auch die Frage erörtert wird, ob ein ursprünglich ausländischer Vsvertrag ins Inland übernommen sei; dazu Rehm-Berliner-Fromm Anm. 2 zu § 109, S. 631—632). Nicht zu den Klagen aus dem inländischen Vsgeschäft zählen Klagen aus inländischer Vermögensverwaltung, Anstellungs- und Agenturverträgen; insoweit kommen nur der allgemeine und etwaige (sonstige) besondere Gerichtsstände in Frage, speziell der Gerichtsstand der Niederlassung, welcher regelmäßig gegeben sein wird, weil der Hauptbevollmächtigte in einer Zweigniederlassung wirkt und eine umfassende Abschlußvertretungsmacht besitzt (Anm. 19; Anm. 21 vor §§ 43—48; Anm. 4, 17 zu § 45).

Rechtsfolge des § 109 VAG ist die Zuständigkeit des Gerichts, in dessen Bezirk sich die Zweigniederlassung befindet. Wechselt der Ort der inländischen Zweigniederlassung des Hauptbevollmächtigten, so läßt § 109 VAG (anders als § 48 I) den maßgebenden Zeitpunkt nicht erkennen. Rehm-Berliner-Fromm Anm. 1 zu § 109, S. 631 stellen auf den Ort der Niederlassung zur Zeit der Klagezustellung ab. Richtiger erscheint es, den Vmer dadurch stärker zu schützen, daß man auch jenes Gericht für zuständig erklärt, in dessen Bezirk der Hauptbevollmächtigte bei Vertragsabschluß seine Niederlassung hatte.

§ 109 begründet keine ausschließliche Zuständigkeit. Der Kläger kann also auch andere gesetzliche oder vereinbarte Gerichtsstände wählen, z.B. im Gerichtsstand des Vermögens klagen (Anm. 11; OLG Hamburg 13. XII. 1916 WallmannsZ 1916/17 S. 800); auch ein ausländischer Gerichtsstand käme zusätzlich in Frage (BGH 11. II. 1953 BGHZ Bd 9 S. 40—41, Prölss VAG[2] Anm. 1 zu § 109, S. 637, vgl. auch RAA VA 1932 S. 113).

Der Gerichtsstand des Hauptbevollmächtigten ist unabdingbar (§ 109[2] VAG; OLG Nürnberg 21. XII. 1951 VersR 1952 S. 121). Die Wegbedingung kann auch nicht auf dem Umweg über die Vereinbarung eines Schiedsgerichts erfolgen, das an einem anderen Orte als dem Sitz des Hauptbevollmächtigten tagen soll (a. M. Prölss VAG[2] Anm. 3 zu § 109, S. 637, Rehm-Berliner-Fromm Anm. 1 zu § 109, S. 631).

[28] 3. Gerichtsstand kraft Vereinbarung.

Neben den bisher behandelten örtlichen Zuständigkeiten kennt das Recht die Zuständigkeit kraft Parteiwillens (Prorogation), sei es durch Willenserklärung, sei es durch Verhandlung des Beklagten zur Hauptsache (§§ 38—40 ZPO, Rosenberg[8] S. 145—148).

Eine Prorogation kraft Willenserklärung kann nur selten durch einseitige Willenserklärung erfolgen; immerhin denke man an Bestimmungen in Vereinssatzungen von

Vsvereinen auf Gegenseitigkeit oder in Statuten von öffentlichrechtlichen Vseinrichtungen (Rosenberg[8] S. 147—148). Meistens ist eine Vereinbarung vonnöten, die von vornherein im Vsvertrage (speziell in allgemeinen Vsbedingungen) oder nachträglich getroffen werden kann, übrigens formlos, auch stillschweigend, konkludent.

Die Vereinbarung ist nicht zulässig, soweit ein ausschließlicher Gerichtsstand begründet ist (§ 40 II ZPO), z.B. nach § 24 I ZPO (Gerichtsstand der Sachbelegenheit, Anm. 13). Aber die Unzulässigkeit macht nicht den ganzen Vertrag nichtig (BGH 29. X. 1956 BetrBer 1956 S. 1123). — Im übrigen ist eine Gerichtsstandsvereinbarung zulässig, soweit sie nicht zwingende Vorschriften verletzt, also unabdingbare Gerichtsstände beseitigt. Für das Vswesen sind demnach § 48 (Anm. 26) und § 109 VAG (Anm. 27) zu beachten. Die Aufsichtsbehörden sollten bei der Genehmigung von allgemeinen Vsbedingungen darauf dringen, daß stets auf den Gerichtsstand der Agentur und bei ausländischen Vern auch auf den Gerichtsstand des Hauptbevollmächtigten hingewiesen wird. Häufig findet sich schon die Wendung: „neben den gesetzlich zuständigen Gerichten" (Nachweise: Anm. 6).

Nach der bloßen Sollvorschrift des § 10 I Ziff. 6, II VAG sollen die allgemeinen Vsbedingungen oder Satzungen Bestimmungen über das zuständige Gericht enthalten, was häufig nicht mehr beachtet wird, z.B. nicht von den BUB, AEB, AFB, AHagelB, AHausratB, AWB (Erfüllungsortvereinbarungen sind dabei außer acht gelassen). Nach der vorbildlichen früheren Praxis des RAA wurde es „zur Erleichterung der Rechtsverfolgung durch die Vmer für geboten" erachtet, „daß in den Allgemeinen Vsbedingungen die Bestimmungen über den Gerichtsstand erschöpfend wiedergegeben werden" (VA 1909 S. 162).

Ist der Vsvertrag von vornherein oder kraft Anfechtung nichtig, so kann doch die Zuständigkeitsvereinbarung als rechtswirksam behandelt werden.

Die Gerichtsstandsklauseln können einen sehr verschiedenen Inhalt haben. Zuweilen wiederholen sie rein deklaratorisch das, was sowieso rechtens ist. Konstitutive Klauseln sind erforderlichenfalls zu ergänzen von den zwingenden Vorschriften her (§ 48, § 109 VAG). Im übrigen können konstitutive Klauseln positiv neue Zuständigkeiten schaffen oder negativ gesetzliche Zuständigkeiten aufheben oder beide Wirkungen kombinieren. Rosenberg[8] S. 147 sagt, die Prorogationsvereinbarung könne auf Begründung der örtlichen (und/oder sachlichen) „Zuständigkeit eines Gerichts gerichtet sein, sei es neben der gesetzlichen Zuständigkeit, sei es an ihrer Statt, d. h. als sogenannte ausschließliche ...., die aber nur die anderen, möglicherweise zuständigen Gerichte ausschließt, indes keine eigentliche ausschließliche Zuständigkeit im Sinne des Gesetzes ist, daher jederzeit durch neue Vereinbarung geändert oder aufgehoben werden kann". Hinzuzufügen ist, daß neben solcher angeblich ausschließlichen Zuständigkeit § 48 und § 109 VAG Beachtung erheischen.

Es ist häufig eine Auslegungsfrage, wie eine Gerichtsstandsklausel gemeint ist: Deklaratorisch oder konstitutiv, nur additiv oder zugleich (im Blick auf gesetzliche Zuständigkeiten) subtraktiv. RG 16. II. 1939 RGZ Bd 159 S. 254—256 (kein Vsrecht) stellt fest, eine Vermutung für eine Ausschließlichkeit bestehe ebensowenig wie für das Gegenteil. Zuweilen ist auch zweifelhaft, ob eine Gerichtsstandsklausel nur eine Vertragspartei oder beide Vertragsparteien begünstigen oder benachteiligen soll.

Einzelfälle aus der Vspraxis:

RAA: VA 1916 S. 167—168: Ist vereinbart: „Die Gesellschaft .... nimmt .... wegen der Ansprüche aus Vsverträgen innerhalb des Deutschen Reichs auch Recht vor den ordentlichen Gerichten desjenigen Ortes, an welchem der Vmer seinen Wohnsitz hat", so gilt diese Abrede nicht nur für Klagen des Vers gegen den Vmer, sondern auch für Klagen des Vmers gegen den Ver. VA 1934 S. 96: Ist vereinbart, „daß die Vsgesellschaft für alle Streitigkeiten aus dieser V vor jedem ordentlichen Gericht des Deutschen Reiches Recht nimmt", so kann die Witwe eines Vmers in der Zeitschriftenv „vor dem Gericht am Wohnsitz ihres Schwagers klagen, der den Prozeß instruieren sollte".

Vsbedingungen: Gerichtsstandsklauseln sind schon wiedergegeben in Anm. 6 (Wohnsitz des Vmers), Anm. 6, 10 (Sitz des Vers), Anm. 14 (Erfüllungsort). Zuweilen wird auch der Gerichtsstand des Ortes der Ausstellung des Vsscheins (VA 1936 S. 55) oder einer bestimmten Stadt vereinbart (Berlin: VA Berlin 1949 Nr. 1 S. 6—7; Hamburg: für die Kühlgüterv VA 1957 S. 222, Bischoff-Vassel VA 1957 S. 234).

Rechtsprechung: KG 12. II. 1930 JRPV 1930 S. 153—154: Die Klausel „Alle Streitigkeiten gehören vor das für die Generalrepräsentanz der — Beklagten — zuständige Gericht in Wien" begründet eine ausschließliche Wiener Zuständigkeit. KG 31. X. 1934 VA 1935 S. 261—262 Nr. 2829 = JRPV 1935 S. 139—140: Eine Gerichtsstandsvereinbarung wird verneint. OLG Hamburg 13. XII. 1916 WallmannsZ 1916/17 S. 800: Ist Leipzig als Erfüllungsort vereinbart, so ist hierdurch kein ausschließlicher Gerichtsstand begründet. OLG Hamburg 29. IV. 1932 JRPV 1932 S. 222: Ist die ausschließliche Zuständigkeit österreichischer Gerichte vereinbart, so kann doch der nach Hamburg verzogene Beklagte nichts dagegen einwenden, wenn er in seinem allgemeinen Gerichtsstand in Hamburg verklagt wird (verwandt aus dem Bankwesen: OLG Hamburg 2. V. 1952 VA 1953 S. 223—224). OLG Hamm 12. V. 1955 NJW 1955 S. 1323—1324 mit Anm. Prölss = VersR 1955 S. 613—614: Eine ausschließliche Zuständigkeit ist nicht ausreichend klar vereinbart. OLG Karlsruhe 5. V. 1904 VA 1906 Anh. S. 79—81 Nr. 231: Eine ausschließliche Zuständigkeit ist nicht vereinbart.

Die gleiche Wirkung wie eine Gerichtsstandsvereinbarung hat die Verhandlung des Beklagten zur Hauptsache ohne Rüge der Unzuständigkeit (§ 39 ZPO). Näheres Rosenberg[8] S. 148—149.

Das RAA hat es beanstandet, wenn Ver örtlich unzuständige Gerichte angerufen haben in der Hoffnung, der Vmer werde die Unzuständigkeit nicht rügen (VA 1937 S. 50).

Wird ein Ver bei einem unzuständigen Gericht verklagt, so soll der Ver die Einrede der örtlichen Unzuständigkeit in gewissen speziellen Fällen nicht erheben (vgl. die geschäftsplanmäßige Erklärung VA 1960 S. 46 bei Klagen des Vmers an seinem Wohnort [Anm. 6] und für die Zeit nach der Kapitulation Rundschreiben Nr. 2/47 des Zonenamtes und VA 1947 S. 34).

[29] 4. Gerichtsstand kraft Rechtspflegeaktes.

Nach § 36 Ziff. 3 ZPO wird das zuständige Gericht durch das im Rechtswege zunächst höhere Gericht besonders dann bestimmt, wenn mehrere Personen, die bei verschiedenen Gerichten ihren allgemeinen Gerichtsstand haben, als Streitgenossen im allgemeinen Gerichtsstand verklagt werden sollen und für den Rechtsstreit ein gemeinschaftlicher besonderer Gerichtsstand nicht begründet ist.

Über einen Fall der Klage gegen mehrere Ver: OLG Colmar 19. XI. 1913 LZ 1914 Sp. 201—202. Meistens wird infolge einer Führungsklausel die Klage gegen mehrere Ver überflüssig (Anm. zu § 58).

[30] III. Sachliche Zuständigkeit.

In Vssachen sind regelmäßig die ordentlichen Gerichte zuständig, beim Landgericht möglicherweise die Kammern für Handelssachen. Nach § 95 Ziff. 1 GVG sind Handelssachen besonders die bürgerlichen Rechtsstreitigkeiten, in denen durch die Klage ein Anspruch geltend gemacht wird .... gegen einen Kaufmann im Sinne des Handelsgesetzbuches aus Geschäften, die für beide Teile Handelsgeschäfte sind". Große Vsvereine auf Gegenseitigkeit stehen Kaufleuten gleich (§§ 16, 53 I 1 VAG, vgl. schon Einl. Anm. 11, Anm. 47 zu § 1). § 95 Ziff. 4f GVG nennt außerdem als Handelssachen alle Rechtsverhältnisse des Seerechts, denen Wieczorek Anm. B IV zu § 95, S. 92 solche des Binnenschiffahrtsrechtes (auch Binnentransportvssachen?) gleichstellt, wobei es auf die Kaufmannseigenschaft der Beteiligten nicht ankommt. Beim Bundesgerichtshof sind nach dem Geschäftsverteilungsplan (Bundesanzeiger Nr. 7 vom 13. I. 1960 S. 5) dem II. Zivilsenat zugewiesen:

„1. alle Seesachen ....
alle Streitigkeiten aus den Reichsgesetzen über Binnenschiffahrt und Flößerei (einschließlich von Zusammenstößen von Schiffen mit Nichtschiffen),
nebst Streitigkeiten über Schleppverträge und Versicherungen (einschließlich von Rückversicherungen) wegen Wasser- (See- oder Fluß-) Transport allein oder in Verbindung mit Landtransport ....

4. die Rechtsstreitigkeiten über ....
   b) innere Verhältnisse von Handelsgesellschaften .... sowie Vereinen (auch Versicherungsvereinen auf Gegenseitigkeit) mit Einschluß der Rechtsstreitigkeiten zwischen diesen Gesellschaften .... und ihren Vorstandsmitgliedern oder Geschäftsführern ....
6. die Rechtsstreitigkeiten über Versicherungsverhältnisse."

Über den Streitwert von Klagen auf Gewährung des Haftpflichtvsschutzes BGH 18. XII. 1951 NJW 1952 S. 546.

Ausnahmsweise kommt die Zuständigkeit der Arbeitsgerichte bei Streitigkeiten mit gewissen Pensionskassen in Frage; vgl. § 2 IV 2 ArbGG, Koritz, Die Pensionskasse, ungedruckte Hamburger Diss. 1960, S. 199—201, RG 5. VII. 1929 RGZ Bd 125 S. 191—192, BGH 31. III. 1951 VersR 1951 S. 146—147.

Bei öffentlichrechtlichen Vsverhältnissen des § 192 I sind regelmäßig die allgemeinen Verwaltungsgerichte zuständig, vgl. Schmidt-Sievers S. 47, 69—70.

An die Stelle der staatlichen Gerichte können auch in Vssachen **Schiedsgerichte** treten (vgl. § 10 I Ziff. 6 VAG; Ehrenzweig S. 190); sie sind in der Rückv sogar üblich (Bruck S. 444) und auch für Prämienklagen denkbar (Beispiel OLG Hamm 31. XII. 1930 JRPV 1931 S. 241—242). Gemäß § 1027 I 1 ZPO muß der Schiedsvertrag ausdrücklich in Schriftform und in einer besonderen Urkunde geschlossen werden; nur unter Vollkaufleuten gilt das nach § 1027 II ZPO nicht. Deshalb können unter Vollkaufleuten auch allgemeine Vsbedingungen die Schiedsklausel enthalten (generell zu allgemeinen Geschäftsbedingungen: BGH 24. IX. 1952 BGHZ Bd 7 S. 187—194). §18 Ziff. 2 Speditions-Vsschein sieht bei „Streitigkeiten mit Kaufleuten" bei Streitgegenständen bis zu 10000 DM eine Schiedsklausel vor, die nichtig ist, soweit Minderkaufleute in Frage kommen (OLG Köln 21. I. 1949 SJZ 1950 Sp. 384). Die Schiedsklausel gilt nicht im Verhältnis Spediteur/Auftraggeber, sondern nur im Verhältnis Auftraggeber/Ver (OLG Hamburg 10. I. 1935 JW 1935 S. 1947, 27. VII. 1954 VersR 1954 S. 435, LG München 14. VIII. 1952 Verkehrsrechtssammlung Bd 5 [1953] S. 346—348). Bedenklich, weil nicht auf Kaufmannseigenschaft abstellend: § 14 II—V Allgemeine Bedingungen für die Wäschereischutz-Versicherung. Vgl. auch § 10 Allgemeine Vsbedingungen für kleinere Schlachtviehvsvereine (VA 1953 S. 121—122 und früher VA 1909 S. 65, 1935 S. 108), § 60 Mustersatzung für kleinere Kaskovsvereine (VA 1909 S. 258); für diese kleineren Gegenseitigkeitsvereine vgl. auch VA 1935 S. 88, 1936 S. 56—57 sowie VA 1932 S. 156. Über Schiedsgerichte im Bereiche öffentlichrechtlicher V vgl. Schiedsgericht Augsburg 13. III. 1954 VersR 1954 S. 577 (Zusatzversorgungsanstalt) und die Rechtsquellen bei Schmidt-Sievers S. 94—95, 120 für Bayern, S. 435 für Baden. Erörterungen de lege ferenda für Schiedsgerichte in der Kraftfahrtv Chomse VersR 1956 S. 393—394 (dafür), Arndt DAR 1956 S. 319—320, Guelde DAR 1956 S. 320—321, Gerhardt NJW 1956 S. 1789—1790 (dagegen), generell Bericht der VIII. Kommission a. a. O. (Anm. 3) S. 49—50. Über die Unfähigkeit des Mitgliedes des Vorstandes einer Pensionskasse, in einem Rechtsstreit der Pensionskasse als Schiedsrichter zu fungieren, RG 17. IX. 1918 RGZ Bd 93 S. 288 bis 290. Das RAA hat es in ständiger Praxis abgelehnt, Schiedsrichter zu ernennen (VA 1936 S. 37).

Von den Schiedsrichtern sind Schiedsgutachter zu unterscheiden, von denen §§ 64, 184 handeln. Sie haben nicht eine Entscheidung zu fällen, sondern eine Tatsache festzustellen.

Über die Zuständigkeit der ordentlichen und der Arbeitsgerichte, möglicherweise auch von Schiedsgerichten bei Streitigkeiten zwischen Vern/Generalagenten einerseits und selbständigen/unselbständigen **Versicherungsvertretern**/Unteragenten andererseits vgl. Anm. 166, 198, 444 vor §§ 43—48, Pfennigstorf, Umfang und Grenzen des sozialen Schutzes für arbeitnehmerähnliche Handelsvertreter, Hamburger Diss. 1959, S. 78—82, Voss VersR 1957 S. 207—209, LArbG Düsseldorf 20. IX. 1955 VersR 1956 S. 616 = BetrBer 1956 S. 593—594 mit Anm. Trinkhaus, LG Nürnberg-Fürth 11. X. 1956 VersR 1957 S. 177—178.

Bei **Regreßprozessen** des Vers auf Grund des § 67 I 1 können die Arbeitsgerichte zuständig sein, falls auch der Vmer als Rechtsvorgänger des Vers vor dem Arbeitsgericht hätte klagen müssen (OLG Hamburg 15. III. 1955 VersR 1955 S. 409—410).

Sachregister

Allgemeines Register zu §§ 1—48 VVG

Besonderes Register zum Innenverhältnis Versicherer/Versicherungsvertreter s. Seite 1220. E verweist auf die Einleitung (vor § 1 VVG), Vorb auf die Vorbemerkungen zu §§ 43—48 VVG. Zahlen ohne vorangestellte §§-Zeichen beziehen sich auf Anmerkungen. In Klammern gesetzte Zahlen kennzeichnen Seiten. Die Hauptanmerkungen sind durch Fettdruck hervorgehoben.

A

J

M

N

O

T

V

Besonderes Register zum Innenverhältnis Versicherer/Versicherungsvertreter

E verweist auf die Einleitung (vor § 1 VVG), Vorb verweist auf die Vorbemerkung zu §§ 43—48 VVG. Zahlen ohne vorangestellte §§-Zeichen beziehen sich auf Anmerkungen, in Klammern gesetzte Zahlen kennzeichnen Seiten. Die Hauptanmerkungen sind durch Fettdruck hervorgehoben.

A

C

D

L

R

S

V

Gesetzesregister

E verweist auf die Einleitung (vor § 1 VVG), Vorb auf die Vorbemerkungen zu §§ 43—48 VVG. Zahlen ohne vorangestellte §§-Zeichen beziehen sich auf Anmerkungen. In Klammern gesetzte Zahlen kennzeichnen Seiten. Die Hauptanmerkungen sind durch Fettdruck hervorgehoben.

Gesetz über den Versicherungsvertrag (VVG)

Gesetz über die Beaufsichtigung der privaten Versicherungsunternehmungen und Bausparkassen (VAG)

E mit Zahl = Einl. mit Anm., Vorb mit Zahl = Vorbem. zu §§ 43—48 mit Anm., Zahlen = § und Anm., in Klammern = Seitenzahl

Versicherungssteuergesetz (VStG)

Gesetz über die Einführung der Pflichtversicherung und zur Änderung des Gesetzes über den Verkehr mit Kraftfahrzeugen sowie des Gesetzes über den Versicherungsvertrag (PflichtVG)

Durchführungsverordnung (PflichtVDVO)

Verordnung PR

Versicherungsverordnung (VVO)

Bürgerliches Gesetzbuch (BGB)

Einführungsgesetz zum Bürgerlichen Gesetzbuch (EGBGB)

Handelsgesetzbuch (HGB)

Gesetz zur Änderung des Handelsgesetzbuches (Recht der Handelsvertreter)

Gesetz gegen den unlauteren Wettbewerb (UWG)

Gesetz über Rechte an eingetragenen Schiffen und Schiffsbauwerken (SchiffsG)

Gesetz über Aktiengesellschaften und Kommanditgesellschaften auf Aktien (AktG)

Gesetz, betreffend die Gesellschaften mit beschränkter Haftung (GmbHG)

Gewerbeordnung für das Deutsche Reich (GewO)

E mit Zahl = Einl. mit Anm., Vorb mit Zahl = Vorbem. zu §§ 43—48 mit Anm.,
Zahlen = § und Anm., in Klammern = Seitenzahl

Gerichtsverfassungsgesetz (GVG)

Zivilprozeßordnung (ZPO)

Arbeitsgerichtsgesetz (ArbGerG)

Gesetz über die Zwangsversteigerung und die Zwangsverwaltung (ZVG)

Vergleichsordnung (VerglO)

Konkursordnung (KO)

Rahmengesetz zur Vereinheitlichung des Beamtenrechts (BRRG)

E mit Zahl = Einl. mit Anm., Vorb mit Zahl = Vorbem. zu §§ 43—48 mit Anm.,
Zahlen = § und Anm., in Klammern = Seitenzahl

Tarifvertragsgesetz (TVG)

Reichsversicherungsordnung (RVO)

Angestelltenversicherungsgesetz (AVG)

Gesetz über Arbeitsvermittlung und Arbeitslosenversicherung (AVAVG)

Betriebsverfassungsgesetz

Personalvertretungsgesetz

Großkommentare der Praxis

BRUCK-MÖLLER

Kommentar zum

Versicherungsvertragsgesetz

und zu den Allgemeinen Versicherungsbedingungen unter Einschluß des Versicherungsvermittlerrechtes

begründet von
Prof. Dr. jur. ERNST BRUCK †

8. Auflage

Erster Band
(§§ 1—48 VVG und Versicherungsvermittlerrecht)

neubearbeitet von
Prof. Dr. jur. HANS MÖLLER
Hamburg

BERLIN 1961

WALTER DE GRUYTER & CO.
vormals G. J. Göschen'sche Verlagshandlung · J. Guttentag, Verlagsbuchhandlung
Georg Reimer · Karl J. Trübner · Veit & Comp.

ZITIERMETHODE

Bruck-Möller VVG⁸ I

Archiv-Nr. 22 43 61

Satz und Druck: Walter de Gruyter & Co., Berlin W 30

VORWORT

Fast dreißig Jahre sind vergangen, seitdem — 1932 — die letzte, die siebente Auflage dieses Erläuterungswerkes erschienen ist. Damals durfte ich als junger Assistent meinem verehrten Lehrer und väterlichen Freund Ernst Bruck ein wenig helfen. Nach 1933 war es ihm verwehrt, weiterhin Bücher zu veröffentlichen; ab 1935 mußte er auch die Lehrtätigkeit einstellen. 1942 ist Ernst Bruck in Hamburg einem Herzleiden erlegen. Ich widme die Neuauflage dieses Kommentars dem Andenken des unvergessenen Meisters.

Ernst Bruck und Wilhelm Kisch sind es gewesen, die mir dereinst das Gebiet des Versicherungsrechtes nahegebracht haben. Seit jenen Jahren ist eine Fülle neuen Materials in Schrifttum und Rechtsprechung erwachsen, aber die Grundideen der „Klassiker" des deutschen Versicherungsrechtes, zu denen auch Victor Ehrenberg, Albert Ehrenzweig und Otto Hagen zählen, leben fort.

Bei diesem Werk, das mich seit 1952 zugleich beglückt und in Fron hält, haben mir im Laufe der Jahre mehrere tüchtige Assistenten Hilfsstellung geleistet. In Dankbarkeit erwähne ich besonders Dr. Hermann Büchel, Zürich, Assessor Gerd Heimann, Hamburg, Dr. Demetrios Markianos, Athen, Dr. Werner Pfennigstorf, Ann Arbor (Michigan) und Dr. Fritz Reichert-Facilides, Berlin. Bei den Korrekturen stand mir der wissenschaftliche Mitarbeiter Referendar Rudolf Gärtner, Hamburg, zur Seite. Die Register hat cand. jur. Hans-Fritz Gelpcke, Hamburg, in eigener Verantwortung gefertigt. Mein Dank gebührt nicht zuletzt Frau Marieluise Sarry, Hamburg, ohne deren zuverlässige und doch flinke Schreibhilfe alles Bemühen am Technischen hätte scheitern können!

Ich beabsichtige am Anfang des zweiten Bandes die „Vorschriften für die gesamte Schadensversicherung" selbst zu kommentieren. Im übrigen aber — bei der Behandlung der einzelnen Versicherungszweige — wollen mir in Theorie und Praxis bewährte Kräfte helfen: Prof. Dr. Reimer Schmidt (für die Sachversicherung, insbesondere Feuerversicherung), Senatspräsident z. Wv. Gerhard Erich Fromm (für die Kraftverkehrsversicherung), Dr. Ralf Johannsen (für die Haftpflichtversicherung), Dr. Rolf Magnusson (für die Lebensversicherung), Oberlandesgerichtsrat Dr. Paul Wriede (für die Krankenversicherung). Möge es auf diese Weise möglich sein, das Gesamtwerk in nicht allzu ferner Zeit zum Abschluß zu bringen!

Hamburg, im August 1961

Hans Möller

INHALT DES ERSTEN BANDES

(Bis hierher Lieferung 2/1954, Material bis Mitte 1954 verarbeitet)

ABKÜRZUNGEN

Im Folgenden werden nur Abkürzungen erklärt, die speziell versicherungsrechtliche Materialien, Zeitschriften, Versicherungsbedingungen usw. kennzeichnen. Im übrigen sind die üblichen Abkürzungen verwendet worden (darüber z. B. Kirchner, Abkürzungsverzeichnis der Rechtssprache, Berlin 1957 und NJW Leitsatzkartei, Schlüssel- und Abkürzungsverzeichnis, 6. Aufl., München-Berlin-Frankfurt [1959]).

ADB = Allgemeine Deutsche Binnen-Transportvs-Bedingungen
ADS = Allgemeine Deutsche Seevs-Bedingungen
ADSp = Allgemeine Deutsche Spediteurbedingungen
AEB = Allgemeine Einbruchdiebstahlvs-Bedingungen (s. S. 52)
AFB = Allgemeine Feuervs-Bedingungen (s. S. 52)
AGlasB = Allgemeine Vsbedingungen für Glasv (s. VA 1953 S. 217, 1954 S. 2)
AHaftpflB = Allgemeine Vs-Bedingungen für Haftpflichtv (s. S. 52)
AHagelB = Allgemeine Hagelvsbedingungen der Hagelvs-Aktiengesellschaften (s. VA 1954 S. 36)
AHausratB = Allgemeine Bedingungen für die V des Hausrats gegen Feuer-, Einbruchdiebstahl-, Beraubungs- und Leitungswasserschäden (s. S. 53)
AKB = Allgemeine Bedingungen für die Kraftfahrv (s. S. 53 und VA 1960 S. 154, 195)
AKHB = Allgemeine Bedingungen für die Kraftfahr-Haftpflichtv (s. S. 53 und VA 1960 S. 124, 156)
ALB, ALB alt = Allgemeine Vsbedingungen der Kapitalv auf den Todesfall (Lebensv) (s. S. 53)
ALB neu = Musterbedingungen für die Großlebensv (s. VA 1957 S. 58, 104)
AssJhrb = Assekuranz-Jahrbuch
ATierB = Allgemeine Vsbedingungen für Tierlebensv (s. S. 53)
AUnfallB = Allgemeine Vsbedingungen für Unfallv (s. S. 53)
Ausw. 1, 2, 3 = Entscheidungen des Reichsgerichts in Zivilsachen, Sammlung der noch wichtigen Entscheidungen, Gruppe III Handelsrecht, Privatvsrecht, Teile 1, 2, 3, Berlin 1953, 1954
AVB = Allgemeine Vsbedingungen
AWB = Allgemeine Bedingungen für Ven gegen Leitungswasserschäden (s. S. 53)
AZeitschrB = Allgemeine Vsbedingungen . . . für die Zeitschriftenv (s. S. 54)

BAA = Bundesaufsichtsamt für das Vs- und Bausparwesen
Begr. I = Begründung zu den Entwürfen eines Gesetzes über den Vsvertrag, Reichstagsvorlage nebst Abdruck der beiden veröffentlichten Gesetzentwürfe, Berlin 1906
Begr. II = Amtliche Begründung zum Gesetz vom 7. XI. 1939 RGBl. I S. 2223: Deutsche Justiz 1939 S. 1771
Begr. III = Amtliche Begründung zur Verordnung vom 19. XII. 1939 RGBl. I S. 2443: Beilage zur Deutschen Justiz 1940 Nr. 3
BRVS = Bahn-Rollfuhr-Vsschein
BUB = Allgemeine Vsbedingungen für die V gegen Schaden durch Betriebsunterbrechung infolge Brand, Blitzschlag oder Explosion (s. S. 52)

Deutsche Vszeitschrift = Deutsche Vszeitschrift

EGVVG = Einführungsgesetz zu dem Gesetz über den Vsvertrag

Finke A, B = Werbung und Wettbewerb in der V, Eine Sammlung der wichtigsten Gesetze, aufsichtsbehördlichen Vorschriften, Anordnungen und Rundschreiben . . . sowie der Allgemeinen Vsbedingungen aller Sparten, Teile A, B (Loseblattausgabe), Karlsruhe (1954 ff)

Gerhard Prax I, II, III = Praxis des Privat-Vsrechts, Eine Sammlung von Gerichtsentscheidungen, 3 Bände, Berlin 1908, 1909, 1911
GrundBed = Allgemeine Vsbedingungen für die Krankheitskostenv, Teil I: Grundbedingungen (s. S. 53)
GüterTB Fluß = Allgemeine Bedingungen für die V von Gütertransporten auf Flüssen und Binnengewässern
GüterTB Land = Allgemeine Vs-Bedingungen für den Gütertransport zu Lande mittels Eisenbahn, Post oder Fuhre
GüterTB Kfz = Allgemeine Vs-Bedingungen für den Gütertransport mit Kraftfahrzeugen

HandelsvertreterGBegr. = Deutscher Bundestag, 1. Wahlperiode 1949, Drucksache Nr. 3856: Entwurf eines Gesetzes zur Änderung des Handelsgesetzbuches (Recht der Handelsvertreter) nebst Begründung
HansRGZ A, B = Hanseatische Rechts- und Gerichts-Zeitschrift, Abteilungen A, B
HansRZ = Hanseatische Rechts-Zeitschrift
HGZ = Hanseatische Gerichts-Zeitung

ITVMitt = Mitteilungen des Internationalen Transport-Vs-Verbandes

JRPV = Juristische Rundschau für die Privatv

KaskoB = Vs-Police auf Kasko für die Schiffahrt auf Binnengewässern
KrankenhausGrundBed = Allgemeine Vsbedingungen für die Krankenhauskosten- und Krankenhaustagegeldv, Teil I Grundbedingungen (s. S. 53)

NeumannsZ = Neumanns Zeitschrift für Vswesen

ÖffrechtlV, ÖffrV = Die öffentlichrechtliche V, Deutsche öffentlich-rechtliche V

PflVDVO = Verordnung zur Durchführung und Ergänzung des Gesetzes über die Einführung der Pflichtv für Kraftfahrzeughalter vom 6. IV. 1940, 3. X. 1941, 21. III. 1942, 16. VII. 1957
PflVG = Gesetz über die Einführung der Pflichtv für Kraftfahrzeughalter vom 7. XI. 1939
Praxis = Praxis des Vsrechts, Beilage zu „Die öffentlichrechtliche V", zur „Deutschen öffentlich-rechtlichen V"

RAA = Kaiserliches Aufsichtsamt für Privatv, Reichsaufsichtsamt für Privatv
RVS = Rollfuhr-Vsschein

Sasse = Deutsche Seev 1923—1957, Sammlung seevsrechtlicher Entscheidungen nebst Literaturverzeichnis, Karlsruhe 1958
SchweizVersZ = Schweizerische Vs-Zeitschrift
SVS = Speditions-Vsschein

V, v = Versicherung, versicherung
VA = Veröffentlichungen des Kaiserlichen Aufsichtsamts für Privatv, des Reichsaufsichtsamts für Privatv, des Zonenamts des Reichsaufsichtsamtes für das Vswesen, des Bundesaufsichtsamtes für das Vs- und Bausparwesen
VA Berlin = Veröffentlichungen des Aufsichtsamtes für das Vswesen, Berlin
VAG = Gesetz über die Beaufsichtigung der privaten Vsunternehmungen und Bausparkassen
Ver = Versicherer
vern = versichern
VersArch = Vswissenschaftliches Archiv
VersPrax, VsPraxis = Die Vspraxis, Organ der Vmer
VersR = Vsrecht, Juristische Rundschau für die Individualv
VGANachrichtenblatt = VGA Nachrichtenblatt, Verband der bevollmächtigten Generalagenten und Assekuradeure
Vmer = Versicherungsnehmer
Vsaußendienst = Der Vs-Außendienst, vormals Vspost-Wallmanns Vs-Zeitschrift
VsRdschau = Die Vsrundschau

Vsvermittlung = Vsvermittlung, Nachrichtenblatt des Wirtschaftsverbandes Vsvermittlung
Vter = Versicherter
VuGeldwirtschaft = V und Geldwirtschaft, früher Mitteilungen für die öffentlichen Feuervs-Anstalten
VVG = Gesetz über den Vsvertrag
VVV = Vswissenschaft und Vspraxis, Unabhängige Zeitschrift für Sozialv und Privatv
VW = Vswirtschaft, Halbmonatsschrift der deutschen Individualv

WallmannsZ = Wallmann's Vszeitschrift
WuRdVers = Wirtschaft und Recht der V

ZfV = Zeitschrift für Vswesen, Unabhängiges Fachorgan für die Vspraxis und für den Vsaußendienst
ZVersWiss = Zeitschrift für die gesamte Vswissenschaft

SCHRIFTTUM

Die nachstehenden Werke werden ohne genauere Angaben zitiert. Dagegen ist das Spezialschrifttum bei den einzelnen Vorschriften angeführt, im späteren Verlaufe der Kommentierung jeweils mit dem Zusatz: a. a. O.

Baumbach-Lauterbach ZPO[25] = Zivilprozeßordnung mit Gerichtsverfassungsgesetz und anderen Nebengesetzen, 25. Aufl., München-Berlin 1958

Bruck = Das Privatvsrecht, Mannheim-Berlin-Leipzig 1930

Bruck 7. Aufl. = Reichsgesetz über den Vsvertrag, 7. Aufl., Berlin-Leipzig 1932

Bruck-Dörstling = Das Recht des Lebensvsvertrages, 2. Aufl., Mannheim-Berlin-Leipzig 1933

Bühring-Mertins I, II = Erläuterungen zu den Unfall-Vs-Bedingungen, 2 Teile, Stuttgart o. J.

Domizlaff-Liebig-Berliner = Die Allgemeinen Feuervs-Bedingungen, 9. Aufl., Berlin 1930

Düringer-Hachenburg I—V 2 = Das Handelsgesetzbuch, 5 Bände (z. T. mit Teilbänden), 3. Aufl., Mannheim-Berlin-Leipzig 1930ff

Ehrenberg = Privatvsrecht, Berlin 1923

Ehrenzweig = Deutsches (österreichisches) Vsvertragsrecht, Wien 1952

Enneccerus-Lehmann = Lehrbuch des Bürgerlichen Rechts, 2. Band: Recht der Schuldverhältnisse, 15. Aufl., Tübingen 1958

Enneccerus-Nipperdey = Lehrbuch des Bürgerlichen Rechts, 1. Band: Allgemeiner Teil des bürgerlichen Rechts, 15. Aufl., 2 Halbbände, Tübingen 1959, 1960

Enneccerus-Wolff-Raiser = Lehrbuch des Bürgerlichen Rechts, 3. Band: Sachenrecht, 10. Aufl., Tübingen 1957

Erman[2] = Handkommentar zum Bürgerlichen Gesetzbuch, 2. Aufl., Münster 1958

Esser Schuldrecht = Schuldrecht, Allgemeiner und besonderer Teil, 2. Aufl., Karlsruhe 1960

Fromm = Gesetz über den Vsvertrag nebst den Allgemeinen Vsbedingungen, Berlin 1941

Gerhard-Hagen = Kommentar zum Deutschen Reichsgesetz über den Vs-Vertrag, Berlin 1908

von Gierke I, II = Vsrecht, 2 Hälften, Stuttgart 1937, 1947

Hagen Grundzüge = Grundzüge des Vsrechts, Berlin 1923

Hagen I, II = Das Vsrecht (in: Ehrenberg, Handbuch des gesamten Handelsrechts, 8. Band 2 Abteilungen), Leipzig 1922

Hueck-Nipperdey I, II = Lehrbuch des Arbeitsrechts, 6. Aufl., 2 Bände, Berlin-Frankfurt 1959, 1957

Kisch Gegenseitigkeitsverein = Das Recht des Vsvereins auf Gegenseitigkeit, Berlin (1951)

Kisch II, III = Handbuch des Privatvsrechtes, 2. Band: Die Lehre von der Vsgefahr, München-Berlin-Leipzig 1920, 3. Band: Die Lehre von dem Vsinteresse, München-Berlin-Leipzig 1922

Koenig = Schweizerisches Privatvsrecht, 2. Aufl., Bern (1960)

Larenz Schuldrecht I, II = Lehrbuch des Schuldrechts, 4. Aufl., 1. Band: Allgemeiner Teil, 2. Band: Besonderer Teil, München-Berlin 1960

Möller Verantwortlichkeit = Verantwortlichkeit des Vmers für das Verhalten Dritter, Berlin 1939

Möller Vsvermittlung = Recht und Wirklichkeit der Vsvermittlung, Eine rechtspolitische Studie, Hamburg o. J.

Nikisch[2] I, II = Arbeitsrecht, 2. Aufl., 2 Bände, Tübingen 1955, 1959

Oberbach I, II = Allgemeine Vs-Bedingungen für Haftpflicht-V, 2 Bände, Berlin 1938, 1947

Palandt = Bürgerliches Gesetzbuch, 19. Aufl., München-Berlin 1960

Pienitz[2] = Allgemeine Bedingungen für die Kraftfahrzeugv, 2. Aufl., Berlin-Bielefeld-München 1961

Prölss Einbruchdiebstahlv = Das Recht der Einbruchdiebstahlv, 2. Aufl., München-Berlin 1950

Prölss = Vsvertragsgesetz, 12. Aufl., München-Berlin 1960 (bis S. 312 des Kommentars ist die 7. Aufl. zitiert, später ist die jeweilige Auflage angegeben)

Prölss VAG = Vsaufsichtsgesetz und Nebengesetze, 2. Aufl., München-Berlin 1957

Raiser = Kommentar der Allgemeinen Feuervs-Bedingungen, 2. Aufl., Berlin 1937

Rehm-Berliner-Fromm = Gesetz über die Beaufsichtigung der privaten Vsunternehmungen und Bausparkassen, 4. Aufl., München 1932

RGRKomm.HGB = Kommentar zum Handelsgesetzbuch (früher herausgegeben von Mitgliedern des Reichsgerichts), 1. Band, 2. Aufl., Berlin 1953

Ritter = Das Recht der Seev, 2 Bände, Hamburg 1922, 1924

Roelli-Jaeger = Kommentar zum Schweizerischen Bundesgesetze über den Vsvertrag, 1. Band, Bern 1914, 2. Band, Bern 1932, 3. Band, Bern 1933, 4. Band, Bern 1933

Rohrbeck-Durst-Bronisch = Das Recht des Vsagenten, 3. Aufl., Weißenburg/Bayern 1950

Rosenberg[8] = Lehrbuch des deutschen Zivilprozeßrechts, 8. Aufl., München-Berlin 1960

Schlegelberger = Seevsrecht, Allgemeine Deutsche Seevsbedingungen, Berlin-Frankfurt 1960

Sieveking = Das deutsche Seevsrecht, Berlin 1912

Trinkhaus I = Handbuch der Vsvermittlung, Band I: Provision und Abfindung der Vsvermittler, Berlin (1955)

Schmidt Obliegenheiten = Die Obliegenheiten, Karlsruhe 1953

Schmidt-Sievers = Das Recht der öffentlichrechtlichen Sachv, Hamburg 1951

Soergel-Siebert (mit Bearbeitern) = Bürgerliches Gesetzbuch, 9. Aufl., 1. Band, Stuttgart 1959, 3. Band, Stuttgart 1960

Staudinger I, II 2, 3, III 1, V 1, 2 (mit Bearbeitern) = Kommentar zum Bürgerlichen Gesetzbuch, 1. Band, 11. Aufl., Berlin 1957, 2. Band, 2. Teil, 11. Aufl., Berlin 1955, 3. Teil, 11. Aufl., Berlin 1958, 3. Band, 1. Teil, 11. Aufl., Berlin 1956, 5. Band, 1. Teil, 10./11. Aufl., Berlin 1954, 5. Band, 2. Teil, 10./11. Aufl., Berlin 1960

Stein-Jonas-Schönke[17] = Kommentar zur Zivilprozeßordnung, 17. Aufl., 2 Bände, Tübingen 1956

Stiefel-Wussow = Kraftfahrv, 4. Aufl., München-Berlin 1959

Thees-Hagemann = Das Recht der Kraftfahrzeug-Haftpflichtv, 2. Aufl., (Berlin 1958)

von Tuhr I, II 1, II 2 = Der Allgemeine Teil des Deutschen Bürgerlichen Rechts, 1. Band, Leipzig 1910, 2. Band, 1. Hälfte, München-Leipzig 1914, 2. Band, 2. Hälfte, München-Leipzig 1918

Wieczorek = Zivilprozeßordnung und Gerichtsverfassungsgesetz, Handausgabe, Berlin 1960

Wüstney = Die private Unfallv, Berlin 1936

Wussow AHB = Allgemeine Vsbedingungen für Haftpflichtv, 3. Aufl., Frankfurt 1960

Wussow AUB = Allgemeine Vsbedingungen für Unfallv, AUB, Berlin-Köln 1959

Kolibri 360 GmbH
Ferdinand-Jühlke-Straße 7
99095 Erfurt, Deutschland
produktsicherheit@kolibri360.de